Mayeul Hiéramente

Internationale Haftbefehle in noch andauernden Konflikten

Schriftenreihe des Max-Planck-Instituts für
ausländisches und internationales Strafrecht

Strafrechtliche Forschungsberichte

Herausgegeben von Ulrich Sieber

in Fortführung der Reihe
„Beiträge und Materialien aus dem Max-Planck-Institut
für ausländisches und internationales Strafrecht Freiburg“
begründet von Albin Eser

Band S 134

Max-Planck-Institut für ausländisches
und internationales Strafrecht

Internationale Haftbefehle in noch andauernden Konflikten

Rechtliche Rahmenbedingungen bei strafrechtlicher Intervention externer Akteure

Mayeul Hiéramente

Duncker & Humblot · Berlin

Bibliografische Information der Deutschen Nationalbibliothek

Die Deutsche Nationalbibliothek verzeichnet diese Publikation in der Deutschen Nationalbibliografie; detaillierte bibliografische Daten sind im Internet über <http://dnb.ddb.de> abrufbar.

c/o Max-Planck-Institut für ausländisches und internationales Strafrecht
Günterstalstraße 73, 79100 Freiburg i.Br.
http://www.mpicc.de
Vertrieb in Gemeinschaft mit Duncker & Humblot GmbH, Berlin
http://www.duncker-humblot.de

Umschlagbild: Frank Schmidt, Köln
Foto des Autors: Roger Koeppe
Druck: Stückle Druck und Verlag, Stückle-Straße 1, 77955 Ettenheim
Printed in Germany

ISSN 1860-0093
ISBN 978-3-86113-825-9 (Max-Planck-Institut)
ISBN 978-3-428-14194-4 (Duncker & Humblot)
Gedruckt auf alterungsbeständigem (säurefreiem) Papier
entsprechend ISO 9706 ♾

Gewidmet meinem Großvater

Vorwort

Die vorliegende Arbeit wurde im Wintersemester 2012/13 von der Rechtswissenschaftlichen Fakultät der Albert-Ludwigs-Universität Freiburg i.Br. als Inauguraldissertation angenommen. Sie berücksichtigt Rechtsprechung und Literatur bis 2011.

Danken möchte ich vor allem meinem verehrten Doktorvater und akademischen Lehrer, Herrn Prof. Dr. Dr. h.c. mult. *Ulrich Sieber*, der mich in meinem Promotionsvorhaben vorbehaltlos unterstützt und die Arbeit durch vielfältige Denkanstöße, zahlreiche Besprechungen und stets hilfreiche Kritik gefördert hat. Herrn Prof. Dr. Dr. h.c. *Hans-Jörg Albrecht* danke ich für die wertvollen Diskussionen im Rahmen der International Max Planck Research School for Retaliation, Mediation and Punishment (IMPRS-REMEP) sowie für die zügige Erstellung des Zweitgutachtens.

Zu Dank verpflichtet bin ich weiterhin allen Mitgliedern der REMEP, insbesondere Prof. Dr. *Walter Perron*, Dr. *Carolin Hillemanns*, *Jennifer Schuetze-Reymann* und *Shakira Bedoya Sanchez*. Die REMEP ist einzigartig und wurde mir in der Freiburger Zeit zur akademischen Familie. Zudem möchte ich den vielen Mitarbeitern des Max-Planck-Instituts für ausländisches und internationales Strafrecht, die eine fachliche und private Bereicherung für mich waren, von Herzen danken. Die Diskussionsrunden mit *Sarah* und *Nico Herbert*, *Michael Albrecht*, *Nandor Knust*, *Anna Petrig* und vielen anderen geschätzten Kollegen waren äußerst inspirierend. Die deutsche Sprache und ich danken außerdem *Andreas Frey* für eine kritische Würdigung des Manuskripts.

Familie und Freunden gebührt ein ganz besonderer Dank: Ohne ihre langjährige Unterstützung wäre die Erstellung dieser Arbeit nicht möglich gewesen.

Zudem sei Herrn Prof. Dr. Dr. h.c. mult. *Ulrich Sieber* gedankt für die Aufnahme der Arbeit in die Schriftenreihe „Strafrechtliche Forschungsberichte des Max-Planck-Instituts für ausländisches und internationales Strafrecht“. Ein besonderer Dank geht schließlich an die Mitarbeiter der Bibliothek sowie an Frau *Petra Lehser* für die sorgfältige und umsichtige Korrektur dieser Arbeit.

Hamburg, im Juni 2013 *Mayeul Hiéramente*

Inhaltsverzeichnis

Dritter Teil
Völkerrechtsbindung externer Akteure

Vierter Teil
Vermeidung von Normenkonflikten

Fünfter Teil
Auflösung eines Normenkonflikts

Abkürzungsverzeichnis

a.A.	anderer Ansicht
a.a.O.	am angegebenen Ort
Abs.	Absatz
AdV	Archiv des Völkerrechts
AFDI	Association Française de Droit International
AIDP	Association Internationale de Droit Pénal
AJCR	African Journal on Conflict Resolution
AJIL	American Journal of International Law
AJP	Aktuelle Juristische Praxis
AJPS	American Journal of Political Science
Am. U. Int'l L. Rev.	American University International Law Review
Am. U. L. Rev.	American University Law Review
Anm.	Anmerkung
ARIEL	Austrian Review of International and European Law
Art.	Artikel
AU	Afrikanische Union
Auckland U. L. Rev.	Auckland University Law Review
Austr. YIL	Australian Yearbook of International Law
(Bay) OLG	(Bayerisches) Oberlandesgericht
B. U. Int'l L. J.	Boston University International Law Journal
Berkeley J. Int'l L.	Berkeley Journal of International Law
BGH	Bundesgerichtshof
BJC	British Journal of Criminology
bspw.	beispielsweise
BVerfG	Bundesverfassungsgericht
Can. Y. B. Int'l L.	Canadian Yearbook of International Law
Case W. Res. J. Int'l L.	Case Western Reserve Journal of International Law
Chi-Kent L. Rev.	Chicago-Kent Law Review
Chi. J. Int'l L.	Chicago Journal of International Law
CLF	Criminal Law Forum

CML	Common Market Law Review
Colum. J. Transnat'l L.	Columbia Journal of Transnational Law
Conn. J. Int'l L.	Connecticut Journal of International Law
Corn. Int'l L. J.	Cornell International Law Journal
DDR	Disarmement, Demobilization, Reintegration
DÖV	Die öffentliche Verwaltung
DRC	Demokratische Republik Kongo
Duke J. Comp. & Int'l L.	Duke Journal of Comparative and International Law
ebda.	ebenda
ECCC	Extraordinary Chambers in the Courts of Cambodia (Kambodscha-Tribunal)
EGMR	Europäischer Gerichtshof für Menschenrechte
EHRLR	European Human Rights Law Review
EIA	Ethics and International Affairs
EJIL	European Journal of International Law
EMRK	Europäische Menschenrechtskonvention
EuGeI	Europäisches Gericht erster Instanz
EuGH	Europäischer Gerichtshof
FA	Foreign Affairs
Fn.	Fußnote
FS	Festschrift
GA	General Assembly/Goltdammer's Archiv für Strafrecht
Ga. J. Int'l & Comp. L.	Georgia Journal of International and Comparative Law
GBA	Generalbundesanwalt
Geo. J. Int'l L.	Georgetown Journal of International Law
GG	Grundgesetz
ggf.	gegebenenfalls
GIGA	German Institute on Global Area Studies
GK	Genfer Konvention(en) von 1949
GoJIL	Göttingen Journal of International Law
GR2P	Global Responsibility to Protect
GVG	Gerichtsverfassungsgesetz
GYIL	German Yearbook of International Law

Harv. Hum. Rts. J.	Harvard Human Rights Journal
Harv. Int'l L. J.	Harvard International Law Journal
HRLR	Human Rights Law Review
HRQ	Human Rights Quarterly
Hrsg.	Herausgeber
HRW	Human Rights Watch
Hum. R. Rev.	Human Rights Review
HuV-I	Informationsschriften zum Humanitären Völkerrecht
IA	International Affairs
ICG	International Crisis Group
ICLQ	International and Comparative Law Quarterly
ICLR	International Criminal Law Review
ICRtoP	International Coalition for the Responsibility to Protect
ICTR	International Criminal Tribunal for Rwanda
ICTY	International Criminal Tribunal for the Former Yugoslavia
IDP	Internally Displaced Person
IGH/ICJ	Internationaler Gerichtshof/International Court of Justice
IJTJ	International Journal for Transitional Justice
IL	International Lawyer
ILA	International Law Association
ILC	International Law Commission
Ind. Int'l & Comp. L. Rev.	Indiana International and Comparative Law Review
IO	Internationale Organisationen
IOLR	International Organizations Law Review
IP	International Politics
IPbpR/CCPR	Internationaler Pakt für bürgerliche und politische Rechte
IWPR	Institute for War and Peace Research
IRRC	International Review of the Red Cross
IS	International Security
i.S.d.	im Sinne der/des
ISS	Institute for Security Studies
IStGH/ICC	Internationaler Strafgerichtshof/International Criminal Court
i.V.m.	in Verbindung mit

J. Int'l L. & Int'l R.	Journal of International Law and International Relations
JA	Jeune Afrique Online
JAIL	Journal of African and International Law
JCSL	Journal of Conflict and Security Law
JEM	Justice and Equality Movement
JGR	Journal of Genocide Research
JIA	Journal of International Affairs
JICJ	Journal of International Criminal Justice
JPR	Journal of Peace Research
JRE	Jahrbuch für Recht und Ethik
JTWS	Journal of Third World Studies
JWT	Journal of World Trade
LJIL	Leiden Journal of International Law
LPICT	Law and Practice of International Courts and Tribunals
LRA	Lords' Resistance Army
LRM	Lords' Resistance Movement
Max Planck UNYB	Max Planck Yearbook for United Nations Law
McGill L. J.	McGill Law Journal
Mich. J. Int'l L.	Michigan Journal of International Law
MINURCAT	Mission des Nations Unies en République Centrafrique et du Tchad
MONUC	Mission de l'Organisation des Nations Unies en République Démocratique du Congo
m.w.N.	mit weiteren Nachweisen
N. Y. U. J. Int'l L. & Pol.	New York University Journal of International Law and Politics
NCP	National Congress Party (Sudan)
NILR	Netherlands International Law Review
NJIL	Nordic Journal of International Law
NJW	Neue Juristische Wochenschrift
NRA	National Resistance Army
NStZ	Neue Zeitschrift für Strafrecht
NYIL	Netherlands Yearbook of International Law
NYT	New York Times Online

para.	paragraph
R2P	Responsibility to Protect
RAS	Royal African Society
Res.	Resolution
RIDP	Revue Internationale de Droit Pénal
RGDIP	Revue Générale de Droit International Public
RIS	Review of International Studies
Rn.	Randnummer
RS	Rom-Statut
RTDH	Revue Trimestrielle des Droits de l'Homme
Rutgers L. Rev.	Rutgers Law Review
S+F	Sicherheit und Frieden
SCSL	Special Court for Sierra Leone
SLA	Sudan Liberation Army
SR	Sicherheitsrat
ST	Sudan Tribune Online
Stan. J. Int'l L.	Stanford Journal of International Law
StIGH	Ständiger Internationaler Gerichtshof
StGB	Strafgesetzbuch
StPO	Strafprozessordnung
Suff. Transnat'l L. Rev.	Suffolk Transnational Law Review
SWP	Stiftung Wissenschaft und Politik
Tex. Int'l L. J.	Texas International Law Journal
Tex. L. Rev.	Texas Law Review
TRC	Truth and Reconciliation Commission
Tul. J. Comp. & Int'l L.	Tulsa Journal of Comparative and International Law
Tul. J. Int'l & Comp. L.	Tulane Journal of International and Comparative Law
U. C. D. J. Int'l L. & Pol.	U. C. Davies Journal of International Law and Politics
U. Penns. L. Rev.	University of Pennsylvania Law Review
u.a./et al.	unter anderem, und andere/et alii
UN	Vereinte Nationen
UNAMID	African Union/United Nations Hybrid Operation in Darfur

UN-Charta	Charta der Vereinten Nationen
UNMIS	United Nations Mission in Sudan
v., vs.	versus, von
Va. J. Int'l L.	Virginia Journal of International Law
VBA	Verfahrens- und Beweisanordnung
VN	Vereinte Nationen (Zeitschrift)
VStGB	Völkerstrafgesetzbuch
WA	World Affairs
Wash. U. Global Stud. L. Rev.	Washington University Global Studies Law Review
Wis. Int'l L. J.	Wisconsin International Law Journal
WVK	Wiener Vertragsrechtskonvention von 1969
Yale J. Int'l L.	Yale Journal of International Law
YEL	Yearbook of European Law
YIHL	Yearbook of International Humanitarian Law
ZaöRV	Zeitschrift für ausländisches öffentliches Recht und Völkerrecht
z.B.	zum Beispiel
ZIS	Zeitschrift für internationale Strafrechtsdogmatik
ZÖR	Zeitschrift für Öffentliches Recht
ZStW	Zeitschrift für die gesamte Strafrechtswissenschaft
ZUR	Zeitschrift fur Umweltrecht

Teil 1

Einführung

Die Präambel des Rom-Statuts vermag das Credo vieler Befürworter (oder Enthusiasten) internationaler Strafverfolgung relativ treffend wiederzugeben:

> *Affirming that the most serious crimes of concern to the international community as a whole must not go unpunished* and that their effective prosecution must be ensured by taking measures at the national level and by enhancing international cooperation.[1]

Sie stellt den Bezug her zwischen *per definitionem* ortsgebundenen Straftaten und der „internationalen Gemeinschaft" und betont die (aus den absoluten Straftheorien bekannte) Bedeutung strafrechtlicher Aufarbeitung von Systemunrecht. Der Autor würde diesen Satz allerdings gern folgendermaßen umformulieren:

> "Affirming that the most serious crimes should be of concern to the international community as a whole and should not go unpunished."

Diese Abwandlung soll zwei Aspekten Rechnung tragen. Sie berücksichtigt, dass die Internationalisierung der Strafverfolgung bis *dato* nur partieller Natur ist. Eine internationale Polizei oder vergleichbare *law enforcement agencies* existieren (noch) nicht. Zudem beinhaltet die Abwandlung das Eingeständnis, dass Strafrecht bei der Aufarbeitung von Systemunrecht sowohl an territoriale als auch an funktionale Grenzen stößt. Ob diese Abwandlung eher als pessimistisch oder als realistisch einzuordnen ist, bleibt dem Leser überlassen. Diese (wissenschaftlich-)kritische Grundhaltung liegt den folgenden Ausführungen zugrunde. Damit soll jedoch keine grundsätzliche Ablehnung gegenüber dem „Projekt Internationaler Strafgerichtshof" bekundet werden. Vielmehr soll die kritische Auseinandersetzung, auch oder insbesondere, wenn sie Widerspruch provoziert, einen Beitrag zur Optimierung des bestehenden Systems leisten.

I. Hintergrund und Forschungskonzept

Im Juli 2002 betrat ein neuer und bedeutender Akteur die internationale Bühne. Der Internationale Strafgerichtshof (IStGH) mit Sitz in Den Haag, Niederlande, nahm seine Arbeit auf. Viele Hoffnungen und hehre Ziele sind mit der Errichtung

---

[1] Hervorhebung des Autors. Im Folgenden werden völkervertragsrechtliche Normen stets in der englischen Sprachfassung zitiert, da die deutsche Fassung rechtlich nicht bindend ist. Auszüge aus der deutschen Sprachfassung sind im Anhang abgedruckt.

des Gerichtshofs verbunden. Bereits in der Präambel treten die Ambitionen der Institution deutlich zutage:

> Determined to put an end to impunity of these crimes and thus to contribute to the prevention of such crimes.

Im Sommer 2012 feierte der IStGH sein zehnjähriges Bestehen. Neben Lobpreisungen sind mittlerweile auch verstärkt kritische Stellungnahmen zum „project ‚against impunity'"[2] und dem quasi-religiösen Vertrauen in internationale Strafverfolgung[3] zu vernehmen. Ein bedeutender Anteil kritischer wissenschaftlicher Auseinandersetzungen mit der Tätigkeit der neuen internationalen Strafverfolgungsinstanz *par excellence* widmet sich dabei einer Thematik, die durchaus als ständiger Begleiter internationaler und nationaler Strafverfolgungsbemühungen bezeichnet werden kann. Während das eine akademische „Lager" die Bedeutung der Strafverfolgung zur Aufarbeitung von Systemunrecht und schwersten Menschenrechtsverletzungen hervorhebt und damit die friedensfördernde und stabilisierende Wirkung in den Vordergrund stellt *(peace through justice)*,[4] betonen einige Kritiker das Risiko kurzfristiger Destabilisierung *(peace vs. justice)*[5] und plädieren dementsprechend für Zurückhaltung bei der Strafverfolgung *(peace first, justice later)*.[6]

Diese Grundsatzdebatte dürfte auch für die Tätigkeit des IStGH von wiederkehrender Bedeutung sein. Anders als im Fall der sogenannten Vorgängerinstitutionen (IMT/FE,[7] ICTY,[8] ICTR,[9] SCSL,[10] ECCC,[11] Ost-Timor[12]), so zeigt die bisherige

---

[2] *Koskenniemi*, EJIL 2009, 9.

[3] *Tallgren*, EJIL 2002, 593: "International criminal law carries a kind of a religious exercise of hope that is stronger than the desire to face everyday life." Siehe auch *Prittwitz*, JRE 2003, 471 f.

[4] Beispielhaft *Evans*, Responsibility to Protect, S. 119: "The prosecutor's job is to prosecute, and he should go on with it, with bulldog intensity."

[5] Beispielhaft *Toope*, McGill L.J. 2000, 190: "I cannot imagine any sane ethical framework in which the punishment of perpetrators of extreme cruelty is preferable to prevention of their crimes."

[6] Überblick bei *Byrne*, European Review 2006, 490.

[7] International Military Tribunal („Nürnberger Prozesse") / International Military Tribunal for the Far East („Tokioter Prozesse").

[8] International Tribunal for the Prosecution of Persons Responsible for Serious Violations of Humanitarian Law Committed in the Territory of the Former Yugoslavia after 1991.

[9] International Criminal Tribunal for the Prosecution of Persons Responsible for Genocide and Other Serious Violations of International Humanitarian Law Committed in the Territory of Rwanda and Rwandan Citizens responsible for genocide and other such violations committed in the territory of neighbouring States, between 1 January 1994 and 31 December 1994.

[10] Special Court for Sierra Leone.

[11] Extraordinary Chambers in the Courts of Cambodia („Khmer-Tribunal").

[12] Special Panels of the Dili District Court.

Praxis, entfalten seine Organe ihre Aktivität in einem deutlich früheren Konfliktstadium.[13] Zudem dürfte dem IStGH auf Dauer eine stete Aufmerksamkeit und konsequente politische Unterstützung verwehrt sein, die *sine qua non* für die Durchführung von Verfahren ist. So beschreibt *Akhavan*, etwas zynisch und in der Absolutheit sicher fragwürdig, mögliche politische Rahmenbedingungen der IStGH-Tätigkeit wie folgt:

> "The view that dialogue with fanatical murderous leaders would somehow lead to a peaceful settlement is a chimera, often encouraged by an international community that is eager to insulate itself from genuine engagement in putting an end to atrocities."[14]

Die über mehrere Jahre hinweg angespannten Verhältnisse in Sudan (Darfur) und Uganda scheinen dafür paradigmatisch zu sein. So wundert es nicht, dass von verschiedenen Akteuren der nationalen und internationalen Politik sowie der lokalen Zivilgesellschaft der IStGH als (Mit-)Schuldiger für die mangelnden Fortschritte bei der Befriedung der zentralafrikanischen Region ausgemacht wurde. Stimmen in der politikwissenschaftlichen und völker(straf-)rechtlichen Literatur haben sich dieser Kritik angeschlossen und eine Beendigung oder Unterbrechung der Strafverfolgungstätigkeit des Gerichts (insbesondere in Uganda) angeregt bzw. gefordert – was seitens der Anklage des Gerichts mehrfach zurückgewiesen wurde. Stein des Anstoßes im Fall des Sudans ist die Befürchtung, dass der vom IStGH gegen den amtierenden sudanesischen Staatspräsidenten *Omar al-Bashir* erlassene Haftbefehl die Kooperationsbereitschaft der sudanesischen Regierung in Fragen der humanitären Hilfe zum Erliegen bringen könnte. Zudem sahen viele Kritiker den Friedensprozess zwischen Nord- und Süd-Sudan und die Friedensbemühungen in der Darfur-Region bedroht. Im Fall Ugandas wird dem IStGH von einigen Akteuren vorgeworfen, durch den Erlass und die Aufrechterhaltung der Haftbefehle gegen *Joseph Kony* und seine Getreuen eine konsensuale Friedenslösung unmöglich gemacht zu haben und damit die Bevölkerung in Uganda und den Nachbarländern der Gefahr weiterer militärischer Auseinandersetzungen und Völkerstraftaten ausgesetzt zu haben.

Aufgrund dieser schwerwiegenden Konsequenzen ist das Wirken des IStGH politisch, aber auch juristisch umstritten, und erfordert eine kritische Auseinandersetzung mit der Materie. Die juristische Auseinandersetzung ist dabei weitgehend

---

13 Dazu *Arsanjani/Reisman*, AJIL 2005, 385. Zur Problematik auch *A. Smith*, After Genocide, S. 215 f.; *Nerlich*, CLF 2011, 206.

14 *Akhavan*, AJIL 2005, 419. Zur Gefahr eines Rückzugs der internationalen Gemeinschaft aufgrund der Existenz des IStGH siehe *Anderson*, EJIL 2009, 334; *T. Smith*, IP 2002, 177 ff. Siehe auch *Mills*, GR2P 2009, 533: "The Prosecution Excuse": "[…] the ICC allowed – for a while anyway – the member states of the UN to avoid their responsibility to protect by engaging in their responsibility to prosecute […]." *Mégret*, EJIL 2002, 1279, weist jedoch auf die positive Seite hin, wenn er feststellt: "The irony, of course, is that the international community was in the end obliged to commit the resources it had for so long carefully avoided committing to the former Yugoslavia, precisely by the institution it had devised to escape its responsibilities."

(völker-)strafrechtsintern geblieben und steckt noch in den Kinderschuhen. Bisherige Debattenbeiträge werden dabei, so muss man feststellen, weder der fragmentarischen Natur des Völkerrechts noch der Komplexität des Gründungsstatuts des IStGH ausreichend gerecht.

Bei genauerer Betrachtung des Statuts fällt auf, dass es sich im Grunde um einen Vertrag mit (mindestens) vier äußerst umfangreichen und grundlegenden Regelungskomplexen handelt. Der Vertrag schafft zunächst ein mit Völkerrechtssubjektivität ausgestattetes Völkerrechtssubjekt. Daneben enthält er Regelungen zum Zusammenspiel der verschiedenen Organe, eine Verfahrensordnung und eine umfassende (wenn auch nicht abschließende) Bestimmung des anwendbaren materiellen Strafrechts. Die Tatsache, dass der IStGH als eigenständiger völkerrechtlicher Akteur auf internationaler Ebene agiert und dabei auch völkerrechtlichen *Pflichten* unterliegt, wird in der wissenschaftlichen Diskussion indes überwiegend ausgeblendet.

Zwei Schwächen der bisherigen Auseinandersetzung fallen besonders auf: die fehlgeleitete und simplifizierende Bezugnahme auf die alte Amnestiedebatte und die Konstruktion eines Antagonismus zwischen Recht und Politik. In steter Regelmäßigkeit wird auf die Frage der Amnestie eingegangen und undifferenziert deren Völkerrechtswidrigkeit betont. Die aus der Betrachtung dieser Fallkonstellation gewonnenen (oder besser behaupteten) Erkenntnisse werden dann auf die Tätigkeit des IStGH übertragen. Bei Amnestiegesetzen handelt es sich formal betrachtet jedoch um eine innerstaatliche Angelegenheit, weshalb ihnen grundsätzlich jegliche Bedeutung auf völkerrechtlicher Ebene abzusprechen ist. Doch auch wenn nur die Wertung eines (proklamierten) Amnestieverbots für die hiesige Fragestellung herangezogen werden soll, stößt man schnell an Grenzen. So sieht das Völkerrecht im Allgemeinen und menschenrechtliche Regelungen im Speziellen grundsätzlich divergierende Rechte und Pflichten für verschiedene Akteure vor. Was für das Verhalten staatlicher Akteure auf dem eigenen Territorium gilt, lässt sich nicht *ipso facto* auf extraterritorial agierende Akteure wie den IStGH übertragen.[15]

---

[15] Zur Betonung der Amnestie siehe bspw. *Ayat*, ICLR 2007, 421; *Dugard*, in: Cassese/Gaeta/Jones (Hrsg.), The Rome Statute, S. 700 ff.; *El Zeidy*, Mich. J. Int'l L. 2001, 940 ff.; *Greenawalt*, N. Y. U. J. Int'l L.& Pol., 614 ff.; *Hafner* u.a., EJIL 1999, 109 ff. siehe aber auch S. 112); *Kourabas*, U. C. D. J. Int'l L. & Pol. 2007, 79 ff.; *Mallinder*, Amnesty, Human Rights and Political Transition, S. 279; *Pillay*, in: Ankumah/Kwakwa (Hrsg.), African Perspectives, S. 13; *Radosavljevic*, LPICT 2008, 236, 240; *Scharf*, Corn. Int'l L. J. 1999, 521; *Ssenyonjo*, ICLR 2007, 375 ff.; *Stahn*, JICJ 2005, 699 ff.; *Wouters/Verhoeven*, in: Ankumah/Kwakwa (Hrsg.), African Perspectives, S. 152 f.; *van der Voort/Zwanenburg*, ICLR 2001, passim. Positiv dagegen die Hervorhebung bei *Ssenyonjo*, JCSL 2005, 426: "From an international law perspective, domestic amnesties are strictly a matter for national authorities and do not act as a bar to an investigation by the ICC." Sehr differenziert auch *Gropengießer/Meißner*, ICLR 2005, 281; *Seibert-Fohr*, Max Planck UNYB 2003, 564 ff. Hinzuweisen ist der Vollständigkeit halber auf die graduelle Differenzierung bei *Gavron*, ICLQ 2002, 107: "Amnesties are generally the result of a legislation, the overrul-

Der zweite Schwachpunkt der bisherigen wissenschaftlichen Auseinandersetzung ist sowohl bei den Befürwortern als auch bei den Kritikern der bestehenden Strafverfolgungspraxis auszumachen. So tendieren die Debattenbeiträge dazu, einen Gegensatz zwischen rechtlichem Vorgehen auf der einen Seite und politischem Vorgehen auf der anderen Seite zu konstruieren. Es mag kaum überraschen, dass Befürworter eines strikten strafrechtlichen Vorgehens Argumente für eine Verfahrenseinstellung als politischen Pragmatismus oder Realpolitik abstempeln. So hat *Pellet* einst zutreffend angemerkt:

> "In fact, what is called 'politicisation' only shows that the legal system is accepting rules and principles that the critics do not like."[16]

Allerdings ist zu bedauern, dass der beschriebene politische Konflikt nach Wissen des Autors auch von kritischen Stimmen nicht als normativer Konflikt debattiert wird. So befindet sich, zusätzlich zur UN-Charta und den regionalen und internationalen Menschenrechtsverträgen, mit der *Responsibility to Protect* (R2P) ein weiteres verstärkt präventiv ausgerichtetes (Gewohnheits-)Rechtsregime in der Entstehung. Neben dem praktisch-politischen Zielkonflikt zeichnet sich *prima facie* ein Normenkonflikt ab, der den Handlungsspielraum für strafrechtliche Interventionen eines externen Akteurs wie den IStGH maßgeblich mitprägt.

Während derzeit einzig Verfahren vor dem IStGH negative Auswirkungen auf Stabilisierungsbemühungen in Uganda und Sudan zu haben drohen, mag eine parallele Problematik auch bei Strafverfolgungsmaßnahmen seitens drittstaatlicher Strafverfolgungsbehörden (z.B. der Bundesrepublik Deutschland) auftreten. Auch diese agieren möglicherweise in einem normativen Spannungsverhältnis. Ein solches Spannungsverhältnis, so denn vorhanden, ist dabei grundsätzlich nicht als problematisch anzusehen. *Pauwelyn* stellt treffend fest, dass Konflikte keine Anomalie sind.[17] Das Ignorieren möglicher normativer Widersprüche ist jedoch eine Gefahr, die dem fragmentierten Völkerrecht inhärent ist. *Fischer-Lescano* und *Teubner* formulieren die Gefahr etwas zugespitzt wie folgt:

> „Vielmehr setzen die fragmentierten operativ geschlossenen Funktionssysteme der Weltgesellschaft in ihrem Expansionsdrang die eigentlichen Ursachen für die Probleme der Weltgesellschaft und sie bedienen sich zugleich des Weltrechts zur normativen Absicherung ihrer hochgezüchteten Bereichslogiken."[18]

Auch *Koskenniemi* und *Leinos* weisen darauf hin, dass Institutionen darauf abzielen, Partikularinteressen als Interessen der Allgemeinheit darzustellen.[19]

---

ing of which by the ICC would consequently involve a greater inroad into a state's jurisdiction […] than the overruling of prosecutorial discretion."

16 *Pellet*, Austr. YIL 1988, 41.

17 *Pauwelyn*, Conflicts of Norms, S. 12: "Conflict is, therefore, not an anomaly in the law, nor always an intended contradiction as between two expressions of legislative will."

18 *Fischer-Lescano/Teubner*, Regimekollisionen, S. 29.

19 *Koskenniemi/Leino*, LJIL 2002, 562: "In the language of political theory, the organs are engaged in a hegemonic struggle in which each hopes to have its special interests iden-

Dies soll jedoch einer wissenschaftlichen Auseinandersetzung nicht den Boden entziehen oder gar die Hoffnung auf eine differenzierte Völkerrechtsdebatte nehmen. Die Arbeit soll daher einen Beitrag zum derzeitigen Völkerrechtsdiskurs liefern. Dabei verfolgt sie vier Forschungsziele:

Erstes Ziel ist die, zwangsläufig skizzenhafte, Darstellung der politischen Lage in den beiden als Fallbeispiele ausgewählten Konflikten Uganda und Sudan (Darfur) unter besonderer Bezugnahme auf die Auswirkungen der Haftbefehle gegen *Joseph Kony u.a.* und *Omar al-Bashir.* Es soll geklärt werden, ob tatsächlich ein politischer Zielkonflikt zwischen strafrechtlicher Aufarbeitung und präventiven Interessen besteht. Hierzu müssen auch funktionelle Äquivalente zum klassischen Strafprozess und zur Kriminalstrafe in den Blick genommen werden. Zur Erreichung des *zweiten* Ziels ist zu klären, inwieweit aus dem angenommenen politischen Zielkonflikt ein Normenkonflikt für die hier in den Blick genommenen externen (potentiell) strafverfolgenden Akteure – IStGH und Bundesrepublik Deutschland – resultiert. In dem Zusammenhang soll ermittelt werden, welche Pflichten „von außen" auf diese beiden Völkerrechtssubjekte wirken. *Drittes* Ziel ist es zu klären, ob das Völkerrecht einen Vorrang der Strafverfolgung proklamiert oder ob das Strafrecht im Fall der Kollision mit präventiven Pflichten generell oder im Einzelfall zurückzutreten hat. Dafür soll die Arbeit eine Bestandsaufnahme völkerrechtlicher Kollisionsregeln liefern. Es soll herausgefiltert werden, welcher Pflicht die Völkerrechtssubjekte im Fall einer Kollision nachzukommen haben. Basierend auf der Annahme, dass der hier zu erwartende Normenkonflikt nur durch eine Einzelfallabwägung aufgelöst werden kann, ist es *viertes* Ziel der Arbeit zu erfassen, inwieweit das Ergebnis dieser Konfliktauflösung in den internen Verfahrensordnungen der beiden Völkerrechtssubjekte rezipiert werden kann.

Die Arbeit ist von der Erkenntnis geleitet, dass sowohl das nationale als auch das internationale Strafrecht in Fällen von Systemunrecht und in fragilen Gesellschaften sowohl an funktionale als auch territoriale Grenzen stoßen. Erklärtes Ziel einer globalisierten Justiz war es daher stets, Schwächen nationaler Strafverfolgungsansätze durch Kooperation zu überwinden und fragile oder verfolgungsunwillige Staaten durch internationalen Druck und *capacity building* auf Kurs zu bringen. Die Globalisierung der Justiz vermag jedoch nicht bei allen Problemen Abhilfe zu schaffen. Zudem sehen sich global(isiert)e Strafverfolgungsmaßnahmen neuen Herausforderungen ausgesetzt. Paradigmatisch dafür ist die aus der mangelnden Internationalisierung der *law enforcement*-Mechanismen resultierende Lücke zwischen dem Willen zur Strafverfolgung und den Realitäten mangelnder Kooperationsbereitschaft bürgerkriegsgeprägter und -geplagter Gesellschaften und internationaler „Realpolitik". Zudem bieten internationale Strafverfolgungsbemühungen aufgrund mangelnder demokratischer und kultureller Rückkopplung Anlass, deren

tified with the general interest." Ähnlich auch *Anderson*, EJIL 2009, 350; *Mégret*, EJIL 2002, 1274.

Legitimität und Opportunität zur Lösung intra- und intergesellschaftlicher Konflikte infrage zu stellen. So verwundert es nicht, dass in der reichlich vorhandenen, aber oftmals unstrukturierten Fachliteratur verschiedene alternative Konfliktlösungsmechanismen der konsensualen Konfliktbeilegung thematisiert wurden. Solche sind (zumeist) für die Konfliktparteien akzeptabler als die Durchführung klassischer Strafprozesse. Das Forschungsprogramm „Grenzen des Strafrechts" des Max-Planck-Instituts für ausländisches und internationales Strafrecht greift diese Frage ebenso auf wie das Forschungskonzept der *International Max Planck Research School on Retaliation, Mediation and Punishment*. Hiermit soll in diesem Rahmen einen Beitrag zur Strukturierung geliefert werden.

Die Arbeit basiert auf einer Norm-, Rechtsprechungs-, Literatur- und Presseanalyse. Sie wird ergänzt durch eine Untersuchung rechtlich unverbindlicher internationaler Dokumente und staatlicher Stellungnahmen, um, einem modern-positivistischen Ansatz folgend, den Umfang relevanter völkergewohnheitsrechtlicher Normen bestimmen zu können. Zur Erreichung der Forschungsziele wurde folgender Gang der Darstellung gewählt: Nachdem im Rahmen der Einleitung einige grundlegende Fakten zum IStGH präsentiert werden und auf das der Arbeit zugrunde liegende Völkerrechtsverständnis eingegangen wird, widmet sich Teil 2 ausführlich den beiden gewählten Fallbeispielen. Dabei soll einem kurzen Überblick zu den Konfliktursachen eine Betrachtung des Wirkens des IStGH und dessen (positiver und negativer) Effekte auf die Krisenregionen Uganda und Sudan (Darfur) folgen. In Teil 3 wendet sich die Arbeit dann dem IStGH und der Bundesrepublik Deutschland zu. Beide externen Akteure haben durch Strafverfolgungsbemühungen auf das Geschehen in Uganda und Sudan (Darfur) eingewirkt oder könnten dies tun. Daher soll in diesem Teil analysiert werden, welche Rechte externen Akteuren zustehen und welchen völkerrechtlichen Pflichten sie unterliegen. Teil 4 widmet sich im Wege eines Vorgriffs der Frage, ob einem Zielkonflikt durch den Einsatz funktioneller Äquivalente zur klassischen Strafverfolgung ausgewichen werden kann. Dafür ist das Recht zur extraterritorialen Strafverfolgung zu dekonstruieren. Im anschließenden Teil 5 wird thematisiert, ob der unvermeidbare Normenkonflikt zwischen Repression und Prävention aufgelöst werden kann. Ein Panoplie von Konfliktlösungsregeln im Völkerrecht wird auf die Relevanz für die Fallfrage hin analysiert. Dabei wird gleichzeitig ein Überblick über Normenkonflikte im Völkerrecht gegeben. In Teil 6 kehrt die Arbeit zu (potentiellen) Verfahren vor dem IStGH und deutschen Strafverfolgungsbehörden zurück, um aufzuzeigen, wie sich abstrakte normative Konfliktkonstellationen in konkreten Verfahrensentscheidungen widerspiegeln und diese beeinflussen. Der abschließende Teil 7 stellt alternative Stellschrauben zur Konfliktvermeidung dar und wagt einen Blick in die Zukunft.

II. Einführung zum IStGH

Der IStGH ist zweifellos der zentrale Akteur, wenn die strafrechtliche Ahndung von Völkermord, Verbrechen gegen die Menschlichkeit und schwerer Kriegsverbrechen im 21. Jahrhundert im Mittelpunkt der Betrachtung steht. Während sich die Tätigkeit der *ad hoc*-Tribunale ICTY und ICTR aufgrund der *Completion Strategy* des UN-Sicherheitsrats[20] mittlerweile langsam dem Ende nähert und die Strafprozesse in Kambodscha und Sierra Leone nur bruchstückhaft die Aufmerksamkeit der Medien genießen, erfahren die „ersten Schritte" des IStGH eine rege mediale, politische und wissenschaftliche Beachtung. Die mittlerweile gut zehnjährige Existenz des Gerichts, die ersten Entscheidungen der Richter und die strategische Positionierung der Anklage wurden teils enthusiastisch, teils kritisch beleuchtet. Obwohl bis *dato* erst eine Verurteilung erfolgte und nur ein kleiner Teil der Fälle überhaupt das Verfahrensstadium erreicht hat, ist eine Fülle von Normen des Rom-Statuts und deren Interpretation Objekt wissenschaftlicher Auseinandersetzungen geworden. Im Sommer 2010 auf der Überprüfungskonferenz in Kampala (Uganda) wurden zudem einige Erweiterungen des bereits 128 Artikel umfassenden Rom-Statuts in Aussicht gestellt.

Diese Arbeit kann nur Ausschnitte der bisherigen Praxis beleuchten. Praktische Erfahrungen und umstrittene Norminterpretationen sollen nur dann Gegenstand der Betrachtung sein, wenn sie für die oben aufgeworfene Frage von Relevanz sind. Hilfreich erscheint es jedoch, in gebotener Kürze einige grundlegende Fakten zur Gründung des IStGH und zur Ausgestaltung des Rom-Statuts im Rahmen der Einführung zu präsentieren, um Wiederholungen und Unklarheiten vorzubeugen.

A. Entstehungsgeschichte

Die internationale Ahndung schwerster Verbrechen ist historisch betrachtet von Zurückhaltung und Selektivität geprägt. Die Nürnberger und Tokioter Prozesse dienten der Aburteilung der Verbrechen der Achsenmächte, waren jedoch auf dem alliierten Auge blind. Die Internationalität der Gerichte ist zudem nicht unumstritten, waren auf der Richterbank und im Anklageteam doch nur Vertreter der Siegermächte vertreten. Die juristisch oft wenig präzise als Kriegsverbrecherprozesse betitelten Strafverfahren vor dem ICTY nahmen schwerpunktmäßig Taten serbischer, bosnisch-serbischer und in geringerem Umfang kroatischer, bosnischer und kosovarischer Bürgerkriegsparteien in den Blick. Die NATO-Luftangriffe wurden vom Tribunal strafrechtlich nicht geahndet, was einen „Beobachter" gar von *apartheid judiciaire*[21] hat sprechen lassen. Der ICTR widmete sich der Aufarbeitung des

---

[20] Dazu *Riznik*, AdV 2009, passim.

[21] So der Titel eines Buches von *Jacques Vergès* und *Pierre Marie Gallois*.

Völkermordes in Ruanda. Das Verhalten der *Rwandan Patriotic Front* unter der Leitung des derzeitigen ruandischen Präsidenten *Paul Kagame* wurde nicht näher betrachtet. Die (politische) Mitverantwortlichkeit externer Kräfte wurde ebenfalls nicht zum Gegenstand der Untersuchung gemacht. Andere Konflikte wurden, sicherlich auch als Resultat des Kalten Krieges, komplett ausgeblendet.

Aus der bereits in der Völkermordkonvention von 1948 angelegten Idee eines ständigen, universell zuständigen Strafgerichts wurde erst mit der Bevollmächtigtenkonferenz in Rom im Jahr 1998 und der Hinterlegung der sechzigsten Ratifikationsurkunde im Sommer 2002 Realität. Bis heute sind 121 Staaten der Welt Mitglied des sogenannten Rom-Statuts geworden.[22] *Nerlich* sieht dies bereits als Beweis einer steigenden Bedeutung des IStGH auf dem internationalen Parkett.[23] Während aber die Zustimmung im EU-Raum mit dem Beitritt der Tschechischen Republik im Juli 2009 absolut ist und die lateinamerikanischen Staaten das Statut fast vollständig ratifiziert haben, klaffen in anderen Erdteilen ganz beträchtliche Lücken. Der arabisch-persische Raum hat die Ratifikation fast gänzlich verweigert. Gleiches gilt für die Weltmächte USA, die Volksrepublik China, Indien, Russland sowie das weltpolitisch bedeutsame Israel. Doch ist aus der großen Anzahl von Ratifikationen auf dem afrikanischen Kontinent die Hoffnung erwachsen, dass sich auch Staaten den Regeln des Statuts unterwerfen, für welche die Tätigkeit des IStGH von tatsächlicher Bedeutung sein kann. Es lässt sich insgesamt festhalten, dass der IStGH zwar auf Universalität *angelegt* ist, von einer solchen allerdings noch (weit) entfernt ist.

Anders als im Fall der *ad hoc*-Tribunale, die aufgrund der UN-Sicherheitsratsresolutionen 808 (1993) und 955 (1994) zumindest formell als Teil des UN-Systems zu sehen sind und damit an einen staatlichen Willensakt (Beitritt zu den Vereinten Nationen) rückgekoppelt sind, ist der IStGH durch die partielle Mitgliedschaft in seiner Wirkungsmöglichkeit beschränkt. Die Regel des *pacta tertiis nec nocent nec prosunt* darf nicht aus dem Blickfeld geraten. Es gibt jedoch gute Gründe, den IStGH als Schritt in die richtige Richtung zu sehen. So sprechen neben der Selektivität bisheriger Strafverfolgungsbemühungen und dem daraus resultierenden Legitimitätsverlust auch die hohen Kosten von *ad hoc*-Tribunalen für eine dauerhafte Lösung – auch wenn dies bedeutet, ein Versagen der „internationalen Gemeinschaft" bei der Verhinderung derartiger Taten einzugestehen. Für die Tatsache, dass auch in Zukunft Bedarf für internationale Strafverfolgungsbemühungen besteht, sprechen die bereits gegen über 20 Personen eingeleiteten Verfahren Bände.[24] Zudem vermag einzig eine permanente Institution die Hoffnung zu nähren, dass die (regelmäßige) Durchführung von Strafverfahren auf mittlere oder lange Sicht abschreckende Wirkung entfaltet. Die Errichtung einer permanenten Institution ist also logische Konsequenz der bisherigen Entwicklung des Völkerstrafrechts.

---

22 Stand: Oktober 2012.

23 *Nerlich*, CLF 2011, 204.

24 Stand: April 2011.

B. Zuständigkeit ratione materiae und ratione temporis

Um dem im Zusammenhang mit den Nürnberger Prozessen erhobenen Vorwurf rückwirkender Anwendung von Strafrechtsnormen für Verfahren vor dem IStGH vorzubeugen, beschränkt Art. 11 RS die zeitliche Zuständigkeit auf Taten, die nach dem Inkrafttreten des Statuts begangen wurden. Abs. 2 regelt die zeitliche Zuständigkeit des Gerichts im Fall einer nachträglichen Ratifikation des Statuts.[25] Mit der Ausformulierung eines Straftatenkatalogs dürfte der IStGH zudem nun auch die Vorgaben des *nulla poene sine lege stricta scripta* erfüllen.

Art. 5 RS bestimmt die Zuständigkeit *ratione materiae* des Gerichts. Obwohl der erneute Anlauf zur Errichtung eines ständigen Strafgerichtshofs von den karibischen Staaten ausging, die die Ahndung von Straftaten im Zusammenhang mit dem internationalen Drogenhandel anstrebten,[26] sollte sich das Gericht den bereits von den Vorgängerinstitutionen bekannten Delikten widmen: Völkermord, Verbrechen gegen die Menschlichkeit und Kriegsverbrechen. Während die Zuständigkeit im Hinblick auf Völkermord und Verbrechen gegen die Menschlichkeit uneingeschränkt gegeben ist, sieht Art. 124 RS die Möglichkeit vor, die Zuständigkeit des Gerichts für Kriegsverbrechen für die ersten sieben Jahre per staatlicher Erklärung zu beschränken. Im Hinblick auf den Tatbestand der Aggression konnte bei der Überprüfungskonferenz im Sommer 2010 in Kampala eine Einigung über die Definition der Aggression erzielt werden. Bis *dato* ist dem Gericht eine Aburteilung von Aggressionsverbrechen allerdings noch untersagt.[27] Andere Taten, die oft dem Völkerstrafrecht zugeordnet werden (insbesondere Folter, Piraterie), können vom IStGH nicht geahndet werden; es sei denn, sie werden als Tathandlung eines der drei bereits erwähnten Delikte geahndet (vgl. z.B. Art. 7 (1) (f) oder Art. 8 (2) (a) (ii) RS).

Um eine Überlastung des Gerichts zu vermeiden, regelt Art. 17 (1) (d) RS zudem die Unzuständigkeit, wenn „[…] die Sache nicht schwerwiegend genug ist, um weitere Maßnahmen des Gerichtshofs zu rechtfertigen".[28] Eine den *ad hoc*-Tribunalen vergleichbare Verfolgungsbreite soll und wird der IStGH nicht leisten können. Erwähnt werden soll im Hinblick auf die Zuständigkeit *ratione materiae*, dass neben Straftatbeständen, die durch die *Elements of Crime* (dazu Art. 9 RS) ergänzt werden, auch Regeln des Allgemeinen Teils im Statut ausführlich Erwähnung finden. So werden u.a. Formen der Täterschaft (Art. 25 RS), das subjektive Element der Straftat (Art. 30 RS), Irrtümer (Art. 32 RS), die Unterlassensstrafbarkeit des Vorgesetzten (Art. 28 RS) sowie Strafausschließungsgründe und die Frage der

---

[25] Krit. *A. Smith*, After Genocide, S. 204.

[26] Dazu *Johnson*, Peace without Justice, S. 93 ff. Zur Frage des Terrorismus als eigenständiges Delikt siehe Ausführungen S. 66 ff.

[27] Dazu ausführlich *Kreß/von Holtzendorff*, VN 2010, passim.

[28] *El Zeidy*, Mich. J. Int'l L. 2001, 905. Dazu ausführlich *Sácouto/Cleary*, Am. U. Int'l L. Rev. 2007, passim; *Schabas*, JICJ 2008, 736 ff.

Schuldfähigkeit thematisiert (Art. 31 RS). Daneben werden spezifische Errungenschaften der Strafrechtsentwicklung bei der Aburteilung von Systemunrecht betont. So kann sich gemäß Art. 33 RS bei der Begehung von Völkermordakten oder Verbrechen gegen die Menschlichkeit niemand auf Befehle von Vorgesetzten berufen. Auch im Fall von Kriegsverbrechen führt der Verweis auf Befehlsgehorsam nur in Ausnahmefällen zur Straflosigkeit. Bei der Ausgestaltung des materiellen Strafrechts konnte in besonderem Maß auf die Erfahrungen der *ad hoc*-Tribunale zurückgegriffen werden. Als Zeichen für eine gelungene Ausgestaltung kann gewertet werden, dass Staaten bei der Anpassung des nationalen Rechts häufig auf die Regelungen des Statuts zurückgegriffen haben. Das deutsche Völkerstrafgesetzbuch orientiert sich beispielsweise stark an dem im Rom-Statut vorgegebenen Rahmen.

C. Der trigger mechanism

Einer der kritischsten Punkte der Debatten in Rom betraf die Frage, wann und wie der IStGH tätig werden sollte. Besondere Aufmerksamkeit galt dabei der sogenannten *proprio motu*-Zuständigkeit des Chefanklägers, ein Verfahren selbstständig einzuleiten. Obwohl sich einige Staaten, insbesondere die USA, mit Verweis auf eine mögliche Politisierung des Amts des Chefanklägers und mögliche Auswirkungen auf die Tätigkeit des UN-Sicherheitsrats vehement gegen eine derartige Zuständigkeit einsetzten, konnten sich die sogenannten *like-minded states* (unter ihnen auch die Bundesrepublik Deutschland)[29] und die vielen aktiven Nichtregierungsorganisationen[30] durchsetzen und in Art. 13 (c) RS eine sehr weitgehende Befugnis des Chefanklägers zur Verfahrenseinleitung festschreiben.[31] Die Vorverfahrenskammer hat in einem solchen Fall die Einleitung von Ermittlungen nach Art. 15 (3)–(5) RS zu genehmigen.[32]

Art. 13 (a) RS sieht vor, dass die Initiative auch von einem Mitgliedstaat des Statuts ausgehen kann. Die Befassung einer rechtsprechenden Institution durch einen Mitgliedstaat ist im Bereich des Menschenrechtsschutzes nicht unüblich.[33] Der weite Wortlaut des Art. 13 (a) RS hat aufgrund der Praxis der sogenannten *self-referrals* allerdings für viel Verwirrung gesorgt.[34] Unter *self-referrals* wird die

---

[29] Dazu *Brubacher*, JICJ 2004, 73 f.

[30] A.a.O., 73; *Côté*, JICJ 2005, 163; *Danner*, AJIL 2003, 514.

[31] Siehe zu den Diskussionen bspw. *Danner*, AJIL 2003, 513 ff.; *Fernandez de Gurmendi*, in: Politi/Nesi (Hrsg.), The Rome Statute, S. 55–57; *Gallavin*, CLF 2006, 44 ff.; *Goldstone/Fritz*, LJIL 2002, 657 f.; *Wouters* u.a., ICLR 2008, 279 ff.

[32] Zu den Grenzen einer derartigen Kontrolle siehe *Danner*, AJIl 2003, 520.

[33] Zu den daher geringen Erwartungen siehe *Müller/Stegmiller*, JICJ 2010, 1268 f. Zur Debatte siehe exemplarisch *Kirsch/Robinson*, in: Cassese/Gaeta/Jones (Hrsg.), The Rome Statute, S. 620 ff.

[34] Dazu unten Teil 7, I.A.

Fallkonstellation verstanden, dass ein Staat den Chefankläger auffordert, (mutmaßliche) Verbrechen auf dem *eigenen* Territorium zu untersuchen.

Die dritte Möglichkeit der Verfahrenseinleitung ist eine Verweisung seitens des UN-Sicherheitsrats gemäß Art. 13 (b) RS i.V.m. Kap. VII der UN-Charta. Die Besonderheit einer SR-Verweisung ist, dass die Beschränkung des Art. 12 (2) RS auf das Territorialitäts- und aktive Personalitätsprinzip nicht einschlägig und die örtliche Zuständigkeit des IStGH damit potentiell universell ist. Neben der territorialen Ausweitung der Zuständigkeit kann, je nach Formulierung der SR-Resolution, auch das Kooperationsregime erweitert werden. So kann der Sicherheitsrat Drittstaaten zur Kooperation mit dem Gericht verpflichten. Zudem sind Auswirkungen auf Immunitäten von Amtsträgern von Drittstaaten durch eine SR-Resolution möglich.[35] Nach der Konzeption des Statuts (Art. 115 (b)) beinhaltet eine SR-Verweisung außerdem eine finanzielle Lastenverteilung.

Für alle drei *trigger mechanisms* gilt, dass im Rahmen einer Verfahrenseinleitung zunächst nur eine sogenannte Situation, nicht aber Einzelfälle oder gar Taten bestimmter Individuen in den Blick genommen werden. Das Merkmal der *situation* ist nicht klar definiert.[36] Akzeptiert wurde, dass die territoriale Dimension nicht zwangsläufig mit Landesgrenzen übereinstimmen muss. So können, wie die Beispiele Kongo, Uganda und Sudan zeigen, einzelne konfliktträchtige Regionen zum Gegenstand der Untersuchung gemacht werden, ohne die Ermittlungen auf mögliche völkerstrafrechtlich relevante Geschehnisse im gesamten Land auszuweiten. Ebenfalls unklar ist die zeitliche Dimension. Während die Zuständigkeit des Gerichts für die Vergangenheit entweder durch die Vorgaben des Statuts oder die Verweisung (so im Fall Libyens) determiniert ist, erscheint es nach wie vor unklar, wann eine Verweisung „ausläuft". Einigkeit besteht jedoch darüber, dass potentiell Straftaten aller Konfliktparteien Gegenstand der Untersuchungen sein können. Nur dadurch kann die Unabhängigkeit der Anklage gewährleistet und eine Instrumentalisierung derselben verhindert werden.[37] Zum heutigen Zeitpunkt befasst sich der IStGH formell mit sieben Situationen: (Nord-)Uganda, Zentralafrikanische Republik, Demokratische Republik Kongo, Sudan (Darfur), Kenia, Libyen und Mali. Die Ermittlungen bzgl. Sudan und Libyen erfolgten aufgrund einer SR-Verweisung. Im Fall Kenias hat der Chefankläger von seiner *proprio motu*-Kompetenz Gebrauch gemacht. Die restlichen vier Fälle beruhen auf Staateneigenverweisungen.

---

[35] Dazu unten Teil 5, V.B.1.a)cc).

[36] Zu bestehenden Unklarheiten bei der Bestimmung des Begriffs *situation* siehe *Kirsch/Robinson*, in: Cassese/Gaeta/Jones (Hrsg.), The Rome Statute, S. 625. Ausführlich auch *Frau*, Das Verhältnis zwischen IStGH und Sicherheitsrat, S. 129–167.

[37] *Gallavin*, CLF 2006, 48; *Olásolo*, ICLR 2003, 99. Letzterer sieht die Festlegung auf Situationen ebenfalls als einen Kontrollmechanismus im Hinblick auf möglicherweise politisch motiviertes Vorgehen des Anklägers, vgl. S. 100.

D. Das Verhältnis zu den Vereinten Nationen

Der IStGH ist offiziell nicht Teil des UN-Systems. Dies bedeutet jedoch nicht, dass sich die Tätigkeit beider Institutionen strikt voneinander trennen ließe. Wo Kriegsverbrechen oder Völkermord begangen werden, ist (oder wäre) ebenfalls ein Tätigwerden der Vereinten Nationen zu erwarten. So ist es nicht verwunderlich, dass in der Mehrzahl der Konfliktherde, bei denen sich der IStGH eingeschaltet hat, auch UN-Friedensmissionen aktiv sind. In der Demokratischen Republik Kongo ist mit der MONUSCO (früher MONUC) eine der größten Blauhelmtruppen im Einsatz; im Sudan ist sowohl die UNMIS (jetzt UNMISS im Süd-Sudan) als auch die Hybridmission mit der Afrikanischen Union UNAMID aktiv; die Zentralafrikanische Republik fällt in den Zuständigkeitsbereich der MINURCAT.[38] Die Schaffung von Frieden und Sicherheit ist erklärtes Ziel beider Institutionen. Dementsprechend war es allen Verhandlungspartnern in Rom bewusst, dass den Vereinten Nationen und insbesondere dem Sicherheitsrat gewisse Einwirkungsmöglichkeiten auf die Tätigkeit des Gerichts zugestanden werden müssen. Dabei galt es sowohl die „politische Neutralität" des Gerichts zu ermöglichen als auch die Gestaltungsmöglichkeiten des UN-Sicherheitsrats weitgehend zu wahren. Schlussendlich einigte man sich auf eine Kompromisslösung, die, wie an späterer Stelle noch detailliert thematisiert wird, das Verhältnis zwischen beiden Institutionen regelt. Ergänzt werden die Regeln des Rom-Statuts durch das sogenannte *Relationship Agreement*, welches teilweise noch durch *Memoranda of Understanding* mit einzelnen UN-Friedensmissionen ausdifferenziert wird.[39]

Das Statut enthält elementare Regelungen, die das Verhältnis zwischen dem IStGH und den UN prägen. Art. 13 (b) RS sieht die bereits erwähnte Möglichkeit einer Situationsverweisung an den IStGH durch den UN-Sicherheitsrat vor. Damit kann der Sicherheitsrat nicht nur die Aufmerksamkeit auf einen bestimmten Konfliktherd lenken und die Strafverfolgung begangener Taten quasi durch *Outsourcing* betreiben. Er schafft mit der Feststellung, die von ihm in den Blick genommenen Taten hätten friedensbedrohliches Potential, auch Fakten, die für den Gerichtshof und dessen Chefankläger zwar keine direkte rechtliche Bindung entfalten, eine Einstellung der Ermittlungen aufgrund mangelnder Schwere gemäß Art. 53 (1) (b) i.V.m. Art. 17 (1) (d) RS jedoch unwahrscheinlich erscheinen las-

---

[38] Siehe dazu auch die Einschätzung von *Arsanjani/Reisman*, AJIL 2005, 399.

[39] Es mangelt im Hinblick auf die Existenz möglicher Memoranda an Transparenz. Einzig ein *Memorandum of Understanding* mit der MONUC im Kongo geriet im Zuge des *Lubanga*-Verfahrens an die Öffentlichkeit, vgl. Memorandum of Understanding (MoU) between the United Nations and the International Criminal Court Concerning Cooperation between the United Nations Organization Mission in the Democratic Republic of the Congo and the International Criminal Court, adopted 8 November 2005. Dem Autor wurde zudem mitgeteilt, dass weder UNMIS noch UNAMID ein derartiges Abkommen mit dem IStGH unterzeichnet haben. Zur Thematik siehe auch *Nerlich*, CLF 2011, 203.

sen.[40] Zudem ermöglicht eine SR-Verweisung die Durchführung von Verfahren gegen Angehörige aus Nichtmitgliedstaaten. So sind sowohl der sudanesische als auch der libysche Bürgerkrieg in den Fokus der Strafverfolger des IStGH geraten. Verfahren aufgrund von Verweisungen des Sicherheitsrats stehen politisch und juristisch unter anderen Vorzeichen als sonstige Verfahren. Man kann somit mit *Fletcher* und *Ohlin* feststellen: "The ICC is truly two courts in one."[41]

Daneben sieht das Statut vor, dass der Sicherheitsrat gemäß Art. 16 RS Verfahren und Ermittlungen vor dem IStGH für zwölf Monate auf Eis legen kann. Darauf wird an anderer Stelle ausführlich eingegangen. Noch zu erwähnen ist im Hinblick auf das Verhältnis beider Institutionen, dass auch das materielle Strafrecht den *Peacekeepern* der UN besonderen Schutz zukommen lässt und bereits Verfahren wegen Angriffen auf *Peacekeeper* gegen *Bahar Idriss Abu Garda* (*United Resistance Force*, Rebellengruppe in Darfur),[42] *Abdallah Banda Abakaer Nourain* (*Justice and Equality Movement*, Rebellengruppe im Darfur) und *Saleh Mohammed Jerbo Jamus* (*Sudan Liberation Army (Unity), Justice and Equality Movement,* Rebellengruppen in Darfur) eingeleitet wurden.[43]

Das *Relationship Agreement* regelt primär die Zusammenarbeit beider Organisationen bei der Informationsgewinnung und Logistik. Trotz der darin bekundeten engen Kooperationsbereitschaft lässt die Kooperation faktisch allerdings zu wünschen übrig. So ist bis *dato* nur ein Zusammenwirken der MONUC (jetzt MONUSCO) mit dem Gericht bekannt geworden. Zudem ist zu bemängeln, dass sich das derzeitige Verhältnis beider Institutionen zueinander für die Weltöffentlichkeit nur schwer nachvollziehen lässt. Transparenz ist, aufgrund der heiklen Materie sicherlich in Teilen nachvollziehbar, kaum gegeben. Das Verhältnis zwischen IStGH und UN ist demnach als ungeklärt zu bezeichnen.

---

40 *Fletcher/Ohlin*, JICJ 2006, 431. Sie verweisen zu Recht darauf, dass Art. 17 (1) (d) RS sich auf einen Fall und nicht auf eine Situation bezieht. Betrachtet man aber Art. 53 (1) RS, so muss man feststellen, dass im Zeitpunkt der Entscheidung noch nicht zwingend eine Festlegung auf Einzelfälle vorliegen muss, weshalb Art. 17 (1) (d) RS Bedeutung für die gesamten Ermittlungen hat. Ob eine Verweisung des Sicherheitsrats, wie *Fletcher/Ohlin*, JICJ 2006, 431 ff., behaupten, zudem auch eine Beschränkung des Komplementaritätsprinzips bedeutet, soll hier nicht weiter thematisiert werden, ist allerdings kritisch zu sehen. Der Sicherheitsrat könnte mit einer Verweisung auch Druck auf nationalstaatliche Behörden ausüben wollen, damit diese Maßnahmen ergreifen und Verfahren einleiten. So im Ergebnis auch *Frau*, Das Verhältnis zwischen IStGH und Sicherheitsrat, S. 224. Zum Thema siehe auch *Pichon*, ICLR 2008, 188 ff.; *El Zeidy*, Mich. J. Int'l L. 2001, 937 ff.

41 *Fletcher/Ohlin*, JICJ 2006, 433.

42 Die Anklagepunkte wurden von der Vorverfahrenskammer nicht bestätigt. Siehe zu den politischen Reaktionen ST, „Mystery surrounds the appearance of Darfur rebel commanders at ICC", vom 5.2.2010; ST, „ICC judges reject appeal on charges against Darfur rebel leader", vom 27.4.2010.

43 Zum Verfahren gegen Letztere siehe ST, „ICC confirmation hearing for Darfur rebels postponed till next month", vom 24.10.2010.

III. Rechtsquellen und Rechtsinterpretation im Völkerrecht

Während sich bei einer Arbeit zum nationalstaatlichen Recht eine Befassung mit Grundlagenthemen wie der Rechtsquellenlehre und den Interpretationsregeln erübrigen mag, erscheint es bei einer völkerrechtlich geprägten Arbeit unerlässlich, zumindest kurz darauf einzugehen. Insbesondere die völkerrechtliche Rechtsquellenlehre ist Gegenstand einer intensiv und leidenschaftlich geführten Debatte in der einschlägigen Literatur. Die verschiedenen Konzeptionen des Völkerrechts treten dabei besonders dann zutage, wenn der Blick vom Völkervertragsrecht zum Völkergewohnheitsrecht und den allgemeinen Rechtsprinzipien weiterwandert. Ein einheitliches Verständnis im Hinblick auf diese Rechtsquellen konnte bis zum heutigen Tag nicht hergestellt werden.

Komplexer wird die Thematik noch dadurch, dass eine klare Trennung von Rechtsinterpretation und Rechtsschaffung bzw. -fortbildung kaum möglich ist. Die fließenden Übergänge gelten dabei sowohl bei der Interpretation von Völkervertragsrecht als auch im Zusammenhang mit Völkergewohnheitsrecht. *Koskenniemi* hat treffend formuliert:

> "What is being put forward as significant and what gets pushed into the darkness is determined by the choice of the language through which the matter is looked at […]."[44]

Wessel weist demgemäß darauf hin, dass es im Völkerrecht einfacher möglich ist, eine angestrebte *lex ferenda* als *lex lata* darzustellen.[45] Dabei muss es sich nicht zwangsläufig um eine bewusste Politisierung des Völkerrechts seitens der Akteure handeln, auch wenn teilweise gewisse Agenden kaum zu negieren sind. Sicherlich ebenso entscheidend ist, dass viele Personen, die in diesem Feld tätig sind, durch ihre Ausbildung geprägt sind und daher dazu neigen mögen, ihnen Bekanntes zu „importieren".[46] Dies gilt ebenso für die Mitarbeiter internationaler Organisationen.[47]

Völker(gewohnheits)recht ist damit in besonderem Maß determiniert durch politische, wissenschaftliche und Praktikerdiskurse. Dabei wundert es nicht, dass viele Standpunkte von „Völker(straf)rechtslegionären" eingenommen werden und diese ihre Botschaften in wechselnden Eigenschaften verkünden. So ist es durchaus nicht ungewöhnlich (und auch nicht *per se* zu kritisieren), dass es Wissenschaftler in die Praxis zieht und Praktiker in der Wissenschaft Karriere machen.[48] Nicht selten ist zudem, dass Diplomaten auf den Richterstuhl wechseln. Es darf auch nicht unbeachtet bleiben, dass Nichtregierungsorganisationen ebenfalls die Fortentwick-

---

44 *Koskenniemi*, EJIL 2009, 11.

45 *J. Wessel*, Colum. J. Transnat'l L., 437.

46 *Grover*, EJIL 2010, 547 f. m.w.N.

47 Siehe dazu auch *Klabbers*, NJIL 2001, 315.

48 Zum Background der Richterschaft des IStGH siehe *J. Wessel*, Colum. J. Transnat'l L., 449 f.

lung des (Gewohnheits-)Rechts in besonderem Maß prägen.[49] Dabei fällt bereits bei einem kurzen Blick auf die Homepages von *Amnesty International* und *Human Rights Watch* auf, dass derartige Organisationen sich nicht mit einer Faktendokumentation und politischen Forderungen begnügen. Eine juristische Analyse wird gleich mitgeliefert und fließt so in den Völkerrechtsdiskurs ein.

Im Rahmen der Arbeit wird darüber nachgedacht, welches Verständnis von Völkerrecht im Allgemeinen und Völkergewohnheitsrecht im Speziellen zugrunde zu legen ist. Folgte man besonders kritischen Stimmen aus dem rechtstheoretischen Lager, so ließe sich zwar aus den Schwächen völkergewohnheitsrechtlicher Konzepte die Konsequenz ziehen, Völkergewohnheitsrecht als Rechtsquelle zu ignorieren. Es gilt jedoch zu bedenken, dass regelmäßig versucht wird, staatliches Handeln mit Verweisen auf Völkergewohnheitsrecht zu legitimieren bzw. zu delegitimieren. Wie im Folgenden auch in Teilaspekten aufgezeigt werden wird, stellt sich zudem das Völkerstrafrecht als Produkt einer völkergewohnheitsrechtlichen Fortentwicklung des Rechts dar. Es lässt sich ohne Zweifel behaupten, dass das Rom-Statut ohne die schrittweise völkergewohnheitsrechtliche Ausweitung des Strafrechts bei Fällen des Systemunrechts nie entstanden wäre. Mit der ganz herrschenden Sichtweise der Völkerrechtslehre wird daher auch hier das Völkergewohnheitsrecht als Teil der Rechtsquellen des Völkerrechts angesehen. Einige der zweifelsohne existierenden Schwächen des Völkergewohnheitsrechts werden durch eine „moderne" Interpretation, im Einklang mit der wohl herrschenden Sichtweise in Theorie und Praxis, vermieden. Insoweit ist ein derartiges Verständnis axiomatisch für die nachfolgenden Ausführungen.

A. Völkergewohnheitsrecht

Völkergewohnheitsrecht gehört zu den heikelsten Materien des Völkerrechts und ist sowohl im Grundsätzlichen als auch im Konkreten umstritten. Als Indiz für die Anforderungen an Gewohnheitsrecht als Rechtsquelle des Völkerrechts und als Ausgangspunkt für die folgenden Betrachtungen ist auf Art. 38 Abs. 1 b IGH-Statut[50] hinzuweisen, der besagt:

> […] international custom, as evidence of a general practice accepted as law.

Gewohnheitsrecht beruht in diesem Sinne auf einem Praxiselement *(longa consuetudo)* und einer darauf bezogenen Rechtsüberzeugung *(opinio iuris sive ne-*

[49] Siehe zur Thematik der Mediatisierung durch Nichtregierungsorganisationen *Joyce*, LJIL 2010, 516 ff.

[50] Zu Bedenken ist, dass Art. 38 IGH-Statut selbst Bestandteil eines völkerrechtlichen Vertrags ist und damit nicht zu regeln vermag, welche Völkerrechtsquellen existieren. Der Artikel regelt zunächst nur die Zuständigkeit des IGH. Daneben kann die Definition des Art. 38 jedoch als Diskussionsgrundlage dienen, vgl. dazu *Seeger*, Unilaterale Humanitäre Intervention, S. 175.

cessitatis). Eine klare Trennung beider Merkmale ist kaum möglich.[51] Beide sind, auch in der Ausformulierung in Art. 38 IGH-Statut, nicht ganz unproblematisch, weshalb dem Völkergewohnheitsrecht die Eignung als Völkerrechtsquelle bisweilen abgesprochen wird. Kritiker sehen zu Recht die Gefahren, die aus der mangelnden Verschriftlichung und damit aus der fehlenden formellen Aushandlung der Normen resultieren. Die Behauptung der (Nicht-)Existenz einer völkergewohnheitsrechtlichen Norm ist in weitem Maß abhängig von der Sichtweise des jeweiligen Akteurs/Norminterpreten,[52] sei er aus Politik,[53] Jurisprudenz[54] oder Wissenschaft.[55] Diese Kritik ist nicht nur eine Warnung vor einer möglicherweise missbräuchlichen Verwendung von Gewohnheitsrecht. Dem Konzept des Völkergewohnheitsrechts sind bestimmte Widersprüchlichkeiten inhärent. Einige der Zweifel sollen kurz dargelegt werden. Dabei soll mit der subjektiven Komponente, der *opinio iuris*, begonnen werden,[56] da, wie gezeigt werden wird, eine Staatenpraxis ohne Bezug zur *opinio iuris* nicht bestimmbar ist.[57]

1. Kritik am Merkmal der opinio iuris

Welche Bedeutung dem Merkmal *accepted as law* oder *opinio iuris* innewohnt, ist in der Literatur umstritten. Voluntaristische Ansätze verknüpfen es mit Wille *(will)* oder Zustimmung *(consent)*. Der dem voluntaristischen Konzept nähere Begriff des Willens ist jedoch missverständlich und sollte daher komplett vermieden werden. So weist *Pellet* darauf hin, dass das Eingehen völkerrechtlicher Verbindlichkeiten im Zeitpunkt der Normschaffung zwar dem Willen eines Staates – ein Konstrukt wie „staatlicher Wille" vorausgesetzt – entsprechen kann, damit aber noch nicht garantiert ist, dass Wille und Norminhalt auch in Zukunft übereinstimmen.[58] Zudem zeigt sich anhand der Aushandlung von völkerrechtlichen Verträgen und dem dabei stets notwendigen Rückgriff auf Kompromisslösungen, dass der Wille als völkerrechtlicher Erklärungswert nicht geeignet ist. Kern des voluntaristischen Erklärungsansatzes ist daher das Merkmal der Zustimmung.

---

51 ILA 2000, S. 7.

52 A.a.O., S. 5; *Gärditz*, AdV 2007, 20; *Jesse*, Verbrechensbegriff, S. 78; *P. Kelly*, Va. J. Int'l L., 467.

53 *P. Kelly*, Va. J. Int'l L., 498.

54 A.a.O., 506.

55 A.a.O., 469: "Second, many international lawyers feel a mission to increase and promote rules of international law using CIL as the means in the messianic quest […]."

56 Auch wenn die objektive Komponente – die Staatenpraxis – grundsätzlich der Ausgangspunkt zur Bestimmung einer Norm ist, vgl. *Simma/Alston*, Austr. YIL 1998, 88.

57 Überblick zur methodischen Debatte auch bei *Corten*, EJIL 2006, passim.

58 *Pellet*, Austr. YIL 1988, 33. Beispiel auch bei ILA 2000, S. 27. Noch weitergehend *Herdegen*, FS für Tomuschat, S. 907.

Bei der Ermittlung einer *opinio iuris* ergeben sich zunächst praktische Probleme. Sofern die Staaten ihr Handeln nicht stets mit einer juristischen Einschätzung oder Begründung versehen, dürfte es äußerst schwer sein, Handlung und *opinio iuris* in Zusammenhang zu bringen.[59] Weitere rechtstheoretische Kritikpunkte betreffen den Umgang mit *persistant objectors* und neu entstandenen Staaten. So stellt sich die Frage, ob und wie sich neu entstandene Staaten von der Bindung an völkergewohnheitsrechtliche Normen lossagen können, wenn sie in der Entstehungsphase der Norm nicht widersprechen konnten. Ähnlich umstritten ist der Umgang mit Staaten, die sich nicht zu in der Entstehung befindlichen Normen äußern (können). Zwar lässt sich auf Grundlage des voluntaristischen Ansatzes rechtstheoretisch begründen, dass diese Staaten die in der Entstehung befindliche Norm dulden und damit an der Entstehung mitwirken. Eine solche Duldung ist allerdings stets eine (konstruierte) Fiktion.[60] Eine fingierte Zustimmung ist zudem rechtspolitisch problematisch, da es vielen Staaten der Welt aus finanziellen und organisatorischen Gründen nicht möglich ist, die informelle Fortentwicklung des Völkerrechts zu überwachen.[61] Mangels Überwachung aller gewohnheitsrechtlichen Normentstehungsprozesse und aufgrund der Fiktion der Duldung der Normentstehung könnten Staaten völkerrechtlich gebunden werden, ohne überhaupt Kenntnis der Norm erlangt zu haben.

Fordert man statt einer Zustimmung nur einen Glauben an die rechtliche Verbindlichkeit des staatlichen Handelns – verzichtet man demnach auf eine voluntaristische Begründung des Völkergewohnheitsrechts –, so könnte man sich dagegen dem Vorwurf der Zirkularität ausgesetzt sehen. Es stellt sich die Frage, wie unter Aufrechterhaltung des subjektiven Erfordernisses *(opinio iuris)* die Begründung neuer völkergewohnheitsrechtlicher Normen möglich sein soll. So ist es dem Völkergewohnheitsrecht, stellt man auf eine länger andauernde Staatenpraxis ab, inhärent, dass die Entstehung einer neuen Norm stets auch einen fortwährenden Rechtsverstoß im Sinne der bis dahin geltenden Rechtsauffassung beinhaltet.[62]

Wenn nun aber eine neue Staatenpraxis in bewusster Auflehnung gegen den gültigen Normenbestand erfolgt, wie lässt sich dann begründen, dass die handelnden Staaten ihre Praxis als *accepted as law* ansehen können? Staaten können ihr Handeln nur an bereits existente normative Vorgaben anpassen.[63] Eine Neubegründung ist denklogisch nur möglich, wenn die Staaten bewusst (voluntaristisch) eine Fortentwicklung des Rechts – und damit eine Abkehr von der bisherigen Rechtslage –

[59] ILA 2000, S. 3.

[60] A.a.O., S. 39.

[61] *Herdegen*, FS für Tomuschat, S. 906. Die ILA 2000, S. 25, weist jedoch darauf hin, dass in der Praxis die Geltung gewohnheitsrechtlicher Normen jedenfalls von neu geschaffenen Staaten nicht infrage gestellt wurde.

[62] Siehe etwa *Orentlicher*, Geo. J. Int'l L. 2004, 1110. Ähnlich auch *Czaplinski/Danilenko*, NYIL 1990, 29.

[63] *Gärditz*, AdV 2007, 23. Zu der Thematik siehe auch *Taki*, GYIL 2009, passim.

unterstützen[64] oder sich in einem Rechtsirrtum befinden. Diese kurzen Ausführungen zeigen, dass das subjektive Element des Völkergewohnheitsrechts keinesfalls unumstritten ist.

2. Kritik am Merkmal der „harten" Staatenpraxis

Ebenso umstritten ist die ursprünglich vertretene Ansicht, dass die Entstehung neuer völkergewohnheitsrechtlicher Normen einer „harten" Staatenpraxis bedarf.[65] Als solche wurde die Tätigkeit eines Staates auf der internationalen Bühne durch staatlich ermächtigte Vertreter verstanden. Nicht zur „harten" Staatenpraxis gehören Staatshandeln mit rein innerstaatlichem Bezug (z.B. Gesetzgebung oder Rechtsprechung) sowie internationale Stellungnahmen, denen keine rechtliche Verbindlichkeit beigemessen wird (z.B. Stellungnahmen und Abstimmungen in der Generalversammlung der Vereinten Nationen, politische Statements und Presseerklärungen oder Plädoyers vor internationalen Gerichten).[66]

Zunächst soll wieder auf die praktischen Probleme hingewiesen werden. Es ist z.B. unklar, wie eine Staatenpraxis festzustellen ist. Forderte man eine absolut einheitliche Staatenpraxis über einen längeren Zeitraum, so ist nicht ersichtlich, worin das Regelungsbedürfnis für die Schaffung einer völkerrechtlichen Norm besteht. Eine solche einheitliche Staatenpraxis ist aufgrund der Verschiedenartigkeit sozialer und staatlicher Interaktion allerdings nicht zu erwarten. Zwangsläufig wird daher eine gewisse Inkonsistenz der Staatenpraxis gegeben sein. Diese Inkonsistenz führt wiederum zu einer weiteren Zirkularität des Völkergewohnheitsrechts. Um zu bestimmen, welches Verhalten als Beispiel für die Staatenpraxis einer in der Entstehung befindlichen Norm Geltung beanspruchen kann und welches Verhalten dagegen unberücksichtigt bleiben muss, bedarf es eines Orientierungsrahmens – einer normativen Vorgabe.[67] Die selektive Auswahl eines bestimmten Staatshandelns als Nachweis stellt sich als ebenso willkürlich dar wie die Wahl des relevanten Zeitrahmens.[68] Zur Willkürproblematik addiert sich ein weiteres Problem.

Der Rückgriff auf „harte" Staatenpraxis ist aus folgendem Grund für den Großteil völkerrechtlicher Normen wenig geeignet: Für einige völkerrechtliche Verbotsnormen, wie sie z.B. im Menschenrechtsschutz oder Diplomatenrecht zu finden sind, wird sich keine „harte" Staatenpraxis finden lassen. Die völkerrechtlichen Normen gebieten schließlich zumeist ein Unterlassen. Aus dem Unterlassen lassen

---

64 ILA 2000, S. 31–39.

65 *Lillich*, Ga. J. Int'l & Comp. L. 1995, 13.

66 ILA 2000, S. 14.

67 *Gärditz*, AdV 2007, 22 ff.

68 Dazu *Simma/Alston*, Austr. YIL 1998, 97.

sich *per se* keine Rückschlüsse ziehen.[69] So zeigt etwa die Debatte zum Strafverfolgungsrecht *in absentia* in Belgien,[70] Deutschland,[71] Großbritannien und Spanien,[72] dass politische Erwägungen – und nicht juristische Überzeugungen – dazu führen können, das staatliche Verhalten anzupassen. Auch am Beispiel der Immunität lässt sich verdeutlichen, dass ein Verzicht auf Strafverfolgung durchaus aus Rücksichtnahme auf die diplomatischen Beziehungen und nicht aus einem rechtlichen Pflichtbewusstsein erfolgen kann. Im Bereich des gerichtlichen Menschenrechtsschutzes ließe sich die Sanktionierung von staatlichen Menschenrechtsverstößen (z.B. durch Pönalisierung oder Schadensersatzregelungen) zwar als Staatenpraxis werten. Dabei ist allerdings zu beachten, dass dieses Staatshandeln erstens keine direkten internationalen Auswirkungen hat und zweitens ebenso der Wahrung national garantierter Grundrechte dienen kann.[73] Zusammenfassend lässt sich konstatieren, dass „harte" Staatenpraxis für völkergewohnheitsrechtlich absolut anerkannte Normen kaum nachzuweisen sein dürfte.

3. Anforderungen an das „moderne" Völkergewohnheitsrecht

Trotz der grundsätzlichen Kritik am Völkergewohnheitsrecht bleibt erneut festzuhalten, dass es faktisch eine bedeutende Rolle in der Fortentwicklung des Völkerrechts spielt und damit für die weitergehende Verrechtlichung der internationalen Beziehungen unabdingbar ist. Zudem ist zu berücksichtigen, dass trotz konzeptioneller Unklarheiten sowohl von Staaten als auch in der Wissenschaft und der nationalen und internationalen Rechtsprechung in weitem Maß von völkergewohnheitsrechtlichen Begründungen Gebrauch gemacht wird. Ebenso muss man stets im Hinterkopf behalten, dass ein empirischer, induktiver Ansatz konzeptionell kaum begründbar ist und der Völkergewohnheitsrechtsdiskurs normativer Diskurs im Gewand eines empirischen Diskurses ist ("CIL discourse is normative discourse masquerading as empirical.").[74] Verschiedene Ansätze sind verfolgt worden, um die konzeptionellen Schwächen des Völkergewohnheitsrechts in ihren praktischen Auswirkungen zu limitieren und gleichzeitig eine Rechtsquelle aufrechtzuerhalten,

[69] Siehe *Heinsch*, Weiterentwicklung des humanitären Völkerrechts, S. 289 f.; *Simma/Alston*, Austr. YIL 1998, 103. Die ILA 2000, S. 15 f., 36 f., verweist auf diese Problematik, zählt aber unter gewissen Umständen das Unterlassen trotzdem als Staatenpraxis. Allerdings ist das von der ILA gewählte Beispiel wenig überzeugend. So ist die Rücknahme einer Strafverfolgungsentscheidung gegen fremde Diplomaten aufgrund diplomatischer Proteste nicht unzweifelhaft als juristisch determinierte Entscheidung zu werten.

[70] Zur Rücknahme einer weitgehenden Strafbefugnis siehe *R. Keller*, Neue Kriminalpolitik 2003, 114; *Kindt*, Menschenrechte und Souveränität, S. 89; *Kuschnick*, HuV-I 2008, 234; *Orentlicher*, Geo. J. Int'l L. 2004, 1062.

[71] Dazu unten Teil 6, I.A.

[72] Siehe *Kindt*, Menschenrechte und Souveränität, S. 90.

[73] Dazu ILA 2000, S. 9; *Gärditz*, AdV 2007, 12; *Simma/Alston*, Austr. YIL 1998, 99.

[74] *P. Kelly*, Va. J. Int'l L. 1999, 497.

die für eine flexible Anpassung[75] an die Bedürfnisse der modernen, globalisierten und damit interdependenten Welt notwendig erscheint.[76] Dabei ist zu beachten, dass, obwohl oftmals vom „modernen" Völkergewohnheitsrecht die Rede ist, keinesfalls eine klare Trennlinie und Abgrenzung zu einer früheren Konzeption festzustellen ist. Die dargestellten, dem Völkergewohnheitsrecht inhärenten Probleme haben stets existiert. Ebenso hat stets eine *de facto*-Aufweichung der Kriterien stattgefunden. Die „Modernität" resultiert vielmehr aus der stetigen Verrechtlichung der internationalen Beziehungen und der damit einhergehenden fortschreitenden Proklamation völkergewohnheitsrechtlicher Normen.

Zwei Strömungen, die sich gegenseitig komplementieren, sind daher im Folgenden darzustellen. Angesichts der Tatsache, dass der daraus resultierende „moderne" positivistische Ansatz *de facto* (wenn auch nicht mit expliziter Bezugnahme) in Rechtsprechung und Literatur weitgehend Anklang gefunden hat, soll dieser für die weitergehende Betrachtung zugrunde gelegt werden. Damit ist bereits an dieser Stelle festzuhalten, dass die gefundenen Ergebnisse keine absolute Geltung beanspruchen können, sondern stets voraussetzen, dass die Grundannahme des „modernen" Positivismus geteilt wird.[77] Eine solche auf den ersten Blick nüchterne Sichtweise ist jedoch notwendig, um in umstrittenen Fragen jedenfalls Teilerkenntnisse zutage zu fördern.

a) Aufgabe einer „harten" Staatenpraxis

Die Aufrechterhaltung einer „harten" Staatenpraxis als *conditio sine qua non* der Entstehung von Völkergewohnheitsrecht ist weder konzeptionell erreichbar noch politisch opportun (siehe oben). Andererseits gilt es, sich stets der Gefahr einer Aufweichung der Kriterien bewusst zu sein. So droht ein Verzicht auf „harte" Staatenpraxis durchaus die klassischen Mechanismen der Fortentwicklung des Völkerrechts zu unterlaufen. *Kelly* stellt fest, dass die formalisierten Verfahren der Konsensbildung zur Schaffung völkerrechtlicher Verträge eine differenzierte Auseinandersetzung mit der Materie garantieren.[78]

Bezieht man „weiche" Staatenpraxis in die Betrachtung ein, so droht eine völkerrechtliche Bindungswirkung, die eindeutig nicht erwünscht ist. Neben den drohenden internationalen Konsequenzen hat dies fundamentale innerstaatliche Auswir-

---

75 *Tomuschat*, ARIEL 2003, 199.

76 Zur Veränderung der internationalen Rahmenbedingungen siehe *Gärditz*, AdV 2007, 2. *Simma/Alston*, Austr. YIL 1998, 82, beschreiben die völkervertragsrechtliche Regelungsdichte insoweit zutreffend als „unsatisfactory patchwork".

77 Explizit hat auch *Kreß*, ZIS 2007, 516, den *modern positivism* seiner Untersuchung zugrunde gelegt.

78 *P. Kelly*, Va. J. Int'l L. 1999, 489. Die Bedeutung der prozeduralen Anforderungen an die Entstehung völkerrechtlicher Normen hervorhebend auch *Tomuschat*, ARIEL 2003, 203.

kungen. So ist z.B. beim Abschluss von völkerrechtlichen Verträgen gemäß Art. 59 Abs. 2 des Grundgesetzes der Bundesrepublik Deutschland der Bundestag zu beteiligen. Eine vergleichbare Einbindung des Parlaments ist für andere internationale Aktivitäten grundgesetzlich nicht garantiert.[79]

Grundsätzlich lässt sich jedoch feststellen, dass eine aktivitätsgeprägte („harte") Staatenpraxis nicht qualitativ wertvoller erscheint als die bereits erwähnten Fälle von *soft practice*[80] oder Verbalpraxis.[81] Das Prozedere zum Abschluss eines völkerrechtlichen Vertrags ist zwar ausdifferenzierter als bei einer „bloßen" rechtlich nicht-verbindlichen Stellungnahme oder Stimmenabgabe in der Generalversammlung. Die Tatsache, dass solche Akte nicht darauf gerichtet sind, verbindlich Recht zu setzen, bedeutet jedoch nicht, dass sie völkerrechtlich irrelevant sind.[82] Im Vergleich zur „harten" Staatenpraxis können solche Akte sogar teilweise ein besserer Indikator für den staatlichen Willen sein, da deren Ursprung zumeist nicht auf subalterner Ebene,[83] sondern in höheren Regierungskreisen zu verorten ist.[84] Vorteilhaft ist zudem, dass Stellungnahmen höchster Regierungskreise an ein internationales Publikum gerichtet sind. Schließlich sprechen praktische Gesichtspunkte dafür, das Merkmal der Staatenpraxis weit zu fassen. Neben der Publizität dieser Akte und der damit einhergehenden weitergehenden Verbreitung und Berechenbarkeit, ist auch die Quantität von Bedeutung. Um eine zwar nicht universelle, so doch aber weitverbreitete Praxis festzustellen, bedürfte es sonst langwieriger Entwicklungen. Dies hätte eine rechtliche Unklarheit zur Folge. Die Ausweitung der Staatenpraxis birgt jedoch das Risiko, dass kurzschlussartig auf die Entstehung neuer Normen geschlossen wird. So drohen z.B. Resolutionen der Generalversammlung quasi durch die Hintertür als Beleg einer Rechtsentwicklung missbraucht zu werden.[85] Es bedarf daher nach wie vor eines Korrektivs auf der subjektiven Ebene.

b) Opinio iuris und deduktive Methoden

Die empirische Feststellung einer Rechtsüberzeugung ist grundsätzlich ein hoffnungsloses Unterfangen. Einhergehend mit der Ausdifferenzierung des Völkerrechts und der Mannigfaltigkeit heutiger völkerrechtlicher Regelungen ist ein rein induktiver Ansatz nicht ausreichend. Eine Rechtsüberzeugung lässt sich vielmehr

---

[79] Siehe bspw. das Urteil des Zweiten Senats des Bundesverfassungsgerichts, BVerfG (*NATO-Konzept*).

[80] ILA 2000, S. 13. Überblick über *soft practice*, S. 14.

[81] *Heinsch*, Weiterentwicklung des humanitären Völkerrechts, S. 301. Dazu auch *Blutman*, ICLQ 2010, 617.

[82] *Pellet*, Austr. YIL 1988, 25 f.

[83] Siehe z.B. ILA 2000, S. 14.

[84] Ebda.

[85] Im Ergebnis zustimmend *Mangold*, Völkerstrafrechtliche Verfolgung, S. 52.

im Allgemeinen nur durch Anwendung deduktiver Methoden feststellen.[86] Es ist dabei jedoch zu bedenken, dass die Völkerrechtsordnung anders als die verfassungsrechtliche Ordnung der Staaten keine einheitliche Rechtsordnung darstellt. Vielmehr ist das Völkerrecht fragmentarischer Natur. Diese Lückenhaftigkeit ist ein Faktum, das es zu akzeptieren gilt. Das deduktive Vorgehen sollte daher nicht dazu verleiten, das Völkerrecht grenzenlos fortzubilden. Zum einen bedarf es stets einer („weichen") Staatenpraxis, zum anderen ist die Begrenztheit einzelner deduktiver Ansätze zu beachten.

Eine klassische Form deduktiven Vorgehens ist der Analogieschluss zu anderen völkerrechtlichen Normen (zumeist vertraglicher Natur). Bei Analogieschlüssen zu unterzeichneten Verträgen ist jedoch Vorsicht geboten, da viele Verträge wechselseitige Verpflichtungen enthalten, eine Verallgemeinerung daher aufgrund mangelnder vergleichbarer Interessenlage oftmals scheitern wird. Allerdings ist anzumerken, dass insbesondere im Bereich des Menschenrechtsschutzes die Wechselseitigkeit vertraglich eingegangener Bestimmungen (anders als bei bestimmten Regelungen des Kriegsvölkerrechts[87]) eine untergeordnete Rolle spielt.[88]

Neben der Analogie rückt im Völkerrecht vor allem der Rückschluss von akzeptierten Grundprinzipien auf eine Rechtsüberzeugung im Hinblick auf konkretere Normen in den Mittelpunkt. Angesichts der Tatsache, dass es einfacher ist, über einige Grundprinzipien der Völkerrechtsordnung Konsens zu erzielen,[89] wird es möglich, die Rechtsüberzeugung – im Sinne von Zustimmung – bezogen auf konkretere Regelungen deduktiv zu ermitteln.[90]

Die Bezugnahme auf grundlegende Prinzipien ist jedoch äußerst brisant und beinhaltet stets das Risiko einer politischen Instrumentalisierung.[91] Als wichtiger Mahner der Zunft hat *Koskenniemi* das Risiko wie folgt auf den Punkt gebracht:

> "The danger is that of mistaking one's preferences and interests for one's tradition – and then thinking of these as universal, a mistake we Europeans have often made. Therefore,

---

86 Siehe *Simma/Alston*, Austr. YIL 1998, 89; *Simma/Paulus*, AJIL 1999, 307; wohl auch *Heinsch*, Weiterentwicklung des humanitären Völkerrechts, S. 305; *Lillich*, Ga. J. Int'l & Comp. L. 1995, 16; *P. Kelly*, Va. J. Int'l L. 1999, 475.

87 Für eine starke Betonung des Reziprozitätsgedankens siehe *Anderson*, EJIL 2009, 340 ff.; für eine Betonung des Humanitätsgedankens und die Abkehr von einer reziproken Sichtweise im Kriegsvölkerrecht siehe *Kapur*, EJIl 2010, passim.

88 *Toufayan*, Tex. Int'l L. J. 2005, 253. Kritisch zu sehen ist demgemäß die pauschale Ableitung von Gewohnheitsrecht aus Völkervertragsrecht bei *Grover*, EJIL 2010, 566.

89 Bzw. diese wiederum aus einer Mehrzahl von völkerrechtlichen Grundentscheidungen deduktiv zu ermitteln, vgl. *Herdegen*, FS für Tomuschat, S. 901. Siehe auch ILA 2000, S. 2.

90 Dies schließt nicht aus, dass auch andere Quellen zur Ermittlung der Rechtsüberzeugung genutzt werden können, vgl. *Herdegen*, FS für Tomuschat, S. 909.

91 Siehe z.B. a.a.O., S. 902.

I will suggest that we should take much more seriously those critiques of international law that point to its role as a hegemonic technique."[92]

Dupuy hat dieser absoluten Einschätzung widersprochen:

"There can be no doubt that we must be wary of those who invoke the universal, for they often have something to hide. Often, but not always."[93]

Selbst bei behutsamer und restriktiver Anwendung der deduktiven Herangehensweise verbleiben – sicherlich in abgemilderter Form – einige grundlegende Kritikpunkte. So sieht sich der Rückgriff auf generelle Prinzipien, sofern diese nicht in einem quasi-universellen völkerrechtlichen Vertrag fixiert sind, dem Vorwurf der Zirkularität ausgesetzt.[94]

4. Tatsächliche Akzeptanz dieser Völkergewohnheitsrechtskonzeption

In gebotener Kürze soll hier dargestellt werden, dass die Verknüpfung eines weiten Staatenpraxismerkmals mit einem Rückgriff auf deduktive Methoden zur Feststellung einer *opinio iuris* in der Völkerrechtsentwicklung und insbesondere der Völkerstrafrechtsentwicklung als roter Faden angesehen werden kann.[95] Eine einheitliche Bezeichnung für diese „moderne" Form des ungeschriebenen Völkerrechts ist nicht zu erkennen. Im Einklang mit *Simma* und *Paulus* ließe sie sich als *modern positivism* bezeichnen.[96]

Anhand zweier Entscheidungen des IGH soll im Folgenden exemplarisch gezeigt werden, dass Normen als Gewohnheitsrecht anerkannt werden, obgleich es an einer „harten" Staatspraxis fehlt, sofern eine konkrete Regelung deduktiv von elementaren Grundentscheidungen der Völkerrechtsordnung ermittelbar ist und die konkrete Regelung zumindest Rückhalt in einer *soft practice* findet:

---

92 *Koskenniemi*, EJIL 2005, 115. Ähnlich auch *Herdegen*, FS für Tomuschat, S. 904.

93 *Dupuy*, EJIL 2005, 136. Ähnlich *Tomuschat*, ARIEL 2003, 203.

94 ILA 2000, S. 21.

95 So auch *Gärditz*, AdV 2007, 8; *Herdegen*, FS für Tomuschat, S. 900; *Orentlicher*, Geo. J. Int'l L. 2004, 1111; *Sloane*, Yale J. Int'l L. 2009, 82. Einen guten Überblick liefert *Heinsch*, Weiterentwicklung des humanitären Völkerrechts, passim, für den Bereich der Ausgestaltung der Tatbestände in der Rechtsprechung des ICTY und des ICTR.

96 Der Verzicht auf eine direkte Bezugnahme auf das Merkmal des Völkergewohnheitsrechts ermöglicht es zudem, auch eine andere rechtliche Einordnung dieser Entwicklung vorzunehmen. So kommen *Simma* und *Alston* entgegen der wohl herrschenden Meinung dazu, die nach der dargelegten Methodik herauskristallisierten Normen nicht als Völkergewohnheitsrecht, sondern vielmehr als allgemeine Prinzipien i.S.d. Art. 38 Abs. 1 c) IGH-Statut einzuordnen. Eine solche Einordnung, die mit dem Verzicht der Bezugnahme auf das Herausfiltern innerstaatlich geltender Rechtsprinzipien einhergeht, siehe *Simma/Alston*, Austr. YIL 1998, 102. Die Einordnung soll jedoch keinerlei Neubewertung der so gewonnenen Normen implizieren, vgl. ebda. Daher sehr krit. *Lillich*, Ga. J. Int'l & Comp. L. 1995, 16. Sie ist im Ergebnis wohl rein semantischer Natur.

- *Haftbefehlsverfahren*: Im Verfahren *Demokratische Republik Kongo vs. Belgien* leitet der IGH die Immunität von Außenministern im Wege der Analogie zur diplomatischen Immunität und zur Immunität von Staatsoberhäuptern ab.[97] Eine eigenständige Staatenpraxis bezüglich der Immunität von Ministern – im Hinblick auf den Verbotscharakter einer Immunitätsnorm auch schwer darzulegen[98] – wird nicht thematisiert.[99]
- *Nicaragua-Verfahren*: Im Verfahren *Nicaragua vs. Vereinigte Staaten von Amerika* erkannte der IGH die *ius cogens*-Qualität des Gewaltverbots an und bezog sich dabei nur auf einen Bericht der ILC sowie auf die Zustimmung der Streitparteien.[100] Außerdem betonte der IGH immer wieder Parallelen zwischen Völkervertragsrecht und gleichlautendem Gewohnheitsrecht.

Man kann daher mit *Kreß* feststellen, dass eine flexiblere Handhabe der Völkergewohnheitsrechtskonzeption weitgehend Zustimmung erfahren hat.[101]

B. Interpretation im Völkerrecht

Völkerrechtliche Verträge lassen sich interpretieren. Schwieriger, aber nicht ausgeschlossen, ist die Interpretation von Völkergewohnheitsrecht. Zwar handelt es sich dabei um ungeschriebene Rechtsregeln, denen es zudem an einer Einbettung in ein normatives Gesamtkonstrukt fehlt. Oftmals entwickeln sich völkergewohnheitsrechtliche Regelungen jedoch parallel zu Normen des Völkervertragsrechts. Im Völkerrecht ist weitgehend anerkannt, dass zur Interpretation völkervertragsrechtlicher Normen auf den Interpretationskatalog der Wiener Vertragsrechtskonvention von 1969 zurückgegriffen werden kann. Die dort festgehaltenen Regeln werden zumeist ebenfalls auf Sekundärakte internationaler Organisationen angewendet. Die relevanten Paragrafen sollen hier in ihrer Vollständigkeit wiedergegeben werden. Dabei wird, wie auch bei anderen völkervertraglichen Regelungen, auf den englischen Originaltext zurückgegriffen, da es sich bei deutschen Textfassungen zumeist nur um nicht-amtliche Übersetzungen handelt. Andere Sprachen werden in Ausnahmefällen zusätzlich herangezogen.

---

97 IGH(*Congo v. Belgium*), para. 53.

98 Vgl. *Koller*, Am. U. Int'l L. Rev. 2004, 10.

99 Der Methodik implizit zustimmend, das konkrete Ergebnis aber ablehnend, *Koller*, Am. U. Int'l L. Rev. 2004, 12. Zum deduktiven Vorgehen im Hinblick auf die Immunität von Staatsoberhäuptern auch *Tangermann*, Völkerrechtliche Immunität, S. 141 ff.

100 IGH(*Nicaragua v. USA*), para. 190. Vgl. dazu auch *Simma/Alston*, Austr. YIL 1998, 96.

101 *Kreß*, JICJ 2006, 573 f.

Art. 31 General Rule of Interpretation

(1) A treaty shall be interpreted in good faith and in accordance with the ordinary meaning to be given to the terms of the treaty in their context and in the light of its object and purpose.

(2) The context for the purpose of the interpretation of a treaty shall comprise, in addition to the text, including its preamble and annexes:

(a) Any agreement relating to the treaty which was made between all the parties in connection with the conclusion of the treaty;

(b) Any instrument which was made by one or more parties in connection with the conclusion of the treaty and accepted by the other parties as an instrument related to the treaty.

(3) There shall be taken into account, together with the context:

(a) Any subsequent agreement between the parties regarding the interpretation of the treaty or the application of its provisions;

(b) Any subsequent practice in the application of the treaty which establishes the agreement of the parties regarding its interpretation;

(c) Any relevant rules of international law applicable in the relations between the parties.

(4) A special meaning should be given to a term if it is established that the parties so intended.

In Art. 32 WVK wird zudem die nachrangige Bedeutung der *travaux préparatoires* betont. Art. 33 WVK regelt eine mögliche Divergenz der Sprachfassungen. Die Regeln sind gewohnheitsrechtlich anerkannt.[102] Die Interpretationsregeln gehen über die aus dem nationalstaatlichen Recht bekannten Regeln in der Weise hinaus, dass die Bedeutung bestimmter Interpretationsabsprachen explizite Erwähnung findet. Sie bleiben insofern dahinter zurück, als dass der Historie nur begrenzt Bedeutung beigemessen wird.[103] Zudem fällt die völkerrechtskonforme oder europarechtskonforme Auslegung weg.

---

[102] *Grover*, EJIL 2010, 546 f. m.w.N.

[103] Dies hindert jedoch viele Norminterpreten nicht daran, ausführlich auf eben diese Vorarbeiten einzugehen. *De facto* wird die Nachrangigkeit ignoriert. Dies mag daran liegen, dass der *telos* im Endeffekt weitgehend über die Vorarbeiten zu ermitteln ist.

Teil 2

Die Situationen

Bevor mit der Beschreibung der Lage in Uganda und Sudan (entsprechend dem Wortlaut von Art. 13 RS fortan als „Situationen" bezeichnet) begonnen werden kann, sind einige grundlegende Bemerkungen notwendig. Die folgenden Darstellungen beruhen auf einer Presse- und Literaturanalyse und haben damit nur begrenzte Aussagekraft. Ziel der vorliegenden Arbeit ist es nicht, eine umfassende empirische Analyse der derzeitigen Konfliktherde in Uganda und Sudan (Darfur) zu liefern. Die Begrenztheit des Faktenwissens begründet auch den Verzicht auf konfliktbezogene konkrete Handlungsvorschläge. Kontroversen und verschiedene Einschätzungen der tatsächlichen Lage werden daher fortbestehen. Sofern gegensätzliche Einschätzungen verbleiben, sollen diese auch als solche offengelegt werden.

Für den sich anschließenden normativen Teil ist es jedoch notwendig, bestimmte tatsächliche Feststellungen zugrunde zu legen. Wegen der sich ständig wandelnden Lagebilder und verschiedenster Gerüchte in der lokalen, regionalen und internationalen Presse sind definitive Einschätzungen kaum möglich und sollen daher vermieden werden. Außerdem kann nicht jede neue Entwicklung nachgezeichnet werden, sodass die detaillierte Situationsbeschreibung im Juni 2010 endet.[1] Die Lage zu diesem Zeitpunkt soll als Basis für die juristische Betrachtung genommen werden. Wichtige Ereignisse im Anschluss an diese Periode werden allerdings kursorisch erwähnt, um auch ein aktuelles Lagebild zu ermöglichen. Die Darstellung soll in beiden Fällen folgendermaßen strukturiert werden: Sie beginnt mit einem historischen Überblick über den Konfliktverlauf und dessen Ursachen. Der zweite Teil widmet sich jeweils der Intervention des IStGH. Dabei soll zunächst kritisch das Tätigwerden hinterfragt werden, bevor explizit auf positive und negative Auswirkungen eingegangen wird. Abschließend werden *prima facie* relevante Normen des Völkerrechts benannt.

---

[1] Ziel der Darstellung ist die exemplarische Skizzierung einer Konfliktsituation. Wenn auch eine tagesaktuelle Beschreibung nicht geleistet werden kann und soll, so sei darauf hingewiesen, dass die Konfliktlinien im Wesentlichen auch heute noch Geltung beanspruchen können.

I. Situation in Nord-Uganda

Die Situation in Nord-Uganda kann als Paradebeispiel für einen Konflikt zwischen internationalem Strafrecht und nationalen Friedensbemühungen angesehen werden. Der Haftbefehl, den der IStGH gegen den Rebellenchef der *Lord's Resistance Army* (LRA), *Joseph Kony*, ausgestellt hat, wird in Literatur und Presse, von lokalen Nichtregierungsorganisationen, kirchlichen Einrichtungen sowie von Mitgliedern der LRA als Grund dafür genannt, dass *Joseph Kony* eine Unterzeichnung des Friedensvertrags von Juba bis *dato* abgelehnt hat und eine einvernehmliche Lösung des über zwanzig Jahre andauernden Bürgerkriegs in naher Zukunft nicht zu erwarten ist. Um die Rolle des IStGH im nord-ugandischen Bürgerkrieg zu verstehen und die Bedeutung des Verfahrens gegen *Joseph Kony* und drei seiner Mitstreiter zu würdigen, soll im Folgenden ein kurzer Abriss über den Konflikt erfolgen.[2] Zentraler und im Anschluss dargestellter Aspekt dieses Kapitels ist jedoch die Beschreibung der Aktivitäten des IStGH im Fall Nord-Ugandas und ein Überblick über die Reaktionen der lokalen und regionalen Akteure auf diese Aktivität.

A. Historie des Bürgerkriegs vor dem Tätigwerden des IStGH

Mit der militärischen Machtübernahme des bis heute amtierenden Präsidenten *Yoweri Museveni* und seiner *National Resistance Army* (NRA) im Jahr 1986 verschob sich die Macht in Uganda weg von den nördlichen Regionen (darunter auch Acholi) hin zur bantu-sprachlichen Bevölkerung Süd-Ugandas, aus der auch der amtierende Präsident stammt.[3] Aus Furcht vor Repressionen durch die neuen Machthaber gingen viele der mehrheitlich nord-ugandischen Soldaten der Vorgängerregierung in den Untergrund[4] und eine Vielzahl von Rebellengruppen formierte sich mit der Absicht, der süd-ugandisch dominierten Zentralregierung Widerstand zu leisten und die Interessen der nord-ugandischen Bevölkerung und vor allem der Acholi zu sichern. Neben der aus der Kolonialzeit resultierenden Nord-Süd-Konfrontation und der damit einhergehenden Marginalisierung des Nordens[5] gelten

---

[2] Das Verfahren gegen *Raska Lukwiya* wurde eingestellt, nachdem der Tod des Gesuchten bestätigt werden konnte.

[3] Zur Historie vor 1986 siehe exemplarisch *Hanlon*, Tul. J. Comp. & Int'l L. 2007, 309 ff.

[4] Die Demobilisierung und Reintegration der rückkehrenden Soldaten gelang nicht. Mangelnde Möglichkeiten, auf andere Weise den Lebensunterhalt zu verdienen, und die Tatsache, dass die Rückkehrer als „verunreinigt“ angesehen wurden, erschwerte eine Integration der Soldaten, vgl. *Noll*, JTWS 2009, 101.

[5] Vgl. *Leonard*, Perspectives on Terrorism 2010, S. 22; *Oreja Latigo*, in: Huyse/Salter (Hrsg.), Traditional Justice and Reconciliation, S. 90. Diese Marginalisierung wurde durch internationale Unterstützung nicht beseitigt, teilweise sogar verstärkt, vgl. *Buckley-Zistel*, Conflict Transformation, S. 71.

ethnische Diskurse,[6] ausländische Destabilisierungsversuche (insbesondere durch Sudan) und das disziplinlose und brutale Vorgehen der ugandischen Armee als Zündstoff für den Konflikt.[7]

Aus dieser Phase der Rebellion resultiert auch die Gründung der LRA, deren Ursprung in der Acholi-Region liegt und die aus dem *Holy LRA Spirit Movement* hervorgegangen ist.[8] Ihr charismatischer Gründer *Joseph Kony* versuchte die Akzeptanz seiner Rebellenbewegung durch eine Bezugnahme auf die Zehn Gebote zu erhöhen und damit der lokalen Bevölkerung eine verlässliche Ordnung zu suggerieren, die in der Region aufgrund des lang andauernden Bürgerkriegs fehlte. Ein Charakteristikum der LRA war allerdings von Anfang an, dass ein politisches Programm[9] und damit auch ein aktiver politischer Flügel der Rebellenbewegung fast gänzlich fehlten.[10] Nach anfänglicher Unterstützung durch die Bevölkerung und nach der Beendigung des bewaffneten Kampfes gegen die Zentralregierung durch andere Rebellengruppen gelang es *Joseph Kony* und der LRA nicht, sich als Vertreter der Interessen der nord-ugandischen Bevölkerung zu etablieren.[11] Teilweise formierten sich mit den sogenannten *Arrow Boys* auch lokale Schutzgruppen, um in Abwesenheit der Regierungstruppen für Sicherheit in den Dörfern zu sorgen.[12] In

---

6 Vgl. *Oreja Latigo*, in: Huyse/Salter (Hrsg.), Traditional Justice and Reconciliation, S. 89.

7 Vgl. *Apuuli*, CLF 2004, 392 f.

8 *Akhavan*, AJIL 2005, 406; *Apuuli*, CLF 2004, 394 ff.; *Kourabas*, SSRN 2008, 2; *Hanlon*, Tul. J. Comp. & Int'l L. 2007, 314 f.; *Oreja Latigo*, in: Huyse/Salter (Hrsg.), Traditional Justice and Reconciliation, S. 86.

9 Krit. zu dieser Einschätzung *Branch*, EIA 2007, 182.

10 *Jackson*, Round Table 2009, 326; *Quinn*, Hum. R. Rev. 2009, 59 f.; *Roper/Barria*, LJIL 2008, 473. Siehe auch *Hanlon*, Tul. J. Comp. & Int'l L. 2007, 300 f unter Bezugnahme auf eine Stellungnahme von *Vincent Otti*. Zwar existiert bis heute auch offiziell ein politischer Flügel (*Lord's Resistance Movement*, LRM). Ob dieser eher unbedeutende politische Arm überhaupt über Einflussmöglichkeiten auf die militärische Führung verfügt, ist jedoch außerordentlich zweifelhaft. Siehe aber vereinzelte Versuche der politischen Darstellung, ST, „LRA rebels accuse Uganda of being an 'army state' ahead of presidential polls", vom 6.2.2011.

11 Die Bedeutung der LRA für die Region ist komplex und kann wie folgt zusammengefasst werden: "Kony does not represent them, but until the legitimate grievances and feeling of northern Uganda's communities are genuinely addressed, LRA fighters remain a possible vehicle for the expression of northerner's frustrations.", vgl. ICG 2008, i. Siehe auch *Oreja Latigo*, in: Huyse/Salter (Hrsg.), Traditional Justice and Reconciliation, S. 91 f. Die Brandmarkung der LRA als kriminelle und terroristische Vereinigung durch die ugandische Regierung und die Rezeption dieser Einschätzung auf internationaler Ebene, inklusive durch den IStGH, droht das Problem der Marginalisierung der nördlichen Provinzen in den Hintergrund zu drängen und damit Ursachen des Konflikts auszublenden. So sieht *Branch*, EIA 2007, 185, 191, die Stigmatisierung der LRA als Vorwand für eine Aufrechterhaltung der militärischen Kontrolle über den Norden. Siehe auch *Jackson*, Round Table 2009, S. 324; *Leonard*, Perspectives on Terrorism 2010, S. 20.

12 *Krikscium*, Tul. J. Int'l & Comp. L. 2007, 217; *Leonard*, Perspectives on Terrorism 2010, S. 24. Ähnliche Entwicklungen sind heute in Süd-Sudan zu beobachten, vgl. *Ruati*,

diesem Zusammenhang ist auch eine Änderung der Taktik der LRA zu verstehen, welche diese zu einer der brutalsten und meist gefürchtetsten Rebellengruppen Afrikas gemacht hat. Anders als andere Rebellenbewegungen, die die Unterstützung in der Zivilbevölkerung für ihren bewaffneten Kampf nutzbar machen konnten, machte und macht die LRA die Bevölkerung zum Ziel ihrer Angriffe, mit der Absicht, die Region und damit indirekt die Zentralregierung zu destabilisieren. Auch die gewaltsame Rekrutierung von Kindersoldaten, ein „Markenzeichen" der LRA, ist dieser Taktik geschuldet.[13] Mangels Unterstützung in der lokalen Bevölkerung ist die LRA für den Erhalt der Kampffähigkeit auf die zwangsweise Rekrutierung von Soldaten und insbesondere Kindersoldaten angewiesen.[14] Die Kontrolle über das Territorium war dabei zu keiner Zeit angestrebt. Diese Guerillataktik der LRA zieht die Zivilbevölkerung besonders in Mitleidenschaft und macht diese *de facto* zu Geiseln der LRA.[15] Die Taten, die der LRA vorgeworfen werden, dauern bis heute an und sind unzweifelhaft[16] als Verbrechen gegen die Menschlichkeit und Kriegsverbrechen i.S.d. Rom-Statuts zu subsumieren.[17]

Ein weiterer Aspekt, der im Zusammenhang mit den Machenschaften der LRA Erwähnung finden muss, ist die regionale Dimension des Konflikts. Aufgrund eines Machtvakuums in der Region ist es den Kämpfern der LRA möglich, sowohl den Süd-Sudan als auch die Demokratische Republik Kongo und die Zentralafrikanische Republik als Rückzugsmöglichkeiten zu nutzen und auch dort die Praxis der Zwangsrekrutierung von Kindersoldaten fortzuführen. Regionale Initiativen zur militärischen Vernichtung der LRA waren wegen der Rivalitäten zwischen den betroffenen Ländern (und der vermuteten verdeckten Unterstützung der LRA durch die sudanesische Regierung in Khartum) in der Vergangenheit aussichtslos. Allerdings, so soll vorgegriffen werden, hatte auch eine konzertierte Aktion im Dezember 2008 nicht die erhoffte dauerhafte Besiegung der LRA zur Folge und u.a. zu einem Rachefeldzug der LRA im Kongo mit ca. 1000 getöteten Zivilisten geführt.[18]

ST, „Arrow Boys in Western Equatoria to be armed against LRA", vom 28.9.2010; *ders.*, ST, „Civilians on the frontline against LRA rebels in Western Equatoria", vom 22.10.2009.

13 *Akhavan*, AJIL 2005, 407. Vgl. auch *Moy*, Harv. Hum. Rts. J. 2006, 267 f. So sollen zwangsrekrutierte Kindersoldaten etwa 80 % der LRA-Truppen ausmachen.

14 ICG 2010, Uganda, S. 10, 12; *Apuuli*, CLF 2004, 394; *Hanlon*, Tul. J. Comp. & Int'l L. 2007, 301.

15 *Noll*, JTWS 2009, 99.

16 *Apuuli*, CLF 2004, 398. Zu beachten ist aber die Unschuldsvermutung, die im internationalen Strafrecht leider oft nur formeller Natur ist. Siehe zu dieser Thematik auch *Koskenniemi*, Max Planck UNYB 2002, passim.

17 Vgl. dazu den Haftbefehl gegen *Joseph Kony*. Dieser wurde am 8.7.2005 (anfangs unter Verschluss gehalten) erlassen und beinhaltet 33 Anklagepunkte. IStGH(*Kony*), Warrant of Arrest for Joseph Kony Issued on 8 July 2005 as amended on 27 September 2005, Entscheidung der Vorverfahrenskammer II vom 27.9.2005 (ICC-02/04-01/05-53).

18 Vgl. *Böhm*, Zeit-Online, „Ost Kongo – Der unbekannte Krieg", vom 30.6.2009; siehe auch HRW 2009, passim. Die *International Crisis Group* bezeichnet die Aktion daher als Fiasko, vgl. ICG 2010, Uganda, S. 1. Zentrale Ursachen sieht die ICG in der mangelhaften

Auch im Süd-Sudan werden häufig Übergriffe kleinerer Einheiten der LRA verzeichnet, die dort das Machtvakuum in der Region Western Equatoria State nutzen. Eine militärische Lösung des Konflikts wird daher von vielen Seiten nicht als realistisch erachtet[19] und von der lokalen Bevölkerung kritisch gesehen.[20]

Neben einem militärischen Ansatz zur Vernichtung der LRA ist auf einen weiteren Versuch der Regierung hinzuweisen, den langwierigen Bürgerkrieg zu beenden. So erließ die ugandische Regierung im Januar 2000 eine Generalamnestie, um der LRA positive Anreize zur Aufgabe des bewaffneten Kampfes zu liefern.[21] Gemäß Part II des *Amnesty Act* (2000) können Rebellen durch Aufgabe des Kampfes und Abgabe ihrer Waffen Straffreiheit erlangen. Die Straffreiheit betrifft sowohl ihre Tätigkeit in einer Rebellenorganisation als auch die im Zusammenhang mit dieser Tätigkeit begangenen Straftaten. Straffreiheit wird nur zugestanden, wenn die Rebellen freiwillig den bewaffneten Kampf aufgeben.[22] Weitergehende Pflichten oder Bedingungen, wie sie z.B. bei der südafrikanischen Wahrheits- und Versöhnungskommission zu finden sind, werden den Mitgliedern der LRA nicht abverlangt.[23] Der Auftrag der durch den *Amnesty Act* gegründeten *Amnesty Commission* ist demnach beschränkt auf die Überwachung der Demobilisierung und Reintegration sowie auf die Unterstützung bei der Versöhnung und der Schaffung von Dialogplattformen.

Die Generalamnestie hat, so muss man konstatieren, nur teilweise gefruchtet.[24] Bis April 2006 hat die *Amnesty Commission* zwar ca. 20.000 Anträge auf Amnestierung erhalten,[25] die LRA-Führung lehnte diese Amnestie jedoch lange ab, da sie

---

Koordination, dem mangelnden Interesse der Nachbarstaaten DRC (S. 1) und Süd-Sudan (S. 2) sowie in dem starken Fokus auf der militärischen Vernichtung (S. 7). Zudem weist sie auf die teilweise Verschlimmerung der Lage für die Zivilbevölkerung hin, da die LRA sich nun weiter verteilt hat, vgl. S. 5. Zur Thematik auch *Allen*, Trial Justice, S. 72 f.; *Klein*, GoJIL 2010, 674 f.

19 Vgl. ICG 2010, Uganda, S. 7; *Mwaniki/Wepundi/Morolong*, ISS 2009, S. 1; zu den Möglichkeiten der militärischen Vernichtung der LRA siehe auch *Jackson*, Round Table 2009, S. 325; *Nouwen/Werner*, EJIL 2011, 950; *Quinn*, Hum. R. Rev. 2009, 59.

20 Vgl. Northern Ugandan Women's open letter to Museveni and Kony, vom 10.3.2009 (abrufbar unter: http://humanrightshouse.org/Articles/11121.html) [Stand: 25.4.2013]; *Gatdet Dak*, ST, „Ugandan religious leaders call for peaceful resolution to LRA conflict", vom 14.8.2010; *Ruati*, ST, „Religious leaders recommend peaceful settlement to LRA insurgence", vom 14.9.2010.

21 Der *Amnesty Act* hat eine Laufzeit von 6 Monaten. Die Laufzeit wurde aber stets verlängert, vgl. *Apuuli*, AJCR 2005, 44; *Klein*, GoJIL 2010, 676 ff.

22 Dazu auch *Apuuli*, JICJ 2006, 183.

23 So sieht die Uganda Human Rights Commission die Prozedur als zu simpel und schmerzlos an, vgl. Workshop Report, S. 7. Siehe auch *Blumenson*, Colum. J. Transnat'l L. 2006, 807.

24 *Akhavan*, AJIL 2005, 409; *L. Keller*, Conn. J. Int'l L. 2008, 215.

25 *Quinn*, Hum. R. Rev. 2009, 64. *Kourabas,* U. C. D. J. Int'l L. & Pol. 2007, 64, spricht von ca. 14.000 LRA-Kämpfern, die geflohen sind und sich ergeben haben.

als Niederlage interpretiert werden würde. Zudem ist die Ablehnung der Amnestie von 2000 auf ein Misstrauen der LRA-Führung gegenüber der ugandischen Regierung zurückführbar.[26] Dieses Misstrauen wurde sicherlich auch durch widersprüchliche Aussagen des Staatspräsidenten *Yoweri Museveni* gefördert.[27] Obwohl der *Amnesty Act* von 2000 formal für alle LRA-Kämpfer und somit auch die Führungsriege um *Joseph Kony* Geltung beansprucht, hat *Yoweri Museveni* zwischenzeitlich angekündigt, die LRA-Führung trotzdem zu bestrafen und den *Amnesty Act* dahingehend zu ändern. Im Rahmen der neu auflebenden Friedensgespräche wurde diese Ankündigung aber erneut revidiert, sodass bis zum heutigen Tag eine Tür für *Joseph Kony* und seine engsten Vertrauten offenbleibt.[28]

Zusammenfassend lässt sich Folgendes feststellen: Eine militärische Lösung ist aufgrund mangelnder militärischer Kontrolle eines weiten und unwirtlichen Geländes, eingeschränkter regionaler Kooperation sowie der Guerillataktik der LRA (und der Zwangsrekrutierung) nicht zu erwarten. Die im Jahr 2000 erlassene Generalamnestie brachte wegen des widersprüchlichen Verhaltens seitens der Regierung nicht das erwünschte Ende des Konflikts. In diesem Zusammenhang gewinnt das Verfahren vor dem IStGH an Bedeutung.

B. Die Intervention des IStGH

Die Lage hat sich mit Tätigwerden des IStGH deutlich verändert. Zunächst soll gezeigt werden, wie es dazu kam, dass der IStGH aktiv wurde, und welche Umstände in diesem Zusammenhang von Relevanz waren.

I. Die Verweisung, die Haftbefehle und die Reaktionen

Im Dezember 2003 gelangte die Situation in Nord-Uganda in den Fokus des IStGH, nachdem der ugandische Staatspräsident *Yoweri Museveni* die Situation in Nord-Uganda gemäß Art. 14 (1) RS an den Gerichtshof überwiesen hatte. Bereits die Art und Weise der Verweisung warf viele Fragen auf. So bezogen sich die Ausführungen in der Verweisung einzig auf mutmaßliche Straftaten der LRA. Zudem weisen *Nouwen* und *Werner* darauf hin, dass die Verweisung an den IStGH nicht etwa vom Justizministerium, sondern vom Verteidigungsministerium initiiert wur-

---

[26] Auch in der Bevölkerung in Nord-Uganda (Acholi) ist das Misstrauen gegenüber der Regierung weit verbreitet, vgl. *Allen*, Trial Justice, S. 75; *Hanlon*, Tul. J. Comp. & Int'l L. 2007, 307; *Leonard*, Perspectives on Terrorism 2010, S. 25; *Noll*, JTWS 2009, 115; *Oreja Latigo*, in: Huyse/Salter (Hrsg.), Traditional Justice and Reconciliation, S. 96.

[27] Dazu *Allen*, Trial Justice, S. 77.

[28] Vgl. *Apuuli*, JICJ 2008, 810. Dazu auch *L. Keller*, Conn. J. Int'l L. 2008, 216. Die ICG fordert daher eine Beschränkung der Amnestie, vgl. ICG 2010, Uganda, S. 24.

de.[29] Daher wurde vielfach die schwer von der Hand zu weisende Vermutung geäußert, die ugandische Regierung habe nicht primär die Strafverfolgung *Joseph Konys* durch den IStGH ins Auge gefasst. Schließlich war es bereits über Jahre hinweg erklärtes Ziel der Regierung *Museveni*, gegen *Joseph Kony* vorzugehen.

Es kursieren verschiedene Deutungsansätze. Zumeist wird argumentiert, dass hinter der Verweisung eine Absicht der ugandischen Regierung stecke, die LRA durch die Einschaltung des IStGH zu isolieren und dem Konflikt mehr Aufmerksamkeit zu sichern.[30] *Branch* schlägt eine (teils) konträre Deutung vor. So sei es zwar im Interesse der Regierung *Museveni*, die LRA-Thematik publik zu machen. Jedoch sei daraus nicht zwingend abzuleiten, dass eine Lösung des Konflikts durch Isolierung angestrebt werde. So betont *Branch* die mögliche innenpolitische Bedeutung eines schwelenden Konflikts im Norden.[31]

Unabhängig von den Intentionen der Regierung ist zu betrachten, wie der IStGH und der Chefankläger mit dieser politisch sensiblen Verweisung umgingen. Gemäß den Vorgaben des Art. 14 (1) RS können, wie in der Einleitung bereits dargestellt, nur Situationen an den IStGH überwiesen werden. Damit beinhaltete die Verweisung das (theoretische) Risiko, dass auch Mitglieder der regulären Streitkräfte der ugandischen Armee Ziel internationaler Strafverfolgung werden konnten. Dieses Risiko wird allerdings durch die Anklagestrategie des Chefanklägers des IStGH, *Luis Moreno-Ocampo*, minimiert.[32] Die Anklage des IStGH beschränkt sich gemäß den Vorgaben der Präambel und Art. 17 (1) (d) RS auf die Verfolgung der schwersten Straftaten.[33] Damit fallen „weniger schwerwiegende" Taten nicht in seine Zuständigkeit. Betrachtet man die grausame Natur der der LRA vorgeworfenen Taten, so ließe sich durchaus erklären, warum andere Taten nicht verfolgt werden.[34] Machte man der Anklage einzig zum Vorwurf, sie verfolge nicht beide Seiten des Konflikts, so würde man verkennen, dass diese Selektivität dem Rom-Statut inhärent ist. Es sind jedoch auch Vorwürfe laut geworden, die Entscheidung, nur mutmaßliche LRA-Verbrechen zu verfolgen, sei auch aus politischen Gründen getroffen worden.[35] Eine derartige These dürfte aufgrund einiger „PR-Desaster"

---

[29] *Nouwen/Werner*, EJIL 2011, 949.

[30] *Mwaniki/Wepundi/Morolong*, ISS 2009, S. 9; *Allen*, Trial Justice, S. 74; *Nouwen/Werner*, EJIL 2011, 947; siehe auch *Akhavan*, AJIL 2005, 404: "For Uganda, the referral was an attempt to engage an otherwise aloof international community by transforming the prosecution of LRA leaders into a litmus test for the much celebrated promise of global justice."

[31] *Branch*, EIA 2007, 185.

[32] *Nouwen/Werner*, EJIL 2011, 951.

[33] Vgl. dazu "Paper on some policy issues before the Office of the Prosecutor", S. 6 f.

[34] Bei der Anwendung des Art. 17 (1) (d) RS stellt sich dann allerdings die Frage, welcher Vergleichsmaßstab anzuwenden ist. Sollte man Taten im Rahmen eines Konflikts vergleichen oder auch Taten im Rahmen anderer Konflikt zum Vergleich heranziehen?

[35] So deutet die Aussage des ehemaligen IStGH-Ermittlers *Martin Witteveen* darauf hin, dass einzig die LRA-Taten ernsthaft ermittelt wurden: "Nothing else other than those six

Glaubwürdigkeit gewinnen. So übernahm die erste Pressemitteilung des IStGH zur Verweisung die von der ugandischen Regierung gewählte Beschränkung auf LRA-Taten.[36] Zudem ist die Wahl Kampalas zur Durchführung der *Review Conference* im Sommer 2010 angesichts der wiederholt erhobenen Vorwürfe gegen die ugandische Armee sicher zu kritisieren.[37]

Im Anschluss an die Verweisung leitete der Chefankläger gemäß Art. 18 (1) RS am 29.7.2004 Ermittlungen zur Situation in Nord-Uganda ein. Am 13.10.2005 wurde der von der Vorverfahrenskammer II erlassene Haftbefehl gegen *Joseph Kony u.a.*, der zunächst aus ermittlungstaktischen Gründen unter Verschluss gehalten worden war, der Öffentlichkeit präsentiert.[38]

Es war der Erlass dieses Haftbefehls, an dem sich die Geister scheiden sollten. Die Tätigkeit des IStGH in einem noch andauernden Konflikt wurde zum Ausgangspunkt zahlreicher Kritik. So wurde dem IStGH im Fall Ugandas vorgeworfen, den Friedensprozess zu beeinträchtigen und damit mitursächlich für das Fortdauern des Konflikts und weiterer Menschenrechtsverletzungen durch die LRA und die ugandische Armee zu sein.[39] Dieser Vorwurf ist sicherlich nicht völlig unzutreffend; eine solche Pauschalkritik ist aber zu undifferenziert,[40] um verwertbare Ergebnisse zu generieren. Vielmehr ist darauf hinzuweisen, dass die Tätigkeit des IStGH auch gute Entwicklungen hervorgerufen hat und dem Friedensprozess in gewisser Weise förderlich war. Es soll daher im Folgenden kurz nachgezeichnet werden, inwiefern sich die Tätigkeit des IStGH positiv auf den Konflikt auswirkte. Im Anschluss werden die potentiell schädigenden Einwirkungen des Verfahrens erläutert, die in folgender Reaktion eines interviewten Acholis deutlich werden:

> "[…] at first he [Anm.: der Interviewpartner] was happy the arrest warrants were issued but then feared for his life after Kony was not promptly arrested."[41]

2. Positive Einflussnahme und ihre Grenzen

Zunächst soll auf die positiven Folgen der IStGH-Intervention eingegangen werden. An späterer Stelle wird noch einmal darauf zurückzukommen sein, ob diese Effekte *per se* bereits ein Tätigwerden des IStGH rechtfertigen.[42] Als positiv wird

---

incidents was [ever] investigated", zitiert nach *Glassborow* u.a., IPWR-Special Report, S. 10. Siehe auch *Moy*, Harv. Hum. Rts. J. 2006, 269.

36 Siehe zum Verhalten der Anklage *Allen*, Trial Justice, S. 91 und 96 ff.

37 Siehe auch *Nouwen/Werner*, EJIL 2010, 950.

38 IStGH(*Kony*), Warrant of Arrest for Joseph Kony Issued on 8 July 2005 as amended on 27 September 2005, Entscheidung der Vorverfahrenskammer II vom 27.9.2005 (ICC-02/04-01/05-53).

39 Überblick bei *Apuuli*, CLF 2004, 406.

40 *Mwaniki/Wepundi/Morolong*, ISS 2009, S. 10; *Akhavan*, AJIL 2005, 418.

41 *Noll*, JTWS 2009, 113.

42 Siehe unten Teil 7, I.B.

vor allem angesehen, dass die Haftbefehle gegen *Joseph Kony* u.a. dazu verhalfen, die LRA politisch und logistisch zu isolieren.[43] So stellte die (nord-)sudanesische Regierung schon kurz nach der Verweisung der Situation an den IStGH die Unterstützung der LRA ein und erlaubte der ugandischen Armee, militärische Aktionen gegen die LRA auf süd-sudanesischem Territorium zu führen.[44] Zudem lassen sich auf einer niederen Kommandoebene gewisse Absatzbewegungen als Resultat der Zuckerbrot-und-Peitsche-Politik beobachten.[45] Dies trug dazu bei, dass die LRA militärisch erheblich geschwächt werden konnte.[46] Auch rückte der Konflikt in Nord-Uganda und der Region verstärkt in den Fokus der Weltöffentlichkeit.[47] Dies könnte Grundlage für ein weitergehendes Involvieren der internationalen Gemeinschaft in der Region sein, hat aber bis *dato* zu keiner relevanten Maßnahme seitens der UN oder anderer internationaler Akteure geführt.[48] Zudem lässt sich vermuten, dass eine ernsthaft vorgetragene Strafandrohung[49] *Joseph Kony* dazu bewegt haben mag, in Verhandlungen einzutreten, um sich mittels der Verhandlungen „freizukaufen".[50] Schließlich könnte es sich langfristig günstig auswirken, dass die Frage der Vergangenheitsbewältigung verstärkt thematisiert wird und ein möglicher zukünftiger Friedensprozess somit nachhaltiger gestaltet werden kann.[51]

Befürworter der Haftbefehle gegen *Joseph Kony u.a.* verweisen auf diese ersten Erfolge der IStGH-Tätigkeit in Uganda und plädieren daher dafür, den Strafverfol-

---

43 *Akhavan*, AJIL 2005, 404; *Blumenson*, Colum. J. Transnat'l L. 2006, 825; *Buckley-Zistel*, in: Bonacker u.a. (Hrsg.), Interventionskultur, S. 109.

44 *Akhavan*, AJIL 2005, 416; *Kourabas*, U. C. D. J. Int'l L. & Pol. 2007, 68; *Moy*, Harv. Hum. Rts. J. 2006, 271. Allerdings ist darauf hinzuweisen, dass bereits mit der Operation Iron Fist im März 2002 eine Kooperation Sudans in der Bekämpfung der LRA begonnen hat, vgl. *Apuuli*, CLF 2004, 395. Vgl. dazu auch ST „U.S. says it has no evidence Sudan supporting LRA rebels in Uganda", vom 16.1.2011; ST, „Uganda continues diplomatic row with Khartoum over army chef's alleged threats", vom 25.12.2010. Zur möglichen Einflussnahme der ugandischen Regierung im Sudan siehe ST, „JEM denies reports of deal to setup military base in Uganda", vom 16.8.2010; ST, „Sudan accuses Uganda of sabotaging Darfur peace process", vom 10.4.2011.

45 *Evans*, Responsibility to Protect, S. 118. Vgl. *Gettleman*, NYT, „Uganda Enlists Former Rebels to End a War", vom 10.4.2010; *Ruati*, ST, „Leading LRA rebel commander surrenders to Ugandan army", vom 6.11.2009.

46 *Apuuli*, JICJ 2008, 804.

47 A.a.O., 803; *Buckley-Zistel*, in: Bonacker u.a. (Hrsg.), Interventionskultur, S. 109. Zur vorherigen Zurückhaltung siehe *Akhavan*, AJIL 2005, 404; *Buckley-Zistel*, Conflict Transformation, S. 72.

48 *Spiegel/Prendergast*, Enough 2009, S. 4.

49 Die ugandische Regierung war in ihrem Vorgehen selten konsistent. Androhung von Strafe und Verhandlungsangebote mit Amnestien wechselten sich in den öffentlichen Auftritten ab. Zu den Verhandlungen siehe *Buckley-Zistel*, in: Bonacker u.a. (Hrsg.), Interventionskultur, S. 109; *Chung*, Case W. Res. J. Int'l L. 2008/09, 233; *Quinn*, Hum. R. Rev. 2009, 59.

50 Vgl. *Méndez*, Case W. Res. J. Int'l L. 2007, 92.

51 Vgl. *Wadell/Clark*, RAS 2008, 15 f.

gungsdruck aufrechtzuerhalten, um die LRA oder ihre Führung weiterhin zu isolieren. Wie sich anhand der Reaktionen der LRA auf die gemeinsame Offensive vom Dezember 2008 zeigen lässt, ist diese allerdings noch weit davon entfernt, besiegt zu sein. Dies erklärt sich zum Teil aus ihrer oben beschriebenen Struktur. Eine politisch-moralische sowie völkerrechtliche Delegitimierung mag zwar Auswirkungen auf externe Unterstützer wie die sudanesische Regierung haben, die sich gegenüber der Weltöffentlichkeit rechtfertigen müssen,[52] dürfte im Hinblick auf die LRA selbst jedoch ohne große Effekte bleiben.[53] Zur Aufrechterhaltung der Kampffähigkeit der LRA setzt diese nicht auf den Rückhalt in der Bevölkerung oder eine politisch-motivierte Befreiungsideologie. Ihre Regenerationsfähigkeit ergibt sich aus Zwangsrekrutierungen in der Bevölkerung. Eine weitere Isolierung erscheint daher unrealistisch. Zudem befindet sich *Joseph Kony* in einer komfortablen Lage. Der Mangel an politischer Agenda ermöglicht ihm eine gewisse Flexibilität:

> "Kony does not need to win – he just needs to not lose."[54]

Aus dem gleichen Grund gilt auch eine Isolierung der Führung innerhalb der LRA nicht als aussichtsreich. Der Führung und insbesondere *Joseph Kony* droht, so die Beobachter, keine Entmachtung durch ihre Truppen.[55]

Es stellt sich daher die Frage, wie auf die veränderten politischen Rahmenbedingungen zu reagieren ist. Wenn eine militärische Lösung mithilfe regionaler Armeen nicht erfolgversprechend ist und die internationale Gemeinschaft für eine militärische Lösung durch internationale Truppen nicht zu gewinnen ist, so erscheinen Verhandlungen als zwar nicht optimale, aber einzig gangbare Lösung unausweichlich. In diesem Zusammenhang ist zu prüfen, inwieweit eine Verhandlungslösung auf eine strafrechtliche Aufarbeitung der unzweifelhaft begangenen und verabscheuungswürdigen Taten verzichten kann.[56] Dazu sollen die Friedensgespräche von Juba exemplarisch dargestellt werden.

---

[52] Die externe Unterstützung der LRA könnte noch weitergehend eingeschränkt werden, vgl. *Spiegel/Prendergast*, Enough 2009, S. 3; kritisch auch *Branch*, EIA 2007, 183.

[53] Vgl. *Branch*, EIA 2007, 183.

[54] *Jackson*, Round Table 2009, S. 327. Ähnlich auch *Krikściun*, Tul. J. Int'l & Comp. L. 2007, 228; *Leonard*, Perspectives on Terrorism 2010, S. 26 f.

[55] Vgl. *Apuuli*, JICJ 2008, 803; *Branch*, EIA 2007, 183.

[56] Für einen Verzicht auf eine klassische strafrechtliche Aufarbeitung oder eine Exit-Option für *Kony*, vgl. Interview mit Dr. *Riek Machar*, Vice-President Southern Sudan, chief mediator, Juba peace initiative im Interview mit IRIN, Juni 2007 (www.irinnews.org, Stand: 25.4.2013); siehe auch *Spiegel/Prendergast*, Enough 2009, S. 3.

3. Potentiell schädliche Einflüsse einer IStGH-Intervention

Die Friedensgespräche von Juba wurden bzw. werden als hoffnungsvollste Möglichkeit gesehen, den fast drei Jahrzehnte währenden Konflikt zu beenden.[57] Nachdem Friedensgespräche ohne Ergebnis geblieben waren, wurde offiziell am 16.7.2006 ein neuer Anlauf gestartet.[58] Verhandlungsort dafür war die damalige Provinzhauptstadt und jetzige Hauptstadt des Süd-Sudans. Sowohl die Anbahnung als auch die Durchführung der Verhandlungen waren von großem Misstrauen seitens der LRA-Führung geprägt.[59] So befürchtete diese eine Gefangennahme oder Liquidierung durch die ugandische Armee. Konsequenz war, dass *Joseph Kony* niemals persönlich bei den Verhandlungen anwesend war. Die LRA-Führung entsandte vielmehr Stellvertreter, die zu alledem auch noch oftmals ausgetauscht wurden.[60] Das Verhandlungsteam der LRA, welches sich offiziell auch als politischer Arm präsentierte (LRM), bestand zum Großteil aus Exilugandern ohne Kampferfahrung. Es erscheint daher fraglich, ob das Verhandlungsteam, trotz telefonischen Kontakts mit *Joseph Kony*, die Interessen der LRA immer effektiv vertreten konnte.[61]

Die (geringen) Erfolge und mögliche Ursachen für das Scheitern der Verhandlungen sollen hier kurz dargestellt werden. Das zentrale Produkt der Verhandlungen ist das am 29.6.2007 unterzeichnete *Agreement on Accountability and Reconciliation*, welches einen zentralen Teil des *Final Peace Agreements* (FPA) darstellen sollte. Dieses Agreement erkennt in der Präambel und in Abschnitt 6 die Bedeutung des IStGH und der strafrechtlichen Aufarbeitung an, bleibt in den konkreten Regelungen bzgl. möglicher Ausnahmen jedoch vage.[62] So stellt es in Punkt 3.2. u.a. fest:

> […] and encourage individuals to take personal responsibility for their conduct.

Dies deutet auf ein freiwilliges Verhalten hin und entspricht eher der Herangehensweise einer Wahrheits- und Versöhnungskommission. Auch Punkt 3.9. weist darauf hin, dass eine strikte strafrechtliche Aufarbeitung nicht zwingend geboten erscheint:

> Where a person has already been subjected to proceedings or *exempted from liability for any crime* or civil acts or omission, *or has been subjected to* accountability or *reconcili-*

---

[57] Report and Recommendations of the Chief Mediator of the Peace Process between the Government of the Republic of Uganda and the Lord's Resistance Army, S. 1.

[58] Zu vorherigen Anläufen siehe *Allen*, Trial Justice, S. 78 ff.

[59] *Spiegel/Prendergast*, Enough 2009, S. 3; *Jackson*, Round Table 2009, S. 323.

[60] Report and Recommendations of the Chief Mediator of the Peace Process between the Government of the Republic of Uganda and the Lord's Resistance Army, S. 2.

[61] Positive Einschätzung in: Report and Recommendations of the Chief Mediator of the Peace Process between the Government of the Republic of Uganda and the Lord's Resistance Army, S. 2. Kritischer dagegen *Quinn*, Hum. R. Rev. 2009, 60.

[62] Präzisiert durch Punkt 7 des *Annexure to the Agreement on Accountability and Reconciliation* vom 19.2.2008.

ation proceedings for any conduct in the course of the conflict, that person shall not be subjected to any other proceedings with respect to that conduct. [Hervorhebung des Autors]

Betrachtet man neben dem unklaren Wortlaut des Agreements, dass auch traditionelle Konfliktlösungsmechanismen wie *mato oput* darin Erwähnung finden[63] und dass die 2000 erlassene Amnestie formal noch in Kraft war und im Nachhinein auch von Staatspräsident *Yoweri Museveni* erneut betont wurde,[64] so muss man konstatieren, dass die Vereinbarungen flexibel gehandhabt werden können und vom Wortlaut her der LRA-Führung ein Leben in Freiheit ermöglichen könnten.[65] Dafür spricht auch, dass die im Agreement niedergelegten Regelungen nicht ins nationale Recht inkorporiert worden sind.[66] Im Nachhinein hat die ugandische Regierung des Öfteren betont, sie würde *Joseph Kony* auch strafrechtlich zur Verantwortung ziehen und einen High Court dafür einrichten. Diesen Ankündigungen sind bis *dato* jedoch keinerlei Taten gefolgt, sodass eine strafrechtliche Aufarbeitung einzig vor dem IStGH zu erwarten ist.[67]

Trotz der relativen Offenheit der Formulierung des Agreements kam es wegen der Verweigerungshaltung *Joseph Konys* nicht zur Unterzeichnung des FPA. Als Hinderungsgrund dafür wird der vom IStGH erlassene Haftbefehl gesehen. Zwar sind auch interne Auseinandersetzungen in der LRA[68] und das generelle Misstrauen Faktoren, welche die Haltung *Joseph Konys* erklären mögen. Auch stellt sich die Frage, ob der Haftbefehl nur als Vorwand genutzt wurde, um die Friedensverhandlungen scheitern zu lassen. Es steht die Vermutung im Raum, dass *Joseph Kony* die Verhandlungen missbraucht hat, um seine Truppen zu reorganisieren und sich mit Nachschub an Waffen und Nahrungsmitteln zu versorgen.[69] Gewichtige Gründe sprechen allerdings dafür, dass im Zeitpunkt der Juba-Verhandlungen eine grundsätzliche Gesprächsbereitschaft vonseiten der LRA bestand. Zwar waren die vorangegangenen konzertierten Militäraktionen nicht ausreichend, um die LRA endgül-

---

63 *L. Keller*, Conn. J. Int'l L. 2008, 219. Zu den Verfahren siehe auch *Kriksciun*, Tul. J. Int'l & Comp. L. 2007, 234 ff. Ausführlich auch *Baines*, IJTJ 2007, passim.

64 Zum Verhalten *Musevenis* siehe auch *Ginsburg*, Chi. J. Int'l L. 2009, 507; *Hanlon*, Tul. J. Comp. & Int'l L. 2007, 306.

65 *L. Keller*, Conn. J. Int'l L. 2008, 220; *Mallinder*, Amnesty, Human Rights and Political Transition, S. 281; *Moy*, Harv. Hum. Rts. J. 2006, 270; a.A. ICG 2010, Uganda, S. 23; *Apuuli*, JICJ 2008, 811.

66 Vgl. *Oreja Latigo*, in: Huyse/Salter (Hrsg.), Traditional Justice and Reconciliation, S. 99.

67 Vgl. *Apuuli*, JICJ 2008, 801; *Burke-White/Kaplan*, in: Stahn/Sluiter (Hrsg.), The Emerging Practice, S. 101 ff.; *Rodman*, LJIL 2009, 113. Dazu auch IStGH(*Kony u.a.*), Decision on the admissibility of the case under article 19 (1) of the Statute, Entscheidung der Vorverfahrenskammer II vom 10.3.2009 (ICC-02/04-01/05-377), paras. 33 ff.

68 Report and Recommendations of the Chief Mediator of the Peace Process between the Government of the Republic of Uganda and the Lord's Resistance Army, S. 5.

69 So wohl *Akhavan*, AJIL 2005, 417; *Hankel*, Mittelweg 36 2009, 79. Zur Thematik auch *Allen*, Trial Justice, S. 81.

tig zu besiegen. Andererseits stieg aber durch die Kooperation der durch die LRA bedrohten Länder der militärische Druck auf *Joseph Kony* und seine Gefolgsleute, wozu auch die Haftbefehle des IStGH beigetragen haben.

Es ist daher durchaus nachvollziehbar, dass die drohende Strafverfolgung durch den IStGH ein gewichtiges Argument für *Joseph Kony* gewesen sein dürfte, sich nicht auf den Friedensvertrag einzulassen.[70] Nach übereinstimmenden Einschätzungen des sudanesischen Mediators der Friedensverhandlungen[71] und der *International Crisis Group*[72] handelt es sich bei *Joseph Kony* um eine zumindest in Grundzügen rational handelnde Person.[73] Folgt man der Einschätzung, dass die Strafandrohung und das Einbinden des IStGH (mit-)ursächlich für seine Verweigerungshaltung gewesen ist, so sieht sich die ugandische Regierung einem von *Ginsburg* zutreffend beschriebenen Dilemma ausgesetzt:

> "This lack of control has the effect of increasing the reservation price of a potential bargain between the government and resistance forces, reducing the scope of a deal."[74]

Abschließend soll kurz thematisiert werden, welche Veränderungen seit dem Scheitern der Friedensverhandlungen von Juba zu beobachten sind. Zunächst ist festzustellen, dass auch eine weitere konzertierte Militäraktion Ende 2009 nicht die erhoffte Wirkung zeitigen konnte. Die LRA ist weiterhin aktiv und insbesondere im Süd-Sudan und der Zentralafrikanischen Republik werden regelmäßige Übergriffe der LRA gemeldet.[75] *Joseph Kony* konnte nicht gefasst werden. Einige klei-

---

70 "I want to state that I will not sign a peace agreement in Juba which sends me to prison.", zitiert nach *Apuuli*, JICJ 2008, 805. Auch *Vincent Otti* (dessen Tod wird mittlerweile vermutet, vom IStGH allerdings noch nicht als gesichert angesehen) erklärte in einem Interview, dass die Haftbefehle den Friedensprozess beeinträchtigen. Im selben Interview erklärt er seine Bereitschaft, sich traditionellen Mechanismen zu unterwerfen, IRIN (http://www.irinnews.org, [Stand: 25.4.2013]). Siehe auch *Allen*, Trial Justice, S. 123; *Apuuli*, JICJ 2006, 180 mit Verweis auf die frühere Chefunterhändlerin *Betty Bigombe*; *Buckley-Zistel*, Conflict Transformation, S. 73; *Leonard*, Perspectives on Terrorism 2010, 28; *Quinn*, Hum. R. Rev. 2009, 66. Zum Rückgang der finanziellen Förderung der Verhandlungen siehe a.a.O., 65.

71 Report and Recommendations of the Chief Mediator of the Peace Process between the Government of the Republic of Uganda and the Lord's Resistance Army, S. 2.

72 Implizit in ICG 2008, S. 18.

73 *Buckley-Zistel*, in: Bonacker u.a. (Hrsg.), Interventionskultur, S. 107; *Jackson*, Round Table 2009, S. 326. Siehe auch *Allen,* Trial Justice, S. 80: "[…] they wanted to be taken seriously and not dismissed as lunatics […]." Zum Thema auch *Chivers*, NYT, „'All People Are the Same to God': An Insider's Portrait of Joseph Kony", vom 31.12.2010. Siehe auch *L. Keller*, Conn. J. Int'l L. 2008, 214: „Kony's statement reveals that 'terror has been a strategy of choice' rather than the result of a deranged and therefore unaccountable mind."

74 *Ginsburg*, Chi. J. Int'l L. 2009, 508.

75 Siehe beispielhaft *Ruati*, ST, „Ugandan rebels kill two, abduct two in Sudan's Western Equatoria", vom 20.10.2009; *Mayom*, ST, „South Sudan army free 46 Darfurians abducted by LRA rebels", vom 26.10.2009; *Ruati*, ST, „Ugandan rebels kill 4 civilians in South Sudan's Nzara", vom 13.11.2009; *ders.*, ST, „LRA rebels kill three old men in Western Equatoria", vom 16.11.2009; *ders.*, ST, „Ugandan Army outlines OLT achieve-

nere Erfolge konnten verzeichnet werden. So machten einige LRA-Kommandeure von dem Amnestieangebot Gebrauch und legten die Waffen nieder.[76] Ob das Fenster für Verhandlungen mit *Joseph Kony* nach wie vor geöffnet ist, erscheint unklar. So hat die besagte Rückkehr zu den Waffen für weiteres Misstrauen gesorgt.[77] Die nachfolgenden Entwicklungen und neuen Bedenken gegen eine Verhandlungslösung sollen an dieser Stelle jedoch ausgeblendet werden.

Die Konsequenzen des Stillstands sind schwerwiegend und werden hier noch einmal zusammengefasst:

– Die LRA terrorisiert die Zivilbevölkerung in Nord-Uganda, in der Demokratischen Republik Kongo, im Süd-Sudan und in der Zentralafrikanischen Republik.
– Die Unterschrift *Joseph Konys* unter den ausgehandelten Friedensvertrag wird vom LRA-Führer verweigert. Nord-Uganda befindet sich damit weiterhin in einem Bürgerkriegszustand. Dies behindert die wirtschaftliche Entwicklung der Region, verhindert eine Rückkehr der Binnenvertriebenen (Internally Displaced Persons (IDPs)) und verlängert den militärischen Ausnahmezustand.
– Neben dem Friedensprozess in Uganda droht die Präsenz der LRA auch Friedensprozesse in anderen Ländern (insbesondere im Sudan) zu beeinträchtigen bzw. die Stabilisierungsversuche zu untergraben.
– Der anhaltende Konflikt in Nord-Uganda beeinträchtigt die regionale Stabilität und hat grenzüberschreitende Militäreinsätze zur Folge.

Die Worte *Rodmans* erscheinen in diesem Zusammenhang zutreffend:

> "While the arrest warrants might serve as a prod to negotiations, insisting on their execution is likely to prevent their completion."[78]

---

ments on LRA rebels in 2009", vom 11.1.2010; *Ruati*, ST, „Six former LRA abductees return home in Western Equatoria", vom 5.2.2010; *ders.*, ST „Ugandan Rebels kill two, abduct 30 in eastern CAR", vom 21.2.2010; *ders.*, ST, „Ugandan LRA rebels ransack, loot church in southern CAR", vom 22.2.2010; *ders.*, ST, „LRA abductees at least 10 in Central Africa – military", vom 22.2.2010; *Gatdet Dak*, ST, „LRA plans attacks in South Sudan to disrupt elections", vom 17.3.2010; *Ruati*, ST, „LRA maneuvers cause panic in Sudan's Tambura town in W. Equatoria", vom 17.5.2010; *ders.*, ST, „LRA kills three Sudanese in deadly ambush in Western Equatoria", vom 18.5.2010; *ders.*, ST, „LRA rebels murder three people including two policemen in Sudan's Tambura", vom 29.5.2010; *Mayom*, ST, „South Sudan army warns of LRA imminent attacks", vom 20.7.2010; *Ruati*, ST, „Hundreds flee renewed attacks by LRA rebels in WES", vom 4.8.2010. Zu Übergriffen im Kongo siehe *ders.*, ST, „Suspected LRA kill four civilians in Congo's Orintale Province", vom 20.1.2010. Siehe aber auch Lemonde.fr, „L'armée ougandaise émet des doutes sur le rapport de HRW", vom 29.3.2010; ST, „Ugandan rebels deny last year massacre in Congo", vom 30.3.2010.

76 *Allen*, Trial Justice, S. 74 ff.

77 ICG 2010, Uganda, S. 14.

78 *Rodman*, LJIL 2009, 114.

C. Prima facie-tangierte völkerrechtliche Interessen

Um die genannten Aspekte einer rechtlichen Bewertung zugänglich zu machen, soll im Folgenden herausgefiltert werden, inwiefern die genannten Konsequenzen völkerrechtlich geschützten Interessen entsprechen. In diesem Abschnitt soll dementsprechend *prima facie* dargelegt werden, welche Völkerrechtsnormen von Bedeutung sein könnten. Zwar finden besagte Taten auf dem Territorium Ugandas (und dessen Nachbarländern) statt. Da im Rahmen dieser Arbeit indes nicht der Tatortstaat, sondern ein potentiell verfolgungswilliger Drittstaat (hier die Bundesrepublik) bzw. der IStGH im Mittelpunkt steht, bietet sich zum einen die Untersuchung universeller Menschenrechtsregime, zum anderen die Untersuchung der EMRK als zentrales, die Bundesrepublik bindendes regionales Menschenrechtsregime an. Im folgenden Teil 3 wird dann zu klären sein, inwieweit diese Normen auch die behandelten externen Akteure zum Adressaten haben und ob diese die Normen in die Entscheidungsfindung einzubeziehen haben.

Die Terrorisierung der Zivilbevölkerung durch die LRA beeinträchtigt die Zivilbevölkerung in schwerwiegendem Maße. Dies bedeutet zunächst, dass den Betroffenen grundlegende Menschenrechte verwehrt bleiben. Zu nennen sind hier zunächst:

- Art. 6 Abs. 1 Satz 1, Art. 7, Art. 8, Art. 9 Abs. 1 Satz 1 i.V.m. Art. 2 Abs. 1 des Internationalen Pakts über bürgerliche und politische Rechte (IPbpR).
- Art. 3, 4, 5, 16 der Allgemeinen Erklärung der Menschenrechte von 1948.
- Art. 2 Abs. 1, 3, 4 Abs. 1 der Europäischen Menschenrechtskonvention (EMRK).[79]

Das brutale Vorgehen der LRA ist nicht nur im Hinblick auf menschenrechtliche Mindeststandards von Bedeutung. Die Zwangsrekrutierung von Kindersoldaten, die Vergewaltigung und Versklavung von Mädchen und Jungen, die Plünderung der Dörfer, die Ermordung und Verstümmelung von Zivilisten und viele weitere Taten sind zweifellos als Verbrechen gegen die Menschlichkeit und Kriegsverbrechen zu werten:

- Verbrechen gegen die Menschlichkeit: Art. 7 (1) (a), (c), (g), (k) RS;
- Kriegsverbrechen: Art. 8 (2) (c) (i), (e) (i), (v), (vi), (vii) RS.

Die Fortdauer der Konfliktsituation beeinträchtigt nicht nur Individualrechtsgüter wie Leben oder persönliche Freiheit und droht damit zur Bühne für die Begehung von Völkerstraftaten zu werden. Auch andere völkerrechtlich geschützte Werte können schwerwiegend beeinträchtigt werden. So kann jede externe Einwirkung auf den Friedensprozess die möglicherweise staatliche Souveränität Ugandas ver-

---

79 Siehe aber auch die vergleichbaren Art. 4, 5, 6 Afrikanische Charta der Menschenrechte und Recht der Völker.

letzen, die sich aus Art. 2 Abs. 1 UN-Charta ergibt.[80] Grundsätzlich steht es jedem Land zu, eine nationale Lösung innerer Konflikte herbeizuführen. Im vorliegenden Konflikt hat sich die ugandische Regierung zum Erlass eines Amnestiegesetzes entschlossen. Dieser Weg wird durch die internationalen Haftbefehle des IStGH konterkariert. Eine Souveränitätsbeeinträchtigung ist demnach *prima facie* festzustellen. Zudem ist zu überlegen, ob neben dem formalen Aspekt der Souveränität auch die Sicherung innerstaatlicher Friedensprozesse von rechtlicher Relevanz ist.

II. Situation im Sudan (Darfur)

Die zweite Situation betrifft den Bürgerkrieg in Darfur im Westen Sudans. Anders als im Fall Ugandas fand und findet der Konflikt im Sudan großen Widerhall in den Medien und der Politik.[81] Dies ist u.a. auf ein starkes Engagement verschiedener Nichtregierungsorganisationen zurückzuführen, die insbesondere in den USA ein erfolgreiches Agenda-Setting betrieben haben.[82] Damit im Zusammenhang steht sicherlich auch die Charakterisierung der Vorgänge als Völkermord.[83]

A. Historie des Bürgerkriegs vor dem Tätigwerden des IStGH

Der Konflikt in Darfur ist äußerst komplex und wurde auf verschiedene Weise interpretiert.[84] Die Erklärungsansätze reichen von ethnisch-motivierten Säuberungen der arabischen Elite gegen die schwarzafrikanische Bevölkerung, einem religiösen Konflikt zwischen der muslimischen Bevölkerung des Nordens und der vorwiegend christlichen Bevölkerung im Westen und Süden[85] bis hin zu dem klassischen Erklärungsansatz des Nomaden-Bauern-Wettstreits um die natürlichen Ressourcen des Landes bzw. der Region Darfur.[86] Ebenfalls von Bedeutung ist der

---

80 In Art. 2 Abs. 7 wird das Interventionsverbot auf die Vereinten Nationen ausgeweitet. Dies macht deutlich, dass das Interventionsverbot grundsätzlich ebenfalls gegebüber internationalen Organisationen von Bedeutung ist.

81 ICG 2009, S. 4.

82 Vgl. *Bellamy*, EIA 2005, 41; *Jeangene-Vilmer*, in: Société Française pour le Droit International (Hrsg.), La Responsabilite de Proteger, S. 234.

83 Siehe dazu auch *Wade*, ICJR 2009, 153 f.

84 Zur Komplexität der verschiedenen Konfliktherde im Sudan, siehe auch *Frau*, Das Verhältnis zwischen IStGH und Sicherheitsrat, S. 303 ff.; *Streck*, VN 2002, 104 ff.; *de Waal*, IA 2007, 1039.

85 Siehe dazu für die Zukunft *Kron*, NYT, „Islamic Sudan Envisioned if South Secedes", vom 19.12.2010.

86 Vgl. dazu *Prunier,* Darfur, S. 78 ff.

lang anhaltende Konflikt zwischen Sudan und dem an die Darfur-Region angrenzenden Nachbarstaat Tschad, der geprägt ist von einer wechselseitigen Unterstützung regierungsfeindlicher Rebellengruppen. Ferner sind ständige Einmischungen des Nachbarlands Libyen zu verzeichnen.[87] Daneben wird die politische[88] und wirtschaftliche[89] Marginalisierung der Darfur-Region als Konfliktursache angeführt.[90] Diese generelle Marginalisierung des Westens wurde durch den Friedensvertrag der sudanesischen Regierung in Khartum mit der süd-sudanesischen Rebellenbewegung SPLM/A vom 9.1.2005 noch akzentuiert, insbesondere da der Friedensvertrag eine Verteilung der wichtigsten Ressource Öl vorsieht.[91] Eine monokausale Erklärung der Geschehnisse verkennt auf jeden Fall die Problematik des Darfur-Konflikts.[92] Die wichtigsten Ereignisse sollen im Folgenden komprimiert dargestellt werden:

Als Auslöser des aktuellen Darfur-Konflikts gilt gemeinhin der Angriff darfurischer Rebellen auf einen Polizeiposten der Regierung im Februar 2003 und vor allem der Rebellenangriff auf El Fasher, die Hauptstadt Nord-Darfurs, zwei Monate später.[93] Aufgrund der Häufung von Vorfällen dieser Art entschloss sich die sudanesische Zentralregierung für ein militärisches Vorgehen gegen die aufständischen Rebellen, die vor allem aus den beiden großen Rebellengruppen *Justice and Equality Movement* (JEM) und dem *Sudan Liberation Movement/Army* (SLM/A) sowie mehreren unkoordinierten kleineren Gruppierungen bestand.[94] Die militärische Offensive der sudanesischen Regierung stützte sich nur teilweise auf reguläre Truppen der sudanesischen Armee. Es wurde häufig auf arabische Milizen (die sog. Janjaweed) zurückgegriffen, denen ein Großteil der Gräueltaten vorgeworfen wird. Der Konflikt führte zu hohen Opferzahlen in der Zivilbevölkerung und zur Vertreibung in IDP-Camps.

---

87 Dazu und zur Bedeutung der libyschen Einmischung *Prunier*, Darfur, S. 82 ff.

88 So z.B. die Besetzung lokaler Verwaltungsposten mit khartum-loyalen Beamten, siehe ICG 2010, Sudan, S. 2; *Aumond*, RGDIP 2008, 111.

89 ICG 2010, Sudan, S. 2; *Prunier*, Darfur, S. 107.

90 Siehe auch JA, „Darfour: un nouveau round du processus de paix s'ouvre au Qatar", vom 16.11.2009.

91 Zum Friedensvertrag siehe *Mattes*, GIGA Focus Nahost 2006, S. 3.

92 Zum Problem der Reproduktion von Klischees im Zusammenhang mit Sudan siehe bereits *Streck*, VN 2002, 107. Siehe dazu auch *Verhoeven* u.a., ST, „Understanding Darfur's Saviours and Survivors", vom 3.8.2009. Mit genereller Kritik am Völkermord-Begriff, *Hong*, Va. J. Int'l. L. 2008, passim.

93 ICG 2009, S. 3.

94 Aufgrund interner Streitigkeiten innerhalb der und zwischen den verschiedenen Rebellengruppen besteht eine große Fluktuation. Abspaltungen und Neugründungen sind in steter Regelmäßigkeit zu verzeichnen.

B. Die Intervention des IStGH

Im Folgenden soll zunächst auf die Verweisung an den IStGH durch den Sicherheitsrat und auf erste Reaktionen eingegangen werden.

1. Die Verweisung, die Haftbefehle und die Reaktionen

Als Reaktion auf die Gräueltaten setzte der UN-Sicherheitsrat am 18.9.2004 durch Resolution 1564 (2004) eine Untersuchungskommission unter Vorsitz von *Antonio Cassese* ein, die ermitteln sollte, ob Menschenrechtsverstöße, Verstöße gegen das humanitäre Völkerrecht oder Völkermordakte begangen wurden. Der Bericht konnte keine genozidale Politik seitens der Regierung feststellen, konstatierte jedoch, dass Anzeichen für schwerwiegende Verbrechen (Verbrechen gegen die Menschlichkeit und Kriegsverbrechen) vorlagen und empfahl eine Verweisung der Situation in Darfur durch den Sicherheitsrat an den IStGH.[95] Der Sicherheitsrat nahm diese Empfehlung auf und verwies mit Resolution 1593 (2005) die Situation in Darfur gemäß Kap. VII UN-Charta und Art. 13 (b) RS an den IStGH. Damit ist ein erster großer Unterschied zur Situation in Uganda festzustellen: Die sudanesische Republik ist nicht Vertragspartei des Rom-Statuts und die kritischen Haftbefehle richten sich gegen die aktuellen Machthaber und Repräsentanten des Staates.

Die Verweisung kam überraschend und wurde aufgrund ihrer mangelnden Klarheit zu Recht stark kritisiert. Überraschend war das Handeln des Sicherheitsrats deshalb, weil die Vetomächte USA und China trotz erklärter, ablehnender Haltung gegenüber der Institution auf ein Veto verzichteten und sich nur der Stimme enthielten.[96] Kritik erntete der Sicherheitsrat vor allem für zwei Zusätze zur eigentlichen Verweisung. Para. 6 lautet wie folgt:

> Decides that nationals, current or former officials or personnel from a contributing State outside Sudan which is not party to the Rome Statute of the International Criminal Court shall be subject to the exclusive jurisdiction of that contributing state […].

Damit greift der Sicherheitsrat den Inhalt der heftig umstrittenen Resolutionen 1422 (2002) und 1487 (2003) wieder auf und gewährt Angehörigen von Friedensmissionen kaum vertretbare Sonderrechte.[97] Daneben ist auch para. 7 kritisch zu sehen. Dieser lautet:

---

[95] Eine Empfehlung, die im Übrigen in der SR-Resolution nicht direkt gefordert wurde, siehe Res. 1564, para. 12.

[96] Zur kritischen Haltung der USA siehe bspw. *Steinberger-Fraunhofer*, IStGH und Drittstaaten, S. 251–277. Siehe auch *Aumond*, RGDIP 2008, 119 ff.

[97] Überblick zur Kritik zum Para. 6 bei *Aumond*, RGDIP 2008, 124 ff.; *Frau*, Das Verhältnis zwischen IStGH und Sicherheitsrat, S. 326 ff.; *Sluiter*, JICJ 2008, 878 ff.; *Wouters* u.a., ICLR 2008, 285. Ausführliche Kritik zu den Resolutionen 1422 und 1487 bei *Fritsche*, in: Frowein u.a. (Hrsg.), Verhandeln für den Frieden, passim; *Gallant*, LJIL 2003,

Recognizes that none of the expenses incurred in connection with the referral including expenses related to investigations or prosecutions in connection with that referral, shall be borne by the United Nations […].

Nach der Konzeption des Rom-Statuts und dessen Art. 115 (b) fallen grundsätzlich die Kosten auf den „Auftraggeber", also die Vereinten Nationen, zurück. Zwar weist *Pichon* zu Recht darauf hin, dass weder das Statut noch das Beziehungsabkommen mit den Vereinten Nationen eine Pflicht zur Zahlung kennt.[98] Ein fader Beigeschmack verbleibt, war jedoch als „Gegenleistung" für den amerikanischen Veto-Verzicht zu akzeptieren.[99] Schließlich wird kritisch gesehen, dass in para. 2 der Resolution zwar eine Kooperationspflicht der sudanesischen Regierung proklamiert wird, die genaue Ausgestaltung der Kooperationspflicht jedoch im Unklaren bleibt.[100]

Zwei Jahre nach Verweisung der Situation an den IStGH erließ die Vorverfahrenskammer I am 2.5.2007 Haftbefehle gegen den damaligen sudanesischen Innenminister *Ahmad Harun*[101] und den mutmaßlichen Janjaweed-Anführer *Ali Kushayb*.[102] Die sudanesische Regierung kam den Haftbefehlen, trotz der in der SR-Resolution 1593 (para. 2) normierten Verpflichtung zur Kooperation, nicht nach und unterließ auch eine eigene Strafverfolgung. Zwar wurde *Ali Kushayb* zwischenzeitlich verhaftet. Er wurde jedoch wenig später wieder freigelassen.[103] Als Affront gegen den IStGH lässt sich zudem die Versetzung von *Ahmad Harun* interpretieren, der in einer Kabinettsumbildung als Minister für humanitäre Angelegenheiten ernannt wurde und damit u.a. für die IDP-Camps die Verantwortung hatte.[104] Zudem wurde der südafrikanische Präsident *Mbeki* beauftragt, Reformüber-

---

574 f.; *Heilmann*, Effektivität des IStGH, S. 213–235; *Heselhaus*, ZaöRV 62 (2002), 920–931; *Pichon*, Internationaler Strafgerichtshof, S. 75–82, 100–107; *Zimmermann*, in: Frowein u.a. (Hrsg.), Verhandeln für den Frieden, passim. *Kaye*, FA 2011, 122 stellt dazu fest: "[…] the ICC has very broad jurisdiction, both in time and space, but without enjoying the UN Security Council's unequivocal backing."

98 *Pichon*, Internationaler Strafgerichtshof, S. 113. *Fletcher/Ohlin*, JICJ 2006, 430, sehen darin einen Verstoß gegen den Geist des Rom-Statuts. Zur Thematik auch *Frau*, Das Verhältnis zwischen IStGH und Sicherheitsrat, S. 336 f.

99 Dazu auch *Fletcher/Ohlin*, JICJ 2006, 430.

100 *Sluiter*, JICJ 2008, 881 ff.

101 IStGH(*Harun*), Warrant of Arrest for Ahmad Harun, Entscheidung der Vorverfahrenskammer I vom 27.4.2007 (ICC-02/05-01/07-2).

102 IStGH(*Kushayb*), Warrant of Arrest for Ali Kushayb, Entscheidung der Vorverfahrenskammer I vom 27.4.2007 (ICC-02/05-01/07-3).

103 Vgl. *Mills*, GR2P 2009, 555. Zu weiteren Strafverfahren siehe ST, „Sudan military court hand death sentences on 18 Darfur stationed soldiers", vom 17.1.2010.

104 ICG 2009, S. 6. Mittlerweile ist dieser Gouverneur der Region Süd-Kordofan. Seine derzeitige Stellung beinhaltet u.a. eine verstärkte Kooperation mit den UN-Friedenstruppen, die zugeben mussten, ihn logistisch zu unterstützen, vgl. ST, „France protests to the UN over transporting of Sudanese war crime suspect", vom 25.1.2011. Dazu auch ST, „UN admits it moved wanted Sudanese official on its helicopters" vom 12.1.2011. Zu ver-

legungen anzuschieben. Die Bemühungen waren nicht von Erfolg gekrönt.[105] Am 4.3.2009 erließ die Vorverfahrenskammer I schließlich Haftbefehl gegen den amtierenden Präsidenten Sudans, *Omar al-Bashir*.[106] Dieser Erlass zog heftige Proteste und eine kritische Würdigung der Entscheidung der Vorverfahrenskammer I nach sich.

An dieser Stelle soll zunächst auf generelle Kritikpunkte der Entscheidung eingegangen werden. Ein politischer Vorwurf, dem sich der IStGH grundsätzlich stellen muss, ist die Afrikazentriertheit der bisherigen Anklagepraxis.[107] So sind alle derzeit anhängigen Verfahren gegen Staatsangehörige afrikanischer Staaten gerichtet. Alle vier (heute sieben) Situationen betrafen zu dem Zeitpunkt den afrikanischen Kontinent. Viel Kritik (und Lob) erntete der IStGH aufgrund der Tatsache, dass er einen amtierenden Präsidenten zum Ziel der Strafverfolgung gemacht hatte. Dabei standen nicht die Zweifel an der Legalität (aufgrund einer möglichen Immunität), sondern die mangelhafte Begründung der Entscheidung (immerhin ist Sudan nicht Mitglied des Rom-Statuts geworden)[108] und die politische Opportunität im Vordergrund. Die Opportunität wurde angezweifelt, da *Omar al-Bashir* und die sudanesische Regierung sich zu diesem Zeitpunkt sowohl in Friedensverhandlungen mit darfurischen Rebellen als auch in Verhandlungen zur (nun vollzogenen) Abspaltung des Südens befanden.[109] So kritisierten die Afrikanische Union und die Arabische Liga einstimmig den Haftbefehl und beschlossen, diesem nicht nachzukommen. Zudem verurteilte die Afrikanische Union die publikumswirksame Her-

---

gleichbarer Symbolpolitik, siehe auch ST, „UN Secretary General defends phone call to Sudanese president", vom 8.12.2009.

105 ST, Analysis: „Sudan awaiting Mbeki's panel report on Darfur", vom 17.9.2009; *Ali*, ST, „Exclusive: AU Mbeki panel makes implicit endorsement of ICC prosecutions in Darfur", vom 23.10.2009; ST, „Sudan reiterates rejection of Darfur hybrid courts", vom 1.11.2009; ST, „'Our goal was to find a way out for Sudan president' says Mbeki panel member", vom 2.11.2009; ST, „Sudan accuse ICC prosecutor of standing behind AU hybrid court proposal", vom 2.11.2009; ST, „Mbeki continues Sudan visit as Bashir voices rejection to hybrid court", vom 14.12.2009; ST, „Mbeki's panel flirting with failure in Sudan", vom 15.3.2010; ST, „Sudan fires Darfur war crimes prosecutor amid talk of 'transitional justice'", vom 18.10.2010; ST, „Mbeki's report shows little success in implementing recommendations on Sudan", vom 13.12.2010. Siehe auch Vorschläge von *Osman El-Tom*, ST, „From war to peace and reconciliation in Darfur", vom 29.6.2009.

106 IStGH(*al-Bashir*), Warrant of Arrest for Omar Hassan Ahmad Al Bashir, Entscheidung der Vorverfahrenskammer I vom 4.3.2009 (ICC-02/05-01/09-3).

107 *Kastner*, Friedenswarte 2010, passim.

108 *Akande*, JICJ 2009, 337; *Blommestijn/Ryngaert*, ZIS 2010, 434; *Gaeta*, JICJ 2009, 324; *Williams/Sherif*, JCSL 2009, 82; unkritisch dagegen *Ssenyonjo*, NJIL 2009, 418. Die Immunität ist nach wohl vorherrschender Ansicht im Verfahren vor dem IStGH unbeachtlich. Umstritten ist aber, ob kooperierende Drittstaaten bei einer möglichen Verhaftung *al-Bashirs* gegen die Immunität verstoßen. So *Gaeta*, JICJ 2009, 326, anders aber *Akande*, JICJ 2009, 347; *Burghardt/Geneuss*, ZIS 2009, 141; *Kreicker*, Huv-I 2008, 163; wohl auch *Williams/Sherif*, JCSL 2009, 88.

109 ICG 2009, S. 22 ff. Vgl. auch HRW 2009, S. 1.

angehensweise des Chefanklägers[110] und forderte wiederholt einen Aufschub der Ermittlungen und Verfahren gemäß Art. 16 RS.[111] Ein solcher Aufschub scheiterte bislang jedoch stets am Widerstand der westlichen ständigen Mitglieder des UN-Sicherheitsrats.[112]

Die Ermittlungen gegen *Omar al-Bashir* riefen auch noch aus einem weiteren Grund kritische Reaktionen hervor, und zwar wegen der Betonung des Tatbestands des Völkermords – eine Qualifizierung, die sowohl im Sprachgebrauch der damaligen US-Administration[113] als auch im Antrag der Anklage auf Erlass eines Haftbefehls gegen den amtierenden Staatspräsidenten Sudans *Omar al-Bashir* aufgegriffen wurde.[114] Diese Interpretation steht teilweise im Widerspruch zu den Ergebnissen der UN-Untersuchungskommission.[115] Die Vorverfahrenskammer I verweigerte zunächst, auf Grundlage der zur Verfügung stehenden Faktenlage, den Haftbefehl gegen *Omar al-Bashir* auch wegen der mutmaßlichen Begehung von Völkermord zu erlassen. Sie legte dabei jedoch fälschlicherweise einen zu strengen

---

110 AU, Press Release vom 14.7.2009 (abrufbar unter: http://www.africa-union.org/root/au/Conferences/2009/july/Press%20Release%20-%20ICC.doc. [Stand: 2.3.2010]); *Williams/Sherif*, JCSL 2009, 92; vgl. Hinweis bei *Ssenyonjo*, NJIL 2009, 419. Zu dem nicht angebrachten Vergleich mit *Adolf Hitler* siehe JA, „Elections au Soudan: ‚comme une élection sous Hitler'. Estime procureur de CPI", vom 23.3.2010; *Boisbouvier*, JA, „Le saut dans le vide", vom 13.4.2010. Auch wirft der Ankläger *al-Bashir* vor, heimliche Bankkonten zu unterhalten, dazu JA, „Wikileaks: Moreno-Ocampo, El-Béshir et les 9 milliards de dollars", vom 18.12.2010; ST, „Sudan President stashed billions in secret bank accounts, says ICC prosecutor", vom 19.12.2010; *Simon*, NYT, „Prosecutor Confirms Accusation Against Sudan Leader", vom 1.1.2011. Interessant erscheint, warum die Anklage (die begrenzten) Ressourcen für derartige Ermittlungen aufwendet.

111 Siehe AU, Communiqué vom 3.2.2010 (abrufbar unter: http://www.africa-union.org/root/ar/index/Communique%20Feb%204%202010%20eng.pdf [Stand: 2.3.2010]). Dazu auch *Williams/Sherif*, JCSL 2009, 89 f.; *Tekle*, ST, „ICC urged to defer arrest warrant against Sudan's president by African Union", vom 3.12.2010; ST, „AU chief reiterates African position on ICC", vom 26.1.2011. Siehe aber zum Hin und Her ST, „African Union drops resolution barring arrest of Sudanese president in continent", vom 26.7.2010 und ST, „African Union moves aggressively to shield Bashir from prosecution", vom 29.7.2010. Zu weiterer Kritik siehe auch ST, „AU chief hits at ICC indictments of Sudan's president", vom 29.10.2009; ST, „UN chief remarks on African cooperation with ICC draws rebuke from Sudan", vom 2.2.2010; ST, „AU chief challenges ICC to arrest Sudanese president", vom 24.7.2010; ST, „Sudan urges AU countries to walk out from ICC, cites Kenya's case", vom 27.1.2011.

112 ICG 2009, S. 17 f., 22; ST, „U.S. denies reports on agreeing to deferring Bashir's warrant", vom 8.2.2011.

113 Zuerst durch den ehemaligen US-Außenminister *Colin Powell*, vgl. ICG 2009, S. 4.

114 Zur Frage siehe auch ICG 2009, S. 27; ST, „ICC judges endorse genocide charges against Sudanese president", vom 13.7.2010. Die AU und sogar das Europaparlament haben keine eindeutige Stellungnahme abgeben können, vgl. *Hong*, Va. J. Int'l. L. 2008, 237. Siehe aber auch ST, „AU criticizes ICC ruling on Bashir's genocide charges", vom 5.2.2010. Zur Debatte in den USA, vgl. *Hong*, Va. J. Int'l. L. 2008, 237 ff. Zur medialen Stigmatisierung der Vorgänge siehe exemplarisch *Mills*, GR2P 2009, 545 f. Kritik am Vorgehen der Anklage bei *Kaye*, FA 2011, 124 f.

115 UN Doc. S/2005/60 vom 25.1.2005.

Beweismaßstab an, sodass die Berufungskammer der Anklage Recht gab und die Vorverfahrenskammer einen erweiterten Haftbefehl ausstellte.[116] Trotzdem muss man sich fragen, ob die bewusste Hervorhebung des Völkermordtatbestands durch den Ankläger der Sache dienlich ist. So stellt beispielsweise *Brauman* fest:

> "It is difficult to cry government-led genocide in one breath and then explain in the next why 2 million Darfuris have sought refuge around the principal army garrisons of their province."[117]

Eine Anklage wegen Völkermords hat eine polarisierendere Wirkung als Anklagen wegen Kriegsverbrechen und Verbrechen gegen die Menschlichkeit und könnte sich, so zeigt das Verfahren, beweistechnischen Hürden ausgesetzt sehen.

Schließlich wird die Frage aufgeworfen, warum der Haftbefehl nicht geheim gehalten wurde, um eine eventuelle Verhaftung zu ermöglichen bzw. zu erleichtern.[118]

Zusammenfassend lässt sich feststellen, dass der Haftbefehl gegen *Omar al-Bashir* eine viel beachtete, aber eben auch viel kritisierte Maßnahme des IStGH war.

2. Positive Einflussnahme und ihre Grenzen

Es sind einige positive Entwicklungen im Anschluss an den Erlass des Haftbefehls zu verzeichnen. Es erscheint jedoch kaum möglich abzuschätzen, ob diese kausal auf den Haftbefehl zurückzuführen sind. Als positives Signal ist zu erwähnen, dass Sudan und Tschad sich im Februar 2010 zu einer engeren Kooperation und damit zur Beendigung von Stellvertreterkriegen entschlossen zu haben scheinen.[119] Für einige Beobachter überraschend ist zudem, dass die Regierung in Khartum das Unabhängigkeitsreferendum weder boykottiert noch manipuliert und eine unblutige Abspaltung des Süd-Sudans ermöglicht hat.[120] Auch die Friedensbemühungen zur Lösung des Darfur-Konflikts, wenn auch mit vielen Rückschlägen ver-

---

[116] Siehe IStGH(*al-Bashir*), Second Warrant of Arrest for Omar Hassan Ahmad Al Bashir, Entscheidung der Vorverfahrenskammer I vom 12.7.2010 (ICC-02/05-01/09-95). Dazu auch *Burghardt/Geneuss*, ZIS 2009, 131 ff.; *O'Callaghan*, ICLR 2008, S. 536. Zur Frage des Beweisstandards im Rahmen des Haftbefehlsverfahrens siehe *van der Vyver*, AJIl 2010, 461 ff. Ebenso interessant die Ausführungen zur Fragen der Täterschaftsarten, vgl. 464 ff.

[117] Zitiert nach *Flint/de waal*, WA 2009, 8. Zur Bedeutung der *Elements of Crime* für die Interpretation des Völkermordtatbestands, siehe *Grover*, EJIL 2010, 574.

[118] Vgl. *Flint/de Waal*, WA 2009, 3.

[119] Dazu JA, „Déby veut repartir de Khartoum ‚avec la paix'", vom 9.2.2010; ST, „Sudan expels Chadian opposition as Bashir prepares to make landmark visit to Ndjamena", vom 21.7.2010; ST, „Sudan transfers command of border force to Chad", vom 22.9.2010, ST, „Sudan discusses disarmement with Chadian rebels", vom 5.10.2010.

[120] Zu verbleibenden Problemen in der Region Abiyei, siehe *Kron*, NYT, „Northern Sudanese Warn South over Contested Area", vom 28.4.2011.

bunden, scheinen im Allgemeinen Fortschritte zu machen.[121] Deutlich wird jedoch auch, dass kaum zu erwarten sein dürfte, dass der Haftbefehl kurz- oder mittelfristig zur Verhaftung[122] oder Isolierung *Omar al-Bashirs* führen wird. Innenpolitisch kann er sich eines breiten Rückhalts in der Elite des Landes und vor allem des Militärs sicher sein.[123] Die Welle der „arabischen Revolutionen" hat an den sudanesischen Grenzen weitgehend Halt gemacht.[124] Dies mag auch daran liegen, dass es sich bei *Omar al-Bashir* keinesfalls um einen autoritären Alleinherrscher handelt. *Gosnell* hat zudem treffend formuliert:

> "[...] an arrest warrant issued for a sitting head of state is nothing less than a demand for regime-change."[125]

Von einem Regimewechsel wäre die gesamte Staatselite betroffen. Angesichts seines Wahlsieges ließe sich sogar vermuten, dass die Haftbefehle den innenpolitischen Rückhalt noch gefördert haben.[126]

---

[121] Zum Hin und Her der Gespräche und den dabei auftretetenden Problemen siehe exemplarisch: JA, „Darfour: un nouveau round du processus de paix s'ouvre au Qatar", vom 16.1.2009; ST, „Sudanese official says no rebel should veto peace deal in Darfur", vom 15.11.2009; ST, „ Military pressure will not force us to negotiate", vom 18.1.2010; JA, „Khartoum signe un cessez-le-feu avec un des principaux groupes rebelles du Darfour", vom 20.2.2010; ST „JEM rebels urge Khartoum to stop attacks and delay election", vom 12.3.2010; ST, „Darfur conflict is on the backburner, Russian envoy says", vom 12.3.2010; LeMonde.fr, „Au Darfour, près de 600 morts et une tension grandissante", vom 7.6.2010; *Pompey*, JA, „Bassolé ‚garde espoir'", vom 29.6.2010; ST, „Sudan denies UN arrangements to move JEM leader to Darfur", vom 14.9.2010; ST, „Sudanese cabinet endorses new strategy of peace in Darfur", vom 17.9.2010; ST, „Sudanese government and Darfur rebels start talks on cessation of hostilities", vom 26.12.2010; ST, „Enough Project puts out road map for international process to end Darfur conflict", vom 18.2.2011; ST, „Darfur mediators deliver new proposals to Sudanese parties", vom 23.2.2011; ST, „Sudan and JEM rebels start peace talks this week", vom 1.3.2011; ST, „LJM dissidents say seeking to be part of Doha peace talks", vom 19.4.2011; ST, „SLM supporters protest in different Sudanese towns against Bashir's government", vom 20.4.2011; ST, „Sudanese government, JEM rebels hold first meeting on pending issues", vom 24.4.2011; ST, „Sudan says no need for a new mediator but more pressures on Darfur rebels" und „UNAMID chief discusses ceasefire mechanism with LJM dissidents", vom 24.4.2011.

[122] So auch die Einschätzung von *Kreicker*, HuV-I 2008, 163.

[123] Vgl. *Gosnell*, JICJ 2008, 845, *Ssenyonjo*, NJIL 2009, 416; *William/Sherif*, JCSL 2009, 84. Dazu auch ST, „Sudan ruling NCP condemns ICC decision against Bashir", vom 4.2.2010.

[124] Dazu JA, „A Khartoum, l'opposition rêve d'imiter le soulèvement tunisien", vom 16.1.2011; *Gettleman*, NYT, „Young Sudanese Start Protest Movement", vom 2.2.2011; ST, „Sudanese official accuses opposition of seeking a regime change", vom 2.2.2011; ST, „Sudan's Bashir says he doesn't fear dethroning as revolutions sweep region", vom 13.2.2011; ST, „Sudan clamps down on opposition protest, detains dozens", vom 9.3.2011. Aber auch (möglicherweise) gewonnene Einsichten, siehe ST, „Sudan's NCP says that Bashir will not seek re-election in 2015", vom 20.2.2011. *Gettleman*, NYT, „Sudan's President, in Power Since 1989, Won't Run Again, Spokesman Says", vom 21.2.2011. Siehe aber auch ST, „Sudan's President Al-Bashir might vie in next elections, his party says", vom 22.4.2011.

[125] *Gosnell*, JICJ 2008, 845. Ähnlich auch *Nouwen/Werner*, EJIL 2011, 956.

Darüber hinaus verfügt die sudanesische Regierung über politische Druckmittel. So ist insbesondere an das Interesse der Vereinten Nationen an einer ungestörten Ausübung der Mandate der UNMIS (United Nations Mission in Sudan, jetzt UNMISS) und UNAMID (African Union – United Nations Mission in Darfur) zu denken. Die Tätigkeit beider Friedensmissionen basiert/e auf der Zustimmung der sudanesischen Regierung. Die UN ist zudem in besonderem Maß auf Kooperation angewiesen, und es hat sich in der Vergangenheit gezeigt, dass ihre Arbeit stets behindert werden kann bzw. wird.[127] So verwundert es nicht, dass die Frage der Kooperation mit dem IStGH einem politischen Drahtseilakt gleicht. Die UN steht vor der Frage, ob und inwieweit sie sich für *rule of law* einsetzen und der Kooperationspflicht aus dem *Relationship Agreement* nachkommen soll. Im Fall Sudans haben sich die UN gegen eine Kooperation und für eines der Grundprinzipien moderner Peacekeeping-Missionen entschieden: Unparteilichkeit.[128] Daraus erwächst dem IStGH ein Nachteil bei der Informationsbeschaffung und erschwert es dem Chefankläger, internationalen Druck aufzubauen.

Neben dem Kooperationsbedürfnis der Vereinten Nationen hat die sudanesische Regierung noch einige weitere Druckmittel. Die Beispiele sind zahlreich. So hat das US-amerikanische Interesse an der friedlichen Abspaltung des Südens den amerikanischen Präsidenten *Barack Obama* dazu verleitet, das Versprechen abzugeben, einige Terror-Sanktionen zu streichen.[129] Zudem wird die sudanesische

---

[126] Dazu auch ST, „Bashir calls elections ‚a blow to enemies of Sudan'", vom 2.5.2010; *Desloire*, JA, „El-Béchir défie la CPI", vom 31.5.2010. Siehe aber auch ST, „Analysis: Bashir's victory may not be as decisive as orginially thought", vom 24.4.2010.

[127] Siehe ST, „UN accuse Sudan of intimidating Darfur Peacekeepers", vom 24.11.2009; ST; „Sudan accuses Darfur peacekeepers of supplying JEM rebels", vom 2.2.2010; ST, „Sudan to monitor travel of UNAMID peacekeepers" vom 1.8.2010; ST, „Sudan relations with UNAMID reaches low point", vom 3.8.2010; ST, „UNSC trip to Sudan in jeopardy over meeting with Bashir", vom 21.9.2010; ST, „Khartoum rejects deployment of UN troops on north-south Sudan border", vom 11.10.2010; ST, „Sudan temporarily blocks website pf UN radio Miraya", vom 11.11.2010; ST, „Sudan calls for ending the mandate of UN human rights expert", vom 26.2.2011. Andererseits mag der internationale Druck die sudanesische Regierung auch zu Konzessionen bei der Bewilligung von Peacekeeping-Truppen gezwungen haben, vgl. *McClean*, JCSL 2008, 13; *Mills*, GR2P 2009, 553.

[128] Interessanterweise wird in den beiden grundlegenden Strategiepapieren zum Peacekeeping (Capestone und New Horizon) der IStGH nicht erwähnt.

[129] Dazu JA, „Washington propose de retirer le Soudan de sa liste noire", vom 8.11.2010; ST, „US begins to remove Sudan from terrorism sponsor list regardless of Darfur", vom 8.2.2011. Siehe auch die Entscheidung der US-Administration, Sanktionen gegen den Sudan wegen des Einsatzes von Kindersoldaten aufzuheben, vgl. *LaFranchi*, Christian Science Monitor, „Obama waives sanctions for four countries that use child soldiers", vom 29.10.2010. Siehe auch ST, „U.S. denial rate of visitor visa for Sudan at its lowest level since 2006", vom 13.11.2010; ST, „U.S. lifts ban on exports of computers to Sudan", vom 20.11.2010; ST, „Obama hails peaceful referendum process, Sudan hoping for speedy normalization with U.S. ", vom 16.1.2011. In dem Zusammenhang auch interessant ST, „Jimmy Carter meets at presidential palace with Bashir", vom 10.2.2010; ST,

Regierung mittlerweile als Partner im *war on terror* gesehen.[130] Die US-amerikanische Haltung gegenüber dem Sudan ist innerhalb der Administration allerdings umstritten.[131] Die Europäische Union stellte dem Sudan im Jahr 2010 114 Millionen Euro für humanitäre Hilfe zur Verfügung.[132] Indien hat Diskussionen über den Aufbau einer Kooperation im Energiesektor aufgenommen.[133] Auch Libyen hat die sudanesische Regierung unterstützt.[134] Weitergehende Sanktionen gegen Sudan würden zudem mit an Sicherheit grenzender Wahrscheinlichkeit am Widerstand Chinas scheitern, das zwar die Resolution 1593 durch Enthaltung mitgetragen hat, sich aber kritisch gegenüber dem Verfahren äußerte.[135] Dies liegt sicherlich nicht zuletzt daran, dass die Volksrepublik Interesse an sudanesischen Ressourcen hat.[136] Zudem rief der Haftbefehl regionale Unterstützung durch die AU und die Arabische Liga[137] hervor, sodass abschließend festgestellt werden kann, dass Sudan keinesfalls zum Pariastaat gemacht wurde. Auch wenn *Omar al-Bashir* seine Reisen in Zukunft genauer planen muss:[138] Viele Staaten, darunter auch Mitgliedstaaten des Rom-Statuts, haben ihn empfangen.

„Carter election observer mission says no evidence of fraud in Sudan poll", vom 14.4.2010.

130 Vgl. *Mills*, GR2P 2009, 545.

131 Siehe ST, „U.S. special envoy unhappy about ICC genocide ruling against Sudanese president", vom 14.7.2010, aber auch ST, „Clinton says unhappy with US role in Sudan, committed to bringing Bashir before justice", vom 3.5.2010; ST, „U.S. officials confirm plans to name Gration as ambassador to Kenya" vom 13.9.2010; ST, „U.S. special envoy to Sudan nominated for ambassadorial post in Kenya", vom 10.2.2011.

132 Siehe ST, „European Union budgets €114 million for aid in Sudan in 2010", 24.2.2010. Zur euopäischen Kooperation mit der sudanesischen Regierung siehe auch JA, „El-Béchir remercié par la France", vom 8.2.2010.

133 Siehe ST, „Sudan, India discuss energetic cooperation", 26.1.2010.

134 ST, „Bashir arrives in Libya, holds talks with Gadhafi", vom 5.8.2010; ST, „Sudan is Libya's largest debtor, document shows", vom 9.2.2011. Andererseits gilt *Gaddafi* gleichzeitig als Unterstützer darfurischer Rebellen, vgl. ST, „Gaddafi's son supports prosecuting Sudan's Bashir for Darfur war crimes", vom 12.8.2010; ST, „Libya's Gaddafi was top supporter of Darfur rebels", vom 28.3.2011.

135 Siehe ST, „AU not vouching for Bashir's innocence", vom 6.8.2009; ST, „China defends decision not to veto Darfur ICC referral", vom 11.11.2009; ST, „China wary of ICC genocide ruling against Sudan president", vom 6.2.2010; ST, „Chinese Companies among bidders for Juba-Mau oil pipeline", vom 22.2.2010; ST, „China threats to block UN report on Sudan", vom 18.10.2010; ST, „China fails to block UN report on Sudan", vom 21.10.2010.

136 ICG 2009, S. 18; *Ssenyonjo*, NJIL 2009, 421.

137 ST, „Arab League slams ICC decision on to review Sudan's genocide charges", vom 7.2.2010; ST, „Arab league backs Sudan's Bashir against ICC indictments", vom 17.9.2010.

138 Beispiele für Unterstützung: ST, „Sudanese president arrives to Addis Ababa to attend African summit", vom 30.1.2010; ST, „Kenya invites Bashir to IGAD summit as he challenges world to arrest him", vom 4.3.2010; ST, „‚I feel safe in my country' says Sudan president, reveals upcoming Venezuela visit", vom 21.3.2010; ST, „Senegal invites Sudan's Bashir to a conference in June", vom 12.5.2010; ST, „Sudanese president in Saudi

3. Potentiell schädliche Einflüsse einer IStGH-Intervention

Ebenso, wie es sich nicht einfach gestaltet, positive Auswirkungen zu messen, fällt es schwer, schädliche Einflüsse der Haftbefehle festzustellen. Einzig die erste Reaktion *Omar al-Bashirs* lässt sich deutlich in Zusammenhang zum Verfahren vor dem IStGH bringen. Sein Verhalten ließ viele Befürchtungen zutreffend erscheinen. Bereits wenige Tage nach Erlass des Haftbefehls verwies er einige internationale Hilfsorganisationen des Landes. Eine überzeugende Begründung vermochte er nicht zu liefern. Die sudanesiche Regierung warf den Hilfsorganisationen vor, Informationen an den IStGH geliefert zu haben.[139] Angesichts der Tatsache, dass die sudanesische Regierung keine Taten eingestanden wissen wollte, bezog sich der Vorwurf auf das Zuleiten von Fehlinformationen. Die Ausweisung internationaler Hilfsorganisationen ließ befürchten, dass die Versorgung der darfurischen Bevölkerung mit Nahrungsmitteln, sauberem Trinkwasser und Medikamenten dauerhaft und schwerwiegend beeinträchtigt würde. Die kurzfristigen Engpässe konnten allerdings im Laufe der Zeit überwunden oder durch andere Organisationen aufgefangen werden. Zudem ließ die sudanesische Regierung allmählich auch wieder eine weitgehende Tätigkeit von Hilfsorganisationen zu. Von einer längerfristigen, durch den Haftbefehl verursachten Unterversorgung lässt sich daher nicht sprechen. Auch die insbesondere von der AU vorgebrachten Befürchtungen der negativen Konsequenzen auf die Friedensprozesse sind zu relativieren. Obwohl die Bedingungen für die Bevölkerung in Darfur nach wie vor katastrophal sein mögen und insbesondere die IDPs und Flüchtlinge im benachbarten Tschad unter dem Konflikt leiden, kann dies nicht unbedingt der Tätigkeit des IStGH angelastet werden.

Arabia to perform pilgrimage", vom 15.11.2010; ST, „Zambia says Sudanese president should not fear arrest on its territory", vom 12.12.2010; ST, „Sudanese President to attend AU summit in Etiopia", vom 24.1.2011; ST, „Sudan's President Al-Bashir to visit Egypt Tuesday", vom 7.3.2011. Beispiele für mangelnde Unterstützung: ST, „Sudan's Bashir to skip UN General Assembly meeting", vom 13.9.2009; ST, „Brazil supreme court deliberating on legality of arresting Sudanese president", vom 25.11.2009; ST, „ICC Prosecutor hails states cooperation in isolating Sudan president", vom 3.12.2009; ST, „Factbox: Bashir's list of skipped events keeps growing since ICC warrant", vom 23.3.2010; ST, „Sudan's Bashir not welcome in France", vom 23.3.2010; ST, „Sudan reacts fiercely to Uganda's announcement on Bashir", vom 7.6.2010; JA, „Omar el-Béchir exclu du sommet de l'UA, Khartoum s'insurge", vom 7.6.2010; ST, „Botswana says Bashir still vulnerable for arrest on its territory despite AU resolution", vom 17.8.2010; ST, „South Africa vows to support deferring Bashir's ICC warrant at UNSC", vom 13.10.2010; ST, „Kenyan law group to file motion before court seeking arrest of Sudan's Bashir", vom 17.10.2010; ST, „Sudan outraged after Libya asks Bashir to skip Africa-EU Summit", vom 28.11.2010; ST, „Qatar's former justice minister calls on Bashir to accept ICC trial in Sudan", vom 2.1.2011.

[139] ST, „Sudan denied 15 aid groups permits to work in Darfur", vom 20.3.2010. Vgl. ICG 2009, S. 18. Dazu und zu den Auswirkungen auf die Arbeit der UNAMID, HRW 2009, S. 15 f. Tatsächlich scheint, unabhängig von der Frage der Kooperation mit dem IStGH, aufgrund der Ausweisung ein Informationsvakuum zu bestehen, vgl. HRW 2009, S. 18. Zu einer ähnlichen Entscheidung der sudanesischen Regierung, siehe ST, „Sudan says Radio Dabanga working with ICC", vom 7.11.2010.

Zusammenfassend lässt sich Folgendes konstatieren: Eindeutige positive oder negative Effekte auf die Lage in Darfur und die Friedensprozesse in Darfur und Süd-Sudan sind, die Beschränktheit der Analyse zugrunde gelegt, nicht zu verzeichnen.[140] Man könnte höchstens von „arrest warrants as nuisance" sprechen.[141]

C. Prima facie-tangierte völkerrechtliche Interessen

Für die völkerrechtliche Bewertung bedeutet dies, dass die Haftbefehle *prima facie* in die staatliche Souveränität i.S.v. Art. 2 Abs. 1 UN-Charta eingreifen, kleinere Auswirkungen auf den Friedensprozess und damit auf die menschenrechtliche Lage möglich erscheinen, eine Begehung von weiteren Völkerstraftaten i.S.d. Art. 5 RS, sofern zu befürchten, nach hiesigen Erkenntnissen nicht auf den Haftbefehl zurückzuführen sind.

Mögliche Konsequenzen sind damit in völkerrechtlich qualitativer Dimension geringfügiger als im Fall Ugandas. Man kann sich *Gosnell* anschließen, der bereits 2008 feststellte:

> "The arrest warrant will continue to exert pressure on Al Bashir but not so much pressure as to provoke a crisis."[142]

III. Erste Schlussfolgerung: Möglichkeit politischer Zielkonflikte

Blumenson stellte Folgendes fest:

> "[…] the ICC will undoubtedly confront situations in which the cost of prosecution may be continued tyranny or bloodshed."[143]

Eine gewichtige Ursache wurde ebenfalls benannt:

> "Two of the three referrals accepted by the chief prosecutor so far involve on-going wars, a situation that multiplies the stakes and complexity of his decisions."[144]

Für einen Überblick der Rahmenbedingungen internationaler Strafverfolgung und deren Auswirkungen auf die Effektivität des IStGH sei auf die Ausführungen von *Roper* und *Barria* verwiesen.[145] Allerdings lassen sich auch Unterschiede festmachen, die zu folgender thesenartiger Unterscheidung führen:

---

140 So auch *Hankel*, Mittelweg 36 2009, 79.

141 Anonyme Stellungnahme dem Autor gegenüber.

142 *Gosnell*, JICJ 2008, 850.

143 *Blumenson*, Colum. J. Transnat'l L. 2006, 802.

144 A.a.O., 806, siehe auch 833.

145 Siehe insbesondere Schaubild bei *Roper/Barria*, LJIL 2008, 463.

Befindet sich das Objekt der Strafverfolgung in einer Position der Schwäche, so dürften kaum generelle Bedenken gegen eine Tätigkeit des IStGH bestehen. Befindet sich die Zielperson hingegen in einer Position der Stärke, so mögen die Erfolgsaussichten der Strafverfolgungstätigkeit zwar nicht unbedingt von Erfolg gekrönt sein. Es ist jedoch nicht zu erwarten, dass ein Tätigwerden des IStGH besondere negative Auswirkungen hat. So zeigt das Beispiel *Omar al-Bashir*, dass es Machtinhabern durchaus möglich ist, den IStGH bis zu einem gewissen Maß zu ignorieren. Demnach, und anders als die AU proklamiert, sollten keinerlei grundsätzliche Bedenken gegen eine Strafverfolgung erhoben werden. Als besonders sensibel stellt sich eine Strafverfolgung jedoch dann dar, wenn die Zielperson aus einer Position der *relativen* Stärke agiert. So mag das Beispiel *Joseph Kony* zeigen, dass solche Zielpersonen ihr Schädigungspotential als politisches Druckmittel für Verhandlungen durchaus zu nutzen wissen. Die folgenden Ausführungen werden sich daher ersichtlich primär mit letzterer Fallgruppe beschäftigen.

Zudem ist deutlich geworden, dass eine Aufarbeitung strafrechtlichen Unrechts in einem noch andauernden Bürgerkrieg neues Konfliktpotential in sich birgt. Fehlen bestimmte tatsächliche Rahmenbedingungen, kann es dazu kommen, dass sich das Ziel der Aufarbeitung schwerwiegender Verstöße gegen völkerrechtliche Elementarnormen und das Ziel einer Befriedung des Landes (oder der Region) nicht zeitgleich verwirklichen lassen. In bedauernswerten Einzelfällen kann es gar dazu kommen, dass diese politischen Ziele konfligieren. Ein solcher politischer Zielkonflikt lässt sich im Fall Ugandas konstatieren.

Teil 3

Völkerrechtsbindung externer Akteure

In Teil 2 wurde untersucht, in welchem tatsächlichen Spannungsfeld sich ein von einem Bürgerkrieg betroffener Staat (Uganda) und externe Akteure (IStGH, potentiell die Bundesrepublik Deutschland) befinden können, wenn strafrechtliche Aufarbeitung begangener Taten betrieben wird. Dabei hat sich herausgestellt, dass unter ungünstigen politischen Rahmenbedingungen Strafverfolgungsmaßnahmen negative Auswirkungen zeitigen können und dadurch auch völkerrechtlich geschützte Interessen *prima facie* beeinträchtigt zu werden drohen. Ziel des nun folgenden dritten Teils ist es zu analysieren, inwiefern die Völkerrechtsordnung dieses tatsächliche Spannungsfeld in völkerrechtliche Regelungen inkorporiert hat. Es soll demnach ausführlich untersucht werden, ob sich dieses Spannungsverhältnis nur als Widerstreit divergierender politischer Zielsetzungen oder auch normativer Zielsetzungen verstehen lässt. Da normative Gebote, Verbote und Erlaubnisnormen stets akteursgebunden sind, gilt es dafür zunächst festzulegen, welche(r) Akteur(e) überhaupt in den Blick genommen werden soll(en). Diese Akteursgebundenheit vieler Rechtsnormen wird, wie bereits im Forschungskonzept angedeutet, in der wissenschaftlichen Debatte gerne vernachlässigt. Dies ist zu bedauern, da sich die normativen Handlungsspielräume verschiedener Akteure im Völkerrecht doch enorm unterscheiden.

Für die folgende Untersuchung soll nicht der (Tatort-)Staat (vorliegend also Uganda) im Vordergrund stehen. Die Frage, ob ein Staat zu einer strafrechtlichen Aufarbeitung verpflichtet ist oder auf den Erlass von Amnestien, Wahrheits- und Versöhnungskommissionen oder traditionelle Konfliktlösungsmechanismen zurückgreifen darf und sollte, ist in der Literatur ausführlich (wenn auch selten strukturiert) thematisiert worden. Wie sich anhand des Falls Uganda zeigen lässt, reicht es jedoch nicht aus, nur auf den Tatortstaat zu achten. Dementsprechend sollen hier nun *externe* Akteure betrachtet werden.

I. Rechte und Pflichten zur Strafverfolgung von Kernverbrechen

Obwohl die Strafverfolgungsmaßnahmen des IStGH im Vordergrund stehen, soll bei der juristischen Betrachtung mit Drittstaaten, in diesem Fall der Bundesrepublik Deutschland, begonnen werden. Diese Vorgehensweise ist dem klassischen Verständnis des Völkerrechts geschuldet, die völkerrechtliche Rechte und Pflichten primär den Staaten zuordnet und die Rechte- und Pflichtenstellung internationaler Organisationen daraus ableitet.

Die folgenden Ausführungen sollen auf die sogenannten Kernverbrechen *(core crimes)*, namentlich Völkermord, Verbrechen gegen die Menschlichkeit und (schwere) Kriegsverbrechen beschränkt bleiben. Es ist jedoch darauf hinzuweisen, dass die Verwirklichung dieser Straftaten auch eine tateinheitliche Verwirklichung anderer Delikte umfassen kann/wird. So sind die verwirklichten Einzelakte oft auch nationalstaatlich z.B. als Mord, Totschlag, Vergewaltigung oder Raub unter Strafe gestellt. Eine internationale Ahndung dieser Straftaten ist theoretisch möglich (passives Personalitätsprinzip, bei grenzüberschreitenden Taten auch Territorialitätsprinzip), soll aber hier ausgeklammert werden, da zumindest keine eigenständige, die Kernverbrechen übersteigende Unrechtsbedeutung weitergehende Ausführungen erforderlich macht. Der Fokus auf die sogenannten Kernverbrechen erklärt sich auch daraus, dass für diese Taten eine Strafbarkeit der inkriminierten Verhaltensweisen direkt nach Völkerrecht allgemein anerkannt ist.[1] Dies ist zwar nach dem Grundsatz *nulla poena sine lege (scripta)* lange Zeit bestritten worden.[2] Mit der Verschriftlichung im Rahmen der Statute der *ad hoc*-Gerichtshöfe und des IStGH ist diese Kritik jedoch mittlerweile weitgehend verstummt.[3] Zudem bietet sich eine Beschränkung auf Kernverbrechen an, da damit der limitierten Zuständigkeit *ratione materiae* des IStGH Rechnung getragen werden kann.

A. Drittstaaten (Bundesrepublik Deutschland)

Es ist keine Selbstverständlichkeit, dass im Zusammenhang mit strafrechtlicher Aufarbeitung Drittstaaten überhaupt Erwähnung finden. Die strafrechtliche Ahndung von Taten ist klassischerweise als eine Angelegenheit des Tatortstaats anzusehen. Das Territorialitätsprinzip als Anknüpfungspunkt eines Rechts auf Strafverfolgung ist im Völkerrecht allgemein anerkannt.[4] Daneben gelten als An-

---

1 *Ambos*, AdV 1999, 344 ff.; *Kreicker*, in: Eser/Sieber/Kreicker (Hrsg.), Nationale Strafverfolgung, S. 7; *Kreß*, EJIL 2010, 1132; *König*, Völkerrechtliche Legitimation, S. 390. Anders aber im Fall von Piraterie, vgl. *Geiß/Petrig*, Piracy and Armed Robbery at Sea, S. 139 ff.

2 So z.B. die Unbestimmtheit des Tatbestands der Verbrechen gegen die Menschlichkeit bei Errichtung des ICTY, vgl. *Mangold*, Völkerstrafrechtliche Verfolgung, S. 153. Ebenfalls umstritten war die strafrechtliche Ahndung von Kriegsverbrechen in nicht-internationalen Konflikten, vgl. a.a.O., S. 87. Bereits auch *Heinsch*, Weiterentwicklung des humanitären Völkerrechts, S. 185.

3 So auch *König*, Völkerrechtliche Legitimation, S. 390.

4 *O'Keefe*, JICJ 2004, 739; *Kreicker*, in: Eser/Sieber/Kreicker (Hrsg.), Nationale Strafverfolgung, S. 18.

knüpfungspunkte die Nationalität von Tätern und Opfern (aktives[5] und passives[6] Personalitätsprinzip) und (mit Einschränkungen) das Recht jedes Staates, seinen eigenen Bestand zu sichern (Schutzprinzip).

Es wird schnell deutlich, dass die klassischen Anknüpfungspunkte für eine extraterritoriale strafrechtliche Aufarbeitung von Kernverbrechen nur in Ausnahmefällen nutzbar gemacht werden können. Einzig das passive Personalitätsprinzip hat sich in der Vergangenheit als hilfreiches Mittel erwiesen, um „von außen" auf die strafrechtliche Ahndung schwerster Verbrechen hinzuwirken oder gar Verfahren durchzuführen.

So war in verschiedenen historischen Konstellationen die Staatsangehörigkeit der Opfer ein Anknüpfungspunkt für international agierende Strafverfolgungsbehörden. Der spanische Ermittlungsrichter *Baltasar Garzón* berief sich beispielsweise bei der Ausstellung eines Haftbefehls gegen den ehemaligen chilenischen Diktator *Augusto Pinochet* auch auf die spanische Staatsangehörigkeit einiger Opfer der Diktatur. Mit der Aufarbeitung lateinamerikanischen Systemunrechts befassten sich auch die deutschen Gerichte. So zeigt der baden-württembergische Fall *Elisabeth Käsemann*, die Opfer der argentinischen Junta geworden war, dass auch die Bundesrepublik Deutschland nicht stets ein „unbeteiligter" Staat sein muss.

Das passive Personalitätsprinzip fand ebenfalls Anwendung bei der Aufarbeitung des ruandischen Völkermords.[7] An diesem Beispiel zeigt sich zudem, dass die Wahrscheinlichkeit, dass Ausländer Opfer werden, nicht gerade gering ist, wenn man die Tätigkeit von UN-Personal in Konfliktregionen betrachtet. So wurden insbesondere die belgischen Blauhelme der UN-Friedensmission UNAMIR zum Ziel von Angriffen militanter Hutu-Milizen. Auch der *Haskanita*-Vorfall im Sudan, der Mitgliedern der AU-UN Peacekeeping-Mission UNAMID das Leben kostete,[8] zeigt, dass Entsendestaaten von Friedenstruppen sich das passive Personalitätsprinzip für Strafverfolgungsmaßnahmen zu eigen machen könnten.[9] Bedenkt man, dass der politische Druck bei „eigenen" Opfern oftmals erheblich höher sein wird, so lässt sich vermuten, dass auch in Zukunft Strafverfolgungsmaßnahmen aufgrund des passiven Personalitätsprinzips eingeleitet werden dürften. Theoretisch, für die Fragestellung aber weniger relevant, könnte auch das aktive Personalitätsprinzip von Bedeutung sein, sofern militärische Einheiten im Ausland an Verbrechen beteiligt sind. Die Ermittlungen gegen Oberst *Klein* wegen des Beschusses eines Tank-

---

[5] *O'Keefe*, JICJ 2004, 739; *Kreicker*, in: Eser/Sieber/Kreicker (Hrsg.), Nationale Strafverfolgung, S. 18.

[6] *Colangelo*, Mich. J. Int'l L. 2008/09, 886; *O'Keefe*, JICJ 2004, 739; *Kreicker*, in: Eser/Sieber/Kreicker (Hrsg.), Nationale Strafverfolgung, S. 18.

[7] Dazu *Jalloh*, CLF 2010, 21.

[8] Siehe dazu AU-Haskanita-Report.

[9] Angesichts der Zurückhaltung europäischer Staaten bei der Beteiligung in Friedensmissionen dürfte dies heutzutage von geringerer praktischer Relevanz sein.

lasters in Afghanistan sind ein erstes Anzeichen, dass sich auch die Bundeswehr als „Armee im Einsatz“ mit Strafverfolgungen konfrontiert sehen könnte.

Dennoch lässt sich konstatieren, dass die klassischen Anknüpfungspunkte für Verfahren wegen Kernverbrechen nur ausnahmsweise herangezogen werden können. Typischerweise handelt es sich bei Tätern und Opfern um ausländische Staatsangehörige. Die Taten werden zudem außerhalb des deutschen Staatsgebiets begangen. Vitale deutsche Interessen sind nicht betroffen. Lange Zeit kannte das Völkerrecht nur ein Delikt, bei dem trotz mangelnder klassischer Anknüpfungspunkte eine Strafverfolgung als völkerrechtskonform erachtet wurde: die Piraterie. Lange vergessen, hat dieses Phänomen in den vergangenen Jahren wieder verstärkt (wissenschaftliche) Aufmerksamkeit erlangt. Die Geschehnisse im Golf von Aden haben nicht nur das Militär auf den Plan gerufen (EU-Mission Atalanta).[10] Die Durchführung von Pirateriverfahren vor deutschen Gerichten hat ebenfalls eine Renaissance erfahren. Die Tatsache, dass eine internationale Strafverfolgung von Piraterie völkerrechtlich anerkannt ist, erklärt sich bereits aus der Definition von Piraterie i.S.d. Völkerrechts. Nach dem Seerechtsübereinkommen findet Piraterie einzig auf Hoher See und damit außerhalb staatlichen Hoheitsgebiets statt.[11] Fremde Interessen oder staatliche Souveränität drohen nicht beeinträchtigt zu werden. Es wäre daher fehlgeleitet, eine allgemeine Entwicklung aus der Strafverfolgungsbefugnis für Pirateriedelikte ablesen zu wollen, auch wenn Piraterie gerne als Geburtsstunde der Menschheitsverbrechen interpretiert wurde.[12]

---

[10] Dazu *Geiß/Petrig*, VN 2010, passim.

[11] United Nations Convention on the Law of the Sea of 10 December 1982, Art. 101.

[12] So z.B. die Interpretation von IGH(*Congo v. Belgium*), Joint Separate Opinion v. Richter *Higgins*, *Koojmans*, *Buergenthal*, para. 60 f: “It is equally necessary that universal criminal jurisdiction be exercised only over those crimes regarded as the most heinous by the international community. Piracy is the classical example. This jurisdiction was, of course, exercised on the high seas and not as an enforcement jurisdiction within the territory of a non-agreeing State. But this historical fact does not mean that universal jurisdiction only exists with regard to crimes committed on the high seas or in other places outside national territorial jurisdiction. Of decisive importance is that this jurisdiction was regarded as lawful because the international community regarded piracy as damaging the interests of all.”; zur Betonung des territiorialen Aspekts aber *El Zeidy*, IL 2003, 838. Sehr krit. gegenüber der Interpretation der Richter auch *Kreß*, JICJ 2006, 569: “These statements provoke a measure of astonishment. It should go without saying that piracy does not even come close to match the ‚heinousness‘ of genocide or crimes against humanity […]. The sui generis characterization of piracy on the high seas as a crime of customary universal jurisdiction would seem to rest upon a combination of absence of a territorial sovereign and the typical difficulty of establishing one of the traditional bases for alternative forms of jurisdiction […].” Ablehnend auch *Köhler*, JRE 2003, 440: „Angesprochen ist damit nicht nur eine Gemeinsamkeit in besonderen Rechtsgütern und Normen – sonst müsste eine Vielzahl von Tatbeständen (Piraterie, Drogen- und Waffenhandel etc.) der internationalen Strafgerichtsbarkeit unterfallen, sondern Grundnormen des Völkerrechtsverhältnisses, deren verbrecherische Negation dann in der Tat alle Völker und Staaten verletzt.“ Auch *Wolfrum*, FS für Eser, S. 979, sieht Praktikabilitätserwägungen als Grundlage der Anwendung des Weltrechtsprinzips. Ebenso *Cassese*, International Criminal Law, S. 12; *Criddle/*

Die Frage, ob Drittstaaten auch ohne die klassischen Anknüpfungspunkte (Territorialitätsprinzip, aktives und passives Personalitätsprinzip, Schutzprinzip) zur Strafverfolgung berechtigt oder verpflichtet sind, ist damit allerdings nicht *ad acta* gelegt. Es ist demnach zu klären, ob Staaten berechtigt oder verpflichtet sind, den Geltungsbereich des nationalen Straf- und Strafprozessrechts auf Sachverhalte auszuweiten, die keinen direkten Bezug zu diesem Staat haben. Nicht thematisiert werden soll die rechtliche Zulässigkeit der Durchführung von Strafverfolgungsmaßnahmen außerhalb des Staatsgebiets des strafverfolgenden Staats. So kann festgehalten werden, dass die Bundesrepublik grundsätzlich nicht befugt ist, außerhalb ihres Staatsgebiets Personen zu befragen, Beweise zu sichern oder gar Festnahmen durchzuführen.[13] Ebenfalls nicht von der Thematik erfasst sind die von einigen Ländern praktizierten und in menschenrechtlicher Hinsicht nicht unproblematischen Strafverfahren in Abwesenheit *(trials in absentia)*. Es geht vielmehr darum, ob der deutsche Staat Strafverfahren gegen Tatverdächtige *nach Völkerrecht* durchführen kann/muss und ob er zur Ermöglichung eines derartigen Verfahrens befugt/verpflichtet ist, Haftbefehle gegen Individuen zu erlassen und diese international zu zirkulieren.

Weder die deutsche noch die englische Terminologie ist diesbezüglich annähernd einheitlich. Im deutschen Sprachgebrauch haben sich im Hinblick auf ein mögliches Recht zur Strafverfolgung vor allem die Begriffe „Weltrechtsprinzip“ und „Weltrechtspflegeprinzip“ eingebürgert. Im englischen Sprachgebrauch dominiert der Begriff *universal jurisdiction*. Im Hinblick auf eine mögliche Pflichtenstellung findet der Begriff des *aut dedere aut iudicare* weitgehende Verwendung, auch wenn dieser nur einen Teilaspekt der Problematik erfasst. Sämtliche Begriffe haben in ihrer bisherigen Verwendung gewisse Konnotationen erfahren, sodass deren Verwendung mehr Verwirrung zu stiften droht, als Klarheit zu schaffen.[14] Für die folgenden Ausführungen soll daher eine „neutralere“ Terminologie verwendet werden.

- (Universelles) Strafverfolgungsrecht *(in absentia)*: Recht eines Staates, Strafverfolgungsmaßnahmen anzustrengen, obwohl weder das Territorialitätsprinzip noch das aktive und passive Personalitätsprinzip sowie das Schutzprinzip Anwendung finden. Die Qualifizierung *in absentia* spielt nur für den Erlass eines

Fox-Decent, Yale J. Int'l L. 2009, 377; *Geneuss*, JICJ 2009, 952; *Kindt*, Menschenrechte und Souveränität, S. 79; *Kuschnik*, HuV-I 2008, 231.

13 Wichtig ist hier die von IGH(*Congo v. Belgium*), Opinion Individuelle v. Richterin *van den Wyngaert*, herausgearbeitete Differenzierung, para. 48: „Il convient d'établir une distinction entre compétence normative et compétence d'exécution. Le dictum cité cidessus [Lotus] a trait à la compétence normative: il s'agit de savoir ce qu'un Etat est autorisé à faire sur son propre territoire, lorsqu'il instruit des crimes commis à l'étranger et engage des poursuites, non ce qu'il peut faire sur le territoire d'autres Etats lorsqu'il poursuit les auteurs de tels crimes.“; *Kreß*, JICJ 2006, 564, formuliert dies wie folgt: "[...] a universal jurisdiction to enforce is not in issue."

14 Zur Problematik der unklaren Terminologie siehe auch *O'Keefe*, JICJ 2004, 744.

Haftbefehls eine Rolle und wird dann verwendet, wenn sich der Täter im Zeitpunkt des Erlasses des Haftbefehls nicht (regelmäßig) im Inland aufhält.[15]

- (Universelle) Strafverfolgungspflicht *(in absentia)*: Die zum Recht korrespondierende Pflicht.

Ein Blick auf die Zielsetzung der Arbeit verrät, dass Schwerpunkt der Erläuterung der qualifizierte Fall des/r *in absentia*-Rechts/Pflicht sein muss.[16]

Die Untersuchung beginnt mit einem Blick ins Völkervertragsrecht, bevor das Völkergewohnheitsrecht ausführlich analysiert wird. Das Völkervertragsrecht ist allerdings, so soll vorweggenommen werden, im Hinblick auf die Bestrafung von Völkermord, Verbrechen gegen die Menschlichkeit und Kriegsverbrechen nur bedingt aussagekräftig.

1. Völkervertragsrecht

Zunächst erfolgt ein kurzer Überblick über völkervertragsrechtliche Strafverfolgungsrechte und -pflichten bzgl. der Kernverbrechen des Völkerstrafrechts. Mangels strafrechtlich relevanter Regelungen zu Verbrechen gegen die Menschlichkeit[17] wird im Folgenden nur auf Völkermord und Kriegsverbrechen eingegangen.[18]

---

[15] *O'Keefe*, JICJ 2004, 750, hat zu Recht darauf hingewiesen, dass im Hinblick auf den Anwendungsbereich des materiellen Strafrechts eine Differenzierung zwischen Fällen der Ab- und Anwesenheit des Täters nicht von Belang sein kann, da die materielle Strafbarkeit an den Zeitpunkt der Tat anknüpfen muss. Die Legalität der Vornahme prozessualer Maßnahmen kann denoch differenziert behandelt werden.

[16] Zur Differenzierung möglicher zeitlicher Anknüpfungspunkte bietet sich die Festellung von IGH(*Congo v. Belgium*), Joint Separate Opinon v. *Higgins*, *Kooijmans* und *Buergenthal* an, paras. 53 f.: "[…] is it a precondition of the assertion of universal jurisdiction that the accused be within the territory? Considerable confusion surrounds this topic, not helped by the fact that legislators, courts and writers alike frequently fail to specify the precise temporal moment at which any such requirement is said to be in play. Is the presence of the accused within the jurisdiction said to be required at the time the offence was committed? At the time the arrest warrant is issued? Or at the time of the trial itself?" Im Rahmen dieser Arbeit ist die zweite Fallkonstellation relevant.

[17] Vgl. *Bassiouni*, Va. J. Int'l L. 2001, 119. Zu teilweisen Inkorporationen einzelner Tathandlungen im Rahmen anderer Konventionen (insbesondere der UN-Folterkonvention), siehe *Akhavan*, JICJ 2010, 1255 ff.

[18] Zum Fehlen völkerrechtlicher Bestrafungspflichten aufgrund klassischer Menschenrechtsverträge, *Tomuschat*, FS für Steinberger, S. 326: "[…] there can be no duty to initiate criminal prosecution against authors of criminal acts committed outside the national territory." Zum Fehlen von Strafrechtsnormen in anderen kriegsbezogenen völkerrechtlichen Verträgen, siehe Überblick bei *Scheffer*, Suff. Transnat'l L. Rev. 2001, 406.

a) *Völkermordkonvention*

Zunächst stellt sich die Frage, ob die Völkermordkonvention ein Verfolgungsrecht oder sogar eine Verfolgungspflicht für Drittstaaten vorsieht. Art. I der Völkermordkonvention stellt fest:

> [...] genocide, whether committed in time of peace or in time of war, is a crime under international law which they undertake to prevent and to punish.

Diese sehr weitgehende allgemeine Erklärung wird durch den *lex specialis*-Artikel VI präzisiert:

> Persons charged with genocide or any of the other acts enumerated in Article 3 shall be tried by a competent tribunal of the State in the territory of which the act was committed, or by such international penal tribunal as may have jurisdiction with respect to those Contracting Parties which shall have accepted its jurisdiction.

Drittstaaten sind von dieser Regelung nicht erfasst. Eine Verfolgungspflicht solcher Drittstaaten ist wegen der politischen Implikationen einer so weitgehenden Verpflichtung nicht Inhalt der Konvention geworden.[19] Daneben ist, wie *Maierhöfer* treffend feststellt, in der Völkermordkonvention nicht einmal ein Verfolgungsrecht für Drittstaaten geregelt.[20] Ein universelles Strafverfolgungsrecht ist nicht Bestandteil der Konvention,[21] aber auch nicht explizit ausgeschlossen.[22]

b) *Genfer Konventionen: Kriegsverbrechen in internationalen Konflikten*

Zwar sind die in den deckungsgleichen Art. 49 GK I, 50 Abs. 2 GK II, 129 Abs. 2 GK III und 146 Abs. 2 GK IV[23] als „schwere Verletzungen" bezeichneten Verstöße gegen das humanitäre Völkerrecht nicht absolut deckungsgleich mit dem Kriegsverbrechensbegriff des Art. 8 RS. Für die Zwecke der vorliegenden Arbeit sollen diese Differenzierungen im Detail jedoch unberücksichtigt bleiben.

---

19 IGH(*Bosnia and Herzegovina v. Serbia and Montenegro*), para. 442. Vgl. *Akhavan*, JICJ 2010, 1258; *Maierhöfer*, Aut dedere – aut iudicare, S. 165 f.; *Schabas*, Genocide in International Law, S. 475; *Thalmann*, in: Gaeta (Hrsg.), UN Genocide Convention, S. 256; *Volkmann*, Strafverfolgung des Völkermords, S. 125. A.A. und plädierend für eine an die Fortentwicklung des Völkerrechts angepasste Interpretation, *Ben-Naftali*, in: Gaeta (Hrsg.), UN Genocide Convention, S. 49. Aber auch dort wird anerkannt, dass keine Strafverfolgungspflicht *in absentia* gegeben ist, vgl. S. 50.

20 *Maierhöfer*, Aut dedere – aut iudicare, S. 167 f.

21 IGH(*Bosnia and Herzegovina v. Serbia and Montenegro*), para. 442. So auch *Gärditz*, AdV 2007, 137; *Jalloh*, CLF 2010, 44; *Kreicker*, in Eser/Sieber/Kreicker (Hrsg.), Nationale Strafverfolgung, S. 10 f.; *Kreß*, JICJ 2006, 566; *Morton/Singh*, JGR 2003, 57; *Munivrana Vajda*, ICLR 2010, 329; *Peyró Llopis*, Compétence universelle, S. 18; *Tomuschat*, FS für Steinberger, S. 332; *Werle*, Völkerstrafrecht, S. 84 f. Unklar bei *Schlunck*, Amnesty v. Accountability, S. 30 ff.

22 *Akhavan*, JICJ 2010, 1258; *Peyró Llopis*, Compétence universelle, S. 18 ff.

23 Siehe auch Art. 85 Abs. 1 des ersten Zusatzprotokolls zu den Genfer Konventionen.

Art. 49 GK I sieht (auszugsweise) vor:

> The High Contracting Parties undertake to enact any legislation necessary to provide effective penal sanctions for persons committing, or ordering to be committed, any of the grave breaches of the present Convention defined in the following Article.
>
> Each High Contracting Party shall be under the obligation to search for persons alleged to have committed, or to have ordered to be committed, such grave breaches, and shall bring such persons to justice, regardless of their nationality, before its own courts.

Damit regeln die Genfer Konventionen, anders als die Völkermordkonvention, eine universelle Verfolgungspflicht, die unabhängig von Staatsangehörigkeit und Tatort ausgestaltet ist. Fraglich erscheint jedoch, ob dies auch dann gilt, wenn der Täter sich nicht auf dem Territorium des Drittstaates befindet.[24] So setzt Art. 49 GK I fort:

> It may also, if it prefers, and in accordance with the provisions of its own legislation, hand such persons over for trial to another High Contracting Party concerned […].

Wie die Richter *Higgins*, *Kooijmans* und *Buergenthal* in ihrer Joint Separate Opinion zu IGH(*Congo v. Belgium*) zu Recht feststellen, sprechen normsystematische Gründe dafür, Art. 49 Abs. 2 Satz 1 GK I restriktiv zu interpretieren. Setzt doch Satz 2 logisch voraus, dass sich die betreffende Person auf dem Gebiet des entscheidenden Staates befindet. Sieht man die Verpflichtung aus Art. 49 Abs. 2 Satz 1 als an die gleichen Voraussetzungen geknüpft, so muss man schlussfolgern, dass auch für die Bestrafungspflicht eine Anwesenheit zu fordern ist.[25] Die drei Richter stellen aber ebenso fest, dass ein Strafverfolgungsrecht dadurch nicht ausgeschlossen wird.[26]

Richterin *van den Wyngaert* betont jedoch, Art. 146 GK IV setze die Anwesenheit nicht voraus.[27]

Dies bedeutet zunächst aber nur, dass die Genfer Konventionen eine Anwesenheit des Verdächtigen nicht fordern (mögliche gewohnheitsrechtliche Rechte also

---

[24] So spricht auch *Werle*, Völkerstrafrecht, S. 84, nur vom Gewahrsamsstaat; ebenso *Wolfrum/Fleck*, in: Fleck (Hrsg.), Handbook of International Humanitarian Law, S. 693.

[25] So auch *Kreicker*, in: Eser/Sieber/Kreicker (Hrsg.), Nationale Strafverfolgung, S. 10; *Pictet*, Convention de Genève, S. 411; *Rabinovitch*, Universal Jurisdiction, S. 8; *Weigend*, FS für Eser, S. 961. Auch *Tomuschat,* FS für Steinberger, S. 334, spricht von der Zielsetzung *safe havens* zu verhindern. Dies spricht gegen eine Verfolgungspflicht *in absentia*. Anders angedeutet aber *de la Pradelle*, in: Ascensio/Decaux/Pellet, Droit International Pénal, S. 912; anders auch BayOLG NJW 1998, 394 f.; BGH NStZ 2001, 659.

[26] IGH(*Congo v. Belgium*), Joint Separate Opinion v. *Higgins*, *Kooijmans* und *Buergenthal*, para. 57. Zustimmend *El Zeidy*, IL 2003, 854.

[27] IGH(*Congo v. Belgium*), Opinion Dissidente v. *van den Wyngaert*, para. 62: „Même en considérant que la notion de compétence universelle telle que la voit la doctrine presuppose la presence de l'accusé, rien dans l'article 146 [Anmerkung: der GK IV] ne permet de conclure au caractère obligatoire de cette presence." Ähnlich auch *Henzelin*, Le Principe de l'Universalité, S. 354 para. 1113: „[…] le texte même des Conventions de Genève de 1949 n'impose pas la présence de l'auteur présumé sur le territoire d'un Etat pour que celui-ci puisse, voire doive, rechercher les responsables de crimes graves contre l'humanité."

nicht einschränken), nicht aber, dass sie ein universelles Strafverfolgungsrecht *in absentia* explizit oder implizit erlauben.[28] Der damalige Präsident des IGH, Richter *Guillaume*, kommt daher zu Recht zu dem Schluss, dass der Wortlaut der Normen der Genfer Konventionen kein Strafverfolgungsrecht für den Fall vorsieht, dass sich der Täter auf fremdem Territorium befindet.[29]

Damit ist abschließend festzustellen, dass aus den Genfer Konventionen weder eine universelle Strafverfolgungspflicht *in absentia* noch ein universelles Strafverfolgungsrecht *in absentia* resultiert. Die strafrechtsrelevanten Normen der Genfer Konventionen sind nur dann von Bedeutung, wenn sich der mutmaßliche Täter im jeweiligen Drittstaat aufhält.

c) Genfer Konventionen: Kriegsverbrechen in nicht-internationalen Konflikten

Eine völkervertragliche universelle Strafverfolgungspflicht *in absentia* von Drittstaaten wegen Kriegsverbrechen in nicht-internationalen Konflikten muss erst recht ausscheiden, da eine solche Pflicht nicht einmal im Zusammenhang mit internationalen Konflikten auferlegt wird. Es könnte aber zumindest ein völkervertragliches Verfolgungsrecht *in absentia* bestehen. Art. 49 Abs. 1 GK I verweist auf Art. 50 GK I. Die dort verwendete Definition der „schweren Verletzungen" stellt keinen Bezug zum internationalen Charakter des Konflikts her. Der Art. 3 GK I, der Mindeststandards für nicht-internationale Konflikte enthält, ist damit gemäß dem Wortlaut des Art. 50 GK I einbezogen, soweit sich dies unter die Tatbestandsmerkmale des Art. 50 GK I subsumieren lässt.[30] Es gilt im Hinblick auf ein konventionelles universelles Strafverfolgungsrecht *in absentia* jedoch das bereits oben Gesagte. Die Genfer Konventionen beinhalten kein Verfolgungsrecht, sofern sich die betroffene Person nicht im jeweiligen Drittstaat aufhält.

---

[28] Anders wohl *Bassiouni*, Va. J. Int'l L. 2001, 118.

[29] IGH(*Congo v. Belgium*) Opinion Individuelle v. *Guillaume*, para. 17: „Les conventions de Genève ne comportent cependant aucune disposition relative aux compétences juridictionelles comparable par exemple à l'article 4 de la convention de La Haye précitée. [Anmerkung: Convention pour la répression de la capture illicite d'aéronefs de 1970] Bien plus, elles ne créent aucune obligation de recherché, d'arrestation ou de poursuite dans les cas où les personnes prévenues ne se trouvent pas sur le territoire de l'Etat concerné. Elles ne sauraient donc et en tout état de cause fonder une competence universelle par défaut."

[30] Vgl. *Triffterer*, in: Hankel/Stuby (Hrsg.), Strafgerichte gegen Menschheitsverbrechen, S. 181; *Werle*, ZStW 109 (1997), 820; anders *Akhavan*, JICJ 2010, 1254; *Bassiouni*, in: Arnold u.a. (Hrsg.), Menschengerechtes Strafrecht, S. 706; *Kreicker*, in: Eser/Sieber/Kreicker (Hrsg.), Nationale Strafverfolgung, S. 10; *Méndez*, Case W. Res. J. Int'l L. 2007, 90; *Ratner*, Tex. Int'l L. J. 1998, 240; *Scheffer*, Suff. Transnat'l L. Rev. 2001, 405; *Simma/Paulus*, AJIL 1999, 310; *J. Wessel*, Colum. J. Transn'l L., 394. Überblick zur Debatte bei *Gavron*, ICLQ 2002, 92, 101; *O'Shea*, Amnesty, S. 143 f.

d) *Rom-Statut*

Schließlich ist zu überlegen, ob sich die Unterzeichnerstaaten des Rom-Statuts zur völkerrechtlichen Ahndung verpflichtet haben bzw. das Statut ein Recht zur universellen Strafverfolgung *in absentia* vorsieht.[31] Wie *Tomuschat* feststellt, trifft insofern ausschließlich die Präambel eine mögliche Aussage.[32] Dort heißt es:

> "Recalling that it is the duty of every State to exercise its criminal jurisdiction over those responsible for international crimes."

Die Stellung in der Präambel sowie der Wortlaut („recalling") sprechen gegen eine (Neu-)Begründung von Rechtspflichten.[33] Auch ein Recht zur universellen Strafverfolgung *in absentia* wird damit nicht explizit begründet, geschweige denn vorausgesetzt. So ist nicht eindeutig, ob die Aussage der Präambel jeden Staat ins Visier nimmt oder nicht vielmehr auf die unmittelbar betroffenen Staaten abstellt. Dafür spricht zudem, wie *Tomuschat* betont, dass ein solches Recht durch das Statut nicht einmal dem IStGH eingeräumt wird.[34] *Rabinovitch* weist sogar darauf hin, dass die Existenz des Rom-Statuts und insbesondere der in Art. 17 geregelte Komplementaritätsgrundsatz sogar gegen ein universelles Strafverfolgungsrecht *in absentia* sprechen könnten.[35] Angesichts der Tatsache, dass Art. 17 (1) a) RS nicht explizit vom Tatortstaat spricht, drohte jede *bona fide*-Ermittlung aufgrund des universellen Strafverfolgungsrechts *in absentia* zur Unzuständigkeit des IStGH zu führen.[36] Zusammenfassend lässt sich sagen, dass das Rom-Statut keine vertragliche Regelung zu Kompetenzen der Mitgliedstaaten enthält.

---

31 So bspw. *Neubacher*, in: Neubacher/Klein (Hrsg.), Vom Recht der Macht, S. 28; *Schlunck*, Amnesty v. Accountability, S. 30.

32 *Tomuschat*, FS für Steinberger, S. 338.

33 Ebda. Siehe auch *Benzing*, Max Planck UNYB 2003, 617; *Kreicker*, in: Eser/Sieber/Kreicker (Hrsg.), Nationale Strafverfolgung, S. 8; *Robinson*, CLF 2010, 94; *Seibert-Fohr*, Max Planck UNYB 2003, 560; unklar bei *Kleffner*, in: Stahn/Sluiter (Hrsg.), Emerging Practice, S. 45.

34 *Tomuschat*, FS für Steinberger, S. 339; anders *Triffterer* (Hrsg.), Commentary on the Rome Statute, Preamble, Rn. 17.

35 *Rabinovitch*, Universal Jurisdiction in absentia, S. 19.

36 So auch *Ambos*, in: Neubacher/Klein (Hrsg.), Vom Recht der Macht, S. 113. Dem ließe sich entgegnen, dass der jeweils ermittelnde Drittstaat als „nicht in der Lage" i.S.d. Art. 17 (1) (a), (3) anzusehen ist. Dies würde aber eine weite Interpretation des Tatbestandsmerkmals „oder aus einem anderen Grund nicht in der Lage ist" voraussetzen. Eine derartige Interpretation würde bedeuten, dass die rechtliche und tatsächliche Unmöglichkeit, des Gesuchten habhaft zu werden, als „Unmöglichkeit" i.S.d. Abs. 3 zu werten wäre. Sowohl im Verfahren gegen den kongolesischen Rebellen *Katanga* (IStGH (*Katanga*), Jugdment on the Appeal of Mr. Germain Katanga against the Oral Decision of Trial Chamber II of 12 June 2009 on the Admissibility of the Case, Entscheidung der Berufungskammer vom 25.9.2009, (ICC-01/04-01/07-1497), para. 79) als auch gegen *Joseph Kony* (IStGH(*Kony*), Warrant of Arrest for Joseph Kony Issued on 8 July 2005 as amended on 27 September 2005, Entscheidung der Vorverfahrenskammer II vom 27.9.2005, (ICC-02/04-01/05-53), para. 37) haben sich die zuständigen Kammern allerdings darauf berufen, dass keine Ermittlungen durchgeführt wurden. Dies entspricht den

e) Zwischenergebnis

Es lässt sich somit feststellen, dass ein konventionelles universelles Strafverfolgungsrecht *in absentia* nicht existiert.[37] Ein solches ist, wie *Kreß* feststellt, auch kaum vorstellbar, da wegen der *inter partes*-Wirkung völkerrechtlicher Verträge grundsätzlich kein universelles Recht eingeräumt werden kann.[38]

2. Völkergewohnheitsrecht

Im Bereich der Strafverfolgung von Kernverbrechen des Völkerstrafrechts spielt Völkergewohnheitsrecht eine herausragende Rolle. Im Folgenden soll daher herausgearbeitet werden, ob und inwieweit Völkergewohnheitsrecht ein universelles Recht oder eine universelle Pflicht zur Verfolgung von Völkermord, Verbrechen gegen die Menschlichkeit und (schweren) Kriegsverbrechen vorsieht.

Als zunächst sichere Erkenntnis kann gelten, dass eine Strafverfolgungspflicht in Fällen, in denen weder Täter noch Opfer die Staatsangehörigkeit des Drittstaats haben, die Tat im Ausland begangen wurde und der Täter sich zudem nicht auf dem Territorium des Drittstaates aufhält, dem Völkergewohnheitsrecht fremd ist. Es lässt sich keine Staatenpraxis, geschweige denn eine *opinio iuris* finden, die jeden Staat der Welt zur universellen Strafverfolgung von Völkerstraftaten verpflichten würde. Auch die Entwicklungen im Zusammenhang mit der *Responsibility to Protect* deuten nicht auf eine universelle völkerrechtliche Verfolgungspflicht hin.

a) Vorfrage: Freiheit oder notwendiger Erlaubnissatz?

Mit *Kreß* ist zunächst festzustellen, dass es zwei konzeptionelle Begründungsansätze für ein derartiges Strafverfolgungsrecht gibt.[39] Ein Begründungsansatz wird prominent von Richterin *van den Wyngaert* in ihrem Sondervotum zum IGH-Haftbefehlsverfahrens vertreten. Darin verweist sie auf die Lotus-Entscheidung des Ständigen Internationalen Gerichtshofs (StIGH), gemäß der die Ausübung strafrechtlicher Jurisdiktion als Ausübung grundsätzlich unbegrenzter souveräner Rechte der Staaten anzusehen ist.[40] Die Zulässigkeit der Strafverfolgung sei die Regel,

---

Vorgaben des Statuts, da die Unmöglichkeit aus dem Zusammenbruch des Justizwesens resultieren muss. Es spricht daher viel dafür, dass ein Verfahren unter Bezugnahme des Weltrechtsprinzips *in absentia* nicht unter das Merkmal „Unmöglichkeit" zu subsumieren ist. A.A. *Arsanjani/Reismann*, AJIL 2005, 394 f. Zur Thematik siehe auch *Peyró Llopis*, Compétence universelle, S. 29 ff.

[37] So auch *Colangelo*, Geo. J. Int'l L. 2005, 567; *Rabinovitch*, Universal Jurisdiction, S. 15.

[38] *Kreß*, JICJ 2006, 566.

[39] *Kreß*, ZStW 114 (2002), 821 ff.; dazu auch *Reydams*, Universal Jurisdiction. S. 11 ff.

[40] Ähnlich wohl *Burchards*, Verfolgung von Völkerrechtsverbrechen, S. 25.

ein Verbot die jeweils zu begründende Ausnahme. Für sich genommen kann dieser Ansatz jedoch nicht überzeugen. So vermag *van den Wyngaert* nicht zu begründen, warum ein universelles Strafverfolgungsrecht auf Völkerstraftaten begrenzt sein sollte.[41] Bestünde grundsätzlich eine Freiheit der Strafverfolgung, so könnten auch klassische Delikte wie Diebstahl oder Sachbeschädigung universell verfolgt werden. Der sehr weitgehende Ansatz von *van den Wyngaert* ist jedoch in das geltende Völkervertrags- und Gewohnheitsrecht einzuordnen. *Gärditz* stellt fest, dass eine Differenzierung zwischen klassischen Straftaten und Völkerstraftaten auch auf der Verbotsebene möglich ist. So setzt eine Ausweitung der Strafverfolgung auf extraterritoriale Sachverhalte einen legitimen Anknüpfungspunkt voraus, um nicht einen Verstoß gegen das (auch völkergewohnheitsrechtlich anerkannte) Nichteinmischungsverbot (Interventionsverbot) des Art. 2 Abs. 1 UN-Charta darzustellen.[42]

Damit kommt man zu der Grundsatzfrage, inwieweit ein legitimer Anknüpfungspunkt existiert.[43] Auch *Kreß* verlangt einen solchen Anknüpfungspunkt. Er sieht den Ansatz des StIGH ebenso wie Richter *Guillaume* als nicht mehr zeitgemäß an.[44] So verweist er auf die Tendenz der fortschreitenden internationalen Vernetzung und das daraus resultierende Bedürfnis, „internationale Verträglichkeit“ zu ermöglichen.[45] Die Feststellung des StIGH,

> „[...] il ne s'ensuit pas que le droit international défend à un Etat d'exercer, dans son propre territoire, sa juridiction dans toute affaire où il s'agit de faits qui ne se sont passés à l'étranger et où il ne peut s'appuyer sur une règle permissive du droit international.”

entspreche nicht mehr den Verhältnissen einer interdependenten Welt. Zudem weist *Kreß* darauf hin, dass die Lotus-Entscheidung nicht sinnvoll auf die Konstellation des Weltrechtsprinzips angewendet werden könne. So betreffe die dort entschiedene Fallkonstellation eine Situation, in der der strafende Staat ein eigenes

---

41 Ähnlich argumentierte aber noch der BGH NJW 1977, 507.

42 *Benzing*, Max Planck UNYB 2003, 595; *Bienk-Koolman*, Befugnis des Sicherheitsrats, S. 232; *Bremer*, Nationale Strafverfolgung, S. 131; *Gärditz*, Weltrechtspflege, S. 134; *Geneuss*, JICJ 2009, 950; *Graefrath*, EJIL 1990, 74; *Kindt*, Menschenrechte und Souveränität, S. 80; *König*, Völkerrechtliche Legitimation, S. 152 f.; *Mangold*, Völkerstrafrechtliche Verfolgung, S. 56 ff.; *Reydams*, Universal Jurisdiction. S. 42; *Steinberger-Fraunhofer*, IStGH und Drittstaaten, S. 67; *Tallgren*, NJIL 1998, 111; *Volkmann*, Strafverfolgung des Völkermords, S. 79 ff.; *Weigend*, FS für Eser, S. 963; *Werle*, Völkerstrafrecht, S. 78. Auch *Colangelo*, Geo. J. Int'l L. 2005, 550, erkennt dies implizit an; anders *Cassese*, International Criminal Law, S. 261. *Cassese* wohl folgend *El Zeidy*, IL 2003, 845. Auch der BGH NJW 2001, 2732, lehnt einen Verstoß gegen das Nichteinmischungsverbot ab. Er begründet dies allerdings mit einem Verweis auf eine (angeblich) aus den Genfer Konventionen folgende Strafverfolgungspflicht. Insofern ist die Entscheidung des BGH konsequent, beruht aber auf der Annahme, die Genfer Konventionen seien anwendbar. Die Aussage des BGH lässt sich für das Strafverfolgungsrecht *in absentia* nicht nutzbar machen, da dieses nicht vom Regelungsbereich der Genfer Konventionen erfasst ist.

43 So auch *Köhler*, JRE 2003, 439. Im Ergebnis ebenso *Weigend*, FS für Eser, S. 965.

44 IGH(*Congo v. Belgium*), Opinion Individuelle v. Richter *Guillaume*, para. 15; *Kreß*, ZStW 114 (2002), 823.

45 *Kreß*, ZStW 114 (2002), 832.

Interesse an der Strafverfolgung hat. Ein Staat könne sich indes nicht auf die Entscheidung des StIGH berufen, um sich zum Beschützer eines fundamentalen internationalen Werts aufzuschwingen.[46]

Aufgrund dessen plädieren *Kreß* und *Guillaume* für einen entgegengesetzten Ansatz. Es bedürfe demnach eines Erlaubnissatzes, um ein Strafverfolgungsrecht *in absentia* von Drittstaaten zu begründen. Die zu klärende Frage ist damit nach beiden Ansätzen, inwieweit ein legitimer Anknüpfungspunkt für eine universelle Strafverfolgung *in absentia* existiert,[47] die, und das ist von herausragender Bedeutung, auf eine Akzeptanz der Völkergemeinschaft im Sinne des Völkergewohnheitsrechts rückführbar ist.[48] Auf solch einen Anknüpfungspunkt kann auch nicht mit dem Hinweis verzichtet werden, dass die Anerkennung der Menschenrechte als ein Grundpfeiler der modernen Völkerrechtsordnung zu einer Einschränkung der staatlichen Souveränität geführt habe. Die Tatsache, dass ein Staat sich bei der Verletzung von Menschenrechten nicht darauf berufen kann, dass das Staatshandeln als souveräner Akt völkerrechtlich zulässig sei, bedeutet nicht *ipso facto*, dass ein anderer Staat das Recht hat, diese Verhaltensweise strafrechtlich zu sanktionieren.

b) Vorliegen von Völkergewohnheitsrecht?

Einen Erlaubnissatz, und damit einen legitimen Anknüpfungspunkt für universelle Strafverfolgung *in absentia*, lehnt Richter *Guillaume*, der damalige Präsident des Internationalen Gerichtshofs (IGH), in seiner *opinion individuelle* im Verfahren Demokratische Republik Kongo gegen Belgien ab.[49] *Guillaume* bringt eine elementare Differenzierung ins Spiel, und zwar die An- bzw. Abwesenheit des von der Strafverfolgung Betroffenen. Mit *Kreß* lässt sich diesbezüglich zunächst feststellen, dass universelle Strafverfolgung bei Anwesenheit des Betroffenen völkergewohnheitsrechtlich anerkannt ist.[50] Zweifel bestehen jedoch an einer Ausübung des

---

[46] *Kreß*, JICJ 2006, 572: "[…] it is not necessary to undertake an inquiry into the precise status of the Lotus principle in general. Rather, it suffices to recognize that the raison d'être of true universal jurisdiction renders this principle inapplicable in that regard. For it is impossible for a state to unilaterally call into being a fundamental international community value that it can protect through the existence of universal jurisdiction."

[47] *Volkmann*, Strafverfolgung des Völkermords, S. 79ff., begnügt sich dagegen mit der Feststellung, dass die Tat als völkerrechtliches Delikt von der gesamten Staatengemeinschaft geahndet werden kann. Inwiefern allerdings die Natur des Delikts allein ausreichend ist, um einen legitimen (völkergewohnheitsrechtlich anerkannten) Anknüpfungspunkt darzustellen, wird nicht beantwortet. Sie begnügt sich damit, einen legitimen Anknüpfungspunkt zu konstatieren und kommt so ohne Absicherung in der völkerrechtlichen Praxis zu dem Ergebnis, dass die Anwesenheit des Beschuldigten keine notwendige Bedingung ist.

[48] *Herdegen*, FS für Tomuschat, S. 900; *R. Keller*, Neue Kriminalpolitik 2003, 113.

[49] IGH(*Congo v. Belgium*), Opinion Individuelle v. Richter *Guillaume*, para. 15.

[50] *Kreß*, ZStW 114 (2002), 836; siehe auch *Bassiouni*, Va. J. Int'l L. 2001, 137; *Gärditz*, Weltrechtspflege, S. 283; *Geneuss*, JICJ 2009, 955. *Werle*, Völkerstrafrecht, S. 78, spricht dagegen von allgemeiner Akzeptanz. Vgl. zur Thematik auch die weitergehende

Strafverfolgungsrechts *in absentia.* Es stellt sich demnach die Frage, ob ein Staat aktiv werden darf, solange sich die betroffene Person nicht auf dem eigenen Staatsgebiet befindet. Sicherlich ist es keinem Staat verwehrt, Beweise für eine mögliche zukünftige Anklage zu sammeln. Diese könnten außerdem anderen Gerichten für Verfahren zur Verfügung gestellt werden. Die Ausstellung eines Haftbefehls und dessen internationale Zirkulierung erreichen allerdings ein qualitativ anderes Niveau der Einmischung in die Angelegenheiten anderer Staaten.

Diese qualifizierte Form der Strafverfolgungstätigkeit soll im Folgenden auf ihre Völkerrechtskonformität hin untersucht werden. Es stellt sich somit die Frage, ob sich völkergewohnheitsrechtliche Normen dieses Inhalts herausarbeiten lassen. Dafür soll zunächst geklärt werden, ob sich eine *opinio iuris* feststellen lässt, bevor im Anschluss auf die Staatenpraxis eingegangen wird.

aa) Deduktive Ermittlung einer opinio iuris

Für eine deduktive Ermittlung einer Rechtsüberzeugung sind verschiedene Ansatzpunkte wählbar. Dabei soll erst einmal die Möglichkeit eines Analogieschlusses in Betracht gezogen werden. Es ist jedoch darauf hinzuweisen, dass hier keine Norm des materiellen Strafrechts im Mittelpunkt steht.

(1) Analogieschlüsse

Zunächst ist daran zu erinnern, dass es sich vorliegend nicht um eine klassische Analogie und damit nicht um eine eigenständige Fortentwicklung des Rechts handelt. Was die Vertragsparteien eines völkerrechtlichen Vertrags geregelt *hätten*, ist in einer fragmentarischen Rechtsordnung ohne direkte Relevanz.[51] Ein Analogieschluss kann aber Aufschluss darüber geben, inwiefern ein prinzipieller Konsens der Vertragsstaaten existiert, der für die Ermittlung von Völkergewohnheitsrechtsnormen relevant wird.[52]

Auf den ersten Blick erscheint es naheliegend, den Norminhalt der Genfer Konventionen von 1949, die wie dargestellt ein Strafverfolgungsrecht bei anwesenden mutmaßlichen Straftätern kennen, im Wege des Analogieschlusses zur Bestimmung der *opinio iuris* heranzuziehen. Notwendige Voraussetzung dafür ist, dass beide Fallkonstellationen vergleichbar sind.

Betrachtet man exemplarisch die deutsche Regelung im Völkerstrafgesetzbuch (VStGB) und des § 153f StPO, so scheint es, als habe der Gesetzgeber eine ver-

---

Feststellung eines *aut dedere aut iudicare* bei *Maierhöfer*, Aut dedere – aut iudicare, S. 220.

[51] *Jesse*, Verbrechensbegriff, S. 134.

[52] Vgl *Seeger*, Unilaterale humanitäre Intervention, S. 174.

gleichbare Interessenlage gesehen. Das deutsche Recht behandelt beide Fallkonstellationen im Grundsatz identisch. Eine Strafverfolgung ist die Regel, das Absehen von Strafverfolgung gemäß § 153f bildet als Einstellungsgrund die Ausnahme, wenn der mutmaßliche Täter sich nicht im Inland aufhält. Die Einstellung ist jedoch fakultativ, dient damit primär der Vermeidung kostenintensiver Ermittlungen sowie politischer Implikationen.[53]

Es sprechen aber gute Gründe dafür, beide Fallkonstellationen nicht als wesensgleich anzusehen.[54] So verweist *Guillaume* auf einen historischen Anknüpfungspunkt:

> „Certains auteurs, comme Covarruvias et Grotius, ont souligné que la présence sur le territoire d'un Etat d'un criminel étranger jouissant en paix du fruit de ses crimes n'était pas tolérable.“[55]

Historisch stand somit nicht das Interesse der Opfer an der Strafverfolgung im Vordergrund. Vielmehr sollte die Gesellschaft vor der Anwesenheit ausländischer Straftäter geschützt werden. Denkt man diesen Interpretationsansatz weiter, so muss man feststellen, dass Rechte und Pflichten des Staates sich direkt und einzig aus der Anwesenheit des (mutmaßlichen) Kriminellen auf dem nationalen Territorium ergeben.[56] Die Schwere der Tat erlangt nur dann Bedeutung, wenn der Täter sich auf dem Staatsgebiet des Drittstaates befindet.

Das Verständnis des Strafverfolgungsrechts bei Kernverbrechen und des eng verwandten Prinzips *aut dedere aut iudicare* hat sich jedoch im Lauf der Zeit weiterentwickelt. Im Einklang mit *Bassiouni* kann man feststellen, dass mittlerweile die effektive Durchsetzung gemeinschaftlicher Werte an Bedeutung gewonnen hat.[57] So gilt es insbesondere durch Festschreibung des *aut dedere aut iudicare*, mögliche Zufluchtsstaaten zur Kooperation zu verpflichten. Die Verhinderung von *safe havens* in Drittstaaten ist damit die vorrangige Absicht und dient dem Kampf

---

53 Vgl. dazu ausführlich unten Teil 6, I.B.

54 So im Ergebnis auch *Gierhake*, ZStW 120 (2008), 399. Sie geht sogar noch weiter und hält ein Weltrechtspflegeprinzip ohne Inlandsbezug für nicht begründbar. Anders aber *Köhler*, JRE 2003, 448.

55 IGH(*Congo v. Belgium*), Opinon Individuelle v. Richter *Guillaume*, para. 4; eine ähnliche Argumentation schlägt auch *Donnedieu de Vabres* (zitiert nach *Rabinovitch*, Universal Jurisdiction, S. 13) vor: „Néanmoins, il fut admis pendant tout le moyen age, dans la doctrine italienne, et dans le droit qui gouvernait les rapports des villes lombardes, qu'à l'égard de certaines catégories de malfaiteurs dangereux – banniti, vagabundi, assassini – la simple présence, sur le territoire, du criminel impuni, étant une cause de trouble, donnait vocation à la cité pour connaître de son crime.“ Siehe auch *R. Keller*, Neue Kriminalpolitik 2003, 114.

56 Als einen Anknüpfungspunkt sieht dies auch BayOLG NJW 1998, 395.

57 Ohne sich mit den daraus gezogenen Konsequenzen zu identifizieren, vgl. *Bassiouni*, Va. J. Int'l L. 2001, 137; zu den Konsequenzen auch *Maierhöfer*, Aut dedere – aut iudicare, S. 307 ff.

gegen die Straflosigkeit.[58] Die Genfer Konventionen zielen darauf ab, dass jeder Staat diese Taten aburteilt. Die Ratifizierung der Konvention basiert dabei auf dem gegenseitigen Vertrauen, dass die Staaten auf ihren Territorien Straflosigkeit bekämpfen.[59]

Ein Strafverfolgungsrecht *in absentia* geht über diese Zielsetzung allerdings weit hinaus. Zwar bezweckt eine Ausweitung der Strafverfolgungsbefugnis der Staaten eine Effektivitätssteigerung bei der Ahndung schwerster Verbrechen,[60] konzentriert sich dabei allerdings nicht nur auf mögliche *safe havens* in Drittstaaten, sondern auch auf den Tatortstaat.[61] Während das Prinzip *aut dedere aut iudicare* auf eine Ergänzung des Territorialitätsprinzips abstellt, zielt ein universelles Strafverfolgungsrecht *in absentia* auf eine Substitution ab und stellt *de facto* eine (symbolische) Sanktionierung tatortstaatlichen Unvermögens oder Unwillens dar.[62] *Reydams* spricht im Hinblick auf die klassische Anerkennung eines Strafver-

---

[58] Dazu auch *Geneuss*, JICJ 2009, 956 f.; *Reydams*, Universal Jurisdiction, S. 29. So auch die Begründung des BayOLG im Fall *Djajic*, NJW 1998, 395; *Akhavan*, JICJ 2010, 1262; *El Zeidy*, IL 2003, 839.

[59] So z.B. auch in der Präambel der Völkermordkonvention. Die Frage, ob Vertrauen gerechtfertigt ist, war dabei stets Teil der Diskussion. Daraus resultiert auch das Plädoyer für einen internationalen Strafgerichtshof, wie er z.B. in der Völkermordkonvention anvisiert wurde. Vgl. *Graefrath*, EJIL 1990, 69.

[60] Zur Zielsetzung der Bekämpfung von Straflosigkeit als Grundidee des universellen Strafverfolgungsrechts *in absentia*, siehe auch *Colangelo*, Geo. J. Int'l L. 2005, 571: "[…] states should have the option to prosecute crimes und the theory of universal jurisdiction, thereby constructing a more comprehensive international law enforcement mechanism. In so doing, national courts act instead of international organs. […] By enabling states to conduct investigations and issue arrest warrants in absentia over grave violations of international law, universal jurisdiction in absentia advances the fight against impunity." Ebenso *Weigend*, FS für Eser, S. 965.

[61] Siehe auch *Wolfrum*, FS für Eser, S. 979. Auf die Tatsache, dass eine solche Ausweitung bei der Folterkonvention (S. 1086) und der Völkermordkonvention (S. 1088) nicht angedacht waren, verweist *Orentlicher*, Geo. J. Int'l L. 2004.

[62] *Blum*, Yale J. Int'l L. 2010, 53; *Brown*, Yale J. Int'l L. 1988, 425. Zu Strafverfolgungsmaßnahmen als politisches Druckmittel, siehe *Bassiouni*, Va. J. Int'l L. 2001, 82; *Colangelo*, Geo. J. Int'l L. 2005, 573. Es verwundert daher in diesem Zusammenhang auch nicht, dass die Befürworter eines Strafverfolgungsrechts *in absentia* die Ausübung dieses Rechts auf verschiedene Weise einschränken wollen. IGH(*Congo v. Belgium*), Joint Separate Opinion v. Richter *Higgins*, *Kooijmans*, *Buergenthal*, para. 59: "A State contemplating bringing criminal charges based on universal jurisdiction must first offer to the national State of the prospective accused person the opportunity itself to act upon the charges concerned." Auch *Colangelo*, Geo. J. Int'l L. 2005, 563 f., stellt fest: "States wishing to pursue universal jurisdiction in absentia must: […] (2) offer to the national state, territorial state, and state whose national was harmed, as well as to the custodial state, the opportunity to act upon the charges concerned before asserting jurisdiction in absentia." Diese Einschränkung des Strafverfolgungsrechts *in absentia*, die im Übrigen, wie *Colangelo*, Geo. J. Int'l L. 2005, 541, richtig feststellt, theoretisch mit der Konzeption eines solchen Rechts inkonsistent ist, zeigt im Umkehrschluss die symbolische Sanktionierung des tatortstaatlichen Unterlassens und damit die besondere Zielrichtung des Strafverfolgungsrechts *in absentia*.

folgungsrechts auch von *co-operative universality principle*,[63] das Strafverfolgungsrecht *in absentia* subsumiert er dagegen unter *unilateral universality principle*.[64] Die Unterschiede wiegen im Hinblick auf die staatliche Souveränität schwer.[65] So haben die Unterzeichnerstaaten des Rom-Statuts zwar eingewilligt, dass ein internationales Gericht *de facto* (über den Komplementaritätsgrundsatz) die Einhaltung von Bestrafungspflichten überwacht.[66] Daraus lässt sich jedoch nicht schließen, dass damit ein solches Recht auch Drittstaaten zugesprochen worden ist. Außerdem birgt eine solch weitreichende Strafverfolgungsbefugnis das „Risiko" des Forum-Shoppings der Opfer[67] sowie ein Missbrauchspotential durch politisierte Anklagebehörden.[68] Zudem führt es zur Multiplikation von Verfolgungsansprüchen.[69]

Es zeigt sich, dass die Zielsetzungen des klassischen Strafverfolgungsrechts und die des Strafverfolgungsrechts *in absentia* nicht gleichförmig verlaufen.[70] Ein Analogieschluss zu den Regelungen der Genfer Konventionen vermag für sich betrachtet nicht zu überzeugen.[71]

---

63 *Reydams*, Universal Jurisdiction, S. 28. Auch *Graefrath*, EJIL 1990, 67, spricht von einer staatlichen Kooperation. *Weigend*, FS für Eser, S. 956, sieht darin eine Form von internationaler Solidarität. Zur Unterscheidung auch *Kreß*, JICJ 2006, 567.

64 *Reydams*, Universal Jurisdiction, S. 38. *Weigend*, FS für Eser, S. 956, bezeichnet es als ein „expansives" Verständnis.

65 *Orakhelashvili*, Peremptory Norms, S. 289, sieht dagegen keinen prinzipiellen, sondern ausschließlich einen faktischen Unterschied. Ähnlich auch *O'Keefe*, JICJ 2004, 750.

66 Vgl. dazu *Mégret*, L'article 17, S. 3 f.; *Tallgren*. NJIL 1998, 110, 126, 131.

67 *Cassese*, International Criminal Law, S. 289 f. *Cassese* spricht in EJIL 2002, 853 von „permitted" aber „inadvisable". Siehe auch *Kindt*, Menschenrechte und Souveränität, S. 108; *Orentlicher*, Geo. J. Int'l L. 2004, 1062.

68 Vgl. *Kreß*, JICL 2006, 572; *Weigend*, FS für Eser, S. 963; *Werle*, Völkerstrafrecht, S. 80. Zu den politischen Implikationen, siehe auch *Kindt*, Menschenrechte und Souveränität, S. 112; *Rabinovitch*, Universal Jurisdiction in absentia, S. 13 ff. *Colangelo*, Geo. J. Int'l L. 2005, 552, weist dagegen darauf hin, dass die bisherige Staatenpraxis bis *dato* nicht ausufernd, sondern eher vorsichtig ausgeübt wurde.

69 *Gärditz*, Weltrechtspflege, S. 284.

70 So auch *Kindt*, Menschenrechte und Souveränität, S. 104 ff.

71 Problematisch daher der von *Kaul*, in: Cassese/Gaeta/Jones (Hrsg.), The Rome Statute, S. 597 f. und *Williams/Schabas*, in: Triffterer (Hrsg.), Commentary on the Rome Statute, Art. 12, Rn. 6 f (in den Fußnoten) vorgenommene Verweis auf die Genfer Konvention als „Beleg" für ein Strafverfolgungsrecht *in absentia*. Dieser Verweis überzeugt im Zusammenhang mit dem IStGH nur bedingt. Das System der Genfer Konventionen beruht auf dem Prinzip *aut dedere aut iudicare*, setzt damit also ein sich territorial definierendes Völkerrechtssubjekt voraus. Die klassische, den Genfer Konventionen zugrundeliegende Zielsetzung, *safe havens* zu verhindern, kann der IStGH denklogisch nicht erfüllen. Demnach kann der Fußnotenverweis auf die Genfer Konventionen für sich genommen die Behauptung eines Strafverfolgungsrechts *in absentia* nicht untermauern

(2) Ius cogens-Natur

Eine wiederkehrende Argumentationslinie im Hinblick auf ein mögliches universelles Strafverfolgungsrecht *in absentia* verweist auf die *ius cogens*-Natur von Völkermord, Verbrechen gegen die Menschlichkeit und schweren Kriegsverbrechen.[72] In der Staatenwelt ist akzeptiert, dass das Verbot der Begehung von Völkermord, Verbrechen gegen die Menschlichkeit und Kriegsverbrechen *ius cogens*-Qualität aufweist.[73] Mangels vertraglicher Verankerung, akademischen Konsenses oder („höchst“[74]-)richterlicher Klärung der Bedeutung des *ius cogens* ist eine solche Inbezugnahme jedoch problematisch.[75] An dieser Stelle soll indes noch nicht auf das Konzept des *ius cogens* in seiner Gesamtheit eingegangen werden. Vier Facetten des *ius cogens*-Konzepts lassen sich allerdings schon hier unterscheiden:

Erstens, *ius cogens* als Aussage zur Derogationsfestigkeit: Art. 53 Wiener Vertragsrechtskonvention (WVK) formuliert wie folgt:

> A treaty is void if, at the time of its conclusion, it conflicts with a peremptory norm of general international law. For the purposes of the present Convention, a peremptory norm of general international law is a norm accepted and recognized by the international community of States as a whole as a norm from which no derogation is permitted and which can be modified only by a subsequent norm of general international law having the same character.

Damit spricht Art. 53 WVK zwei Kernelemente des Konzepts von *ius cogens* an: Die Rechtsnatur einer Norm sowie das Verhältnis zu anderen normativen Vorgaben.

Zweitens, *ius cogens* als Konfliktlösungsregel: Sieht sich ein Akteur zwei konfligierenden normativen Vorgaben ausgesetzt, vermag die *ius cogens*-Natur einer dieser Normen den Anwendungsvorrang dieser Norm zu erklären.

Drittens, *ius cogens* als Indikator im Abwägungsprozess: Ist ein Akteur zwei konfligierenden normativen Vorgaben ausgesetzt, denen beiden die *ius cogens*-Natur abzusprechen ist, so könnte die Abwägung im Einzelfall dann beeinflusst werden, wenn sich eine der Normen als Sekundärnorm einer *ius cogens*-Norm herausstellt:

---

[72] Siehe bspw. *Knoops*, ICLR 2004, 542. *El Zeidy*, IL 2003, 856: “Aside from the aforementioned arguments, it is worth noting that heinous crimes, such as war crimes, crimes against humanity, and genocide are part of jus cogens. As a result, all states have an obligation erga omnes to repress these crimes and combat impunity by all legal means including universal jurisdiction.”

[73] Dazu ausführlich unten Teil 5, II.B.2.

[74] Fraglich, ob überhaupt eine institutionelle Hierarchie existiert, siehe dazu *Koskenniemi/Leino*, LJIL 2002, 576: “The ICJ never stood at the apex of some universal judicial hierarchy.”

[75] Überblick zur Verwendung von *ius cogens*-Terminologie bei *Kolb*, RGDIP 2009, 838 f.; *Linderfalk*, ZaöRV 69 (2009), 962.

"[…] it would seem that one of the consequences of the ius cogens character bestowed by the international community upon the prohibition of torture is that every State is entitled to investigate, prosecute and punish or extradite individuals accused of torture, who are present in a territory under its jurisdiction."[76]

Eine ähnlich fragwürdige Interpretation hat der italienische *Corte die Cassazione* in seiner *Ferrini*-Entscheidung ins Feld geführt. Diese befasste sich im Kern mit der Frage, ob Staaten für Verstöße gegen geltendes Völkerrecht vor nationalen Gerichten anderer Staaten haftbar gemacht werden dürfen. Verfechter derartiger Verfahren betonen, dass die *ius cogens*-Natur der verletzten Norm zu einem Recht zur gerichtlichen Bescheidung führe,[77] und so hat auch der *Corte di Cassazione* der verletzten *ius cogens*-Rechtsnorm besondere Bedeutung beigemessen.[78] Diese Entscheidung hat sowohl von Gerichten anderer Staaten als auch in der Literatur viel Kritik auf sich gezogen.[79] So weisen die Richter des *House of Lords* darauf hin, dass die Berufung auf die *ius cogens*-Natur der Verbotsnorm kein Ersatz für Staatenpraxis sein kann.[80] Auch der EGMR kommt im Fall *al-Adsani* zu diesem Ergebnis.[81]

Eine genauere Betrachtung der Rechtsprechung des IGH lässt ebenfalls an der Argumentation der beiden Gerichte zweifeln. Der Gerichtshof hat sich zu der Frage der Bedeutung von *ius cogens* für die Feststellung eines Strafverfolgungsrechts *in absentia* zwar nicht explizit geäußert. Er hat allerdings in der Zulässigkeitsent-

---

76 ICTY(*Furundžija*), Urteil der Verfahrenskammer vom 10.12.1998, para. 156. Auch *Mangold*, Völkerstrafrechtliche Verfolgung, S. 56, sieht diese Konsequenzen als Resultat der *ius cogens*-Natur der Norm. Ähnlich auch *Kindt*, Menschenrechte und Souveränität, S. 82; *Orakhelashvili*, Peremptory Norms, S. 288 ff.; *El Zeidy*, IL 2003, 856.

77 Ausführlich zu den Argumentationsmustern *Potestà*, Berkeley J. Int'l L. 2010, 571–579.

78 Siehe dazu a.a.O., 580–582. Zur *Ferrini*-Entscheidung und Folgeentscheidungen der italienischen Gerichte auch *Focarelli*, NJIL 2008, 435 f.

79 *Fox*, State Immunity, S. 151 ff.; *Potestà*, Berkeley J. Int'l L. 2010, 583. Zur Rechtsprechung des *House of Lords*, siehe *Focarelli*, NJIL 2008, 437 f.; zu anderen Entscheidungen, siehe Übersicht bei *ders.*, a.a.O., 438 f. Siehe insbesondere auch die Entscheidung des BVerfG(*Distomo*), Rn. 18.

80 Auf den ersten Blick mag der Verweis der Richter auf die Staatenpraxis verwundern. Sollte ein Recht auf gerichtliche Geltendmachung Bestand haben, so könnte dies durchaus mit der Staatenimmunität kollidieren. Für eine derartige Kollisionsauflösung bedürfte es nicht notwendigerweise des Rückgriffs auf eine Staatenpraxis. Anders als im Fall der strafrechtlichen Ahndung von Individualverhalten lässt sich die Entwicklungen eines Rechts zur Geltendmachung jedoch nicht logisch von der Immunität trennen. Da die Staatenpraxis der Staatenimmunität stets große Bedeutung beigemessen hat, ist ein Recht zur Geltendmachung von Völkerrechtsverstößen bei Akten *iure imperii* nie entstanden. So mag auch das widersinnig erscheinende Resultat zu verstehen sein, dass Staaten nicht vor drittstaatlichen Gerichten haftbar gemacht werden können, obwohl ehemalige Amtsträger strafrechtlich sanktioniert werden dürfen, vgl. dazu auch *Bellal*, JICJ 2011, 240 f. Zur damit verbundenen Frage, inwieweit Staatenpraxis die Ausgestaltung des *ius cogens*-Konzepts beeinflusst, *Focarelli*, NJIL 2008, 446 ff.

81 EGMR(*al-Adsani*), paras. 61 ff.

scheidung im Fall IGH(*Congo v. Rwanda*) festgestellt, dass sich aus der *ius cogens*-Natur einer Norm nicht zwangsläufig Sekundär- oder Tertiärrechte ergeben.[82] Die dahinterstehende Wertung ist vergleichbar, sodass davon ausgegangen werden kann, dass der IGH aus der *ius cogens*-Natur der Verbotsnorm kein Strafverfolgungsrecht ableiten würde.[83]

Auch in IGH(*Mauergutachten*) hätte sich der Gerichtshof zur Bedeutung des *ius cogens*-Konzepts äußern können. *Paulus* weist jedoch zu Recht darauf hin, dass der IGH dem Konzept des *ius cogens* keine Bedeutung beigemessen hat, obwohl eine Befassung nahegelegen hätte.[84] So befassten sich die IGH-Richter bei diesem Fall ausführlich mit der Resolution zur Staatenverantwortlichkeit der Generalversammlung der Vereinten Nationen. Dessen Art. 40, 41 sind insoweit von besonderem Interesse.

Art. 40 Abs. 1 der Resolution besagt:

> This chapter applies to the international responsibility which is entailed by a serious breach by a State of an obligation arising under a peremptory norm of general international law.

Der Ausdruck *peremptory norm* ist ein Synonym für *ius cogens*-Norm. Art. 41 hält u.a. fest:

> 1. States shall cooperate to bring an end through lawful means any serious breach within the meaning of article 40.
> 2. No State shall recognize as lawful a situation created by a serious breach within the meaning of article 40, nor render aid or assistance in maintaining that situation.[85]

Diese Artikel sind insofern von Relevanz, als dass in Art. 41 Abs. 1 eine Sekundärpflicht (wenn auch keine Strafverfolgungspflicht) bei Verstößen gegen *ius cogens*-Normen proklamiert wird. Jedoch ist festzustellen, dass Art. 40, 41 diese sekundärrechtlichen Konsequenzen nicht aus der *ius cogens*-Natur herleiten. So besagt die Staatenverantwortlichkeitsresolution nur, *dass ius cogens*-Verstöße bestimmte Folgen haben. Sie sagt nicht, dass diese Folgen bestehen, *weil* es sich um *ius cogens*-Normen handelt. Dies mag auch erklären, warum sich der IGH mit der *ius cogens*-Natur nicht weiter auseinandergesetzt hat.

---

82 IGH(*Congo v. Rwanda*), para. 64.

83 *Shelton*, AJIl 2006, 306 f. Siehe auch IGH(*Bosnia and Herzegovina v. Serbia and Montenegro*), para. 147, *Focarelli*, NJIL 2008, 431 f.; *Potestà*, Berkeley J. Int'l L. 2010, 583.

84 *Paulus*, NJIL 2005, 315.

85 Die ILC (zitiert nach *Gaja*, in: Ragazzi (Hrsg.), International Responsibility Today, S. 35) stellt fest: "[…] paragraph 1[of Article 41] in that respect may reflect the progressive development of international law." Einige Aussagen der Staatenverantwortlichkeitsresolution sind wenig innovativ. So gibt Art. 41 Abs. 2 nur Altbekanntes wieder. Eine Perpetuierung des Unrechts ist grundsätzlich bei jedem Normbruch verboten, vgl. *Paulus*, NJIL 2005, 315.

Ius cogens-Normen verkörpern besondere Wertentscheidungen der internationalen (Staaten-)Gemeinschaft.[86] Zudem ist nicht zu bestreiten, dass Verstöße gegen Fundamentalnormen eine besondere Reaktion der internationalen (Staaten-) Gemeinschaft hervorrufen müssen.[87] Mit anderen Worten, *ius cogens*-Normen mögen des Schutzes durch das Strafrecht und einer universellen Strafverfolgungskompetenz bedürfen. Will man die konzeptionelle Schärfe des *ius cogens* bewahren, sollte allerdings darauf verzichtet werden, ein Sekundärrecht oder eine Sekundärpflicht kausal aus der *ius cogens*-Natur herzuleiten. Die Tatsache, dass dem Verbot des Völkermords (und in eingeschränkter Form auch der anderen Tatbestände) eine besondere rechtliche Geltungskraft beigemessen wird, bedeutet nicht *per se*, dass aus einem Verstoß gegen die (Primär-)Norm bestimmte Rechte und Pflichten (Sekundärnormen) resultieren.[88] Demnach lässt das *ius cogens*-Konzept keine Rückschlüsse auf eine *opinio iuris* zu.

Eine Schlussbemerkung zur Klarstellung soll noch angehängt werden: Die vierte Facette des *ius cogens* ist aus konzeptionellen Gründen äußerst problematisch. So beschreibt *Kolb* treffend:

> „Dès lors, le jus cogens a surtout une fonction promotionnelle dans le métabolisme du droit: sa fonction est dynamique, poussant vers la création de nouvelles normes à valence communautaire."[89]

Der Verweis auf *ius cogens* droht die juristische Argumentation zu ersetzen und macht *ius cogens* mit den Worten *Kolbs* zu einem Mittel der politischen Transformation großen Maßstabs *(vecteur d'une transformation politique de grande envergure)*.[90] Die Konturlosigkeit droht dabei zum einen die anderen Facetten des Konzepts zu verdecken. Zum anderen besteht die Gefahr der Instrumentalisierung des „*ius cogens*-speach" als politisches Machtmittel. Zu Recht stellt *Paulus* diesbezüglich allerdings fest, dass das *ius cogens*-Argument auch als Mittel der Machtkontrolle eingesetzt werden kann und daher in der Historie breite Unterstützung in der sogenannten Dritten Welt erfahren hat.[91]

---

86 *Linderfalk*, ZaöRV 69 (2009), 977.

87 *MacDonald*, Can. Y.B. Int'l L. 1987, 136, weist auf die resultierende Ähnlichkeit mit dem Begriff *erga omnes* hin.

88 Siehe auch *du Bois-Pedain*, Transitional Amnesty, 318; *Kolb*, RGDIP 2009, 847; *Maierhöfer*, Aut dedere – aut iudicare, S. 371 f.; *Munivrana Vajda*, ICLR 2010, 333 f.; *Paulus*, Internationale Gemeinschaft, S. 353; *Zimmermann*, in: Tomuschat/Thouvenin (Hrsg.), The Fundamental Rule of International Legal Order, S. 338. Implizit auch *Hannikainen*, Peremptory Norms, S. 9 f. Im Ergebnis auch *Henzelin*, Le Principe de l'Universalité, S. 431. Kritik an der Vermischung von Rechtslogik und Rechtsfortbildung auch von *Tams*, AdV 2002, 344.

89 *Kolb*, RGDIP 2009, 841. *Linderfalk*, ZaöRV 69 (2009), 977, beklagt daher zu Recht eine Konturenlosigkeit des *ius cogens* Regimes („fuzziness of the international ius cogens regime").

90 *Kolb*, RGDIP 2009, 850. Siehe auch 840. Ähnlich krit. auch *Bianchi*, EJIL 2008, 506; *Focarelli*, NJIL 2008, 440; *Koskenniemi/Leino*, LJIL 2002, 558; *Zemanek*, FS für Tomuschat, S. 1117. Positiv dagegen *Daillier/Forteau/Pellet*, Droit International Public, S. 229; *Pauwelyn*, Conflicts of Norms, S. 99.

91 *Paulus*, NJIL 2005, 299.

(3) Kampf gegen die Straflosigkeit

Im Einklang mit der Präambel des Rom-Statuts ist eine (deklarierte) Entschlossenheit der internationalen (Staaten-)Gemeinschaft festzustellen, „der Straflosigkeit der Täter ein Ende zu setzen […]“. Die Betonung des „Kampfes gegen die Straflosigkeit“, oder „fight against impunity“ im englischen Sprachgebrauch, ist eine programmatische Zielbestimmung und ein politischer Aufruf. Konkrete Rückschlüsse lassen sich daraus jedoch nicht ziehen. So ist es ein Charakteristikum jeglicher Kriminalisierungs- und Strafverfolgungsbemühungen, eine Bestrafung der Täter herbeizuführen. Dies würde aber bedeuten, dass jedwede Menschenrechtsverletzung, die allgemein als strafwürdig anerkannt ist (z.B. „normaler“ Mord, Vergewaltigung etc.), auch der internationalen Strafverfolgung zugänglich wäre. Es sagt über die Natur der Verbrechen zunächst nichts aus.[92]

(4) Erga omnes-Pflichten

Der IGH hat im *Barcelona Traction*-Fall den Begriff der Pflicht *erga omnes* geprägt, dessen Bedeutung allerdings im Einzelnen diffus und unklar ist. So stellte der IGH grundsätzlich fest, dass bestimmte staatliche Pflichten nicht nur im bilateralen Verhältnis bestehen.[93] Bei sogenannten *erga omnes*-Pflichten ist ein Verhalten der gesamten internationalen (Staaten-)Gemeinschaft gegenüber geschuldet. Ein Pflichtverstoß könnte demnach (theoretisch) von jedem Staat geltend gemacht werden.[94] Allerdings besteht keine Klarheit darüber, welche tatsächlichen oder rechtlichen Schritte unternommen werden dürfen.[95] *Randall* behauptet diesbezüglich, dass auch eine Strafverfolgung von Individuen als Reaktion auf Verstöße gegen *erga omnes*-Pflichten als legale Reaktion umfasst seien.[96] Gegen eine derart weitgehende Bedeutung sind allerdings Bedenken anzumelden. So handelt es sich bei Strafverfolgungsmaßnahmen formell nicht um eine Sanktionierung von Staatenunrecht, sondern von individuellem Unrecht. *Erga omnes*-Pflichten entspringen dem Recht der Staatenverantwortlichkeit und sollten dort auch weiterhin verortet bleiben.

---

[92] *Bassiouni*, Va. J. Int'l L. 2001, 94. Bei internationalen Taten will *Bassiouni* allerdings ein Strafverfolgungsrecht ableiten, wenn die vorhandenen Verfolgungsmöglichkeiten keinen Erfolg versprechen, vgl. S. 150.

[93] IGH(*Belgium v. Spain*), para. 33.

[94] Zu den Gefahren, siehe *Weil*, AJIL 1983, 432 f.

[95] *Kreß*, ZStW 114 (2002), 836; *Paulus*, Internationale Gemeinschaft, S. 385; *Villalpando*, EJIL 2010, 412.

[96] *Randall*, Tex. L. Rev. 1998, 830 f.

(5) Ahndung „internationaler Verbrechen"

Im Bereich des Völkerstrafrechts hat sich in den letzten Jahrzehnten eine den *erga omnes*-Pflichten vergleichbare Begrifflichkeit herauskristallisiert.[97] Völkermord, Verbrechen gegen die Menschlichkeit und Kriegsverbrechen werden oftmals als „internationale Verbrechen" oder „Verbrechen, welche die internationale Gemeinschaft als Ganzes berühren" eingestuft.[98] Die Präambel des Rom-Statuts beschreibt dies wie folgt:

> Recognizing that such grave crimes threaten the peace, security and well-being of the world, Affirming that the most serious crimes of concern to the international community as a whole must not go unpunished […].

Die Verbrechen werden, zumindest von den Unterzeichnern des Rom-Statuts, als Taten angesehen, die den nationalstaatlichen Rahmen sprengen und internationale Auswirkungen haben. Während Mord und Totschlag weiterhin grundsätzlich als nationale Angelegenheiten gelten, wird den hier behandelten Kernverbrechen fast einhellig eine internationale Dimension zugesprochen.[99] Woraus sich die Internationalität ergibt, ist jedoch völlig unklar. Ebenso unklar ist, ob die Tat selbst eine internationale Dimension vorweisen kann oder die strafrechtliche Ahndung der Taten einer Internationalisierung bedarf. Der internationalen Dimension *der Tat* soll zunächst auf den Grund gegangen werden.

Es ist festzustellen, dass Taten, die die willkürliche Tötung, Verletzung oder Vergewaltigung von Individualpersonen umfassen, weltweit strafrechtlich sanktioniert sind. Insofern besteht allgemein Konsens darüber, dass solch schwerwiegende Eingriffe in menschenrechtlich geschützte Rechtsgüter nicht tolerierbar sind. Dies unterscheidet Kernverbrechen dem Grunde nach jedoch nicht von anderen Taten, die klassischerweise dem nationalen Recht zugeordnet sind. So werden Mord und Totschlag, Diebstahl und Raub oder die mutwillige Zerstörung fremden Eigentums ebenfalls weltweit geächtet. Derartige Taten stellen ebenfalls Angriffe auf menschenrechtlich geschützte Rechtsgüter dar. Es bedarf daher eines überindividuellen Bezugsrahmens, um die internationale Natur *der Taten* rechtfertigen zu können. Aus legitimatorischer Perspektive müsste dafür ein internationales Rechtsgut bestimmt werden.[100]

---

97 Vgl. zur konzeptionellen Nähe *Akhavan*, JICJ 2010, 1252.

98 Die Begrifflichkeit *international crime* wurde ebenfalls im Entwurf der International Law Commission zur State Responsibility verwendet, ist allerdings nicht deckungsgleich.

99 *Bassiouni*, Va. J. Int'l L. 2001, 82; *Benzing*, in: König u.a. (Hrsg.), International Law Today, S. 24; *Kindt*, Menschenrechte und Souveränität, S. 54; *König*, Völkerrechtliche Legitimation, S. 152; *Kreß*, ZStW 114 (2002), 836.

100 *Lampe*, in: Hirsch u.a. (Hrsg.), FS für Kohlmann, S. 155; *Manske*, Verbrechen gegen die Menschlichkeit, S. 273. Krit. gegenüber der typisch deutschen Bezugnahme auf den Rechtsgutsgedanken, *Gärditz*, Weltrechtspflege, S. 142, der zudem zutreffend auf die willkürliche Einordnung als „internationales" Rechtsgut eingeht (S. 143).

Vielfach wird darauf hingewiesen, dass die Tatbestände – insbesondere Völkermord und Verbrechen gegen die Menschlichkeit – auch den Schutz eines Kollektivs ins Visier nehmen.[101] Dies allein begründet jedoch nicht, warum damit die „internationale Gemeinschaft als Ganze“ berührt sein soll. *Köhler* vertritt daher die Ansicht, dass die Inhomogenität und Pluralität der Völkergemeinschaft geschützt werden soll, und schließt daher konsequenterweise Kriegsverbrechen von den internationalen Verbrechen aus.[102] Die wohl herrschende Meinung sieht dagegen neben dem Menschenrechtsschutz auch den Schutz des Weltfriedens als zentrale Aufgabe an, den Weltfrieden damit als weiteres geschütztes Rechtsgut. Angesichts der Tatsache, dass in derlei Konstellationen einzig ein negativer Friedensbegriff – d.h. die Abwesenheit zwischenstaatlicher militärischer Gewalt – zugrunde gelegt werden kann, sind jedoch Zweifel an dieser Begründung angebracht. So wirkt sich nicht jede Tat i.S.d. Art. 6–8 RS auf zwischenstaatlicher Ebene aus.[103] Isolierten Taten, die für sich genommen den Tatbestand des Kriegsverbrechens erfüllen, ist oftmals ein friedensbedrohendes Potential abzusprechen. Zudem ist anerkannt, dass Kriegsverbrechen auch dann nicht begangen werden dürfen, wenn durch ihre Begehung ein bewaffneter Konflikt verkürzt würde. Nicht alle Kernverbrechen haben *per se* negative Auswirkungen. Betont man das friedensbedrohende Potential, so ließe sich, die deutsche Terminologie zugrunde gelegt, einzig ein abstraktes Gefährdungsdelikt im Hinblick auf die Beeinträchtigung des Weltfriedens begründen. Auch die Quantität der Taten,[104] deren menschenverachtende Qualität[105] oder die Implikation der Staatsmacht oder einer staatsähnlichen Organisation[106] vermögen die Internationalität nur schwer zu begründen.[107]

Es erscheint demnach vorzugswürdig, die Notwendigkeit einer Internationalisierung der Strafverfolgung als prägendes Element der drei Delikte anzusehen.[108] Für die Frage, *ob* eine *opinio iuris* für ein Strafverfolgungsrecht *in absentia* besteht, ist

---

101 *Ambos*, in: Kaleck u.a. (Hrsg.), International Prosecution, S. 80; a.A. *Gil Gil*, ZStW 112 (2000), 382.

102 *Köhler*, JRE 2003, passim.

103 Vgl. *Manske*, Verbrechen gegen die Menschlichkeit, S. 283; a.A. *Werle*, Völkerstrafrecht, S. 40.

104 *Lampe*, in: Hirsch u.a. (Hrsg.), FS für Kohlmann, S. 156; *Manske*, Verbrechen gegen die Menschlichkeit, S. 295.

105 *Drumbl*, Atrocity, S. 4.

106 So bspw. IStGH(*Kenia*), Decision Pursuant Article 15 of the Rome Statute on the Authorization of an Investigation into the Situation in the Republic of Kenya, Entscheidung der Vorverfahrenskammer II vom 31.3.2010, Dissenting Opinion v. Richter *Kaul*, (ICC-01/09-19 [als Annex]), para. 63, im Hinblick auf den Tatbestand der Verbrechen gegen die Menschlichkeit. Siehe auch *Gil Gil*, ZStW 112 (2000), 386.

107 Siehe zu der Diskussion ausführlich *Hiéramente*, GOJIL 2011, 551–588.

108 *Bassiouni*, Va. J. Int’l L. 2001, 97: “The second position is a pragmatic policy-oriented one that recognizes that occasionally certain commonly shared interests of the international community require an enforcement mechanism that transcends the interests of the singular sovereignity.”

diese konzeptionelle Differenzierung von nachrangiger Bedeutung.[109] So kann zumindest festgestellt werden, dass die Kernverbrechen als Taten angesehen werden, deren Ahndung nicht nur den Tatortstaat betrifft. Zur Gewährleistung einer effektiven Verfolgung dieser „internationalen Verbrechen" ist eine Strafverfolgung *in absentia* denkbar.[110] Allerdings weist *Kreß* darauf hin, dass die Akzeptanz einer Einzelregelung (hier des Strafverfolgungsrechts *in absentia*) zwar aus dem Grundprinzip (Klassifizierung als internationale Verbrechen) ermittelt werden kann, eine verbale Staatenpraxis diesen deduktiven Prozess jedoch noch absichern muss.[111]

bb) Verbale Staatenpraxis

Kreß stellt zutreffend fest, dass eine „harte" Staatenpraxis nicht existent ist.[112] Seit den Kodifizierungsbemühungen im Anschluss an den Zweiten Weltkrieg und dem Holocaust ist der Staatengemeinschaft bewusst geworden, dass viele Staaten unwillig sind, strafrechtlich gegen die Täter vorzugehen. Nach wie vor besteht jedoch eine weitgehende Skepsis gegenüber einer extraterritorialen Strafverfolgung *in absentia*. Angesichts der Tatsache, dass vornehmlich westliche Staaten, die auf der Basis eines funktionierenden Strafverfolgungssystems in der Lage und aufgrund einer aktiven Zivilgesellschaft gefordert sind, extraterritoriale Strafverfol-

---

109 Die Differenzierung ist allerdings relevant, wenn man die Reichweite des Strafverfolgungsrechts *in absentia* betrachtet. Stellt man die internationale Dimension *der Tat* in den Vordergrund, so impliziert die Ausübung der Strafgewalt eine „Stellvertretung" für die „internationale Gemeinschaft" (vgl. *Weigend*, in: Neubacher/Klein (Hrsg.), S. 130; *Werle*, Völkerstrafrecht, S. 78). Stellt man dagegen einzig auf die internationale Dimension *der Strafverfolgung* ab, so handelt der strafverfolgende Staat „in Vertretung" des primär zuständigen Tatortstaats. Damit wäre ein Strafverfolgungsrecht *in absentia* stets subsidiär.

110 So wohl auch *Ambos*, in: Neubacher/Klein (Hrsg.), Vom Recht der Macht, S. 112.

111 *Gärditz*, Weltrechtspflege, S. 143; *Kreß*, ZStW 114 (2002), 836 ff.; *Kreß*, JICJ 2006, 572 f. Im Ergebnis zustimmend *Weigend*, FS für Eser, S. 974. Zur Gefahr der Rechtsfortbildung durch die Wissenschaft, siehe *Henzelin*, Le Principe de l'Universalité, S. 432: „Cependant, en droit international, les fonctions législative et exécutive appartiennent encore […] principalement aux Etats." Ebenfalls warnend *Reydams*, Universal Jurisdiction, S. 28: "[…] the authority in the international legal order lies with States and not in the opinion of publicists." Siehe auch *Heintschel von Heinegg*, in: Ipsen Völkerrecht, (Hrsg.), S. 246. In diesem Zusammenhang ist auf einflussreiche Resolutionen des *Institut de Droit International* (Res. 2005, Krakau, para. 3 c)), der *Association Internationale de Droit Pénal* sowie die *Princeton Principles on Universal Jurisdiction* (Principle 1 und 3) zu verweisen, die sämtlich für ein Strafverfolgungsrecht *in absentia* plädieren. Siehe zudem *Munivrana Vajda*, ICLR 2010, 332.

112 *Kreß*, ZStW 114 (2002), 836. So auch *Colangelo*, Geo. J. Int'l L. 2005, 549; *Gärditz*, Weltrechtspflege, S. 283; *Hafner* u.a., EJIL 1999, 116; *Rabinovitch*, Universal Jurisdiction, S. 8. Auch *Bassiouni*, in: Macedo (Hrsg.), Universal Jurisdiction, S. 44, deutet dies an. *Reydams*, Universal Jurisdiction, S. 223, stellt deutlich fest: "The third doctrinal version of the universality principle, that of unilateral limited universality, is unknown to conventional international law, is rarely supported by opinio juris, and is equally rarely evident in municipal state practice.", und folgert daher (S. 224): "A customary right to exercise such jurisdiction has arguably not (yet) materialized."

gung zu praktizieren, hängt der Vorwurf des Neokolonialismus stets in der Luft. Eine Instrumentalisierung des Strafrechts als innovative Möglichkeit der außenpolitischen Einflussnahme wird befürchtet.[113] Dabei sollte allerdings nicht vergessen werden, dass z.B. Verfahren wie die gegen den ehemaligen chilenischen Diktator *Augusto Pinochet* in den Herkunftsländern auch gutgeheißen wurden. Der Vorwurf der selektiven Strafverfolgung wird jedoch genährt, wenn Verfahren gegen Staatsangehörige der westlichen Welt aufgrund flexibler Einstellungsgründe scheitern oder durch eine Anpassung der Gesetzeslage infolge außenpolitischen Drucks unmöglich gemacht werden.

Eine restriktive Ausübung des Strafverfolgungsrechts sowie die Errichtung prozessualer Hürden (erwartete Anwesenheit des mutmaßlichen Täters, Vorrang der tatortstaatlichen Strafverfolgung) sprechen jedoch nicht *per se* gegen die Akzeptanz eines Rechts.[114] Ein kurzer Überblick über die Rechtslage in verschiedenen Staaten sowie staatliche Stellungnahmen zur Thematik sollen dies verdeutlichen. Dabei kann auf die sehr ausführliche und strukturierte Analyse der *Association Internationale de Droit Pénal* (AIDP) zurückgegriffen werden. Von den untersuchten Ländern erkennen Spanien, Ungarn, Finnland, Kroatien, Japan, die Türkei und Deutschland[115] ein weitgehendes Strafverfolgungsrecht an.[116] Auch die USA[117] erlauben grundsätzlich eine extraterritoriale Strafverfolgung. Dänemark, Frankreich, Irland, die Niederlande und Großbritannien verlangen dagegen die Anwesenheit des Betroffenen vor Verfahrensbeginn.[118] Gleiches gilt für die Demokratische Republik Kongo, Senegal, Äthiopien und Südafrika.[119] Die meisten anderen Staaten kommen nur ihren konventionellen Verpflichtungen aus den Genfer Konventionen nach,[120] die, wie bereits dargestellt, kein Strafverfolgungsrecht *in absentia* enthalten.

Eine praktische Anwendung des universellen Strafverfolgungsrechts ist in afrikanischen Ländern nicht zu verzeichnen.[121] Es ist aber festzuhalten, dass dies nicht zwangsläufig bedeutet, dass Staaten, die ihre gesetzlichen Regelungen nicht derart ausgeweitet haben, dies aus einer rechtlichen Motivation oder gar Ablehnungshaltung heraus getan haben. So empfiehlt der AU-EU-Expertenbericht zwar eine Zu-

---

113 Siehe Überblick bei *Benzing*, in: König u.a. (Hrsg.), International Law Today, S. 38.

114 Siehe auch *Akhavan*, JICJ 2010, 1264.

115 *Weigend*, FS für Eser, S. 958 f., verweist auf die mangelnde völkerrechtliche Rücksichtnahme bei der Ausweitung des deutschen Strafanspruchs bis zur Schaffung des VStGB.

116 RIDP, 2008, 19.

117 RIDP, 2008 (CD-ROM Annexe), 430.

118 Dazu der AU-EU-Report on Universal Jurisdiction.

119 AU-EU-Report on Universal Jurisdiction, S. 15.

120 A.a.O., S. 12 f.

121 A.a.O., S. 16.

rückhaltung bei der Strafverfolgung fremder Staatsangehöriger, begründete dies jedoch mit politischen Erwägungen.[122] Ein Rückgriff auf das Argument der völkerrechtlichen Unzulässigkeit findet sich dort nicht. Bereits mit dem teilweisen Rückzug Kongos im Haftbefehlsverfahren zeigt sich, dass die Anwendung des Strafverfolgungsrechts *in absentia* zwar (noch) keine gängige aktive Staatspraxis darstellt, allerdings wohl nicht mehr auf grundsätzlichen Widerstand stößt.

c) Zwischenergebnis

Eine universelle Strafverfolgungspflicht *in absentia* für Drittstaaten ist insgesamt weder völkervertragsrechtlich noch völkergewohnheitsrechtlich festzustellen.[123] Dem Völkervertragsrecht ebenfalls unbekannt ist ein Strafverfolgungsrecht *in absentia*. Es herrscht kein Konsens darüber, ob das Völkergewohnheitsrecht ein Strafverfolgungsrecht *in absentia* vorsieht. Die politische Opportunität einer derartigen Ausweitung ist nicht ganz unumstritten. Sicherlich ist eine Ahndung schwerer Menschenrechtsverletzungen grundsätzlich wünschenswert, doch birgt diese Ausweitung auch Gefahren. So stellte *Kissinger* bereits 2001 fest:

> "The danger lies in pushing the effort to extremes that risk substituting the tyranny of judges for that of governments […]."[124]

Trotz dieser politischen Bedenken ist ein Strafverfolgungsrecht *in absentia* bei Zugrundelegung einer „modernen" Sichtweise des Völkergewohnheitsrechts zu bejahen.[125] Dabei handelt es sich um eine „starke" Erlaubnis,[126] Strafverfolgungsmaßnahmen gegen Individuen vorzunehmen, auch wenn diese sich im Ausland aufhalten und die Taten im Ausland von und gegen Nicht-Staatsangehörige des strafverfolgenden Staats begangen wurden.

---

122 A.a.O., S. 42 f.

123 *Benzing*, in: König u.a. (Hrsg.), International Law Today, S. 40; *Du Bois-Pedain*, Transitional Amnesty, S. 310; *Dencker*, ZIS 2008, 300; *Kreicker*, in: Eser/Sieber/Kreicker (Hrsg.), Nationale Strafverfolgung, S. 12 f.; *Ratner*, Tex. Int'l L. J. 1998, 254; *Tomuschat*, FS für Steinberger, S. 326, 337. Unklar bei *Ambos*, AdV 1999, 342, im Hinblick auf Verbrechen gegen die Menschlichkeit. *Akhavan*, JICJ 2010, 1253 f., sieht dagegen nicht einmal eine Strafverfolgungspflicht bei Anwesenheit des Täters für sämtliche Taten gegeben.

124 *Kissinger*, FA 2001, 86. Zudem droht stets, wie *Jalloh*, CLF 2010, 17, betont, ein „trial by media".

125 Im Ergebnis ebenso *Brownlie*, in: Ginther u.a. (Hrsg.), FS für Zemanek, S. 307; *Jessberger*, in: Kaleck u.a. (Hrsg.), International Prosecution of Human Rights Crimes, S. 215; *Kamminga*, in: Ankumah/Kwakwa (Hrsg.), African Perspectives, S. 239; *Kreicker*, in: Eser/Sieber/Kreicker (Hrsg.), Nationale Strafverfolgung, S. 21; *Randall*, Tex. L. Rev. 1998, 817 f.; *Werle*, Völkerstrafrecht, S. 78; *Zimmermann*, Max Planck UNYB 1998, 206 ff.; a.A. *Gärditz*, Weltrechtspflege, S. 284. Abwägend *Peyró Llopis*, Compétence universelle, S. 130 f.; *Pillay*, in: Ankumah/Kwakwa (Hrsg.), African Perspectives, S. 15.

126 Dazu unten Teil 5, I.A.

B. Internationaler Strafgerichtshof

Nunmehr soll untersucht werden, ob der IStGH zur Strafverfolgung befugt oder verpflichtet ist.

1. Strafverfolgungsrecht in absentia

Der IStGH hat gemäß Art. 5 (1) RS die Aufgabe, Völkermord, Verbrechen gegen die Menschlichkeit und Kriegsverbrechen zu verfolgen. Der Gerichtshof kann die Gerichtsbarkeit ausüben, sofern die Voraussetzungen des Art. 12 (2) i.V.m. Art. 13 (a) oder (c) RS erfüllt sind oder das Verfahren gemäß Art. 13 (b) RS vom Sicherheitsrat überwiesen worden ist. In den Fällen, in denen der Sicherheitsrat nicht involviert ist, ist damit Voraussetzung der Ausübung der Gerichtsbarkeit, dass die Tat auf dem Territorium eines Mitgliedstaats begangen wurde oder der mutmaßliche Täter die Staatsangehörigkeit eines Mitgliedstaats besitzt. Damit stützt sich der IStGH nicht unmittelbar auf das Territorialitäts- bzw. aktive Personalitätsprinzip. Als sekundäres Völkerrechtssubjekt verfügt er weder über eine Staatsangehörigkeit noch über ein eigenes Territorium.

Grundlage ist vielmehr ein durch die Mitgliedstaaten an den IStGH delegiertes Recht zur Strafverfolgung,[127] welches den Staaten gewohnheitsrechtlich auf Grundlage des Territorialitätsprinzips bzw. des aktiven Personalitätsprinzips zuerkannt ist. Der IStGH verfügt demnach über eine abgeleitete Erlaubnis zur Verfolgung von Straftaten, die auf dem Territorium eines Mitgliedstaats oder durch einen Staatsangehörigen eines Mitgliedstaats begangen wurden, vgl. Art. 12 (1) (a), (b) RS. Bei dieser Erlaubnis handelt es sich um eine „starke" Erlaubnis im Sinne der Normenlogik.[128] Das Recht zur Strafverfolgung resultiert dabei nicht aus dem Statut selbst. Dieses regelt zunächst nur das Recht *der Organe* des IStGH, strafverfolgend tätig zu werden. Vielmehr ergibt sich die Rechtsstellung des Völkerrechtssubjekts IStGH aus dem jeweiligen Beitrittsakt der Mitgliedstaaten.

Ebenso um ein delegiertes Recht zur Strafverfolgung handelt es sich, wenn der Sicherheitsrat eine Situation gemäß Art. 13 (b) RS und Kap. VII UN-Charta an den Gerichtshof verweist.[129] In einem derartigen Fall ist auch eine Ahndung von Taten

---

[127] Dazu auch *Bassiouni*, Va. J. Int'l L. 2001, 92; *Kaul*, in: Cassese/Gaeta/Jones (Hrsg.), The Rome Statute, S. 606 f.; *König*, Völkerrechtliche Legitimation, S. 409; *Steinberger-Fraunhofer*, IStGH und Drittstaaten, S. 131; *Zimmermann*, Max Planck UNYB 1998, 208.

[128] Dazu unten Teil 5, I.A.

[129] *Arnold*, UNO-Sicherheitsrat, S. 186; *Heilmann*, Effektivität des IStGH, S. 154; *Mangold*, Völkerstrafrechtliche Verfolgung, S. 253; *Sarooshi*, NYIL 2001, 31; *Steinberger-Fraunhofer*, IStGH und Drittstaaten, S. 136. Im Ergebnis auch *Condorelli/Villalpando*, in: Cassese/Gaeta/Jones (Hrsg.), The Rome Statute, S. 580.

zulässig, die auf dem Territorium eines Nichtmitgliedstaats verübt wurden. Auch hierbei handelt es sich um eine „starke“ Erlaubnis im Sinne der Normenlogik.[130]

Ein Recht zur Einleitung von Strafverfolgungsmaßnahmen besteht damit unabhängig von der Anwesenheit des Angeklagten. Der Erlass internationaler Haftbefehle ist, in dem abgesteckten Rahmen, damit völkerrechtlich zulässig. Dem Gerichtshof steht ein Strafverfolgungsrecht *in absentia* zu. Dieses wird ihm durch die jeweiligen Beitrittsakte (ggf. in Verbindung mit einer SR-Resolution) explizit eingeräumt.

2. Strafverfolgungspflicht in absentia

Hier soll nun kurz darauf eingegangen werden, ob auch eine Strafverfolgungspflicht des IStGH besteht, wobei an dieser Stelle nicht beantwortet wird, ob die internen Regelungen des Rom-Statuts eine Strafverfolgungspflicht hinsichtlich aller möglichen Straftaten vorsehen. Die Frage des Legalitätsprinzips ist an späterer Stelle zu klären.

Vielmehr ist zu überlegen, ob das Völkerrechtssubjekt IStGH aufgrund externer völkerrechtlicher Vorgaben zur Strafverfolgung verpflichtet sein kann. Eine solche Strafverfolgungspflicht, die mangels vertraglich eingegangener Verpflichtungen durch den IStGH nur gewohnheitsrechtlicher Natur sein kann, ist für den IStGH ebenso wie für Drittstaaten zu verneinen. *Scharf* wies bereits im Hinblick auf die *ad hoc*-Gerichtshöfe darauf hin, dass diese nicht die Verpflichtungen des Tatortstaats teilen. So inkorporierten sowohl die Tribunale als auch der IStGH nur die materiellrechtlichen Normen der Genfer Konventionen, der Völkermordkonvention sowie der Folterkonvention. Die prozessualen Normen dieser Konventionen seien nicht übernommen worden. Er resümiert:

> “Since the international Tribunals have independent personality from the states that are bound by these treaties, the obligations to prosecute do not flow to the Tribunals.”[131]

C. Exkurs: Vereinte Nationen

Abschließend soll es auch noch kurz um die Rolle der Vereinten Nationen als drittem externem Akteur gehen. Mit der Einrichtung des ICTY und ICTR durch den UN-Sicherheitsrat hat sich gezeigt, dass die UN bereit ist, Unterorgane des Sicherheitsrats einzurichten, die Völkermord, Verbrechen gegen die Menschlichkeit und schwere Kriegsverbrechen strafrechtlich ahnden können. Die Befugnis

---

[130] Dazu unten Teil 5, I.A.

[131] *Scharf*, JICJ 2004, 1075. Siehe zum IStGH auch *Schabas*, International Criminal Court, Art. 53, S. 661. Ähnlich auch *Seibert-Fohr*, Max Planck UNYB, 2003, 574. Anders, jedoch ohne Begründung, *T. Clark*, Wash. U. Global Stud. L. Rev. 2005, 398.

dazu wurde verbreitet angezweifelt, ist aber mittlerweile weitgehend anerkannt.[132] Ebenso anerkannt ist das Recht der Vereinten Nationen, gemäß Kap. VII eine Situation an den IStGH zu verweisen. Es lässt sich ebenfalls feststellen, dass die Vereinten Nationen bei Verdacht einer Tatbegehung i.S.d. Art. 5 a)–c) RS nicht zu einer Verweisung verpflichtet sind und auch nicht zur Einrichtung weiterer *ad hoc*-Gerichte gezwungen sind.

D. Zwischenergebnis

Es besteht kein Zweifel daran, dass der IStGH grundsätzlich zur Strafverfolgung der Taten i.S.d. Art. 5 a)–c) RS berechtigt ist. Umstritten, aber nach der vorliegend angewandten modernen Interpretation des ungeschriebenen Völkerrechts zu bejahen, ist ein vergleichbares Strafverfolgungsrecht *in absentia* durch Drittstaaten. Es ist ebenso festzustellen, dass den hier untersuchten externen Akteuren keine Pflicht zur universellen Strafverfolgung *in absentia* auferlegt ist.

II. Potentiell gegenläufige Verpflichtungen

Der folgende Abschnitt analysiert, welche potentiell gegenläufigen Verpflichtungen für strafwillige externe Akteure existieren. Es geht somit um Rechtspflichten der Akteure, die potentiell geeignet sind, das festgestellte Strafverfolgungsrecht zu limitieren. Dabei wird zunächst ausgiebig auf Pflichten von Drittstaaten eingegangen, bevor dargestellt wird, ob diese auch auf den IStGH übertragbar sind.

A. Drittstaaten (Bundesrepublik Deutschland)

Die folgende Untersuchung untergliedert sich in fünf Abschnitte. Zunächst wird die staatliche Souveränität in den Blick genommen. Im Anschluss daran werden mögliche friedensbedrohende Auswirkungen einer Strafverfolgungstätigkeit auf ihre rechtliche Relevanz hin überprüft. Danach werden bestehende menschenrechtliche Regime und die Regelungen des humanitären Völkerrechts untersucht. Der abschließende Abschnitt widmet sich der Frage, ob die Herausbildung der Sonderstellung sogenannter internationaler Verbrechen auch auf präventiver Ebene einen rechtlichen Bedeutungszuwachs erfahren hat.

---

132 Vgl. *Arnold*, UNO-Sicherheitsrat, S. 71; *Aston*, Sekundärgesetzgebung, S. 102; *Bienk-Koolman*, Befugnis des Sicherheitsrats, S. 440; *Heinsch*, Weiterentwicklung des humanitären Völkerrechts, S. 63; *König*, Völkerrechtliche Legitimation, S. 167; *Mangold*, Völkerstrafrechtliche Verfolgung, S. 138; *Steinberger-Fraunhofer*, IStGH und Drittstaaten, S. 135. Siehe auch ICTY(*Tadić*).

1. Staatensouveränität als Begrenzung des Strafverfolgungsrechts

Die Staatensouveränität war und ist ein Grundpfeiler des Völkerrechts. Gemäß Art. 2 Abs. 1 UN-Charta sind alle Staaten der Welt (formell) souverän und gleich.[133] Die Souveränität der Staaten verbietet dem Grundsatz nach eine Einmischung in die inneren Angelegenheiten eines jeden Staates durch andere Staaten und in der besonderen Ausprägung des Interventionsverbots des Art. 2 Abs. 7 UN-Charta ebenso eine Einmischung seitens der Vereinten Nationen. Hintergrund der Regelung ist die Feststellung und Anerkennung, dass die staatliche Ordnung zur Verwirklichung individueller Rechte und zur Wahrung der Stabilität am besten geeignet ist. Somit ist jedem Staat, unabhängig von seiner militärischen Stärke, seiner wirtschaftlichen Bedeutung und der Form seiner Regierung, ein *domaine reservé* völkervertragsrechtlich und völkergewohnheitsrechtlich zugesichert.[134]

Die stärkste Ausprägung des Schutzes staatlicher Souveränität ist das in Art. 2 Abs. 4 UN-Charta normierte Gewaltverbot, das die Anwendung zwischenstaatlicher militärischer Gewalt prinzipiell verbietet. Dem Grundsatz nach verboten ist auch eine weniger schwerwiegende Einflussnahme auf die Handlungsfähigkeit eines Staates. Innerhalb gewisser Grenzen soll die Regierungstätigkeit nicht durch externe Einwirkung beeinträchtigt werden. So erscheint es auf den ersten Blick problematisch, wenn, wie im Beispielsfall Uganda, die Lösung innerstaatlicher Krisen *de facto* durch externe strafrechtliche Intervention in Form von Haftbefehlen behindert zu werden droht. *Prima facie* ist somit festzustellen, dass der Erlass der Haftbefehle die staatliche Souveränität berührt. Jedoch ist anzumerken, dass die staatliche Souveränität nicht unbegrenzt ist. Die zwischenstaatliche völkerrechtliche Interaktion schränkt diese in zum Teil sehr weitgehendem Maß ein.[135]

Durch das Eingehen völkerrechtlicher Bindungen wird die staatliche Souveränität Stück für Stück in den Hintergrund gedrängt. Zudem ist zu bedenken, dass die staatliche Souveränität eher einer formalen Schutzhülle gleicht. Durch Abschluss völkerrechtlicher Verträge verzichtet ein Staat im Ausmaß der erfolgten Übertragung auf seine souveränen Rechte.[136] Aus völkerrechtlicher Sicht ist dem Verzicht auf den Schutz der Souveränität keine explizite Grenze gesetzt. Dies lässt sich exemplarisch am Beispiel der Immunität von Staatsoberhäuptern verdeutlichen. Die Immunität soll die staatliche Handlungsfähigkeit auf internationaler Ebene gewährleisten und dient damit nicht dem Schutz der Individualperson, sondern dem Schutz des Staates, den das Staatsoberhaupt repräsentiert. Auf diesen Schutz kann

---

133 Die Sonderstellung der ständigen Mitglieder des UN-Sicherheitsrats soll hier außen vor bleiben.

134 Zur parallelen gewohnheitsrechtlichen Geltung der Staatensouveränität, siehe IGH (*Nicaragua v. USA*), para. 212.

135 Vgl. z.B. die Entwicklungen in Europa mit der weitgehenden Übertragung von Hoheitsrechten an die Europäische Union und vormals die Europäischen Gemeinschaften.

136 Zum IStGH siehe *Bassiouni*, JIA 1999, 798.

der Staat *in concreto* oder für die Zukunft oder im Hinblick auf die Friedenssicherungsaufgabe des UN-Sicherheitsrats verzichten.[137] Der Immunitätsverzicht ist selbst dann gültig, wenn die staatliche Handlungsfähigkeit durch ein konkretes Strafverfahren in Mitleidenschaft gezogen wird. Ähnliches gilt in der vorliegenden Konstellation.

Der formal existierende Schutz vor externer Einmischung durch internationale Haftbefehle ist, wie bereits dargelegt, weder vor drittstaatlichen Gerichten noch vor dem IStGH und auch nicht vor möglicherweise eingerichteten *ad hoc*-Tribunalen des UN-Sicherheitsrats gegeben. Selbst bei möglicherweise katastrophalen Auswirkungen auf die Handlungsfähigkeit der (gewählten) Regierung, wie sie im Beispiel Ugandas drohen mögen, hat der formale Verzicht auf die staatliche Souveränität Bestand. Mit dem Beitritt zum Rom-Statut hat die ugandische Regierung die Grenzen der eigenen Souveränität abgesteckt. Einzig ein Austritt gemäß Art. 127 RS könnte diesen Souveränitätsverlust zum Teil rückgängig machen.

2. „Frieden" als Begrenzung des Strafverfolgungsrechts

Sowohl bei Kritikern als auch bei Befürwortern internationaler Strafverfolgung findet der Terminus „Frieden" häufig Erwähnung. Während Erstere durch das Schlagwort „Frieden vs. Gerechtigkeit" (im englischen Sprachgebrauch *Peace vs. Justice*) ihre kritische Grundhaltung gegenüber Strafverfahren in noch andauernden Konflikten hervorheben, ist die Verwendung des Begriffs sonst zumeist positiv konnotiert. So werden oftmals Schlagworte wie „Frieden durch Gerechtigkeit" oder „Frieden durch Recht" (oder im englischen Sprachgebrauch *Peace through Justice*) genutzt.

Problematisch ist, dass die (teils hitzige) Debatte auf Begrifflichkeiten zurückgreift, die mangels Klarheit für die wissenschaftliche Auseinandersetzung kaum geeignet sind. Die herrschende Unklarheit wird zudem durch die Tatsache verstärkt, dass die Teilnehmer an der Debatte über diverse professionelle Hintergründe verfügen. So finden die Schlagwörter sowohl in der politischen, der politikwissenschaftlichen als auch der juristischen Debatte Verwendung. Sie werden darüber hinaus in den Medien und von der Zivilgesellschaft benutzt. Einzig die juristische Dimension der Debatte soll aber im Folgenden interessieren. Dabei soll untersucht werden, inwieweit externe Akteure entweder zur aktiven Friedensschaffung verpflichtet oder zumindest aufgefordert sind, friedensschädliche bzw. -bedrohende Handlungen zu unterlassen. Dafür müssen zunächst einige Klarstellungen im Hinblick auf den Friedensbegriff vorgenommen werden.

137 Dazu unten Teil 5, V.B.1.a)cc).

a) Vorbemerkung: Der Friedensbegriff im Völkerrecht

Was „Frieden" im Völkerrecht bedeutet, ist umstritten. Die restriktivste Definition versteht unter Frieden die Abwesenheit zwischenstaatlicher militärischer Gewalt. Dieser negativen Abgrenzung entsprechend wird vom „negativen Frieden" gesprochen. Am anderen Ende der Skala ist der sogenannte positive Frieden zu verorten, der auch die Abwesenheit struktureller Gewalt als vom Friedensbegriff umfasst sieht, insbesondere die Abwesenheit schwerwiegender Beeinträchtigung der Menschenrechte. Dieser Friedensbegriff, der seine wissenschaftliche Heimat in der Friedensforschung und den Untersuchungen *Galtungs* hat,[138] ist in der juristischen Debatte aufgrund seiner Unbestimmtheit zu Recht kaum auf Zuspruch gestoßen.

Weitere Unklarheit ruft die Tatsache hervor, dass der Begriff „Frieden" in verschiedenen normativen Zusammenhängen gebraucht wird. Daher lässt sich feststellen, dass die Suche nach *einem* Friedensbegriff im Völkerrecht nicht erfolgversprechend sein kann.[139] Es erscheint zudem nicht notwendig, einen einheitlichen Friedensbegriff zu bestimmen. Auf Detailfragen wird im Zusammenhang mit der Interpretation verschiedener Normen zurückzukommen sein.

b) Völkervertragsrechtliche Verankerungen

Es ist nun zu überlegen, inwieweit dem Frieden eine juristische Bedeutung zuzusprechen ist. Einige mögliche Anknüpfungspunkte sollen hier kursorisch behandelt werden.

aa) Art. 2 Abs. 4 UN-Charta

Als Kernstück der Charta der Vereinten Nationen gilt die in Art. 2 Abs. 4 normierte Ächtung des Krieges als die Geißel der Menschheit. Art. 2 Abs. 4 UN-Charta regelt das allgemeine Gewaltverbot und ist somit ein Instrument zur Unterbindung zwischenstaatlicher militärischer Gewalt. Damit ist eine Konstellation erfasst, die ersichtlich nicht mit einer strafrechtlichen Einmischung vergleichbar ist. Daneben kann auch die Unterstützung innerstaatlicher Gruppierungen eine Verletzung des Gewaltverbots darstellen.[140] Der Erlass eines Haftbefehls und dessen Mediatisierung können geeignet sein, Konfliktparteien zu isolieren und beispielsweise ihren Zugang zu Waffen zu erschweren. Damit kann ein Haftbefehl für die gegnerische Konfliktpartei durchaus unterstützend wirken. Der Grad der Unterstützung ist jedoch sehr geringfügig, beachtet man die grundsätzlich politische Neutralität

---

[138] *Galtung*, JPR 1964, 2.

[139] Vgl. *Martenczuk*, Rechtsbindung, S. 225.

[140] IGH(*Nicaragua v. USA*), para. 226.

der Strafverfolgungsorgane. Keinesfalls ist die Einmischung so schwerwiegend, dass sie einen Verstoß gegen das Gewaltverbot zu begründen vermag, bzw. dass die dem Haftbefehl implizierte Androhung der Verhaftung als Androhung von Gewalt i.S.d. Art. 2 Abs. 4 UN-Charta zu verstehen ist.

bb) Art. 39 UN-Charta

(1) Der Friedensbegriff des Art. 39 UN-Charta

Zentrale Norm für die Anwendung von Zwangsmaßnahmen gemäß Kap. VII UN-Charta ist Art. 39, zentrales Tatbestandsmerkmal ist die Friedensbedrohung. Klare Aussagen seitens des Sicherheitsrats, was „Frieden" i.S.d. Art. 39 UN-Charta zu bedeuten hat, sind nicht zu verzeichnen. Die Resolutionspraxis ist weitgehend unklar und der häufige Pauschalverweis auf das gesamte Kap. VII macht eine Interpretation der Tatbestandsmerkmale kompliziert. Hinzu kommt die Tatsache, dass vom Sicherheitsrat nur in Ausnahmefällen auf die Tatbestandsvarianten der Aggression und des Friedensbruchs zurückgegriffen wurde, da bereits die Feststellung einer Friedensbedrohung das gesamte Handlungsspektrum der Art. 40–42 UN-Charta eröffnet. Der Rückgriff auf das Tatbestandsmerkmal „Friedensbedrohung" als „neutralere" Formulierung ermöglicht den Sicherheitsratsmitgliedern, eine Polarisierung zu vermeiden und die Verantwortlichkeiten offen zu lassen.

Die Möglichkeit, einen „neutraleren" Standpunkt einzunehmen, erleichtert zudem die Konsensbildung im Rat. Auch wenn es politisch opportun sein mag, auf den „neutraleren" Begriff der Friedensbedrohung zurückzugreifen, erschwert dies bedauerlicherweise die wissenschaftliche Auseinandersetzung. Es verwundert daher auch nicht, dass verschiedene Interpretationen des Friedensbegriffs zutage treten. So wird behauptet, dass im Rahmen des Art. 39 UN-Charta unter „Frieden" nicht nur die Abwesenheit militärischer Gewalt, sondern ebenso die Abwesenheit schwerer Menschenrechtsverletzungen zu verstehen sei.[141] Zur Untermauerung der Behauptung wird insbesondere auf Resolution 797 (1992, Somalia) verwiesen, in der einzig schwerwiegendes menschliches Leid zur Feststellung einer Friedensbedrohung herangezogen wurde, ohne dass der Sicherheitsrat explizit auf grenzüberschreitende Auswirkungen, wie z.B. Flüchtlingsströme oder das Risiko externer Intervention, einging. Eine solche Sichtweise ist im Hinblick auf den Wortlaut des Art. 39 UN-Charta nicht zwingend, führt zu schwierigen Abgrenzungsproblemen und verkennt den eigentlichen Kern der Thematik. Zunächst ist festzustellen, dass in Resolution 797 (1992) und vergleichbaren Resolutionen stets das Merkmal der Friedensbedrohung gewählt wurde, nicht aber das Tatbestandsmerkmal des

---

[141] So z.B. *Bienk-Koolman*, Befugnis des Sicherheitsrats, S. 163; unklar, aber wohl mit einem weiten Verständnis *Contag*, IStGH im System kollektiver Sicherheit, S. 73. Ebenfalls den positiven Friedensbegriff ins Spiel bringt *Herdegen*, FS für Tomuschat, S. 908.

Friedensbruchs. Wäre die Abwesenheit schwerwiegenden Leids unter dem Friedensbegriff zu subsumieren, so hätte sogar ein Friedensbruch vorgelegen.[142]

Die Tatsache, dass in Resolution 797 ein zwischenstaatliches Element nicht explizit benannt wurde, bedeutet zudem nicht *per se*, dass in der Situation in Somalia kein zwischenstaatliches Bedrohungspotential existierte.[143] Die Resolution dient daher keinesfalls als klarer Beleg der aufgestellten Behauptung. Fasst man Frieden derart weit, besteht außerdem die Gefahr einer zirkulären Argumentation. So stellt sich nämlich die Frage, wann die Schwelle zu schwerwiegendem menschlichem Leid überschritten wird. Für gewöhnlich wird schließlich gerade bei schweren Menschenrechtsverletzungen wie Völkermord oder Verbrechen gegen die Menschlichkeit deren friedensgefährdende Wirkung als Abgrenzungskriterium zu „einfachen" Menschenrechtsverletzungen betont.[144]

Schließlich erscheint es widersinnig, die Frage der Reichweite des Art. 39 UN-Charta am Merkmal des Friedens bestimmen zu wollen. So liefert das Merkmal der „Bedrohung" ausreichend interpretatorischen Spielraum für eine (mögliche) Ausweitung der Sicherheitsratsbefugnisse. Es stellt sich somit die Frage, welche Anforderungen an die Konkretheit und Aktualität der Bedrohungslage zu stellen sind. Die Abgrenzung zwischen zulässigem Verhalten des Sicherheitsrats als Exekutivorgan der Vereinten Nationen und kompetenzwidriger Tätigkeit kann und sollte nur graduell am Merkmal der Bedrohung vorgenommen werden.[145]

Es ist daher vorzugswürdig, von einem negativen Friedensbegriff auszugehen.[146] Im Ergebnis besteht jedoch Einigkeit, dass im Fall von drohenden schweren Menschenrechtsverletzungen eine Friedens*bedrohung* vorliegen kann.[147]

---

142 Aufgrund der stets unklaren Sicherheitsratspraxis darf man die Wortwahl jedoch auch nicht als Gegenbeweis ansehen.

143 So auch *Gaja*, RGDIP 1993, 301.

144 Siehe oben Teil 3, I.A.2.b)aa)(5).

145 Vgl. zu der Problematik *Macke*, UN-Sicherheitsrat und Strafrecht, S. 180 ff.; *Martenczuk*, Rechtsbindung, S. 235–239.

146 So auch *Frau*, Das Verhältnis zwischen IStGH und Sicherheitsrat, S. 136 f.; *Frowein/Krisch*, in: Simma (Hrsg.), The Charter of the UN, Art. 39, Rn. 6. Ähnlich wohl implizit auch *Aston*, Sekundärgesetzgebung, S. 88; fraglich allerdings bei *Macke*, UN-Sicherheitsrat und Strafrecht, S. 182, die der Problematik der Ausweitung des Aufgabenspektrums mit einer Ausweitung des „Friedensbegriffs" begegnet und nicht mit einer Ausweitung der „Friedensbedrohung". So stellt *Macke* fest (S. 183 Fn. 39), dass ein Friedensbruch vorliegt, „wenn Kampfhandlungen zwischen bewaffneten Einheiten von zwei Staaten aufgenommen werden oder wenn Waffengewalt durch oder gegen ein effektiv unabhängiges de facto-Regime angewendet wird, das nicht als Staat anerkannt ist". Es erscheint aus systematischen Überlegungen her nicht überzeugend, für das Merkmal der Friedensbedrohung eine andere Friedensdefinition zugrunde zu legen als beim Merkmal des Friedensbruchs, lässt sich doch am Merkmal der Bedrohung die Problemstellung besser verorten. So auch *Martenczuk*, Rechtsbindung, S. 224, 226.

147 Für einen Überblick zur Entwicklung, siehe *Frau*, Das Verhältnis zwischen IStGH und Sicherheitsrat, S. 141 ff.; *Seeger*, Unilaterale humanitäre Intervention, S. 125–146.

(2) Kompetenznorm oder (implizite) Verbotsnorm?

Nachdem festgestellt wurde, dass die drohende Begehung weiterer schwerwiegender Taten eine Friedensbedrohung darstellen und damit auch das Ausstellen eines internationalen Haftbefehls aus den oben dargestellten Gründen friedensgefährdenden Charakter haben kann, ist nun zu fragen, ob Art. 39 UN-Charta ein implizites Verbot enthält, friedensbedrohende Handlungen vorzunehmen. Gibt es ein völkervertragsrechtliches Gebot, friedensbedrohendes Verhalten zu unterlassen? *Schilling* behauptet beispielsweise, aus der Tatsache, dass Art. 39 an der Feststellung einer Friedensbedrohung Sanktionen anknüpfe, folge zwangsläufig eine korrespondierende Norm, die friedensbedrohendes Verhalten verbiete.[148] Eine solche Sichtweise muss im Hinblick auf die Stellung des Art. 39 UN-Charta verwundern, wo doch zunächst einmal der Normadressat der Sicherheitsrat ist. Mitgliedstaaten, an die sich wiederum die grundlegende Norm des Art. 2 UN-Charta richtet, sind nicht Adressat des Art. 39.

Auch aus dem Wortlaut ergibt sich nicht, dass die Friedensbedrohung aus einem staatlichen Normbruch zu resultieren hat. Normsystematische Erwägungen liefern ebenfalls kein klares Bild: Die alternativen Tatbestandsmerkmale der „Angriffshandlung" und des „Friedensbruchs" deuten zwar auf einen Rechtsverstoß hin, dies muss aber nicht zwangsläufig auch für das Merkmal der Bedrohung gelten.[149] Die Ansicht *Schillings* vermag zudem teleologisch kaum zu überzeugen. So beschreibt Art. 24 Abs. 1 UN-Charta das Aufgabenspektrum des Sicherheitsrats wie folgt:

> In order to ensure prompt and effective action by the United Nations, its Members confer on the Security Council primary responsibility for the maintenance of international peace and security […].

Der UN-Sicherheitsrat ist damit mit der Aufgabe der schnellen Krisenreaktion betraut.[150] Er ist, wie *Wolfrum* zu Recht feststellt, „kein Gericht oder eine gerichtsähnliche Institution".[151] Die Feststellung von Recht und Unrecht ist im Gefüge der Charta dem Internationalen Gerichtshof zugeordnet.

Doch nicht nur eine Quasi-„Gewaltenteilung" spricht dafür, auf einen Rechtsbruch als *conditio sine qua non* der Feststellung gemäß Art. 39 UN-Charta zu ver-

---

[148] *Schilling*, AdV 1995, 89. Ähnlich *Arntz*, Begriff der Friedensbedrohung, S. 31; *Combacau*, Pouvoir de Sanction, S. 93.

[149] So schon *Aston*, ZaöRV 62 (2002), 277, krit. aber im Hinblick auf die Grenzen bei abstrakt-generellen Regelungen *Frowein*, in: Simma (Hrsg.), The Charter of the UN, Art. 39, Rn. 23, und *Wolfrum*, in: Dicke u.a (Hrsg,), Weltinnenrecht, S. 847 f., die Friedensbedrohung auch nicht als Grenzfall des Friedensbruchs, sondern als eigenständige Kategorie. Siehe dazu auch *Daillier/Forteau/Pellet*, Droit International Public, S. 895.

[150] Vgl. *Frowein/Krisch*, in: Simma (Hrsg.), The Charter of the UN, Art. 39, Rn. 9k; *Krökel*, Bindungswirkung, S. 70.

[151] *Wolfrum*, in: Dicke u.a. (Hrsg.), Weltinnenrecht, S. 875. Siehe auch *Dupuy*, RGDIP 1993, 624. Dafür spricht auch nicht die Tatsache, dass der Sicherheitsrat zur Einrichtung der Straftribunale ICTY und ICTR ermächtigt war, siehe oben.

zichten. Das in Art. 24 Abs. 1 UN-Charta geforderte schnelle und wirksame Handeln des Sicherheitsrats würde beeinträchtigt, wenn man forderte, dass Handlungen gemäß Kap. VII nur im Anschluss an eine Rechtswidrigkeitsfeststellung zulässig wären. Zu hinterfragen ist zudem, ob die von *Schilling* proklamierte Zwangsläufigkeit einer korrespondierenden Verbotsnorm überhaupt gegeben ist. Es ist denklogisch nicht notwendig, dass die Zuweisung einer Befugnis immer mit einer Pflichtenstellung eines anderen Rechtsträgers zu korrelieren hat. Ansonsten wäre es problematisch, auch Drittstaaten eine Verpflichtung aufzuerlegen, was dem Sicherheitsrat gemäß Art. 25 und Art. 48 Abs. 1 UN-Charta jedoch gestattet ist.[152] Schließlich ist Drittstaaten zumeist kein Völkerrechtsverstoß vorzuwerfen.[153]

In der Sicherheitsratspraxis sind Verpflichtungen unbeteiligter Staaten häufig anzutreffen.[154] Dies wird besonders dann relevant, wenn man auch Handlungen privater Akteure als Friedensbedrohung akzeptiert.[155] Dem ist noch hinzuzufügen, dass die präventive Natur der Tätigkeit des Sicherheitsrats ein Einschreiten bereits in einem frühen Stadium erlaubt; ein Stadium, in dem im Allgemeinen die rechtliche Pflichtenstellung der Staaten nur sehr geringfügig ausgeprägt ist. Der Sicherheitsrat wird daher nicht einzig reagierend-sanktionierend, sondern auch proaktiv-präventiv tätig. Mittlerweile geht er sogar dazu über, auch durch Privatpersonen hervorgerufene Friedensbedrohungen als Anknüpfungspunkt für eine Kapitel-VII-Maßnahme zu nehmen. Beispielhaft sei hier die UN-Sicherheitsratsresolution 1373 (2001) vom 28.9.2001 genannt, die alle Staaten zu bestimmten (legislativen) Maßnahmen zur Bekämpfung der Terrorismusfinanzierung verpflichtet, ohne dass diesen bis *dato* ein Völkerrechtsverstoß zum Vorwurf gemacht werden konnte.[156]

---

152 IGH(*Kosovo-Gutachten*), para. 94. *Bryde/Reinisch*, in: Simma (Hrsg.), The Charter of the UN, Art. 48, Rn. 1; *Daillier/Forteau/Pellet*, Droit International Public, S. 1102 f.; *Delbrück*, in: Simma (Hrsg.), a.a.O. Art. 25, Rn, 23; *Dinstein*, War, Aggression, Self-Defence, S. 290; *Krökel*, Bindungswirkung, S. 80. *Schilling,* AdV 1995, 88, 93, akzeptiert dies erstaunlicherweise.

153 Daher verneint *Arntz*, Begriff der Friedensbedrohung, S. 32, konsequent auch eine Ausweitung der Maßnahmen auf rechtstreue Staaten. Eine Ansicht, die die Befugnisse des Sicherheitsrats schwerwiegend einschränken würde.

154 Überblick bei *Delbrück*, in: Simma (Hrsg.), The Charter of the UN, Art. 25, Rn. 22 ff.

155 *Aston*, ZaöRV 62 (2002), 276; *Dahme*, Terrorismusbekämpfung, S. 199. Unklarheit verbleibt bei *Dahme* aber darüber, ob ein völkerrechtlich relevanter Normbruch seitens der privaten Akteure vorliegen muss. Ebenso bejahend *Bruha*, AdV 2002, 391, bei dem ebenfalls unklar und zu hinterfragen ist, inwieweit die Anerkennung eine völkerrechtlichen Teilrechtsfähigkeit terroristischer Organisationen mit der Qualifikation als Friedensbedrohung einhergeht. Krit. dazu *Macke*, UN-Sicherheitsrat und Strafrecht, S. 194 ff.

156 Zur Problematik der quasi-legislativen Kompetenzen des Sicherheitsrats siehe *Aston*, ZaöRV 62 (2002), passim; *Macke*, UN-Sicherheitsrat und Strafrecht, passim; *Wolfrum*, in: Dicke u.a. (Hrsg.), Weltinnenrecht, passim.

Es überzeugt daher nicht, den Art. 39 UN-Charta als implizite Verbotsnorm zu qualifizieren.[157] Vielmehr sollte er im Einklang mit seiner Stellung im Normgefüge der Charta als reine Kompetenznorm gesehen werden, der die Kompetenzen des Sicherheitsrats absteckt.

cc) Art. 2 Abs. 3 UN-Charta

In den Programmsätzen des Art. 2 UN-Charta findet sich in Abs. 3 folgende Regelung:

> All Members shall settle their international disputes by peaceful means in such a manner that international peace and security, and justice, are not endangered.

Wie *Tomuschat* bemerkt, handelt es sich dabei nicht nur um eine reine Absichtserklärung, sondern um eine rechtlich bindende Norm.[158] Allerdings lässt sich daraus kein allgemeines Gebot ablesen, friedensbedrohende Handlungen zu unterlassen. Sinn und Zweck der Aufnahme der Regelung ist speziellerer Natur. So soll das eigenmächtige, gewaltsame Durchsetzen von Rechtspositionen unterbunden werden.[159] Ein absolutes Verbot der Friedensbedrohung enthält Art. 2 Abs. 3 UN-Charta nicht.

dd) Zwischenergebnis

Es ist festzuhalten, dass völkervertragsrechtlich kein Staat allgemein verpflichtet ist, friedensbedrohendes Verhalten zu unterlassen, sofern es sich nicht um eine qualifizierte Bedrohung des Friedens handelt, die unter Art. 2 Abs. 4 UN-Charta zu subsumieren wäre. Weiterhin ist darauf hinzuweisen, dass selbstverständlich konkrete friedensbedrohende Verhaltensweisen in gewissen Situationen völkerrechtswidrig sein können. So fordert beispielsweise das Neutralitätsgebot ein bestimmtes Verhalten bzw. Unterlassen ein. Auch durch den UN-Sicherheitsrat gesetztes Sekundärrecht kann den völkerrechtlichen Handlungsspielraum von Staaten einschränken, indem es beispielsweise Waffenembargos erlässt. Dabei handelt es sich aber stets um konkrete Verbotsnormen. Eine allgemeine, völkervertragliche Pflicht, friedensbedrohendes Verhalten zu unterlassen, lässt sich nicht feststellen.

---

[157] So auch *Bienk-Koolmann*, Befugnis des Sicherheitsrats, S. 172; *Gaja*, RGDIP 1993, 300; *Martenczuk*, Rechtsbindung, S. 267, 220; *Stenhammar*, NJIL 2010, 120; wohl auch *Kelsen*, Law of the United Nations, S. 733.

[158] *Tomuschat*, in: Simma (Hrsg.), The Charter of the UN Art. 2 (3), Rn. 13.

[159] A.a.O., Art. 2 (3), Rn. 17; fraglich daher *Martenczuk*, Rechtsbindung, S. 220.

c) Völkergewohnheitsrechtlicher Friedensschutz

Eine weitergehende völkergewohnheitsrechtliche Verpflichtung, friedensbedrohendes Verhalten *per se* zu unterlassen, ist ebenfalls nicht ersichtlich.[160]

d) Schlussfolgerungen

Am Merkmal des Friedens zeigt sich die fragmentarische Natur des Völkerrechts. Während zwischenstaatliche gewaltsame Auseinandersetzungen völkerrechtlich eingehegt wurden und im Rahmen des völkergewohnheitsrechtlich anerkannten Art. 2 Abs. 4 UN-Charta verboten sind, fällt innerstaatliche Gewalt weitgehend aus dem Anwendungsbereich des Völkerrechts heraus. Ein völkerrechtliches *ius ad bellum* für Bürgerkriege ist nicht existent. Insofern ist nicht verwunderlich, dass die Debatte des *Peace vs. Justice* kaum aufschlussreiche Erkenntnisse zutage fördern konnte. Frieden und Gerechtigkeit sind in verschiedenen Bezugssystemen verankert. Der Friedensschutz ist primär eine politische Zielsetzung, die einer konkreten Ausgestaltung bedarf, um unmittelbar rechtliche Wirkungen zu entfalten. Der von vielen Seiten proklamierte Verzicht auf Strafe im Interesse des Friedensschutzes wird daher zu Recht als Pragmatismus angesehen, der der legalistischen Konzeption internationaler Strafverfolgung zunächst diametral gegenübersteht. So stellte auch der Chefankläger in einem Policy Paper fest:

> "[…] there is a difference between the concepts of the interests of justice and the interests of peace and that latter falls within the mandate of institutions other than the Office of the prosecutor."[161]

3. Menschenrechtsschutz als Begrenzung des Strafverfolgungsrechts

Nachdem festgestellt wurde, dass sich ein pauschales Verbot von friedensbedrohendem Verhalten im Völkerrecht nicht nachweisen lässt, ist zu überlegen, inwiefern drohende Menschenrechtsverletzungen im Zusammenhang mit der Fortführung des Konflikts von rechtlicher Relevanz sind.[162] Dabei soll die Betrachtung zunächst auf den klassischen Menschenrechtsschutz beschränkt bleiben. Regelungen zu den sogenannten internationalen Verbrechen (Völkermord, Verbrechen gegen die Menschlichkeit und Kriegsverbrechen) bleiben in diesem Abschnitt außen vor. Angesichts der Tatsache, dass die vorliegende Analyse die Bundesrepublik Deutschland als exemplarischen Drittstaat herausgreift, verzichtet die Arbeit auf längere Ausführungen zu regionalen Menschenrechtspakten, bei denen Deutsch-

---

160 Zur verwandten Debatte eines Rechts auf Frieden, siehe *Sohn*, Am. U. L. Rev. 1982, 57.

161 Policy Paper on the Interests of Justice, S. 9.

162 Zur grundsätzlichen Anwendbarkeit der Menschenrechte im Rahmen militärischer Auseinandersetzungen, siehe IGH(*Nukleargutachten*), para. 25; IGH(*Mauergutachten*), paras. 104 ff.

land nicht Mitglied ist. Weiterhin beschränken sich die Ausführungen auf die zentralen Menschenrechte, wie sie in Art. 6 Abs. 1 Satz 1, Art. 7, Art. 8, Art. 9 Abs. 1 Satz 1 IPbpR und den korrespondierenden Rechten der EMRK niedergelegt sind.

Eine kurze Rekapitulation der Ergebnisse von Teil 2 erscheint an dieser Stelle angebracht. So konnte konstatiert werden, dass der Erlass des Haftbefehls im Verfahren gegen *Joseph Kony* u.a. mitursächlich für den Abbruch der Friedensverhandlungen von Juba gewesen sein dürfte.[163] Durch das Scheitern der Verhandlungen droht die Beeinträchtigung elementarer Menschenrechte (Leib, Leben, Freiheit) durch die LRA und die reguläre ugandische Armee weiterhin an der Tagesordnung zu sein. Für die folgenden Ausführungen soll angenommen werden, dass vergleichbare Konsequenzen auch bei einem vergleichbaren Szenario unter Beteiligung deutscher Strafverfolgungsbehörden zu erwarten wären.

Demnach stellt sich die Frage, ob die EMRK, der IPbpR oder das Völkergewohnheitsrecht die Bundesrepublik Deutschland für den Eintritt der beschriebenen Menschenrechtsverletzungen in die rechtliche Verantwortung nehmen würden. Würden sich derartige Taten auf deutschem Staatsgebiet zutragen, so wäre diese Frage einfacher zu beantworten. Sowohl das Grundgesetz als auch internationale Menschenrechtsregime kennen Schutzpflichten des Staates.[164] Ob diese allerdings auch für extraterritoriale Sachverhalte von Bedeutung sind, soll im Folgenden untersucht werden.

a) Extraterritoriale Anwendbarkeit der EMRK

Conditio sine qua non für eine extraterritoriale Schutzpflicht ist die Anwendbarkeit der EMRK. Dazu legt Art. 1 EMRK fest:

> The High Contracting Parties shall secure to everyone *within their jurisdiction* the rights and freedoms defined in Section I of this Convention.[165]

Der unklare Wortlaut[166] und die Vielfalt möglicher Bedeutungen des Begriffs *jurisdiction*[167] im modernen Völkerrecht erschweren eine Interpretation des zentralen Artikels der Konvention. Über einige grundlegende Dinge konnte jedoch Einigkeit erzielt werden. So umfasst Art. 1 EMRK zunächst sämtliche inländischen Fallkonstellationen, in denen ein Staat über Hoheitsgewalt verfügt.[168] Weiter-

---

163 Dazu bereits ausführlich Teil 2, I.B.3.

164 Siehe auch *Hakimi*, EJIL 2010, 349.

165 Hervorhebung des Autors.

166 Vgl. zur Sprache *Peters*, AdV 2010, 3; siehe auch *Lawson*, in: Coomans/Kamminga (Hrsg.), Extraterritorial Application, S. 89.

167 Vgl. *Peters*, AdV 2010, 4.

168 EGMR(*Loizidou*), para. 52; *Frowein*, in: Frowein/Peukert (Hrsg.), Europäische Menschenrechtskonvention, Art. 1, Rn. 4. Im Verfahren EGMR(*Ilascu*) wird bestätigt, dass bei *de jure*-Hoheitsgewalt der Anwendungsbereich der EMRK grundsätzlich eröffnet

gehend ist in der Rechtsprechung des EGMR anerkannt, dass bei *de jure-* oder *de facto*-Hoheitsgewalt eines EMRK-Mitgliedstaats dieser an die EMRK gebunden ist.[169] Die völkerrechtliche Legalität einer *de facto*-Ausübung der Hoheitsgewalt ist diesbezüglich ohne Relevanz.[170] Es wird außerdem unterschieden, ob die Hoheitsgewalt über ein Territorium oder die beeinträchtigte Person ausgeübt wird.[171] In der *Banković*-Entscheidung hat der EGMR im Hinblick auf das Merkmal der *de facto*-Hoheitsgewalt über Territorium entschieden, dass eine reine Luftraumkontrolle nicht ausreichend ist. In der *Issa*-Entscheidung hat er zudem präzisiert, dass eine territoriale Kontrolle nicht dauerhaft sein muss und auch kurzfristige Inkursionen auf fremdes Staatsgebiet als *de facto*-Hoheitsgewalt angesehen werden können.

Angesichts der Tatsache, dass in den dieser Arbeit zugrunde liegenden Fallkonstellationen eine *de facto*-Hoheitsgewalt der Bundesrepublik Deutschland über das Territorium oder die Opfer weiterer Gewalttaten in der zentralafrikanischen Krisenregion nicht gegeben ist, ist zu überlegen, ob nicht auch eine extensivere Interpretation des Tatbestandsmerkmals *jurisdiction* in Betracht kommt. Zunächst sind aber das *Banković*-Urteil des EGMR und der sogenannte *espace juridique* genauer zu betrachten.

aa) Merkmal des espace juridique

Es ist unklar, ob die Ausübung einer *de facto*-Hoheitsgewalt über ein Territorium oder eine Person ausreichend ist, um die Anwendbarkeit der EMRK zu bejahen. Seit dem *Banković*-Urteil der Großen Kammer des EGMR stellt sich nämlich die Frage, ob der Ort der extraterritorialen Konventionsverletzung im sogenannten *espace juridique* oder *legal space* der Konvention liegen muss. Dies hätte zur Kon-

---

ist, Schutzpflichten ggf. aber eingeschränkt sind, vgl. para. 333. Zur unglücklichen Formulierung siehe EGMR(*Ilascu*), Dissenting Opion v. Richter *Ress*, para. 1: *Karagiannis*, RTDH 2005, 78; krit. zum Ergebnis EGMR(*Ilascu*), Dissenting Opinon v. Richter *Rozakis*, *Thomassen* und *Pantiru*, para. 8 und EGMR(*Ilascu*), Dissenting Opinion v. Richter *Loucaides*, sowie *Loucaides*, EHRLR 2006, 404.

169 Die *de facto*-Hoheitsgewalt wird von der Europäischen Kommission für Menschenrechte und dem EGMR teils als „overall control", teils als „effective control", teils als „authority and control" bezeichnet. Siehe bspw. EGMR(*Loizidou*), para. 52. Bestätigt in EGMR(*Cyprus v. Turkey*), paras. 77 ff., aber auch EGMR(*Banković*), para. 71. Zur Unklarheit im Hinblick auf die verwendete Terminologie, siehe *Karagiannis*, RTDH 2005, 93. Wie *Hakimi*, EJIL 2020, 377, zu Recht anmerkt, ist das Urteil in der Sache *Cyprus v. Turkey* nur bedingt überzeugend, da das Gericht trotz des Abstellens auf die territoriale Hoheitsgewalt bei der Prrüfung, ob Schutzpflichten erfüllt wurden, auf die „Turkish Republic of Northern Cyprus" eingeht, obwohl die Schutzpflichten durch die türkische Besatzung hätten erfüllt werden müssen.

170 Zur Frage der Rechtmäßigkeit der Ausübung territorialer Hoheitsgewalt, siehe *Altiparmak*, JCSL 2004, 230; *Gondek*, NILR 2005, 364; *Happold*, HRLR 2003, 82 ff. Auch *Duttwiler/Petrig*, AJP 2009, 1258, stellen zu Recht fest, dass es auf die Legalität der Ausübung der Hoheitsgewalt nicht ankommen kann.

171 Bspw. EGMR(*Öcalan*).

sequenz, dass die EMRK nur dann zur Anwendung gebracht werden dürfte, wenn die Rechtsverletzung auf dem Territorium irgendeines Konventionsstaats begangen wurde. So stellte die Große Kammer des EGMR in *Banković* fest:

> "In short, the Convention is a multilateral treaty operating, subject to Article 56 of the Convention, in an essentially regional context and notably in the legal space (espace juridique) of the Contracting States. The FRY [Federal republic of Yugoslavia] clearly does not fall within this legal space. The Convention was not designed to be applied throughout the world, even in respect of the Conduct of Contracting States. Accordingly the desirability of avoiding a gap or vacuum in human rights' protection has so far been relied on by the Court in favour of establishing jurisdiction only when the territory in question was one that, but for the specific circumstances, would normally be covered by the Convention."[172]

Anders als in den vorhergegangenen Urteilen *Loizidu*, *Cyprus v. Turkey* und anders als in den folgenden Urteilen *Issa*, *Ilascu* und *Öcalan* wird hier eine territoriale Beschränkung auf das Konventionsgebiet angedeutet.[173] Angesichts der Tatsache, dass der EGMR in *Banković* bereits vor der zitierten Passage das Merkmal der Ausübung von effektiver Kontrolle abgelehnt hat, waren die oben wiedergegebenen Ausführungen nicht entscheidungsrelevant. Zudem gibt die Wortwahl keinen definitiven Aufschluss über die Sichtweise der Großen Kammer, sprechen sie doch von „*notably* in the legal space".[174] Es lassen sich zudem gute Gründe dafür anführen, eine derartige Einschränkung des Art. 1 EMRK abzulehnen. Der Wortlaut sieht eine solche Einschränkung nicht vor. Eine vorherige restriktivere Fassung des Art. 1 EMRK wurde bei der Ausarbeitung der EMRK abgelehnt.[175] Auch die Öffnungsklausel des Art. 56 EMRK zeigt, dass eine rein regionale Konzeption nicht zwingend ist.[176] Auch andere Menschenrechtssysteme kennen im Übrigen keine derartige territoriale Beschränkung.[177] Die in *Banković* angedeutete Beschränkung ist demnach abzulehnen.[178] Somit ist eine Anwendbarkeit der EMRK auf außereuropäische Sachverhalte nicht *per se* ausgeschlossen.

---

172 EGMR(*Banković*), para. 80 [Fn. weggelassen].

173 Zur Diskrepanz siehe auch *Mole*, EHRLR 2005, 90 f. Für einen Überblick über das Verfahren, siehe auch *Williams/Shah*, EHRLR 2002, passim. Zur Bestätigung durch den britischen *High Court of Justice* im Fall *Al Skeini* und Kritik an der Interpretation durch die britischen Richter, siehe *Romainville*, RTDH 2009, passim.

174 Vgl. *Wilde*, EHRLR 2005, passim, der feststellt, dass eine Beschränkung des Art. 1 auf den *espace juridique* nicht Teil der Rechtsprechung des EGMR ist. Ähnlich *Gondek*, NILR 2005, 377; *Lawson*, in: Coomans/Kamminga (Hrsg.), Extraterritorial Application, S. 114; *Romainville*, RTDH 2009, 1032.

175 Vgl. *Loucaides*, EHRLR 2006, 397 f.; *Romainville*, RTDH 2009, 1014.

176 *Altiparmak*, JCSL 2004, 243; *Loucaides*, EHRLR 2006, 399.

177 *Romainville*, RTDH 2009, 1014 f.

178 So auch *Duttwiler/Petrig*, AJP 2009, 1258 f.; *Happold*, HRLR 2003, 88; *Karagiannis*, RTDH 2005, 108 ff.; *Lorenz*, Der territoriale Anwendungsbereich der Grund- und Menschenrechte, S. 120; *Peters*, AdV 2010, 1. Anders *O'Boyle*, in: Coomans/Kamminga (Hrsg.), Extraterritorial Application, S. 130–136.

bb) Erweiterung des Art. 1 EMRK

Die Beschränkung des Jurisdiktionsbegriffs auf die Ausübung von *de jure-* oder *de facto*-Hoheitsgewalt über ein Territorium oder das Opfer der Konventionsverletzung stand bereits häufiger in der Kritik. So erscheint es problematisch, dass Staatsorgane nur im Inland in vollem Umfang an die EMRK gebunden sind. Agieren sie (womöglich sogar illegalerweise) außerhalb der Staatsgrenzen, dann entfällt ihre Bindung an menschenrechtliche Normen nicht nur teilweise. Konsequenz ist auch, dass die Rechtsschutzmöglichkeiten weitgehend eingeschränkt werden. Ist es aber nicht einer der Grundgedanken des modernen Menschenrechtsschutzes, dass dem Menschen – und eben nicht nur dem Bürger – sein Recht unabhängig von seiner Staatsangehörigkeit zustehen soll?[179] Auch gehört es zu den (proklamierten) Leitlinien europäischer Außenpolitik, sich für Menschenrechte außerhalb der eigenen Grenzen einzusetzen. Ein geringeres Schutzniveau bei staatlich verursachten Konventionsverletzungen im Ausland ist in diesem Lichte sicherlich nicht unproblematisch. Auf bizarre Konsequenzen der bisherigen Rechtsprechung des EGMR weist *Loucaides* hin, indem er feststellt, dass beispielsweise die Tötung eines Menschen auf fremdem Staatsgebiet nur dann eine Konventionsverletzung darstellt, wenn diese Person vor der Tötung unter effektiver Kontrolle des Staates war.[180] Ein gewisses Maß an Zufälligkeit ist der bisherigen Interpretation des Art. 1 EMRK inhärent. Um diese Zufallsergebnisse zu vermeiden und das Schutzregime der EMRK auszuweiten, wurden in der Literatur zwei Lösungsvorschläge angeboten.

Der erste Lösungsansatz orientiert sich sehr stark an der Zufallsproblematik. So ließe sich überlegen, in zukünftigen Verfahren eine extensive Interpretation der *de facto*-Hoheitsgewalt zugrunde zu legen. Beispielsweise könnte der Einsatz (letaler) Gewalt als Ausübung von *de facto*-Hoheitsgewalt über Personen angesehen werden.[181] Und es gibt eine weitere extensive Interpretation der *de facto*-Hoheitsgewalt: Der EGMR hat bereits im Fall *Cyprus v. Turkey* anerkannt, dass die effektive Gebiets- oder Personenkontrolle nicht zwangsläufig durch eigene Staatsorgane ausgeübt werden muss. Sie kann ebenfalls durch eine nicht-staatliche Entität ausgeübt werden. Es stellt sich dabei allerdings die Frage, wie das Verhältnis des Staates zu der die Hoheitsgewalt ausübenden Entität beschaffen sein muss. Sicherlich besteht eine Verantwortlichkeit des Staates dann, wenn die Entität gleich einem

---

179 *Altiparmak*, JCSL 2004, 243; *Roxstrom/Gybney/Einarsen*, B. U. Int'l L. J. 2005, 59.

180 *Loucaides*, EHRLR 2006, 399 f. Ähnlich auch *Altiparmak*, JCSL 2004, 234; *Karagiannis*, RTDH 2005, 117. Das Argument lässt sich auch auf die NATO-Bombardierungen übertragen, die Anlass für die *Banković*-Entscheidung gaben.

181 Diese Interpretationsweise hat im Fall EGMR(*Andreou*) sowie im Fall *Alejandre Jr. et al. v. Cuba* des Interamerikanischen Gerichtshofs für Menschenrechte Anklang gefunden (siehe dazu *Altiparmak*, JCSL 2004, 238). Siehe auch die Ausführungen von *Duttwiler/Petrig*, AJP 2009, 1256 f., und *Geiss/Petrig*, Piracy and Armed Robbery at Sea, S. 110 ff.

Organ der Kontrolle des Staates untersteht.[182] Auch im *Ilascu*-Urteil des EGMR wird die *jurisdiction* angenommen, ohne dass eine effektive Kontrolle der Russischen Föderation über das Gebiet oder die betroffenen Personen durch russische Truppen explizit festgestellt wurde. Vielmehr stellt das Gericht den Bezug zu den unmittelbaren Akteuren der Menschenrechtsverletzung her. Dabei betont der EGMR die Sonderbeziehung zwischen der Russischen Föderation und den lokalen Behörden:

> "All of the above proves that the 'MRT', set up in 1991–1992 with the support of the Russian Federation, vested with organs of power and its own administration, remains under the effective authority, or at the very least under the decisive influence, of the Russian Federation, and in any event that it survives by virtue of the military, economic, financial and political support given to it by the Russian Federation. […] In conclusion, the applicants therefore come within the "jurisdiction" of the Russian Federation for the purposes of Article 1 of the Convention […]."[183]

Insbesondere im *Ilascu*-Urteil, dem längsten Urteil in der Geschichte des Gerichtshofs, zeigen sich die Unklarheiten der Rechtsprechung des EGMR. So wird ebenso wie im Urteil *Cyprus v. Turkey* nicht klar, ob neben der Bejahung der *jurisdiction* eine direkte Verantwortlichkeit für die Handlungen der lokalen Administrationen oder eine Verantwortlichkeit wegen Nichteinhaltung positiver Schutzpflichten festgestellt wurde.[184] Es zeigt sich auch, dass in den Urteilen eine saubere Trennung der Frage des Anwendungsbereichs des Art. 1 EMRK und der der Zurechenbarkeit nicht existiert.[185] Zudem bleibt unklar, welches Maß an Kontrolle der Staat ausüben muss, damit von einer *de facto*-Hoheitsgewalt gesprochen werden kann. Während zunächst eine *effective authority* angenommen wird und damit die Organähnlichkeit in den Vordergrund tritt, spricht das Gericht weitergehend und

---

[182] EGMR(*Cyprus v. Turkey*), para. 77; *Loucaides*, EHRLR 2006, 403. So auch *Frowein*, in: Frowein/Peukert (Hrsg.), Europäische Menschenrechtskonvention, Art. 1, Rn. 5. Krit. zur dadurch drohenden Vermischung des Konzepts der Jurisdiktion und der Verantwortlichkeit bei EGMR(*Ilascu*) Dissenting Opinion v. Richter *Kovler*.

[183] EGMR(*Ilascu*), paras. 392 ff., siehe auch para. 314. Dazu auch *Gondek*, NILR 2005, 372 f.

[184] Zur Kritik siehe *Gondek*, a.a.O., 368; *Hakimi*, EJIL 2010, 365.

[185] Krit. dazu *Gondek*, ebda.; *Peters*, AdV 2010, 32. Problematisch daher auch die Ausführungen von *Petculescu*, RGDIP 2005, 588, die den Maßstab des EGMR zur Bestimmung einer *de facto*-Hoheitsgewalt mit dem vom IGH in IGH(*Nicaragua v. USA*) entwickelten *effective control*-Test vergleicht. Bei Letzterem handelt es sich um ein Zurechnungskriterium im Rahmen der Staatenveranwortlichkeit. Ebenso unklar bei *Karagiannis*, RTDH 2005, 92. Es kann durchaus sein, dass bei der Prüfung der Anwendbarkeit der EMRK ein anderer – sprich niedrigerer – Standard angelegt wird, als bei der letztendlichen Bejahung der völkerrechtlichen Verantwortlichkeit. Sollte jedoch die Schwelle des *effective control* über den Verursacher nicht erreicht werden, so kommt einzig eine Verantwortlichkeit wegen Verletzung einer Schutzpflicht in Betracht. Allenfalls überlegen ließe sich, ob der vom IGH im *Nicaragua*-Verfahren entwickelte *effective control*-Standard durch den weitergehenden *overall control*-Standard des ICTY aus dem *Tadić*-Verfahren ersetzt werden sollte, sobald es sich um die Kontrolle einer rechtsbrechenden Gruppe handelt, so bspw. grundsätzlich *Cassese*, EJIL 2007, 657 ff. Beide Standards sind in der hiesigen Konstellation nicht einschlägig.

etwas nebulös von *decisive influence*.[186] Für die dieser Arbeit zugrunde liegende Konstellation bleibt allerdings festzuhalten, dass eine rein kausale Mitverantwortung für die Menschenrechtsverletzungen nicht ausreichend ist, um *de facto*-Hoheitsgewalt zu begründen und die EMRK extraterritorial zur Anwendung zu bringen. Vielmehr erfordert selbst die extensivste Interpretation von Art. 1 EMRK zumindest eine Art „Garantenstellung" für den Gefahrenverursacher.

Der zweite Lösungsansatz geht deutlich weiter. So wird vorgeschlagen, auf das Kriterium der *jurisdiction* ganz zu verzichten und die Anwendbarkeit der EMRK ausschließlich mithilfe der Kriterien der Staatenverantwortlichkeit zu bestimmen.[187] Ob eine derartige Interpretation mit dem Wortlaut des Art. 1 EMRK vereinbar ist, erscheint jedoch fraglich.[188] Dieser Ansatz hat insbesondere dann Schwächen, wenn man sich die auch hier relevante Fallkonstellation der Schutzpflichten vergegenwärtigt. So liefert Art. 1 EMRK vor allem zur Bestimmung von Schutzpflichten einen verlässlichen Orientierungsrahmen. Verzichtete man komplett auf das Merkmal der *jurisdiction* und dessen territorialen Rahmen, so wäre im Hinblick auf die positive Schutzverpflichtung der Anwendungsbereich der EMRK im Grundsatz für weltweites Geschehen eröffnet. Eine völlige Loslösung des Art. 1 EMRK von der *de jure*- oder *de facto*-Hoheitsgewalt ist daher zumindest für die Bestimmung einer positiven Schutzpflicht abzulehnen.

Es kann also gesagt werden, dass selbst bei extensiver Interpretation des Art. 1 EMRK eine Schutzverpflichtung bei extraterritorialen Sachverhalten nicht infrage kommt.

Eine abschließende Präzisierung erscheint an dieser Stelle notwendig. Betrachtet man die Fallkonstellation, auf der die Arbeit basiert, muss man feststellen, dass dem externen Akteur kein Unterlassen, sondern aktives Tun vorgeworfen wird. Allerdings ist das Recht der Staatenverantwortlichkeit insoweit lückenhaft, als es keine Verantwortlichkeit für rein kausale Beiträge zum Erfolgseintritt vorsieht.[189] Insofern kann auch dahinstehen, ob gemäß dem zweiten Lösungsansatz in Fällen des aktiven Tuns eine andere Interpretation des Art. 1 EMRK zugrunde gelegt werden sollte.[190]

---

[186] So behauptet *Hakimi*, EJIL 2010, 366 f., sehr weitgehend: "In sum, the general rule that a state need not influence external actors is subject to an important exception: a state may have to restrain external actors if it substantially enables them to violate rights."

[187] So *Altiparmak*, JCSL 2004, 230 f.; *Loucaides*, EHRLR 2006, 403. Ähnlich auch *Cohen-Jonathan*, RTDH 2005, 772.

[188] Vgl. *Peters*, AdV 2010, 12, sowie den Verweis auf den anders formulierten Art. 1 der Genfer Konventionen. Unklar im Fall EGMR(*Drozd and Janousek*), para. 91.

[189] Unklar daher der Verweis von *Hakimi*, EJIl 2010, 365.

[190] Zur Möglichkeit verschiedener Textinterpretationen für verschiedene Fallkonstellationen siehe die Kritik zu EGMR(*Ilascu*) von *Gondek*, NILR 2005, 369. *Roxtrom/Gybney/Einarsen*, B. U. Int'l L. J. 2005, 72, sehen dagegen das Erfordernis der Jurisdiktion als Voraussetzung an, die sich einzig auf positive Schutzpflichten bezieht. Ebenfalls für eine

Zusammenfassend lässt sich konstatieren, dass die EMRK keine extraterritorialen Schutzpflichten ohne engeren Bezug zu Territorium, Opfer oder direktem Verursacher der Menschenrechtsverletzung kennt.[191] Eine kausale Verursachung ist ebenfalls nicht erfasst.

cc) Zwischenergebnis

Mangels Anwendbarkeit der EMRK in solch einer Fallkonstellation kommt eine Schutzpflicht seitens der Bundesrepublik Deutschland nicht in Betracht.

b) Extraterritoriale Anwendbarkeit des IPbpR

Angesichts der mangelnden Gerichtspraxis im Zusammenhang mit dem IPbpR ist eine klare Linie bzgl. seiner extraterritorialen Anwendbarkeit nur schwerlich auszumachen. Der entscheidende Art. 2 Abs. 1 IPbpR liest sich in der englischen Originalfassung wie folgt:

> Each State Party to the present Covenant undertakes to respect and ensure to all individuals *within its territory and subject to its jurisdiction* the rights recognized in the present Covenant […].[192]

Aus dem Wortlaut ergibt sich zunächst nicht, ob die territoriale Komponente und die *jurisdiction* alternative[193] oder kumulative Voraussetzungen[194] darstellen.[195] *Nowak* weist darauf hin, dass die Beibehaltung der territorialen Komponente dazu dienen sollte, eine Schutzverpflichtung außerhalb des Staatsgebiets zu verhindern.[196] Vom Anwendungsbereich des Pakts umfasst sieht *Nowak* im Einklang mit dem Menschrechtsausschuss *(Human Rights Committee)*, eingerichtet gemäß Art. 28 IPbpR, jedoch Staats*handeln* außerhalb des eigenen Staatsgebiets.[197] Eine

---

graduelle Bestimmung des Anwendungsbereichs plädierend *Lawson*, in: Coomans/Kamminga (Hrsg.), Extraterritorial Application, S. 120.

[191] Siehe auch *Lawson*, in: Coomans/Kamminga (Hrsg.), Extraterritorial Application, S. 106. Zu Ausnahmen in Auslieferungskonstellationen, siehe *Grabenwarter*, Europäische Menschenrechtskonvention, S. 108.

[192] Hervorhebung des Autors.

[193] So *Buergenthal*, in: Henkin (Hrsg.), International Bill of Rights, S. 73 ff.; *Gondek*, NILR 2005, 380; *Lorenz*, Der territoriale Anwendungsbereich der Grund- und Menschenrechte, S. 74; *Meron*, AJIL 1995, 79; *Nasu*, ICSL 2009, 227.

[194] So bspw. der US Supreme Court im Fall *Sale v. Haitian Centers Council*, zitiert nach *Meron*, AJIL 1995, 81.

[195] Siehe dazu auch *McGoldrick*, in: Coomans/Kamminga (Hrsg.), Extraterritorial Application, S. 48.

[196] *Nowak*, CCPR Commentary, Art. 2, Rn. 27.

[197] Zur Verantwortung des Staates wegen Unterlassen des Ausstellens eines Personalausweis durch die Konsulatsangestellten und die aus dem in Art. 12 Abs. 2 IPbpR resultierenden Besonderheiten im Hinblick auf das Recht auf Einreise siehe *Lorenz*, Der territoria-

Einschränkung ähnlich dem *espace juridique*-Kriterium des EGMR hätte aufgrund der hohen Anzahl der Ratifikationen (Stand August 2010: 166 Staaten) und der universellen Ausrichtung kaum Bedeutung.[198] In Fällen effektiver Kontrolle eines Gebiets wurde die Anwendbarkeit des IPbpR bejaht.[199] Auch die Kontrolle über Personen wird als ausreichend angesehen.[200] Inwieweit in solchen Konstellationen auch positive Schutzpflichten einschlägig sind, kann für die Betrachtungen im Rahmen dieser Arbeit dahinstehen. Eine effektive Kontrolle seitens der Bundesrepublik Deutschland ist nicht gegeben. Weitergehende Schutzverpflichtungen ohne effektive Kontrolle über das Opfer oder das Territorium sind im Rahmen des IPbpR nicht anerkannt worden.[201]

c) Völkergewohnheitsrechtlicher Menschenrechtsschutz

Nachdem festgestellt wurde, dass eine extraterritoriale Schutz- bzw. Unterlassensverpflichtung im Rahmen der EMRK und des IPbpR nur in hier nicht einschlägigen Ausnahmefällen bejaht werden kann, muss zumindest kurz darüber nachgedacht werden, ob eine Ausweitung des klassischen Menschenrechtsschutzes nicht gewohnheitsrechtliche Anerkennung gefunden hat. Wie der IGH bereits im *Nicaragua*-Verfahren erklärt hat, können völkergewohnheitsrechtliche Normen parallel zu Vertragsnormen existieren, sodass eine Vertragsratifizierung keine notwendige Bedingung für die Bindung an menschenrechtliche Normen darstellt.[202] Daneben wird argumentiert, dass elementare Menschenrechte, wie sie in der Allgemeinen Erklärung der Menschenrechte – als Generalversammlungsresolution ohne direkte rechtliche Bindungswirkung – niedergelegt sind, als konkretisiertes Charta-Recht die Mitgliedstaaten der Vereinten Nationen binden können.[203] Ein

---

le Anwendungsbereich der Grund- und Menschenrechte, S. 37 m.w.N. Kritik der Entscheidung bei *Nowak*, CCPR Commentary, Art. 2, Rn. 30.

198 Wird auch daher nicht ernsthaft vertreten, vgl. *McGoldrick*, in: Coomans/Kamminga (Hrsg.), Extraterritorial Application, S. 71; *Lorenz*, Der territoriale Anwendungsbereich der Grund- und Menschenrechte, S. 121.

199 *Gondek*, NILR 2005, 379; *Lorenz*, Der territoriale Anwendungsbereich der Grund- und Menschenrechte, S. 42 ff. m.w.N.

200 Vgl. *Gondek*, NILR 2005, 379 mit Verweis auf General Comment No. 31, para. 12 des Menschenrechtsrats (CCPR/C/Rev. 1/Add. 13, 26.5.2004). Die dortige Stellungnahme ist entgegen der Lesart *Gondek*s allerdings nicht eindeutig, wird doch Folgendes festgestellt: "Moreover, the article 2 obligation requiring that States Parties respect and ensure the Covenant rights for all persons in their territory and all persons under their control entails an obligation not to extradite, deport, expel or otherwise remove a person from their territory […]."

201 Dazu auch *Roxstrom/Gibney/Einarsen*, B. U. Int'l L. J. 2005, 114. Unklar daher General Comment No. 06: The right to life (Art. 6) der UN-Menschenrechtskommision vom 30.4.1982, para. 2 A (abrufbar unter: ww.ohchr.org [Stand: 25.4.2013]).

202 IGH(*Nicaragua v. USA*), para. 177.

203 So z.B. *Sohn*, Am. U. L. Rev. 1982, 15.

weitergehender Schutzstandard als in IPbpR oder EMRK kann jedoch nicht angenommen werden.

d) Zwischenergebnis

Im Fokus des klassischen Menschenrechtsschutzes steht das Territorium des Staates. Dort entfalten sich nicht nur Verbotsvorschriften, die staatliches Handeln limitieren sollen. Auch positive Schutzpflichten kommen (jedenfalls nach der Konzeption der relevanten Verträge) vollumfänglich zur Geltung. Die Bedeutung menschenrechtlicher Standards für Verhalten außerhalb des jeweiligen Staatsgebiets ist dagegen rudimentär. Zwar hat sich weitgehend die Einsicht durchgesetzt, dass sich kein Staat seiner menschenrechtlichen Bindungen entledigen kann, wenn er im Ausland handelt. Positive Schutzpflichten sind, außer in den Fällen der Gebiets- oder Personenkontrolle, höchstens aber moralischer Natur. Auch ist aufgrund der rudimentären Natur des Rechts der Staatenverantwortlichkeit keine Pflicht feststellbar, Verhalten zu unterlassen, welches sich negativ auf den Menschenrechtsschutz auswirkt.

4. Humanitäres Völkerrecht (Genfer Konventionen) als Begrenzung des Strafverfolgungsrechts

Im Folgenden soll untersucht werden, ob die Genfer Konventionen von 1949 extraterritoriale Schutzpflichten auferlegen. Der gleichlautende Art. 1 der vier Konventionen bestimmt Folgendes:[204]

> The High Contracting Parties undertake to respect and *to ensure respect* for the present Convention in all circumstances.[205]

Zunächst ist festzustellen, dass die aus den Genfer Konventionen resultierenden Verpflichtungen grundsätzlich keiner territorialen Beschränkung unterliegen. Es ist gerade Sinn und Zweck der Konventionen, im Fall militärischer Auseinandersetzungen zur Anwendung zu kommen – und dies unabhängig von ihrem Austragungsort.[206] Besonders deutlich wird dies anhand der Vierten Konvention zum Schutze der Zivilbevölkerung.

Allerdings sprechen gewichtige Gründe gegen eine Anwendung der Genfer Konventionen auf die Fallkonstellation. So spricht Art. 1 von „ensure respect for the Convention", nicht aber von „ensure respect for the rights guaranteed in the Convention". Die Konvention unterscheidet sich in ihrem Wortlaut von dem des Art. I der Völkermordkonvention (dazu unten), der die Verhinderung bestimmter Taten in den Vordergrund rückt. Art. 1 der Genfer Konventionen stellt dagegen

---

[204] Ebenso auch Art. 1 Abs. 4 des ersten Zusatzprotokolls.

[205] Hervorhebung des Autors.

[206] Siehe *Boisson de Chazournes/Condorelli*, IRRC 2000, 72.

primär auf das Element der Rechtseinhaltung ab.[207] Staaten werden dazu verpflichtet, ihr Verhalten in Einklang mit den Vorgaben der Konventionen zu bringen und diese durch Training, Überwachung und Sanktionsmechanismen auf allen Ebenen der militärischen Hierarchie durchzusetzen. Daneben sieht die Konvention auch Mechanismen der wechselseitigen Kontrolle vor.[208]

So stellt der IGH im Mauergutachten fest:

> "In addition, all the States parties to the Geneva Convention relative to the Protection of Civilian Persons in Time of War of 12 August 1949 are under an obligation, while respecting the United Nations Charter and international law, to ensure compliance by Israel with international humanitarian law as embodied in that Convention."[209]

Interpretiert man Art. 1 in diesem Sinne, so ist eine gewisse Parallelität zu Art. 41 der Staatenverantwortlichkeitsresolution der Generalversammlung vom 12.12.2001 nicht von der Hand zu weisen.[210] Der IGH stellte im Mauerfallgutachten die Verpflichtung aus Art. 1 GK in einen direkten Zusammenhang mit dem Recht der Staatenverantwortlichkeit, wenn auch nicht ausdrücklich auf Art. 41 Staatenverantwortlichkeitsresolution Bezug genommen wurde.[211] Beide Normen sind, wie *Kessler* treffend feststellt, allerdings nur teilidentisch, da die Anwendbarkeit von Art. 41 einen vorherigen Normenverstoß voraussetzt, während Art. 1 der Genfer Konventionen bereits in einem früheren Stadium Wirkung entfaltet.[212] Gemeinsam ist beiden Normen, dass ein Staat zum Einwirken auf das Verhalten eines anderen Staates verpflichtet ist.

Neben dem Wortlaut zeigen auch Sinn und Zweck und Systematik der Genfer Konventionen, dass sich der Anwendungsbereich der Schutzpflicht des Art. 1 in der Selbst- und Fremdkontrolle erschöpft. Die Fremdkontrolle muss dabei nicht zwangsläufig auf staatliche Konfliktparteien begrenzt sein. Bereits im *Nicaragua*-Urteil des IGH wurden weitergehende Verpflichtungen angedeutet. Das Verfahren zwischen Nicaragua und den Vereinigten Staaten betraf das Verhältnis der USA zu den auf nicaraguanischem Staatsgebiet operierenden *Contra*-Rebellen. Nachdem der Gerichtshof festgestellt hatte, dass eine effektive Kontrolle seitens der Ameri-

---

207 *Kessler*, GYIL 2001, 499; *Palwankar*, IRRC 1994, 9.

208 Siehe auch *Kalshoven*, YIHL 1999, 3 f. *Kalshoven* lehnt eine Schutzverpflichtung der Staaten im Fall von Rechtsverletzungen durch Drittparteien aufgrund der Entstehungsgeschichte des Art. 1 GK ab, vgl. S. 14.

209 IGH(*Mauergutachten*), para. 159. Krit. gegenüber der pauschalen Feststellung von *ius in bello*-Verstößen ohne konkrete Bezugnahme auf einzelne Maßnahmen, vgl. *Sloane*, Yale J. Int'l L. 2009, 89.

210 GA Res. 56/83. *Gaja*, in: Ragazzi (Hrsg.), International Responsibility Today, S. 33.

211 IGH(*Mauergutachten*), para. 159.

212 *Kessler*, GYIL 2001, 499. Eine solche sieht *Gaja*, in: Ragazzi (Hrsg.), International Responsibility Today, S. 35, als grundsätzlich bei Verpflichtungen aus dem Sekundärrecht der Staatenverantwortlichkeit gegeben.

kaner nicht nachgewiesen und damit die inkriminierenden Akte der *Contras* nicht den Vereinigten Staaten zugerechnet werden konnten,[213] befand der IGH:

> "The Court considers that there is an obligation on the United States Government, in the terms of Article 1 of the Geneva Conventions, to 'respect' and even to 'ensure respect' for them 'in all circumstances', since such an obligation does not derive only from the Conventions themselves, but from general principles of humanitarian law to which the Conventions merely give specific expression. The United States is thus under an obligation not to encourage persons or groups engaged in the conflict of Nicaragua to act in violations of the provisions of Article 3 common to the four 1949 Geneva Conventions [...]."[214]

Die vom IGH behandelte Fallkonstellation ist von der hiesigen indes grundlegend verschieden. So legen die Genfer Konventionen in der Interpretation des IGH Grenzen für die Kooperation mit militärischen Gruppierungen fremder Staaten fest. In der vorliegenden Fallkonstellation handelt es sich hingegen nicht um einen Fall von Kooperation. Der IStGH kooperiert nicht mit Rebellengruppen, er verfolgt diese sogar strafrechtlich. Die Tatsache, dass ein bestimmtes Verhalten kausal für weitere Verstöße gegen die Genfer Konventionen ist, reicht nicht aus, um eine Pflicht i.S.d. Art. 1 GK zu begründen.[215]

5. Responsibility to Protect als Begrenzung des Strafverfolgungsrechts

Die Untersuchung hat bisher ergeben, dass extraterritoriale Schutzpflichten dem Menschenrechtssystem und dem humanitären Völkerrecht grundsätzlich fremd sind. Die Tatsache, dass ein internationaler Haftbefehl mitursächlich für Menschenrechtsverletzungen sein kann, mag politisch und moralisch bedauernswert sein, führt jedoch nicht zu einer Staatenverantwortlichkeit wegen Verstoßes gegen Schutzpflichten oder Unterlassensgebote. Es ist jedoch zu überlegen, ob dies anders gesehen werden muss, wenn die drohenden Beeinträchtigungen eine gewisse Qualität erreichen. Wie bereits im Zusammenhang mit dem Strafverfolgungsrecht *in absentia* thematisiert, hat sich herauskristallisiert, dass für bestimmte schwerwiegende Menschenrechtsverletzungen, die unter den Schlagwörtern „Internationale Verbrechen", „Menschheitsverbrechen" oder „Kernverbrechen" zusammengefasst werden, Sonderregeln existieren, die über den klassischen Menschenrechtsschutz hinausgehen.[216] Insbesondere bei drohendem Völkermord, Verbrechen gegen die Menschlichkeit und schweren Kriegsverbrechen könnte eine extraterritoriale Schutzpflicht von Drittstaaten zu bejahen sein. Eine solche kann aus einer völkervertraglichen Regelung resultieren, durch eine sekundärrechtliche Verantwortlichkeit im Rahmen des Rechts der Staatenverantwortlichkeit begründet sein oder als Völkergewohnheitsrecht Bindungswirkung für Völkerrechtssubjekte entfalten.

---

213 IGH(*Nicaragua v. USA*), para. 116.

214 A.a.O., para. 220. Zu einem ähnlichen Anwendungsfall im Zusammenhang mit der POLISARIO, siehe *Kessler*, GYIL 2001, 503.

215 *Kessler*, GYIL 2001, 504. Wohl auch *Nasu*, ICSL 2009, 224 ff.

216 Siehe dazu auch *Brunnée/Toope*, J. Int'l L. & Int'l R. 2005, 125.

a) Völkervertragsrecht

Ein kurzer Blick auf das Völkervertragsrecht lässt erkennen, dass einzig die Völkermordkonvention umfassende Regelungen bzgl. einem der Kernverbrechen enthält. Während Verbrechen gegen die Menschlichkeit zwar Bestandteil der ICTY- und ICTR-Statute geworden und auch im Rom-Statut an prominenter Stelle vertreten sind, hat außerhalb der strafrechtlich geprägten Verträge keine ausreichende Normierung stattgefunden. Auch die Genfer Konventionen befassen sich mit Kriegsverbrechen bzw. schweren Verstößen gegen das humanitäre Völkerrecht nur peripher. Aufgrund der Bedeutung für die hiesige Fragestellung beginnt die Untersuchung mit den Genfer Konventionen und beschäftigt sich im Anschluss ausführlicher mit der Völkermordkonvention.

aa) Genfer Konventionen

Die Art. 49, 50 der 1. Genfer Konvention von 1949 und die korrespondierenden Regelungen in den anderen drei Genfer Konventionen enthalten Regelungen, die sich auf *grave breaches*, also schwere Verletzungen der Konventionsrechte beziehen und Grundlage der Straftatbestände der Kriegsverbrechen geworden sind.

Zwar enthalten die Genfer Konventionen weitergehende spezielle Regelungen im Hinblick auf die strafrechtliche Verantwortlichkeit der Täter, solche mit präventivem Charakter sucht man dort hingegen vergeblich. Diesbezüglich können ausschließlich die allgemeinen Regelungen der Genfer Konventionen zur Anwendung gebracht werden. Das bedeutet, dass sich eine extraterritoriale Schutzpflicht nur aus dem gemeinsamen Art. 1 GK ergeben kann. Wie bereits dargelegt, erfasst die Verpflichtung „to ensure respect“ jedoch keine hier relevante Verpflichtung. Eine weitergehende konventionelle Schutzpflicht für *grave breaches* existiert demnach nicht.

bb) Völkermordkonvention

Ergiebiger verspricht in dieser Hinsicht die Völkermordkonvention zu sein. Dabei ist besonders die Rechtsprechung des IGH zu beachten, der in weitgehend überzeugender Interpretation eine Schutzpflicht von Drittstaaten unter noch genauer darzustellenden Voraussetzungen bejaht hat. Der Entscheidung lag ein Verfahren zwischen Bosnien und Herzegowina und Rest-Jugoslawien bzw. Serbien und Montenegro bzw. Serbien zugrunde.[217] Gegenstand des Verfahrens vor dem IGH war u.a. die Frage, inwieweit das heutige Serbien für das Massaker von Srebrenica,

---

[217] Zur Problematik der Staatennachfolge und Verfahrensbeteiligung im Zusammenhang mit dem Auseinanderbrechen des ehemaligen Jugoslawiens siehe IGH(*Bosnia and Herzegovina v. Serbia and Montenegro*) Joint Dissenting Opinion v. Richter *Ranjeva*, *Shi* und *Koroma*. Siehe auch *Weckel*, RGDIP 2007, 310 ff.

begangen durch bosnische Serben der Republika Srpska, völkerrechtlich verantwortlich gemacht werden kann. Das Verfahren gehört aus verschiedenen Gründen zu den heikelsten und faktisch sowie rechtlich umstrittensten des Haager Gerichts.[218] Dies lag zunächst daran, dass im Zusammenhang mit dem Auseinanderbrechen des Vielvölkerstaats Jugoslawien die Staatennachfolge im Hinblick auf eine Mitgliedschaft in der UN und der Völkermordkonvention zu bewerten war.

Ein weiterer zentraler Aspekt des Urteils war die Frage, inwieweit ein Verhalten nicht-staatlicher Akteure (der bosnischen Serben) einem Staat (Serbien) zugerechnet werden kann.[219] Dabei war insbesondere die Frage von großer Relevanz, inwieweit die Rechtsprechung des ICTY und des IGH konform verlaufen.[220] Weiter bestand Uneinigkeit darüber, inwiefern der IGH prozedural befugt war, auf allgemeine, völkergewohnheitsrechtliche Regeln der Staatenverantwortlichkeit zurückzugreifen.[221] Auch die Frage der Reparationen für mögliche Konventionsverstöße war nicht unumstritten.[222] Schließlich thematisierte der IGH die hier einschlägige Frage, inwieweit die Völkermordkonvention eine Schutzpflicht für Staaten enthält, die über das eigene Territorium hinausgeht.

(1) Der Staat als Adressat von Verpflichtungen

Zunächst ist zu klären, ob die Völkermordkonvention Pflichten des Staates festschreibt oder nicht vielmehr einzig die Strafbarkeit von Individuen ins Auge fasst. Unproblematisch ist dies im Hinblick auf Regelungen der Völkermordkonvention, welche, wie beispielsweise Art. V, gesetzgeberische Maßnahmen der Signatarstaaten einfordern. Umstrittener ist jedoch, ob sich das Verbot, Völkermord zu begehen bzw. diesen nicht zu unterstützen, ebenfalls an den Staat als Adressaten richtet. So ist die Völkermordkonvention als Reaktion auf die Nürnberger Prozesse zu sehen bzw. stellt eine Fortschreibung der Errungenschaften der ersten „internationalen" Strafprozesse dar.

---

218 Zur Kritik an der Beweiswürdigung durch das Gericht, siehe bspw. *Ascensio*, RGDIP 2007, 293.

219 Zur Frage der Anwendung der allgemeinen Regelungen der Staatenverantwortlichkeit im Hinblick auf die Interpretation von Vertragsnormen, siehe *Pauwelyn*, Conflict of Norms, S. 149 ff.

220 Dazu *Ascensio*, RGDIP 2007, 288 ff., *Weckel*, RGDIP 2007, 318 ff. Die Vorgehensweise des IGH stark kritisierend und insbesondere die gewohnheitsrechtliche Geltung des *effective control*-Standards (mit nachvollziehbaren Gründen) infrage stellend, *Cassese*, EJIL 2007, 651. Ebenfalls krit. im Hinblick auf mangelnde Auseinandersetzung mit der *ratio* der *Tadić*-Entscheidung, *Kreß*, EJIL 2007, 620. IGH(*Bosnia and Herzegovina v. Serbia and Montenegro*), Dissenting Opinon v. Richter *Al-Khasawneh*, paras. 36 ff. Lobende Worte dagegen bei *Rajkovic*, LJIL 2008, 887. Krit. gegenüber der *Tadić*-Rechtsprechung *Milanovic*, EJIL 2006, 585.

221 *Clearwater*, Auckland U. L. Rev. 2009, 9 ff.

222 Vgl. dazu *Gattini*, EJIL 2007, 706 ff.; *Milanovic*, EJIL 2007, 688 ff.

In einem Vertragswerk mit primär strafrechtlicher Zielsetzung ist es nicht selbstverständlich, dass auch der Staat zum Adressaten der Verbotsnorm gemacht wird. Lange Zeit bestand Unklarheit darüber, ob das Verhalten eines Amtsträgers überhaupt parallele Verantwortlichkeiten eines Individuums und eines Staates hervorrufen kann. So wurde die Frage der Parallelität von Verantwortlichkeiten im *Pinochet*-Verfahren vor dem *House of Lords* explizit angesprochen. Dort war die Bedeutung von Immunitätsregeln für das von Spanien angestrengte Auslieferungsverfahren gegen den ehemaligen Diktator und Präsidenten Chiles, *Augusto Pinochet*, zu untersuchen. Die ihm vorgeworfenen Folterungen fielen in seine Amtszeit, sodass eine Immunität *ratione materiae* als Strafverfolgungshindernis in Betracht kam. Im Hinblick auf die Parallelität stellte Lord *Steyn* im ersten *Pinochet*-Urteil vom 25.11.1998 fest:

> "[...] it seems to me difficult to maintain that the commission of such high crimes may amount to acts performed in the exercise of the functions of a Head of State."[223]

Das Ziel dieses argumentatorischen Kunstgriffs ist offensichtlich. Qualifizierte man das Handeln als reinen Privatakt, so würde als Konsequenz die Immunität *ratione materiae* entfallen. Zwei Lordrichter traten der Argumentation überzeugend entgegen. So stellt Lord *Slynn of Hardley* im selben Verfahren fest, dass eine Einordnung bestimmter Handlungen als *ultra vires* und damit als Privathandlungen die strafrechtliche Immunität irrelevant machen würde.[224] Noch deutlicher merkt Lord *Lloyd of Berwick* an, dass seine Abgrenzung nach der Seriosität der Taten im Hinblick auf die offizielle Natur nicht sinnvoll erfolgen könne.[225]

Neben der Tatsache, dass Lord *Steyn* sicherlich nicht im Blick hatte, dass betroffene Staaten durch seine Argumentation des Rückgriffs auf die Staatenverantwortlichkeit beraubt sein würden, spricht denklogisch nichts dagegen, eine doppelte Verantwortlichkeit anzunehmen. Ist es doch gerade der Sinn der Staatenverantwortlichkeit, den Staat für normwidriges Verhalten seiner Organe zur Rechenschaft zu ziehen. Mittlerweile ist daher einhellig anerkannt, dass Staatenverantwortlichkeit und strafrechtliche Verantwortlichkeit koexistieren können.[226]

---

223 1. Pinochet-Urteil, S. 44.

224 A.a.O., S. 9: "[...] the fact that in carrying out other functions, a Head of State commits an illegal act does not mean that he is no longer to be regarded as carrying out one of its functions. If it did, the immunity in respect of criminal acts would be deprived of much of its content."

225 A.a.O., S. 28: "[...] that the crimes of a Head of State in the execution of his governmental authority are to be attributed to the state so long as they are not too serious. But beyond a certain (undefined) degree of seriousness the crimes cease to be attributable to the state, and are instead to be treated as his private crimes. That would not make sense."

226 *Benzing*, in: König u.a. (Hrsg.), International Law Today, S. 42; *Bothe*, ZaöRV 31 (1971), 262; *Düker*, Strafverfolgung von Friedenstruppen, S. 40; *Gaeta*, RGDIP 2007, 278; *Koller*, Am. U. Int'l L. Rev. 2004, 28; *Milanovic*, EJIL 2006, 561; *Seibert-Fohr*, in: Gaeta (Hrsg.), UN Genocide Convention, S. 369 ff.; *Sorel*, RGDIP 2007, 270; *Weckel*, RGDIP 2007, 306; *Wirth*, EJIL 2002, 891. Siehe auch Art. 25 Abs. 4 RS und auch ILC Commen-

Damit ist jedoch die Frage noch nicht beantwortet, ob auch die Völkermordkonvention den Staat als Adressat der Verbotsnorm und einer möglichen Schutzpflicht kennt. In seinen Stellungnahmen vor dem IGH interpretierte Serbien die Völkermordkonvention als eine Strafrechtskonvention, die eigenständige Verpflichtungen ohne Bezugnahme zur Kriminalisierung nicht beinhalten würde.[227] Dem ist der IGH entschieden entgegengetreten. Neben Verweisen auf die Entwicklungsgeschichte der Konvention[228] stellt er fest:

> "[…] the Contracting Parties are bound by the obligation under the Convention not to commit, through their organs or persons or groups whose conduct is attributable to them, genocide […]."[229]

Grundlage für diese Feststellung ist folgendes, (nur) auf den ersten Blick überzeugendes, teleologisches Argument:

> "It would be paradoxical if States were […] under an obligation to prevent, so far as within their power, commission of genocide by persons over whom they have a certain influence, but were not forbidden to commit such acts through their own organs, or persons over whom they have such firm control that their conduct is attributable to the State concerned under international law."

Kritische Stimmen zweifeln eine solche Verantwortlichkeit wegen Begehung jedoch an. So wird darauf verwiesen, dass unklar ist, wie der *dolus specialis*, also die Vernichtungsabsicht im Hinblick auf einen Staat, bestimmt werden soll.[230] Ließe man nämlich den *dolus specialis* eines Amtsträgers ausreichen,[231] so würde sich eine Verantwortlichkeit für die Begehung von Völkermord als viel weitergehend darstellen, als eine nicht auf den Abwendungserfolg abzielende Schutzverpflichtung.[232] Es würde nämlich bedeuten, dass jede Begehung von Völkermord eines (noch so subalternen) Amtsträgers die Verantwortlichkeit des Staates begründen könnte. Dies ließe sich eventuell anders sehen, wenn man mit *Kreß* ein ungeschriebenes Kontextelement, ähnlich den Tatbestand der Verbrechen gegen die Menschlichkeit,[233] in den Tatbestand des Völkermords hineinlesen würde, sodass indivi-

---

tary on the Draft Articles on Responsibility of States for Internationally Wrongful Acts, ILC Report A/56/10, 2001, Commentary on Article 58, para. 3.

227 Vgl. IGH(*Bosnia and Herzegovina v. Serbia and Montenegro*), para. 156. So auch *Gaeta*, EJIL 2007, 633 ff.; siehe auch *Milanovic*, EJIL 2006, 565.

228 IGH(*Bosnia and Herzegovina v. Serbia and Montenegro*), paras. 176 ff.

229 A.a.O., para. 179. Gleiches gilt auch für Anstiftung, Versuch und Vereinbarung der Begehung eines Völkermords. Im Ergebnis zustimmend *Clearwater*, Auckland U. L. Rev. 2009, 22; *Seibert-Fohr*, in: Gaeta (Hrsg.), UN Genocide Convention, S. 372. Ablehnend dagegen *Gaeta*, EJIL 2007, 632 ff.

230 *Gaeta* weist darauf hin, dass bis *dato* noch ungeklärt ist, wie der *dolus specialis*, also die Vernichtungsabsicht, im Hinblick auf die Staatenverantwortlichkeit zu bestimmen ist, vgl. EJIL 2007, 277. Dazu auch *Ascensio*, RGDIP 2007, 298; *Clearwater*, Auckland U. L. Rev. 2009, 23 ff.

231 So *Milanovic*, EJIL 2006, 568.

232 *Gaeta*, EJIL 2007, 637 ff.

233 Vgl. zu der historischen Parallelität, *Kreß*, EJIL 2007, 621.

duell agierende Staatsorgane nicht die Verantwortlichkeit des Staates begründen können.[234] Der Wortlaut der Völkermordkonvention im Hinblick auf das Begehungsverbot erscheint alles andere als eindeutig.[235] Zwar spricht Art. IX von „responsibility of a State for genocide",[236] ob sich daraus allerdings eine Verbotsnorm ableiten lässt, ist unklar.[237]

Kaum bestritten werden kann dagegen, dass Art. I Völkermordkonvention im Hinblick auf die Schutzpflichten des Staates eine Verantwortlichkeit des Staates zu etablieren vermag.[238] Der Umfang einer solchen Schutzpflicht ist wiederum umstritten und soll im Folgenden genauer analysiert werden

(2) Extraterritorialität der Schutzpflicht

Während die Fragen der Zurechenbarkeit und des Begehungsverbots in Literatur und Richterschaft äußerst kontrovers diskutiert wurden, wurden die Ausführungen des Gerichts zur Schutz- bzw. Präventionspflicht gemäß Art. I Völkermordkonvention deutlich wohlwollender aufgenommen. Die erste Frage, die der IGH zu beantworten hatte, bezog sich auf das Verhältnis des Art. I zu den Art. V und VIII. Diese lauten wie folgt:

> **Art. V Völkermordkonvention**
> The Contracting Parties undertake to enact, in accordance with their respective Constitutions, the necessary legislation to give effect to the provisions of the present Convention, and, in particular, to provide effective penalties for persons guilty of genocide or any of the other acts enumerated in article III.
>
> **Art. VIII Völkermordkonvention**
> Any Contracting Party may call upon the competent organs of the United Nations to take such action under the Charter of the United Nations as they consider appropriate for the prevention and suppression of acts of genocide or any of the other acts enumerated in article III.

Damit sind im Rahmen der Konvention spezielle Schutzverpflichtungen normiert, die unumstritten als *lex specialis* zu Art. I zu sehen sind. Fraglich ist allerdings, ob sich damit die Bedeutung des Art. I erschöpft, dieser damit mehr Programmsatz als rechtsverbindliche Verpflichtung darstellt, oder ob dieser neben den

---

234 A.a.O., 620; ähnlich andeutend *Gaeta*, EJIl 2007, 642; *Schabas*, Genocide in International Law, S. 518. Dabei geht *Gaeta* davon aus, dass im Recht der Staatenverantwortlichkeit und im Völkerstrafrecht verschiedene Maßstäbe gelten.

235 *Clearwater*, Auckland U. L. Rev. 2009, 7 ff.

236 *R. Clark*, Rutgers L. Rev. 2008, 85.

237 Krit. IGH(*Bosnia and Herzegovina v. Serbia and Montenegro*), Dissenting Opinion v. Richter *Kreca*, para. 113.

238 *Clearwater*, Auckland U. L. Rev. 2009, 8.

speziellen Verpflichtungen weitergehende, eigenständige Verpflichtungen enthält.[239] Diesbezüglich stellte der IGH fest:

> "[…] it is not the case that the obligation to prevent has no separate legal existence of its own; […]."[240]

Dem ist nicht zu widersprechen. Art. I ist nicht Teil der Präambel geworden, sondern wurde als eigenständiger Bestandteil des operativen Teils der Konvention mit rechtlicher Bindungswirkung ausgestattet.[241] Neben diesem systematischen Gesichtspunkt spricht auch der Wortlaut nicht gegen eine solche Interpretation.[242] Zudem muss man feststellen, dass die Art. V und VIII Völkermordkonvention keineswegs ein abschließendes Regelwerk bilden.[243] So fordert Art. V beispielsweise nur zu legislativen Maßnahmen auf, ohne die Strukturierung, Finanzierung und den Einsatz polizeilicher oder militärischer Maßnahmen der Prävention einzufordern. Art. I Völkermordkonvention enthält demnach eine eigenständige Schutzpflicht.

Daran schließt sich die Frage an, ob sich die Schutz- bzw. Präventionspflicht auch auf extraterritoriale Sachverhalte bezieht. Der IGH hat dies im Grunde bejaht. Insbesondere *Milanovic* hatte dies mit scheinbar deutlichen Worten ausgeschlossen. So bemerkt er bereits vor Bekanntgabe des Urteils:

> "It would be extreme to argue that states have assumed an obligation to prevent genocide outside their territories under Article I of the Convention […]."[244]

Diese Aussage relativiert er im Folgenden jedoch, indem er feststellt:

> "It could be argued that a due diligence, Corfu Channel type responsibility would arise under Article I, which could be distinguished from state obligations under Article III of the Convention."[245]

Damit wird deutlich, dass *Milanovic* eine extraterritoriale Schutzpflicht dem Grunde nach sehr wohl anerkennt, jedoch Bedenken gegenüber deren Umfang äußert. Dem ist hinzuzufügen, dass *Milanovic*'s erste Aussage auch nur bedingt zu überzeugen vermag. So lässt sich die nachfolgende Staatenpraxis zwar als Indiz zur

---

239 So wohl aber *Morton/Singh*, JGR 2003, 61.

240 IGH(*Bosnia and Herzegovina v. Serbia and Montenegro*), para. 427. Zustimmend *Gattini*, EJIL 2007, S. 713; *Milanovic*, EJIL 2006, S. 571; *ders.*, EJIL 2007, S. 685; wohl auch *Gaeta*, EJIL 2007, 648.

241 Vgl. zu den Verhandlungen *R. Clark*, Rutgers L. Rev. 2008, 88; *Scott* u.a., Mich. J. Int'l L. 1994, 38.

242 *Scott* u.a., Mich. J. Int'l L. 1994, 37. Anders aber IGH(*Bosnia and Herzegovina v. Serbia and Montenegro*), Dissenting Opinion v. Richter *Kreca*, para. 113, der der Mehrheit eine inkonsistente Interpretation vorwirft, eine „obligation of conduct" als mit dem Wortlaut unvereinbar ansieht und daraus schlussfolgert, dass eine „obligation of result" niemals Inhalt des Art. I sein kann.

243 *Scott* u.a., Mich. J. Int'l L. 1994, 32.

244 *Milanovic*, EJIL 2006, 571.

245 Ebda.

Interpretation einer Norm heranziehen, kann sie allerdings nicht determinieren.[246] Ein Blick auf den Wortlaut der Norm stützt vielmehr die Auslegung des IGH. Zunächst enthält Art. I Völkermordkonvention, anders als beispielsweise der IPbpR, keinen Hinweis auf die territoriale Anwendbarkeit der Konvention. Auch die Beschränkung des Art. 1 EMRK auf „persons within their jurisdiction“ ist nicht Bestandteil der Völkermordkonvention geworden.[247] Eine strikte territoriale Beschränkung der Konvention, für die der Wortlaut keinen Anhaltspunkt liefert, widerspräche auch dem Sinn und Zweck der Konvention zumindest in den Fällen, in denen ein Staat legal oder illegal die Kontrolle über fremdes Territorium ausübt.[248] Dies entspricht auch dem Grundcharakter der Konvention, die in ihrer humanitären Zielsetzung nicht allzu restriktiv interpretiert werden kann.[249] Im Ergebnis wird daher die Extraterritorialität der Präventionspflicht nicht ernsthaft infrage gestellt.[250] Die stets gegenüber extraterritorialen Schutzpflichten erwachsenden Zweifel finden vielmehr bei der Bestimmung des Umfangs der Schutzpflichten Berücksichtigung.

(3) Umfang extraterritorialer Schutzpflichten

Eine extraterritoriale Schutz- bzw. Präventionspflicht unterliegt nach der Rechtsprechung des IGH Grenzen. Dabei erscheinen die Aussagen des IGH nicht immer eindeutig. So ist klar zwischen Grenzen der Verantwortlichkeit und vom IGH erwähnten Indizien zu unterscheiden. Die *erste* Feststellung des IGH lautet wie folgt:

> “[…] it is clear that the obligation in question is one of conduct and not one of result, in the sense that a State cannot be under an obligation to succeed, whatever the circumstances, in preventing the commission of genocide; […].”[251]

---

246 Auch *Toufayan* sieht es kritisch, wenn bei der Interpretation einseitig auf die Staatenpraxis abgestellt wird, schließlich ist gemäß Art. 31 Abs. 3 (b) WVK die Staatenpraxis nur ein Element von vielen, vgl. *ders.*, Tex. Int’l L. J. 2005, 243 f.

247 Dazu *Scott* u.a., Mich. J. Int’l L. 1994, 37 f. Ähnlich auch die UN-Anti-Folter-Konvention, vgl. dazu *Toufayan*, Tex. Int’l L. J. 2005, 242.

248 IGH(*Bosnia and Herzegovina v. Serbia and Montenegro-Preliminary Objections*) Separate Opinion v. Richter *Lauterpacht*, para. 114. *Ben-Naftali*, in: Gaeta (Hrsg.), UN Genocide Convention, S. 39, beschreibt die Sichtweise *Lauterpachts* als Freifahrtschein, um jeden Staat einer Pflichtverletzung nach der Völkermordkonvention zu bezichtigen (“carte blanche invitation to challenge each and every third state for failure to prevent genocide”).

249 So auch *Toufayan*, Tex. Int’l L. J. 2005, 234. Dem ist noch hinzuzufügen, dass aufgrund der oftmals gegebenen staatlichen Einbindung in die Tatbegehung die Normierung einer staatlichen Schutzpflicht ins Leere zu laufen droht, vgl. *Toufayan*, Tex. Int’l L. J. 2005, 259. Eine effektive Gewährleistung des Schutzes bedarf daher eine extensiven Interpretation.

250 So auch *Kreuter-Kirchhof*, AdV 2010, 354; *Schabas*, Genocide in International Law, S. 524; *Toufayan*, Tex. Int’l L. J. 2005, 236.

251 IGH(*Bosnia and Herzegovina v. Serbia and Montenegro*), para. 430.

Die Tatsache, dass eine Schutzpflicht auch dann erfüllt sein kann, wenn es trotz Verhinderungsbemühungen zu einem Völkermord gekommen ist, entspricht dem typischen Anforderungsprofil für Schutzpflichten im internationalen, aber auch im nationalen Recht. Kein Staat darf in Garantiehaftung genommen werden. Problematischer ist bereits der restriktive Zusatz des IGH:

> "[...] a State can be held responsible for breaching the obligation to prevent genocide only if genocide was actually committed."[252]

Es stellt sich die Frage, warum eine Verpflichtung, die, so der IGH, nicht die Abwendung des Erfolgs beinhaltet, nur dann verletzt sein soll, wenn der Erfolg tatsächlich eingetreten ist.[253] So würde der seine Präventionspflicht vernachlässigende Staat nach Lesart des IGH nicht gegen Art. I der Konvention verstoßen, wenn der Völkermord anders verhindert wird oder die begangenen Taten sich beispielsweise „nur" als Verbrechen gegen die Menschlichkeit herausstellen. Diese Beschränkung hätte dogmatisch überzeugender auf der Rechtsfolgenseite eingeführt werden können, indem man mangels Auswirkung der Pflichtverletzung einen reparationsfähigen Schaden verneint.[254] Vorzugswürdig erscheint es daher, die Schutzpflicht vor Begehung des Völkermords greifen zu lassen, das Eintreten des Völkermords demnach nur als objektive Bedingung der Haftung anzusehen.[255]

> "[...] a State's obligation to prevent [...] arise at the instant that the State learns of, or should normally have learned of, the existence of a serious risk that genocide will be committed."[256]

Zwar lässt sich hinterfragen, inwieweit eine quasi-Fahrlässigkeitsverantwortlichkeit ins Konzept der Staatenverantwortlichkeit passt. Der zweite Halbsatz dient aber offensichtlich dazu, es den Entscheidungsträgern zu erschweren, die Augen davor zu verschließen.

Die *dritte* Feststellung beschränkt weitergehend die Präventionspflicht:

> "[...] the obligation of States is rather to employ all means reasonably available to them, so as to prevent genocide so far as possible. [...] In this area the notion of 'due diligence', which calls for an assessment in concreto, is of critical importance."[257]

Damit führt der IGH eine Art Verhältnismäßigkeitsprüfung ein. Interessanterweise ist einer der Unterpunkte im Rahmen der *due diligence*-Prüfung die Frage nach dem rechtlichen Handlungsspielraum des Staates.[258] So stellt der IGH fest:

252 Ebda.

253 So auch *Ben-Naftali*, in: Gaeta (Hrsg.), UN Genocide Convention, S. 40 f.; *Gattini*, EJIL 2007, 702; *Milanovic*, EJIL 2007, 687. Krit. im Hinblick auf eine parallele, vom Sonderberichterstatter *Ago* vorgenommene, Klassifizierung, *Dupuy*, EJIL 1999, 376.

254 So auch *Dupuy*, EJIL 1999, 379; *Gattini*, EJIL 2007, 702.

255 *R. Clark*, Rutgers L. Rev. 2008, 105.

256 IGH(*Bosnia and Herzegovina v. Serbia and Montenegro*), para. 431.

257 A.a.O., para. 430.

"The State's capacity to influence must also be assessed by legal criteria, since it is clear that every State may only act within the limits permitted by international law; [...]."[259]

Auf den ersten Blick erscheint diese Feststellung logisch, vielleicht gar zwingend. Auch ist sie im Hinblick auf die ständige Debatte über die Völkerrechtskonformität unilateraler humanitärer Interventionen sicherlich verständlich.[260] Eine Präzisierung der Aussage und ein Kritikpunkt zu dieser Feststellung sind hier jedoch notwendig. Zunächst fällt auf, dass die Ausdrucksweise des IGH ein wenig nebulös ist. Es wird nicht klar, ob sich die Bestimmung „the State's capacity to influence" auf die Begehung der Taten oder auf die Täter beziehen soll. Legt man Letzteres zugrunde, dann entbehrt die Aussage jeglichen Sinns. So ist die Beeinflussung von Gruppierungen auf fremdem Staatsgebiet wegen des Interventionsverbots der UN-Charta eher eingeschränkt. Eine solche Beschränkung war sicherlich durch die Aussage nicht angestrebt. Man muss daher feststellen, dass einzig Einflussmöglichkeiten auf die Begehung der Taten im Lichte des Völkerrechts zu messen sind.

Es ist zudem kritisch zu hinterfragen, ob diese Beschränkung dogmatisch überzeugend und rechtspolitisch wünschenswert ist. Ein hypothetisches Beispiel soll die dogmatische und auch rechtspolitische Schwäche verdeutlichen: Angenommen, Staat A und Staat B vereinbaren im Rahmen eines Abkommens die regelmäßige Lieferung von Macheten und Gewehren von Staat A an Staat B. Bereits kurz nach Lieferung der ersten Warenladung beschließt Staat B, eine ethnische Minderheit auf seinem Territorium zu verfolgen und auszurotten. Ist Staat A nun verpflichtet, die Lieferung der Waffen einzustellen? Dabei kann angenommen werden, dass sich Staat A nicht mit den Zielen des Staates B identifiziert. Der Vertrag, ein klassisches Waffenlieferungsabkommen, verstößt nicht gegen zwingende Normen des Völkerrechts und kann daher Gültigkeit beanspruchen. Sieht man die Völkerrechtskonformität der eingeforderten Handlung bzw. Unterlassung, wie anscheinend der IGH, als zwingende Voraussetzung an, um die Schutzpflicht zur Entstehung zu bringen, so muss man feststellen, dass Staat A nicht zur Einstellung der Lieferung verpflichtet wäre.[261]

---

[258] Zu *due diligence*-Verpflichtungen von Staaten bei Akten von Privatpersonen auf dem eigenen Territorium, vgl. *Sohn*, Am. U. L. Rev. 1982, 31.

[259] IGH(*Bosnia and Herzegovina v. Serbia and Montenegro*), para. 430.

[260] *Gattini*, EJIL 2007, 701. Denselben Bezug stellt auch *Rosenberg*, GR2P 2009, 467 f., her.

[261] Betrachtet man die Problematik der „unilateralen humanitären Intervention", die der IGH mitbedacht haben dürfte, dann zeigt sich, dass das Legalitätskriterium keinesfalls notwendig erscheint. So lässt sich gut argumentieren, dass aufgrund des *ius cogens*-Charakters des völkerrechtlichen Gewaltverbots eine Schutzpflicht, die ersichtlich nicht *ius cogens*-Charakter haben kann (vgl. dazu IGH(*Bosnia and Herzegovina v. Serbia and Montenegro*), Separate Opinion v. Richter *Kreca*, para. 113; *Gattini*, EJIL 2007, 697; anders *Rosenberg*, GR2P 2009, 474), zurückzutreten hätte, vgl. *Hilpold*, Max Planck UNYB 2006, 41 f. Im Ansatz vergleichbar die Argumentation von *Schweisfurth*, GYIL 1981,

Die Völkerrechtskonformität als *conditio sine qua non* anzusehen, erscheint demnach fraglich. Vorzugswürdig ist es daher, in einem ersten Schritt eine Schutzpflicht anzunehmen und in einem zweiten Schritt zu fragen, welcher der konfligierenden Normen Vorrang einzuräumen ist. Eine solche Sichtweise steht im Einklang mit der Grundkonzeption der Völkermordkonvention. So wird beispielsweise der Bestrafungsauftrag der Art. IV, V, VI auch nicht unter den Vorbehalt der Immunität ausländischer Staatsoberhäupter gestellt. Ein Strafverfolgungsrecht wird zunächst bejaht, auch wenn eine Verfolgung im Einzelfall an der Immunität des Amtsträgers scheitern mag. Art. I Völkermordkonvention liefert zudem keinerlei Anhaltspunkte, dass eine derartige Einschränkung auf Tatbestandsebene vorzunehmen ist,[262] und sieht kein Tatbestandsmerkmal der Legalität vor.

Interessant sind auch die weiteren Ausführungen des IGH zur *due diligence* und insbesondere deren Rezeption in der Literatur. Das Urteil enthält folgende Passage:

> "Various parameters operate when assessing whether a State has duly discharged the obligation concerned. The first, which varies greatly from one State to another, is clearly the capacity to influence effectively the action of persons likely to commit, or already committing, genocide. This capacity itself depends, among other things, on the geographical distance of the State concerned from the scene of the events, and on the strength of the political links, as well as the links of all other kinds, between the authorities of that State and the main actors in the events."[263]

Betrachtet man die Beschreibung des Standards durch *Milanovic*, dann muss man die Gefahr einer Vermischung verschiedener Konzepte feststellen. So resümiert dieser:

> "[…] the scope of a state's obligation to prevent genocide is directly proportionate to the state's ability and *influence over the relevant actors*."[264]

Festzuhalten ist, dass der IGH das Verhältnis zwischen Staat und den Völkermördern nur als Indiz für den Umfang der Pflicht sieht.[265] Damit entfernt sich der Gerichtshof von der Rechtsprechung zu (den auch anders formulierten) Art. 1 der Genfer Konventionen, in der das Einwirkungsvermögen auf die rechtsbrechende Gruppierung – konkret die *Contras* – als konstituierend für die Pflichtenstellung angesehen wurde. Dies wird bekräftigt durch den Verweis auf die grundsätzliche

---

176 f., der zutreffend erkennt, dass mit der Feststellung, dass das Gewaltverbot gilt, noch keine letztgültige Entscheidung der Sachfrage erfolgt ist. Demnach hätte die Schutzverpflichtung auf jeden Fall hinter dem Gewaltverbot zurückzutreten.

262 So implizit auch *Toufayan*, Tex. Int'l L. J. 2005, 257.

263 IGH(*Bosnia and Herzegovina v. Serbia and Montenegro*), para. 430.

264 *Milanovic*, EJIL 2007, 686. Hervorhebung des Autors. Ähnliche Darstellung auch bei *Reisman*, Case W. Res. J. Int'l L. 2007, 82.

265 So stellt *Boisson de Chazournes*, AFDI 1993, 533, fest, dass Art. I Völkermordkonvention über die personalen Einflussmöglichkeiten hinausgeht. Siehe auch *Arbour*, RIS 2008, 454; *Welsh/Banda*, GR2P 2010, 223. Fraglich dagegen, wenn *Wenzel,* Schutzverantwortung im Völkerrecht, S. 103, die mangelnde Verbindung zu den Handelnden als Ausschlussgrund für die Anwendung von Art. I sieht. Ähnlich problematisch daher auch *Rosenberg*, GR2P 2009, 469.

Verantwortlichkeit jedes Staates, selbst wenn erst kumulative Beiträge verschiedener Staaten Aussicht auf einen Verhinderungserfolg versprechen.[266]

Es bleibt schließlich noch zu klären, welcher Natur die Verpflichtung des zur Prävention verpflichteten Staates ist. *Gattini* stellt dazu fest: "[...] the duty to prevent involves positive obligations."[267] Auch *Milanovic* erklärt: "[...] failing to prevent is always an act of omission."[268] Der IGH kommt ebenfalls zu diesem Ergebnis.[269] Eine solche Sichtweise entspricht der aus dem Menschen- und Grundrechtsschutz bekannten Unterteilung in Schutz- und Verbotsnormen. Sie ist jedoch im vorliegenden Zusammenhang in dieser Absolutheit nur schwer haltbar. Betrachtet man den Kern des Vorwurfs des IGH-Urteils in der Sache, so lässt sich erkennen, dass Serbien nicht nur ein reiner Unterlassensvorwurf gemacht wurde.[270] Vielmehr ist der Kern der Anschuldigung, dass Serbien die Unterstützung der bosnischen Serben nicht unterlassen hat. Jede Verpflichtung zum Schutz enthält *a maiore ad minus* auch eine Pflicht, sich schädlich auswirkendes Verhalten zu unterlassen. Erstaunlicherweise wird die Frage des Unterlassens nicht angesprochen.

Die Thematik einer möglichen Pflicht zu Unterlassen hätte in einem anderen Verfahrensstadium jedoch beinahe an Bedeutung gewonnen. So hatte Bosnien und Herzegowina im Lauf des Verfahrens angeführt, dass ein vom UN-Sicherheitsrat erlassenes Waffenembargo für die Region negative Auswirkungen auf die Verteidigungsfähigkeit der Bosniaken gehabt habe und damit mitursächlich für die genozidalen Akte der bosnischen Serben geworden sei. Der IGH konnte sich nicht mit der Thematik befassen,[271] ein Verfahren gegen Großbritannien als Mitinitiator des Embargos wurde aus politischen Gründen nicht angestrengt.[272] Dennoch stellt sich die Frage, inwieweit die Mitglieder des Sicherheitsrats und die UN als Völkerrechtssubjekt hätten reagieren müssen, als sie feststellten, dass das Embargo die bosnische Bevölkerung schutzlos stellte. Aktive Gegenmaßnahmen wurden seitens der Bosnier zunächst nicht gefordert. Dabei hätte bereits die Beendigung des Embargos bzw. das Unterlassen weiterer Embargomaßnahmen möglicherweise positive Auswirkungen auf die Selbstverteidigungsfähigkeiten der Bosniaken gehabt.

Zusammenfassend lässt sich Folgendes konstatieren: Die Anerkennung eines Gebots zum Unterlassen entspricht nicht nur der *ratio* des Art. I Völkermordkon-

---

[266] IGH(*Bosnia and Herzegovina v. Serbia and Montenegro*), para. 430.

[267] *Gattini*, EJIL 2007, 702.

[268] *Milanovic*, EJIL 2007, 687. Ähnlich *Benzing*, in: König u.a. (Hrsg.), International Law Today, S. 42.

[269] IGH(*Bosnia and Herzegovina v. Serbia and Montenegro*), para. 432.

[270] Krit. im Hinblick auf eine derart absolute Festlegung auch *Weckel*, RGDIP 2007, 327; *Welsh/Banda*, GR2P 2010, 223.

[271] *Scott* u.a., Mich. J. Int'l L. 1994, 11.

[272] A.a.O., 12.

vention. Es ist zudem von praktischer Bedeutung, da das Recht der Staatenverantwortlichkeit lückenhaft ist und rein kausale Verantwortlichkeiten nicht umfasst.

cc) Zwischenergebnis

Während im Hinblick auf Verbrechen gegen die Menschlichkeit und Kriegsverbrechen eine völkervertragliche Schutzverpflichtung nicht festzustellen ist, verpflichtet Art. I Völkermordkonvention zum Schutz fremder Bevölkerungen vor Völkermord im oben dargestellten Umfang.

b) Völkergewohnheitsrecht

Da das Völkervertragsrecht nur im Fall drohenden Völkermords einschlägig ist, soll der Blick im Folgenden auf das Völkergewohnheitsrecht gerichtet werden. Völkergewohnheitsrecht ist auch deswegen von herausragender Bedeutung, weil der IStGH nicht Mitglied der Völkermordkonvention ist – auch gar nicht sein kann – und daher nicht direkt durch diese gebunden ist.

Es existieren zwei denkbare Wege, eine Schutzpflicht aus dem Völkergewohnheitsrecht herzuleiten. Zum einen ließe sich eine Schutzpflicht vergleichbar Art. I Völkermordkonvention nachweisen (primärrechtliche Schutz- bzw. Unterlassenspflicht). Zum anderen ist auch der Weg über das Sekundärrecht der Staatenverantwortlichkeit denkbar (sekundärrechtliche Schutz- bzw. Unterlassenspflicht). Angesichts der Tatsache, dass sowohl der IGH als auch einige Kommentatoren letzteren Weg angedeutet haben, soll zunächst auf diesen eingegangen werden.

aa) Art. 40, 41 Staatenverantwortlichkeitsresolution

Wenn zur Bestimmung einer Schutzpflicht auf das Sekundärrecht der Staatenverantwortlichkeit zurückgegriffen werden soll, dann ist das erst einmal verwunderlich. Erstens setzt es grundsätzlich einen Verstoß gegen eine völkervertragsrechtliche oder völkergewohnheitsrechtliche Primärnorm voraus. Zweitens legt das Sekundärrecht der Staatenverantwortlichkeit prinzipiell dem Rechtsbrecher, nicht aber (unbeteiligten) Dritten Rechtspflichten auf. Allerdings hat die Generalversammlung mit der Verabschiedung der Staatenverantwortlichkeitsresolution im Dezember 2001 eine Regelung geschaffen, die in der hiesigen Konstellation einschlägig sein könnte. Die bereits flüchtig erwähnten Artikel haben folgenden Inhalt:

Art. 40 Abs. 1 Staatenverantwortlichkeitsresolution

This chapter applies to the international responsibility which is entailed by a serious breach by a State of an obligation arising under a peremptory norm of general international law.

Art. 41 Staatenverantwortlichkeitsresolution

1. States shall cooperate to bring to an end through lawful means any serious breach within the meaning of article 40.

2. No State shall recognize as lawful a situation created by a serious breach within the meaning of article 40, nor render aid or assistance in maintaining that situation.

Diese Artikel werfen im hiesigen Zusammenhang folgende Fragen auf:

Erstens, handelt es sich bei Art. 40, 41 Staatenverantwortlichkeitsresolution um – in ihrer Gesamtheit – völkergewohnheitsrechtlich anerkannte Regelungen? Die Generalversammlungsresolution als solche ist schließlich rechtlich nicht bindend. So ist umstritten, ob der Aussagegehalt der Art. 40, 41 auch völkergewohnheitsrechtlich anerkannt ist.[273]

Zweitens, handelt es sich beim Verbot von Kriegsverbrechen, Verbrechen gegen die Menschlichkeit und Völkermord um Normen i.S.d. Art. 40 Staatenverantwortlichkeitsresolution? Während zumindest für das Verbot der Begehung von Völkermord und Verbrechen gegen die Menschlichkeit der zwingende Charakter *(ius cogens)* angenommen werden kann, bestehen jedoch im Hinblick auf einige Erscheinungsformen der Kriegsverbrechen Restzweifel.[274] Dies kann allerdings dahinstehen, wenn die Art. 40, 41 Staatenverantwortlichkeitsresolution sich als für die Fragestellung irrelevant herausstellen.

Dies wäre dann der Fall, wenn Art. 40, 41 keine Schutz- bzw. Unterlassenspflicht begründen.[275] Auf diesen dritten Aspekt soll hier eingegangen werden. Zunächst muss dafür an dieser Stelle eine begriffliche Präzisierung vorgenommen werden. Die weit verbreitete begriffliche Unklarheit lässt sich an folgender Aussage von *Ben-Naftali* nachvollziehen:

> "[…] the obligation to prevent has further been recognized as an obligation erga omnes, which places on states a positive duty and is violated by omission."[276]

Will man die Bedeutung des Begriffs *erga omnes* nicht komplett *ad absurdum* führen, so muss man dieser Aussage deutlich widersprechen. Im Einklang mit dem IGH im *Barcelona Traction*-Fall dient die Bestimmung der *erga omnes*-Qualität der durch die Pflichtverletzung betroffenen Partei.[277] So gilt – nach der Doktrin des

[273] Im Hinblick auf Abs. 1 siehe *Crawford*, State Responsibility, S. 249. Krit. bspw. *Czaplinski*, AdV 2009, 74.

[274] Dazu unten Teil 5, II.B.2.

[275] Dem hinzuzufügen sind noch die Unklarheiten im Hinblick auf die Ausgestaltung des Kooperationsauftrags des Art. 41 Abs. 1 Staatenverantwortlichkeitsresolution, vgl. *Gattini*, EJIL 2002, 1187.

[276] *Ben-Naftali*, in: Gaeta (Hrsg.), UN Genocide Convention, S. 36. Ähnlich unklar auch *Brunnée/Toope*, J. Int'l L. & Int'l R. 2005, 128; *Gattini*, EJIL 2007, 697.

[277] *Wittich*, MEPIL (online), Barcelona Traction Case, para. 26. Krit. im Hinblick auf Vermengungstendenzen auch *Toufayan*, Tex. Int'l L. J. 2005, 249 f.

erga omnes – jeder Staat als betroffen.[278] Dies schlägt sich im Übrigen in der Staatenverantwortlichkeitsresolution nieder, die erst in Art. 48 Abs. 1 (b) die *erga omnes*-Doktrin aufgreift. Die *erga omnes*-Doktrin betrifft dagegen nicht eine potentielle Pflichtenstellung dieses „betroffenen" Staates. Eine eventuell existierende Verpflichtung gemäß Art. 40, 41 hat nur etwas mit dem *ius cogens*-Charakter der Norm zu tun.[279]

Im Folgenden soll nun untersucht werden, ob Art. 41 Staatenveranwortlichkeitsresolution einen mit Art. I Völkermordkonvention vergleichbaren Regelungsinhalt vorweist.[280]

Zunächst unproblematisch sind die Aussagen des Art. 41 Abs. 2 der Resolution. Es besteht weitgehend Einigkeit darüber, dass ein Verstoß gegen fundamentale Normen des Völkerrechts nicht durch eine nachträgliche Billigung legitimiert werden darf und kann.[281]

Einer kritischen Betrachtung ist hingegen Art. 41 Abs. 1 der Resolution zu unterziehen. Während Abs. 2 unterstreicht, dass der Rechtsbrecher keinerlei rechtliche Anerkennung erfahren darf, widmet sich Abs. 1 den faktischen Konsequenzen des Normverstoßes. Die Staatenwelt erhält den Auftrag, im Wege der Kooperation darauf hinzuwirken, dass aus der geschaffenen Faktenlage keine Perpetuierung des Rechtsbruchs resultiert. So hat der IGH in seinem *Mauergutachten* prominent betont, dass der Bau der Mauer durch Israel und die daraus resultierende Annektierung besetzter Gebiete völkerrechtswidrig sei und eine Pflicht der Staatenwelt bestehe, auf eine Beendigung der völkerrechtswidrigen Situation hinzuwirken.[282] Ähnlich ließe sich argumentieren, wenn man den Fall rechtswidriger militärischer Annexionen (wie im Fall Kuweits durch irakische Truppen) oder der Etablierung und Aufrechterhaltung des Apartheid-Regimes in Südafrika in den Blick nimmt.[283] Die erwähnten Beispiele teilen ein Charakteristikum: Der Rechtsverstoß wirkt in der geschaffenen Faktenlage fort. Der israelische Staat hat mit dem Bau der Mauer

---

278 Welche Konsequenz daraus gezogen werden kann, ist dagegen offen. Zur Diskussion und der Nähe zur Idee der *actio popularis*, siehe exemplarisch *Paulus*, Internationale Gemeinschaft, S. 363 ff.

279 Auch der IGH neigte im IGH(*Mauergutachten*), para. 159, zur sprachlichen Vermischung der beiden Konzepte. Krit. daher auch Richter *Higgins* (para. 37) und *Koojmans* (para. 40) in ihren Separate Opinions. Der Kritik im Ergebnis zustimmend auch *Orakhelashvili*, Peremptory Norms, S. 286.

280 So bspw. *Milanovic*, EJIL 2007, 686; *Rosenberg*, GR2P 2009, 449. Ähnlich *Bird*, EJIL 2010, 887; *Gattini*, EJIL 2007, 704.

281 Es lässt sich allerdings hinterfragen, ob dies nicht bei jeglicher Form von Rechtsverstoß gegeben sein müsste, vgl. *Stein/von Butlar*, Völkerrecht, S. 416. Dem halten *Daillier/Forteau/Pellet*, Droit International Public, S. 896, entgegen, dass es im Fall eines „einfachen" Rechtsbruchs zumindest der durch den Rechtsbruch betroffenen Partei möglich ist, den Rechtsbruch nachträglich zu tolerieren oder gar zu befürworten.

282 IGH(*Mauergutachten*), para. 159.

283 Für einen Überblick *Crawford*, State Responsibility, S. 250 ff.

Fakten geschaffen, die einen dauerhaften Rechtsverstoß darstellen. Das Unrecht erschöpft sich also nicht im Bau selbst.

In einer derartigen Fallkonstellation mögen Art. 40, 41 Staatenverantwortlichkeitsresolution sinnvoll zur Anwendung gebracht werden. Es ist jedoch zu fragen, ob Art. 40, 41 auf andere Fälle von Menschenrechtsverletzungen übertragbar sind. So sind beispielsweise Foltermaßnahmen mit der Vornahme der Folter abgeschlossen. Eine Kooperation der Staaten vermag im Hinblick auf das betroffene Opfer den Normverstoß nicht mehr zu beenden.[284] Ebenso sind Zweifel anzumelden, ob Völkermord, Verbrechen gegen die Menschlichkeit und schwere Kriegsverbrechen mit den erwähnten Dauerdelikten vergleichbar sind und damit unter den Wortlaut des Art. 41 Abs. 1 der Resolution fallen.

Die Beantwortung dieser Frage hängt davon ab, ob man die Kernverbrechen aus phänomenologischer oder formaljuristischer Perspektive betrachtet. Aus phänomenologischer Sicht handelt es sich insbesondere bei Völkermord und Verbrechen gegen die Menschlichkeit nicht nur um eine Häufung einzelner krimineller Taten. Die konzertierte Begehungsweise und der Gesamtzusammenhang prägen den Unrechtsgehalt der Taten. Insofern ließe sich von einer Art Dauerdelikt sprechen. Aus der formaljuristischen Warte betrachtet handelt es sich dagegen nicht um einen Völkermord, sondern um eine Vielzahl von Völkermorden. Jede Tötung in genozidaler Absicht bildet dabei eine eigenständige Sinneinheit, die jeweils mit Tatvollendung abgeschlossen ist. Ein kooperatives Vorgehen der Staatengemeinschaft als Reaktion auf den Normbruch wäre dementsprechend hinfällig. Letztere Sichtweise mag formaljuristische Erbsenzählerei sein. Es gilt aber nicht aus den Augen zu verlieren, dass es sich bei der Staatenverantwortlichkeit grundsätzlich um ein reaktives Konzept und nicht um ein Präventivkonzept handelt. Dies wird insbesondere deutlich, wenn man bedenkt, dass Art. 41 vor Begehung des ersten Normverstoßes zweifelsohne keine Anwendung finden kann. Die Art. 40, 41 vermögen daher nicht eigenständig eine Präventivpflicht zu begründen. Der Vergleich mit Art. I Völkermordkonvention ist also nur im Ansatz zutreffend. Die dahinterstehende Wertung, bestimmte schwerwiegende Rechtsgutsverletzungen (und nicht nur Rechtsverletzungen) zu unterbinden, kann und sollte im Rahmen der Überlegungen zur gewohnheitsrechtlichen Anerkennung einer primärrechtlichen Schutzpflicht herangezogen werden. Eine eigenständige Schutz- bzw. Unterlassenspflicht kann und sollte

---

[284] Die Unterscheidung zwischen fortdauernden und abgeschlossenen Rechtsverletzungen wird zu Abs. 2 vorgenommen. So stellt *Crawford* im Hinblick auf Abs. 2 fest: "The second obligation contained in paragraph 2 prohibits States from rendering aid or assistance in maintaining the situation created by a serious breach in the sense of article 40. This goes beyond the provisions dealing with aid or assistance in the commission of an internationally wrongful act, which are covered by article 16. It deals with conduct after the fact […]", vgl. *Crawford*, State Responsibility, S. 252. Erstaunlicherweise wird diese Differenzierung zu Abs. 1 soweit ersichtlich nicht vorgenommen. Siehe bspw. *Bird*, EJIL 2010, 889.

jedoch in Art. 40, 41 Staatenverantwortlichkeitsresolution nicht hineingelesen werden.

bb) Primärrechtliche Schutzverpflichtung

Nachdem festgestellt wurde, dass das Sekundärrecht der Staatenverantwortlichkeit eine mit Art. I Völkermordkonvention vergleichbare Schutzpflicht nicht beinhaltet, soll im Folgenden untersucht werden, ob eine eigenständige primärrechtliche Verpflichtung besteht, die Begehung von Kernverbrechen auf fremdem Territorium zu verhindern oder *a maiore ad minus* schädliches Verhalten zu unterlassen ist. Um die Übersichtlichkeit zu wahren, wird zunächst untersucht, ob eine solche Schutzpflicht im Hinblick auf Völkermord zu bejahen ist. In einem weiteren Schritt soll dann gezeigt werden, dass die festgestellte Schutzpflicht auch auf Verbrechen gegen die Menschlichkeit und schwere Kriegsverbrechen Anwendung findet. Zunächst erscheint es jedoch dringend notwendig, zu bestimmen, welchen Normeninhalt eine derartige Schutzpflicht haben könnte und müsste, um für die Fragestellung von Relevanz zu sein. Dafür kann weitgehend auf die vom IGH aufgestellten und bereits oben erwähnten Kriterien zurückgegriffen werden.

(1) Bestimmung der zu ermittelnden Schutzpflicht

Die Debatte über die Existenz einer völkergewohnheitsrechtlichen Norm, die potentiell jeden Staat der Welt zur Verhinderung von Völkermord auch außerhalb der Landesgrenzen verpflichtet, hat mit der Verabschiedung des *World Summit Outcome Document 2005* durch die Generalversammlung[285] neuen Aufwind erhalten.[286] Die zentralen Abschnitte 138–139 sollen an dieser Stelle vollständig wiedergegeben werden.

> 138. Each individual State has the responsibility to protect its populations from genocide, war crimes, ethnic cleansing and crimes against humanity. This responsibility entails the prevention of such crimes, including their incitement, through appropriate and necessary means. We accept that responsibility and will act in accordance with it. The international community should, as appropriate, encourage and help States to exercise this responsibility and support the United Nations in establishing an early warning capability.
>
> 139. The international community, through the United Nations, also has the responsibility to use appropriate diplomatic, humanitarian and other peaceful means, in accordance with Chapters VI and VIII of the Charter, to help protect populations from genocide,

---

[285] GA/Res/60/1 vom 24.10.2005. Insofern lässt sich Konsens in der Generalversammlung feststellen, vgl. dazu und zum Aufgreifen des Konzepts durch den UN-Sicherheitsrat *Gierycz*, GR2P 2010, 251; *Kreuter-Kirchhof*, AdV 2010, 350. Zur Geschichte siehe bspw. *Domestici-Met*, GoJIl 2010, 953–962; *Payandeh*, Yale J. Int'l L. 2010, 472 ff.

[286] Zum Einfluss des Konzepts auf die Diskussionskultur siehe *Serrano*, GR2P 2010, passim.

war crimes, ethnic cleansing and crimes against humanity. In this context we are prepared to take collective action, in a timely and decisive manner, through the Security Council, in accordance with the Charter, including Chapter VII, on a case-by-case basis and in cooperation with relevant regional organizations as appropriate, should peaceful means be inadequate and national authorities manifestly fail to protect their populations from genocide, war crimes, ethnic cleansing and crimes against humanity. We stress the need for the General Assembly to continue consideration of the responsibility to protect populations from genocide, war crimes, ethnic cleansing and crimes against humanity and its implications, bearing in mind the principles of the Charter and international law. We also intend to commit ourselves, as necessary and appropriate, to helping States build capacity to protect their populations from genocide, war crimes, ethnic cleansing and crimes against humanity and to assisting those which are under stress before crisis and conflicts break out.

Nicht ganz klar ist, welches der Adressat dieser beiden Absätze ist. Eindeutig ist aber, dass Abschnitt 138 sich primär an den konkret betroffenen Staat richtet. Insofern besteht weitgehend Einigkeit, dass nur deklaratorisch die Pflichten jedes Staates wiedergegeben werden, auf dem eigenen Territorium schwerwiegende Menschenrechtsverletzungen zu verhindern. Insofern ist die Deklaration wenig innovativ.[287] Daneben werden die *international community* sowie die Vereinten Nationen als potentielle Akteure erwähnt. Als Randnotiz sei angemerkt, dass nach dem Wortlaut die Vereinten Nationen nicht als in der Pflicht stehend angesehen werden (mit Ausnahme der Beauftragung der Generalversammlung, sich weitergehend mit der Thematik zu befassen), sondern die internationale Gemeinschaft – sprich die Gemeinschaft der Staaten – zur Unterstützung der UN aufgefordert werden.[288] Es stellt sich nun die Frage, ob der in Abschnitt 139 formulierte Schutzauftrag politisch-moralischer oder auch juristischer Natur ist.

Eine Vielzahl von Autoren hat versucht, sich der Frage der Normativität anzunähern. Dabei sind zwei Schwächen relativ deutlich auszumachen. Erstens, der Schwerpunkt der Auseinandersetzungen mit der Thematik führt zumeist über kurz oder lang zur Frage nach der rechtlichen Zulässigkeit der sogenannten (unilateralen) humanitären Intervention.[289] Die Debatte bzgl. der Zulässigkeit einer soge-

---

[287] Zur Konzeption der Staatensouveränität als Verpflichtung siehe *Benzing*, in: König u.a. (Hrsg.), International Law Today, S. 20; *Stoll*, in: König u.a. (Hrsg.), International Law Today, S. 12 f.

[288] Daher ungenau, wenn *Gierycz*, GR2P 2010, 258, feststellt: "When states fail to protect their people from human rights violations and atrocities, the responsibility shifts to international organizations, including the United Nations." Zum Adressatenkreis, siehe auch *Stoll*, in: König u.a. (Hrsg.), International Law Today, S. 10.

[289] Siehe bspw. Schwerpunktsetzung bei *Verlage*, Responsibility to Protect, der den gesamten zentralen dritten Teil seiner Arbeit der militärischen Intervention widmet. Auch bei *Stahn*, AJIL 2007, geht es primär um diese Frage; so bspw. die Schlussfolgerungen S. 120. Auch *Boisson de Chazournes/Condorelli*, RGDIP 2006, 12, betonen die enge Nähe zur ehemaligen Debatte zu „droit (ou devoir) d'ingérence". Siehe auch *Bellamy*, EIA 2005, passim; *Brunnée/Toope*, J. Int'l & Int'l R. 2005, 122; *McClean*, JCSL 2008, 8; *Hamilton*, Harv. Hum. Rts. J. 2006, passim; *Morton/Singh*, JGR 2003, 55; *Payandeh*, Yale J. Int'l L. 2010, 485 ff.; *Reisman*, Case W. Res. J. Int'l L. 2007, 70; *Stoll*, in: König u.a. (Hrsg.),

nannten humanitären Intervention ohne Mandat des UN-Sicherheitsrats hat gezeigt, dass eine solche zwar teils als legitim,[290] aber vor allem im kontinentaleuropäischen, asiatischen und arabischen Raum zumeist nicht als legal erachtet wurde.[291] Bedenkt man zudem, dass diese Debatte nur das *Recht* zur Intervention betraf, so ist zu konstatieren, dass eine *Pflicht* zur Intervention kaum den für die Bildung von Gewohnheitsrecht nötigen Zuspruch erhalten hat und auch in absehbarer Zukunft nicht erhalten wird.[292]

Doch selbst wenn man die sogenannte humanitäre Intervention aus der Betrachtung ausklammert, ist zweitens festzustellen, dass fast sämtliche Untersuchungen der normativen Bedeutung der *Responsibility to Protect*[293] darauf verzichten, den Umfang der zu ermittelnden Schutznorm genauer zu definieren.[294] Eine pauschale Ablehnung – und Gleiches müsste man bei einer pauschalen Bejahung feststellen – der Normqualität der *Responsibility to Protect* ist indes nicht überzeugend. Die *Responsibility to Protect* als Konzept beinhaltet eine Vielzahl von Ansätzen, die Grundlage der Diskussion über etwaige konkretere normative Pflichtenstellungen sein können. Diese möglicherweise existierenden, rechtlich bindenden Verpflichtungen können jedoch stets nur Teilaspekte der *Responsibility to Protect* abbilden. Diese Ausdifferenzierung soll an dieser Stelle vorgenommen werden. Im Folgenden wird deshalb bestimmt, welche Kriterien die Norm erfüllen muss, um für die Untersuchungen im Rahmen dieser Arbeit von Bedeutung zu sein.

Zunächst ist ähnlich wie im Fall von Art. I Völkermordkonvention festzustellen, dass eine Schutzverpflichtung nicht in der Abwendung des Erfolgs – also des Völ-

---

International Law Today, S. 6; *de Waal*, IA 2007, 1047 f.; *Williams/Stewart*, Case W. Res. J. Int'l L. 2007, 97. *Domestici-Met*, GoJIL 2010, 954, stellt den Fokus ebenfalls fest, widmet den Großteil seiner Ausführungen dennoch der militärischen Komponente. Positiv daher *Scheffers* Feststellung im Hinblick auf Art. I Völkermordkonvention, vgl. *Scheffer*, Suff. Transnat'l L. Rev. 2001, 420: "Such language does not necessarily mean the use of military force." Kritik an der fehlenden wissenschaftlichen Auseinandersetzung mit dem Präventivvölkerrecht auch bei *Nasu*, JCSL 2009, 213, 217 f.

290 Vgl. *Bellamy*, EIA 2005, 34.

291 Siehe aber bspw. Art. 4 lit. h der Gründungsurkunde der Afrikanischen Union vom 11.7.2000.

292 *Glanville*, GR2P 2010, 299; *Schaller*, SWP-Aktuell, S. 5; *Verlage*, Responsibility to Protect, S. 223.

293 Zur Problematik der Wortwahl *Daillier*, in: Société Française pour le Droit International (Hrsg.), La Responsabilité de protéger, S. 41. Er stellt fest, dass die Wahl des Terminus „responsabilité" ungeeignet ist und durch „devoir" ersetzt werden sollte, da Ersterer erst die Konsequenz einer Verletzung einer Pflicht darstelle. Ebenso *Payandeh*, Yale J. Int'l L. 2010, 482 f.; *Szurek*, in: Société Française pour le Droit International (Hrsg.), La Responsabilité de protéger, S. 92; *Stoll*, in: König u.a. (Hrsg.), International Law Today, S. 7 f.

294 So bspw. *Brunnée/Toope*, J. Int'l & Int'l R. 2005, 127, 133; *McClean*, JCSL 2008, 13; *Kreuter-Kirchhof*, AdV 2010, passim; *Matthews*, B.B. Int'l & Comp. L. Rev. 2008, passim; *Müller-Wolf/Schneider*, S+F 2009, passim. Kritik daher auch bei *Payandeh*, Yale J. Int'l L. 2010, 482.

kermords – bestehen kann. Eine solche Garantiequalität ist der Grundkonzeption von menschenrechtlichen Schutzverpflichtungen absolut fremd. Dies muss auch und besonders für extraterritoriale Schutzpflichten gelten. Weiterhin soll die Untersuchung auf Situationen beschränkt werden, in denen ein Völkermord sich bereits abzeichnet und damit für den betroffenen Staat erkennbar geworden ist. Eine mögliche Verpflichtung, den Aufbau einer *early warning capacity* (Abschnitt 138) zu unterstützen, fällt damit aus dieser Untersuchung heraus. Auch das *capacity building* (Abschnitt 139) oder eine eventuell existierende *Responsibility to Rebuild* können hier außen vor bleiben.[295]

Weiter ist zu überlegen, ob die Einschränkung des IGH aus dem Völkermordurteil, das eingeforderte Verhalten dürfe nicht im Widerspruch zur Völkerrechtsordnung stehen, übernommen werden sollte. Wie bereits erwähnt, würde ein solches Erfordernis eine mögliche Schutzpflicht weitgehend limitieren. Darauf soll und muss an dieser Stelle allerdings nicht *en détail* eingegangen werden. So wurde bereits festgestellt, dass das Völkerrecht keine universelle Strafverfolgungspflicht *in absentia* kennt.[296] Die Nichtverfolgung eines extraterritorialen Akteurs stellt damit keinen Völkerrechtsverstoß dar, sodass ein Unterlassen der Strafverfolgung nicht im Widerspruch zur Völkerrechtsordnung stünde.

Schließlich ist zu klären, welches Verhalten von der zu ermittelnden Norm vorausgesetzt wird. Dabei ist es ausreichend, dass die Norm ein Unterlassen einfordert. Der Nichterlass oder eine Rücknahme eines Haftbefehls bzw. die Einstellung des Verfahrens (ggf. gekoppelt mit einer Garantieerklärung, auch in Zukunft nicht zu verfolgen) kann als ausreichend angesehen werden. Einer aktiven Schutzpflicht bedarf es im Rahmen der hier zugrunde liegenden Fragestellung nicht.

Damit lässt sich folgender Norminhalt als Basis für die weitergehende Untersuchung bestimmen:

> „Ein Staat ist verpflichtet, bei Kenntnis eines drohenden Völkermords, ein Verhalten zu unterlassen, welches kausal für die Begehung von Völkermord wäre, sofern das Verhalten nicht völkerrechtlich gefordert ist."

(2) Völkergewohnheitsrechtliche Geltung der Schutzpflicht im Hinblick auf Völkermord

Es stellt sich nun die elementare Frage, ob eine Norm im herausgearbeiteten Umfang völkergewohnheitsrechtliche Anerkennung gefunden hat. Wie bereits erwähnt, handelt es sich beim Völkergewohnheitsrecht um eine heikle Materie des internationalen Rechts. Die ureigene Konzeption, die auch Art. 38 IGH-Statut zugrunde liegt, setzt zur Bestimmung einer Norm des Völkergewohnheitsrechts eine *opinio iuris* und eine (harte) Staatenpraxis voraus. Wie bereits dargelegt, hat diese klassi-

---

295 Zur *Responsibility to Rebuild*, siehe *Verlage*, Responsibility to Protect, S. 342 ff.

296 Teil 3, I.D.

sche Ansicht unüberwindbare Schwächen, sodass an der Normenqualität von Völkergewohnheitsrecht und an dessen Bedeutung im Kanon der Völkerrechtsquellen Zweifel angemeldet werden können. Ebenso eindeutig ist jedoch, dass die Berufung auf Völkergewohnheitsrecht eine absolut gängige Praxis darstellt und einzig Rechtstheoretiker für einen Verzicht plädieren. Dies bedeutet jedoch nicht, dass die klassische Konzeption des Völkergewohnheitsrechts aufrechterhalten wurde oder werden sollte. Gewisse Klarstellungen – manche mögen diese als Erweiterungen ansehen – sind dringend notwendig. Im Folgenden soll das Völkergewohnheitsrecht als das gesehen und behandelt werden, was es *de facto* schon immer gewesen ist: eine diskursive Form der Rechtsetzung. Dies bedeutet, dass Stellungnahmen der Staaten im Rahmen der Ermittlung der Staatenpraxis eine herausragende Bedeutung zukommt. Daher soll zunächst nachgezeichnet werden, wie die Idee einer extraterritorialen Schutzpflicht in Bezug auf Völkermord in der Staatenwelt rezipiert wurde.

(a) Verbale Staatenpraxis

Den Schwerpunkt der Auseinandersetzung mit der Schutzverpflichtung bildet eine Betrachtung der Debatte um die Pflicht zur sogenannten humanitären Intervention sowie die damit (leider) eng verwandte Diskussion zur *Responsibility to Protect*.[297] Auch wenn die sogenannte humanitäre Intervention nicht Gegenstand der vorliegenden Untersuchung ist, ermöglicht ein Blick darauf jedoch Rückschlüsse auf die Einschätzung der Staaten im Hinblick auf die hier thematisierte restriktivere Pflichtenstellung. Eine vollständige Analyse der Staatenpraxis würde den Rahmen dieser Arbeit sprengen. Daher wird stark auf Vorarbeiten anderer Autoren zurückgegriffen. Allerdings sollen hier nur die zentralen Argumentationsmuster wiedergegeben werden.

Zwei schwerwiegende Gründe werden gegen eine Pflicht zur humanitären Intervention angeführt. Zum einen die dadurch drohende Beeinträchtigung staatlicher Souveränität.[298] Dieses Argument, so bedeutsam und valide es im Hinblick auf die humanitäre Intervention sein mag, kann jedoch nicht gegen die hier debattierte Pflicht vorgebracht werden, da diese nur legales Verhalten einfordert. Das zweite Argument betrifft die begrenzten Ressourcen der Staaten. Gegen die Normativität einer Schutzverpflichtung wurde des Öfteren vorgebracht, dass im Fall einer sol-

297 Man sollte stets bedenken, dass in politischen Diskursen klare Aussagen oft vermieden werden. So stellt *Hong*, Va. J. Int'l. L. 2008, 264, zutreffend fest: "Certainly, the ambiguities built into international legal institutions and treaties do not cause inaction, but they give reluctant international decision makers a way to justify inaction that results for other reasons."

298 Die R2P, als „humanitäre Intervention" unter anderem Namen, wird insbesondere aufgrund des möglichen Vorschiebens humanitärer Gründe kritisiert. Vgl. dazu auch *Kreuter-Kirchhof*, AdV 2010, 380. Dazu auch *McClean*, JCSL 2008, 25; *von Schorlemer*, Responsibility to Protect, S. 11.

chen Verpflichtung in mehr als nur unbedeutendem Maß politisches, finanzielles und personelles Kapital aufgebracht werden müsste.[299] Diese Argumentation ist im Hinblick auf die Debatte zur sogenannten humanitären Intervention verständlich, vermag im Hinblick auf den hier thematisierten Normenumfang jedoch ebenfalls nicht zu verfangen.

Exemplarisch sollen an dieser Stelle die Stellungnahmen zur Generalversammlungsdebatte zur *Responsibility to Protect* vom Juli 2009 dargestellt werden:[300]

Die europäischen Staaten unterstützen einhellig die *Responsibility to Protect*. Das Hauptaugenmerk richten sie dabei darauf, eine Reform des UN-Sicherheitsrats voranzutreiben oder zumindest einen zurückhaltenden Gebrauch des Vetos in Fällen von schwerwiegenden Menschenrechtsverletzungen einzufordern.[301] Die lateinamerikanischen Vertreter aus Nicaragua, Ecuador und vorwiegend Venezuela und Kuba kritisierten die *Responsibility to Protect* insofern, als sie als interventionistische Doktrin missbraucht werden könnte. Mit Ausnahme dieses Vorbehalts wird die *Responsibility to Protect* auf dem amerikanischen Kontinent ebenfalls unterstützt.[302] Ähnliche Vorbehalte wurden im asiatischen Raum von China, Sri Lanka, Nordkorea, Pakistan und Indien laut.[303]

Im afrikanischen Raum wurde einzig vom Sudan das Souveränitätsargument vorgebracht.[304] Einige afrikanische Länder wiesen zudem auf die Selektivität der Einmischung und den mangelnden Willen zur Einmischung seitens der internationalen Gemeinschaft hin. Beide Kritikpunkte wurden ebenfalls von Katar, Iran und der palästinensischen Autonomiebehörde geäußert. Zusammenfassend lässt sich feststellen, dass sämtliche Kritikpunkte nicht die vorliegende Fallkonstellation betreffen. Die grundsätzliche Zustimmung zur *Responsibility to Protect* kann daher als Zustimmung für den hier thematisierten Normeninhalt gewertet werden.[305]

---

299 Vgl. *Arbour*, RIS 2008, 445; *Hamilton*, Harv. Hum Rts. J. 2006, 294; *Hong*, Va. J. Int'l. L. 2008, 265; *Kreuter-Kirchhof*, AdV 2010, 376; *Nasu*, JCSL 2009, 219 f.; *von Schorlemer*, Responsibility to Protect, S. 10; *Williams/Stewart*, Case W. Res. J. Int'l L. 2007, 17 f.

300 Grundlage der Debatte war der Report des Generalsekretärs „Implementing the Responsibility to Protect".

301 Vgl. Zusammenstellung der Stellungnahmen durch die International Coalition for the Responsibility to Protect (ICRtoP), abrufbar unter: www.responsibilitytoprotect.org [Stand: 25.4.2013].

302 Vgl. a.a.O.

303 Vgl. a.a.O.

304 Vgl. a.a.O.

305 Ähnlich auch *Welsh/Banda*, GR2P 2010, 229. Eine ausführliche Analyse der Akzeptanz des Konzepts der R2P liefert *Loges*, FS für Menzel, passim.

(b) Opinio iuris

Für die Existenz einer *opinio iuris* spricht zunächst die weitgehende Ratifikation (141 Mitgliedstaaten: Stand November 2010) der Völkermordkonvention, die in Art. I die diesen Ausführungen zugrunde liegende Pflicht enthält.[306] Als Konvention mit menschenrechtlichem Kerngehalt, die nicht auf die gegen- und vor allem wechselseitige Inpflichtnahme der Mitgliedstaaten abzielt, erlaubt diese Rückschlüsse auf die *opinio iuris* der Staaten, die sich zur Ratifikation entschlossen haben. Auch lässt sich an dieser Stelle der Zusammenhang zu Art. 41 Staatenverantwortlichkeitsresolution herstellen. Zwar ist diese, wie dargestellt, nicht direkt als Schutzpflicht zu verstehen. Die Ähnlichkeit zur vorliegenden Fallkonstellation ist jedoch kaum zu übersehen. Sollten Staaten zur Beendigung einer rechtswidrigen Situation verpflichtet sein, obwohl sie diese nicht verursacht haben, dann erscheint es nur konsequent, auch die Verhinderung einer derartigen rechtswidrigen Situation als normativ verbindlich anzusehen. Sonst würden die Vorgaben der Staatenverantwortlichkeitsresolution weitestgehend ihren Sinn verlieren. Eine *opinio iuris* in dem oben determinierten Ausmaß kann demnach konstatiert werden.

(3) Übertragbarkeit auf Verbrechen gegen die Menschlichkeit und schwere Kriegsverbrechen

Insbesondere die Bezugnahme auf Art. I Völkermordkonvention ließe vermuten, dass eine präventive Schutzpflicht auf Fälle eines zu erwartenden Völkermords beschränkt ist. Dem kann und muss allerdings die Entwicklung des Völkerrechts und speziell des Völkerstrafrechts entgegengehalten werden. Zwar steht in der medialen Aufarbeitung von Konflikten und darin begangenen Verbrechen der Völkermord oder Genozid oftmals (fälschlicherweise) im Vordergrund.[307] Dies bedeutet jedoch nicht, dass sich das Rechtsregime im Hinblick auf die drei Deliktstypen heutzutage noch grundsätzlich unterscheiden würde. Deutlich wird dies nicht nur im Rom-Statut, wo in Art. 6 bis 8 die drei Verbrechen gleichberechtigt nebeneinander stehen. Auch das Konzept der *Responsibility to Protect* enthält keine Wertungsunterschiede, die eine Sonderbehandlung des Völkermords politischer oder juristischer Art zu begründen vermögen. Die drei sogenannten Kernverbrechen Völkermord, Verbrechen gegen die Menschlichkeit und (schwere) Kriegsverbrechen sind in ihren Übergängen fließend und im Hinblick auf die Schutzverpflichtung identisch zu behandeln.[308] Dafür sprechen letztlich auch praktische Erwägun-

---

[306] Siehe auch *Arbour*, RIS 2008, S. 449 f.; *Scheffer*, Case W. Res. J. Int'l L. 2007, 116; *von Schorlemer*, Responsibility to Protect, S. 3.

[307] Siehe dazu auch *Wade*, ICJR 2009, 151 f.

[308] Siehe auch *Arbour*, RIS 2008, 451; *McClean*, JCSL 2008, 26 f.; *Rice*, Genocide in Darfur, S. 15; *Rosenberg*, GR2P 2009, 461; *Scheffer*, Case W. Res. J. Int'l L. 2007, 112 f. Etwas extensiv dagegen die Ausweitung auf weitere Menschenrechte bei *Schweisfurth*, GYIL 1981, 177.

gen. Während zwar im Rahmen einer nachträglichen Beurteilung einer Situation (etwa im Strafverfahren) eine Differenzierung zwischen den Taten erfolgen kann, dürfte eine verschiedenartige rechtliche Behandlung im (naturgemäß unklaren) Vorstadium des eigentlichen Geschehens eine Schutz- bzw. Unterlassenspflicht leerlaufen lassen.

c) Adressaten der Schutzpflicht

Schließlich muss festgestellt werden, ob Drittstaaten auch Adressat der Verpflichtung sind oder nicht vielmehr die „internationale Gemeinschaft" als Völkerrechtssubjekt *sui generis* oder die Vereinten Nationen als dessen stellvertretend handelnder Akteur. Die herausgearbeitete Pflicht ist allerdings eine Pflicht zu Unterlassen. Damit ist eindeutig, dass jedes konstitutive Mitglied der internationalen Gemeinschaft eigenständig die Pflicht erfüllen kann und somit jeder Staat als Adressat der Verpflichtung angesehen werden muss.[309]

d) Zwischenergebnis

Es lässt sich feststellen, dass Drittstaaten grundsätzlich *verpflichtet sind, bei Kenntnis drohender Kernverbrechen (Völkermord, Verbrechen gegen die Menschlichkeit, schwere Kriegsverbrechen) ein Verhalten zu unterlassen, welches kausal für die Begehung von Kernverbrechen wäre, sofern das Verhalten nicht völkerrechtlich gefordert ist.*[310]

B. Internationaler Strafgerichtshof

Nicht ganz so eindeutig ist, ob auch andere Völkerrechtssubjekte und insbesondere der IStGH Adressat der völkergewohnheitsrechtlichen und völkervertragsrechtlichen Schutznorm sein können. Dafür sollen der konkreten Fallfrage zunächst ein paar einleitende Bemerkungen zur Rechtsbindung internationaler Organisationen vorangestellt werden.

---

309 *Benzing*, in: König u.a. (Hrsg.), International Law Today, S. 20; *von Schorlemer*, Responsibility to Protect, S. 6.

310 Im Ergebnis wohl auch *Arbour*, RIS 2008, 447 f.; *Rice*, Genocide in Darfur, S. 3; *Toope*, McGill L. J. 2000, 193.

1. Bindung internationaler Organisationen an das Völkerrecht

Internationale Organisationen (IO) als abgeleitete Völkerrechtssubjekte[311] verfügen nicht nur über Rechte.[312] Sie befinden sich ebenso in einer völkerrechtlichen Pflichtenstellung.[313] Das Handeln eines jeden abgeleiteten Völkerrechtssubjekts muss sich rechtlich zunächst an den expliziten und impliziten Vorgaben des Gründungsvertrags messen lassen. Über den Gründungsvertrag hinaus können IO und ihre Organe allerdings auch anderweitigen völkerrechtlichen Bindungen unterliegen.[314] So können, sofern im Gründungsstatut vorgesehen, IO völkerrechtliche Verträge mit anderen Völkerrechtssubjekten abschließen und daher im Außenverhältnis rechtlich gebunden sein.[315] Im hiesigen Zusammenhang stellt sich allerdings die Frage, ob eine Rechtsbindung auch aus Völkergewohnheitsrecht resultieren oder aus den rechtlichen Bindungen der Mitgliedstaaten einer IO abgeleitet werden kann.

Es besteht weitgehend Einigkeit darüber, dass grundsätzlich eine Bindung von IO an Völkergewohnheitsrecht gegeben ist. Sie operieren im Hinblick auf gewohnheitsrechtliche Normen also nicht im luftleeren (bzw. völkerrechtsfreien) Raum.[316] Auch *Giorgio Gaja*, Special Rapporteur der *International Law Commission* zur Thematik *Responsibility of international organizations* stellt fest, dass grundlegende Regeln zur Staatenverantwortlichkeit auch für die Verantwortlichkeit von IO Geltung beanspruchen können und schlägt daher folgenden Wortlaut für den zukünftigen Art. 8 einer Resolution zur Verantwortlichkeit von IO vor:

---

311 *Walter*, in: MEPIL (online), Subjects of International Law, para. 26.

312 Siehe bspw. IGH(*Reparations for Injuries*), S. 177 ff.

313 *Müller*, Verantwortlichkeit internationaler Organisationen, S. 79 m.w.N.; *Sands/Klein*, Bowett's law of international institutions, S. 518; *Schröder*, in: Vitzthum (Hrsg.), S. 598; *Zwanenburg*, IOLR 2008, 25. Siehe auch ICTY(*Simić et al.*), Decision on Motion for judicial assistance to be provided by SFOR and others, Entscheidung der Verfahrenskammer, vom 18.10.2000, para. 46.

314 IGH(*WHO-Gutachten*), para. 37. Vgl. *Ahmed/Butler*, EJIL 2006, 776; *Ginther*, Verantwortlichkeit internationaler Organisationen gegenüber Drittstaaten, S. 184; *Müller*, Verantwortlichkeit internationaler Organisationen, S. 63.

315 Siehe *Seidl-Hohenveldern/Loibl*, Recht internationaler Organisationen, S. 4; siehe auch Wiener Konvention über das Recht der Verträge zwischen Staaten und internationalen Organisationen.

316 ILA 2004, 18; *Ahmed/Butler*, EJIL 2006, 772; *Glick*, Mich. J. Int'l L. 1995, passim; *Halberstam/Stein*, CML 2009, 13; *Heselhaus*, ZaöRV 2002, 927; *Mégret/Hoffmann*, HRQ 2003, 317; *Müller*, Verantwortlichkeit internationaler Organisationen, S. 64; *Murphy*, CLF 2003, 180; *Nettesheim*, CML 2007, 584; *Peters*, AdV 2010, 50; *Reinisch*, AJIL 2001, 855; *Suzuki/Nanwani*, Mich. J. Int'l L. 2005, 195; *Thallinger*, ZaöRV 67 (2007), 1022; *Tittemore*, Stan. J. Int'l L. 1997, 107; *Tomuschat*, YEL 2010, 657. Siehe auch EGMR(*Waite and Kennedy*), para. 67. EuGH(*Racke*), paras. 45 f., dazu auch Schlussantrag Generalanwalt *Jacobs*, para. 77, ECR[1998], I-3679.

"1. There is a breach of an international obligation by an international organization when an act of that obligation is not in conformity with what is required of it by that obligation, *regardless of its origin and character*." [Hervorhebung des Autors][317]

Damit erkennt *Gaja* dem Grunde nach eine Bindung IO an Völkergewohnheitsrecht an.[318] Trotz einhelliger Zustimmung zu der Grundaussage, dass IO an allgemeine völkergewohnheitsrechtliche Normen gebunden sind, wird selten hinterfragt, warum sie an derartige Normen gebunden sein sollen. So entstehen völkergewohnheitsrechtliche Normen aus der Praxis von Staaten, die sich aufgrund ihres Verhaltens eine Selbstbindung auferlegen. Deshalb verwundert es, dass eine Bindung von IO an völkergewohnheitsrechtliche Normen als Selbstverständlichkeit akzeptiert wird.

Es gilt demnach im Folgenden zu untersuchen, wie sich eine Rechtsbindung von IO an völkergewohnheitsrechtliche Normen begründen lässt. Ebenfalls ist zu überlegen, ob IO auch an Inhalte von völkerrechtlichen Verträgen gebunden sind, die von ihren Mitgliedstaaten abgeschlossen wurden. Mit Ausnahme der bereits erwähnten kursorischen Kommentare des IGH zur Rechtsbindung der Vereinten Nationen haben sich vor allem die Gerichte der EG mit dieser Frage befasst. Auch wenn in der Literatur oftmals auf die Rechtsprechung des EGMR eingegangen wird, soll dies hier unterbleiben. Dieser hat sich zwar vielfach zur Problematik des Menschenrechtsschutzes bei der Einbindung internationaler und supranationaler Institutionen befasst (insbesondere in den Rechtssachen *Behrami*, *Saramati*[319] und *Bosphorus*[320]). Dabei stand allerdings die Auswirkung der Schaffung von internationalen und supranationalen Organisationen auf die Verantwortlichkeit der Mitgliedstaaten im Fokus, nicht aber die Verantwortlichkeit dieser Organisationen selbst.

a) EG-Gerichte und die Frage der Rechtsbindung internationaler Organisationen

Mit der Frage der Rechtsbindung internationaler bzw. supranationaler Organisationen haben sich der Europäische Gerichtshof und das Europäische Gericht erster

---

317 ILC, Third report on responsibility of international organizations, para. 24. Siehe auch EGMR(*Waite and Kennedy*), para. 67.

318 Das von ihm gewählte Beispiel ist insofern aufschlussreich: "The same type of obligation [positive conventional obligation] may well exist for an international organization also under a rule of general international law. As an example, one may take the failure of the United Nations to prevent genocide in Rwanda. Assuming that general international law requires State and other entities to prevent genocide in the same way as the Convention on the Prevention and Punishment of Genocide, and that the United Nations had been in a position to prevent genocide, failure to act would have represented a breach of an international obligation.", ICL, Third report on responsibility of international organizations, para. 10.

319 EGMR(*Behrami and Saramati*), passim.

320 EGMR(*Bosphorus*), passim.

Instanz in der Rechtssache *Kadi u.a.* und der EuGH bereits in der Rechtssache *International Fruit Company* auseinandergesetzt. Das Hauptaugenmerk soll auf der aktuelleren Rechtsprechung im Fall *Kadi u.a.* liegen. An dieser Stelle wird daher nur prägnant die zentrale Aussage des EuGH in der Rechtssache *International Fruit Company* erwähnt. Darin ging es um die Bedeutung von GATT-Normen in der E(W)G-Rechtsordnung. Der EUGH stellt fest:

> „Soweit also die Gemeinschaft aufgrund des EWG-Vertrages früher von den Mitgliedstaaten im Anwendungsbereich des GATT ausgeübte Befugnisse übernommen hat, ist sie an die Bestimmungen dieses Abkommens gebunden.“[321]

Die Rechtssache *Kadi u.a.* ist mit der Rechtssache *Intertanko* der aktuellste Fall, in dem sich europäische Gerichte mit der Fragestellung der Rechtsbindung von IO (bzw. supranationalen Organisationen) auseinandergesetzt haben. Historischer Hintergrund der Rechtssache *Kadi u.a.* ist die seit dem 11. September 2001 an steter Bedeutung gewinnende Bekämpfung des internationalen Terrorismus. Angesichts der weitreichenden Konsequenzen der Attentate auf das World Trade Center in New York und der (militärischen) Reaktion darauf war es zu erwarten, dass auch der UN-Sicherheitsrat nicht untätig bleibt. Mit Resolution 1371 (2001) hat dieser einen UN-Sanktionsausschuss eingerichtet, der Sanktionen gegen mutmaßliche Unterstützer internationaler Terrornetzwerke koordiniert. Die Sanktionen, u.a. das Einfrieren von Konten, sollen alle Personen treffen, die auf der Sanktionsliste des Ausschusses aufgeführt sind. Der Sicherheitsrat verpflichtet damit alle Mitgliedstaaten der Vereinten Nationen zur Vornahme bestimmter Sanktionsmaßnahmen und stützt sich dabei auf seine Befugnisse gemäß Art. 24, 39 ff. UN-Charta.

Die Durchführung von Finanz- und Wirtschaftssanktionen fällt in Europa nicht mehr in die Kompetenz der Mitgliedstaaten. Die Regelungskompetenz ist insoweit an die EG abgetreten worden. Mit den Verordnungen 337/2000, 467/2001[322] und 881/2002 wurden die inhaltlichen Vorgaben der UN-Sicherheitsratsresolution 1371(2001) im europäischen Recht umgesetzt. Der u.a. vom Einfrieren von Konten Betroffene, *Kadi*, setzte sich gegen die Umsetzungsmaßnahmen der EG zur Wehr und machte dabei geltend, dass er durch die EG-Maßnahmen in elementaren Menschenrechten verletzt worden sei. Die Details des Falls sollen hier nicht weiter erörtert werden, sie sind ausführlich in der Literatur analysiert worden. Interessant ist vielmehr, welche Bedeutung die Gerichte den verpflichtenden Regelungen der UN-Sicherheitsratsresolution beigemessen haben. Zu analysieren ist demnach, wie die europäischen Gerichte die Frage der Rechtsbindung internationaler Organisationen sehen.

---

[321] EuGH(*International Fruit Company*), para. 18.

[322] Geändert durch Verordnung 2062/2001.

aa) Europäisches Gericht erster Instanz

Das Europäische Gericht erster Instanz traf dazu folgende für den hiesigen Fall relevante Feststellungen:

> "[...] the Community as such is not directly bound by the Charter of the United Nations [...]. The reason is that the Community is not a member of the United Nations, or an addressee of the resolutions of the Security Council, or the successor to the rights and obligations of the Member States for the purposes of public international law."[323]

Diese Aussagen beruhen auf einer formaljuristischen Betrachtung der Gegebenheiten und deuten zunächst darauf hin, dass eine Rechtsbindung der Gemeinschaft abzulehnen sei. Das Gericht trifft aber drei weitere Feststellungen, die in diesem Zusammenhang aufschlussreich sind. Zunächst stellt es fest:

> "Nevertheless, the Community must be considered to be bound by the obligations under the Charter of the United Nations in the same way as its Member States, *by virtue of the Treaty establishing it*." [324]

Diesem Verweis folgt eine allgemein gehaltene, prinzipiengeleitete Argumentation, die bereits in der Rechtssache *International Fruit Company* zum Ausgangspunkt für die Rechtsbindung der Gemeinschaft gemacht wurde.

> "By concluding a treaty between them they could not transfer to the Community more powers than they possessed or withdraw from their obligations to third countries under that Charter."[325]

Ein weiteres Argument klingt an, wenn das Gericht feststellt:

> "[...] a *duty* on the part of the institutions of the Community *not to impede the performance of the obligations of Member States* [...]."[326]

Diese drei Zitate sollen zum Gegenstand der folgenden Betrachtung gemacht werden. Dabei kann festgehalten werden, dass nur die zweite Aussage vom Gerichtshof konsequent aufrechterhalten wird, während die erste und letzte Aussage nicht entscheidungsrelevant geworden sind.

Als Erstes soll der etwas unklare Zusatz des ersten Zitats („by virtue of the Treaty establishing it") in den Blick genommen werden. Hier sind zwei Deutungsweisen denklogisch möglich. Zunächst könnte es sich dabei um einen Verweis auf einen Anwendungsbefehl für Völkerrechtsnormen in der internen Rechtsordnung handeln. Es würde somit, im Sinne der dualistischen Völkerrechtslehre, klargestellt, dass eine Bindung der Organe der EG (und nicht der EG als Völkerrechtssubjekt) nur durch implizite oder explizite Inkorporation der Völkerrechtsnorm in die interne EG-Rechtsordnung entstehen könnte. Ob dies so ist, kann dahinstehen, setzt dies doch logisch voraus, dass eine Bindung der EG an das Völkerrecht existiert. Der Zusatz ließe sich aber auch anders interpretieren. So könnten die in den

---

323 EuGeI(*Kadi*), para. 193.

324 A.a.O., para. 194 [Hervorhebung des Autors].

325 A.a.O., para. 195.

326 A.a.O., para. 197 [Hervorhebung des Autors].

Gründungsverträgen der EG niedergelegten Bekenntnisse zur Kooperationswilligkeit mit den Vereinten Nationen eine rein EG-interne Pflicht zur Umsetzung von UN-Sicherheitsratsbeschlüssen begründen, unabhängig von einer völkerrechtlichen Bindungswirkung dieser Resolutionen. Betrachtet man jedoch die weiteren Ausführungen des Gerichts, dann wird ersichtlich, dass diese Interpretation dem Urteil wohl nicht zugrunde lag.[327] So stellte das Gericht erster Instanz im weiteren Verlauf fest, dass es, außer in Fällen von Verletzungen von *ius cogens*-Normen,[328] nicht zur Überprüfung der beanstandeten Menschenrechtsverletzung befugt sei. Hätte es sich aber um eine rein interne Pflicht zu kooperativem Verhalten gehandelt, wären Beschränkungen des Prüfungsumfangs nicht statthaft. Das erste Zitat vermag daher nicht zu erklären, warum das Gericht die EG als völkerrechtlich gebunden ansieht.

Ähnliches lässt sich zum dritten erwähnten Zitat sagen. Rückt man nämlich die Rücksichtnahmepflicht gegenüber den Mitgliedstaaten in den Mittelpunkt der Betrachtung, so muss man feststellen, dass es sich dabei ebenfalls um eine rein EG-interne Regelung handelt, eine Beschränkung des Prüfungsumfangs daher nicht statthaft gewesen wäre.[329]

Weitergehende Beachtung verdient dagegen der im zweiten Zitat und in der Rechtssache *International Fruit Company* vertretene Ansatz.[330] Dieser vermeidet jeglichen Bezug zur EG-Rechtsordnung, stattdessen hat er primär die Völkerrechtsbindung der Mitgliedstaaten im Blick. Damit ist das Argumentationsmuster grundsätzlich auf jegliche Art von IO übertragbar. Zentrale Feststellung ist, dass (Mitglied-)Staaten sich nicht ihrer völkerrechtlichen Bindungen entziehen können, indem sie bestimmte Aufgaben an eine IO ausgliedern. Um die Einhaltung der völkerrechtlichen Pflichten zu wahren, substituiert die IO insofern die Mitgliedstaaten in ihrer Pflichtenstellung. Dabei bleibt die völkerrechtliche Verpflichtung als EG-

[327] Wohl auch *de Búrca*, Harv. Int'l L. J. 2010, 28. Anders interpretieren aber *Halberstam/Stein*, CML 2009, 45, das Urteil.

[328] EuGel(*Kadi*), para. 226. Krit. zum Umfang der vom Gerichtshof als *ius cogens* in Erwägung gezogenen Menschenrechtsverletzungen *Ahmed/Butler*, EJIL 2006, 780; *de Búrca*, Harv. Int'l L. J. 2010, 22 m.w.N.; *Tomuschat*, CML 2006, 551. Sogar weitergehendes Überprüfungsrecht befürwortend dagegen *Cardwell/French/White*, ICLQ 2009, 237; *Pavoni*, YEL 201, 629. Interessant ist, dass die Interpretation des Gerichts erster Instanz potentiell weitaus schwerwiegendere Konsequenzen für die Integrität des UN-Systems haben konnte. Schließlich beurteilt dieses, anders als der EuGH(*Kadi et al.*), para. 287, die Rechtmäßigkeit der Resolution als solche. Hätte das Gericht einen Verstoß gegen *ius cogens* festgestellt, so hätte es die Rechtswidrigkeit der UN-Resolution feststellen müssen, auf die sich andere Staaten dann hätten direkt berufen können. Krit. dazu *D'Aspremont/Dopagne*, IOLR 2008, 375.

[329] Fraglich daher die Betonung des Art. 10 EG-Vertrag bei *Hilpold*, Max Planck UNYB 2006, 161, und die nicht weiter dargelegte Erklärung bei *Stenhammar*, NJIL 2010, 126, eine Rechtsbindung der EG sei nicht festgestellt worden.

[330] Siehe auch EuGel(*Kadi*), para. 230. So auch *Hilpold*, Max Planck UNYB 2006, 160; *Tomuschat*, YEL 2010, 657, 659.

externe Rechtsnorm erhalten. Insoweit die EG also an die Stelle ihrer Mitgliedstaaten tritt, bleibt sie nach Ansicht des Gerichts erster Instanz an Resolutionen des UN-Sicherheitsrats gebunden.

bb) Europäischer Gerichtshof

Auch der EuGH wurde in der Rechtssache *Kadi u.a.* aktiv. Er folgte dem Gericht erster Instanz aber nicht und gab den Klägern im Ergebnis Recht. Obwohl der EuGH zu einem anderen Ergebnis kam, kann man festhalten, dass er die hier aufgeworfene Rechtsfrage nicht grundsätzlich anders bewertet hat.[331] So hat der EuGH nicht prinzipiell negiert, dass die Gemeinschaft durch das externe völkerrechtliche Gebot grundsätzlich gebunden ist.[332] Andernfalls hätte er formalistisch argumentieren können und den Menschenrechtsschutz der EG mit dem Gebot der UN- bzw. Völkerrechtsfreundlichkeit bzw. dem Rücksichtnahmegebot abwägen können. Einen solchen Weg hat der EuGH jedoch nicht eingeschlagen. Vielmehr hat er, ähnlich wie das Bundesverfassungsgericht in den *Solange*-Entscheidungen[333] und der EGMR im *Bosphorus*-Fall, das Tätigkeitsspektrum eines zentralen EG/EU-Organs abgesteckt. Im Kern lässt sich das Urteil daher wie folgt auf den Punkt bringen: Auch wenn die EG als Völkerrechtssubjekt durch Verabschiedung der Sicherheitsratsresolution 1371 (2001) zur Beachtung externer völkerrechtlicher Bindungen verpflichtet sein mag, bedeutet dies nicht, dass die Organe der EG deshalb interne normative Vorgaben und insbesondere menschenrechtliche Grundstandards unberücksichtigt lassen dürfen.[334] Ähnlich hatte auch der Generalanwalt *Maduro* argumentiert:

> "Thus, it would be wrong to conclude that, once the Community is bound by a rule of international law, the Community Courts must bow to that rule with complete acquiescence and apply it unconditionally in the Community legal order."[335]

Damit hat der EuGH, wie *Wessel* feststellt, einen guten Weg aus dem Dilemma („smart way out of the dilemma") gefunden.[336] Er fällt kein Urteil über die Recht-

---

331 Wie *Tomuschat*, YEL 2010, 657, konstatiert, wird die Frage vom EuGH nicht explizit thematisiert. So auch *Cardwell/French/White*, ICLQ 2009, 239. *Hilpold*, Max Planck UNYB 2006, 144, geht sogar weiter und hält die Abkehr des EuGH vom EuGeI für politisch bedingt. Ähnlich *Nettesheim*, CML 2007, 581.

332 EuGH(*Kadi et al.*), paras. 314–316. Vgl. dazu auch *Aust*, IOLR 2009, 293–298; *Lavranos*, YEL 2010, 617.

333 *D'Aspremont/Dopagne*, IOLR 2008, 378; *Halberstam/Stein*, CML 2009, 59; *Hilpold*, Max Planck UNYB 2006, 179.

334 EuGH(*Kadi et al.*), para. 316; *Ahmed/Butler*, EJIL 2006, 773; *Hilpold*, Max Planck UNYB 2006, 167; *R. Wessel*, IOLR 2008, 325.

335 Opinion of Advocate General *Poiares Maduro*, C-402/05 P, 16.1.2008, para. 24. Ähnlich auch *Pavoni*, YEL 2010, 634.

336 *R. Wessel*, IOLR 2008, 326. Als positiv bewertet im Hinblick auf die Förderung des Grundrechtsschutzes *Lavranos*, YEL 2010, 625; *Scheinin*, YEL 2010, 650; *Tomuschat*, CML 2006, 551. Krit. aufgrund einer möglichen Beeinträchtigung der Effektivität von

mäßigkeit der Sicherheitsratsresolution, erklärt aber den europäischen Maßstab des Menschenrechtsschutzes für die Umsetzungsmaßnahmen durch EG-Organe als handlungsleitend.[337] Ein gewisser Werterelativismus ist kaum zu übersehen, soll aber nicht weiter Thema sein. Im Übrigen sei hier noch angemerkt, dass der EuGH durchaus konsequent dem Art. 103 UN-Charta keine besondere Aufmerksamkeit beimisst.[338] Folgt man seiner Begründung, so besteht kein Normenkonflikt zwischen Normen gleicher Ordnung, sondern nur zwischen EG-internen und EG-externen Normen.[339] Ein solcher „Konflikt" entspricht nicht dem Regelungsgehalt des Art. 103 UN-Charta, sondern ist eher vergleichbar mit Art. 27 WVK.

Zwar haben sowohl das Gericht erster Instanz als auch der EuGH die abgeleitete Rechtsbindung der EG anerkannt. Allerdings haben beide Gerichte ebenso erklärt, dass nicht jegliche Pflichten der Mitgliedstaaten auf die Gemeinschaft übergehen. So betont der EuGH im *Intertanko*-Urteil, dass der Grad der Rechtsbindung an das Völkerrecht von der übertragenen Materie abhängt. Die EG könne nicht in Politikfeldern ans Völkerrecht gebunden sein, in denen sie über keine Handlungsbefugnisse verfügt.[340] Diese Beschränkung ergibt sich allerdings bereits aus der Begründung der Rechtsbindung selbst. Beruht die Bindung der Gemeinschaft auf der Grundlage, dass die Mitgliedstaaten sich nicht durch Schaffung einer IO freizeichnen dürfen und können, so ist es nur konsequent, den Umfang der abgeleiteten Pflichten in gleichem Maße zu beschränken.[341] Im Übrigen bedeutet eine Anerkennung einer derartigen Pflicht nicht, dass der Mitgliedstaat dem Grunde nach von seiner Pflicht freigestellt wäre.[342] Unter Umständen kann es jedoch zu einem Wegfall der Verantwortung kommen, wenn dem Staat keinerlei Kontrollbefugnisse mehr zustehen.[343]

UN-Maßnahmen dagegen *Aust*, IOLR 2009, 298. Reflektiert *Cardwell/French/White*, ICLQ 2009, 240; *Hilpold*, Max Planck UNYB 2006, 175 ff.

337 Zur dualistischen Sichtweise des EuGH, siehe auch *de Búrca*, Harv. Int'l L. J. 2010, 2.

338 Kritisiert von *Aust*, IOLR 2009, 295; *Cardwell/French/White*, ICLQ 2009, 240; *Tomuschat*, YEL 2010, 660.

339 *D'Aspremont/Dopagne*, IOLR 2008, 376. Zum Vergleich mit der Relation Völkerrecht – nationale Rechtsordnung, S. 373. Siehe auch *Halberstam/Stein*, CML 2009, 47; *Pavoni*, YEL 2010, 629. Bereits 2006 auch *Tomuschat*, CML 2006, 541.

340 Siehe dazu die Ausführungen bei *van Rossem*, NYIL 2009, 186 f., aber auch die Kritik an der Beschränkung im *Intertanko*-Urteil, S. 223.

341 Problematisch daher die Forderung von *Ahmed/Butler*, EJIL 2006, 796 ff., auch positive Handlungspflichten im Bereich des Menschenrechtsschutzes auf subsidiäre Völkerrechtssubjekte übergehen zu lassen. Diskutiert ebenfalls bei *Halberstam/Stein*, CML 2009, 48; *van Rossem*, NYIL 2009, 214.

342 *Ahmed/Butler*, EJIL 2006, 783; *Halberstam/Stein*, CML 2009, 22.

343 Siehe dazu die Entscheidungen des EGMR(*Behrami and Saramati*), die nicht zu Unrecht aufgrund einer entstehenden Rechtsschutzlücke kritisiert wurden. Zur Thematik auch *Hakimi*, EJIL 2010, 358 ff. Auf die Möglichkeit der Haftung internationaler Organisationen soll an dieser Stelle nicht eingegangen werden.

b) Generalisierbare Erkenntnisse

Folgt man den Gemeinschaftsgerichten in ihrer Begründung für die Rechtsbindung von IO, dann lassen sich die Aussagen durchaus auf andere Institutionen übertragen. So wird auch in der Literatur ersichtlich kein grundsätzlicher Widerspruch gegen eine derartige abgeleitete Pflichtenstellung erhoben.[344] Das Begründungsmuster, welches in den Rechtssachen *International Fruit Company* und *Kadi u.a.* von den Gemeinschaftsgerichten in den Vordergrund gerückt wurde, ist ersichtlich nicht nur auf Fälle der völkervertraglichen Bindung von Mitgliedstaaten, sondern auch auf völkergewohnheitsrechtliche Verpflichtungen der Staaten anwendbar. Die insoweit weitgehend undifferenziert bejahte Bindung von IO an völkergewohnheitsrechtliche Normen lässt sich dementsprechend begründen. Außerdem ist so auch zu erklären, warum nicht sämtliche völkergewohnheitsrechtliche Normen IO binden.[345]

Die Tatsache, dass eine IO einer abgeleiteten völkerrechtlichen Bindung unterliegt, bedeutet allerdings nicht, dass die normativen Vorgaben für jede ihrer Handlungen Berücksichtigung finden müssen. So ist beispielsweise im Fall von *Peacekeeping*-Einsätzen der Vereinten Nationen zu überlegen, ob sämtliche Normen des Kriegsvölkerrechts (obwohl für die UN bindend) auch für jede Aktivität passgenaue Anwendung finden können. Es ist auch zu bezweifeln, ob *Peacekeeper* trotz militärischer Ausstattung und Auftretens legitimes Ziel bewaffneter Aktionen – also Konfliktparteien – sein können.[346] Es bedeutet ebenfalls nicht zwangsläufig, dass die Organe der IO stets zwingend an die völkerrechtliche Norm gebunden sind. Das interne Recht der Organisation bestimmt insofern, ob und inwieweit völkerrechtskonformes Verhalten einforderbar ist.

Eine gewisse Unklarheit besteht allerdings noch dahingehend, wie die Ableitung der Pflichtenstellung konzeptionell einzuordnen ist und wie sie am treffendsten zu

---

344 *Ahmed/Butler*, EJIL 2006, 772; *Brownlie*, in: Ginther u.a.. (Hrsg.), FS für Zemanek, S. 300; *Halberstam/Stein*, CML 2009, 22 f.; *Mégret/Hoffmann*, HRQ 2003, 318; *Meng*, ZaöRV 45 (1985), 332; *Murphy*, CLF 2003, 180; *Oppermann/Classen/Nettesheim*, Europarecht, S. 192, Rn. 15; *Reinisch*, AJIL 2001, 858; *Schreuer*, in: Ginther u.a. (Hrsg.), FS für Zemanek, S. 237; *Thallinger*, ZaöRV 67 (2007), 1026; *Tomuschat*, YEL 2010, 658 f.; *White*, in: White/Klaasen (Hrsg.), The UN, S. 463 f. Krit., aber ohne Begründung, dagegen *D'Aspremont/Dopagne*, IOLR 2008, 379. *Nettesheim*, CML 2007, 585, lehnt eine Rechtsbindung ab. Aus seiner Sicht verbleiben mangels exklusiver Kompetenz der EG noch Regelungsbefugnisse der Mitgliedstaaten. Damit stellt *Nettesheim* jedoch kein grundsätzliches Argument gegen die Rechtsbindung der EG in den Vordergrund. Zudem kritisiert er, dass eine Rechtsbindung daran scheitern müsste, dass die EG über keine Mitwirkungsbefugnisse im Rahmen der UN verfügt. Dies widerlegt jedoch nicht das Umgehungsargument, siehe dazu auch *van Rossem*, NYIL 2009, 214.

345 Siehe dazu bereits *Bleckmann*, ZaöRV 37 (1977), 113.

346 Vgl. zur Debatte *Glick*, Mich. J. Int'l L. 1995, 70 ff.; *Halberstam/Stein*, CML 2009, 21; *Mégret/Hoffmann*, HRQ 2003, 318 ff.; *Murphy*, CLF 2003, 154, 170; *Tittemore*, Stan. J. Int'l L. 1997, 108.

beschreiben ist. Die europäischen Gerichte sprechen seit dem Urteil in der Rechtssache *International Fruit Company* insofern von *functional succession*. Es erscheint jedoch fraglich, ob dieser Begriff den Kern der Problematik zutreffend wiedergibt oder ob nicht vielmehr der von *Halberstam* und *Stein* verwendete Begriff „Prinzip der *non-circumvention*“ einer konzeptionellen Klarheit förderlicher ist.[347]

Bei der Gründung einer IO handelt es sich nicht um eine der Staatennachfolge vergleichbare Situation. Sie ersetzt den Staat schließlich nicht in seiner Rechten- und Pflichtenstellung. Dieser bleibt vielmehr weiterhin verantwortlich. Außerdem vermag die Konzeption der Nachfolge nicht die Grenzen der Völkerrechtsbindung der IO zu erklären. Sieht man die abgeleitete Pflicht dagegen als Resultat eines Umgehungsverbots, so lässt sich nicht nur erklären, *dass* die IO an das Völkerrecht gebunden ist, sondern auch *inwieweit*. Dem Umgehungsverbot ist die bereits oben erwähnte Begrenzung der Pflichtenstellung inhärent. Schließlich zeigt der Begriff deutlicher auf, dass die Pflichtenstellung der Mitgliedstaaten im Vordergrund steht und es einer expliziten oder impliziten Anerkennung der völkerrechtlichen Pflicht in den Gründungsstatuten der IO nicht bedarf, um deren völkerrechtliche Pflichtenstellung zu begründen. Insofern ließe sich sogar vertreten, dass auch nachträglich eingegangene Völkerrechtsbindungen der Mitgliedstaaten (seien diese völkervertragsrechtlicher oder völkergewohnheitsrechtlicher Natur) durchaus zu einer Rechtsbindung der IO führen können. Ob diese Verpflichtungen allerdings im Rahmen der internen Rechtsordnung Berücksichtigung finden können, ist wiederum eine andere Frage. Da die Staaten durchaus IO schaffen können, die in ihrer internen Rechtsordnung externe völkerrechtliche Einflüsse zu ignorieren in der Lage sind, bedeutet die hier vertretene Konzeption der abgeleiteten Völkerrechtsbindung auch keine Beschränkung der Vertragsfreiheit.[348]

2. Bindung des Internationalen Strafgerichtshofs an das Völkerrecht

Wie bereits herausgearbeitet, gilt es bei der Frage der Rechtsbindung von IO sehr präzise zu sein. IO sind, sofern sie über Völkerrechtssubjektivität verfügen, sowohl das Produkt eines völkerrechtlichen Normbildungsprozesses als auch eigenständige völkerrechtliche Akteure. Als Akteur unterliegt die IO, wie oben dargestellt, externen völker(gewohnheits)rechtlichen Bindungen. Im Folgenden soll gezeigt werden, dass die bisherigen Erkenntnisse auf den IStGH übertragbar sind. An dieser Stelle soll aber noch nicht thematisiert werden, ob und inwieweit die Organe des IStGH einer Bindung an externe Völkerrechtsnormen unterliegen. Darauf wird in Teil 6 ausführlich einzugehen sein. Art. 4 (1) RS legt fest:

The Court shall have international legal personality.

---

347 *Halberstam/Stein*, CML 2009, 21; siehe bereits *Bleckmann*, ZaöRV 37 (1977), 118.

348 Daher fraglich die Ausführungen bei *Schrotz*, Individualrechtsverletzungen, S. 176 f.

Das Rom-Statut deklariert den IStGH damit als Völkerrechtssubjekt. Anders als im Fall von Staaten, lässt sich die Völkerrechtssubjektivität abgeleiteter Völkerrechtssubjekte allerdings grundsätzlich nur denjenigen Staaten entgegenhalten, die die Akzeptanz dieses Statuts bekundet haben. Mit Ausnahme der Vereinten Nationen, denen der IGH im *Reparations for Injuries*-Fall eine objektive Völkerrechtssubjektivität zugesprochen hat, verfügen IO nur über eine relative Völkerrechtssubjektivität.[349] Dies soll und kann für die folgenden Betrachtungen allerdings außen vor bleiben. Festgehalten werden kann, dass die Zuerkennung einer eigenständigen Rechtspersönlichkeit des IStGH dessen Trägerschaft von Rechten und Pflichten impliziert.[350] Indiz dafür ist auch die Existenz des Art. 21 RS, auch wenn diese Regelung die Rechtsbindung der Organe des Gerichts zum Inhalt hat. So regelt Art. 21 (1) (b) RS die Anwendbarkeit von *treaties* und *principles and rules of general international law*, worunter unstreitig auch Völkergewohnheitsrecht zu verstehen ist.[351] Art. 21 (3) RS regelt die Bindung des Gerichtshofs an international anerkannte Menschenrechte.[352]

Im Folgenden soll exemplarisch die Debatte zur Immunität des sudanesischen Präsidenten *Omar al-Bashir* dargestellt werden. Daran lässt sich aufzeigen, dass sowohl in der Rechtsprechung als auch in der Literatur augenscheinlich einhellig akzeptiert wird, dass das Völkerrechtssubjekt IStGH an (externe) Völkerrechtsnormen gebunden ist. Anschließend soll kurz klargestellt werden, dass keine grundsätzlichen Bedenken bestehen, die Bindung im Hinblick auf die oben herausgearbeitete Norm auch für den IStGH zu bejahen.

a) Völkerrechtsbindung des Internationalen Strafgerichtshofs: Exemplifiziert anhand der Debatte zur Immunität von Staatsoberhäuptern

Im Antragsverfahren auf Erlass eines Haftbefehls gegen den amtierenden sudanesischen Präsidenten *Omar al-Bashir* hatte die Vorverfahrenskammer I zu entscheiden, ob die Immunität von Staatsoberhäuptern dem Erlass eines Haftbefehls entgegensteht. Dabei erklärte die Kammer zu keinem Zeitpunkt, dass sie nicht an Völker(gewohnheits)recht gebunden sei. Vielmehr stellte sie fest, dass aufgrund der expliziten Regelung in Art. 27 UN-Charta und der Verweisung des UN-Sicherheitsrats eine Strafverfolgung von amtierenden Staatsoberhäuptern zulässig sei.[353]

---

349 IGH(*Reparations for Injuries*), S. 185. Für weitergehende Überlegungen siehe *Martines*, in: Cassese/Gaeta/Jones (Hrsg.), The Rome Statute, S. 205 ff.; *Rückert*, in: Triffterer (Hrsg.), Commentary on the Rome Statute, Art. 4, Rn. 5.

350 Siehe auch *Schrotz*, Individualrechtsverletzungen, S. 172; *Sheppard*, ICLR 2010, 57.

351 *De Guzman*, in: Triffterer (Hrsg.), Commentary on the Rome Statute, Art. 21, para. 13; *Pellet*, in: Cassese/Gaeta/Jones (Hrsg.), The Rome Statute, S. 1070 ff.

352 Dazu *Sheppard*, ICLR 2010, 57: "Article 21 (3) does not create this obligation, but rather expresses an obligation that international law places on the Court in any event."

353 IStGH(*al-Bashir*), Warrant of Arrest for Omar Hassan Ahmad Al Bashir, Entscheidung der Vorverfahrenskammer I, vom 4.3.2009 (ICC-02/05-01/09-3), paras. 41 ff.

Die völkerrechtliche Literatur ist zumindest im Ergebnis dem Gerichtshof einhellig gefolgt. Dabei hat, soweit ersichtlich, kein Autor eine mangelnde Rechtsbindung IO an die völkergewohnheitsrechtliche Immunitätsnorm als Begründung herangezogen.[354] Selbst diejenigen Autoren, die für eine weitgehende Zulässigkeit von Strafverfolgungsmaßnahmen gegen amtierende Staats- und Regierungschefs eintreten, begründen dies mit der mangelnden Politisierung von IO und sehen daher den Anwendungsbereich der Immunitätsregelung nicht als eröffnet an.[355] So wird behauptet, dass der Regelungsinhalt der Immunitätsnorm aufgrund der (behaupteten) Neutralität des IStGH in Verfahren vor diesem nicht einschlägig sei, sodass Immunitäten grundsätzlich (und nicht nur in Fällen der Sicherheitsratsverweisung) unbeachtlich seien. Es wird von den Autoren dagegen nicht argumentiert, der IStGH könne die Immunitäten ignorieren, weil es sich um ein eigenständiges Völkerrechtssubjekt handelt. Einzig *Gaeta* erwähnt die eigenständige Völkerrechtssubjektivität des IStGH.[356] Allerdings bildet die Aussage den Abschluss einer Argumentation, die auf Sinn und Zweck der Immunitätsregeln und deren Nichtanwendbarkeit auf internationale Gerichte abstellt. Daher muss man ihre Ausführungen wohl so lesen, dass der Verweis auf die Völkerrechtssubjektivität einzig die Handlungsfreiheit und Autonomie des Gerichts von den Mitgliedstaaten und damit dessen Unparteilichkeit unterstreichen sollte.[357] Es kann also festgehalten werden, dass eine Bindung des IStGH an völkergewohnheitsrechtliche Normen in Rechtsprechung und Literatur grundsätzlich anerkannt ist.

b) Mögliche Bedenken

Kurz soll noch erwähnt werden, dass prinzipiell keine Bedenken bestehen, eine Rechtsbindung des IStGH an die Schutz- bzw. Unterlassenspflicht anzunehmen. Angesichts der Tatsache, dass es sich um eine Unterlassenspflicht handelt, kann der Norm sowohl von Staaten als auch von IO Folge geleistet werden. Es bedarf weder einer Zuweisung von Mitteln noch der Übertragung besonderer Kompetenzen, damit eine IO wie der IStGH sich normkonform zu verhalten in der Lage ist. Das

---

[354] Siehe dazu *Akande*, AJIL 2004, 408; *ders.*, JICJ 2009, 336; *Burghardt/Geneuss*, ZIS 2009, 140; *Koller*, Am. U. Int'l L. Rev. 2004, 38; *Kreicker*, HuV-I 2008, 161 f.; *Papillon*, ICLR 2010, 287; *Williams/Sherif*, JCSL 2009, 78.

[355] Siehe z.B. *Blommestijn/Ryngaert*, ZIS 2010, 437 f.; *Kreicker*, HuV-I 2008, 162 (insbesondere dessen Fn. 31); *Papillon*, ICLR 2010, 280 f. Dazu krit. *Akande*, AJIL 2004, 416 ff. Ähnliche Argumentation bereits ICTY(*Blaškić*), Decision on the Objection of the Republic of Croatia to the issuance of subpoenae cudes tecum, Entscheidung der Verfahrenskammer vom 18.7.1997; dazu aber auch ICTY(*Blaškić*), Judgment on the Request of the Republic of Croatia for Review of the Decision of Trial Chamber II of July 1997, Urteil der Berufungskammer vom 29.10.1997, para. 38.

[356] *Gaeta*, JICJ 2009, 322.

[357] Ähnliche Argumentation findet sich auch bei *Frulli*, JICJ 2004, 1128, die allerdings im Ergebnis eine Fortgeltung der Immunität bejaht. Ebenfalls in diese Richtung argumentierend *Steinberger-Fraunhofer*, IStGH und Drittstaaten, S. 205.

Prinzip der *non-circumvention*, welches der Völkerrechtsbindung von IO zugrunde liegt, lässt sich auf Unterlassenspflichten im Allgemeinen und im Speziellen anwenden.

3. Zwischenergebnis

Rekapitulierend lässt sich feststellen, dass auch der IStGH grundsätzlich verpflichtet ist, *bei Kenntnis drohender Kernverbrechen (Völkermord, Verbrechen gegen die Menschlichkeit, schwere Kriegsverbrechen) ein Verhalten zu unterlassen, welches kausal für die Begehung von Kernverbrechen wäre, sofern das Verhalten nicht völkerrechtlich gefordert ist.*

III. Zwischenergebnis

Teil 2 hat sich der Frage gewidmet, ob und wann es bei der strafrechtlichen Aufarbeitung von Kernverbrechen zu einem politischen Interessenkonflikt kommen kann. Dabei wurde herausgearbeitet, dass zwar auf der einen Seite ein politisches Interesse an der Ahndung schwerwiegender Straftaten zu konstatieren ist. Auf der anderen Seite hat sich indes gezeigt, dass politische Erwägungen auch gegen eine Ahndung der Taten sprechen können. Drohen die strafrechtlichen Ermittlungen Friedensprozesse zu erschweren oder gar zu verhindern, so kann die Fortführung der Verfahren politisch inopportun sein. Die Untersuchungen dieses Abschnitts haben ferner ergeben, dass die Verfolgung dieser Ziele auch *rechtlich* relevant ist.

Betreiben externe Akteure Strafverfolgung, machen sie dabei von ihrer („starken") Erlaubnis Gebrauch, Kernverbrechen strafrechtlich zu ahnden. So sind Drittstaaten befugt, Völkermord, Verbrechen gegen die Menschlichkeit und schwere Kriegsverbrechen unabhängig von Tatort, Täter- und Opfernationalität und Aufenthaltsort des Täters strafrechtlich zu sanktionieren. Durch Delegation staatlicher Befugnisse darf der IStGH ebenfalls Taten auf dem Territorium eines Mitgliedstaats oder durch dessen Staatsangehörige ahnden. Im Fall einer Sicherheitsratsverweisung geht die Erlaubnis noch weiter und macht den IStGH damit zu einer potentiell universellen Strafverfolgungsinstitution.

Sofern das politische Ziel einer Befriedung des Landes der Verhinderung weiterer Kernverbrechen dienen soll, kann dies zur Verwirklichung normativer Vorgaben verhelfen. So sind externe Akteure rechtlich dazu verpflichtet, *bei Kenntnis drohender Kernverbrechen (Völkermord, Verbrechen gegen die Menschlichkeit, schwere Kriegsverbrechen) ein Verhalten zu unterlassen, welches kausal für die Begehung von Kernverbrechen wäre, sofern das Verhalten nicht völkerrechtlich gefordert ist.* Ebenso hat sich allerdings herausgestellt, dass die klassischen Regime des Menschenrechtsschutzes den normativen Handlungsspielraum externer Akteure in dieser Frage nicht beschränken. Menschenrechtsregime verpflichten externe Akteure grundsätzlich nicht dazu, auf die Verhinderung von Menschenrechtsverstößen hinzuwirken. Zudem sind externe Akteure nicht prinzipiell rechtlich dazu verpflichtet, friedensbedrohendes Verhalten zu unterlassen. Ebenso vermag die staatliche Souveränität das Wirken des IStGH oder von Drittstaaten in dieser Hinsicht nicht einzuschränken. Zynischerweise muss man feststellen, dass bei drohendem Völkermord das Recht mehr einfordert, als bei drohendem Mord oder kriegerischen Auseinandersetzungen. Das Schutzniveau des Lebensschutzes ist dann am höchsten, wenn Verbrechen drohen. Das Leben von kollateralen Kriegsopfern, Soldaten oder Betroffenen anderer Katastrophen ist aus der Sicht des fragmentarischen Präventivvölkerrechts augenscheinlich weniger wert.

Zusammenfassend lässt sich daher konstatieren, dass der politische Zielkonflikt auch normative Relevanz hat. Ein normativer Zielkonflikt deutet sich an, soll indes erst an späterer Stelle diskutiert werden.[358]

---

[358] Siehe Teil 5, I.B.

Teil 4

Vermeidung von Normenkonflikten

Teil 2 analysiert anhand von zwei Beispielsfällen die Frage, ob und wann sich die Aufarbeitung von schwerwiegenden Straftaten durch ein Strafgericht negativ auf die Verwirklichung anderer politischer Ziele auswirkt. Auf die politische Zielsetzung der Befriedung (und Verhinderung weiterer Straftaten) wurde dort detailliert eingegangen. Weitgehend ausgeklammert blieb bisher jedoch die Zielsetzung des strafverfolgenden Akteurs. Sie hat sich nach dem Inhalt der von diesem ausgeübten Erlaubnis zu bestimmen. Was allerdings unter einem Recht auf Strafverfolgung zu verstehen ist, ist unklar. So spricht die Völkermordkonvention von *punishment* und *effective penalties*. Die Genfer Konventionen sprechen von *effective penal sanctions* und fordern die Staaten auf, die Personen vor eigene Gerichte zu stellen ("[to] bring such persons [...] before its own courts"). Das Rom-Statut betont in der Präambel, dass die schwersten Verbrechen [...] nicht unbestraft bleiben dürfen ("that the most serious crimes [...] must not go unpunished").

Reflexartig und im Ergebnis sicherlich auch zutreffend assoziiert man mit diesen Vorgaben die Durchführung eines klassischen Strafprozesses, der (im Fall der Verurteilung) mit einer klassischen Kriminalstrafe (Haft-, Geld- oder gar Todesstrafe) seinen Abschluss findet. Im Folgenden soll daher darauf eingegangen werden, welchen Zwecken die Durchführung von Strafverfahren und die (im Fall einer Verurteilung) sich anschließende Sanktion dienen soll (dazu unter I.). Ferner wird untersucht, ob diese Zwecke auch durch Einsatz alternativer Konfliktlösungsmechanismen in den Konfliktregionen erreicht werden können (dazu unter II.). Es gilt demnach zu überlegen, ob nicht funktionelle Äquivalente zu Strafprozess und Kriminalstrafe bestehen. So könnte sich herausstellen, dass einzelne oder eine Kombination verschiedener funktioneller (Teil-)Äquivalente ebenso in der Lage sind, die Zwecke der Strafe und des Strafprozesses zu erreichen. Ein Blick auf funktionelle Äquivalente erscheint deshalb besonders interessant, da derartige alternative Konfliktlösungsmechanismen für die Konfliktparteien (*in concreto* also *Joseph Kony*) akzeptabler sein dürften als ein klassischer Strafprozess.

Die Klärung dieser beiden Fragen ist aus verschiedenen Gründen zielführend. Zunächst einmal ist nur relevant, *dass* externen Akteuren die Strafverfolgung von Kernverbrechen erlaubt ist. Es spielt schließlich für die Legalität von Strafverfolgungsmaßnahmen grundsätzlich keine Rolle, *warum* für den IStGH und die Bundesrepublik diese Erlaubnis besteht und aus welcher Motivation heraus die Strafverfolgung betrieben wird. Ebenso ist es für die Völkerrechtssubjekte IStGH und Bundesrepublik Deutschland völkerrechtlich irrelevant, wenn durch andere Völkerrechtssubjekte (*in concreto* also Uganda) nationalstaatliche Regelungen erlassen bzw. alternative Konfliktlösungsmechanismen zum Einsatz gebracht werden.

Die Beantwortung dieser Fragen kann allerdings im Einzelfall bestimmte Entscheidungen beeinflussen. So stellt sich etwa beim sogenannten Komplementaritätsgrundsatz des IStGH,[1] einer möglichen Einstellung durch den Chefankläger[2] oder den deutschen Generalbundesanwalt[3] sowie der Ausübung generellen Ermessens bei der Einleitung von Ermittlungen[4] die Frage, wie mit alternativen Formen der Aufarbeitung von Kernverbrechen umzugehen ist. Eine zusammenhängende Darstellung an dieser Stelle ist deshalb hilfreich.

I. Ziele internationaler Strafverfolgung

Eine überraschende Feststellung sei vorangestellt: Es erscheint gänzlich unklar, was mit internationaler Strafverfolgung eigentlich bezweckt wird. Zwar lassen sich in Literatur, Rechtsprechung und den Gründungsstatuten internationaler Straftribunale einige Grundzüge erkennen. Eine definitive Abgrenzung ist allerdings kaum möglich. So stellt *Vest* treffend fest:

> „Die UN-Tribunale verfügen (damit) weder über eine kohärente Strafzweckkonzeption, die Rang und Stellenwert der einzelnen Strafgründe festlegt, noch über präzise Richtlinien der Strafzumessung."[5]

Damaska betont zudem die (übertriebenen) Erwartungen an internationale Strafverfolgung aufgrund vielfältiger und teils konfligierender Zielsetzungen:

> "It does not require much pause to realize that the task of fulfilling all these self-imposed demands is truly gargantuan."[6]

Die Gründungskonferenz in Rom wurde ebenfalls nicht genutzt, um für Klarheit zu sorgen.[7]

Verwirrung entsteht auch, da bei Zugrundelegung der Terminologie und Dogmatik der deutschen Strafrechtsliteratur zunächst unklar ist, welche Rechtsgüter durch das internationale Strafrecht überhaupt geschützt werden sollen. Dient es nur dem Schutz konkreter Rechtsgüter wie Leben und Gesundheit oder sollen auch kollek-

---

1 Dazu unten Teil 6, II.A. und Teil 7, I.B.

2 Dazu unten Teil 6, II.E.

3 Dazu unten Teil 6, I.

4 Dazu unten Teil 7, I.C.

5 Ähnlich auch *Bagaric/Morss*, ICLR 2006, 208.

6 *Damaska*, Chi-Kent L. Rev. 2008, 331.

7 *Henham*, ICLQ 2003, 85; *Schabas*, in: Cassese/Gaeta/Jones (Hrsg.), The Rome Statute, S. 1516 f. Kritik auch von *Haveman*, in: Haveman/Olusanya (Hrsg.), Sentencing and Sanctioning, S. 149; *Radosavljevic*, LPICT 2008, 235 f.; *Zolo*, JICJ 2004, 728.

tive (Existenz von Volksgruppen, Selbstbestimmungsrecht der Völker) und abstrakte internationale Rechtsgüter (Frieden und Sicherheit der Welt) geschützt werden?[8] Auch die Zwecke der Strafe und des Strafprozesses – eine Unterteilung, die in der völkerstrafrechtlichen Literatur ebenfalls selten konsequent durchgeführt wird – sind weitgehend unklar. Dem ist hinzuzufügen, dass aufgrund verschiedener Rechtstraditionen und sprachlicher Herkunft die Verwendung der Fachtermini äußerst divers ist.[9] Zudem lassen sich nationalstaatliche Strafrechtstheorien nicht eins zu eins übertragen.[10] Selbstverständlich ist darauf hinzuweisen, dass eine strafrechtliche Aufarbeitung kein Allheilmittel darstellt und selbst erklärte Befürworter internationaler Strafverfolgung die Tätigkeit der Strafgerichte nur als Teil der Aufarbeitung der Vergangenheit und der Präventivtätigkeit sehen.[11]

Im Folgenden soll dargestellt werden, welche Strafzwecke und welche Zwecke des Strafprozesses weiten Zuspruch in Literatur und Rechtsprechung erhalten haben.[12] Angesichts der Tatsache, dass sich fast sämtliche Verfahren vor dem IStGH noch in ihrem Anfangsstadium befinden, kann auf dessen Rechtsprechung nur bedingt zurückgegriffen werden. Die Vorgaben des Statuts werden – soweit vorhanden – berücksichtigt. Dabei wird die aus dem deutschen Strafrechtsdiskurs bekannte Terminologie verwendet. Auch soll im Hinblick auf die verschiedenen Zwecke ein kurzer Überblick über die wichtigsten Kritikpunkte gegeben werden. Schließlich ist zu berücksichtigen, dass eine mit der deutschen Strafrechtsdogmatik vergleichbare ausdifferenzierte Debatte auf Ebene des Völkerstrafrechts nur selten zu erkennen ist.

A. Zwecke der Strafe (Sanktion)

Zunächst soll auf die Zwecke eingegangen werden, die im Zusammenhang mit der Sanktion stehen.

---

[8] Zu der daraus resultierenden Debatte, ob die im Statut geregelten Verbrechen unterschiedlich bestraft werden sollten, siehe Überblick bei *Bagaric/Morss*, ICLR 2006, 214 ff.; *Schabas*, in: Cassese/Gaeta/Jones (Hrsg.), The Rome Statute, S. 1506 f.

[9] Siehe dazu auch *Schabas*, a.a.O., S. 1520.

[10] *Aukerman*, Harv. Hum. Rts. J. 2002, 45; *Sloane*, Stan. J. Int'l L. 2007, 40; *Zolo*, JICJ 2004, 729. Zu den Debatten bei der Romkonferenz siehe *Fife*, in: Triffterer (Hrsg.), Commentary on the Rome Statute, Art. 77, Rn. 7 ff.

[11] Siehe bspw. *Triffterer*, in: Politi/Nesi (Hrsg.), The Rome Statute, S. 140 ff. Krit. gesehen wird allerdings die Ressourcenverteilung aufgrund der hohen Kosten internationaler Straftribunale, vgl. zur Problematik *Haveman*, in: Haveman/Olusanya (Hrsg.), Sentencing and Sanctioning, S. 146; *van Zyl*, JIA 1999, 652.

[12] Überblick bei *Bassiouni*, JIA 1999, 809; *Evans*, Responsibility to Protect, S. 119; *Kreicker*, in: Eser/Sieber/Kreicker (Hrsg.), Nationale Strafverfolgung, S. 262 ff.; *Méndez*, Case W. Res. J. Int'l L. 2007, 89; *Wade*, ICJR 2009, 162; *van Zyl Smit*, ZStW 115 (2003), 166.

1. Vergeltung

Vergeltung soll im Folgenden als Ausfluss des *lex talionis*-Prinzips und im Kantischen Sinne verstanden sein. Sie bezeichnet einen gerechten Schuldausgleich durch Zufügung eines gleichwertigen Übels, konzentriert sich damit ausschließlich auf die Tat und den Täter und sie ist *per definitionem* vergangenheitsbezogen. Wie *Nemitz* bereits herausgearbeitet hat, hat der Strafgrund der Vergeltung in der Rechtsprechung der *ad hoc*-Tribunale stets Anklang gefunden[13] und dürfte und sollte auch für Verfahren vor dem IStGH von Bedeutung sein.[14] Es ist allerdings festzustellen, dass sowohl die internationale Rechtsprechung als auch die Literatur die Frage der *retribution* oder *just desert* oftmals nicht nur im Licht der Kantischen metaphysischen Erwägungen verstehen, sondern auch das Gerechtigkeitsempfinden und eine Rachekomponente unter dem Merkmal subsumieren.[15] Diese Aspekte sollen im Hinblick auf das Merkmal der Vergeltung zunächst außen vor bleiben, ist doch die Rücksichtnahme auf Rachegefühle der Opfer(-gemeinschaft[16]) dem Grunde nach ein präventiver Gesichtspunkt. Auch die Betonung des Gerechtigkeitsempfindens der Bevölkerung scheint eher mit der in der deutschen Strafrechtsdebatte bekannten positiven Generalprävention verwandt und soll daher an späterer Stelle thematisiert werden.

Wegen des besonderen Gewichts der begangenen Taten und der daraus resultierenden Diskrepanz zwischen dem Übel der Tat und Höhe der Strafe (insbesondere im Vergleich zum nationalstaatlichen Sanktionsspektrum) wird berechtigterweise auch Kritik am Merkmal der Vergeltung laut.[17] Dies gilt insbesondere für die Ent-

---

[13] *Nemitz*, Strafzumessung, S. 162. Siehe bspw.: "The principle of retribution, if it is to be applied at all in the context of sentencing, must be understood as reflecting a fair and balanced approach to the exaction of punishment for wrongdoing. This means that the penalty imposed must be proportionate to the wrongdoing; in other words, that the punishment be made to fit the crime." ICTY(*Todorović*), Sentencing Judgment, Urteil der Verfahrenskammer vom 31.7.2001, para. 29. Ein historischer Abriss findet sich bei *Sloane*, Stan. J. Int'l L. 2007, 65 ff.

[14] *Bassiouni*, JIA 1999, 809; *Nemitz*, Strafzumessung, S. 163; *Vest*, FS für Riklin, S. 257, 269. Krit. *Neubacher*, in: Neubacher/Klein (Hrsg.), Vom Recht der Macht, S. 30; ablehnend *Reese*, in: Neubacher/Klein (Hrsg.), Vom Recht der Macht, S. 83. Dass sich dies auch rechtsphilosophisch begründen lässt, führt *Gierhake*, Begründung des Völkerstrafrechts, S. 299, aus.

[15] "The theory of retribution, which is an inheritance of the primitive theory of revenge, urges the Trial Chamber to retaliate to appease the victim [...] retributive punishment by itself does not bring justice", ICTY(*Mucić et al.*), Judgment, Urteil der Verfahrenskammer vom 16.11.1998, para. 1231. Auch *Safferling*, ARIEL 1999, 161 f., stellt diese Vermischung fest.

[16] Zur kollektiven Viktimisierung siehe *Aukerman*, Harv. Hum. Rts. J. 2002, 78.

[17] Bspw. *Aukerman*, a.a.O., 57; *Blumenson*, Colum. J. Transnat'l L. 2006, 841; *Bommer*, in: Münk (Hrsg.), Die Vereinten Nationen, S. 40; *Drumbl*, Atrocity, S. 154 ff.; *Harmon/Gaynor*, JICJ 2007, 692; *A. Keller*, Ind. Int'l & Comp. L. Rev. 2001, 61; *Möller*, Völkerstrafrecht, S. 455; *Sloane*, Stan. J. Int'l L. 2007, 64, 81 ff. Zur daraus resultierenden

scheidung, die Todesstrafe auszuschließen.[18] Das Ungleichgewicht zwischen Tatschwere und Strafe wird zudem akzentuiert, wenn man auch eine Differenzierung zwischen den verschiedenen Tätern und Tätertypen vor dem Tribunal gewährleisten will.[19] So ist die Höchststrafe dort den schwerwiegendsten Taten und höherrangigen Tätern vorbehalten. Das Grundprinzip des *lex talionis*, die Gleichwertigkeit der Übel, ist im internationalen Strafrecht (ähnlich wie bei schwersten Verbrechen auf nationaler Ebene auch) daher zu relativieren. Das angedrohte und sich in der Sanktion manifestierende Übel entspricht zwar nicht dem Übel der Tat, im Rahmen eines menschenrechtlich vertretbaren definierten Sanktionsspektrums muss die im Einzelfall gewählte Strafe allerdings den Unrechtsvorwurf reflektieren.[20]

Kritik am Vergeltungsmerkmal wird auch von anderer Seite geübt. So wird darauf hingewiesen, dass der Schuldvorwurf im Fall von Massenverbrechen anderer Natur ist, da sich Täter oftmals innerhalb der ihnen bekannten normativen Ordnung bewegen.[21] Ob dieses Argumentationsmuster allerdings auch für die vor dem IStGH angeklagten Personen gelten kann, lässt sich bezweifeln, kreieren diese doch häufig die deviante Ordnung zur Verwirklichung politischer Zwecke. Schließlich wird betont, dass eine Strafbegründung, die auf Vergeltung aufbaut, schwer mit der Selektivität internationaler Strafverfolgung vereinbar sei.[22]

Das Rom-Statut ist im Hinblick auf den Strafzweck der Vergeltung nur bedingt aussagekräftig. Zwar wird in der Präambel Folgendes festgestellt:

> Affirming that the most serious crimes of concern to the international community as a whole *must not go unpunished* […]. [Hervorhebung des Autors]

Betrachtet man allein diese Passage, so mag man die der Vergeltung inhärente kategorische Forderung nach Strafe erkennen. Wenn man jedoch die direkt sich anschließende Aussage anschaut, so lässt sich auch eine utilitaristische Sicht auf die Strafe erkennen:

> Determined to put an end to impunity for the perpetrators of these crimes and *thus* to contribute to the prevention of such crimes, […]. [Hervorhebung des Autors][23]

Schwierigkeit, die Verhältnismäßigkeit bei der Strafzumessung zu berücksichtigen, *Ewald*, ICLR 2010, 379 f.

18 *Fife*, in: Triffterer (Hrsg.), Commentary on the Rome Statute, Art. 77, Rn. 3 ff.; siehe auch *Schabas*, in: Cassese/Gaeta/Jones (Hrsg.), The Rome Statute, S. 1505; *Sloane*, Stan. J. Int'l L. 2007, 90.

19 Siehe *A. Keller*, Ind. Int'l & Comp. L. Rev. 2001, 57 ff.; *Henham*, ICLQ 2003, 93; *Sloane*, JICJ 2007, 722.

20 *Aukerman*, Harv. Hum. Rts. J. 2002, 58; *Bommer*, in: Münk (Hrsg.), Die Vereinten Nationen, S. 47; *Kourabas,* SSRN 2008, 15; *Sloane*, Stan. J. Int'l L. 2007, 83.

21 *Aukerman*, Harv. Hum. Rts. J. 2002, 59; *Pawlik*, ZIS 2006, 287; *Sloane*, Stan. J. Int'l L. 2007, 41; *Tallgren*, EJIL 2002, 582.

22 *Aukerman*, Harv. Hum. Rts. J. 2002, 61; *Reese*, in: Neubacher/Klein (Hrsg.), Vom Recht der Macht, S. 82 f.

23 Den präventiven Aspekt betonend, *Triffterer* (Hrsg.), Commentary on the Rome Statute, Preamble, Rn. 15. Siehe auch *Blumenson*, Colum. J. Transnat'l L. 2006, 821.

Ein weiterer Hinweis findet sich in Art. 78 (1) RS, wonach sich die Strafe nach der Schwere der Tat bemessen soll. Ob damit das Prinzip des *lex talionis* Anwendung findet oder es sich, wie im deutschen Recht von *Hassemer*[24] vertreten, um eine reine Verhältnismäßigkeitsbegrenzung der Strafe handelt, bleibt dabei unklar.[25] Es dürfte allerdings im Völkerstrafrecht eine Tendenz zu erkennen sein, das *lex talionis*-Prinzip als strafbegründend und nicht nur strafbegrenzend zu sehen.[26]

2. Abschreckung (negative Generalprävention)

Der wohl am stärksten hervorgehobene und zugleich umstrittenste Strafzweck internationaler Strafverfolgung ist die Abschreckung.[27] Anders als beim etwas weiteren englischen Ausdruck *deterrence* soll hier unter Abschreckung nur die Zielsetzung zu subsumieren sein, künftige Täter durch Androhung einer Sanktion (Freiheitsstrafe) von der Begehung von Taten abzuhalten. Anders als beim Begriff *deterrence* ist damit nicht die positive Bestätigung der Normgeltung erfasst.[28]

In der Rechtsprechung der *ad hoc*-Tribunale ist der Strafzweck der Abschreckung anerkannt.[29] Unklarheit besteht nur darüber, welcher Stellenwert diesem im Rahmen der Strafzumessung zukommen soll.[30] Im Grundsatz gilt der Strafzweck auch für das Wirken des IStGH.[31] Von Verfechtern internationaler Strafverfolgung wird dabei gerne auf einen mutmaßlichen Ausspruch *Adolf Hitlers* verwiesen, der behauptet haben soll, dass die türkischen Massaker an den Armeniern ebenfalls in Vergessenheit geraten seien.[32]

Trotz schwerwiegender Bedenken, die bereits von *Jescheck* geäußert wurden, wird der Abschreckungswirkung eine zentrale Rolle im Gefüge der Strafzwecke

---

24 *Hassemer*, ZIS 2006, 272.

25 *Jennings*, in: Triffterer (Hrsg.), Commentary on the Rome Statute, Art. 78, Rn. 10, sieht darin eine Anknüpfung an die Rechtsprechung der *ad hoc*-Gerichte und zieht daher deren Rechtsprechung und damit implizit auch deren Betonung der Strafzwecke heran.

26 Vgl. *Melloh*, Einheitliche Strafzumessung, S. 336.

27 *Bagaric/Morss*, ICLR 2006, 219 ff.; *Benzing*, Max Planck UNYB 2003, 597; *Harmon/Gaynor*, JICJ 2007, 694; *Haveman*, in: Haveman/Olusanya (Hrsg.), Sentencing and Sanctioning, S. 152; *A. Keller*, Ind. Int'l & Comp. L. Rev. 2001, 65; *Neubacher*, in: Neubacher/Klein (Hrsg.), Vom Recht der Macht, S. 30; *Nsereko*, CLF 2008, 376; *Méndez*, Case W. Res. J. Int'l L. 2007, 87; *Sácouto/Cleary*, Am. U. Int'l L. Rev. 2007, 837; *Scharf*, JIA 1999, 625; *Triffterer* (Hrsg.), Commentary on the Rome Statute, Preamble, Rn. 15; siehe auch Überblick bei *Aukerman*, Harv. Hum. Rts. J. 2002, 65, *Sloane*, Stan. J. Int'l L. 2007, 71 f, sowie dessen Zustimmung, 73 f.

28 Zur Differenzierung siehe *Bagaric/Morss*, ICLR 2006, 221 ff. Zur Problematik der undifferenzierten Verwendung siehe *Melloh*, Einheitliche Strafzumessung, S. 333.

29 *Nemitz*, Strafzumessung, S. 155.

30 A.a.O., S. 155 ff.

31 A.a.O., S. 172 f.

32 Siehe bspw. *Scharf*, JIA 1999, 625.

eingeräumt.[33] Doch ist, ebenso wie auf nationaler Ebene, der Strafzweck der Abschreckung auch stark in die Kritik geraten.[34] So erscheint es fraglich, ob sich der von den Kernverbrechen betroffene potentielle Täterkreis tatsächlich abschrecken lässt. Empirische Untersuchungen sind naturgemäß nicht möglich oder aussagekräftig, weshalb sowohl Befürworter als auch Kritiker sich der Frage nur argumentativ zu nähern vermögen. Folgende Gründe dürften allerdings gegen eine ausgeprägte abschreckende Wirkung sprechen.

Zunächst einmal sind die Verfolgungsdichte und damit die Verurteilungswahrscheinlichkeit im Fall von Staatsoberhäuptern, Rebellenführern oder anderen hochrangigen Militärs oder Machthabern (noch) relativ gering.[35] Gerade das Risiko, tatsächlich gefasst zu werden, oder besser die Täterperzeption eines solchen Risikos,[36] ist jedoch *sine qua non*, um die Abschreckungswirkung auch zu garantieren.[37] Im Hinblick auf die kriminelle Elite muss man sich fragen, ob diese nicht vielmehr den Verlust ihrer Machtposition und der damit verbundenen Annehmlichkeiten fürchten.[38] Der Machtverlust ist aber, wie die Fälle *Joseph Kony* und *Omar al-Bashir* zeigen, gerade Bedingung für die Durchführung von Strafverfolgungsmaßnahmen und ist bei vielen Führern zudem nicht eingeplant.[39]

Weiter ist zu überlegen, ob eine Abschreckungswirkung zumindest auf niederrangiger Ebene möglich ist. Einige Aspekte sprechen gegen eine Abschreckung der „einfachen" Täter. Zunächst setzt die Abschreckung Kenntnis der Individuen von internationaler Strafverfolgungstätigkeit voraus. Außerdem lässt die Emotionalität im Rahmen andauernder Konflikte bezweifeln, dass eine Abwägung mit drohenden strafrechtlichen Konsequenzen tatsächlich stattfindet.[40] Man muss auch berücksichtigen, dass niederrangige Täter, selbst wenn sie die Rechtswidrigkeit ihrer Handlungen erkennen, Repressionen bei Verweigerung der Tatbegehung befürchten können. Zwar zeigt die kriminologische Forschung, dass für viele Täter nur in

---

33 *Jescheck*, Verantwortlichkeit der Staatsorgane, S. 195.

34 Siehe bspw. *Reisman*, Case W. Res. J. Int'l L. 2007, 60, 63.

35 *Bommer*, in: Münk (Hrsg.), Die Vereinten Nationen, S. 41; *Damaska*, Chi-Kent L. Rev. 2008, 345; *Möller*, Völkerstrafrecht, S. 506; *Nemitz*, Strafzumessung, S. 172; *Stolle/Singelnstein*, in: Kaleck u.a. (Hrsg.), International Prosecution, S. 41; *Zolo*, JICJ 2004, 732.

36 *Aukerman*, Harv. Hum. Rts. J. 2002, 64.

37 *Drumbl*, Atrocity, S. 169 f.; *Jescheck*, Verantwortlichkeit der Staatsorgane, S. 195; *Méndez*, Case W. Res. J. Int'l L. 2007, 95; *Safferling*, ARIEL 1999, 157.

38 *Vest*, FS für Riklin. S. 264.

39 *Aukerman*, Harv. Hum. Rts. J. 2002, 68; *O'Callaghan*, ICLR 2008, 538; *Greenawalt*, N.Y.U. J. Int'l L. & Pol., 606 f.; *Sloane*, Stan. J. Int'l L. 2007, 74 f., mit Verweis auf den Nürnberger Chefankläger *Jackson.*

40 *Safferling*, ARIEL 1999, 158; ähnlich *Damaska*, Chi-Kent L. Rev. 2008, 344; *Drumbl*, Atrocity, S. 171; *Harmon/Gaynor*, JICJ 2007, 695; *Sloane*, Stan. J. Int'l L. 2007, 72; *Triffterer*, in: Politi/Nesi (Hrsg.), The Rome Statute, S. 162.

Ausnahmefällen schwerwiegende Konsequenzen zu befürchten sind.[41] Extremfälle sind außerdem durch Notstandsregeln abgedeckt. Die Befürchtung kann aber die abschreckende Wirkung mildern. Die bisherige Praxis zeigt auch, dass faktisch eine weitgehende Freistellung von „kleinen Fischen" im Rahmen von Amnestien und Wiedereingliederungsmaßnahmen befürwortet wird, was für diese Tätergruppen die abschreckende Wirkung herabsetzt.[42] *Drumbl* weist überdies darauf hin, dass das internationale Strafrecht nur die handelnden Akteure in den Blick nimmt und sich *bystander* zumeist vor strafrechtlicher Verfolgung geschützt wissen.[43] Insofern erscheint die Hoffnung auf eine abschreckende Wirkung auf subalterne Akteure tatsächlich unbegründet.

Für alle Tätergruppen gilt zudem grundsätzlich, dass ein Bewusstsein des Normenverstoßes vorhanden sein muss, damit sich die Täter der Strafdrohung überhaupt bewusst werden.[44] Die kritischen Punkte akzentuieren sich, wenn man geografische Aspekte berücksichtigt. So können zwar potentielle Täter in einem Krisenstaat zum Empfänger der Abschreckungsbotschaft erkoren sein. Darüber hinaus kann aber auch eine weltweite Abschreckung angestrebt werden,[45] die durch linguistische, kulturelle und informationstechnische Hürden erschwert wird.[46] Daher behaupten *Harmon* und *Gaynor*, dass die Abschreckungswirkung primär an das westliche Publikum gerichtet sei.[47] Zusammenfassend lässt sich sagen, dass die abschreckende Wirkung internationalen Strafens durchaus angezweifelt werden kann.

Sloane weist in diesem Zusammenhang korrekt darauf hin, dass der abschreckende Effekt nicht so sehr von der Strafe, sondern vielmehr bereits von ersten Verfahrensmaßnahmen ausgehen kann:

> "In this regard, the mere issuance on an indictment, the very prospect of a trial, is itself the 'punishment' by which ICL may deter."[48]

---

41 *Neubacher*, in: Neubacher/Klein (Hrsg.), Vom Recht der Macht, S. 32.

42 *Aukerman*, Harv. Hum. Rts. J. 2002, 67.

43 *Drumbl*, Atrocity, S. 172.

44 Siehe *Jescheck*, Verantwortlichkeit der Staatsorgane, S. 195; *Koskenniemi*, Max Planck UNYB 2002, passim; *Reese*, in: Neubacher/Klein (Hrsg.), Vom Recht der Macht, S. 73; *Sloane*, Stan. J. Int'l L. 2007, 73; *Stolle/Singelnstein*, in: Kaleck u.a. (Hrsg.), International Prosecution, S. 42; *Triffterer*, in: Politi/Nesi (Hrsg.), The Rome Statue, S. 162. Zur formellen Legalität der Polizeimaßnahmen im südafrikanischen Apartheid-Regime, siehe *van Zyl*, JIA 1999, 660.

45 *Greenawalt*, N.Y.U. J. Int'l L. & Pol., 605; *Nsereko*, CLF 2008, 376 f.; *Whiting*, Harv. Int'l L. J. 2009, 334. Zur weltweiten Dimension der Prävention im Allgemeinen *O'Shea*, Amnesty, S. 85.

46 *Sloane*, Stan. J. Int'l L. 2007, 72.

47 *Harmon/Gaynor*, JICJ 2007, 695.

48 *Sloane*, Stan. J. Int'l L. 2007, 74; siehe auch *Hanlon*, Tul. J. Comp. & Int'l L. 2007, 320; *Krikscïun*, Tul. J. Int'l & Comp. L. 2007, 230; *Rodman*, LJIL 2009, 107; *Triffterer*, in: Politi/Nesi (Hrsg.), The Rome Statute, S. 165.

Während diese Aussage die Tätigkeit des IStGH und die Anklagestrategie des Chefanklägers treffend wiedergeben mag, ist sie aus Wertungsgesichtspunkten äußerst kritisch zu sehen. So verbietet es sich, die gesteigerte Kooperationsbereitschaft von mutmaßlichen Straftätern wie *Joseph Kony* als Erfolg der Abschreckung zu verbuchen. Schließlich sind ja auch in diesem Fall Taten bereits begangen worden und werden noch heute begangen. Darüber hinaus ist ein Abstellen auf Strafverfolgungsmaßnahmen nur schwer mit der in Art. 66 (1) RS niedergelegten Unschuldsvermutung in Einklang zu bringen.[49] Teilweise werden unter dem Oberbegriff „Abschreckung“ weitere, der Tätigkeit des IStGH zugeschriebene Effekte subsumiert. Der Chefankläger *Luis Moreno-Ocampo* stellt Folgendes fest:

> “Deterrence has started to show its effect […] in Colombia, legislation and proceedings against paramilitary were influenced by the Rome [Statute] provisions; […] arrest warrants have brought parties the negotiating table […].”[50]

Dabei handelt es jedoch nicht um den Strafzweck der Abschreckung im eigentlichen Sinne. Vielmehr ist dies Konsequenz der Institutionalisierung des internationalen Strafprozesses. Die Notwendigkeit von nationalen Strafverfahren zeigt sogar, dass Abschreckung in den einschlägigen Fällen gerade nicht erreicht werden konnte.

3. Positive Spezialprävention

Eine sicherlich untergeordnete Rolle im Gefüge der Strafzwecke nimmt die Resozialisierung des Täters im Rahmen der Strafvollstreckung ein. Dies mag sich aus der geschichtlichen Entwicklung des Rechtsregimes erklären. So wurden die Nürnberger Prozesse als Fortschritt zur standrechtlichen Erschießung gepriesen, die Hauptkriegsverbrecher dennoch mit dem Tode bestraft.[51] Für die Resozialisierung der Täter blieb kein Raum.

Außerdem muss man feststellen, dass nur ein geringes Bedürfnis nach einer Reintegration der Täter in die Gesellschaft besteht. Gewöhnlich erlangen Täter nur in fortgeschrittenem Alter ihre Freiheit wieder und treffen dann zumeist auf eine fundamental veränderte Gesellschaft.[52] Es ist zudem ein Phänomen der Massenkriminalität und des Systemunrechts, dass die Täter außerhalb des kriminellen Gesamtzusammenhangs oftmals keine Bedrohung für die Gesellschaft darstellen.[53]

---

49 So auch *Triffterer*, a.a.O. S. 165 f., der zu Recht auf die verfahrensrechtliche Absicherung hinweist.

50 *Moreno-Ocampo*, ZIS 2007, 492.

51 Vgl. *Sloane*, Stan. J. Int'l L. 2007, 65 f.

52 Vgl. *Bommer*, in: Münk (Hrsg.), Die Vereinten Nationen, S. 43.

53 A.a.O., S. 42; *Harmon/Gaynor*, JICJ 2007, 694; *Melloh*, Einheitliche Strafzumessung, S. 340; *Möller*, Völkerstrafrecht, S. 467; *Reese*, in: Neubacher/Klein (Hrsg.), Vom Recht der Macht, S. 76; *Safferling*, ARIEL 1999, 160; *O'Shea*, Amnesty, S. 81; *Stolle/*

Die Wahrscheinlichkeit kriminellen Verhaltens steht und fällt mit der Existenz des kriminellen Systems. Dies gilt vor allem dann, wenn die Taten von internationaler Dimension waren und die Gesellschaft, in der der Täter lebte, unter den Taten möglicherweise gar nicht gelitten hat.[54] Dennoch hat auch die positive Spezialprävention in der bisherigen Rechtsprechung der *ad hoc*-Tribunale Anklang gefunden.[55] Sie ist aber eine zu vernachlässigende Größe.[56] Regel 223 (b) der Beweis- und Verfahrensordnung des IStGH misst der Resozialisierung Bedeutung bei einer möglichen nachträglichen Verkürzung der Haftstrafe gemäß Art. 110 RS zu.[57]

4. Negative Spezialprävention

Der negativen Spezialprävention wird grundsätzlich kaum Bedeutung beigemessen.[58] Zwar ist von Bedeutung, dass mittels Verhängung einer Haftstrafe der Täter und damit ein Gefahrenherd außer Gefecht gesetzt wird.[59] Das Bedrohungspotential wird dann dadurch minimiert, dass der Täter hinter Gittern sein Dasein fristen muss. Dabei darf aber nicht verkannt werden, dass teilweise Ähnliches gilt wie bei der Abschreckung und der Resozialisierung. So setzt ein Verfahren gegen mutmaßliche Straftäter vor dem IStGH voraus, dass dieser seine Machtposition aufgegeben hat oder er dieser verlustig ging. *Jescheck* stellte bereits 1952 fest:

> „Solange die völkerrechtliche Strafe nur gegen den Besiegten zum Zuge kommen kann, ist der Schutzzweck überflüssig, denn die Staatsorgane, gegen die sie angewendet wird, sind durch das Urteil der Geschichte und durch besondere politische Sicherungsmaßnahmen ohnehin von jedem Einfluß in der Zukunft ausgeschaltet."[60]

Zur Bedeutung von ersten Verfahrensmaßnahmen, die den Machtverlust beschleunigen können, sei auf die obigen Anmerkungen verwiesen. Die Zielsetzung der „Unschädlichmachung" ist als Strafzweck zwar anerkannt. Ihm wird aber wohl zu Recht wenig Bedeutung beigemessen. Regel 223 (c) der Beweis- und Verfahrensordnung des IStGH misst dem Risikopotential des Täters jedoch Bedeutung bei einer möglichen nachträglichen Verkürzung der Haftstrafe gemäß Art. 110 RS zu.

Singelnstein, in: Kaleck u.a. (Hrsg.), International Prosecution, S. 40; *Sloane*, Stan. J. Int'l L. 2007, 87.

54 Vgl. *Nemitz*, Strafzumessung, S. 174.

55 Überblick bei *Nemitz*, a.a.O., S. 158 ff.; siehe auch *Nsereko*, CLF 2008, 377.

56 *Nemitz*, a.a.O. S. 174 f.

57 Dazu auch *van Zyl Smit*, ZStW 115 (2003), 954.

58 *Bagaric/Morss*, ICLR 2006, 219, mit Verweis auf ICTY(*Nikolić*).

59 *Singelstein/Stolle*, in: Kaleck u.a. (Hrsg.), International Prosecution, S. 39; *Triffterer*, in: Politi/Nesi (Hrsg.), The Rome Statute, S. 169.

60 *Jescheck*, Verantwortlichkeit der Staatsorgane, S. 194. Ähnlich auch *Melloh*, Einheitliche Strafzumessung, S. 341.

5. Positive Generalprävention

Die wohl bedeutendste Rolle wird dem internationalen Strafrecht im Hinblick auf dessen integrative Wirkung zugeschrieben.[61] Langfristige Normenkonsolidierung und die Gewährleistung einer *rule of law* gelten als herausragende Argumente für eine Bestrafung der Rechtsbrecher. Anders als im nationalen Recht besteht in Literatur und Rechtsprechung Unklarheit dahingehend, ob das internationale Strafrecht der Bestätigung einer bereits akzeptierten Norm dienen soll[62] oder ein Normen- und Moralbewusstsein durch die Strafe erst geschaffen[63] bzw. gefestigt[64] werden muss. *Aukerman* weist dabei auf eine Problemstellung hin: Basiert die Strafverfolgung nicht auf einem moralischen Konsens, so droht sie als Siegerjustiz gewertet zu werden. Sollte dies der Fall sein, büßt sie ihre Fähigkeit ein, moralischen Konsens zu fördern.[65] Teilweise wird sogar betont, dass nicht nur das Normenbewusstsein bezüglich der drei Straftatbestände Völkermord, Verbrechen gegen die Menschlichkeit und Kriegsverbrechen eine Bestätigung erfahren soll, sondern der Aufbau rechtsstaatlicher Verhältnisse,[66] ja eines demokratischen Gemeinwesens[67] angestrebt wird. Einige Autoren wenden ein, dass die Sanktionierung nicht unbedingt der Bestätigung der lokalen Rechtsordnung, sondern vielmehr der des internationalen Menschenrechtsregimes dienen soll.[68] So merkte *Jescheck* an:

> „Sie soll der Menschheit zum Bewußtsein bringen, daß das Völkerrecht Recht ist und auch schließlich gegenüber dem Rechtsbrecher durchgesetzt wird.“[69]

Damit das Normenbewusstsein der lokalen Bevölkerung und der Weltgemeinschaft gestärkt werden kann, ist es unabdingbar, dass die gewählte Sanktion die

---

61 Siehe bspw. *Bassiouni*, JIA 1999, 806; *Möller*, Völkerstrafrecht, S. 528; *Neubacher*, in: Neubacher/Klein (Hrsg.), Vom Recht der Macht, S. 30; *Sloane*, Stan. J. Int'l L. 2007, 75.

62 *Bommer*, in: Münk (Hrsg.), Die Vereinten Nationen, S. 44 ff. *Tallgren*, EJIL 2002, 580, stellt gar fest: "[…] the task of the 'international criminal justice system' is to communicate what everybody knows already."

63 *Aukerman*, Harv. Hum. Rts. J. 2002, 72 f.; *Laplante*, Va. J. Int'l L. 2008, 921; *Neubacher*, in: Neubacher/Klein (Hrsg.), Vom Recht der Macht, S. 30; *Pawlik*, ZIS 2006, 289.

64 *Nemitz*, Strafzumessung, S. 166. Krit. Anmerkungen bei *Tallgren*, EJIL 2002, 571 ff.

65 *Aukerman*, Harv. Hum. Rts. J. 2002, 79: "One must be vary of a vicious circle: where prosecution is not grounded in moral consensus it will be seen as victor's justice. And if seen as victor's justice, it will lose its effectiveness as a tool for creating moral consensus." Ähnliche Betonung auch bei *Nemitz*, Strafzumessung, S. 170; *Sloane*, Stan. J. Int'l L. 2007, 76.

66 *Scharf*, Corn. Int'l L. J. 1999, 513 f.; *Stolle/Singelnstein*, in: Kaleck u.a. (Hrsg.), International Prosecution, S. 45; *Haveman*, in: Haveman/Olusanya (Hrsg.), Sentencing and Sanctioning, S. 150.

67 *Hafner* u.a., EJIL 1999, 109; *Laplante*, Va. J. Int'l L. 2008, 918; *Scharf*, Corn. Int'l L. J. 1999, 512 f.

68 Krit. zur Möglichkeit der Normbestätigung im Hinblick auf das Völkerrecht, *Stolle/Singelnstein*, in: Kaleck u.a. (Hrsg.), International Prosecution, S. 41.

69 *Jescheck*, Verantwortlichkeit der Staatsorgane, S. 195.

Missbilligung des Verhaltens zum Ausdruck zu bringen vermag. In dem Zusammenhang wird darauf hingewiesen, dass in einigen (betroffenen) Gesellschaften die Verhängung der Todesstrafe den Unrechtsgehalt der Tat am ehesten betont, sodass der Verzicht auf diese Sanktion der integrativ präventiven Wirkung abträglich sein könnte. Allerdings lässt sich ein weltweiter Konsens darüber ausmachen, dass eine längere Freiheitsstrafe universell als Ausdruck der Kondemnation gewertet wird.[70] Insofern kann *Jeschecks* 1984 getroffene Feststellung: „Die Freiheitsstrafe ist in der Mehrzahl der hier untersuchten Länder noch immer in hergebrachter Weise die hauptsächlich angewendete Sanktion des Strafrechts" weiterhin Gültigkeit beanspruchen.[71]

B. Zwecke des Strafprozesses

Mit Verfahren vor dem IStGH werden Zwecke verfolgt, die aus dem nationalen Kontext hinreichend bekannt sind. Daneben werden in Literatur und Rechtsprechung üblicherweise noch weitere Zielsetzungen des Verfahrens thematisiert, die von der Sanktionierung weitgehend unabhängig sind oder gar mit ihr im Konflikt stehen können.[72]

1. Klassische Zwecke des Strafprozesses

Die Zwecke des Strafprozesses sind zum Teil ein Spiegelbild der Strafzwecke. Die primäre Aufgabe des Strafprozesses ist es, in einem fairen und zügigen (prozessordnungsgemäßen) Verfahren die Schuld oder Unschuld des Angeklagten festzustellen.[73] Zudem soll das formalisierte Verfahren zur Befriedung der Konfliktparteien verhelfen. Weiterhin dient der Prozess als solcher auch der Verwirklichung der mit der Sanktion in Verbindung gebrachten Ziele. So kann sich die abschreckende Wirkung der in der Sanktionsnorm angedrohten Freiheitsstrafe nur dann manifestieren, wenn eine Verurteilung (im Rahmen eines institutionalisierten Strafverfahrens) erfolgt. Ebenso wird das Normenbewusstsein nicht nur durch den Schuldausspruch gestärkt, sondern auch durch das dorthin führende Verfahren.[74] Besonderes Augenmerk verdienen ferner die folgenden präventiven Erwägungen, die darauf abzielen, ein Wiederaufflammen bzw. die Fortführung des Konflikts zu verhindern. Dabei sind zwei zentrale Elemente hervorzuheben: die Verhinderung von Gewaltspiralen und die Individualisierung von Schuld.

---

[70] *Sloane*, Stan. J. Int'l L. 2007, 84. Siehe auch *Triffterer*, in: Politi/Nesi (Hrsg.), The Rome Statute, S. 169.

[71] *Jescheck* (Hrsg.), Die Freiheitsstrafe und ihre Surrogate, S. 1975.

[72] Überblick zu den Strafprozesszwecken bei *Klamberg*, NJIL 2010, 284.

[73] Zu den verschiedenen Funktionen des Verfahrens, siehe , 284 ff.

[74] Siehe auch *Reese,* in: Neubacher/Klein (Hrsg.), Vom Recht der Macht, S. 81.

2. Verhinderung von Gewaltspiralen

Insbesondere im internationalen Kontext findet die erstrebte Linderung schwelender Rachebedürfnisse Betonung.[75] *Sloane* spricht von „retribution as vengeance regulation".[76] Ob eine internationale Strafverfolgung geeignet ist, diese kurzfristige Befriedungsfunktion zur Zufriedenheit der betroffenen Opfergemeinschaft zu erfüllen, erscheint allerdings nicht ganz eindeutig.[77] So weist *Sloane* auf die Diskrepanz von Opferinteressen und Verfolgungsstrategie hin. Von der „internationalen Gemeinschaft" werden z.B. nur in seltenen Ausnahmefällen direkt an den Taten beteiligte Täter ins Visier der Strafverfolgung genommen.[78] Auf die Interessen der lokalen Bevölkerung wird nicht immer Rücksicht genommen.[79] Zudem ist zu bedenken, dass aufgrund der teils beträchtlichen Zeitspanne zwischen Tatbegehung und strafrechtlicher Aufarbeitung die Versöhnung besonders erschwert wird.[80] Der Erfolg der Zielsetzung, eine Gewaltspirale zu unterbinden, hängt schließlich auch davon ab, ob die Tätergesellschaft die Sanktionierung als legitim anerkennt. Ansonsten drohen Sanktionen die Gewaltspirale sogar noch zu befördern.[81]

3. Individualisierung der Schuld

Ein zweites Element, welches stets hervorgehoben wird, ist die Individualisierung von Schuld. Damit soll dem Vorwurf einer Kollektivschuld entgegengewirkt werden.[82] Den Taten, so das Credo, liegen individuelle Entscheidungen zum Rechtsbruch zugrunde, für die der Täter haftbar gemacht werden kann und soll. Eine pauschale Verurteilung des Täterumfelds, sei es aufgrund seiner nationalen,

---

[75] So z.B. *Aukerman*, Harv. Hum. Rts. J. 2002, 55; *T. Clark*, Wash. U. Global Stud. L. Rev. 2005, 403; *Damaska*, Chi-Kent L. Rev. 2008, 333f.; *Greenawalt*, N.Y.U. J. Int'l L.& Pol., 602; *Haveman*, in: Haveman/Olusanya (Hrsg.), Sentencing and Sanctioning, S. 147; *Méndez*, Case W. Res. J. Int'l L. 2007, 87; *Neubacher*, in: Neubacher/Klein (Hrsg.), Vom Recht der Macht, S. 30; *Nitsche*, IStGH und Frieden, S. 174 f.; *Safferling*, ARIEL 1999, 169; *Scharf*, JIA 1999, 630; *O'Shea*, Amnesty, S. 81; *Snyder/Vinjamuri*, IS 2003/04, 17; siehe auch *Goldstone* (zitiert nach *Aukerman*, Harv. Hum. Rts. J. 2002, 47 f.): "[…] the only hope of breaking cycles of violence is by public acknowledgement of such violence and exposure of those responsible for it."

[76] *Sloane*, Stan. J. Int'l L. 2007, 78.

[77] Siehe bspw. *Bagaric/Morss*, ICLR 2006, 245.

[78] Vgl. *Damaska*, Chi-Kent L. Rev. 2008, 334; *Sloane*, Stan. J. Int'l L. 2007, 50, 78 ff. Zur vergleichbaren Problematik am Special Court for Sierra Leone, *Cohen*, Stan. J. Int'l L. 2007, 26.

[79] Siehe auch *Sloane*, a.a.O., 52.

[80] *Bagaric/Morss*, ICLR 2006, 247.

[81] *Aukerman*, Harv. Hum. Rts. J. 2002, 60. Ähnlich *Tallgren*, EJIL 2002, 583; *Zolo*, JICJ 2004, 734.

[82] *Aukerman*, a.a.O., 75; *Méndez*, Case W. Res. J. Int'l L. 2007, 88; *Nitsche*, IStGH und Frieden, S. 168 ff.; *Sloane*, Stan. J. Int'l L. 2007, 71; *Stolle/Singelstein*, in: Kaleck u.a. (Hrsg.), International Prosecution, S. 43. *Bagaric/Morss*, ICLR 2006, 246, messen dem Verfahren gar höhere Bedeutung als der Sanktion bei.

ethnischen oder religiösen Herkunft, gelte es zu vermeiden. Tatsache ist aber, dass zumindest der Tatbestand der Verbrechen gegen die Menschlichkeit eine kollektive Begehung fordert. In Fällen von Völkermord und Kriegsverbrechen ist zwar *per definitionem* ein kollektives Element auf Täterseite nicht zwingend notwendig. Phänomenologisch sind jedoch auch diese Taten systematischer und kollektiver Natur.[83] Zudem verschleiert die Individualisierung des Schuldvorwurfs, dass, wie im Fall des Holocausts deutlich geworden ist, Systemunrecht sich stets einer gestaffelten Unterstützung in Form von Partizipation, Kollaboration und Schweigen sicher sein kann.[84]

Die Durchführung eines mediatisierten Verfahrens und die sogenannten *outreach*-Programme in der Konfliktregion sind geeignet, den Schuldvorwurf auf ein Individualverhalten zu lenken und die Handlungsmöglichkeiten eines Individuums aufzuzeigen, die auch in „Unrechtssystemen" existent sind. Zudem mag die Konfrontation des Täters mit seinen Opfern oder deren Nachfahren einen resozialisierenden Effekt haben. *Drumbl* formuliert dies prägnant wie folgt:

> "The sanction imposed on extraordinary international criminals largely remains little more than an afterthought to the closure purportedly obtained by the conviction."[85]

4. (Historische) Wahrheitsfindung

Zur Feststellung der Schuld oder Unschuld des Angeklagten begeben sich die Richter auf die Suche nach der Wahrheit. Eine solche kann allerdings stets nur in Form einer prozessualen Wahrheit auftreten. Die Feststellung einer „historischen Wahrheit" ist dagegen aufgrund der Bedingungen des Strafprozesses ausgeschlossen.[86] Ein wichtiges Hindernis für eine historische Wahrheitsfindung ist das Prinzip der *res iudicata*.[87] Hinzu treten rechtsstaatlich notwendige Begrenzungen der Beweiserhebung und -verwertung. So darf die Wahrheitsermittlung nur in den durch das Strafprozessrecht gezogenen Grenzen erfolgen und den Betroffenen nicht zum reinen Objekt degradieren.

Auch das Interesse an der Durchführung eines zügigen Verfahrens macht es notwendig, die Beweisaufnahme zu begrenzen und Feststellungen vorheriger Ver-

---

83 Vgl. *Triffterer*, in: Politi/Nesi (Hrsg.), The Rome Statute, S. 146 ff. Dazu auch *Côté*, JICJ 2005, 175.

84 Siehe dazu *Fletcher*, Yale L. J. 2002, 1512, 1542; *Triffterer*, in: Politi/Nesi (Hrsg.), The Rome Statute, S. 161. Zur Problematik siehe auch *Damaska*, Chi-Kent L. Rev. 2008, 333; *Koskenniemi*, Max Planck UNYB 2002, 16; *Stolle/Singelnstein*, in: Kaleck u.a. (Hrsg.), International Prosecution, S. 43.

85 *Drumbl*, Atrocity, S. 11. Zustimmend *Ewald*, ICLR 2010, 368.

86 *Burbidge*, ICLR 2008, 585; *Koskenniemi*, Max Planck UNYB 2002, 11 ff.; *Reese*, in: Neubacher/Klein (Hrsg.), Vom Recht der Macht, S. 79. Optimistischer *Haveman*, in: Haveman/Olusanya (Hrsg.), Sentencing and Sanctioning, S. 155; *Schabas*, in: Cassese/Gaeta/Jones (Hrsg.), The Rome Statute, S. 1520; *Wade*, ICJR 2009, 163.

87 *Damaska*, Chi-Kent L. Rev. 2008, 336.

fahren nur in Ausnahmefällen zu hinterfragen.[88] Ein zügiges Verfahren dient dabei nicht nur dem Schutz des Angeklagten und der Ressourcenschonung.[89] Auch präventive Gründe sprechen für eine schnelle Durchführung.[90] Zu bedenken ist, dass auch Situationen auftreten können, in denen die Wahrheitsfindung und die Interessenlage des Angeklagten konform verlaufen, eine eingehendere Befassung aber trotzdem zu versagen ist. So unterstellte die Verfahrenskammer beispielsweise im *Karadžić*-Verfahren die Wahrheit einiger von *Karadžić* im Zusammenhang mit dem sogenannten *Holbrooke Agreement*[91] vorgebrachten Faktendarstellungen, um eine zeitaufwändige (und politisch heikle) Beweisaufnahme zu verhindern:

> "The Trial Chamber rejects the Accused's submission that not having an evidentiary hearing at this stage would be a disservice to history. The Chamber's purpose is not to serve the academic study of history."[92]

Die Zwänge der strafprozessualen Vorgaben lassen das (internationale) Strafverfahren als denkbar ungeeignet für die Wahrheitsfindung erscheinen. So ist die Wahl der vorgebrachten Fakten und Beweismittel durch die Interessenlage der Parteien bestimmt,[93] mit der Folge, dass im Strafverfahren notwendigerweise Geschehnisse und gesellschaftliche Zusammenhänge ausgeblendet werden. Art. 54 (1) (a) RS legt ausdrücklich fest:

> The Prosecutor shall: In order to establish the truth, extend the investigation to cover all facts and *evidence relevant to an assessment whether there is criminal responsibility under this Statute*. [Hervorhebung des Autors]

Zwar hat sich der IStGH im Vergleich zu den sogenannten Vorgängerinstitutionen weiter dem kontinentaleuropäischen inquisitorischen Prozessrechtsverständnis angenähert und der Anklage auch die Suche nach entlastendem Beweismaterial aufgebürdet sowie den Richtern in Art. 64 (6) (d) RS das Recht eingeräumt, weitere Beweismittel anzufordern.[94] Dies ändert aber nichts an der Tatsache, dass die Schuld des Angeklagten und nicht die Geschichtsschreibung im Vordergrund steht. Allerdings ist anzumerken, dass internationale Strafprozesse im Vergleich zum klassischen Nationalstrafrecht ein wesentlich breiteres Bild von den Geschehnissen

---

88 *Aukerman*, Harv. Hum. Rts. J. 2002, 73; *Damaska*, Chi-Kent L. Rev. 2008, 336.

89 *Galbraith*, Mich. J. Int'l L. 2009, 95; *Klamberg*, NJIL 2010, 289.

90 *Cohen*, Stan. J. Int'l L. 2007, 4; *Galbraith*, Mich. J. Int'l L. 2009, 108 f.

91 Dazu unten Teil 6, II.E.6.a).

92 ICTY(*Karadžić*), Decision on the Accused's Holbrooke Agreement Motion, Entscheidung der Verfahrenskammer vom 8.7.2009, para. 46. Siehe dazu die krit. Würdigung durch die Berufungskammer, vgl. ICTY(*Karadžić*), Decision on *Karadžić*'s Appeal of Trial Chamber's Decision on Alleged Holbrooke Agreement, Entscheidung der Berufungskammer vom 12.10.2009, paras. 24 ff.

93 *Damaska*, Chi-Kent L. Rev. 2008, 337; *Drumbl*, Atrocity, S. 176 f. Zur Frage des im Hinblick auf die Faktengewinnung problematischen *plea bargaining* bei Verfahren vor dem ICTY, siehe *Bagaric/Morss*, ICLR 2006, 233; *J. Clark*, EJIL 2009, 426; *van Zyl Smit*, ZStW 115 (2003), 949. Eine positive Einschätzung bei *Harmon/Gaynor*, JICJ 2007, 707. Differenziert bei *Drumbl*, Atrocity, S. 179.

94 Vgl. *Klamberg*, NJIL 2010, 290; *Röben*, Max Planck UNYB 2003, 534 ff.

liefern und aufgrund der Tatbestandsmerkmale auch liefern müssen.[95] Um die Verantwortlichkeit höherrangiger Täter zu beweisen, bedarf es einer ausführlichen Beweiserhebung, welche jene in gewöhnlichen Strafverfahren weit übersteigt.

Da Wahrheit als solche nicht feststellbar ist, bleibt es ein umstrittenes Konzept. Es bietet sich daher an, statt von „Wahrheitsfindung" von einer „Dokumentation von Fakten" zu sprechen.[96] Diese dient nicht nur als Grundlage für eine geschichtswissenschaftliche Auseinandersetzung mit der Materie. Sie kann ebenso dazu verhelfen, propagandistische Stilblüten infrage zu stellen und eine Auseinandersetzung mit der Vergangenheit in Gang zu setzen.[97] Schließlich gilt es stets kritisch zu reflektieren, dass Wahrheit kaum wertend zu fassen ist.[98] Wahrheit ist nicht *per se* gut oder schlecht, hilfreich oder schädlich. Es kann allerdings festgehalten werden, dass im Interesse der Opfer eine umfangreiche Sachverhaltsaufklärung erforderlich ist und daher in jedem Verfahren angestrebt werden sollte. Insbesondere in langjährigen Bürgerkriegen besteht z.B. ein besonderes Bedürfnis der Familien, zu wissen, was mit vermissten Angehörigen geschehen ist.

5. Opferbeteiligung

Auf die Frage der Opferbeteiligung soll hier nur in gebotener Kürze eingegangen werden.[99] Zwar haben die Interessen der Opfer nicht nur aus rein präventiven Gründen, sondern auch aus menschenrechtlichen Erwägungen stetig an Bedeutung gewonnen.[100] Diesbezüglich gelten die Fortentwicklungen des Rom-Statuts als Erfolg.[101] Die bisherige (Anklage-)Praxis zeigt allerdings, dass sich Opfer- und Anklageinteresse oft diametral entgegenstehen. So fokussiert die Beweisaufnahme selten auf die konkrete, von den Opfern durchlebte Tat. Da es sich bei den meisten Angeklagten um höherrangige Militärs oder Politiker handelt, denen zumeist die Organisation und nicht die Durchführung zum Vorwurf gemacht wird, steht und fällt die Anklage mit der Beweisbarkeit von Organisationsverantwortung. Auch besteht Unklarheit darüber, inwieweit Opfer außerhalb ihrer Rolle als Opferzeugen

---

95 *Damaska*, Chi-Kent L. Rev. 2008, 337.

96 So auch *Neubacher*, in: Neubacher/Klein (Hrsg.), Vom Recht der Macht, S. 3. Ähnlich *O'Callaghan*, ICLR 2008, 543; *Scharf*, JIA 1999, 627. Wohl auch *Klamberg*, NJIL 2010, 290; *Triffterer*, in: Politi/Nesi (Hrsg.), The Rome Statute, S. 168. Zum Beispielsfall Ruanda siehe *Sadat*, LJIL 2009, 550. Zu ähnlichen Diskussionen bei IGH(*Bosnia and Herzegovina v. Serbia and Montenegro*) siehe *Rajkovic*, LJIL 2008, 890 ff.

97 Dazu *Harmond/Gaynor*, JICJ 2007, 700 ff.

98 Siehe auch *J. Clark*, EJIL 2009, 424; *van Zyl*, JIA 1999, 662.

99 Ausführlich dazu *Möller*, Völkerstrafrecht, S. 528–610.

100 *Laplante*, Va. J. Int'l L. 2008, 918. Zur davon zu unterscheidenden Frage, ob ein Recht des Opfers auf Bestrafung des Täters existiert, siehe *Gavron*, ICLQ 2002, 97; *Seibert-Fohr*, Max Planck UNYB 2002, 316 ff.

101 *Nsereko*, CLF 2010, 399. Zu den Verfahrensregelungen siehe *Bock*, ZStW 119 (2007), 670–679; *Safferling*, ZStW 115 (2003), 371 ff.

in Verfahren einzubinden sind[102] und wie weit der Opferbegriff – insbesondere in seiner kollektiven Ausprägung[103] – zu fassen ist.[104] Zudem ist zu berücksichtigen, dass Opferbeteiligung für den Täter,[105] aber auch teilweise für die Opfer, nicht immer positiv zu bewerten ist.[106] Außerdem ergeben sich Folgeprobleme im Hinblick auf das Recht auf Wiedergutmachung, welches der IStGH bestimmten Opfern auf Antrag zusprechen kann.[107] Die Durchführung des Prozesses weit entfernt vom Tatort wirft weitere Fragen auf.[108]

Trotz der zu konstatierenden Erweiterung der Opferrechte bleiben internationale Strafgerichte für eine Vielzahl der Opfer fremde Institutionen. Der Ablauf der Verfahren, die gewählte(n) Sprache(n) sowie die Distanz zum Tatort haben zur Konsequenz, dass der eigentliche Konflikt zwischen Opfer(-gemeinschaft) und Täter (-gemeinschaft) in den Hintergrund rückt. Ein ähnliches Phänomen hatte *Nils Christie*[109] bereits in den 1970er Jahren im Hinblick auf europäische Strafprozesse ausgemacht. Seine Feststellungen gelten auch für Prozesse im 21. Jahrhundert in Den Haag.

II. Zielerreichung ohne Strafverfahren

Die obigen Ausführungen betrafen die Frage, welche Ziele mit der Durchführung internationaler Strafverfahren und mit der Sanktionierung normdevianten Verhaltens nach wohl herrschender Meinung verfolgt werden. Dabei sollte auf die jeweiligen Schwächen der verschiedenen Ansätze hingewiesen werden, nicht aber deren Existenzberechtigung an sich infrage gestellt werden. Die herausgearbeiteten Zielsetzungen sind dabei grundsätzlich das Produkt akademischer Auseinandersetzung und richterlicher Tätigkeit. Eine explizite Verankerung im völkerrechtlichen Normengefüge ist, ähnlich wie im nationalen Strafrecht der Bundesrepublik, nicht festzustellen.[110] Sprechen beispielsweise die Genfer Konventionen von einem Recht

---

102 Zur Fortschrittlichkeit des Rom-Statuts diesbezüglich *Nsereko*, CLF 2010, 409 f.

103 Zur kollektiven Komponente siehe ausführlich *Safferling*, ZStW 115 (2003), 355 ff. Siehe auch *L. Keller*, Conn. J. Int'l L. 2008, 250.

104 *Bagaric/Morss*, ICLR 2006, 226; *Rauschenbach/Scalia*, IRRC 2008, 450 ff. Zur Debatte der *ad hoc*-Tribunale, siehe *Safferling*, ZStW 115 (2003), 365 ff.; zum IStGH, 367 ff.; *Sheppard*, ICLR 2010, 50 f.

105 Überblick über die Kritikpunkte bei *Nsereko*, CLF 2010, 402.

106 Zur Problematik der sekundären Viktimisierung siehe bspw. *Bock*, ZStW 119 (2007), 670 ff.; *Rauschenbach/Scalia*, IRRC 2008, 448, 455.

107 *Bock*, ZStW 119 (2007), 678; *Rauschenbach/Scalia*, IRRC 2008, 453.

108 *J. Clark*, EJIL 2009, 423; *Knoops*, ICLR 2004, 532.

109 *Christie*, BJC 1977, passim.

110 *Fife*, in: Triffterer (Hrsg.), Commentary on the Rome Statute, Art. 77, Rn. 4.

oder einer Pflicht zu strafen, so ist damit nicht gesagt, wie der Terminus der Strafe dekonstruiert werden soll. Demnach ist es durchaus denkbar, dass andere Formen der Aufarbeitung ebenfalls das eingeräumte Recht zu strafen vollumfänglich ausfüllen. Insbesondere ein Zusammenwirken mehrerer Formen der Aufarbeitung könnte ein formelles Strafverfahren, wie es der IStGH oder ein drittstaatliches Strafgericht bieten, ersetzen.

Wie im Folgenden aufgezeigt werden soll, sind einige dieser Zwecke jedoch nur durch ein formelles Strafverfahren im internationalen Sinne zu verwirklichen. Um die Vergleichbarkeit mit den obigen Ausführungen zu ermöglichen, erfolgt die Darstellung anhand der infrage stehenden Zwecke. Eine Unterteilung in verschiedene Formen der Aufarbeitung soll unterbleiben. Eine derartige Strukturierung trägt zudem der Möglichkeit des Zusammenspiels verschiedener koordinierter und kombinierter Aufarbeitungsformen Rechnung. Die Historie ist reich an Beispielen, in denen verschiedene Konfliktlösungsmechanismen kumulativ zur Anwendung gebracht wurden und man erst dadurch der Dimension des Unrechts annähernd gerecht werden konnte.[111] Ausgeklammert werden soll jedoch die Tatsache, dass in der Vergangenheit auch neben der Strafverfolgung zusätzliche Maßnahmen ergriffen worden sind. Zwar ist die herausragende Bedeutung eines ganzheitlichen Ansatzes der Aufarbeitung von Systemunrecht zu unterstreichen und der Rückgriff auf ein breites Spektrum von komplementären Maßnahmen als notwendig anzusehen, um die stets selektive strafrechtliche Aufarbeitung zu ergänzen. Für die Fragestellung sind derartige komplementäre Elemente an dieser Stelle aber nicht von Bedeutung. Schließlich sind die einleitenden Worte zu dieser Arbeit noch einmal in Erinnerung zu rufen: Die Legalität der Einsetzung alternativer Mechanismen *durch den Tatortstaat* soll hier nicht thematisiert werden.

A. Erreichung von Strafzwecken ohne Kriminalstrafe

Der Schwerpunkt der Auseinandersetzung liegt ersichtlich bei den Strafzwecken, da mutmaßliche Täter wie der ugandische Rebellenführer *Joseph Kony* insbesondere die Sanktion (Haftstrafe) fürchten und sich das klassische Kriminalstrafrecht in diesem Punkt am stärksten von anderen Aufarbeitungsmechanismen unterscheidet.

I. Vergeltung ohne Kriminalstrafe

Das Prinzip der Vergeltung fordert einen Schuldausgleich durch Zufügung eines gleichwertigen Übels. Es wurde bereits festgestellt, dass darunter nicht stets die

[111] Zu dem Fall, dass sogar Wahrheitskommission und Strafverfolgung kumulativ eingesetzt wurden, *Schabas*, JICJ 2004, 1088. Überblick zu alternativen Mechanismen auch bei *Meyer*, ICLR 2006, 550 ff.

Zufügung eines identischen Übels verstanden werden kann. Auge um Auge, Zahn um Zahn ist selbst modernen absoluten Straftheorien fremd. Verzichtet man aber auf die Gleichartigkeit des Übels, so führt das nicht nur zu „dogmatischen Unreinheiten". Weiterhin ist zu fragen, wie dehnbar sich die Gleichwertigkeit darstellt. In der Geschichte lassen sich neben der Freiheitsstrafe auch weitere Sanktionen finden, die für den Betroffenen ein Übel darstellen.[112] So haben Lustrationsmaßnahmen nicht nur eine präventive Zielsetzung. Sie sanktionieren auch vorheriges Fehlverhalten und sehen vor, dass ausgewählte Personen eines Amtes verlustig gehen.[113] Im deutschen Recht sind derartige Konsequenzen beispielsweise als Nebenfolge in § 45 StGB geregelt. Die Entnazifizierungsmaßnahmen nach dem Niedergang des Dritten Reichs können als Beispiel herangezogen werden, stellten diese doch nicht im Einzelfall auf eine günstige Sozialprognose im Hinblick auf zukünftiges rechtstreues Verhalten ab. Vielmehr knüpften sie an die Stellung des Individuums im NS-Regime an. Mit dem Verlust der Amtsstellung ist nicht nur ein wesentlicher wirtschaftlicher Nachteil verbunden. Oftmals geht damit auch ein sozialer Abstieg einher und kann zur gesellschaftlichen Isolierung des Betroffenen führen. Lustrationsmaßnahmen weisen daher ebenfalls ein Vergeltungselement auf.

Der gesellschaftliche Aspekt hat auch in bestimmten lokalen Konfliktlösungsmechanismen wie dem *mato oput* (Ritual in der Acholi-Region in Nord-Uganda)[114] eine herausragende Bedeutung. Soziale Ächtung und Ehrverlust können unter bestimmten Umständen für die Personen weitreichende Konsequenzen haben und von dem Betroffenen daher als schwerwiegendes Übel angesehen werden.[115] Ebenfalls eine *naming and shaming*-Funktion wird personalisierten Wahrheitskommissionen wie der südafrikanischen *Truth and Reconciliation Commission* (TRC) zugesprochen. Die Täter werden individualisiert und unter Einbindung der Medien „gebrandmarkt".[116]

Es stellt sich jedoch die Frage, welcher Maßstab Anwendung finden soll, um die Gleichwertigkeit des Übels zu bestimmen. Obschon dargestellt wurde, dass Vergeltung als Strafgrund auch vor dem IStGH relevant ist, ist damit noch nicht festgestellt, was auf internationaler Ebene als gleichwertiges Übel anzusehen ist. Damit keine Missverständnisse entstehen: Es handelt sich hier nicht um die Gegenüber-

---

112 Siehe dazu auch *Seibert-Fohr*, Max Planck UNYB 2002, 322.

113 *Damaska*, Chi-Kent L. Rev. 2008, 343.

114 Das Ritual des *mato oput* (benannt nach der Wurzel des Oput-Baums) soll ehemaligen Kämpfern die Reintegration in die Gesellschaft ermöglichen. Sie sollen wieder produktive Mitglieder der lokalen (Dorf-)Gemeinschaft werden können. Eine klassische Bestrafung kennt das *mato oput*-Ritual nicht. Anderes Beispiel bei *Hancock*, Wis. Int'l L. J. 2008, 93 ff., Buddhist principles and the ECCC.

115 *Blumenson*, Colum. J. Transnat'l L. 2006, 869.

116 A.a.O., 868 f.; *Gibson*, AJPS 2002, 547, *L. Keller*, Conn. J.Int'l L. 2008, 268; *Schmolze*, in: Schmolze/Rauchfuss (Hrsg.), Kein Vergeben, S. 260; *van Zyl*, JIA 1999, 662.

stellung von vergeltenden Gerechtigkeitstheorien *(retributive justice)* und restaurativen Ansätzen *(restorative justice)*. Vielmehr soll an dieser Stelle überprüft werden, ob ein vergeltender Ansatz ohne die aus dem klassischen Kriminalstrafrecht bekannten Sanktionsmittel denkbar ist.

Für den IStGH kommen *per definitionem* des Art. 77 (1) RS grundsätzlich nur Freiheitsstrafen in Betracht. Die Mindeststrafe beträgt ein Jahr.[117] Geldstrafen sind in Abs. 2 nur als akzessorische Strafen anerkannt.[118] Es dürfte unbestritten sein, dass eine langjährige Freiheitsstrafe weltweit als bedeutendes Übel angesehen wird und daher zur Vergeltung schwerwiegender Straftaten geeignet ist.[119] Dies lässt, ebenso wie der Wortlaut des Art. 77 (1) RS, allerdings nicht den Umkehrschluss zu, dass andere Sanktionen zwingend als unzureichend zu betrachten sind. Welcher Vergeltungsmaßstab für die Bestrafung mutmaßlicher Völkermörder, Kriegs- und Menschheitsverbrecher zur Anwendung kommt, muss daher anders ermittelt werden. *Sloane* argumentierte bereits im Hinblick auf den ICTR:

> "The ICTR, for better or worse, represents principally the interests and values of the amorphous international community rather than those of Rwanda, the victims of the genocide or any other local community. Its sentencing law and practices perforce reflect this fact; hence the exclusion of death penalty despite Rwanda's objections."[120]

Triffterer stellt bezüglich der in Rede stehenden Taten fest:

> "[…] they are 'such grave crimes' because they endanger protected values of the international community as a whole."[121]

Die besondere Bedeutung der Taten und die Betonung ihrer internationalen Dimension lassen erkennen, dass nationale oder gar lokale Maßstäbe im Rahmen der Vergeltung keine Rolle spielen können. Lustration und soziale Ächtung mögen zwar Nebeneffekte einer internationalen Strafverfolgung sein. Das Ausmaß eines international anerkannten Übels erreichen sie jedoch gemäß dem Selbstverständnis des internationalen Strafrechts nicht.[122] Dies wird beim Rom-Statut noch deutlicher als bei den sogenannten Vorgängerinstitutionen. So sollte sich das Jugoslawientribunal noch an nationalen Maßstäben orientieren. Auf eine derartige Regelung wurde für den IStGH verzichtet. Auch der Wortlaut der *ne bis in idem*-Regelung des Art. 20 RS deutet darauf hin, dass eine Kriminalstrafe i.S.d. Freiheitsstrafe im Vordergrund steht. Art. 20 (3) RS bestimmt:

> No person who has been tried by another *court* […]. [Hervorhebung des Autors]

---

[117] *Fife*, in: Triffterer (Hrsg.), Commentary on the Rome Statute, Art. 77, Rn. 23.

[118] Vgl. dazu ebda.

[119] *Sloane*, Stan. J. Int'l L. 2007, 84.

[120] *Sloane*, JICJ, 2007, 733.

[121] *Triffterer* (Hrsg.), Commentary on the Rome Statute, Preamble, Rn. 9. Ähnlich auch *Benzing*, Max Planck UNYB 2003, 597; *Henham*, JICJ 2007, 763; *O'Shea*, Amnesty, S. 78; *Ssenyonjo*, ICLR 2007, 374; *Tallgren*, EJIL 2002, 566.

[122] Siehe auch *L. Keller*, Conn. J. Int'l L. 2008, 268.

Mit *Aukerman* lässt sich resümieren:

> "[…] sanctions imposed through alternative mechanisms – sanctions such as social opprobrium, ostracism, money judgments, or loss of jobs and privileges – simply are not proportional to the crimes committed by human rights violators."[123]

Zusammenfassend ist festzustellen, dass Vergeltung für die Begehung von Völkermord, Verbrechen gegen die Menschlichkeit und schwere Kriegsverbrechen nur durch die Verhängung einer Haftstrafe erreicht werden kann.[124]

2. Abschreckung (negative Generalprävention) ohne Kriminalstrafe

Nicht nur die vergeltende Dimension ist schwer mit einem Verzicht auf die klassische Kriminalstrafe in Form der Haftstrafe in Einklang zu bringen. So erscheint es zweifelhaft, ob andere Formen der Vergangenheitsaufarbeitung (mit Ausnahme der Todesstrafe) geeignet sein können, zukünftige Täter durch Haftandrohung abzuschrecken. Daher wird die Aufrechterhaltung bzw. der Aufbau einer Drohkulisse als entscheidendes Positivkriterium der völkerstrafrechtlichen Entwicklung stets besonders hervorgehoben. Die Schaffung einer permanenten Institution, die *proprio motu*-Zuständigkeit des Chefanklägers gemäß Art. 13 c), 15 RS und dessen potentielle universelle Zuständigkeit bei Verweisung durch den UN-Sicherheitsrat verdeutlichen, dass der abschreckenden Wirkung in Zukunft verstärkt Bedeutung zukommen soll. Ebenso wie bei der Vergeltung muss man sich jedoch fragen, ob nicht auch andere Sanktionsformen geeignet sind, abschreckende Wirkung zu entfalten.

Anders als bei der Vergeltung folgt aus der internationalen Präferenz für Haftstrafen nicht zwingend die Notwendigkeit einheitlicher Sanktionen. Es wäre durchaus vorstellbar, zur Verwirklichung der abschreckenden Wirkung auf die national oder regional geltenden Wertmaßstäbe abzustellen. Das Drohpotential verschiedenartiger Sanktionen könnte je nach Situation ermittelt werden. So wäre es denkbar, dass in bestimmten Regionen der Welt gesellschaftliche Ächtung, überirdische Strafen oder drohende Lustration die erwünschte Drohkulisse ebenso (oder gar besser) aufzubauen in der Lage wären.[125]

Dies würde allerdings voraussetzen, dass einzig die konkret von der Tat betroffene Gesellschaft Adressat einer sich in der Sanktion manifestierenden Drohbotschaft wäre. Der Anspruch internationaler Strafverfolgung geht über diesen lokalen Bezug jedoch hinaus.[126] Die Sanktionierung von Fehlverhalten in einem

---

123 *Aukerman*, Harv. Hum. Rts. J. 2002, 57. *Aukerman* selbst hinterfragt jedoch generell den Fokus auf eine international einheitliche Werteordnung, vgl. S. 45 f.

124 Unklar daher die Ausführungen bei *Meyer*, ICLR 2006, 555.

125 *Aukerman*, Harv. Hum. Rts. J. 2002, 70; *L. Keller*, Conn. J. Int'l L. 2008, 270.

126 Siehe dazu *Scharf*, Corn. Int'l L. J. 1999, 512; *Wade*, ICJR 2009, 157. Krit. daher *Damaska*, Chi-Kent L. Rev. 2008, 335, 349.

Land soll weltweit vernommen werden und dort überall abschreckende Wirkung entfalten. Daher kann eine Sanktionsart dem Anspruch, eine abschreckende Wirkung zu entfalten, nur dann gerecht werden, wenn sie auch weltweit als zu fürchtendes Übel angesehen wird. Damit ist die Idee der Abschreckung auf internationale Ebene untrennbar mit der klassischen Kriminalstrafe verknüpft. Das formelle Strafverfahren scheint aus diesem Blickwinkel unerlässlich.

In einem zentralen Aspekt unterscheidet sich die Abschreckung jedoch von anderen Strafzwecken. Die abschreckende Wirkung resultiert nicht einzig aus der Sanktion, sondern bereits aus ihrer Androhung. Damit lässt Abschreckung denklogisch auch Ausnahmen zu.

3. Positive Spezialprävention ohne Kriminalstrafe

Es vermag kaum zu überraschen, dass der Strafzweck der Resozialisierung des Täters am ehesten auf andere Weise verwirklicht werden kann. Ein bewährtes Element des friedlichen Wiederaufbaus sind die sogenannten DDR-Programme *(disarmement, demobilization, and reintegration)*. Diese sind elementare Komponenten von UN-Friedensmissionen.[127] Auch lokale Konfliktlösungsmechanismen wie das nord-ugandische *mato oput* zielen auf eine Reintegration der Täter in die Gesellschaft ab.[128] Wahrheits- und Versöhnungskommissionen sollen nicht nur Fakten auf den Tisch bringen, sondern den Dialog zwischen Täter(-gemeinschaft) und Opfer(-gemeinschaft) fördern und damit auch eine Resozialisierung der Täter (und deren Gemeinschaft) erreichen. Versöhnungskommissionen können zudem den fließenden Übergängen zwischen Täter- und Opferdasein Rechnung tragen.[129]

4. Negative Spezialprävention ohne Kriminalstrafe

Zwar erscheint das Wegsperren der Täter neben der Todesstrafe die wirkungsvollste Methode, um sie an der Begehung weiterer Taten zu hindern. Insbesondere Lustrationsverfahren versprechen jedoch ebenfalls eine weitgehende Schwächung der Machtposition. Dies gilt vor allem, wenn Täter ins ausländische Exil geschickt werden können, von wo aus sie nur über begrenzte Einwirkungsmöglichkeiten verfügen. Im Hinblick auf *Joseph Kony* wird auch über solch eine Lösung nachgedacht.[130] Das erzwungene Exil ist aber nicht für alle Tätergruppen eine Option. Im Zeitalter moderner Kommunikationsmittel ist z.B. bei Agitatoren das Exil wenig erfolgversprechend.

---

[127] Capstone-Doktrin der Vereinten Nationen, S. 26.

[128] Ausführlich *Opolot*, JAIL 2009, 42. Siehe auch Anm. 114.

[129] *Aukerman*, Harv. Hum. Rts. J. 2002, 83.

[130] Zu den Erfahrungen mit der Exiloptionen für *Taylor*, siehe *L. Keller*, Conn. J. Int'l L. 2008, 227.

5. Positive Generalprävention ohne Kriminalstrafe

Fürsprecher internationaler Strafverfolgung weisen darauf hin, dass die normstabilisierende bzw. normgenerierende Funktion des (Völker-)Strafrechts einen Verzicht auf die klassische Kriminalstrafe als problematisch erscheinen lässt. Der Ausdruck der Missbilligung begangener Untaten kann jedoch auch ohne Sanktionierung erfolgen.[131] So ist es Zielsetzung der Wahrheitskommissionen, das Verwerfliche hervorzuheben und zu kommunizieren.[132] Im *mato oput*-Verfahren sind Kompensationsleistungen notwendig, um in die Gemeinschaft reintegriert werden zu können.[133] Selbst der Erlass einer Amnestie ist nicht zwangsläufig als Abkehr von der zugrunde liegenden Verbotsnorm zu werten. Es erscheint daher fraglich, wenn *Scharf* behauptet:

> "Amnesty is an act of sovereign power 'decriminalizing' a past offense."[134]

Betrachtet man die von den kriminellen Machthabern erlassenen Blankoamnestien,[135] die eine Amnestierung für eigene kriminelle Machenschaften ohne Vorbedingung vorsehen, dann sind diese sicherlich als Perpetuierung des Rechtsbruchs anzusehen und daher einer Normenkonsolidierung kaum förderlich. Wenn man dagegen konditionierte Amnestien wie im Fall Südafrikas anschaut, stellt man fest, dass durch die Amnestierung die strafrechtlich sanktionierte Verbotsnorm nicht grundsätzlich infrage gestellt wird. Vielmehr verdeutlichen derartige Schlussstriche das Dilemma, in dem sich die neuen Machthaber befinden. So besteht ein Interesse der Machthaber, einen Ausgleich zwischen der Repression begangener Verbrechen und der Stabilität des Staates zu finden. Diese Berücksichtigung präventiver Erwägungen kann, wenn sie transparent erfolgt, das Rechtsvertrauen durchaus fördern. Die besondere Legitimität der neuen Machthaber kann somit das Rechtsvertrauen stärken.[136] Es ist allerdings anzumerken, dass damit die *rule of law* im Allgemeinen und nicht die spezielle *rule of criminal law* im Vordergrund steht. Doch selbst bei derart ausdifferenzierten Lösungen bleibt ein fader Beigeschmack, da die Normgeltung der strafrechtlichen Verbotsnorm unter den Vorbehalt des politisch Machbaren gestellt wird.[137]

---

131 *Aukerman*, Harv. Hum. Rts. J. 2002, 87; *Seibert-Fohr*, Max Planck UNYB 2002, 314.

132 Z.B. die TRC, siehe *Rauschenbach/Scalia*, IRRC 2008, 458; *Scharf*, JIA 1999, 626; *van Zyl*, JIA 1999, 658.

133 Siehe z.B. *Opolot*, JAIL 2009, 42. Siehe auch Fn. 115.

134 *Scharf*, JIA 1999, 623.

135 Als Beispielsfall einer Blankoamnestie dient auch das *Ley de Caducidad* in Uruguay, siehe dazu *Rauchfuss*, in: Schmolze/Rauchfuss (Hrsg.), Kein Vergeben, S. 142.

136 Siehe *van Zyl*, JIA 1999, 651.

137 Dazu auch a.a.O., 649.

B. Prozesszwecke ohne formellen Strafprozess

Nachdem der Fokus zunächst auf die Haftstrafe als Sanktionsmechanismus des formellen Strafverfahrens gerichtet war, soll es im Folgenden um die prozessuale Komponente gehen. Dabei liegt der Schwerpunkt auf den Besonderheiten der Aufarbeitung von Massenkriminalität.

1. Verhinderung von Gewaltspiralen ohne Strafprozess

Es stellt sich zunächst die Frage, ob kurzfristige präventive Erfolge auch ohne Anwendung von Kriminalstrafen erreicht werden können. Dabei soll zunächst hinterfragt werden, ob Vergeltungs- und Racheakte auf alternative Art und Weise vermieden werden können. Hier muss jedoch der lokale Maßstab berücksichtigt werden. Nur die unmittelbar am Konflikt beteiligten Opfer(-gemeinschaften) und Täter(-gemeinschaften) sind in den Blick zu nehmen. Dies hat zwei Konsequenzen. Geht man davon aus, dass die Rachegefühle der Opfer nur durch Zufügung eines Übels gemildert werden können, so ist es notwendige, aber auch hinreichende Bedingung, dass das gewählte Übel aus Sicht der Opfer(-gemeinschaft) als ausreichend schwerwiegend und aus Sicht der Täter(-gemeinschaft) als nicht übermäßig harsch angesehen wird.[138] Die einseitig verhängte oder zwischen den Parteien ausgehandelte Sanktion muss sich zur Erreichung dieses Strafzwecks nicht an internationalen Maßstäben orientieren. Weiterhin können unter Umständen restaurative Elemente die gewünschte Wirkung entfalten. Der Austausch zwischen den Parteien,[139] aufrichtige Schuldeingeständnisse oder finanzielle Kompensation[140] versprechen ebenfalls Linderung.[141] Zudem erlauben andere Verfahren eine emotionale Einbindung der Opfer, die in einem formalen Strafprozess kaum möglich ist.[142] Vergebung seitens der Opfer setzt nicht zwingend eine Sanktionierung der Taten voraus.[143]

2. Individualisierung von Schuld ohne Strafprozess

Betrachtet man den Aspekt der Schuldindividualisierung, so lässt sich aufzeigen, dass der Strafprozess keinesfalls die einzige Option ist, um kurzfristig soziale

---

138 Zu den Problemen einer gerechten Strafe, siehe *A. Keller*, Ind. Int'l & Comp. L. Rev. 2001, 54. Siehe bereits *Kelsen*, Gerechtigkeit, S. 49: „Wenn die Geschichte der menschlichen Erkenntnis uns irgend etwas lehren kann, ist es die Vergeblichkeit des Versuches, auf rationalem Wege eine absolut gültige Norm gerechten Verhaltens zu finden."

139 Der Austausch ist teils auch von Täterseite erwünscht, siehe *Schabas,* JICJ 2004, 1092.

140 Bspw. Blutgeld, vgl. dazu *Reisman*, Case W. Res. J. Int'l L. 2007, 58.

141 Dazu *Aukerman*, Harv. Hum. Rts. J. 2002, 80 ff.; *van Zyl*, JIA 1999, 663.

142 *Aukerman*, a.a.O., 82.

143 Ebda.

Spannungen abzubauen. Die südafrikanische TRC ist sicherlich das bekannteste Beispiel für eine nicht-strafrechtliche individualisierte Aufarbeitung. So stand die Gewährung einer Individualamnestie unter der Bedingung, dass im Verfahren vor der TRC alle Taten offengelegt wurden.[144] Jeder Täter musste sein eigenes Verhalten eingestehen. Die Wahrheitskommission in Paraguay[145] benannte ebenfalls die individuelle Verantwortlichkeit einzelner Täter.[146] Vorteilhaft im Vergleich zu Strafverfahren ist dabei sicherlich, dass neben der individuellen Komponente auch das kollektive Element stärkere Berücksichtigung finden konnte. Auch lokale Konfliktlösungsmechanismen wie *mato oput*[147] betonen die individuelle Verantwortlichkeit der Täter. Das Beispiel der sogenannten *Aylwin*-Doktrin zeigt zudem, dass die Individualisierung der Schuld primär durch das Verfahren und weniger durch die Sanktion erfolgt. Der damalige chilenische Präsident *Patricio Aylwin* ordnete die Durchführung von Strafverfahren gegen die Hauptverantwortlichen der chilenischen Menschenrechtsverbrechen an, untersagte aber eine Vollstreckung der Strafe aufgrund der zugunsten der Täter geltenden Amnestie.[148] Zusammenfassend lässt sich feststellen, dass kurzfristige präventive Erwägungen auch im Rahmen alternativer Konfliktlösungsmechanismen Berücksichtigung finden können.

3. Wahrheitsfindung ohne Strafprozess

Das Element der Wahrheitsfindung oder besser der Faktendokumentation ist aus den oben genannten Gründen für das Strafverfahren von geringerer Bedeutung. So verwundert es nicht, dass insbesondere Wahrheitskommissionen als prädestiniert zur Zweckerreichung angesehen werden.[149] Dabei unterscheiden sich die Wahrheitskommissionen allerdings stark. Einige Wahrheitskommissionen, wie die TRC in Südafrika, erhalten Informationen im Rahmen individualisierter Verfahren und

---

144 Dazu *van Zyl*, JIA 1999, 655. Ähnlich auch die Truth and Friendship Commission in Osttimor, vgl. dazu *Schmolze*, in: Rauchfuss (Hrsg.), Kein Vergeben, S. 352 f. Ein teilweiser Strafverzicht findet sich ebenso im kolumbianischen *Justice and Peace Law*, vgl. *Burbidge*, ICLR 2008, 571 f.

145 Dazu *Rauchfuss*, in: Schmolze/Rauchfuss (Hrsg.), Kein Vergeben, S. 200 f.

146 Zu den argentinischen sog. Wahrheitsprozessen als Mittelweg siehe *Rauchfuss*, in: Schmolze/Rauchfuss (Hrsg.), Kein Vergeben, S. 60 f. Auch die sierra-leonische Truth and Reconciliation Commission entschied sich für einen Mittelweg und benannte nur die Hauptverantwortlichen namentlich (dazu *Schmolze*, in: Schmolze/Rauchfuss (Hrsg.), Kein Vergeben, S. 329). Wahrheitskommissionen ohne namentliche Täternennung waren die Nationale Kommission Wahrheit und Versöhnung in Chile (dazu *Rauchfuss*, in: Schmolze/Rauchfuss (Hrsg.), Kein Vergeben, S. 92 f.; *Gavron*, ICLQ 2002, 112) und die in Guatemala (dazu *Schmolze*, in: Schmolze/Rauchfuss (Hrsg.), Kein Vergeben, S. 222).

147 Siehe Fn. 114.

148 Vgl. dazu *Rauchfuss*, in: Schmolze/Rauchfuss (Hrsg.), Kein Vergeben, S. 99.

149 *Damaska*, Chi-Kent L. Rev. 2008, 342; *Haveman*, in: Haveman/Olusanya (Hsrg.), Sentencing and Sanctioning, S. 155; *Radosavljevic*, LPICT 2008, 240; *van der Voort/Zwanenburg*, ICLR 2001, 356.

können aufgrund der Strafdrohung und strenger Amnestiekriterien auf eine weitgehende Kooperation von Tätern bei der Aufarbeitung der Materie bauen. Andere erreichen das Ziel der Informationsgewinnung durch weitgehende Anonymität der Verfahren und den dadurch gewährten Schutz vor Bloßstellung der Täter. Ein Nachteil dieser Form der Aufarbeitung ist jedoch die mangelnde Tiefe der Erkenntnisse, bewirkt doch das Verbot der Namensnennung eine Beschränkung der Darstellung. Wie das Beispiel der sierra-leonischen Wahrheitskommission zeigt, kann Informationsgewinnung jedoch auch öffentlich und ohne Amnestieregelungen funktionieren.[150] Vorteil einer Wahrheitsfindung durch Kommissionen ist deren umfassendere Aufarbeitung des Konflikts, die nicht nur die Taten als isolierte strafrechtsrelevante Ereignisse betrachtet, sondern auch die Entstehungsgeschichte, Motivationen der Akteure und deren Konsequenzen in den Blick zu nehmen vermag.[151] Der „künstliche" Fokus des Strafprozesses kann so vermieden werden.[152] Zusammenfassend lässt sich sagen, dass im Hinblick auf die Faktengewinnung kein zwingendes Bedürfnis für ein formelles Strafverfahren zu erkennen ist.

4. Opferbeteiligung ohne Strafprozess

Vor Wahrheitskommissionen und bei lokalen Konfliktlösungsmechanismen wie *mato oput* treten Opfer als Opfer und nicht nur als Zeugen auf.[153] Im Vordergrund steht nicht die Informationsgewinnung, sondern die Möglichkeit, Emotionen auszudrücken,[154] Fragen (an den Täter) zu stellen[155] und die Taten zu verstehen.[156] Die Opferbeteiligung ist außerhalb des formellen Korsetts des Strafverfahrens sicherlich besser zu gewährleisten.[157]

---

150 *Schabas*, JICJ 2004, 1098. Krit. zu den Funktionsbedingungen für Amnestiemodelle *Neubacher*, in: Neubacher/Klein (Hrsg.), Vom Recht der Macht, S. 39.

151 Zur südafrikanischen TRC, siehe *van Zyl*, JIA 1999, 657.

152 Zu Problemen der Aufarbeitung durch Wahrheitskommissionen aber auch *Neubacher*, in: Neubacher/Klein (Hrsg.), Vom Recht der Macht, S. 37 f.

153 Dazu *L. Keller*, Conn. J. Int'l L. 2008, 229 ff.

154 Zur TRC, siehe *van Zyl*, JIA 1999, 659.

155 Siehe dazu *Rauschenbach/Scalia*, IRRC 2008, 450.

156 Siehe *Wade*, ICJR 2009, 163.

157 *Blumenson*, Colum. J. Transnat'l L. 2006, 839; *Damaska*, Chi-Kent L. Rev. 2008, 342. Zu Besonderheiten bei *guilty pleas* siehe *J. Clark*, EJIL 2009, 423, 429.

III. Zwischenergebnis

Zusammenfassend lässt sich festhalten, dass das internationale Recht zur Strafverfolgung vollumfänglich nur durch ein formelles Strafverfahren verwirklicht werden kann, dessen Ergebnis bei einem Schuldspruch in einer Haftstrafe für den Täter besteht. Ob diese Form der Aufarbeitung politisch wünschenswert ist, steht auf einem anderen Blatt. Andere Mechanismen mögen zwar eine politische Alternative zum Strafverfahren darstellen, es handelt sich dabei jedoch um keine rechtliche Alternative.

Teil 5

Auflösung eines Normenkonflikts

Im Folgenden soll eine Grundlagenfrage des (modernen) Völkerrechts thematisiert werden, und zwar: Wie sind Normenkonflikte aufzulösen?

I. Vorliegen eines Normenkonflikts

Zunächst ist die Frage, ob überhaupt ein Normenkonflikt vorliegt. Zur Beantwortung wird in einem ersten Schritt auf definitorische Ansätze des Normenkonflikts im Völkerrecht eingegangen, bevor in einem zweiten Schritt die hiesige Fallkonstellation in den Blick genommen wird.

A. Definition des Normenkonflikts im Völkerrecht

Dem Völkerrecht liegt kein übergreifender Systemgedanke zugrunde.[1] So schreibt *Vitzthum*:

> „Das Völkerrecht bleibt eine im Schwerpunkt zwischenstaatliche Koexistenz- und Kooperationsordnung: kein harmonisches Ganzes, aber immerhin ein Ganzes mit Dissonanzen."[2]

Die fragmentarische Natur dieses Rechtsgebiets ist spätestens seit der Studie der *International Law Commission* unter Leitung von *Martti Koskenniemi* zur „Fragmentation of International Law" ein bekanntes Faktum. Dementsprechend erscheint es kaum verwunderlich, dass verschiedene rechtliche Vorgaben entweder *in abstracto*, meist aber *in concreto* im Widerspruch stehen. Sich widersprechende normative Aussagen dürften sicherlich weiter zunehmen.[3] So haben *Teubner* und *Fischer-Lescano* darauf hingewiesen, dass eine Kompatibilität der verschiedenen Rechtsregime auch in Zukunft kaum zu erwarten ist.[4] Auch *Sieber* weist zutreffend

---

[1] *Gärditz*, AdV 2007, 1.

[2] *Vitzthum*, in: ders. (Hrsg.), Völkerrecht, S. 39.

[3] So auch *McLachlan*, ICLQ 2005, 280; *Milanovic*, Duke J. Comp. & Int'l L. 2009, 69; *Shelton*, AJIL 2006, 293; *Thiele*, AdV 2008, 23.

[4] *Fischer-Lescano/Teubner*, Regimekollisionen, S. 24, 57. Siehe dazu auch die Ausführungen bei *Sieber*, Rechtstheorie 2010, 190 f.

darauf hin, dass Kollisionen zwischen unterschiedlichen funktionalen Rechtsregimen in der (modernen) pluralistischen globalen Ordnung systemimmanent sind.[5] *Pauwelyn* macht neben der Fragmentation des Völkerrechts weitere Gründe für ein verstärktes Auftreten von Normenkonflikten im Völkerrecht aus. Er weist auf die Vielzahl der Akteure bei der Normkreation auf internationaler[6] und nationaler Ebene,[7] die Notwendigkeit unpräziser Kompromisslösungen im Rahmen konsensualer Normschaffungsprozesse,[8] die wachsende Anzahl internationaler Rechtsprechungsorgane[9] sowie das aus der Globalisierung resultierende Bedürfnis einer weitergehenden Verrechtlichung der internationalen Beziehung hin.[10] Dieses große normative Konfliktpotential muss jedoch nicht abschrecken, begleitet das Lavieren zwischen Einheitsstreben und Diversifizierung/Spezialisierung doch bereits die gesamte Völkerrechtsgeschichte und die dazugehörige Literatur.[11] Während Ursachen für das Auftreten von Normenkonflikten im Völkerrecht hinlänglich bekannt und diskutiert worden sind und sich insoweit ein breiter Konsens verzeichnen lässt, besteht nach wie vor Uneinigkeit über eine Definition des Normenkonflikts.

Hier bietet es sich an, auf die Erkenntnisse der Normenlogik zurückzugreifen. Der klassische Fall eines Normenkonflikts liegt demnach dann vor, wenn eine Norm A ein bestimmtes Verhalten gebietet, eine andere Norm B dieses Verhalten jedoch verbietet.[12] Ein Normenkonflikt kann allerdings auch dann entstehen, wenn Norm A ein Verhalten explizit erlaubt (eine „starke" Erlaubnis), Norm B dieses Verhalten dagegen verbietet.[13] Kein Normenkonflikt besteht dagegen, wenn die Erlaubnis nicht explizit ist, sondern sich einzig aus der Abwesenheit von Verbotsnormen ergibt (eine „schwache" Erlaubnis).[14]

In der Völkerrechtsliteratur ist indes nicht unumstritten, ob im Fall eines Widerspruchs zwischen einer „starken" Erlaubnis und einem Verbot ein Normenkonflikt besteht. So hat insbesondere *Jenks* schon 1953 die Definition des Normenkonflikts für den Bereich des Völkerrechts auf einen Widerspruch von zwei Pflichten beschränkt.[15] Doch findet ein Verständnis im Sinne der Normenlogik zunehmend

---

5 *Sieber*, Rechtstheorie 2010, 190.

6 *Pauwelyn*, Conflicts of Norms, S. 13.

7 A.a.O., S. 15.

8 A.a.O., S. 13.

9 A.a.O., S. 16 f.; siehe auch *de Búrca*, Harv. Int'l L. J. 2010, 8; *Neumann*, ZaöRV 61 (2001), 532; *Tzevelekos*, Mich. J. Int'l L. 2010, 628.

10 *Pauwelyn*, Conflicts of Norms, S. 19 f.

11 Dazu ausführlich *Martineau*, LJIL 2009, passim.

12 *Vranes*, EJIL 2006, 395; *Sieber*, FS für Roxin, S. 1119.

13 Vgl. dazu bereits *Sieber*, ebda.

14 Dazu weitergehend ebda.

15 Siehe Überblick im Fragmentation-Report, para. 24, Fn. 21. Ausführlich auch bei *Pauwelyn*, Conflicts of Norms, S. 166.

Zuspruch,[16] da sonst Erlaubnisnormen stets in den Hintergrund treten und damit ihres Sinngehalts beraubt würden.[17] Eine Negation der Konfliktqualität im Fall eines Aufeinanderstoßens zwischen Gebots- und expliziter Erlaubnisnorm würde bereits einer Proklamation einer Konfliktauflösungsregel zum Nachteil von Erlaubnissätzen gleichkommen.

Dem bereits erwähnten *Fragmentation-Report* liegt daher ebenfalls ein umfassenderes Verständnis des Normenkonflikts zugrunde.[18] *Pauwelyn* weist zudem darauf hin, dass auch Art. 30 Abs. 1 WVK entgegen vorheriger Forderungen *rights and obligations* im Wortlaut aufgreift.[19] Weiterhin spricht die Rechtsprechung des IGH für ein weites Verständnis des Normenkonflikts im Völkerrecht. Betrachtet man das Urteil des IGH im Haftbefehlsverfahren genauer, so lässt sich erkennen, dass der Gerichtshof nicht davon ausgeht, dass Erlaubnisnormen stets zurückzutreten haben. Die Richter mussten im Verfahren entscheiden, ob Belgien von seinem (umstrittenen) Recht zur Einleitung von Strafverfolgungsmaßnahmen Gebrauch machen durfte oder ob es aufgrund der Immunität des kongolesischen Außenministers davon abzusehen hatte. Das Gericht stellte fest, dass zwei Formen von Immunität vor ausländischer Strafverfolgung schützen. Zunächst erklärten die Richter, dass das Verhalten von Staatsorganen grundsätzlich einer drittstaatlichen gerichtlichen Untersuchung entzogen ist. Daneben erkannten sie an, dass bestimmten Personen während der Amtszeit zur völkerrechtlichen Vertretung des Staates eine Immunität *ratione personae* zusteht. Zwar betonten die Richter, dass die Pflicht zur Achtung der Immunität *ratione personae* das Recht zur Strafverfolgung beschränkt. Sie stellten aber explizit fest, dass Belgien (bei Bestehen eines Strafverfolgungsrechts *in absentia*) nach Ende der Amtszeit zur Strafverfolgung wegen schwerster Verbrechen befugt sei. Damit erkannten die Richter implizit an, dass eine eingeräumte Rechtsstellung (Recht zur Strafverfolgung) nicht stets hinter einer völkerrechtlichen Pflicht (Immunität *ratione materiae*) zurückzustehen hat.[20]

Abschließend lässt sich daher feststellen, dass widersprüchliche Normenbefehle auch im Verhältnis von Gebot und expliziter Erlaubnis als Normenkonflikt anzusehen sind.

---

[16] *Linderfalk*, ZaöRV 69 (2009), 964 ff.; *Milanovic*, Duke J. Comp. & Int'l L. 2009, 73; *Pauwelyn*, Conflicts of Norms, S. 179; *Thiele*, AdV 2008, 4 f.; *Vranes*, EJIL 2006, 396. Wohl auch *C. Kelly*, Mich. J. Int'l. L. 2001, 700. Übersicht bei *Matz-Lück*, MPEPIL (online), Conflicts between Treaties, para. 6.

[17] *Linderfalk*, ZaöRV 69 (2009), 966.

[18] Fragmentation-Report, para. 25. Zur bedauerlichen Unschärfe der Ausführungen des Berichts siehe *Vranes*, ZÖR 2010, 100 f.

[19] *Pauwelyn*, Conflicts of Norms, S. 171 f.

[20] Zur uneinheitlichen Spruchpraxis im Rahmen der WTO, siehe a.a.O., S. 190–194.

B. Normenkonflikte im Rahmen der Fragestellung

Es wurde bereits herausgearbeitet, dass im vorliegenden Fall die Norm B durch den Präventionsauftrag verkörpert wird: Sowohl Drittstaaten (z.B. die Bundesrepublik Deutschland) als auch der IStGH *sind verpflichtet, bei Kenntnis drohender Kernverbrechen (Völkermord, Verbrechen gegen die Menschlichkeit, schwere Kriegsverbrechen) ein Verhalten zu unterlassen, welches kausal für die Begehung von Kernverbrechen wäre, sofern das Verhalten nicht völkerrechtlich gefordert ist.* Bei Norm A handelt es sich um die explizite („starke") Erlaubnis, begangene Kernverbrechen strafrechtlich zu ahnden.

1. Faktische Zielkonflikte

Diese beiden Normen können konfligieren (dazu sogleich), müssen es aber nicht. Sie verfolgen beide im Grundsatz eine ähnliche Zielrichtung. So soll auch die Ahndung schwerster Verbrechen der Verhinderung zukünftiger Straftaten dienen.[21] Die Durchführung von Strafverfahren wird häufig sowohl als Wahrnehmung der „starken" Erlaubnis (Norm A) als auch als im Einklang mit der Präventionspflicht (Norm B) zu bewerten sein. Zudem sind Fallkonstellationen denkbar, in denen die Wahrnehmung der „starken" Erlaubnis (Norm A) erfolgt, ohne dass Norm B von Relevanz wäre. So ist es im oben erläuterten Beispielsfall Sudan. Dort scheinen, die Erkenntnisse der Literatur- und Presseanalyse zugrunde gelegt, die eingeleiteten Strafverfahren gegen *Omar al-Bashir u.a.* keine Wirkung zu haben, die relevant im Sinne der Norm B wäre.

Aus faktischen Gründen lassen sich indes die Ziele beider Normen nicht immer zeitgleich verwirklichen. In konkreten Einzelfällen können daher die Normen A und B konfligieren. So können Strafverfahren (insbesondere im Ermittlungsstadium) aufgrund der drohenden Sanktion dazu führen, dass Konflikte verlängert werden und dadurch die Begehung weiterer Straftaten droht. Einen Beispielsfall dafür liefert, ebenfalls die Erkenntnisse der Literatur- und Presseanalyse zugrunde gelegt, die Konfliktsituation in Nord-Uganda.

2. Existenz eines Normenkonflikts

Aus dem soeben beschriebenen Zielkonflikt kann ein Normenkonflikt im Sinne der Normenlogik resultieren. So wurde soeben dargestellt, dass die Völkerrechtssubjekte Bundesrepublik Deutschland und IStGH sowohl Adressat einer „starken" Erlaubnis zur Strafverfolgung als auch einer Pflicht, *bei Kenntnis drohender Kernverbrechen (Völkermord, Verbrechen gegen die Menschlichkeit, schwere Kriegsverbrechen) ein Verhalten zu unterlassen, welches kausal für die Begehung von*

[21] Dazu bereits ausführlich unter Teil 4, I.

Kernverbrechen wäre, sofern das Verhalten nicht völkerrechtlich gefordert ist, unterliegen. Wie sich anhand des Beispielsfalls Uganda gezeigt hat, kann es passieren, dass der Normadressat (hier der IStGH) zu einem spezifischen Zeitpunkt X[22] von der ihm eingeräumten Befugnis keinen Gebrauch machen kann, ohne gleichzeitig gegen die ihm auferlegte Pflicht zu verstoßen. In einer derartigen Situation befand sich der Chefankläger des Internationalen Strafgerichtshofs, als sich abzeichnete, dass sich die vom IStGH erlassenen Haftbefehle gegen *Joseph Kony u.a.* negativ auf den Friedensprozess in Uganda auswirkten.

An dieser Stelle sind wohl einige erklärende Worte notwendig. Unter Berücksichtigung der dualistischen Völkerrechtslehre muss eine Differenzierung vorgenommen werden. Der Anschaulichkeit halber soll zunächst im Hinblick auf das Völkerrechtssubjekt Bundesrepublik Deutschland differenziert werden.

Es ist festzustellen, dass Adressat der beiden konfligierenden Normen die Bundesrepublik als Völkerrechtssubjekt ist. Eine Auflösung des Normenkonflikts kann nur auf der Ebene des Völkerrechts erfolgen. Allerdings manifestiert sich dieser völkerrechtliche Normenkonflikt erst im Rahmen einer konkreten Verfahrensentscheidung durch die zuständige deutsche Behörde.[23] Interpretiert diese Stelle eine (interpretationsoffene) innerstaatliche Norm im Licht des völkerrechtlichen Normenkonflikts, dann stellt sich die Frage, ob der Normenkonflikt durch die Entscheidung aufgelöst oder vermieden wird. Auf den ersten Blick scheint hier ein Fall der Vermeidung eines Normenkonflikts durch (völkerrechtskonforme) Auslegung vorzuliegen. Eine derartige Sichtweise greift allerdings zu kurz.

Für eine völkerrechtskonforme Interpretation der nationalstaatlichen Norm müssen völkerrechtliche Vorgaben bekannt sein. Dies setzt wiederum voraus, dass zunächst auf völkerrechtlicher Ebene ermittelt werden muss, welche Handlungsvorgaben das Völkerrecht in der konkreten Situation macht. Dem Rechtsanwender ist das nur dann möglich, wenn der völkerrechtliche Normenkonflikt aufgelöst wird. Bei der Interpretation einer innerstaatlichen Norm hat der Rechtsanwender demnach folgenden gedanklichen Dreischritt zu vollziehen: Erstens muss er prüfen, welchen völkerrechtlichen Bindungen das Völkerrechtssubjekt unterliegt. Im Fall konfligierender völkerrechtlicher Pflichten hat der Rechtsanwender dann zweitens auf der Ebene des Völkerrechts zu klären, welcher völkerrechtlichen Vorgabe der Vorzug zu geben ist. In einem dritten Schritt ist dann zu analysieren, inwieweit die völkerrechtliche Vorgabe die innerstaatliche Entscheidung beeinflusst. Die Relevanz der völkerrechtlichen Vorgaben für die Entscheidung hängt damit maßgeblich von der internen Rechtsordnung des Völkerrechtssubjekts ab.

---

22 Damit ist bereits deutlich gemacht, dass durch eine Veränderung der tatsächlichen Situation die Bedeutung des Normenkonflikts später wegfallen kann. Die Veränderung der Faktenlage kann umgekehrt auch dazu führen, dass ein Normenkonflikt entsteht.

23 Zur Entscheidung des GBA ausführlich in Teil 6, I.B.

Diese Argumentation lässt sich entsprechend auf den IStGH übertragen. An anderer Stelle wurde bereits konstatiert, dass es sich bei dem IStGH um ein Völkerrechtssubjekt handelt, welches über eine interne Rechtsordnung verfügt. Im Rahmen des Rom-Statuts sind u.a. die Zuständigkeiten der Organe sowie Grundregeln zum Verfahren niedergelegt. Diese Regeln binden die durch das Rom-Statut eingerichteten Organe (diese Normen werden fortan als „statuts-interne Normen“ bezeichnet). Die im Rahmen der bisherigen Ausführungen behandelten Rechtsnormen des Völkerrechts haben allerdings nicht die Organe zum Adressaten (diese Normen werden fortan als „statuts-externe Normen“ bezeichnet), sondern den IStGH als Völkerrechtssubjekt. So haben die Staaten mit ihrem Beitritt zum Rom-Statut das Recht zur Strafverfolgung an den IStGH als Völkerrechtssubjekt delegiert. Ebenso bindet die Schutz- bzw. Unterlassenspflicht den IStGH als Völkerrechtssubjekt. Interpretiert ein Organ des IStGH mithin eine statuts-interne Norm, so hat es auch festzustellen, ob statuts-externe Normen für den konkreten Fall von Bedeutung sind, diese ggf. in Konflikt geraten und wie dieser Konflikt aufzulösen ist. Das Resultat der Auflösung des Normenkonflikts kann dann unter Umständen die Interpretation statuts-interner Normen beeinflussen.[24]

Die folgende Analyse gilt zunächst den (konfligierenden) Pflichten, die (von außen) auf die externen Akteure wirken. Dieser Abschnitt soll demnach darlegen, wie sich die beiden konträren Pflichten zueinander verhalten. Ist der „starken“ Erlaubnis absoluter Vorrang einzuräumen oder hat die Schutz- bzw. Unterlassenspflicht gar zur Folge, dass der IStGH als Völkerrechtssubjekt zur Untätigkeit verpflichtet ist? Die Annahme ist, dass keiner der beiden Pflichten grundsätzlich Vorrang einzuräumen ist. Vielmehr ist zu erwarten, dass der Normenkonflikt nur in Form einer Abwägung im Einzelfall aufgelöst werden kann.

II. „Normenhierarchie“ zur Auflösung des Normenkonflikts

Nationale Rechtsordnungen sind stark hierarchisch geprägt. Die Rechtsquellenlehre des deutschen Rechts und das Bild einer Normenpyramide prägen die Sichtweise der deutschen Juristerei. Eine solche formell-hierarchische Strukturierung ist der Völkerrechtsordnung fremd.[25] Zwar wird umgangssprachlich von der UN-Charta als Weltverfassung gesprochen. Auch wird das Konzept des *ius cogens* mit dem Hierarchiedenken des nationalen Rechts verglichen. Doch ist bereits an dieser Stelle festzuhalten, dass nur Teilaspekte der klassischen Hierarchiekonzeption von

---

[24] Dazu unter Teil 6, II.

[25] Fragmentation-Report, para. 85; *Czaplinski/Danilenko*, NYIL 1980, 5 m.w.N., 7; *Pauwelyn*, Conflicts of Norms, S. 94 f.

Art. 103 UN-Charta und dem *ius cogens*-Konzept erfasst werden. Die Besonderheiten einer formellen Hierarchie der Rechtsquellen sind nicht einschlägig.[26]

A. UN-Charta als „Weltverfassung"

Auch wenn die UN-Charta in ihrer Gesamtheit gern als Weltverfassung bezeichnet wird, so ist es rechtstheoretisch gesprochen ausschließlich der Art. 103, der die Charta von anderen völkerrechtlichen Verträgen unterscheidet.

1. Aussagegehalt von Art. 103 UN-Charta

Der Wortlaut von Art. 103 UN-Charta ist folgender:

> In the event of a conflict between the obligations of the Members of the United Nations under the present Charter and their obligations under any other international agreement, their obligations under the present Charter shall prevail.

Es ist anerkannt, dass unter „obligations of the Members" auch Erlaubnisnormen zu verstehen sind, die zumeist aus dem Sekundärrecht (in Form von Sicherheitsresolutionen) stammen.[27] Ebenfalls ist anerkannt, dass das „international agreement" nicht auf völkerrechtliche Verträge beschränkt ist, sondern auch andere Völkerrechtsquellen, insbesondere also auch Völkergewohnheitsrecht, von Art. 103 UN-Charta erfasst sind.[28]

Art. 103 UN-Charta hat zwei Regelungsaussagen. Erstens wird ein Anwendungsvorrang der Charta proklamiert.[29] Zweitens führt ein chartakonformes Verhalten nicht zur Verantwortlichkeit des befolgenden Staates im Hinblick auf die Nichtbefolgung der nachrangigen Norm.[30] Der Normbruch wird demnach für den konkreten Fall legalisiert. Die Gültigkeit der nachrangigen Norm ist von Art. 103 UN-Charta nicht betroffen.[31] Damit handelt es sich hier um eine klassische Norm zur Regelung von Normenkonflikten.[32]

Zwar ließe sich rechtstheoretisch hinterfragen, wie eine derartige Sonderstellung der UN-Charta im Gefüge des Völkerrechtssystems zu begründen ist. Es handelt sich schließlich bei der Charta um einen völkerrechtlichen Vertrag im klassischen Sinne.[33] Die Sonderrolle der Vereinten Nationen wird heutzutage allerdings nicht

---

26 *Bianchi*, EJIL 2008, 494.

27 *Milanovic*, Duke J. Comp. & Int'l L. 2009, 78.

28 Fragmentation-Report, para. 345; *Milanovic*, Duke J. Comp. & Int'l L. 2009, 78.

29 *Czaplinski/Danilenko*, NYIL 1980, 16; *Vranes*, ZÖR 2010, 111.

30 *Czaplinski/Danilenko*, ebda.

31 *Milanovic*, Duke J. Comp. & Int'l L. 2009, 76 f.

32 *Paulus*, NJIL 2005, 309.

33 *Weil*, AJIL 1983, 425.

mehr ernsthaft infrage gestellt und ist in späteren Verträgen[34] und der Rechtsprechung des IGH[35] und des EuGH[36] bestätigt worden. Es erscheint indes zweifelhaft, deshalb von einer Konstitutionalisierung des Völkerrechts sprechen oder die UN-Charta gar als Weltverfassung bezeichnen zu können.[37] Dieser Frage soll an dieser Stelle jedoch nicht nachgegangen werden, der Fokus liegt hier nur auf dem Konfliktlösungspotential des Art. 103 UN-Charta.

2. Bedeutung von Art. 103 UN-Charta für die Fragestellung

Für die vorliegende Fragestellung ist Art. 103 UN-Charta von untergeordneter Bedeutung. Weder das Unterlassensgebot noch das Recht zur strafrechtlichen Ahndung folgt aus der Charta der Vereinten Nationen. Diese enthält zwar in Art. 1 Abs. 2 vage Bekenntnisse zu den Menschenrechten. Teils wird auch die Allgemeine Erklärung der Menschenrechte von 1948 als Ausprägung dieses menschenrechtlichen Auftrags der Vereinten Nationen angesehen.[38] Im Hinblick auf die in diesem Zusammenhang debattierten Pflichten trifft die Charta allerdings keine Aussage.

Zu überlegen wäre einzig, ob im (hypothetischen) Fall einer Verweisung einer Situation des Sicherheitsrats gemäß Art. 13 (b) RS i.V.m. Kap. VII UN-Charta der Art. 103 UN-Charta zur Anwendung kommen müsste. In einem derartigen Fall leitet der IStGH sein Strafverfolgungsrecht aus dem Delegationsakt des UN-Sicherheitsrats ab und könnte daher die Vorrangstellung der Sicherheitsratsresolution teilen. Bei der Verweisung einer Situation handelt es sich allerdings, wie bereits oben dargestellt, nicht um eine Verpflichtung, Strafverfahren gegen bestimmte Individuen durchzuführen. Der UN-Sicherheitsrat macht nur von seinem Recht Gebrauch, den IStGH mit einer Angelegenheit zu befassen und diesen zu Ermittlungen aufzufordern.

---

34 Art. 30 Abs. 1 WVK.

35 IGH(*Reparations for Injuries*), S. 185. Im *Lockerbie*-Fall zwischen Libyen und den USA/Großbritannien war dem IGH eine Entscheidung in der Hauptsache aufgrund einer einvernehmlichen Rücknahme verwehrt. Die Zulässigkeitsentscheidung behandelte die Thematik nicht, vgl. IGH(*Lockerbie*), para. 51. Einzig in der Entscheidung über vorläufige Maßnahmen hat der IGH(*Lockerbie-provisional measures*) *prima facie* den Vorrang anerkannt, vgl. para. 42.

36 Siehe oben ausführlich zur *Kadi*-Rechtsprechung Teil 3, II.B.1.a).

37 *Czaplinski/Danilenko*, NYIL 1980, 16 f.; *Koskenniemi/Leino*, LJIL 2002, 558. Zur Thematik, siehe auch *MacDonald*, Can. Y. B. Int'l L. 1987, 119 f.; *Franck*, FS für Eitel, passim; *Weil*, AJIL 1983, 424 ff. Ausführlich bei *Paulus*, Internationale Gemeinschaft, passim. Dieser betont aber, dass eine verfassungsähnliche Natur der Charta zumindest nicht ausschließlich aus Art. 103 herleitbar ist, vgl. S. 309.

38 So bspw. *Sohn*, Am. U. L. Rev. 1982, 15.

B. Das Konzept des ius cogens

Das Konzept des *ius cogens* findet häufig Erwähnung, wenn es um die Frage der Bestrafung sogenannter internationaler Verbrechen geht. So werden Völkermord, Verbrechen gegen die Menschlichkeit und schwere Kriegsverbrechen nicht selten mit dem verwirrenden Label *ius cogens crime* versehen.[39] Auch wird gerne behauptet, dass die Bestrafung derartiger Verbrechen aufgrund eines ihnen zugeschriebenen *ius cogens*-Charakters zwingender Natur sei.[40] Der Verweis auf das Konzept des *ius cogens* erscheint allerdings äußerst inflationär und damit nicht ganz unproblematisch, wie im Folgenden erläutert werden soll. Inflationär zunächst deshalb, weil einer Vielzahl von Normen (unberechtigterweise) die *ius cogens*-Qualität zugeschrieben wird. Inflationär zudem auch, weil in das *ius cogens*-Konzept weitgehende Eigenschaften hineingelesen werden.[41]

Die bereits erwähnten unklaren Konturen des Konzepts wirken sich auch auf die Art der Darstellung aus. So ist eine Wechselwirkung zwischen der Ausprägung des Konzepts und den davon betroffenen Völkerrechtsnormen festzustellen. Daher lässt sich der Aussagegehalt des Konzepts auch nur dann bestimmen, wenn man ebenfalls in den Blick nimmt, wie *ius cogens*-Normen *in realiter* zur Entstehung gelangen. Zudem ist zu bedenken, dass *ius cogens* stets nur als besondere Eigenschaft einer Norm zu verstehen ist.[42] Es handelt sich dabei um keine eigenständige Rechtsquelle.[43]

1. Aussagegehalt des ius cogens-Konzepts

Der Aussagegehalt des *ius cogens*-Konzepts geht über die reine Konfliktlösung weit hinaus. Aus Darstellungsgründen sollen die drei ersten Facetten, die für die Rechtsanwendung von Bedeutung sind, nachfolgend zusammenhängend beschrieben werden, auch wenn *stricto sensu* hier nur deren Konfliktlösungspotential von Bedeutung ist. Die im Weiteren behandelten drei Facetten verfügen, auch wenn nicht derart strukturiert aufgearbeitet, über weitgehenden Rückhalt in Literatur und Rechtsprechung. Aus Gründen der konzeptionellen Klarheit wird ein restriktives Verständnis des *ius cogens*-Konzepts zugrunde gelegt. Es ist damit nicht ausgeschlossen, dass die Staatenpraxis das Konzept noch erweitert bzw. aufweicht.

---

39 Siehe bspw. *Apuuli*, AJCR 2005, 34; *Matwijkiw*, ICLR 2009, 2; *Meyer*, ICLR 2006, 552; *Sadat*, LJIL 2009, 544. Ähnlich auch *T. Clark*, Wash. U. Global Stud. L. Rev. 2005, 399; *Grover*, EJIL 2010, 560.

40 Einen guten Überblick über die zahlreichen Facetten liefert *Focarelli*, NJIL 2008, 441 f.

41 *Shelton*, AJIL 2006, 292. Überblick bei *Daillier/Forteau/Pellet*, Droit International Public, S. 224.

42 *Kolb*, RGDIP 2009, 849. Zustimmend *Orakhelashvili*, Peremptory Norms, S. 68.

43 *Dallier/Forteau/Pellet*, Droit International Public, S. 222.

Eine zu enge Anbindung an die jeweilige Interpretation durch Staatenvertreter birgt allerdings das von *Focarelli* benannte Risiko, das Konzept jeglichen Erklärungswerts zu berauben.[44]

a) Ius cogens als Aussage zur Derogationsfestigkeit

Zentrale Vorschrift im Zusammenhang mit *ius cogens* ist Art. 53 WVK:[45]

> **Art. 53: Treaties conflicting with a peremptory norm of general international law ("jus cogens")**
> A treaty is void if, at the time of its conclusion, it conflicts with a peremptory norm of general international law. For the purpose of the present Convention, a peremptory norm of general international law is a norm accepted and recognized by the international community of States as a whole as a norm from which no derogation is permitted and which can be modified only by a subsequent norm of general international law having the same character.

Der Aussagegehalt dieser Norm ist, so muss man feststellen, äußerst beschränkt und für sich allein genommen von keiner wirklich praktischen Bedeutung.[46] Man nehme als Beispiel das Verbot der aktiven Begehung des Völkermords, welches einhellig als Norm mit *ius cogens*-Charakter angesehen wird.[47] Sollten sich zwei oder mehr Staaten zur Begehung von Völkermord verabreden oder sich die Begehung gegenseitig erlauben, so stellt die Wiener Vertragsrechtskonvention fest, dass dieser Vertrag keine Gültigkeit beanspruchen kann. Fälle, in denen ein Vertragswerk einen gezielten und direkten Verstoß gegen eine *ius cogens*-Norm zum Inhalt hat, dürften heutzutage eine rein theoretische Fallkonstellation darstellen.[48]

Viel praxisrelevanter und interessanter ist demnach die Bedeutung des *ius cogens* für interpretationsfähige Vertragswerke. So thematisieren *Scott u.a.* die Frage, wie ein Verstoß gegen eine *ius cogens*-Norm zu ahnden ist, wenn dieser nur eine unbeabsichtigte Nebenfolge einer vertraglichen Regelung ist. Als Rechtsfolge kämen sowohl die Ungültigkeit der Norm als auch eine zeitlich beschränkte Unanwendbarkeit in Betracht.[49] Soll also dem Vertrag die Gültigkeit versagt werden, weil in einer bestimmten Sachlage eine bestimmte Interpretation einen Verstoß gegen *ius cogens*-Normen zur Folge haben könnte? Dies soll und muss hier nicht

---

44 *Focarelli*, NJIL 2008, 449.

45 Ratifikationsstand (April 2011): 111 Staaten. Zu den Verhandlungen *Czaplinski/ Danilenko*, NYIL 1980, 58 f.

46 Zur praktischen Bedeutungslosigkeit siehe auch *Orakhelashvili*, Peremptory Norms, S. 41; *Tomuschat*, in: Tomuschat/Thouvenin (Hrsg.), The Fundamental Rule, S. 431.

47 Fragmentation-Report, para. 374.

48 IGH(*Bosnia and Herzegovina v. Serbia and Montenegro – Preliminary Objections*) Separate Opinion v. Richter *Lauterpacht*, para. 102.

49 *Scott* u.a., Mich. J. Int'l L. 1994, 131 ff.; a.A. IGH(*Bosnia and Herzegovina v. Serbia and Montenegro – Preliminary Objections*) Separate Opinion v. Richter *Lauterpacht*, para. 104.

vertieft werden. Ebenfalls nicht gänzlich geklärt ist, ob sich im Fall eines Verstoßes einer Vertragsnorm gegen zwingende Völkerrechtsnormen die Ungültigkeit auf das gesamte Vertragswerk erstreckt oder eine partielle Ungültigkeit anzunehmen ist.

Die Wiener Vertragsrechtskonvention scheint der Ungültigkeitserklärung auch Sanktionscharakter beizumessen.[50] So schließt Art. 44 Abs. 5 WVK eine teilweise Ungültigkeit für den Fall des Verstoßes gegen eine bereits existierende *ius cogens*-Norm aus; eine Folge, die nicht auf einen Verstoß gegen eine nachträglich entstandene *ius cogens*-Norm erstreckt wird. Es sind allerdings Zweifel anzumelden, ob tatsächlich derart schwerwiegende Konsequenzen mit dem Konzept verbunden werden sollten.[51]

Neben Art. 53 WVK, der nur die (Un-)Gültigkeit völkerrechtlicher zwischenstaatlicher Verträge behandelt, ist eine völkergewohnheitsrechtliche Ausweitung auf Verträge zwischen Staaten und internationalen Organisationen,[52] unilaterale Akte[53] und völkerrechtliche Sekundärakte internationaler Organisationen,[54] wie beispielsweise Resolutionen des Sicherheitsrats, weitgehend auf Akzeptanz gestoßen. Einige Autoren wollen die Ungültigkeitsfolge gar auf nationalstaatliches Recht ausweiten.[55] Eine derartige Ausweitung würde das Konzept des *ius cogens* allerdings fundamental verändern und dürfte aufgrund der Verschiedenartigkeit der Völkerrechtsrezeptionsmechanismen der Staatenverfassungen nicht auf breite Zustimmung stoßen.

In dem bereits Gesagten erschöpft sich allerdings die Bedeutung des Art. 53 WVK (und dessen völkergewohnheitsrechtlicher Ausweitung). Die Wiener Vertragsrechtskonvention regelt nicht das Verbot des im (ungültigen) Vertrag niedergelegten Verhaltens.[56] Aufgrund dessen ist anerkannt, dass der Regelungsgehalt des Art. 53 WVK das Konzept des *ius cogens* nur partiell abzubilden vermag.

Abschließend soll kurz darauf verwiesen werden, dass Uneinigkeit darüber besteht, ob es sich bei Art. 53 WVK um eine Konfliktlösungsregel im eigentlichen Sinne handelt. So argumentiert *Vranes*, dass aufgrund der *ex tunc*-Nichtigkeit der einen Vertragsnorm keine widerstreitenden Handlungsvorgaben existieren und da-

---

[50] Dazu *Paulus*, NJIL 2005, 304.

[51] Vgl. auch *Pauwelyn*, Conflicts of Norms, S. 282.

[52] *Paulus*, NJIL 2005, 310.

[53] *MacDonald*, Can. Y. B. Int'l L. 1987, 135 f.; *Kolb*, RGDIP 2009, 843; *Paulus*, Internationale Gemeinschaft, S. 351.

[54] Vgl. *Bianchi*, EJIL 2008, 497 f.; *Fischer-Lescano/Teubner*, Regimekollisionen, S. 102 f.; *Focarelli*, NJIL 2008, 441; *Scott* u.a., Mich. J. Int'l L. 1994, 111. Siehe auch die oben zitierte Entscheidung des europäischen Gerichts erster Instanz in der Rechtssache *Kadi*.

[55] Überblick dazu bei *Paulus*, NJIL 2005, 319 ff.

[56] Daher misst *Linderfalk*, ZaöRV 69 (2009), 976, der Ungültigkeit von Rechtsakten keine Bedeutung zu. Ähnlich auch *Bianchi*, EJIL 2008, 495 f.; *Shelton*, AJIl 2006, 297.

mit auch ein Normenkonflikt nicht bestünde.[57] Dem wird entgegengehalten, dass erst die Anwendung des Art. 53 WVK zum Wegfall des Normenkonflikts führe.[58] Der Streit ist, so lässt sich unschwer erkennen, rein semantischer Natur.

b) Ius cogens als Konfliktlösungsregel

Will man das Konzept stufenweise ausweiten, so ist denklogisch als nächstes die Abwägungsresistenz völkerrechtlich verbotenen Verhaltens zu betrachten. Es ist anerkannt, dass das Konzept des *ius cogens* sich auf faktisches Staatshandeln anwenden lässt und daher nicht nur im Licht des Völkervertragsrechts verstanden werden muss. Insofern bestehen auch keine grundlegenden Bedenken gegen den Aussagegehalt des *ius cogens*-Konzepts.[59] Auch Art. 40 Staatenverantwortlichkeitsresolution deutet darauf hin, dass das *ius cogens*-Konzept auf Staatshandeln Anwendung findet, nimmt diese doch gerade Staatshandeln und nicht die völkerrechtliche Wirksamkeit von Verträgen in den Blick. In der Staatenverantwortlichkeitsresolution deuten auch Art. 50 Abs. 1 (d) und Art. 26 in diese Richtung. Gemäß der zweiten Facette des Konzepts bestimmt die *ius cogens*-Eigenschaft nicht die Gültigkeit eines Akts,[60] sondern einen Anwendungsvorrang der *ius cogens*-Norm.[61] Dieser ergibt sich aus der mangelnden Dispositionsbefugnis des Normanwenders. Aufgrund der den *ius cogens*-Normen zugrunde liegenden und von der Weltgemeinschaft als bedeutsam anerkannten Werte ist der Normanwender verpflichtet, im Fall konfligierender Handlungsbefehle der *ius cogens*-Norm Vorrang einzuräumen. Damit wird vergleichbar mit Art. 103 UN-Charta auch der Normbruch der widerstreitenden Norm legalisiert.

---

[57] *Vranes*, ZÖR 2010, 110.

[58] *Pauwelyn*, Conflicts of Norms, S. 279.

[59] So auch *Brownlie*, International Law, S. 512; *Linderfalk*, ZaöRV 69 (2009), 973; *Hannikainen*, Peremptory Norms, S. 6 f.; *Orakhelashvili*, Peremptory Norms, S. 73 f.; *Paulus*, NJIL 2005, 312; *Tams*, AdV 2002, 343; *Zemanek*, FS für Tomuschat, S. 1107. Anders auf den ersten Blick *Kolb*, RGDIP 2009, 847, der allerdings die hier debattierte Fallkonstellation gar nicht behandelt. *Pauwelyn*, Conflicts of Norms, thematisiert diesen Aspekt des *ius cogens* überraschenderweise nicht. Der IGH hat sich ersichtlich nicht ausführlich mit dem Konzept auseinandergesetzt. Im Gutachten zur Legalität des Atomwaffeneinsatzes spricht er (para. 79) allerdings von „intransgressible principles of international customary law“, ohne aber dabei direkt auf *ius cogens* Bezug zu nehmen. Es ließe sich mutmaßen, dass der IGH im Umkehrschluss geneigt ist, *ius cogens* auf Fälle der *inderogability* zu beschränken. Wenig später (para. 83) findet das *ius cogens*-Konzept dann allerdings doch Erwähnung, die Frage nach dessen Aussagegehalt wird allerdings mit Hinweis auf die mangelnde Entscheidungserheblichkeit bewusst offen gelassen. Kritik daher von *Zemanek*, FS für Tomuschat, S. 1107, 1112.

[60] Vgl. *Zemanek*, a.a.O., S. 1111.

[61] Fragmentation-Report, para. 411.

Ein klassisches Beispiel ist das Verbot der Folter, anerkanntermaßen eine Norm des *ius cogens*.[62] Fordert eine völkerrechtliche Norm einen Erfolg, welcher nur mittels Einsatzes von Folter zu erreichen ist, so stellt sich die Frage, welchem Normenbefehl der Normenadressat Folge zu leisten hat. Zu einem Konflikt kann es nur dann kommen, wenn die zweite Norm keine Ausnahmen zulässt und nicht interpretationsfähig ist. In diesem Fall resultiert aus der *ius cogens*-Qualität des Folterverbots ein Anwendungsvorrang.

Nachdem festgestellt werden konnte, was die Effekte der zweiten Facette des *ius cogens*-Konzepts sind, soll es im Folgenden darum gehen, welche Normensätze die *ius cogens*-Eigenschaft tragen können. Bedauerlicherweise wird diese Präzisierung in der völkerrechtlichen Literatur augenscheinlich nicht angemessen behandelt. Als gesicherte Erkenntnis dürfte gelten, dass Normensätze, die das Verbot einer Handlung beinhalten, von der Konzeption des *ius cogens* erfasst sind. Verbotsnormen können nicht konfligieren, sodass keine Zweifel an deren Eignung anzumelden sind. Prominente Beispiele sind das Verbot der Begehung von Völkermord und das Verbot staatlicher Folter. *Ambos* formuliert diesbezüglich zutreffend:

> „Wenn ein Verbot absolut ist, dann darf es eben keinen, auch keinen theoretischen, Fall geben, der das Verbot widerlegt; andernfalls ist es eben nicht absolut."[63]

Erlaubnissätze müssen dagegen ausscheiden. Schließlich steht das Gebrauchmachen von der eingeräumten Rechtsstellung im Ermessen des jeweiligen Normadressaten.[64]

Differenzierter muss betrachtet werden, ob auch das Gebot einer Handlung den Anforderungen der *ius cogens*-Konzeption genügt. *Linderfalk* stellt in diesem Zusammenhang fest:

> "First order rules of ius cogens *command* or prohibit certain actions […]." [Hervorhebung des Autors][65]

Diesbezüglich muss berücksichtigt werden, dass es im Fall der Anerkennung von *ius cogens*-Pflichten zu einer Kollision von *ius cogens*-Pflichten und *ius cogens*-Verboten oder aber zur Kollision verschiedener *ius cogens*-Pflichten kommt.[66] In

---

62 Zur Akzeptanz als *ius cogens*-Norm siehe Fragmentation-Report, para. 374; EGMR(*al-Adsani*), para. 61.

63 *Ambos*, in: Koriath u.a. (Hrsg.), Grundfragen des Strafrechts, S. 7.

64 Vgl. *Hannikainen*, Peremptory Norms, S. 318 ff. Teilweise wird das Recht auf Selbstverteidigung als *ius cogens*-Recht bezeichnet. Betrachtet man bspw. die Ausführungen bei *Scott* u.a., Mich. J. Int'l L. 1994, so lässt sich feststellen, dass eigentlich die Absolutheit des Gewaltverbots thematisiert wird (S. 57, 70). Auch wird im Hinblick auf die Tätigkeit des UN-Sicherheitsrats die Frage nach *ultra vires*-Handeln angesprochen (S. 62, 74).

65 *Linderfalk*, ZaöRV 69 (2009), 963.

66 Siehe zu dieser Thematik *Brownlie*, International Law, S. 512. Im Hinblick auf die Rettungsfolter siehe auch *Gaeta*, JICJ 2004, 790; *Knoops*, Defences, S. 98; *Wagenländer*, Rettungsfolter, S. 195 f.; *Wittreck*, DÖV 2003, 881. Unklar bei *Polzin*, Rechtfertigung der Rettungsfolter, S. 171, der anscheinend potentiell eine widerstreitende Pflicht akzeptiert.

einer derartigen Fallkonstellation stellt sich die Frage, ob und ggf. welche der Normen Anwendungsvorrang genießen würde. Das *ius cogens*-Konzept vermag hier keine Ergebnisse zu liefern, sodass zu bezweifeln ist, ob Gebotsnormen geeignete *ius cogens*-Normen darstellen.

Im Wege eines kurzen Exkurses sollte Erwähnung finden, dass sich in der deutschen verfassungsrechtlichen Dogmatik eine ganz ähnliche Fragestellung im Hinblick auf Art. 1 GG herausgebildet hat. Im Zuge der Debatten zum Luftsicherheitsgesetz und zur Frage der rechtlichen Zulässigkeit von Rettungsfolter hat sich herauskristallisiert, dass der Absolutheitsanspruch des Achtungsgebots nur dann aufrechterhalten werden kann, wenn auf einen Absolutheitsanspruch im Hinblick auf die Schutzpflicht verzichtet wird. Die Gegenansicht bejaht dagegen die Möglichkeit einer Würdekollision und damit die Notwendigkeit einer Abwägung im Einzelfall.[67] Ob der Wortlaut des Art. 1 Abs. 1 Satz 1 GG eine solche Interpretation deckt, soll, muss und kann an dieser Stelle nicht geklärt werden. Die im Zusammenhang mit *ius cogens* benannten konzeptionellen Erwägungen und das Interesse an Klarheit sprechen sicherlich eher gegen die Annahme einer Würdekollision. Der Gegenansicht ist allerdings anzurechnen, dass sie der Grundrechtskonzeption des Grundgesetzes weitergehend Rechnung trägt, indem sie den Art. 1 GG nicht nur als Verbotsnorm für staatliches Handeln interpretiert.

c) Ius cogens als Indikator im Abwägungsprozess

Die dritte Facette des Konzepts nähert sich weitestgehend dem *ordre public*-Gedanken an und muss daher von den ersten beiden Facetten strikt abgegrenzt werden. Die Erkenntnis, dass bestimmte (Verbots-)Normen fundamentalen und für die internationale (Staaten-)Gemeinschaft konstitutiven Charakter haben, sollte nicht nur im Hinblick auf die konkrete *ius cogens*-Norm selbst Berücksichtigung finden. Das Völkerrecht kennt eine Vielzahl von Regelungen, die für die Gewährung der der *ius cogens*-Norm zugrunde liegenden Werte von herausragender Bedeutung sind. Verbotsnormen bedürfen etwa begleitender Regelungen, die die Sanktionierung etwaiger Normbrüche oder deren Prävention zum Inhalt haben.[68] Auch wenn diese Normen nicht den absoluten Anwendungsvorrang der *ius cogens*-Norm teilen, so sind die darin verkörperten Wertentscheidungen doch in einem etwaigen Abwägungsprozess zu berücksichtigen. Die dritte Facette des *ius cogens*-Konzepts beinhaltet dementsprechend keine eigenständige Konfliktlösungsregel. Sie beeinflusst vielmehr eine andere Konfliktlösungsregel: die Abwägung im Ein-

---

Zur Debatte siehe die ausführliche Darlegung bei *Sonderegger*, Die Rückkehr der Folter?, S. 160 ff.

67 Einen Beispielsfall einer zirkulären Argumentation trotz Anerkennung einer Würdekollision liefert *Ambos*, in: Koriath u.a. (Hrsg.), Grundfragen des Strafrechts, S. 13.

68 Vgl. dazu *Bianchi*, EJIL 2008, 504.

zelfall. Diese indirekte Wirkung des *ius cogens*-Konzepts soll an späterer Stelle anhand der konkreten Fallfrage vertieft werden.

d) Zwischenergebnis

Akzeptiert man mit der ganz herrschenden Meinung die Anwendung des *ius cogens*-Konzepts auf Staatshandeln und will man die konzeptionelle Klarheit wahren, so sind im Folgenden die *ius cogens*-Normen herauszufiltern, die als absolutes Handlungsverbot anerkannt sind.

2. Bestimmung von ius cogens-Normen

Nachdem geklärt wurde, was aus der *ius cogens*-Eigenschaft einer Norm im Hinblick auf einen etwaigen Normenkonflikt resultiert, soll hier nun in gebotener Kürze der Frage nach der Existenz derartiger Normen in der Praxis nachgegangen werden. Dabei soll zunächst nur ein grober Überblick geliefert werden, der im folgenden Abschnitt mit Blick auf die Fragestellung vertieft wird. Von verschiedenen Autoren ist mehrfach auf die Schwierigkeiten hingewiesen worden, die bei der Bestimmung von *ius cogens*-Normen zutage treten. Einleitend lässt sich feststellen: *ius cogens*-Normen bestehen aus zwei Komponenten, und zwar erstens aus der inhaltlichen Norm („Folter ist verboten") und zweitens der *ius cogens*-Eigenschaft („das Verbot ist absolut"). Auf die Probleme der gewohnheitsrechtlichen Bestimmung der inhaltlichen Norm ist zwar bereits in der Einleitung eingegangen worden. Allerdings ist zu überdenken, ob für Normen, welchen die *ius cogens*-Eigenschaft zugeschrieben wird, Sonderregeln zur (gewohnheitsrechtlichen) Entstehung gelten, gelten sollten oder gelten müssen. So wird die Frage aufgeworfen, ob eine *ius cogens*-Norm auch eine Norm des Völkervertragsrechts sein kann oder ob zwingend eine (zumindest parallele) völkergewohnheitsrechtliche Anerkennung erfolgen muss.[69] Ebenfalls ungeklärt ist, ob ein Staat die Bindung an eine *ius cogens*-Norm für sich ausschließen kann, indem er sich der Entstehung der inhaltlichen Norm widersetzt.[70]

Daneben ist zu fragen, woraus die *ius cogens*-Eigenschaft einer Norm resultiert. Drei weit verbreitete Begründungsansätze lassen sich konstatieren. Der wohl herr-

---

[69] Zur gewohnheitsrechtlichen Grundlage siehe *Brownlie*, International Law, S. 510; *Criddle/Fox-Decent*, Yale J. Int'l L. 2009, 340 f.; *Gaeta*, JICJ 2004, 787; *Linderfalk*, ZaöRV 69 (2009), 966; *Orakhelashvili*, Peremptory Norms, S. 126 f.; *Verdross*, AJIL 1966, 61. Überblick zur Verortung in anderen Rechtsquellen bei *Pauwelyn*, Conflicts of Norms, S. 98.

[70] Zur Frage des *persistant objector* siehe Überblick bei *Criddle/Fox-Decent*, Yale J. Int'l L. 2009, 341 f.; *Paulus*, Internationale Gemeinschaft, S. 346 f.; *Pauwelyn*, Conflicts of Norms, S. 102 ff.; *Shelton*, AJIL 2006, 304 f.

schende Ansatz, der auch Art. 53 WVK zugrunde liegt, ist rechtspositivistisch geprägt. So deutet Art. 53 WVK an:

> [...] a peremptory norm of general international law is a norm accepted and recognized by the international community of States as a whole as a norm from which no derogation is permitted [...].

Dieser Ansatz sieht sich einer elementaren Frage ausgesetzt: Wie ist die besondere *opinio iuris cogentis* oder gar eine den gesteigerten Anforderungen genügende Staatenpraxis zu bestimmen?[71] Die Schwierigkeiten der Bestimmung einer *opinio iuris* wurden bereits thematisiert. Wie soll nun aber eine Rechtsauffassung ermittelt werden, dass ein Verhalten nicht nur rechtlich ge- oder verboten ist, sondern dass dieses Verbot absolut ist? Ähnliche Schwierigkeiten ergeben sich für das Merkmal einer möglichen Staatenpraxis. Verlangt man für die Einheitlichkeit der Staatenpraxis eine gesteigerte Hürde, so muss man jedenfalls in Anbetracht der Gräueltaten des 20. Jahrhunderts und der noch heute weitläufig praktizierten Folter eine positivistische Begründung des *ius cogens* ernsthaft infrage stellen.[72] Auch die Frage des Wegfalls der *ius cogens*-Eigenschaft vermag Art. 53 WVK nicht überzeugend zu regeln. Im Hinblick auf den Verlust der *ius cogens*-Eigenschaft stellt Art. 53 WVK fest, dass nur eine neue *ius cogens*-Norm die alte ablösen kann. *Kolb* bemerkt allerdings zu Recht, dass mit Herausbildung einer von einer *opinio iuris* getragenen abweichenden Staatenpraxis bereits der unabänderliche Charakter der alten Norm angezweifelt wird.[73]

Aufgrund der soeben beschriebenen Schwächen eines positivistischen Ansatzes wird die Idee unabdingbarer Pflichten mit naturrechtlichen oder argumentativ verwandten Erwägungen in Verbindung gebracht.[74] So erklärt sich auch, warum vielfach die Rechtsbindung von Staaten an *ius cogens*-Normen nicht an deren Zustimmung gekoppelt wird.[75] Von anderen Autoren wird schließlich der *ordre public*-Gedanke als Existenzgrundlage von *ius cogens*-Normen betont.[76] Die letzteren beiden Ansätze bergen ersichtlich die Gefahr, dass die Sicht des Norminterpreten an Relevanz gewinnt. *Ius cogens*-Normen drohen behauptet und nicht bewiesen zu werden. Der IGH hat die Thematik des *ius cogens* zwar in einigen Urteilen ange-

---

[71] Vgl. *Criddle/Fox-Decent*, Yale J. Int'l L. 2009, 340.

[72] Vgl. auch *Dubois*, NJIL 2009, 134; *Zemanek*, FS für Tomuschat, S. 1106.

[73] *Kolb*, RGDIP 2009, 845. Vgl. auch *Brownlie*, International Law, S. 510; *Gardbaum*, EJIL 2008, 756. Fraglich, wenn *Czaplinski/Danilenko*, NYIL 1980, 11, eine gewohnheitsrechtliche Abweichung mit der Ungültigkeit der Staatenpraxis begründen wollen. Zunächst kann Staatshandeln rechtslogisch nicht ungültig, sondern nur rechtswidrig sein. Außerdem ist es gerade Wesensmerkmal des Gewohnheitsrechts, dass eine Abweichung vom vorherigen Nombestand stattfindet.

[74] *Koskenniemi*, EJIL1997, 566. Siehe Überblick bei *Criddle/Fox-Decent*, Yale J. Int'l L. 2009, 342 f.

[75] Siehe bspw. *Dubois*, NJIL 2009, 135.

[76] Überblick bei *Criddle/Fox-Decent*, Yale J. Int'l L. 2009, 344 f. Kritik im Hinblick auf das Folterverbot und dessen Bedeutung für den *ordre public*, *Dubois*, NJIL 2009, 158.

schnitten, vermochte aber nicht einmal im Ansatz eine überzeugende Begründung zu liefern.[77] Im Urteil zu paramilitärischen Aktivitäten in Nicaragua wird zwar das Gewaltverbot als *ius cogens* bezeichnet. Für die Herleitung wird allerdings nur auf die Vorarbeiten der *International Law Commission* und die Zustimmung der Prozessparteien Bezug genommen.[78]

Trotz weitergehender Uneinigkeit im Hinblick auf die Herleitung der *ius cogens*-Eigenschaft hat sich doch ein gewisser Kanon an Normen mit *ius cogens*-Qualität herausgebildet. So stellt beispielsweise *Orakhelashvili* fest:

> "The character of certain norms makes it difficult to portray them as other than peremptory."[79]

Bianchi formuliert dies wie folgt:

> "The societal body has an intuitive representation of them which finds its basis in a widely shared moral intuition."[80]

Shelton mahnt jedoch:

> "[...] the extensive assertions of peremptory norms made by some writers and international tribunals, without presenting any evidence to support the claimed superior status of the norms under consideration, pose risks for the international legal order and the credibility of the authors and tribunals."[81]

Folgende Normen sind in Literatur und Rechtsprechung weitgehend als *ius cogens*-Normen anerkannt: das Verbot der Begehung von Völkermord,[82] von Verbrechen gegen die Menschlichkeit[83] und bestimmten Formen von Kriegsverbrechen,[84] das absolute Folterverbot[85] sowie das Gebot, die Selbstbestimmung der Völker zu respektieren.[86] Im Hinblick auf das in Art. 2 Abs. 4 UN-Charta niederge-

---

77 Vgl. *Zemanek*, FS für Tomuschat, S. 1107.

78 IGH(*Nicaragua v. USA*), para. 190.

79 *Orakhelashvili*, Peremptory Norms, S. 108.

80 *Bianchi*, EJIL 2008, 497.

81 *Shelton*, AJIL 2006, 292.

82 Fragmentation-Report, para. 374; *Akhavan*, JICJ 2010, 1259; *Brownlie*, International Law, S. 511; *Criddle/Fox-Decent*, Yale J. Int'l L. 2009, 369; *Dubois*, NJIL 2009, 160; *Hannikainen*, Peremptory Norms, S. 718; *Linderfalk*, ZaöRV 69 (2009), 963; *Milanovic*, Duke J. Comp. & Int'l L. 2009, 74; *Paulus*, NJIL 2005, 306; *Scott* u.a., Mich. J. Int'l L. 1994, 28.

83 Fragmentation-Report, para. 374; *Akhavan*, JICJ 2010, 1259; *Brownlie*, International Law, S. 511; *Criddle/Fox-Decent*, Yale J. Int'l L. 2009, 369; *Dubois*, NJIL 2009, 160; *Linderfalk*, ZaöRV 69 (2009), S. 963; *Paulus*, NJIL 2005, 306.

84 Fragmentation-Report, para. 374; *Akhavan*, JICJ 2010, 1259; *Hannikainen*, Peremptory Norms, S. 719; *Paulus*, NJIL 2005, 306.

85 *Ambos*, in: Koriath u.a. (Hrsg.), Grundfragen des Strafrechts, S. 8; *Gaeta*, JICJ 2004, 787; *Hannikainen*, Peremptory Norms, S. 718; *Milanovic*, Duke J. Comp. & Int'l L. 2009, 74. Siehe auch ICTY(*Furundžija*), Urteil der Verfahrenskammer vom 10.12.1998, para. 153. Vgl. auch Art. 2 UN-Folterkonvention. Diesbezüglich stellt *Gaeta* allerdings richtig fest, dass aus der Derogationsfestigkeit einer vertraglichen Verpflichtung *per se* noch nicht auf die *ius cogens*-Natur geschlossen werden kann, vgl. *Gaeta*, JICJ 2004, 787.

86 *Hannikainen*, Peremptory Norms, S. 717.

legte Gewaltverbot besteht Uneinigkeit. Während es von einigen unproblematisch (und undifferenziert) als *ius cogens*-Norm proklamiert wird,[87] heben andere hervor, dass nur ein qualifizierter Gewaltverstoß als absolut unzulässig angesehen werden kann. So betont beispielsweise der *Fragmentation-Report*, dass *aggressive use of force* als Kandidat in Betracht kommt.[88] Im Folgenden soll thematisiert werden, ob für die hier debattierte Fragestellung *ius cogens*-Normen von Relevanz sind.

3. Bedeutung von ius cogens für die Fragestellung

Wie bereits aus dem vorherigen Abschnitt deutlich wird, ist der Umfang der anerkannten *ius cogens*-Normen äußerst restriktiv. Es erscheint daher nicht geboten, dem *ius cogens*-Konzept als Konfliktlösungsregel für die vorliegend bearbeitete Sachfrage eine gesteigerte Bedeutung beizumessen. Angesichts der Tatsache, dass insbesondere im Zusammenhang mit Völkermord verstärkt auf den *ius cogens*-Charakter abgestellt wird, ist eine kurze Befassung mit der Materie jedoch unerlässlich. Die Undifferenziertheit in der Auseinandersetzung ist durchaus bedenklich. Insbesondere in der anglophonen Literatur finden sich folgende, hier in absteigender Präzision erwähnte, Umschreibungen der Norm: „the prohibition of genocide", „the genocide convention",[89] „the law of genocide". Daneben liegen Vorschläge für *ius cogens*-Normen vor, die zwar in ihrer Formulierung präziser, im Hinblick auf ihre Einschlägigkeit jedoch fragwürdiger erscheinen. So wird beispielsweise das Prinzip des *aut dedere aut iudicare* in Fällen von Völkermord als *ius cogens*-Norm bezeichnet.[90]

Wenden wir uns der ersten Formulierung zu: „the prohibition of genocide". Da augenscheinlich mit dieser Formulierung nicht das Verbot eines Resultats gemeint sein kann, bleibt zu fragen, welche Handlungsweise genau vom Verbot erfasst ist. So kennt beispielsweise Art. III der Völkermordkonvention fünf Optionen der zu ahndenden Tatbegehung:

a. Völkermord *(genocide)*,

b. Verschwörung zur Begehung von Völkermord *(conspiracy to commit genocide)*,

c. unmittelbare und öffentliche Aufhetzung zur Begehung von Völkermord *(direct and public incitement to commit genocide)*,

d. Versuch, Völkermord zu begehen *(attempt to commit genocide)*,

e. Teilnahme am Völkermord *(complicity in genocide)*.

---

[87] Z.B. *Benzing*, in: König u.a. (Hrsg.), International Law Today, S. 35; *Brownlie*, International Law, S. 511.

[88] Fragmentation-Report, para. 374; *Hannikainen*, Peremptory Norms, S. 717.

[89] So z.B. *Scott* u.a., Mich. J. Int'l L. 1994, 27.

[90] *Radosavljevic*, LPICT 2008, 253.

Unzweifelhaft soll damit die Begehung durch dem Staat zurechenbare Akteure von Völkermord erfasst sein. Gilt der *ius cogens*-Charakter aber auch für die vier anderen Optionen? Dies ließe sich sicherlich vertreten, handelt es sich doch bei den Tatvarianten um Geschehnisse, für die sich keine rationale Begründung vorweisen lässt.

Die oben aufgeführten beiden Bezeichnungen führen zu weiterer Unklarheit. Sollen etwa die Schutz- und Strafpflicht von Art. I Völkermordkonvention auch erfasst sein? Die Antwort muss eine klare Absage an eine derart weite Interpretation sein. Im Hinblick auf die Präventionspflicht wurde bereits festgestellt, dass es sich um eine *due diligence*-Verpflichtung handelt. Dementsprechend resultiert eine Pflicht des Staates immer aus einer Abwägung widerstreitender Interessen. Dem Absolutheitsanspruch des *ius cogens*-Konzepts kann die Schutzpflicht nicht genügen.[91]

Ebenfalls ernsthafte Zweifel sind anzumelden an der *ius cogens*-Natur der *aut dedere aut iudicare*-Pflicht. Zum einen bestehen die bereits erwähnten konzeptionellen Bedenken, das *ius cogens*-Konzept auf völkerrechtliche Handlungspflichten anzuwenden. Des Weiteren hat der IGH bereits im Haftbefehlsverfahren die Fortgeltung der Immunität von Staatsoberhäuptern, Regierungschefs und Außenministern auch für Fälle der Strafverfolgung wegen internationaler Verbrechen anerkannt. Da es sich aufgrund der Dispositionsbefugnis des Staates bei der Immunität ersichtlich nicht um eine *ius cogens*-Norm handelt,[92] hätte eine kategorische Aufrechterhaltung der Immunität die Verwirklichung einer möglichen *ius cogens*-Rechtspflicht zur Durchführung von Strafverfahren *ad absurdum* geführt.[93]

Eine *ius cogens*-Strafverfolgungspflicht lässt sich auch nicht rechtslogisch aus dem *ius cogens*-Verbot der Begehung ableiten.[94] Dass das oben herausgearbeitete Strafverfolgungsrecht erst recht keine *ius cogens*-Qualität besitzen kann, soll hier

---

[91] IGH(*Bosnia and Herzegovina v. Serbia and Montenegro*), Separate Opinion v. Richter *Kreca*, para. 113; *Gattini*, EJIL 2007, 697. Anders IGH(*Bosnia and Herzegovina v. Serbia and Montenegro-Preliminary Objections*), Separate Opinion v. Richter *Lauterpacht*, para. 102; *Rosenberg*, GR2P 2009, 474; *Scott* u.a., Mich. J. Int'l L. 1994, 37.

[92] EGMR(*al-Adsani*), Dissenting Opinion v. Richter *Rozakis*, *Caflisch*, *Wildhaber*, *Costa*, *Barreto* und *Vajic*; vgl. *Chavez Tafur*, JICJ 2008, 1071; *Tams*, AdV 2002, 345.

[93] Vgl. *Akhavan*, JICJ 2010, 1260; *Pichon*, Internationaler Strafgerichtshof, S. 270; *Shelton*, AJIL 2006, 308; *Zimmermann*, in: Frowein u.a. (Hrsg.), Verhandeln für den Frieden, S. 275. *Bianchi*, EJIL 2008, 501 f., stellt zu Recht fest, dass Gerichte, die sich mit der Frage der Immunität auseinanderzusetzen hatten, keine „mechanische" Lösung der Frage befürwortet haben. Zu Unrecht wirft er diesen vor, dass sie damit nicht zu klaren Lösungen kommen. *Bianchi* scheint implizit die *ius cogens*-Geltung der *aut dedere aut iudicare*-Pflicht anzuerkennen. Ebenso *Cassese*, EJIL 1998, 6; *Gropengießer/Meißner*, ICLR 2005, 280. Auch der Autor hat dies 2007 ebenso wie die *ius cogens*-Natur der Immunität noch angenommen und dabei ein (zu) weites Verständnis des *ius cogens*-Konzepts zugrunde gelegt, vgl. *Hiéramente/Schneider*, S+F 2007, 67.

[94] *Tams*, AdV 2002, 342. Ähnliche Argumentation bei *Potestà*, Berkeley J. Int'l L. 2010, 583. Unklar daher die Ausführungen des Fragmentation-Report, paras. 370 ff.

der Vollständigkeit halber erwähnt werden. Damit lässt sich feststellen, dass *ius cogens* als Konfliktlösungsregel tatsächlich keinerlei Bedeutung für die hier debattierte Fallkonstellation hat.

C. Zwischenergebnis

Es konnte festgestellt werden, dass eine Auflösung des Normenkonflikts sich nicht auf hierarchische oder quasi-hierarchische Begründungen stützen kann. Weder Art. 103 UN-Charta noch das *ius cogens*-Konzept kann als Konfliktlösungsregel für den konkreten Fall herangezogen werden.

III. Andere abstrakte Auflösungen des Normenkonflikts

Das Völkerrecht kennt neben Art. 103 UN-Charta und dem *ius cogens* weitere Konfliktlösungsregeln, die auch dem nationalen Recht bekannt sind. Beide Regeln sind unter ihren lateinischen Bezeichnungen bekannt: *lex specialis derogat lex generalis* und *lex posterior derogat lex prior.*[95] Bei beiden Regeln geht es grundsätzlich um den Anwendungsvorrang. Dies hat zur Konsequenz, dass die zurücktretende Norm nicht zum Anknüpfungspunkt für sekundärrechtliche Forderungen gemacht werden kann.[96] Auf beide Regeln soll ausführlicher eingegangen werden.

Es wird hingegen darauf verzichtet, *en détail* auf das vom *Fragmentation-Report* (jedenfalls in der Überschrift) als *conflict rule* bezeichnete *erga omnes*-Konzept ausführlich einzugehen. Die Tatsache, dass auch die folgenden Ausführungen im Report die Frage der Konfliktlösung gar nicht mehr ansprechen, liegt sicherlich daran, dass das *erga omnes*-Konzept *per se* keine Konfliktlösungsregel darstellt.[97] *Vranes* weist aber richtig darauf hin, dass die *erga omnes*-Qualität von Normen die Anwendung der *lex specialis*- und *lex posterior*-Regelungen beeinflusst.[98]

A. Lex specialis derogat lex generalis

Der *Fragmentation-Report* der ILC hat sich ausführlich der Metanorm des *lex specialis derogat lex generalis* gewidmet. Allerdings hat bereits *Vranes* festgestellt,

---

95 *Sieber*, Rechtstheorie 2010, 191 weist allerdings auf den limitierten Nutzen dieser Konfliktlösungsregeln hin.

96 Vgl. *Pauwelyn*, Conflicts of Norms, S. 327.

97 *Vranes*, ZÖR 2010, 112.

98 A.a.O., 111.

dass die Ausführungen des Reports keinesfalls die Frage des Normenkonflikts im eigentlichen Sinne behandeln. So widmet sich der Report Kollisionen ganzer Rechtsgebiete,[99] der Auslegung von speziellen Normen im Hinblick auf generelle Normen[100] oder sogar der Divergenz richterlicher Entscheidungen.[101] Im Hinblick auf das Konfliktlösungspotential der Metanorm *lex specialis derogat lex generalis* kann folgende Definition zugrunde gelegt werden:

> „Eine Norm kann als die im Verhältnis zu einer anderen Norm speziellere definiert werden, wenn ihre Anwendbarkeit von zumindest einem Tatbestandsmerkmal mehr abhängt als jene der anderen (allgemeinen) Norm."[102]

Für das Völkerrecht muss jedoch zusätzlich bedacht werden, dass bei verschiedenen völkerrechtlichen Normen die Adressaten der Norm möglicherweise nicht übereinstimmen.[103] Akzeptiert man allerdings, dass das *lex specialis derogat lex generalis* auch auf Völkergewohnheitsrecht Anwendung findet,[104] so ist zumindest die Problematik des Adressatenkreises weitgehend behoben.

Weiterhin ist darauf hinzuweisen, dass die *lex specialis*-Regel nur dann zur Anwendung kommen kann, wenn die generelle Regelung durch spezielle Regelungen derogierbar ist.[105] Schließlich gilt es grundsätzlich zu klären, in welchem Verhältnis die *lex specialis*-Regel zur anschließend thematisierten *lex posterior*-Regel steht. Soll etwa eine nachträgliche generelle Regelung hinter eine bereits existierende spezielle Regelung zurücktreten? Im Endeffekt lässt sich der Vorzug der einen oder anderen Regel nur im Hinblick auf die Zielsetzung des normkreierenden Akteurs bestimmen. Es bleibt eine Frage der Interpretation.[106] Schließlich ist anzumerken, dass wenn die *lex specialis*-Regel zur Anwendung kommt, die zurücktretende Norm nicht stets komplett verdrängt wird. So kann die verdrängte generelle Norm weiterhin insoweit zur Anwendung gebracht werden, als dass keine speziellere Regelung nachweisbar ist.[107]

Lässt sich nun aus der *lex specialis*-Regel eine Erkenntnis für die Fragestellung herleiten? Wiederum ist zu konstatieren, dass eine abstrakte, letztgültige Aussage aufgrund der fragmentarischen Natur des Völkerrechts abwegig erscheint. Bereits der IGH hat in seiner Entscheidung zur Anwendbarkeit der Völkermordkonvention

---

99 Fragmentation-Report, paras. 49 ff.; *Vranes*, ZÖR 2010, 105.

100 Fragmentation-Report, para. 56; *Vranes*, ZÖR 2010, 107. Zur Problematik der fließenden Übergänge zwischen Auslegung und Konfliktlösung, siehe Fragmentation-Report, paras. 91 f.

101 *Vranes*, a.a.O., 106.

102 A.a.O., 104.

103 Fragmentation-Report, paras. 113 ff.; *Vranes*, a.a.O., 105.

104 Vgl. Fragmentation-Report, para. 66; *Czaplinski/Danilenko*, NYIL 1980, 20.

105 Vgl. Fragmentation-Report, para. 108.

106 *Pauwelyn*, Conflicts of Norms, S. 364 ff.; *Vranes*, ZÖR 2010, 104 f., 110.

107 Vgl. Fragmentation-Report, para. 104.

einige grundlegende Feststellungen getroffen, die auf die hiesige Fragestellung übertragbar sind. So stellte der IGH fest, dass die strafrechtsbezogenen Normen der Art. V und VIII der Völkermordkonvention zwar *lex specialis* zu Art. I der Konvention sind. Ebenso erkannte er an, dass die Schutz- bzw. Unterlassenspflicht des Art. I daneben über eine eigenständige Existenzberechtigung verfügt.[108] Insofern verdrängen die strafrechtsbezogenen Normen nur partiell die allgemeinere Norm. Es ist nicht ersichtlich, dass dies bei den herausgearbeiteten völkergewohnheitsrechtlichen Normen anders sein sollte. Vielmehr kann festgestellt werden, dass nicht alle Komponenten der Präventivnorm vollumfänglich in einer speziellen Strafnorm enthalten sind. Die *lex specialis*-Regel kann daher im Weiteren außen vor bleiben.

B. Lex posterior derogat lex prior

Eine klassische Konfliktlösungsregel ist die *lex posterior*-Regel. Sie besagt, dass später erlassene Rechtsnormen frühere Rechtsnormen gleicher oder niedrigerer Ordnung verdrängen.[109] So vermag die *lex posterior*-Regel nicht derogationsfeste Normen zu beeinträchtigen.[110] Wie auch bei der *lex specialis*-Regel, ist die Bedeutung nicht *per se* auf das Vertragsrecht begrenzt.[111] Es wird zwar oftmals zum Mittel der Kodifizierung gegriffen, um von vorherigem Völkergewohnheitsrecht abzuweichen. Ebenso anerkannt ist jedoch, dass ein existierender Vertrag durch neuere völkergewohnheitsrechtliche Entwicklungen überlagert werden kann.[112] Mit der *lex specialis*-Regel teilt es zudem die fließende Natur zwischen Interpretations- und Konfliktlösungsregel.[113] Die Frage nach den Parteien[114] ist ebenso virulent, wie die bereits erwähnte Frage nach dem Verhältnis zur *lex specialis*-Regel.[115]

Der *Fragmentation-Report* bringt die Bedeutung der *lex posterior*-Regel treffend auf den Punkt:

> "[…] the lex posterior maxim may be turned to as a presumption of intent to derogate from the earlier agreement […]. Yet of course, the presumption is rebuttable so that if

---

108 IGH(*Bosnia and Herzegovina v. Serbia and Montenegro*), para. 427.

109 *Czaplinski/Danilenko*, NYIL 1980, 19. Zur früher teilweise befürworteten Ungültigkeit und zur Entwicklung hin zum Anwendungsvorrang siehe Fragmentation-Report, paras. 258–265. Dazu auch *Daillier/Forteau/Pellet*, Droit International Public, S. 292.

110 Allerdings hat *Kolb* darauf hingewiesen, dass eine *opinio iuris cogentis* schwer aufrechtzuerhalten ist, wenn sich eine divergierende *opinio iuris* manifestiert, vgl. *Kolb*, RGDIP 2009, 845.

111 *Pauwelyn*, Conflicts of Norms, S. 363.

112 Fragmentation-Report, para. 224.

113 A.a.O., para. 225.

114 A.a.O., para. 234; *Pauwelyn*, Conflict of Norms, S. 369.

115 Fragmentation-Report, para. 223.

interpretation really indicates that the parties did not wish to derogate from the earlier agreement, then that intent should prevail over the maxim."[116]

Die praktische Anwendbarkeit der *lex posterior*-Regel droht bei Völkergewohnheitsrecht an Grenzen zu stoßen. Zunächst setzt die Anwendung der Regel nämlich voraus, dass sich ein genauer Zeitpunkt der Normentstehung bestimmen lässt. Eine Verortung der Normentstehung auf der Zeitachse stellt sich im Fall des Gewohnheitsrechts hingegen als schwierige Aufgabe dar.[117]

Unabhängig von den praktischen Problemen bestehen aber auch konzeptionelle Bedenken. Man muss sich fragen, ob jegliche Arten von Normenkonflikten von der *lex posterior*-Regel erfasst sind. Blickt man beispielsweise auf die Wiener Vertragsrechtskonvention, so muss man feststellen, dass dort in der Überschrift des Art. 30 von „Anwendung aufeinander folgender Verträge über denselben Gegenstand" („Application of successive treaties *relating to the same subject matter*" [Hervorhebung des Autors]) die Rede ist. Die Autoren des *Fragmentation-Reports* heben zwar richtigerweise hervor, dass die reine Bezeichnung eines Vertrags, Rechtsregimes oder Normenkomplexes im Hinblick auf die Anwendbarkeit der *lex posterior*-Regel nicht von Bedeutung sein kann.[118] So kann die *lex posterior*-Regel auch für diesen Fall nicht mit der Begründung die Relevanz abgesprochen werden, Norm A sei dem Strafrecht, Norm B dagegen dem Präventionsrecht zuzuordnen. Die Betonung des *same subject matters* zeigt jedoch, dass eine rein zeitliche Bestimmung für die Bejahung eines absoluten Anwendungsvorrangs nicht ausreichend sein kann.[119] Im konkreten Fall ist die Schaffung einer der Normen nicht ersichtlich zur Abänderung der jeweils anderen Norm erfolgt. Weder sollte der strafrechtliche Ansatz pauschal einen präventiven Ansatz verdrängen, noch sollte

---

[116] A.a.O., para. 230.

[117] Zur Problematik siehe auch *Pauwelyn*, Conflicts of Norms, S. 92, 97. Die hier debattierte Fallkonstellation zeigt dieses praktische Dilemma deutlich auf. Sowohl im Hinblick auf das Strafverfolgungsrecht des IStGH und eines verfolgungswilligen Drittstaats als auch bezüglich der Schutz- bzw. Unterlassenspflicht herrscht Unklarheit ob ihrer zeitlichen Einordnung. Das Strafverfolgungsrecht des IStGH steht diesem zwar erst mit Inkrafttreten des Statuts im Jahr 2002 zu. Es handelt sich allerdings, wie bereits dargelegt, um ein abgeleitetes Strafverfolgungsrecht basierend auf dem Territorialitätsprinzip und dem aktiven Personalitätsprinzip. Dieses originär den Staaten zustehende Recht wurde bereits vom StIGH in der Lotusentscheidung anerkannt. Betrachtet man dagegen das Strafverfolgungsrecht verfolgungswilliger Drittstaaten *in absentia*, so muss man feststellen, dass einer derartigen Erlaubnis eine neuere Entwicklung zugrunde liegt. Ähnliche Unklarheiten bestehen im Hinblick auf die Schutz- bzw. Unterlassenspflicht. Lässt sich diese Pflicht jedenfalls für den Fall des Völkermords bereits zum Zeitpunkt des Inkrafttretens der Völkermordkonvention verorten, so ist die gewohnheitsrechtliche Ausweitung auf Verbrechen gegen die Menschlichkeit und schwere Kriegsverbrechen wohl erst mit Anerkennung der *Responsibility to Protect* durch die UN-Generalversammlung im Jahr 2005 abgesichert worden.

[118] Fragmentation-Report, paras. 253 ff. Dazu auch *Pauwelyn*, Conflicts of Norms, S. 364 ff.

[119] Siehe auch *Czaplinski/Danilenko*, NYIL 1980, 20; *Pauwelyn*, Conflicts of Norms, S. 369.

durch Deklarierung der *Responsibility to Protect* auf eine bisherige Strafverfolgungspraxis reagiert werden. Vielmehr haben sich grundsätzlich beide Rechtsregime nebeneinander her entwickelt. Für eine Anwendung der *lex posterior*-Regel ist daher ersichtlich kein Raum.

IV. Vorliegen einer fallspezifischen Metanorm?

Es hat sich gezeigt, dass das Völkerrecht über abstrakte Konfliktlösungsregeln verfügt. Es hat sich jedoch ebenso herauskristallisiert, dass aufgrund der Abwesenheit formellrechtlicher, rechtsquellenorientierter Konfliktlösungsmodelle eine Lücke klafft, die nur schwer *in abstracto* durch Konfliktlösungsregeln zu schließen ist. Weder Art. 103 UN-Charta noch das *ius cogens*-Konzept finden Anwendung. *Lex posterior*- und *lex specialis*-Regeln sind ebenso wenig für die Fallfrage fruchtbar zu machen.

Es könnte jedoch theoretisch sein, dass sich eine eigenständige, fallspezifische Konfliktlösungsregel völkergewohnheitsrechtlich herausgebildet hat. Kurz soll darauf eingegangen werden, ob eine Metaregel existiert, die entweder Norm A (Strafverfolgungsrecht) oder Norm B (Schutz- bzw. Unterlassenspflicht) im Fall eines Konflikts Vorrang einräumt. Aus einem anderen Blickwinkel betrachtet handelt es sich somit um eine gewohnheitsrechtliche Ausnahme zu Norm A im Fall der Einschlägigkeit von Norm B oder *vice versa.*[120]

Von einigen Autoren wird im Hinblick auf den Tatortstaat behauptet, dass der Erlass einer Amnestie völkerrechtlich verboten sei. Unabhängig von der Tatsache, dass es sich dabei, anders als im vorliegenden Fall, um einen Konflikt zwischen Strafverfolgungs*pflicht* und Schutz- bzw. Unterlassens*pflicht* handelt, lässt sich feststellen, dass diese Autoren zumeist selbst die Absolutheit ihrer getroffenen Aussagen nicht aufrechtzuerhalten vermögen. Teilweise wird vertreten, Amnestien seien *grundsätzlich* verboten. Auch wird vielfach eine Amnestie für den Großteil der Täter zugelassen, sofern die Haupttäter zur Verantwortung gezogen werden.[121] Betrachtet man die Staatenpraxis, dann muss man feststellen, dass mit Ausnahme von Ruanda stets eine *de jure*- oder *de facto*-Amnestie für niederrangige Täter zu-

---

120 Ließe sich eine explizite Ausnahme feststellen, so würde man das Feld des Normenkonflikts verlassen und die Norminterpretation würde in den Vordergrund treten, vgl. *Pauwelyn*, Conflicts of Norms, S. 163.

121 Vgl. *T. Clark*, Wash. U. Global Stud. L. Rev. 2005, 409; *Kriksciun*, Tul. J. Int'l & Comp. L. 2007, 235; *Orentlicher,* IJTJ 2007, 19; *Radosavljevic*, LPICT 2008, 243; *Stahn*, JICJ 2005, 707. Zu Recht stellt *Greenawalt*, N.Y.U. J. Int'l L.& Pol., 662, die Frage, woher eine Ausnahme für niederrangige Täter zu nehmen ist.

gelassen wurde. Auch stellt *Gavron* fest, dass Amnestien in der Praxis akzeptiert und auch von den Vereinten Nationen nicht beanstandet wurden.[122]

Wenn sich nun aber das Amnestieverbot schon nicht absolut aufrechterhalten lässt, so erschiene es zweifelhaft, einen absoluten Vorrang internationaler Strafverfolgung anzunehmen, wo, wie bereits dargestellt, nur ein *Recht* zur Strafverfolgung besteht.[123] Eine fallspezifische Metanorm bzw. gewohnheitsrechtliche Ausnahmeregelung ist nicht zu verzeichnen.

V. Die Abwägung im Einzelfall zur Auflösung des Normenkonflikts

Lässt sich ein Normenkonflikt nicht abstrakt lösen, so bleibt nur eine, im Hinblick auf die Rechtsklarheit gewiss bedauerliche, Abwägung im Einzelfall.[124] Während in der deutschen Terminologie die „praktische Konkordanz" eine dominierende Rolle beim Ausgleich von Wertekollisionen einnimmt, dreht sich die internationale Debatte um die Frage der „systemischen bzw. systematischen Integration".[125] Beide Begriffe sind allerdings keineswegs deckungsgleich, wie im Folgenden kurz dargestellt werden soll.[126]

A. „Praktische Konkordanz" oder „systemische Integration"

Betrachtet man den *Fragmentation-Report*, so stellt man fest, dass sich dieser umfassend mit der Frage der systemischen Integration auseinandersetzt.[127] Die Frage der systemischen Integration ist bereits in der Vergangenheit, insbesondere im Zusammenhang mit dem Weltwirtschaftsrecht (dem GATT und später der WTO), ausführlich debattiert worden.[128] Wie die Verfasser des Reports zugeben und mit dem Verweis auf Art. 31 (3) (c) WVK betonen, handelt es sich bei der systemi-

---

122 *Gavron*, ICLQ 2002, 116. Siehe auch *Scharf*, Corn. Int'l L. J. 1999, 512; *Scharf/Dowd*, No Way Out?, S. 9.

123 So auch *L. Keller*, Conn. J. Int'l L. 2008, 241.

124 Siehe auch *Klamberg*, NJIL 2010, 294. *Pauwelyn*, Conflicts of Norms, S. 419 ff., vertritt dagegen die Ansicht, ein Konflikt sei nicht auflösbar, weshalb ein Richter mit einem *non liquet* zu reagieren habe.

125 Zu den verschiedenen Sprachfassungen, siehe *Vranes*, ZÖR 2010, 112.

126 Zur konzeptionellen Nähe siehe *Cottier/Tuerk/Panizzon*, ZUR 2003, passim.

127 Fragmentation-Report, paras. 410–480. Zur Frage der Intertemporalität, siehe den Überblick bei *McLachlan*, ICLQ 2005, 292.

128 So weist *Vranes*, ZÖR 2010, 112, auch auf die mangelnde Innovation des Reports diesbezüglich hin.

schen Integration primär um eine Frage der Auslegung.[129] Die Ausführungen betreffen daher die prinzipiell wichtige und später noch zu thematisierende Frage, ob bei der Interpretation von Normen eines Vertragswerks andere völkervertragliche oder völkergewohnheitsrechtliche[130] Normen Berücksichtigung finden müssen. Art. 31 WVK stellt diesbezüglich fest:

> 1. A treaty shall be interpreted in good faith in accordance with the ordinary meaning to be given to the terms of the treaty in their context and in the light of its object and purpose. […]
>
> 3. There shall be taken into account together with the context […]
>
> (c) *Any relevant rules of international law applicable in the relations between the parties.*" [Hervorhebung des Autors]

Dabei setzt eine systemische Integration voraus, dass entweder Norm A oder Norm B einen offenen Wortlaut vorweist. Ohne Interpretationsspielraum ist eine systemische Integration gemäß Art. 31 (3) (c) WVK demnach nicht möglich.

Selbst wenn sich eine der Normen als interpretationsfähig herausstellen sollte, gibt Art. 31 (3) (c) WVK keine Auskunft darüber, welches Gewicht der einen oder anderen Norm zukommt. *Pauwelyn* weist zu Recht darauf hin, dass selbst im Fall einer interpretationsfähigen Norm A noch nicht gesagt ist, dass eine Interpretation im Lichte der Norm B zu erfolgen hat (oder *vice versa*). So ist der Anwendungsfall des Art. 31 (3) (c) WVK nicht mit verfassungskonformer oder völkerrechtskonformer Auslegung vergleichbar, denen ein (formelles) Hierarchieverständnis zugrunde liegt.[131] Es gilt festzustellen, dass das Prinzip der systemischen Integration nur vorgibt, *dass* die normative Aussage der Norm B bei Interpretation der Norm A Berücksichtigung finden muss. Sinn und Zweck des Art. 31 (3) (c) WVK ist es damit, einer weitergehenden Fragmentierung der Völkerrechtsordnung entgegenzuwirken und damit eine weitgehende Rückkopplung an innerstaatliche Wertvorstellungen zu gewährleisten.[132] Wichtig bleibt aber die Unterscheidung, die auch *Tzevelekos* betont:

> "[…] the application of which [Art. 31 (3)(c)] is meant to be limited simply to introducing relevant norms of international law, without either introducing presumptions concerning their value, nature or effect […]."

---

[129] Fragmentation-Report, para. 413; *Neumann*, ZaöRV 61 (2001), 563; *Pauwelyn*, Conflict of Norms, S. 244 ff. Die Differenzierung zwischen Konfliktlösung und Auslegung betonend *McGrady*, JWT 2008, 607 f.

[130] Fragmentation-Report, para. 426.

[131] *Pauwelyn*, Conflicts of Norms, S. 246 f.

[132] *McGrady*, JWT 2008, 598. Zur innerstaatlichen Rückkopplung ausführlich *C. Kelly*, Mich. J. Int'l L. 2001, passim. Ähnlich *Neumann*, ZaöRV 61 (2001), 561. *C. Kelly*, Mich. J. Int'l L. 2001, 710 ff., weist dabei zu Recht auf die Gefahren der Abschottung einzelner Rechtsregime hin, sofern diese als *self-enforcing regimes* zur Ahndung von intrasystemischen Rechtsverstößen berechtigt und in der Lage sind. Zur Bezugnahme des EGMR auf Art. 31 (3) (c) WVK zur Unterstützung einer bereits nach dem Wortlaut der EMRK getroffenen Entscheidung siehe *Tzevelekos*, Mich. J. Int'l L. 2010, 647–664. Dieser bezeichnet die Bezugnahme richtigerweise als *pseudo-systemic integration*.

Das Prinzip der systemischen Integration gibt somit keine Auskunft darüber, *wie* Norm B berücksichtigt werden soll. Damit stellt sich für Anwendungsfälle der systemischen Integration ebenso wie für die Fälle eines Normenkonflikts nicht interpretationsfähiger Normen die Frage, *wie* Norm A und Norm B wechselseitige Berücksichtigung zu erfahren haben.

Der *Fragmentation-Report* ist diesbezüglich erstaunlich wortkarg. Im Prinzip begnügen sich die Autoren mit einem Zitat aus dem bereits erwähnten Minderheitsvotum der Richter *Higgins*, *Kooijmans* und *Buergenthal* im IGH-Haftbefehlsverfahren. Diese stellten fest:

> "International law seeks the accomodation of the value [the prevention of unwarranted outside interference in the domestic affairs of States] with the fight against impunity, and not the triumph of one norm over another."[133]

Betrachtet man diese Aussage, so sind die Ähnlichkeiten zum Prinzip der „praktischen Konkordanz" kaum zu übersehen. Eine Abwägung im Einzelfall dient dazu, die den Normen zugrunde liegenden Werte in einen schonenden Ausgleich zu bringen. Statt der Normenkollision gerät die Wertekollision in den Fokus der Betrachtung. Nicht nur die IGH-Richter erkennen die „praktische Konkordanz" prinzipiell an. Auch die Rechtsprechung des EGMR zeigt, dass ein Ausgleich konfligierender rechtlicher Interessen erfolgen muss. Der EGMR hatte in seiner Rechtsprechung verschiedentlich Anlass gehabt, die Frage des schonenden Ausgleichs anzusprechen. Im Fall *al-Adsani* gestand das Gericht den Vertragsparteien zu, Art. 6 § 1 EMRK einzuschränken, um der Staatenimmunität anderer Staaten gerecht zu werden.[134] Im *Slivenko v. Latvia*-Fall betonte der EGMR ebenfalls die Notwendigkeit, das Interesse am Schutz der Familie (Art. 8 EMRK) mit dem Inhalt des litauisch-russischen Vertrags zum Abzug russischer Truppen in Einklang zu bringen.[135] Eine vergleichbare Fallkonstellation bot sich dem EGMR im Fall *Jersild v. Denmark.* Die Große Kammer des Gerichts hatte zu klären, ob die strafrechtliche Sanktionierung eines Journalisten mit Art. 10 EMRK vereinbar ist. Dem Journalisten wurde von den dänischen Strafverfolgungsbehörden vorgeworfen, dass er in seiner Sendung ein eindeutig rassistisches Interview ausgestrahlt habe, obwohl sich der Journalist ersichtlich von den rassistischen Äußerungen distanzierte. Die dänischen Behörden beriefen sich bei der Verurteilung auf die *UN International Convention*

---

[133] IGH(*Congo v. Belgium*), Joint Separate Opinion v. Richter *Higgins*, *Kooijmans*, *Buergenthal*, para. 79.

[134] EGMR(*al-Adsani*), paras. 56 f. *Tzevelekos,* Mich. J. Int'l L. 2010, 666 f., kritisiert eine mangelnde Auseinandersetzung des Gerichts mit der Frage, ob die Abwägung stets zugunsten der Staatenimmunität zu erfolgen habe. Eine solche Begründung liefert allerdings EGMR(*al-Adsani*), Concurring Opinion v. Richter *Pellonpää* und *Air Nicolas Bratza*.

[135] EGMR(*Slivenko*), paras. 113 ff. Ob dabei allerdings *en détail* auf den Vertrag hätte eingegangen werden müssen, erscheint fraglich, da sich die vertraglichen Bestimmungen im Gleichklang mit generell zu berücksichtigenden nationalen Interessen Litauens befanden.

on the Eliminations of All Forms of Racial Discrimination. Der EGMR hat im Rahmen der Beurteilung der Rechtmäßigkeit der strafrechtlichen Sanktionierung die Vorgaben dieser Konvention explizit als Abwägungselement einbezogen und damit erneut die grundsätzliche Integrationsoffenheit der EMRK betont.[136] Die Rechtsprechung des EGMR zeigt, dass eine systemische Integration auch zur Anerkennung einer „praktischen Konkordanz" bzw. eines schonenden Werteausgleichs geführt hat.[137]

Die beiden Begriffe sind demnach, wie bereits erwähnt, keinesfalls deckungsgleich. Vorliegend soll nur die „praktische Konkordanz" im Völkerrecht interessieren.

B. Kriterien im Abwägungsprozess

Ein Grund für die Wortkargheit des *Fragmentation-Reports* mag in der Schwierigkeit liegen, verallgemeinerungsfähige Aussagen zu Abwägungsprozessen zu formulieren. Generell lässt sich sagen, dass eine Einzelfallentscheidung zwar werteorientiert ist, aber auch in weitgehendem Maß von Effektivitätserwartungen getragen wird. Daher sind Abwägungsentscheidungen besonders vom Kontext abhängig und können zu unterschiedlichen Zeitpunkten anders zu treffen sein.[138]

1. Wertende Kriterien

Eine generalisierbare und dogmatisch saubere Lösung einer Interessenabwägung lässt sich ohne festgeschriebene Hierarchie von Werten kaum erreichen. So stellen *Fischer-Lescano* und *Teubner* fest:

> „Aus Werten folgt nichts für die Entscheidung ihrer Konflikte. Sicher ist nur, dass die Positivwerte (Freiheit, Frieden, Gleichheit) ihren Negationen (Unfreiheit, Krieg, Ungleichheit) vorzuziehen sind."[139]

Sie folgern daraus:

> „Juristen sprechen dann gerne von ‚Werteabwägung' und ‚praktischer Konkordanz'. Aber das sind Formeln, die ihre Einheit nur darin haben, dass sie nicht verraten, zu welchen Ergebnissen sie führen, dass sie nicht sagen, was sie nicht sagen, […]."[140]

---

[136] EGMR(*Jersild*), paras. 30 ff.

[137] Zur „praktischen Konkordanz" in der Rechtsprechung des EGMR siehe *Peters*, AdV 2010, 29; *Tzevelekos*, Mich. J. Int'l L. 2010, 665–670. Zur praktischen Konkordanz im Völkerrecht allgemein siehe *Schilling*, AdV 1995, 77; *Schweisfurth*, GYIL 1981, 177.

[138] Siehe dazu auch *Klamberg*, NJIL 2010, 295.

[139] *Fischer-Lescano/Teubner*, Regimekollisionen, S. 107. Ähnlich auch *Klamberg*, NJIL 2010, 294.

[140] *Fischer-Lescano/Teubner*, a.a.O., S. 108.

Zwar lässt die Existenz von Werten an sich keinen Rückschluss auf ihr Verhältnis zueinander zu. Dennoch erscheint es nicht *per se* unmöglich, Indikatoren für einen Abwägungsprozess herauszuarbeiten.

Es konnte festgestellt werden, dass zwar das Verhältnis des universellen Strafverfolgungsrechts *in absentia* und einer extraterritorialen Schutz- bzw. Unterlassenspflicht noch ungeklärt ist. Ebenso ist aber darauf hinzuweisen, dass im Ansatz vergleichbare Interessenskollisionen einer völkervertrags- oder völkergewohnheitsrechtlichen Lösung zugeführt wurden. Diese rechtspositivistischen Grundentscheidungen sollten zwar nicht automatisch auf den vorliegenden Fall übertragen werden, können jedoch gleichwohl als Indikatoren herangezogen werden. Sie können dem Rechtsanwender als Orientierung dienen oder (realistisch betrachtet) von diesem nutzbar gemacht werden, um eine bereits getroffene Entscheidung zu legitimieren. Abschließend soll nicht unerwähnt bleiben, dass der oben festgestellte Normenkonflikt im Hinblick auf den Abwägungsprozess noch präzisiert werden muss.

a) Indikatoren

Die nachstehenden Ausführungen zu möglichen Indikatoren im Abwägungsprozess sollen zunächst unabhängig von der strafverfolgenden Institution betrachtet werden. Ob Strafverfolgungsmaßnahmen seitens des IStGH oder eines Drittstaats (wie der Bundesrepublik Deutschland) ergriffen werden, soll auf dieser Ebene der Untersuchung zunächst einheitlich betrachtet werden. Im Rahmen der Betrachtung wird jedoch auf das Rom-Statut zurückgegriffen, da dieses das aktuellste Produkt staatlicher Konsensbildung darstellt. Die darin enthaltenen Wertentscheidungen gilt es demnach zu berücksichtigen. Deshalb findet an dieser Stelle noch keine Anwendung des Statuts statt.

aa) Ius cogens

Es wurde bereits erwähnt, dass *ius cogens* nur in den seltensten Fällen als echte Konfliktlösungsregel zur Anwendung gebracht werden kann. Die einer *ius cogens*-Norm inhärente Wertentscheidung vermag indes unter Umständen bei „verwandten" Komplementär- oder Sekundärregelungen an Bedeutung zu gewinnen.

Für die hiesige Fragestellung lässt das *ius cogens*-Konzept einen Erkenntnisgewinn hingegen nicht erwarten. So ist das Verbot der Begehung von Kernverbrechen von einer Vielzahl von Regelungen flankiert, die darauf abzielen, die Gefahr eines Völkermords zu bannen bzw. zu minimieren. Als derartige flankierende Regelungen sind jedoch sowohl das Strafverfolgungsrecht *in absentia* als auch die Schutz- bzw. Unterlassenspflicht zu sehen. Die Wertentscheidung der Staatengemeinschaft, das Verbot der Völkermordbegehung als *ius cogens* anzusehen, kann daher sowohl als Indikator zugunsten des Strafverfolgungsrechts als auch als Indikator zugunsten der Schutz- bzw. Unterlassenspflicht gewertet werden.

bb) Verjährungsregelungen

Weiterhin gilt es zu überlegen, ob sich aus Art. 29 RS Rückschlüsse ziehen lassen. Art. 29 RS behandelt die Unverjährbarkeit von Kernverbrechen für Verfahren vor dem IStGH. Allerdings regelt er nicht die Unverjährbarkeit derartiger Taten im Allgemeinen.[141] Man könnte den Artikel allerdings als deklaratorische Wiedergabe eines völkergewohnheitsrechtlichen Verbots der Verjährung ansehen. Als Beleg für eine breite Anerkennung eines völkerrechtlichen Verjährungsverbots ließe sich die Unterzeichnung der *UN-Convention on the Non-Applicability of Statutory Limitations to War Crimes and Crimes against Humanity* ansehen, müsste man nicht feststellen, dass diese keine breite Zustimmung erfahren hat.[142] Insbesondere fällt bei einem Blick auf die Unterzeichnerstaaten auf, dass die klassischen Unterstützer internationaler Strafverfolgungen und dabei insbesondere Westeuropa durch Abwesenheit glänzen. *Kreicker* stellt daher fest, dass ein Verjährungsverbot gewohnheitsrechtlich (noch) nicht anerkannt sei.[143]

Folgt man dieser Einschätzung, so bedeutet dies jedoch nicht, dass man die Wertung des Art. 29 RS pauschal ignorieren kann. Zumindest im Hinblick auf die Tätigkeit des Gerichts haben sich die Mitgliedstaaten zu einer Stellungnahme durchringen können, dass die Taten nicht verjähren sollen. Daher ist zu überlegen, inwiefern die in Art. 29 RS niedergelegte Regelung der Unverjährbarkeit für die hier zu behandelnde Wertungsfrage fruchtbar gemacht werden kann. Dafür ist zunächst zu fragen, welcher Zweck mit dem Erlass von Verjährungsregeln verfolgt wird, um im zweiten Schritt darüber nachzudenken, welche Rückschlüsse aus einem Verbot von Verjährungsregeln zu ziehen sind. Ob sich dabei eine einheit-

---

141 *Kreicker*, in: Eser/Sieber/Kreicker (Hrsg.), Nationale Strafverfolgung, S. 297 f.

142 A.a.O., S. 299. Der aktuelle Ratifikationsstand (54 Staaten, Stand: 1.1.2011, Quelle: treaties.un.org) ist nur unbedeutend höher und erreicht nicht einmal 50 % der Ratifikationen des Rom-Statuts (121 Mitgliedstaaten, Stand: 1.1.2011). Überblick zur damaligen Debatte bei *Miller*, AJIL 1971, 481 ff.

143 *Chavez Tafur*, JICJ 2008, 1072; *Kreicker*, in: Eser/Sieber/Kreicker (Hrsg.), Nationale Strafverfolgung, S. 300. Im Ergebnis wohl ähnlich und mit Überblick zur Rechtsprechung *Schabas*, in: Triffterer (Hrsg.), Commentary on the Rome Statute, Art. 29, paras. 3, 7. A.A. *van den Wyngaert/Dugard*, in: Cassese/Gaeta/Jones (Hrsg.), The Rome Statute, S. 887. Diese begründen das von ihnen angenommene Verbot allerdings (und wie bereits dargestellt nicht überzeugend) mit der *ius cogens*-Natur der Verbotsnormen, vgl. S. 886 f. A.A. ebenfalls *Kok*, Statutory Limitations, S. 382 f.; *El Zeidy*, Mich. J. Int'l L. 2001, 953. Unklar bei *Sadat*, ICC and Transformation, S. 222. Siehe zur Thematik auch die Urteilsbesprechung zur argentinischen *Menéndez*-Entscheidung bei *Chavez Tafur*, JICJ 2008, 1070 ff. und zur Rechtsprechung des ungarischen Verfassungsgerichts *Sonnevend*, ZaöRV 57 (1996), 216 f.

liche Konzeption feststellen lässt, erscheint fraglich. Folgende Aspekte werden bezüglich der Verjährungsregeln betont:

– Geringeres Strafbedürfnis des Staates aufgrund Zeitablaufs.[144]
– Schutz des mutmaßlichen Täters/rechtsstaatliche Erwägungen.[145]
– Prozessuale Erwägungen (Überlastung der Justiz, Beweisschwierigkeiten).[146]
– Gefahr einer besonderen Belastung durch die Flucht.[147]

Nun geht es aber an dieser Stelle nicht um den Zweck der Verjährung, sondern um die Bedeutung der Abkehr von Verjährungsregeln. *Kok* nennt einige gewichtige Argumente, warum ein Verjährungsverbot bestehen sollte. Sie weist beispielsweise darauf hin, dass das Ausmaß und die planmäßige Durchführung der Taten durch die Machthaber eine Beweisgewinnung enorm verzögern können. Dies gilt insbesondere dann, wenn die kriminellen Eliten sich noch lange an der Macht zu halten vermögen. Bedenken im Hinblick auf die Fairness des Verfahrens könne im Einzelfall abgeholfen werden, sodass es keiner starren Regelung der Verjährung bedürfe. Schließlich verweist sie auf die fortwirkende Bedeutung der Sanktion zur Normenstabilisierung.[148] So richtig die Argumente *Koks* sein mögen, so problematisch erscheint es jedoch, aus Art. 29 RS (oder des von *Kok* proklamierten Verbots von Verjährungsregeln) Rückschlüsse für die Fragestellung ziehen zu wollen.

Betrachtet man die genannten Begründungsansätze für Verjährungsregeln, so muss man feststellen, dass keiner der Ansätze präventive Gesichtspunkte miteinbezieht. Verjährungsregeln dienen einem schonenden Ausgleich zwischen dem Inte-

---

144 Siehe zu Italien *Jarvers*, in: Sieber/Cornils (Hrsg.), Nationales Strafrecht, S. 601; zu Frankreich *Pfützner*, in: a.a.O., S. 582; zu Österreich *Zerbes*, in: a.a.O., S. 635; zu Schweden *Cornils*, in: a.a.O., S. 673; zur Türkei *Tellenbach*, in: a.a.O., S. 705; zu Spanien *Manso Porto*, in: a.a.O., S. 686; zu China *Richter*, in: a.a.O., S. 541. Überblick zur deutschen Debatte bei *Sambale*, Verjährungsdiskussion, S. 37 ff. Siehe auch *Kok*, Statutory Limitations, S. 283.

145 Siehe zu Italien *Jarvers*, in: Sieber/Cornils (Hrsg.), Nationales Strafrecht, S. 601; zu England und Wales (mit Einschränkungen) *Forster*, in: a.a.O., S. 566; zu Schottland (mit Einschränkungen) *Summers*, in: a.a.O., S. 660; zu Schweden *Cornils*, in: a.a.O., S. 673; zu Spanien *Manso Porto*, in: a.a.O., S. 686; zu Korea *Son*, in: a.a.O., S. 618. Überblick zur deutschen Debatte bei *Sambale*, Verjährungsdiskussion, S. 28 ff. Siehe auch *Kok*, Statutory Limitations, S. 283; *Miller*, AJIL 1971, 483.

146 Siehe zu Italien *Jarvers*, in: Sieber/Cornils (Hrsg.), Nationales Strafrecht, S. 601; zu Österreich *Zerbes*, in: a.a.O., S. 635; zur Türkei *Tellenbach*, in: a.a.O., S. 705; zu Spanien *Manso Porto*, in: a.a.O., S. 686; zu China *Richter*, in: a.a.O., S. 541: zu Korea *Son*, in: a.a.O., S. 618. Überblick zur deutschen Debatte bei *Sambale*, Verjährungsdiskussion, S. 25 ff., die die Frage der Beweisprobleme über den *in dubio pro reo*-Grundsatz zu lösen gedenkt. Siehe auch *Kok*, Statutory Limitations, S. 283; *Miller*, AJIL 1971, 483.

147 Zu Frankreich *Pfützner*, in: Sieber/Cornils (Hrsg.), Nationales Strafrecht, S. 582; zur Türkei *Tellenbach*, in: a.a.O., S. 705. Ob die Belastung tatsächlich derartig schwerwiegt, dass eine Verjährung notwendig erscheint, ist allerdings fraglich. So kann eine etwaige Belastung durch Flucht besser im Rahmen der Strafzumessung Berücksichtigung finden.

148 *Kok*, Statutory Limitations, S. 283 ff.

resse an Strafverfolgung auf der einen Seite und dem Interesse des (mutmaßlichen) Täters und der Schonung zwangsläufig limitierter Ressourcen auf der anderen Seite. Die Abkehr von Verjährungsregeln kann daher nicht als Indikator für die hier thematisierte Abwägung zwischen Repression und Prävention gewertet werden. Selbst wenn Verjährungsregeln einem derartigen Interessenausgleich dienten, sollten vorschnelle Rückschlüsse vermieden werden. Die Existenz einer Verjährungsregel setzt voraus, dass zum Zeitpunkt der Tat t ein Verhalten als strafwürdig und strafbedürftig angesehen wird. Es legt zudem (unwiderlegbar) fest, dass im Zeitpunkt des Verjährungseintritts $t + x$ selbst bei Fortbestand der Strafwürdigkeit eine Strafbedürftigkeit nicht mehr anzunehmen ist. Betrachtet man nun das Verbot einer Verjährungsregel, so muss man feststellen, dass dieses zunächst einmal nur zum Ausdruck bringt, dass im Zeitpunkt $t + x$ ein Strafbedürfnis fortbesteht. Ein logischer Rückschluss auf den Grad des Strafbedürfnisses zum Zeitpunkt t gelingt dagegen nicht. Es ist daher nicht möglich, aus dem Verbot von Verjährungsregeln Rückschlüsse für das Verhältnis Repression–Prävention zum Zeitpunkt t zu schließen.

Schließlich muss man feststellen, dass Art. 29 RS keine klaren Indizien für den Abwägungsprozess liefert.

cc) Immunitätsregel

Eine Wertentscheidung des Rom-Statuts, der auf jeden Fall intensive Beachtung geschenkt werden sollte, verbirgt sich hinter Art. 27 (2) RS. Dort ist der Ausschluss jeglicher Form von Immunitäten verankert. Der Absatz lautet:

> Immunities or special procedural rules which may attach to the official capacity of a person, whether under national or international law, shall not bar the Court from exercising its jurisdiction over such a person.

Der Umfang dieses Immunitätsausschlusses ist jedoch keineswegs so eindeutig, wie es der Wortlaut vermuten ließe. So ist umstritten, ob der Ausschluss auch auf Staatsorgane (Staats- und Regierungschefs) von Nichtmitgliedstaaten Anwendung findet. Diese Frage wird besonders dann akut, wenn die Befassung des IStGH nicht aus einer SR-Verweisung heraus, sondern aufgrund des (abgeleiteten) Territorialitätsprinzips erfolgt.[149] Vorzugswürdig erscheint es für letzteren Fall, eine restriktive Interpretation des Immunitätsausschlusses anzunehmen und Art. 27 (2) RS nicht auf die Staatsführung von Nichtmitgliedstaaten anzuwenden. Bei einer Verweisung durch den Sicherheitsrat hat der Ausschluss der Immunität im Ergebnis jedoch weitgehende Zustimmung erfahren. Die Divergenzen im Hinblick auf die Begründung sind allerdings kaum zu übersehen. Die konträren Begründungsansätze, die in der Kommentierung zum Haftbefehl gegen *Omar al-Bashir* deutlich wur-

---

[149] Bspw. im Fall der Anordnung von Kriegsverbrechen seitens der Staatsführung eines Besatzungsstaats.

den, sollen im Folgenden dargestellt werden, bevor dann die Relevanz für die Fallfrage diskutiert wird.

Der Ursprung der Debatte ist sicherlich im Urteil des IGH im Haftbefehlsverfahren und dessen *obiter dictum* zu sehen. Im Urteil stellte der IGH zunächst fest, dass eine Immunität *ratione personae* vor drittstaatlichen Gerichten als absolut anzusehen sei.[150] Die Immunität sei notwendig, um zu garantieren, dass diese ihre Funktion im Interesse des Staates ausüben können.[151] Der IGH hat demnach anerkannt, dass ordnungspolitische Gründe gegen die Inanspruchnahme des Strafverfolgungsrechts ins Feld geführt werden können. Für Verwirrung sorgte allerdings das *obiter dictum*. Dieses erwähnt als vierte Möglichkeit für eine Strafverfolgung von Staatseliten:

> "Fourth, an incumbent or former Minister for Foreign Affairs may be subject to criminal proceedings before certain international criminal courts, where they have jurisdiction."[152]

Der Special Court for Sierra Leone (SCSL) hat dieses *obiter dictum* ersichtlich zum Anlass genommen, einen Haftbefehl gegen den damals noch amtierenden liberianischen Staatschef *Charles Taylor* für völkerrechtskonform zu erklären.[153] Zurückgehend auf die *amici curiae* von *Philippe Sands*[154] und *Diane Orentlicher*[155] zieht die Appeals Chamber die Internationalität des SCSL heran, um einen Ausschluss der Immunität zu begründen. Stimmen in der Literatur sind diesem Ansatz gefolgt und haben diese Argumentation auf Verfahren vor dem IStGH übertragen. So stellt etwa *Kreicker* fest, bei einer auf Universalität angelegten Institution sei die Gefahr einer politisch motivierten Strafverfolgung gering, weshalb kein Bedürfnis für eine Immunität bestehe.[156]

Der Verweis auf die Internationalität hält ebenso wie der Verweis auf das *obiter dictum* einer kritischen Betrachtung hingegen nicht stand. In der akademischen Debatte wird gern eine entscheidende, aber gänzlich unbeachtete Präzisierung des *dictums* ignoriert. So hat der IGH keineswegs die Internationalität der Gerichte besonders hervorgehoben. Die Aussage des Gerichts bezieht sich nur auf „*certain* international courts". Es liegt daher nahe, nicht die Internationalität der genannten Gerichte (ICTY, ICTR, IStGH) als entscheidendes Charakteristikum zu betonen. Was die Richter gemeint haben dürften (oder sollten) ist, dass sich Strafverfahren

---

150 IGH(*Congo v. Belgium*), para. 58.

151 A.a.O., para. 53.

152 A.a.O., para. 61.

153 SCSL(*Taylor*), Appeals Chamber Decision on Immunity from Jurisdiction, Entscheidung der Berufungskammer, vom 31.5.2004 (SCSL-2003-01-I-3014-303). Krit. *Frulli*, JICJ 2004, 1122 ff.

154 IGH(*Congo v. Belgium*), para. 17.

155 A.a.O., para. 18.

156 *Kreicker*, HuV-I 2008, 162. Ähnlich auch *Blommestijn/Ryngaert*, ZIS 2010, 437 f.; *Gaeta*, JICJ 2009, 325.

vornehmlich gegen Angehörige von Staaten richten, die in mehr oder weniger direkter Weise auf die aus der Souveränität der Staaten fließende Immunität der Staatsführung verzichtet haben. Die Strafverfolgungsbefugnis des ICTY und des ICTR basiert auf einer Sicherheitsratsresolution gemäß Kap. VII. Die Befugnisse des Sicherheitsrats zur Einrichtung der Tribunale sind rückführbar auf die Zustimmung der Staaten zur UN-Charta.[157] Die Souveränitätsdurchbrechung des UN-Sicherheitsrats ist laut Art. 2 Abs. 7 i.V.m. Kap. VII UN-Charta legitimiert. Für den IStGH lässt sich feststellen, dass die teilnehmenden Staaten mit Unterzeichnung und Ratifikation des Rom-Statuts für Verfahren vor dem IStGH auf die Immunität ihrer Staatsbediensteten verzichtet haben.[158] Betrachtet man den *Bashir*-Haftbefehl gegen den amtierenden Präsidenten eines Nichtmitgliedstaats, so ließe sich der Immunitätsausschluss (aufgrund der SR-Verweisung) analog zur ICTY/ICTR-Zuständigkeit begründen.[159]

Die Stärke eines solchen, zugegeben formalistischen, Ansatzes ist, dass keine Feststellung über eine im Übrigen kaum definierbare Internationalität eines Gerichts getroffen werden muss. So ist beispielsweise der IStGH auf Universalität *angelegt*. Universell ist er jedoch nicht. Sollte man zur Bestimmung der Internationalität nun aber die Anzahl der Staaten (derzeit 121), deren weltpolitische Bedeutung (man bemerke die Abwesenheit der USA, Chinas, Russlands und Indiens) oder deren Repräsentanz (man bemerke die fast vollständige Abwesenheit der arabischen Welt und großer Teile Asiens) heranziehen?

Die Entscheidung dieser Streitfrage ist im Hinblick auf das *Bashir*-Verfahren rein akademischer Natur, für die Frage nach der indiziellen Wirkung des Art. 27 (2) RS im Rahmen der Abwägung hingegen von sehr konkreter Bedeutung. Folgt man der hier vertretenen Sichtweise, dass ein Ausschluss der Immunität *ratione personae* nur konsensual erfolgen kann, so lässt sich in der Niederlegung des Art. 27 (2) RS kein Wandel des Verhältnisses von Strafverfolgung und ordnungspolitischen Erwägungen erblicken. Dem Bedürfnis, den Staaten und ihren Führungseliten einen politischen Handlungsspielraum frei von strafrechtlicher Einmischung zu belassen, wird auch heute noch eine gesteigerte Bedeutung beigemessen. Zwar lässt sich konstatieren, dass der Immunitätsverzicht politisch an Opportunität gewonnen hat. Ein Wertewandel zulasten der *ratio* der Immunität *ratione personae* ist dagegen nicht zu verzeichnen.

Betrachtet man dagegen die Immunität *ratione materiae*, so ist dort ein Wandel zu sehen. Während früher die Maxime des *par in parem non habet iudicum* noch gänzlich uneingeschränkt galt, muss man mittlerweile feststellen, dass zumindest

---

157 Zur Debatte siehe *de Wet*, Chapter VII Powers, S. 338 m.w.N.

158 Siehe auch *Steinberger-Fraunhofer*, IStGH und Drittstaaten, S. 203.

159 Vgl. *Akande*, JICJ 2009, 342; *Frulli*, JICJ 2004, 1120; *Kreicker*, HuV-I 2008, 161; *Pichon*, Internationaler Strafgerichtshof, S. 249 ff.; *Williams/Sherif*, JCSL 2009, 81. Krit. dazu *Blommestijn/Ryngaert*, ZIS 2010, 435 f.

im Fall der Begehung von Kernverbrechen eine strafrechtliche Immunität über die Amtszeit hinaus keine Akzeptanz mehr findet.[160] Der Wandel bringt indes nur zum Ausdruck, dass Staatshandeln nicht unter einem eher symbolischen Schutzschirm versteckt werden darf. Zum Verhältnis von Repression und Prävention vermag die schwindende Bedeutung der Immunität *ratione materiae* nichts zu bekunden.

dd) Geheimhaltungs-, Staats- und Zeugenschutzregeln

Eine der spektakulärsten Entscheidungen in der noch jungen Entscheidungspraxis des IStGH hat die Verfahrenskammer I am 13. Juni 2008 im *Lubanga*-Verfahren getroffen.[161] Vordergründig ging es darin um die Frage, welche Informationen die Anklagebehörde an die Verteidigung und die Richter weiterzuleiten hat, um dem Angeklagten eine faires Verfahren zu garantieren. Der menschenrechtlich verankerte *fair trial*-Grundsatz ist von herausragender Bedeutung und die Kritik der Richter an der exzessiven Informationsbeschaffung unter Zusicherung von Geheimhaltung seitens der Anklagebehörde durchaus berechtigt.[162] Doch soll hier nicht so sehr das unrühmliche Gebaren der Anklage unter die Lupe genommen werden, da der Betonung von Angeklagtenrechten für den hier thematisierten Abwägungsprozess wenig Bedeutung beigemessen werden kann.

Von Interesse ist vielmehr, wie die Richter im Verfahren den Begriff „Fairness" mit Inhalt gefüllt haben. Für die Feststellung, ob das Verfahren gegen *Thomas Lubanga* als fair anzusehen ist, bezogen sie nicht nur die Interessen des Angeklagten und der Strafverfolgungsorgane in die Betrachtung ein. Herangezogen wurden ebenso präventive Gesichtspunkte. Die Richter erlaubten dabei zwar eine Beschränkung der Verteidigerrechte und erkannten die Geheimhaltungsinteressen der Vereinten Nationen an. So fordert bereits das Statut eindeutig einen Schutz von Zeugen und Opfern ein.[163] Art. 93 (4) RS regelt zudem die Möglichkeit der Staaten, eine Kooperation mit dem Gericht zu verweigern, wenn Gründe der nationalen Sicherheit dagegen sprechen. Die Richter machten allerdings ebenfalls deutlich, dass sie bereit sind, ein Verfahren scheitern zu lassen, wenn von der Anklage zu viel Rücksicht auf Präventivinteressen genommen wird. Das Gericht hat demnach anerkannt, dass Präventivinteressen und konsequente Strafverfolgung in Konflikt geraten können, sodass die Entscheidung als (vorsichtiges) Indiz zulasten der Strafverfolgungstätigkeit gewertet werden kann.

---

160 IGH(*Congo v. Belgium*), para. 61.

161 IStGH(*Lubanga*), Decision on the Consequences of non-disclosure of exculpatory materials covered by Article 54 (3) (e) agreement and the application to stay the prosecution of the accused, together with certain other issues raised at the Status Conference on 10 June 2008, Entscheidung der Verfahrenskammer I, vom 13.6.2008 (ICC-01/04-01/06-1401).

162 Siehe dazu ausführlich *Hiéramente*, HuV-I 2010, passim.

163 Siehe bspw. Art. 64 (6) (e), Art. 68 RS.

In der Verfahrenskammerentscheidung ist leider unklar geblieben, ob neben den bereits erwähnten und im Statut explizit benannten Präventivinteressen noch weitere präventive Gesichtspunkte vor dem Gericht Berücksichtigung finden können und müssen. So haben die Richter im *Lubanga*-Fall eine Einschränkung des Einsichtsrechts der Verteidigung und damit eine Fortführung des Verfahrens zugelassen. Sie beriefen sich dabei aber ohne weitere Begründung und normsystematisch wenig überzeugend auf die Zeugenschutzregeln.[164] Nicht thematisiert wurde, inwieweit das von der Anklage und der UN-Friedensmission im Kongo (damals MONUC, heute MONUSCO) unterzeichnete *Memorandum of Understanding* volle Gültigkeit zu beanspruchen vermag. Dort ist Folgendes niedergelegt:

> "It is understood that MONUC shall afford the assistance and support provided for in this MOU to the extent feasible within its capabilities and areas of deployment and *without prejudice to discharge its other mandated tasks*."[165]

Droht nun ein Strafverfahren zu scheitern, wenn die UN eine Einsichtnahme der Verteidigung nicht gestattet und sich dabei nicht konkret auf Zeugenschutz beruft? Das Gericht hat die Frage bislang nicht beantwortet. Dies ist allerdings eine Detailfrage, die hier nicht weiter behandelt werden soll.

ee) Plea bargaining

Unter dem unbestimmten Begriff *plea bargaining* wird im Allgemeinen die Praxis des Aushandelns einer niedrigeren Strafe oder sogar von Straffreiheit als Gegenleistung für ein Schuld- oder Fakteneingeständnis[166] und/oder die Kooperation im eigenen oder fremden Strafverfahren verstanden.[167] Das *plea bargaining*, ursprünglich primär im anglo-amerikanischen Rechtskreis beheimatet, ist heutzutage auch in Kontinentaleuropa bekannt und wird dort insbesondere in komplexen Wirtschaftsstrafverfahren praktiziert.[168] Die *common law*-Prägung des ICTY und dessen Zwillingsinstitution ICTR hat dazu geführt, dass das *plea bargaining* auch im Rahmen des Völkerstrafrechts an Bedeutung gewonnen hat. Die anfängliche Praxis der *ad hoc*-Gerichtshöfe zeigt zwar noch ein gewisses Misstrauen seitens der internationalen Richter, welches u.a. auf die besondere Schwere der Taten rückführbar ist.[169] Die Komplexität und Ressourcenintensität internationaler Strafverfolgung sollte jedoch schnell die Praxis des *plea bargaining* in einem positiveren Licht er-

---

164 Ausführlicher dazu *Hiéramente*, HuV-I, 32 ff.

165 Hervorhebung des Autors.

166 Zur Unterscheidung der traditionell unterschiedlichen Konzeptionen siehe *Bohlander*, FS für McDonald, S. 151; *Damaska*, JICJ 2004, 1025.

167 *Scharf*, JICJ 2004, 1070.

168 Siehe dazu *Damaska*, JICJ 2004, 1022 ff.

169 A.a.O., 1035; *Scharf*, JICJ 2004, 1071. Zur Zurückhaltung kontinentaleuropäisch geprägter Rechtsordnungen, *plea bargaining* auch bei schwerwiegenden Taten einzusetzen, *Damaska*, JICJ 2004, 1025.

scheinen lassen.[170] *Scharf* verweist zudem auf den Wechsel an der Spitze des ICTY, um den Stimmungswechsel der Richter zu erklären.[171] Das Amt der/s Präsidentin/en des Gerichts übernahm die US-Amerikanerin *Kirk McDonald* von ihrem italienischen Vorgänger *Antonio Cassese*. Die bisherige Praxis zeigt auch, dass die von der Anklage vorgeschlagene Strafe von den entscheidenden Richtern nie überschritten wurde.[172] *Plea bargaining* in internationalen Strafverfahren unterscheidet sich aber nicht nur aufgrund der Schwere der Taten von nationalstaatlichen Verfahren, sodass die Legitimität eines derartigen Vorgehens nach wie vor umstritten ist.[173]

Im Rom-Statut ist die Praxis des *plea bargaining* nicht explizit erwähnt worden. Art. 65 RS hat allerdings einige Elemente aufgenommen und dabei sowohl *common law- (admission of guilt)* als auch *civil law*-Aspekte *(supported by the facts of the case)* integriert.[174] Entscheidend für die Fragestellung ist hier vor allem der Abs. 5:

> Any discussions between the Prosecutor and the defence regarding modification of the charges, the admission of guilt or the penalty to be imposed shall not be binding by the court.

Diesbezüglich stellen *Guariglia* und *Hochmayr* sicherlich zutreffend fest, dass der Wortlaut des Abs. 5 die Absprachen, die vermieden werden sollen, implizit voraussetzt.[175]

Die Tatsache, dass ein „Deal“ zwischen Verteidigung und Anklage für die Richter keine Bindungswirkung entfaltet,[176] bedeutet nicht *ipso facto*, dass es diesen verwehrt wäre, im Rahmen der Strafzumessung die Kooperationsbereitschaft des Angeklagten zu honorieren. Art. 78 RS ist insoweit offen formuliert. Präzisiert wird dieser durch Regel 145 (2) der Verfahrens- und Beweisanordnung:

> In addition to the factors mentioned above, the Court shall take into account, as appropriate:
>
> (a) Mitigating circumstances such as: […]
>
> (ii) The convicted person's conduct after the act, including any efforts by the person to compensate the victims and any cooperation with the Court; […].

---

[170] *Combs*, U. Penns. L. Rev. 2002, 90; *Scharf*, JICJ 2004, 1071 ff.

[171] *Scharf*, a.a.O., 1073 f.

[172] *Combs*, U. Penns. L. Rev. 2002, 87.

[173] Zu den Besonderheiten bei internationalen Strafverfahren, siehe den Überblick bei *Combs*, U. Penns. L. Rev. 2002, 104 ff.; *Damaska*, JICJ 2004, 1030 ff.

[174] Siehe *Damaska*, JICJ 2004, 1038; *Orie*, in: Cassese/Gaeta/Jones (Hrsg.), The Rome Statute, S. 1480 f.; *Scharf*, JICJ 2004, 1080 f. Fraglich daher *Bosly*, JICJ 2004, 1041.

[175] *Guariglia/Hochmayr*, in: Triffterer (Hrsg.), Commentary on the Rome Statute, Art. 65, Rn. 40. Siehe auch *Orie*, in: Cassese/Gaeta/Jones (Hrsg.), The Rome Statute, S. 1481.

[176] Zur Frage der Möglichkeit des *charge bargaining*, auf die hier nicht gesondert eingegangen werden soll, *Bohlander*, FS für McDonald, S. 157 f.

Man muss feststellen, dass auch diese Regel ausgesprochen vage formuliert ist und mit Ausnahme der Kompensationszahlungen nicht deutlich wird, welches Nachtatverhalten erfasst sein soll.[177] So lassen sich Begründungen für einen Straferlass grob in zwei Gruppen unterteilen. Zunächst kann das Nachtatverhalten unmittelbar der Verwirklichung der Straf- und Strafprozesszwecke dienen. So kann ein Schuldeingeständnis von den Richtern als Zeichen der Reue gewertet werden[178] und durchaus im Interesse der von der Tat betroffenen Opfer sein, denen eine Aussage vor Gericht und eine möglicherweise dadurch hervorgerufene sekundäre Viktimisierung erspart werden kann.[179] Die Aussagebereitschaft des Angeklagten mag zudem auch der Faktendokumentation förderlich sein.[180] Ein Strafnachlass für kooperatives Verhalten wird allerdings oftmals auch ohne konkreten Bezug zu den Strafzwecken für legitim erachtet und ist von den *ad hoc*-Gerichtshöfen auch teils dementsprechend begründet worden. So dient eine weitgehende Kooperation des Angeklagten in besonderem Maß der Schonung der limitierten Ressourcen.[181]

Deutlich relevanter für die Fragestellung ist jedoch, inwieweit Aussageverhalten honoriert werden darf, welches als Beweismittel für zukünftige Verfahren geeignet ist. Es stellt sich mithin die Frage, ob eine Art Kronzeugenregelung durch die Hintertür eingeführt werden kann. Darf also ein Angeklagter, wenn auch nicht mit Strafbefreiung,[182] so doch mit einer sehr milden Strafe (ggf. sogar von nur einem Jahr) belohnt werden? Dabei ist zu bedenken, dass der IStGH, wie bereits im *Lubanga*-Verfahren sichtbar wurde, in hohem Maß auf Unterstützung bei der Beweisgewinnung angewiesen sein wird.[183] Außerdem ist zu beachten, dass aufgrund der geringeren Anzahl der Angeklagten pro Situation das Bedürfnis für Kooperation sinkt. Das Statut beantwortet diese Frage nicht. Betrachtet man allerdings beispiel-

---

177 Bereits krit. zur unklaren Formulierung im ICTY-Statut, *Harmon/Gaynor*, JICJ 2007, 690.

178 Zur Betonung des Reueelements im *Erdemovic*-Verfahren, siehe *Combs*, U. Penns. L. Rev. 2002, 111. Krit. zum Reueelement grundsätzlich *Bohlander*, FS für McDonald, S. 162 f.

179 Zur Betonung der Opferinteressen im *Erdemovic*-Verfahren, siehe *Combs*, U. Penns. L. Rev. 2002, 112. Generell zur Thematik *Schabas*, in: Cassese/Gaeta/Jones (Hrsg.),The Rome Statute, S. 1526. Krit. *Drumbl*, Atrocity, S. 165, der eine Mitentscheidung der Opfer fordert.

180 Zur Problematik der „Wahrheitsfindung" im Rahmen des *plea bargaining* auch *Damaska*, JICJ 2004, 1032.

181 Dazu *Scharf*, JICJ 2004, 1076 ff. mit krit. Stellungnahme. Siehe auch Kritik bei *Bohlander*, FS für McDonald, S. 161 f.

182 Eine solche erfolgte auch vor dem ICTY nie, vgl. dazu ICTY(*Karadžić),* Decision on the Accused's Holbrooke Agreement Motion, Entscheidung der Verfahrenskammer vom 8.7.2009, para. 54.

183 Siehe auch *Damaska*, JICJ 2004, 1036, der damals noch optimistisch von einer restiktiven Verfolgungspraxis des IStGH ausging.

haft das *Plavsić*-Verfahren vor dem ICTY,[184] so erscheint eine Interpretation der Regel 145 (2) in diese Richtung keinesfalls abwegig. Legt man eine derartige Interpretation des Art. 78 (1) RS i.V.m. Regel 145 (2) (a) (ii) zugrunde, so muss man Folgendes konstatieren: *plea bargaining* erlaubt eine Strafmilderung im Fall der Kooperation mit der Anklage. Damit dürfte oftmals honoriert werden, dass Ressourcen des Gerichts gespart werden. Unter Umständen können indes auch Beweise gewonnen werden, die für die Verfolgung weiterer Straftäter notwendig sind. Die Möglichkeit der Honorierung verfahrensfremder Ziele könnte ebenfalls als (vorsichtiges) Indiz zulasten der Strafverfolgung zu werten sein.

ff) Zwischenergebnis

In den vorherigen Ausführungen wurde versucht, Indikatoren für den Abwägungsprozess zu ermitteln. Dabei hat sich herausgestellt, dass die Regelungen des Rom-Statuts durchaus offen sind für die Berücksichtigung präventiver Interessen.

b) Ausdifferenzierung des Normenkonflikts im Lichte der Abwägung

Bis *dato* ist vereinfacht von einer einheitlichen Norm A (Strafverfolgungsrecht) und einer Norm B (Schutz- bzw. Unterlassenspflicht) ausgegangen worden. Dies ist bezogen auf das bisher Gesagte auch legitim und zur Vereinfachung sinnvoll. Betrachtet man nun den Abwägungsprozess aber genauer, so bietet es sich an, folgende Normen zugrunde zu legen:

Norm A1: Strafverfolgungsrecht bei Völkermord

Norm A2: Strafverfolgungsrecht bei Verbrechen gegen die Menschlichkeit

Norm A3: Strafverfolgungsrecht bei (schweren) Kriegsverbrechen

Norm B1: Schutz- bzw. Unterlassenspflicht bei Völkermord

Norm B2: Schutz- bzw. Unterlassenspflicht bei Verbrechen gegen die Menschlichkeit

Norm B3: Schutz- bzw. Unterlassenspflicht bei (schweren) Kriegsverbrechen.

Diese Differenzierung ist den faktischen Unterschieden bei der Sanktionierung der verschiedenen Verstöße geschuldet. In der Praxis werden Völkermord, Verbrechen gegen die Menschlichkeit und schwere Kriegsverbrechen anders gewichtet.

---

[184] Generell dazu *Scharf*, JICJ 2004, 1070 ff. Zum *Todorović*-Verfahren, siehe *Combs*, U. Penns. L. Rev. 2002, 119 ff. Zum *Serushago*-Verfahren vor dem ICTR, siehe *Bohlander*, FS für McDonald, S. 152; *Combs*, U. Penns. L. Rev. 2002, 133 ff. Zum *Ruggiu*-Verfahren siehe *ders.*, a.a.O., 139. Eine empirische Aussage zur Thematik liefert *Ewald*, ICLR 2010, 383, 394, der eine deutliche Strafmilderung im Fall von *guilty pleas* feststellen konnte.

Dies mag daran liegen, dass durch die drei Normen verschiedene Werte geschützt werden.[185]

Der Tatbestand des Völkermords zielt neben dem Schutz von Leben und körperlicher Unversehrtheit[186] darauf ab, das Existenzrecht einer nationalen ethnischen, rassischen oder religiösen Gruppe zu garantieren.[187] Teilweise wird gar die Pluralität der Weltgesellschaft als geschützter Wert angesehen.[188]

Der Tatbestand der Verbrechen gegen die Menschlichkeit hat eine ähnliche Zielsetzung wie der Tatbestand des Völkermords.[189] So wird den Verbrechen gegen die Menschlichkeit im Vergleich zu Kriegsverbrechen eine „inhärent größere Deliktsschwere" nachgesagt, da neben dem Individualschutz[190] aufgrund des „ausgedehnten oder systematischen Angriffs gegen die Zivilbevölkerung" eine kollektive Komponente hinzukommt. *Kreicker* stellt beispielsweise fest, „dass darüber hinaus auch das überindividuelle Rechtsgut der ‚Humanität' bzw. ‚Menschheit' im Sinne der für das friedliche Zusammenleben der Menschen auf unserem Planeten unabdingbaren Regeln der mitmenschlichen Existenz geschützt ist".[191] Die Betonung des Systemunrechtsgedankens soll zudem der besonderen Gefährlichkeit der Taten Rechnung tragen.[192]

Schwieriger fällt die Einordnung bei Kriegsverbrechen. Zweifelsohne dienen die Regeln dem Schutz von Individualrechten.[193] Betrachtet man den Tatbestand der Kriegsverbrechen, so muss man feststellen, dass sich dabei jedoch nur Teile des Tatbestands auf eine humanitäre Zielsetzung zurückführen lassen. Einzelne Aspekte des Tatbestands haben ihren Ursprung in militärischen Ehrenvorstellungen (vgl. Art. 8 (2) b) (vii) RS) und sollen die Austragung militärischer Konflikte planbarer machen. Es handelt sich insoweit um eine Art „Spielregel" für bewaffnete Konflikte. Aufgrund dessen sehen sich diese Regeln ständiger Kritik ausgesetzt.[194] Nicht

---

185 Zur Frage des angeblichen Friedensschutzes im Rahmen der drei Delikte, siehe krit. *Kreicker*, in: Eser/Sieber/Kreicker (Hrsg.), Nationale Strafverfolgung, S. 37, 119.

186 Krit. diesbezüglich *Kreicker*, in: a.a.O., S. 37.

187 Zum Schutz eines Kollektivrechtsguts siehe *R. Keller*, Neue Kriminalpolitik 2003, S. 112; *Kreicker*, in: a.a.O., S. 37, mit Differenzierung in eine physische und soziale Komponente.

188 *Köhler*, JRE 2003, 458 ff.

189 Siehe dazu *Wolther*, in: Cassese/Gaeta/Jones (Hrsg.), The Rome Statute, S. 491. *Wolther* betont aber zu Recht auch die Unterschiede. So auch *Hünerbein*, Straftatkonkurrenz, S. 115 ff.

190 *Kreicker*, in: Eser/Sieber/Kreicker (Hrsg.), Nationale Strafverfolgung, S. 62. Siehe aber gewisse Divergenzen zu den Ausführungen auf S. 37 f.

191 *Kreicker*, in: a.a.O., S. 62.

192 Vgl. dazu bspw. *Hünerbein*, Straftatkonkurrenz, S. 107; *Nemitz*, Strafzumessung, S. 261.

193 *Kreicker*, in: Eser/Sieber/Kreicker (Hrsg.), Nationale Strafverfolgung, S. 118.

194 Siehe dazu bspw. *Sloane*, Yale J. Int'l L. 2009, 79–100.

vergessen werden darf, dass Kriegsverbrechen nur im Rahmen eines bewaffneten Konflikts begangen werden können und dessen Sanktionierung gerade der Einhegung dieses Konflikts dient.[195] Es handelt sich daher beim Verbot von Kriegsverbrechen nicht pauschal um eine inhaltsärmere Norm.[196]

Die Feststellung, dass die drei Tatbestände dem Schutz verschiedener Werte dienen sollen, lässt vermuten, dass eine differenzierte Gewichtung zu erwarten ist. Wie bereits erwähnt, droht eine solche Gewichtung zwangsläufig durch den subjektiven Erfahrungshorizont des Betrachters geprägt zu werden. Um eine im Ansatz objektivierbare Erkenntnis zu generieren, bietet sich stattdessen ein Blick auf die bisherige Sanktionspraxis der *ad hoc*-Tribunale an. Doch auch dies ist mit Vorsicht zu genießen. So hängt die Höhe der verhängten Strafen nicht nur von der Wahl des Tatbestands, sondern auch von den Begebenheiten des Einzelfalls und der Person des Täters ab. Der ICTR kam im *Kambanda*-Verfahren zu folgender Erkenntnis:

> "In theory, the sentences are the same for each of the three crimes […]. The chamber has no doubt that despite the gravity of the violations of Art. 3 common to the Geneva Conventions and of the Additional Protocol II therto, they are considered as lesser crimes than genocide or crimes against humanity. On the other hand, it seems more difficult for the Chamber to rank genocide and crimes against humanity in terms of their respective gravity."[197]

Dennoch kommt die Verfahrenskammer zu dem Schluss, dass Völkermord das Verbrechen aller Verbrechen ist („genocide constitutes the crime of crimes").[198] Die vom ICTR deklarierte Abstufung im Hinblick auf die Strafzumessung wurde vom ICTY nicht einhellig übernommen.[199] *Olusanya* kommt in einer umfassenden Urteilsanalyse allerdings zu dem Ergebnis, dass *de facto* Kriegsverbrechen niedriger bestraft werden.[200] Indizien für eine geringere Schwere von Kriegsverbrechen lassen sich auch in der Ausgestaltung des Rom-Statuts finden. Dessen Art. 124 bestimmt:

> Notwithstanding article 12, paragraphs 1 and 2, a State, on becoming a party to this Statute, may declare that, for a period of seven years after the entry into force of this Statute for the State concerned, it does not accept the jurisdiction of the Court with respect to the category of crimes referred to in article 8 when a crime is alleged to have been committed by its nationals or on its territory.

Unklar ist jedoch, ob allein aus Art. 124 RS eine geringere Schwere der Kriegsverbrechen herausgelesen werden kann. So kann die Norm als ein Entgegenkommen gegenüber Frankreich gesehen werden. Frankreich hatte gefordert, dass eine

---

[195] *Hünerbein*, Straftatkonkurrenz, S. 113.

[196] Siehe dazu a.a.O., S. 108 ff.; *Walther*, in: Cassese/Gaeta/Jones (Hrsg.), The Rome Statute, S. 490 f.

[197] ICTR(*Kambanda*), Urteil der Verfahrenskammer vom 4.9.1998, paras. 12–14.

[198] Ebda.

[199] Siehe Überblick zur Rechtsprechung des ICTY bei *Bagaric/Morss*, ICLR 2006, 215–217; *Nemitz*, Strafzumessung, S. 259 f. Dazu auch *van Zyl Smit*, ZStW 115 (2003), 947.

[200] *Olusanya*, ICLR 2004, 473.

Strafverfolgung für Kriegsverbrechen und Verbrechen gegen die Menschlichkeit an die Zustimmung des Staates geknüpft sein sollte, dessen Staatsangehörigkeit der mutmaßliche Täter besitzt.[201] Man mag allerdings aus der schlussendlichen Begrenzung auf Kriegsverbrechen Rückschlüsse ziehen.

Als ein weiteres Indiz ließe sich Art. 33 RS heranziehen. Dieser legt fest:

> 1. The fact that a crime within the jurisdiction of the Court has been committed by a person pursuant to an order of a Government or of a superior, whether military or civilian, shall not relieve that person of criminal responsibility unless: […]
>
> (c) the order was not manifestly unlawful.
>
> 2. For the purposes of this article, *orders to commit genocide or crimes against humanity are manifestly unlawful.* [Hervorhebung des Autors]

Man könnte nun behaupten, dass aus der unwiderlegbaren Vermutung des Abs. 2 eine geringe Schwere der Kriegsverbrechen abzulesen ist.[202] Eine derartige Interpretation ist jedoch keineswegs zwingend. So weist *Triffterer* darauf hin, dass Kriegsverbrechen deswegen einer Sonderregelung unterliegen könnten, weil von Art. 33 RS vornehmlich Angehörige des Militärs profitieren und diesen besonderer Schutz gewährt werden sollte.[203] Zudem weist *Zimmermann* darauf hin, dass die Ausgestaltung der Tatbestände des Völkermords und der Verbrechen gegen die Menschlichkeit es fraglich erscheinen lässt, dass die Rechtswidrigkeit jemals verkannt werden könnte.[204] Eine solche Interpretation ließe allerdings das Bedürfnis nach einer derartigen Norm gänzlich entfallen.

Zusammenfassend lässt sich feststellen, dass der Norm *A3* generell eine geringere Bedeutung beigemessen wird als *A2* und *A1*. Gleiches dürfte für die Norm *B3* im Verhältnis zu *B1* und *B2* gelten. Stets zu bedenken ist jedoch, dass damit nur über die Art der Tat eine Aussage getroffen wurde. Beachtung muss aber auch deren Ausmaß finden. Weitverbreitete Kriegsverbrechen können daher schwerer zu gewichten sein als vereinzelte Völkermordakte.

2. Effektivitätskriterien

Jede Abwägungsentscheidung ist zudem geprägt durch eine Lageeinschätzung im Einzelfall. Der handelnde Akteur hat nicht nur abstrakt die Wertentscheidungen der konfligierenden Normen zu beachten. Er muss vielmehr auch die tatsächlichen Rahmenbedingungen in die Betrachtung mit einbeziehen. Da diese Effektivitätserwägungen allerdings in besonderem Maß mit der Breite der Handlungsoptionen

---

201 Zur Historie siehe *Zimmermann,* in: Triffterer (Hrsg.), Commentary on the Rome Statute, Art. 124, paras. 1–3.

202 Krit. *Zimmermann*, in: Cassese/Gaeta/Jones (Hrsg.), The Rome Statute, S. 972.

203 *Triffterer*, in: ders. (Hrsg.), Commentary on the Rome Statute, Art. 33, para. 31; *Zimmermann*, a.a.O., S. 971.

204 *Zimmermann*, ebda.

des Akteurs korrelieren, soll darauf erst im Zusammenhang mit den beiden hier angesprochenen Akteuren eingegangen werden.

3. Problem der unsicheren Faktenlage

Auf die Problematik der unsicheren Faktenlage muss an dieser Stelle noch eingegangen werden. *Wade* stellt zwar grundsätzlich treffend fest:

> "[...] the obligation to prevent may preclude the ability to punish."[205]

Oftmals dürfte die Faktenlage für die entscheidende Person indes unklar sein. So haben die Untersuchungen zum Fall *Joseph Kony* gezeigt, dass die Durchführung der Strafverfahren mitursächlich für das Scheitern der Friedensverhandlungen von Juba gewesen sein dürfte.[206] Mit an Sicherheit grenzender Wahrscheinlichkeit konnte dies allerdings nicht festgestellt werden. Dabei stellen sich zwei Fragen: Liegt überhaupt eine Schutz- bzw. Unterlassenspflicht vor, wenn Unsicherheit über die Auswirkungen der Strafverfolgung besteht, und ist eine Unsicherheit bei der Abwägung miteinzubeziehen? Im Hinblick auf die erste Frage bietet es sich an, den vom IGH im bereits debattierten Völkermordverfahren aufgestellten Maßstab heranzuziehen:

> "[...] a State's obligation to prevent [...] arise at the instant that the State learns of, or *should normally have learned of, the existence of a serious risk* that genocide will be committed."[207] [Hervorhebung des Autors]

Zwar betrifft diese Aussage die Existenz von Völkermordakten und nicht die Kausalität. Die Wertung ist jedoch identisch. So muss eine Haftung entfallen, wenn das Risiko des Erfolgseintritts entfällt. Nimmt die zuständige Stelle aufgrund der Faktenlage vertretbar an, das Risiko einer Eskalation sei gering, so dürfte auch die Schutzpflicht entfallen. Diese Differenzierung dürfte aber nur selten von praktischer Relevanz sein. Erfährt die zuständige Stelle nämlich von einer Verschlechterung der Lage, so hat sie auf Grundlage der neuen Fakten erneut zu befinden. Relevanter dürfte daher sein, ob eine Unsicherheit über die Auswirkungen eigener Strafverfolgungsbemühungen bei der Abwägung der widerstreitenden Interessen einfaktoriert werden muss. Eine Einbeziehung der Wahrscheinlichkeit im Rahmen der Abwägung scheint im Lichte des oben Gesagten nicht notwendig. So entfällt eine Pflicht, sofern der handelnde Akteur vertretbar von einem geringen Risiko ausgeht. Angesichts der Tatsache, dass eine sichere Kenntnis in derart komplexen Fallkonstellationen nicht zu erwarten ist, erscheint eine Differenzierung zwischen verschiedenen Wahrscheinlichkeitsgraden nicht zwingend.

---

[205] *Wade*, ICJR 2009, 157.

[206] Dazu unter Teil 2, I.B.3.

[207] IGH(*Bosnia and Herzegovina v. Serbia and Montenegro*), para. 431.

Teil 6

Verfahrensrechtliche Berücksichtigung des Normenkonflikts

Der folgende Teil setzt sich damit auseinander, inwieweit die bisherigen Erkenntnisse im Rahmen eines konkreten Verfahrens Berücksichtigung finden können. Die Darstellung beginnt wiederum mit dem Drittstaat, gefolgt von einer ausführlichen Betrachtung des Verfahrensrechts des IStGH.

An dieser Stelle werden zunächst in gebotener Kürze die Erkenntnisse der vorherigen Abschnitte rekapituliert. In Teil 2 wurde dargestellt, dass es bei der strafrechtlichen Aufarbeitung von Massenkriminalität zu einem politischen Zielkonflikt kommen kann. So können präventive Erwägungen gegen eine Durch- bzw. Fortführung von Strafverfahren sprechen. In Teil 3 wurde festgestellt, dass es den hier behandelten Akteuren grundsätzlich erlaubt ist, strafverfolgend tätig zu werden. Beide Akteure sind indes auch verpflichtet, *bei Kenntnis drohender Kernverbrechen (Völkermord, Verbrechen gegen die Menschlichkeit, schwere Kriegsverbrechen) ein Verhalten zu unterlassen, welches kausal für die Begehung von Kernverbrechen wäre, sofern das Verhalten nicht völkerrechtlich gefordert ist.* In Teil 5 konnte konstatiert werden, dass es unter bestimmten tatsächlichen Voraussetzungen zu einem Normenkonflikt zwischen einer „starken" Erlaubnis und der Schutz- bzw. Unterlassenspflicht kommen und dieser Normenkonflikt nur durch eine Abwägung im Einzelfall aufgelöst werden kann. Das Ergebnis dieses Abwägungsprozesses ist im Folgenden bei der Anwendung der internen Verfahrensnormen zu berücksichtigen. Dabei gilt es sich zu vergegenwärtigen, dass der Zeitpunkt der Auflösung des Normenkonflikts und der Zeitpunkt der Anwendung (bzw. Interpretation) der internen Verfahrensnorm identisch sind. Gedanklich sind beide Aspekte jedoch auseinanderzuhalten.

I. Drittstaaten (Bundesrepublik Deutschland)

Die Bundesrepublik Deutschland hat mit ihrem Beitritt zum Rom-Statut auch das innerstaatliche Straf- und Strafprozessrecht erweitert. So hat der parlamentarische Gesetzgeber nicht nur ein eigenständiges Völkerstrafgesetzbuch (VStGB) geschaffen. Er hat weiterhin mit § 153f StPO einen speziellen Einstellungsgrund für Taten nach dem VStGB eingefügt. Die folgenden Ausführungen gehen ausschließlich auf die prozessuale Dimension ein. Dabei wird in einem ersten Schritt die Debatte zum § 153f StPO dargestellt. Im zweiten Schritt sollen dann die bisherigen Erkenntnisse dieser Arbeit herangezogen werden, um die in der Literatur vertretenen Interpretationsansätze zu ergänzen.

A. Bisherige Interpretationsansätze zu § 153f StPO

Zurzeit steht für deutsche Behörden, soweit ersichtlich, keine Entscheidung an, ob und inwieweit aufgrund präventiver Interessen von einer Strafverfolgung nach dem Völkerstrafgesetzbuch abzusehen ist. § 1 VStGB legt dessen Anwendungsbereich wie folgt fest:

> Dieses Gesetz gilt für alle in ihm bezeichneten Straftaten gegen das Völkerrecht, für die in ihm bezeichneten Verbrechen auch dann, wenn die Tat im Ausland begangen wurde und keinen Bezug zum Inland aufweist.

§ 6 VStGB regelt die Strafbarkeit des Völkermords im deutschen Recht, § 7 widmet sich Verbrechen gegen die Menschlichkeit und §§ 8–12 stellen Kriegsverbrechen unter Strafe. Gemäß § 120 Abs. 1 Nr. 8 GVG sind die Oberlandesgerichte berufen, die Taten zu ahnden.[1] § 142a Abs. 1 GVG regelt die Zuständigkeit des Generalbundesanwalts (GBA). Diesem wird in § 153f StPO ein gesonderter Einstellungsgrund zugestanden. Er bestimmt:

> I. Die Staatsanwaltschaft kann von der Verfolgung einer Tat, die nach den §§ 6 bis 14 des Völkerstrafgesetzbuches strafbar ist, in den Fällen des § 153c Abs. 1 Nr. 1 und 2 absehen, wenn sich der Beschuldigte nicht im Inland aufhält und ein solcher Aufenthalt auch nicht zu erwarten ist. […]
>
> II. Die Staatsanwaltschaft kann insbesondere von der Verfolgung einer Tat […] absehen, wenn
>
> 1. Kein Tatverdacht gegen einen Deutschen besteht,
> 2. die Tat nicht gegen einen Deutschen begangen wurde,
> 3. kein Tatverdächtiger sich im Inland aufhält und ein solcher Aufenthalt nicht zu erwarten ist und
> 4. die Tat vor einem internationalen Gerichtshof oder durch einen Staat, auf dessen Gebiet die Tat begangen wurde, dessen Angehöriger der Tat verdächtig ist, oder dessen Angehöriger durch die Tat verletzt wurde, verfolgt wird. […]
>
> III. Ist in den Fällen des Absatzes 1 oder 2 die öffentliche Klage bereits erhoben, so kann die Staatsanwaltschaft die Klage in jeder Lage des Verfahrens zurücknehmen und das Verfahren einstellen.

Damit stellt sich § 153f als ein restriktiverer Einstellungsgrund als § 153c StPO dar, dessen Voraussetzungen er aufgrund des Verweises teilt.[2]

Die Regelung des § 153f StPO und dessen Anwendung in der Praxis sahen sich in der Vergangenheit von verschiedenen Seiten Kritik ausgesetzt.[3] Einige zweifel-

---

[1] Zu den weiteren (unbeabsichtigten) Konsequenzen der Aufnahme von Völkerstraftaten in § 120 GVG siehe *Kreicker*, in: Eser/Kreicker (Hrsg.), Nationale Strafverfolgung, S. 432 f.

[2] *Singelnstein/Stolle*, ZIS 2006, 119.

ten bereits die Völkerrechtskonformität des § 1 VStGB an und forderten daher eine Regelung zur Begrenzung deutscher Strafverfolgungstätigkeit.[4] Das Gros der Kritiker hob dagegen die sehr weit gefasste Ausnahmeregelung des § 153f StPO und die daraus resultierende Entscheidungshoheit der Generalbundesanwaltschaft hervor.[5] Insbesondere sollte sich im sogenannten *Rumsfeld*-Verfahren vor dem OLG Stuttgart zeigen, dass die Frage der richterlichen Überprüfbarkeit einen Stein des Anstoßes bildet. Das OLG stellte im Hinblick auf die Einstellung eines Verfahrens durch den GBA im Zusammenhang mit möglichen amerikanischen Kriegsverbrechen im Irak fest:

> „§ 172 StPO dient der Sicherung des Legalitätsprinzips, wohingegen die angefochtene Verfügung nach § 153f StPO dem Opportunitätsprinzip unterliegt."[6]

In der Literatur monierten die Kritiker an dem Beschluss vor allem, dass das Gericht die Tatbestandskriterien des § 153f StPO nur unzureichend überprüfte und zudem einen Beurteilungsspielraum des GBA annahm.[7] Darüber hinaus wurde die Entscheidung des OLG für eine Interpretation des §153f StPO als Opportunitätseinstellung infrage gestellt. So kommt beispielsweise *Kuschnik* zu dem Ergebnis, dass dem Abs. 1 Satz 1 eigentlich eine Pflicht zur Strafverfolgung zugrunde liege. Dabei verweist er pauschal und wenig überzeugend auf Art. 1 GG und nimmt zudem Bezug auf die Präambel des Rom-Statuts.[8] Wie bereits dargelegt, ist dem Völkerrecht eine Pflicht zur universellen Strafverfolgung fremd, weshalb die von *Kuschnik* befürwortete völkerrechtskonforme Auslegung insoweit hinfällig ist. Zwar weist er auf die Ermessensausübungsregel von Abs. 2 Satz 1 hin;[9] daraus lässt sich allerdings im Umkehrschluss keine Verfolgungspflicht herleiten, sondern nur eine vage Tendenz zur Strafverfolgung.[10]

Zusammenfassend lässt sich daher konstatieren, dass der GBA über einen Ermessensspielraum verfügt, sofern die Tat im Ausland begangen wurde, der Täter sich nicht im Inland aufhält und keine deutschen Opferinteressen bestehen.

Welche Kriterien im Rahmen der Ermessensausübung herangezogen werden sollten, ist damit jedoch noch nicht gesagt. Während beispielsweise § 153d StPO

---

3 Überblick über die Kritikpunkte bei *Kreß*, ZIS 2007, 518 ff.

4 *Gierhake*, ZStW 120 (2008), 402.

5 *Kreß*, ZIS 2007, 523; *Kuschnik*, HuV-I 2008, 234 m.w.N.

6 OLG Stuttgart NStZ 2006, 118. *Zappalà,* JICJ 2006, 607, behauptet dagegen pauschal, dass dem deutschen Strafprozessrecht in seiner Gesamtheit das Legalitätsprinzip zugrunde liegt und folgert daraus, dass das Ermessen reduziert sei.

7 Vgl. *Kreß*, ZIS 2007, 521 f.; *Singelnstein/Stolle*, ZIS 2006, 119 f. Zur Kritik am Einstellungsbeschluss im Verfahren gegen den damaligen usbekischen Innenminister *Zorkirjon Almatov*, siehe *Zappalà*, JICJ 2006, passim.

8 *Kuschnik*, HuV-I 2008, 236. Im Ergebnis auch *Gierhake*, ZStW 120 (2008), 400 f.

9 So *Kuschnik*, a.a.O., 237.

10 So wohl auch *Zappalà*, JICJ 2006, 610. Siehe Überblick bei *Meyer-Goßner*, § 153f Rn. 8.

explizit konfligierende Interessen der Bundesrepublik als Grund für die Einstellung benennt, findet sich in § 153f keine derartige ermessensleitende Vorgabe. Sicherlich ist den Kommentatoren zuzustimmen, dass ressourcenschonendes Verhalten der Strafverfolgungsbehörden angestrebt wird, auch wenn dies keinen Niederschlag in der Normierung erfahren hat.[11] Kritischer ist dagegen eine Einschränkung des Ermessensspielraums zu sehen, die u.a. von *Kreß* betont wird. So behauptet dieser:

> „Keinen Raum lässt diese prozessuale Flankierung in § 153f StPO demgegenüber für eine Ausrichtung der deutschen Weltrechtspflege nach deutschen außen- und insbesondere sicherheitspolitischen Interessen. Dies ergibt sich daraus, dass § 153d StPO, der es dem Generalbundesanwalt gestattet, drohende außen- und vor allem sicherheitspolitische Nachteile für die Bundesrepublik zu berücksichtigen, nicht auf § 120 Abs. 1 Nr. 8 GVG verweist, in dem die Völkerstraftaten angesprochen werden. [...] Bei der Weltrechtspflege im reinen Sinn handelt Deutschland als Treuhänder ‚vitaler Interessen der Völkergemeinschaft' und nicht in Verfolgung eigener Strafverfolgungsinteressen."[12]

Sowohl gegen das gesetzessystematische als auch gegen das teleologische Argument sind Bedenken vorzubringen. So sind die Konsequenzen, die *Kreß* aus dem Vergleich der Normen in §§ 153d und 153f StPO zieht, keineswegs logisch zwingend. Zunächst fällt auf, dass die von § 153d erfassten Taten weitgehend auf deutschem Territorium begangen werden (können) und sich damit die Interessenlage jedenfalls im Hinblick auf § 153f Abs. 1 Satz 1 nur schwer vergleichen lässt. Der Inlandsbezug der Taten mag erklären, warum § 153d StPO die Einstellungsentscheidung nicht in das freie Ermessen des GBA stellt, sondern qualifizierende ermessensleitende Kriterien vorgibt – Kriterien, auf die der Gesetzgeber in der Ausgestaltung des § 153f ganz offensichtlich verzichtet hat. Die Gesetzessystematik spricht daher eher dafür, die Hürde für eine Einstellung nach § 153f StPO niedriger und nicht höher anzusetzen.

Das teleologische Argument vermag ebenfalls nur bedingt zu überzeugen. Zwar ist *Kreß* zuzustimmen, dass die Legitimität internationaler Strafverfolgungsbemühungen in besonderem Maße von einer gleichmäßigen Anwendung der Strafnormen abhängig ist.[13] Doch drohen eine derartige Interpretation des § 153f StPO und der sehr suggestive letzte Satz des obigen Zitats die Grenzen zwischen Legalität und Legitimität verschwimmen zu lassen. Die Selektivität internationaler Strafverfolgung verfolgt das Völkerstrafrecht bereits seit dessen Existenz. Auch die Schaffung des IStGH konnte dieses Manko nicht beheben.[14] Im Hinblick auf § 153f StPO lässt sich daher sagen, dass die Bundesrepublik zwar bei der Strafverfolgung

---

[11] *Kreicker*, in: Eser/Kreicker (Hrsg.), Nationale Strafverfolgung, S. 261; *Kreß*, ZIS 2007, 517; *Kuschnik*, HuV-I 2008, 234; *Meyer-Goßner*, § 153f Rn. 2 mit Verweis auf BT-Drucks. 14/8524 S. 14); a.A. scheinbar *Zappalà*, JICJ 2006, 611.

[12] *Kreß*, ZIS 2007, 517. Ähnlich auch *R. Keller*, GA 2006, 30 ff. und *Kreicker*, in: Eser/Kreicker (Hrsg.), Nationale Strafverfolgung, S. 434 f., der die Konsequenz allerdings zu bedauern scheint.

[13] *Kreß*, ZIS 2007, 517.

[14] Siehe dazu bereits die Einführung.

als Treuhänder der Völkergemeinschaft handeln mag und die Strafverfolgungsmaßnahmen deshalb nicht rein nationalen Zielen dienen sollten. Damit ist jedoch nicht gesagt, dass der Verzicht, von einem derartigen Recht Gebrauch zu machen, zwangsläufig aus den gleichen Motiven zu erfolgen hat.[15] Schließlich erscheint es wenig konsequent, dem GBA die Berücksichtigung staatspolitischer Belange zu verweigern und ihm im gleichen Atemzug das Recht zuzugestehen, nach eigenem Gutdünken die Ressourcenallokation vorzunehmen.[16]

Die wissenschaftliche Auseinandersetzung mit § 153f StPO hat soweit ersichtlich bislang nur ein valides Abwägungselement hervorgebracht: die Ressourcenschonung.

B. Neue Erkenntnisse zu § 153f StPO

Die bisherigen Ausführungen haben sich zumeist darauf konzentriert festzustellen, welche Interessen der GBA im Rahmen seiner Ermessensausübung berücksichtigen darf. Der Grundidee dieser Arbeit folgend, soll im Weiteren im Mittelpunkt der Betrachtung stehen, inwieweit der GBA verpflichtet ist, bestimmte normative Interessen bei der Ausübung seines Ermessens zu bedenken. *Zappalà* hat angemerkt:

> "[…] one should not forget that in this field of international law the risk of impunity is much greater than that of an excess of investigations and prosecutions."[17]

Die Aussage fügt sich ein in eine in Wissenschaft und Politik leidenschaftlich geführte Debatte. Während insbesondere von Vertretern der US-Administration lange Zeit die Gefahr eines unkontrollierten und unkontrollierbaren Strafverfolgers heraufbeschworen wurde, hat die Gegenseite stets die Hoffnung einer Entpolitisierung der Strafverfolgung betont und das Risiko politisch motivierter Strafverfolgung negiert. Wie sich im Fall Ugandas gezeigt hat, kann auch eine „wohlgemeinte" Strafverfolgung Komplikationen hervorrufen. Im Folgenden geht es daher um die Frage, inwieweit die Ermessensausübung des GBA durch das Völkerrecht geprägt (limitiert) wird.

1. Ermessensentscheidung und Völkerrecht

Die Wiener Vertragsrechtskonvention zeichnet in ihrem Art. 31 (3) (c) den Weg für die folgende Betrachtung vor. Völkerrechtliche Normen sollen im Hinblick auf andere normative Vorgaben hin interpretiert werden. Allerdings betrifft Art. 31 (3)

---

[15] So im Ergebnis auch *Rohrer*, Legalitäts- oder Opportunitätsprinzip, S. 64; *Schoreit*, in: Karlsruher Kommentar, § 153f Rn. 3.

[16] Insoweit konsequenter *Zappalà*, JICJ 2006, 611.

[17] A.a.O., 609.

(c) WVK *sensu stricto* nur die Interpretation völkerrechtlicher Normen und nicht deren Umsetzung im nationalen Recht.

Der Grundsatz der Völkerrechtsfreundlichkeit führt zur Pflicht der völkerrechtskonformen Auslegung.[18] So ist das Bundesverfassungsgericht unter Bezugnahme auf die Völkerrechtsfreundlichkeit der Verfassung[19] etwa der Ansicht, dass, sofern möglich, eine EMRK-konforme Auslegung einfachgesetzlicher Normen zu erfolgen hat und sogar Bestimmungen des Grundgesetzes durch die EMRK eine Beeinflussung erfahren.[20] Eine derartige völkerrechtskonforme Auslegung hat das Bundesverfassungsgericht sogar festgestellt, obwohl die Inhalte der EMRK, eines völkerrechtlichen Vertrags, über Art. 59 Abs. 2 GG nur den Rang eines Bundesgesetzes haben.[21] Die formelle Normenhierarchie sieht grundsätzlich keinen Vorrang völkerrechtlicher Verträge vor anderen Bundesgesetzen und Bestimmungen der Verfassung vor.

Im vorliegenden Fall handelt es sich allerdings nicht um einen völkerrechtlichen Vertrag. Für den deutschen Rechtsanwender gewinnt die herausgearbeitete Schutz- bzw. Unterlassenspflicht vielmehr aufgrund des Rechtsanwendungsbefehls des Art. 25 GG an Bedeutung. Die relevante Passage lautet:

> Die allgemeinen Regeln des Völkerrechts sind Bestandteil des Bundesrechtes. Sie gehen den Gesetzen vor […].

Universell geltende völkergewohnheitsrechtliche Regelungen, gegen deren Entstehung sich die Bundesrepublik nicht als *persistent objector* zur Wehr gesetzt hat,[22] sind nach allgemeiner Ansicht auch dann als allgemeine Regeln des Völkerrechts anerkannt, wenn deutsche Staatsorgane nicht aktiv an ihrer Entstehung beteiligt waren.[23] Das Gebot, „bei Kenntnis drohender Kernverbrechen (Völkermord, Verbrechen gegen die Menschlichkeit, schwere Kriegsverbrechen) ein Verhalten zu unterlassen, welches kausal für die Begehung von Kernverbrechen wäre, sofern das Verhalten nicht völkerrechtlich gefordert ist“ kann als allgemeine Regel i.S.d. Art. 25 GG gewertet werden. Damit ist die deutsche Staatsgewalt gehalten, diese

[18] *Pernice*, in: Dreier (Hrsg.), GG, Art. 25 Rn. 40.

[19] BVerfG(*Görgülü*), Rn. 33 ff.

[20] A.a.O., Rn. 30 ff. Vgl. *Grabenwarter*, Europäische Menschenrechtskonvention, S. 18 ff.; *Heckötter*, Bedeutung der EMRK, S. 153 f., 167 ff. Das Bundesverfassungsgericht geht im Verfahren sogar einen Schritt weiter und fordert eine Berücksichtigung der Urteile des EGMR.

[21] BVerfG(*Görgülü*), Rn. 30 f. Überblick zur Diskussion bei *Haß*, Urteile des EGMR, S. 113 ff.

[22] *Herdegen*, in: Maunz-Dürig (Hrsg.), Art. 25 Rn. 23; *Pernice*, in: Dreier (Hrsg.), GG, Art. 25 Rn. 17.

[23] *Herdegen*, in: Maunz-Dürig (Hrsg.), Art. 25 Rn. 23; *Pernice*, in: Dreier (Hrsg.), GG, Art. 25 Rn. 17; *Kunig*, in: Vitzthum (Hrsg.), Völkerrecht, S. 129 ff. m.w.N.

im Rahmen ihres Wirkens zu beachten.[24] Art. 25 GG legt somit einen Anwendungsvorrang der allgemeinen vor einfachgesetzlichen Regeln fest.[25]

Im Fall einer Entscheidung des Generalbundesanwalts hätte dieser zunächst zu ermitteln, ob auf Grundlage der tatsächlichen Verhältnisse ein Normenkonflikt im Sinne von Teil 6, I.B. vorliegt und welcher Norm bei einer Abwägung im Einzelfall der Vorzug zu geben ist. Sollte dieser zu dem Ergebnis kommen, dass das Präventivinteresse vorrangig ist, so hat er seine Entscheidung im Lichte der verfassungsrechtlichen Vorgaben zu fällen. Angewendet auf die Ermessensentscheidung des Generalbundesanwalts würde dies bedeuten, dass aufgrund des Vorrangs der allgemeinen Regeln des Völkerrechts vor einfachgesetzlichen Regelungen eine Ermessensreduktion auf Null (oder Eins) vorzunehmen wäre, sofern deutsche Strafverfolgungsmaßnahmen die in der Norm B dargelegten katastrophalen Konsequenzen befürchten ließen. Zwar gilt es zu berücksichtigen, dass § 153f StPO als Ausnahme von § 1 VStGB eine innerstaatliche Transposition des völkergewohnheitsrechtlich anerkannten universellen Strafverfolgungsrechts *in absentia* darstellt. Allerdings ist der völkerrechtliche Ursprung der innerstaatlichen Befugnisnorm bereits bei Auflösung des Normenkonflikts berücksichtigt worden. Eine verallgemeinerungsfähige Aussage, wann eine Ermessensreduzierung vorgenommen werden kann, lässt sich jedoch nicht treffen. So wurde an anderer Stelle bereits ausgeführt, dass nur eine Abwägung im Einzelfall den Normenkonflikt der konfligierenden völkerrechtlichen Normen aufzulösen vermag. Die Festsetzung einer konkreten Grenze würde hingegen die Existenz einer einzelfallunabhängigen Metaregel suggerieren, die indes nicht festgestellt wurde.

2. Effektivitätserwägungen

Strafverfolgungsmaßnahmen seitens deutscher Behörden gegen noch amtierende Machthaber werden in Zukunft eher die Ausnahme denn die Regel sein. Auch die hier dargestellte hypothetische Fallkonstellation mag man als unrealistisch abtun. Dennoch erscheinen einige allgemein gehaltene Erwägungen hilfreich. Generell muss man feststellen, dass die Wahrscheinlichkeit einer erfolgreichen deutschen Strafverfolgung deutlich geringer anzusetzen ist als beim IStGH.

Dies hat zunächst rechtliche Gründe. Zwar ist die Bundesrepublik völkerrechtlich befugt, derartige Taten zu ermitteln, Haftbefehle zu erlassen und einen Prozess in Deutschland anzustreben oder gar durchzuführen. Allerdings dürfte sich eine Beweiserlangung und -sicherung sowie die Festnahme und Überstellung des mutmaßlichen Straftäters mangels mit Part IX des Rom-Status vergleichbaren Regelungen zur Kooperationspflicht kaum verwirklichen lassen. Ein Blick auf das Grundgesetz zeigt, dass Deutschland in einer vergleichbaren Situation ebenfalls

---

[24] *Kunig*, in: Vitzthum (Hrsg.), Völkerrecht, S. 132.

[25] *Herdegen*, in: Maunz-Dürig (Hrsg.), Art. 25 Rn. 43.

kooperationsresistent wäre. So wurde zwar das Grundgesetz geändert, um eine Auslieferung an internationale Gerichte oder Mitgliedstaaten der Europäischen Union zu ermöglichen. Mit Ausnahme dieser beiden Optionen schreibt Art. 16 Abs. 2 GG jedoch ein Auslieferungsverbot für deutsche Staatsangehörige fest. Betrachtet man zudem die bereits erwähnte Fortgeltung der Immunität von Staats- und Regierungschefs vor nationalen Gerichten anderer Staaten, so scheinen deutsche Strafverfolgungen in weite Ferne zu rücken.

Eine offensive Verfolgungsstrategie dürfte zudem nicht nur an rechtlichen Hürden scheitern. Mangelnde Ressourcen und ein im Vergleich zu einer internationalen Institution geringeres Legitimationsniveau lassen es nicht erwarten, dass sensible Fälle internationaler Strafverfolgung vor drittstaatlichen Gerichten von Erfolg gekrönt sein werden. Mangels hoher Erfolgserwartungen spricht einiges dafür, von deutschen Strafverfolgungsbehörden Zurückhaltung bei derart sensiblen Fällen einzufordern. Es gilt jedoch zu bedenken, dass die geringen Erfolgsaussichten auch eine Kehrseite haben. Ist eine effektive Strafverfolgung nicht zu erwarten, so ist auch das disruptive Potential deutscher Strafverfolgungsmaßnahmen als geringer anzusehen. Mit anderen Worten: Warum sollte jemand wie *Joseph Kony* einen deutschen Haftbefehl fürchten?

II. Internationaler Strafgerichtshof

Die folgenden Ausführungen untersuchen die Frage, inwieweit die Organe des IStGH im Rahmen ihrer Tätigkeit das Resultat des in Teil 5 detailliert dargestellten Normenkonflikts zu berücksichtigen haben und zu berücksichtigen vermögen. Bevor ausführlicher auf die einzelnen verfahrensrechtlichen Normen und deren mögliche Interpretation im Lichte des Normenkonflikts eingegangen wird, muss erst einmal Art. 21 RS näher betrachtet werden.

Zunächst gilt es, den ersten Absatz in den Blick zu nehmen. Die dort niedergelegte Enumeration stellt eine Neuheit dar, hat doch keine der Vorgängerinstitutionen explizit das anwendbare Recht im Rahmen der jeweiligen Gründungsstatuten definiert.[26] Art. 21 (1) RS postuliert:

1. The Court shall apply:

   (a) In the first place, this Statute, Elements of Crime and its Rules of Procedure and Evidence;

   (b) In the second place, where appropriate, applicable treaties and the principles and rules of international law […].

Somit wird den statuts-externen Regelungen lediglich eine Auffangfunktion zugesprochen. Sie werden in der Literatur bis *dato* primär als „Back-up“ für die mate-

---

[26] Dazu *Bitti*, in: Stahn/Sluiter (Hrsg.), The Emerging Practice, S. 286.

riellrechtlichen Regelungen und eine möglicherweise mangelnde Berücksichtigung von Beschuldigtenrechten angesehen.[27] Für die vorliegende Fallkonstellation interessanter ist Art. 21 (3) RS:

> The application and interpretation of law pursuant to this article must be consistent with internationally recognized human rights.

Damit enthält das Statut einen (eigenständigen) Auftrag zur menschenrechtskonformen Auslegung der Normen des Statuts.[28] Art. 21 (3) RS präzisiert, was grundsätzlich bereits in Art. 31 (3) (c) WVK deutlich wird. Während der in der Wiener Vertragsrechtskonvention niedergelegte Grundsatz der systemischen Integration allerdings nur festlegt, dass andere Normen des Völkerrechts Beachtung finden sollen, postuliert Art. 21 (3) RS das Gebot der menschenrechtskonformen Auslegung. Auf die Frage eines möglichen Vorrangs menschenrechtlicher Bestimmungen im Fall mangelnder Interpretationsmöglichkeiten („the application [...] must be consistent“) soll hier nicht weiter eingegangen werden.[29] Jedenfalls ist unstreitig, dass statuts-externe Pflichten dann im Rahmen der Auslegung Berücksichtigung finden müssen, wenn diese einen menschenrechtlichen Bezug haben. Ob die Interpretationsoffenheit des Statuts auch auf andere Fallkonstellationen übertragbar ist, braucht an dieser Stelle nicht geklärt zu werden.

Die folgenden Ausführungen widmen sich dem in Art. 17 RS zum Ausdruck kommenden Grundsatz der Komplementarität. Dabei wird untersucht, ob die Zuständigkeit des IStGH entfallen könnte, sollte sich Uganda dazu entschließen, alternative Konfliktlösungsmechanismen zur Anwendung zu bringen. Insbesondere soll ermittelt werden, ob im Lichte der bisherigen Erkenntnisse derartige nationalstaatliche Verfahren zur Unzuständigkeit des IStGH führen können, wenn sich eine strafrechtliche Aufarbeitung nicht realisieren lässt.

---

[27] Dazu ausführlich *de Guzman*, in: Triffterer (Hrsg.), Commentary on the Rome Statute, Art. 21, paras. 9 ff.; *Pellet*, in: Cassese/Gaeta/Jones (Hrsg.), The Rome Statute, S. 1076 ff.; siehe auch *Bitti*, in: Stahn/Sluiter (Hrsg.), The Emerging Practice, S. 294 mit Verweis auf IStGH(*Lubanga*), Judgment on the Appeal of Mr. Thomas Lubanga Dyilo against the Decision on the Defence Challenge to the Jurisdiction of the Court pursuant to article 19 (2) (a) of the Statute of 3 October 2006, Entscheidung der Berufungskammer, vom 14.12.2006 (ICC-01/04-01/06-772), para. 34.

[28] *Sheppard*, ICLR 2010, 58; *Young*, ICLQ 2011, 190.

[29] Dazu *Bitti*, in: Stahn/Sluiter (Hrsg.), The Emerging Practice, S. 302 ff.; *Sheppard*, ICLR 2010, 58 ff. Es ist darauf hinzuweisen, dass *Pellet*, in: Cassese/Gaeta/Jones (Hrsg.), The Rome Statute, S. 1079 ff., zu Recht auf unklare Grenzen dieser *super legality*-Regeln aufmerksam macht. Siehe auch *Sheppard*, ICLR 2010, 44; *Young*, ICLQ 2011, 189. *Sheppard*, ICLR 2010, 63 ff., betont, dass eine universelle Akzeptanz der menschenrechtlichen Normen nicht notwendig erscheint. Dazu ebenfalls *Schabas*, International Criminal Court, Art. 21, S. 397 ff. Siehe auch die ausführlichen Ausführungen bei *Young*, ICLQ 2011, 192 ff., zur bisherigen (limitierten) Praxis des IStGH, siehe a.a.O., 199 ff.

A. Grundsatz der Komplementarität

Eine von vielen Autoren hervorgehobene und in Abgrenzung zu den *ad hoc*-Tribunalen beschriebene Innovation ist der Grundsatz der sogenannten Komplementarität.[30] Bereits die Präambel enthält eine diesbezügliche Aussage:

> Emphasizing that the International Criminal Court established under this Statute shall be complementary to national criminal jurisdictions.

Aufgegriffen wird die Komplementarität u.a. in Art. 17 (1) RS:

> Having regard to paragraph 10 of the Preamble and article 1, the Court shall determine that a case is inadmissible where:
>
> (a) The case is being *investigated or prosecuted* by a State which has jurisdiction over it, unless the State is unwilling or unable genuinely to carry out the investigation or prosecution;
>
> (b) The case has been investigated by a State which has jurisdiction over it and the State has decided not to prosecute the person concerned, unless the decision resulted from the unwillingness or inability of the State genuinely to prosecute;
>
> (c) The person concerned has already been tried for conduct which is the subject of the complaint, and a trial by the Court is not permitted under article 20, paragraph 3; […]. [Hervorhebung des Autors]

Art. 20 (3) RS lautet:

> No person who has been *tried by another court* for conduct also proscribed under article 6, 7 or 8 shall be tried by the Court with respect to the same conduct unless the proceedings in the other court […]. [Hervorhebung des Autors]

Im Folgenden wird thematisiert, in welchen Verfahrenskonstellationen die Frage der Komplementarität entscheidungsrelevant wird und ob die Komplementariätsregeln für die Fragestellung relevant sind.

1. Verfahrensrechtliche Geltendmachung

Die Beanstandung der Zuständigkeit des Gerichts aufgrund des Komplementaritätsgrundsatzes ist in Art. 19 RS geregelt. Im Zusammenhang mit der Fallkonstellation kommen vier Akteure in Betracht, die eine Entscheidung der Richter (gemäß Art. 19 (6) RS der Vorverfahrenskammer) einzuholen vermögen.

Zunächst legt Abs. 1 Satz 2 fest, dass die Richter selbst eine Entscheidung fällen können. Es bietet sich an, Satz 2 („The Court may") im Lichte des Abs. 6 zu lesen und daher im Stadium vor der *confirmation of charges* die Richter der Vorverfahrenskammer als das Gericht („the Court") anzusehen.[31] In der Entscheidung der Vorverfahrenskammer II zum Erlass des Haftbefehls gegen *Joseph Kony* hat die Kammer wohl bereits implizit von diesem Recht Gebrauch gemacht, stellte sie

[30] Zur Historie siehe *El Zeidy*, Mich. J. Int'l L. 2001, 870–895.

[31] Unklar aber wohl ebenso *Hall*, in: Triffterer (Hrsg.), Commentary on the Rome Statute, Art. 19 Rn. 4.

doch fest, dass der Fall gegen ihn zulässig zu sein scheine („the case against Joseph Kony […] appears to be admissible“).[32] Obwohl Art. 58 RS eine derartige Feststellung nicht fordert, nahmen die Richter dennoch Bezug auf Art. 19 RS.[33] Schließlich hat die Kammer im März 2009 auch explizit von ihrem Recht Gebrauch gemacht und ausführlich und *proprio motu* die Frage der Komplementarität debattiert.[34]

Gemäß Abs. 2 (a) kann weiterhin der Angeklagte oder eine Person, für die ein Haftbefehl erlassen wurde, eine Entscheidung der Richter einfordern. Außerdem regelt Abs. 2 (b) die Möglichkeit, dass ein zuständiger Staat mit der Begründung, er ermittle oder strafverfolge in der Sache, eine Unzuständigkeitserklärung des Gerichts erwirken kann. Abs. 4 bestimmt, dass im Fall der Anrufung durch einen Staat oder Betroffenen grundsätzlich nur eine einmalige Entscheidung gefordert werden kann.[35] Dies liegt auch darin begründet, dass Art. 18 RS eine Einbindung betroffener Staaten bereits zu einem frühen Zeitpunkt regelt.[36] Eine möglichst frühzeitige Klärung der Frage und eine kurze Verfahrensdauer werden auch durch Abs. 5 angestrebt, der intervenierenden Staaten auferlegt, eine Anfechtung bei frühestmöglicher Gelegenheit vorzubringen („[to] make a challenge at the earliest opportunity“). Die Tatsache, dass Staat und Betroffener nur einmal eine Entscheidung beantragen können, bedeutet indes nicht, dass mit der Entscheidung die Frage der Komplementarität abschließend geklärt wäre. So hat die Vorverfahrenskammer II die fortdauernde Bedeutung der Komplementaritätsfrage betont.[37] Sollten sich also die Umstände gravierend verändern, so kann die Frage erneut aufgeworfen werden.

---

32 IStGH(*Kony*), Warrant of Arrest for Joseph Kony Issued on 8 July 2005 as amended on 27 September 2005, Entscheidung der Vorverfahrenskammer II, vom 27.9.2005 (ICC-02/04-01/05-53), para. 38.

33 A.a.O., para. 29. Vgl. auch *Hall*, in: Triffterer (Hrsg.), Commentary on the Rome Statute, Art. 19 Rn. 4.

34 IStGH(*Kony*), Decision on the admissibility of the case under article 19 (1) of the Statute, Entscheidung der Vorverfahrenskammer II, vom 10.3.2009 (ICC-02/04-01/05-377). Dabei ging sie vor allem auf die Kritik der Verteidigung an diesem Vorgehen ein. Die Verteidigung hatte argumentiert, die Ausübung der *proprio motu*-Kompetenz sei mit den Rechten flüchtiger Angeklagter unvereinbar, da diese keine Einwirkungsmöglichkeiten auf das Verfahren haben und damit ihre Verteidigungsmöglichkeit, wenn auch nicht *de jure*, so doch *de facto* eingeschränkt würde (paras. 7, 22 ff.).

35 Zur strikten Ausgestaltung der Ausnahmeregelung, siehe *Hall*, in: Triffterer (Hrsg.), Commentary on the Rome Statute, Art. 19 Rn. 22. Zur Frage, ob ein *self-referral* einen impliziten Verzicht auf die Geltendmachung der Komplementarität darstellt, siehe *Kleffner*, in: Stahn/Sluiter (Hrsg.), The Emerging Practice, S. 43 f., 49 mit zu Recht ablehnender Haltung. Siehe auch *Arsanjani/Reisman*, AJIL 2005, 396; *Tharakan*, Konkretisierung des Komplementaritätsprinzips, S. 191. Zur Thematik des Verzichts der Geltendmachung des Rechts gemäß Art. 19 siehe auch *Benzing*, Max Planck UNYB 2003, 629 f.; *Müller/Stegmiller*, JICJ 2010, 1289.

36 Siehe dazu *Hall*, in: Triffterer (Hrsg.), Commentary on the Rome Statute, Art. 19 Rn. 7.

37 IStGH(*Kony u.a.*), Decision on the admissibility of the case under article 19 (1) of the Statute Entscheidung der Vorverfahrskammer II, vom 10.3.2009 (ICC-02/04-01/05-377), para. 28. Dazu auch *Müller/Stegmiller*, JICJ 2010, 1283.

Schließlich sieht Abs. 3 vor, dass auch die Anklage eine Klärung der Frage herbeiführen kann. Abs. 10 gewährt der Anklage zudem das Recht, bei veränderter Kenntnis der Faktenlage eine erneute Entscheidung zu erwirken.[38]

Es lässt sich damit festhalten, dass sämtliche relevanten Akteure auf eine schnelle Klärung der Komplementaritätsfrage hinzuwirken in der Lage und aufgefordert sind. Die Entscheidung liegt bei der zuständigen Kammer. Im Fall Ugandas ist es die Vorverfahrenskammer II. Art. 82 (1) (a) RS erlaubt, eine Überprüfung der Entscheidung durch die Berufungskammer zu erwirken.

2. Bedeutung für die Fallfrage

In steter Regelmäßigkeit wird der Konflikt Repression vs. Prävention (oder *Peace vs. Justice*) mit dem Komplementaritätsgrundsatz in Verbindung gebracht. Dabei geht es zumeist um die Frage, inwieweit insbesondere Wahrheits- und Versöhnungskommissionen und lokale Konfliktlösungsmechanismen zur Wahrung der Stabilität und des Friedens anstelle klassischer Strafverfolgung eingesetzt werden könnten.[39] Erstaunlicherweise setzt sich die Literatur weniger damit auseinander, ob Substitute zur Strafverfolgung auch dann im Rahmen des Art. 17 RS thematisiert werden sollten, wenn keine ernsthafte Beeinträchtigung von Frieden und Sicherheit in den betroffenen Ländern droht. Dies mag auf den eurozentrischen Hintergrund der meisten Autoren zurückzuführen sein, nach dem Wahrheits- und Versöhnungskommissionen, *mato oput* oder vergleichbare Instrumente stets nur als Kompromisslösungen und nicht als „ernsthafte" Alternative betrachtet werden. Mit dieser Feststellung im Hinterkopf soll im Folgenden Art. 17 RS genauer analysiert werden. Zunächst fällt auf, dass Art. 17 (1) RS fünf verschiedene Fallkonstellationen anspricht, von denen die letzte *(gravity)* hier außen vor bleiben kann.

Art. 17 (1) (a) RS regelt die Zulässigkeit von IStGH-Verfahren im Fall gerade laufender Ermittlungen („the case is being investigated") oder Strafverfolgung („the case is being prosecuted"). Art 17 (1) (b) RS betrifft den Fall, dass eine Ermittlung bereits abgeschlossen und mit einer Einstellungsentscheidung beendet wurde. Art. 17 (1) (c) RS regelt den Fall des *ne bis in idem.*

Wie bereits in Teil 4 angesprochen und auch in der Literatur anerkannt, ist unter *prosecution* nur ein klassischer Strafprozess mit (im Fall der Verurteilung) folgender Kriminalstrafe (Freiheitsstrafe) zu verstehen. Auch bei einer *ne bis in idem*-

---

[38] Dazu *Hall*, in: Triffterer (Hrsg.), Commentary on the Rome Statute, Art. 19 Rn. 36.

[39] Siehe bspw. *Dugard*, in: Cassese/Gaeta/Jones (Hrsg.), The Rome Statute, S. 701 f.; *Goldstone/Fritz*, LJIL 2002, 661; *Gropengießer/Meißner*, ICLR 2005, 282 ff.; *L. Keller*, Conn. J.Int'l L. 2008, 251 ff.; *Kourabas*, U. C. D. J. Int'l L. & Pol. 2007, 74 ff.; *Krikscíun*, Tul. J. Int'l & Comp. L. 2007, 237; *Mallinder*, Amnesty, Human Rights and Political Transition, S. 282 ff.; *Meyer*, ICLR 2006, 575; *Seibert-Fohr*, Max Planck UNYB 2003, 563 ff.

Konstellation deutet der Wortlaut („tried by another court“) auf strafrechtliche Aufarbeitung im klassischen Sinne hin.

In der Literatur ist umstritten, wie das Tatbestandsmerkmal der *investigation* zu verstehen ist. Ist damit jegliche Form der Ermittlung oder nur eine *criminal investigation* zu verstehen? Der Wortlaut ist insofern wenig aussagekräftig, setzt doch *investigation* sprachlich das Hinarbeiten auf eine Sanktion nicht zwangsläufig voraus. So sieht beispielsweise *Seibert-Fohr* die Durchführung der Ermittlung durch Wahrheits- und Versöhnungskommissionen nach südafrikanischem Vorbild als *investigation* i.S.d. Art. 17 (1) RS an.[40] Sie begnügt sich dabei keinesfalls damit, auf den offenen Wortlaut hinzuweisen, sondern liefert zwei verschiedene (aber nicht kombinierbare) Begründungen. Zunächst will sie unterscheiden zwischen Kommissionen, die Straffreiheit unabhängig vom Ergebnis der Ermittlungen garantieren, und Kommissionen, die im Fall eines Geständnisses eine Strafverschonung vorsehen.

Bereits die von *Seibert-Fohr* gewählte Erklärung zeigt aber, dass das Verfahren vor der südafrikanischen Kommission gerade nicht auf eine Entscheidung hinausläuft, ob strafverfolgt wird oder nicht. Diese Entscheidung trifft im Ergebnis allein der Angeklagte. Dementsprechend erfolgt keine ergebnisoffene Ermittlung. Interessanter ist daher der zweite Begründungsansatz. *Seibert-Fohr* rückt mit Bezugnahme auf Art. 17 (2) (a) RS die Frage in den Vordergrund, ob eine Wahrheitskommission die betreffende Person vor strafrechtlicher Verantwortlichkeit schützen sollte („had the purpose of shielding persons from criminal responsibility“).[41] Ob die Durchführung von Wahrheitskommissionen im Interesse des Friedens als *shielding* verstanden werden kann, verneint sie konsequent, da sie den Begriff als negativ konnotiert anzusehen scheint. Diese sicherlich überzeugende Interpretation von *shielding* lässt allerdings keinerlei Rückschlüsse auf die Interpretation des Tatbestandsmerkmals *investigation* zu. Versteht man dieses entgegen der Interpretation *Seibert-Fohrs* als *criminal investigation*, so wird schnell deutlich, dass ein negativ konnotiertes *shielding* durchaus eine Daseinsberechtigung hat, um Verfahren auszuschließen, in denen sich der Staat zum Komplizen des Betroffenen macht. Dementsprechend beruht die Argumentation *Seibert-Fohrs* einzig auf dem unklaren Wortlaut *investigation*.

Betrachtet man jedoch Norm- und „Gesetzes“systematik, so ist es überzeugender, den offenen Wortlaut restriktiv zu interpretieren. Dafür spricht zunächst die Tatsache, dass Art. 17 (1) RS, folgt man dieser Interpretation, jegliche Verfahrensstadien eines Strafverfahrens abbildet. Die anderen Verfahrensstadien sind wie bereits erwähnt deutlich strafprozessualer Natur.[42] Abs. 2 weist ebenfalls darauf hin.[43]

---

[40] *Seibert-Fohr*, Max Planck UNYB 2003, 568. So auch *Stahn*, JICJ 2005, 711.

[41] *Seibert-Fohr*, a.a.O., 570.

[42] *Gavron*, ICLQ 2002, 109; *Scharf*, Corn. Int'l L. J. 1999, 525. Zu berücksichtigen ist, dass Art. 20 (3) RS anders als die beiden anderen Absätze nicht auf vorherige Verurteilun-

Zudem darf man nicht vergessen, dass Art. 17 RS nur eine Ausprägung des Komplementaritätsprinzips darstellt, für das sowohl in der Präambel als auch in Art. 1 des Statuts die strafrechtliche Dimension betont wird. Abschließend lässt sich sagen, dass Art. 17 RS denkbar ungeeignet ist, friedenspolitische Erwägungen einzubeziehen. Ansonsten müsste das Komplementaritätsprinzip je nach weltpolitischer Lage eine Wahrheits- und Versöhnungskommission zulassen oder verbieten. Die starre Regelung des Art. 17 RS eignet sich dazu nicht. Somit dürfte auch eine Interpretation im Sinne der systemischen Integration des Art. 31 (3) (c) WVK nicht angezeigt sein.

Zusammenfassend lässt sich also sagen, dass die Durchführung eines Verfahrens vor dem IStGH nur dann scheitern kann, wenn der betroffene Staat (*in concreto* also Uganda) ein klassisches Strafverfahren (oder zumindest ernsthafte strafrechtliche Ermittlungen) durchführt. Andere Mechanismen der Aufarbeitung reichen nicht aus.

B. Rücknahme durch Verweisungsstaat: withdrawal of a situation

Im Weiteren soll kurz dargelegt werden, welche Bedeutung eine Staatenverweisung gemäß Art. 13 (a) RS hat und ob die Verweisung durch einen *actus contrarius* ihrer Wirkung beraubt werden kann. Kann ein Staat, im konkreten Fall Uganda,[44] durch unilaterale Erklärung den IStGH seiner Zuständigkeit berauben? Das Statut sieht eine solche Rücknahme nicht explizit vor.[45] *El Zeidy* will daher Art. 56 (1) WVK analog zur Anwendung bringen und eine Rücknahme analog zu den Regeln der Vertragsbeendigung behandeln.[46] Ob dieser Rückgriff auf allgemeine Regeln des Vertragsrechts zu überzeugen vermag, ist zweifelhaft. Schließlich handelt es sich bei der Verweisung nicht um einen rechtsgeschäftlichen Akt. Doch selbst wenn man die Analogie akzeptiert, so müsste gemäß den Vorgaben des Art. 56 (1) WVK im Statut ein Rücknahmerecht impliziert sein. Dagegen sprechen gewichtige Gründe.

---

gen oder Freisprüche hinweist, vgl. dazu *Meyer*, ICLR 2006, 558. *Meyer* weist in diesem Zusammenhang darauf hin, dass im nationalen Recht zumeist keine Verfahrenseinstellung zu erwarten ist, sodass grundsätzlich nur Verurteilungen und Freisprüche im Rahmen des Art. 20 (3) RS von Relevanz sein dürften, vgl. S. 564.

43 *Scharf*, Corn. Int'l L. J. 1999, 525. Im Ergebnis auch *Benzing*, Max Planck UNYB 2003, 602; *Holmes*, in: Lee (Hrsg.), The International Criminal Court, S. 77. Im Ergebnis anders *Goldstone/Fritz*, LJIL 2002, 661; *Stahn*, JICJ 2005, 711. Unklar bei *Meyer*, ICLR 2006, 555; *Rodman*, LJIL 2009, 103; *Wouters* u.a., ICLR 2008, 293.

44 Zur tatsächlichen Relevanz derartiger Überlegungen siehe *Müller/Stegmiller*, JICJ 2010, 1290; *El Zeidy*, in: Stahn/Sluiter (Hrsg.), The Emerging Practice, S. 55 f.

45 *Scharf/Dowd*, No Way Out?, S. 3; *El Zeidy*, in: Stahn/Sluiter (Hrsg.), The Emerging Practice, S. 64.

46 *El Zeidy*, in: Stahn/Sluiter (Hrsg.), The Emerging Practice, S. 66 ff.

Zunächst ist darauf hinzuweisen, dass die Endfassung des Statuts im Rahmen des Art. 13 nur eine Verweisung von Situationen vorsieht, eine Verweisung von Fällen damit ausgeschlossen ist.[47] Damit sollte verhindert werden, dass strafbare Handlungen nur von einer einzelnen Konfliktpartei ermittelt werden. Die Verweisung ganzer Situationen sollte dem Chefankläger ermöglichen, die Auswahl der Verfahren nach „objektivierbaren" Kriterien zu handhaben und Siegerjustiz zu vermeiden. Dieser Entscheidungsprärogative des Anklägers liefe es zuwider, wenn ein Staat im Fall (unerwarteter) unliebsamer Verfahren durch eine Rücknahme der Situation die Notbremse ziehen könnte. Ferner lässt sich argumentieren, dass die Einräumung einer *proprio motu*-Kompetenz dagegen spricht, den Staaten ein Rücknahmerecht zu garantieren. Wieso sollte ein Staat zur Vermeidung eines Verfahrens zur Rücknahme befugt sein, wenn dem Chefankläger das Recht zusteht, die Ermittlungen trotzdem durchzuführen?[48] Schließlich spricht Art. 127 (2) RS gegen eine Rücknahmebefugnis der Staaten. Art. 127 RS regelt den Fall des Rücktritts vom gesamten Vertrag und legt sogar für diesen sehr unwahrscheinlichen Fall fest, dass ein Rücktritt keine Auswirkung auf laufende Verfahren hat.[49] Wenn aber bereits eine derart substantielle Abkehr von den Inhalten des Vertrags nicht zur Beendigung des Verfahrens führt, darf nichts anderes für die Rücknahme einer Verweisung gelten.[50]

Maged behauptet schließlich, dass das Statut lückenhaft sei und daher ein Rücknahmerecht gemäß Art. 21 (1) (b) RS in Betracht käme. Als Beleg verweist er auf nationalstaatliche Regelungen zum Strafantragsrecht.[51] Dieser Verweis vermag aus zwei Gründen jedoch kaum zu überzeugen. Zunächst ist das Antragsrecht im nationalstaatlichen Recht zumeist auf wenig schwerwiegende Delikte beschränkt. Vor allem aber handelt es sich bei Art. 13 RS nicht um ein Antragsrecht der Opfer der Taten. Die Regelung ist daher keinesfalls mit einem nationalstaatlichen Antragsrecht vergleichbar. In der Entstehung des Rom-Statuts spielten Überlegungen zu einer möglichen Rücknahme von Verweisungen keine Rolle, wurde doch erwartet, dass eine Verweisung seitens der Staaten eine absolute Ausnahme bleibt.[52]

---

47 *El Zeidy*, in: Stahn/Sluiter (Hrsg.), The Emerging Practice, S. 57 ff.

48 So kommt *Maged*, ICLR 2006, 440 f., auch zu dem Ergebnis, dass eine Strafverfolgung im Rahmen der *proprio motu*-Kompetenz möglich sei, aber der Kontrolle durch die Vorverfahrenskammer bedürfte, solange die Anklage noch nicht bestätigt ist.

49 *Clark*, in: Triffterer (Hrsg.), Commentary on the Rome Statute, Art. 127 Rn. 7.

50 *Müller/Stegmiller*, JICJ 2010, 1291; *Scharf/Dowd*, No Way Out?, S. 12. Der Verweis von *El Zeidy*, Stahn/Sluiter (Hrsg.), The Emerging Practice, S. 7, auf die *Nottebohm*-Entscheidung des IGH im Hinblick auf die Zulässigkeit von Rücknahme von Erklärungen zur Zuständigkeit vermag daher nicht zu überzeugen. Die Zuständigkeit wird nicht durch eine Erklärung gemäß Art. 13 (a) begründet. Die Zuständigkeit liegt bereits im Rom-Statut begründet. Ähnlich problematisch die verkürzte Bezugnahme auf die Souveränität der Staaten bei *Maged*, ICLR 2006, 422, 426. A.A., aber ohne Begründung, auch *Arsanjani/Reisman*, AJIL 2005, 397.

51 *Maged*, ICLR 2006, 426 ff.

52 Dazu ausführlich *Scharf/Dowd*, No Way Out?, S. 13 ff.

Zusammenfassend lässt sich daher feststellen, dass eine Rücknahme durch den Verweisungsstaat keine direkte Rechtswirkung entfaltet.[53] Sie kann aber im Rahmen der Interpretation von unbestimmten Rechtsbegriffen (z.B. *unwillingness*) oder als Element der Abwägung herangezogen werden.

C. Tätigwerden des UN-Sicherheitsrats

Bei der Schaffung des Rom-Statuts galt es, das Verhältnis zwischen dem IStGH und den Vereinten Nationen derart auszugestalten, dass die „Neutralität" des Gerichts gewahrt ist, der UN-Sicherheitsrat durch die Tätigkeit des Gerichts aber nicht vor vollendete Tatsachen gestellt wird. Dem Sicherheitsrat wurde daher mit Art. 16 RS ein auf dem Papier sehr weitgehendes Einwirkungsrecht auf die Verfahren vor dem IStGH gewährt. Idealerweise sollte im Fall eines Konflikts zwischen Strafverfolgung und Friedensschaffung der UN-Sicherheitsrat die politische Entscheidung treffen, ob Verfahren fortzuführen sind oder nicht. Ließe sich diese „Lastenverteilung" in die Realität umsetzen, wäre es zu der ugandischen Problemkonstellation nicht gekommen. Im Folgenden wird daher aufgezeigt, warum Art. 16 RS in der Praxis wenig Bedeutung zu haben verspricht (dazu unter 1.). Außerdem soll – im Wege eines Exkurses – dargestellt werden, welche Bedeutung ein Tätigwerden des Sicherheitsrats über die Grenzen des Art. 16 RS hinaus für die Arbeit des Gerichtshofs und seiner Organe haben kann.

1. Gemäß Art. 16 RS i.V.m. Kap. VII UN-Charta

Nicht unerwähnt bleiben darf Art. 16 RS, der aufgrund der großen (theoretischen) Bedeutung vollständig wiedergegeben werden soll:

> No investigation or prosecution may be commenced or proceeded with under this Statute for a period of 12 months after the Security Council, in a resolution adopted under Chapter VII of the Charter of the United Nations, has requested the Court to that effect; that request may be renewed by the Council under the same conditions.

Die Forderung nach einem Tätigwerden des Sicherheitsrats wurde sowohl im Fall Ugandas als auch im Fall Sudans von vielen Akteuren erhoben, was hier indes nicht weiter thematisiert werden soll.[54] Auch auf den „Missbrauch" des Art. 16 in den Resolutionen 1422 und 1487 wird hier nicht erneut eingegangen. An dieser Stelle sollen vielmehr kurz die strukturellen Schwächen der Regelung benannt werden. Die praktische Bedeutung der Regelung kann deshalb als gering bezeichnet werden, weil aufgrund des Verweises auf Kap. VII UN-Charta die Regelung

---

[53] Zur Möglichkeit einer ausnahmsweisen Rücknahme, bevor der IStGH in der Sache tätig wurde, siehe *Scharf/Dowd*, No Way Out?, S. 31.

[54] Siehe Übersicht bei *Ciampi*, JICJ 2008, passim.

des Art. 27 Abs. 3 UN-Charta zur Anwendung kommt und somit die fünf ständigen Sicherheitsratsmitglieder über ein Vetorecht verfügen.

Problematisch ist jedoch nicht das drohende Veto *per se*. Die drohende Einlegung des Vetos wird erst dann virulent, wenn es um die zeitliche Limitierung des Art. 16 RS geht. So bedarf es für jede Verlängerung um zwölf Monate der Zustimmung (oder zumindest Enthaltung) sämtlicher ständiger Mitglieder. Damit mag eine Resolution gemäß Art. 16 RS zwar sinnvoll sein, um konkrete Friedensverhandlungen nicht zu gefährden. Eine Exitoption oder auch nur einen mehrjährigen Übergangsprozess vermag Art. 16 RS aber nicht abzusichern.[55] Das Zusammenspiel aus Vetorecht und Zeitlimit macht Art. 16 RS zu einer Regelung, die vermutlich nie wirklich praxisrelevant werden kann.[56] Zudem weist *Gavron* darauf hin, dass zu überlegen ist, ob stets die Schwelle der internationalen Friedensbedrohung erreicht wird.[57] Mit der stetigen interpretatorischen Ausweitung des Friedensbedrohungsbegriffs dürfte sich diese rechtliche Hürde allerdings wohl eher selten auftun.

2. Exkurs: Gemäß Kap. VII UN-Charta

Angesichts der aufgezeigten Schwächen des Art. 16 RS ist darüber nachzudenken, ob ein Tätigwerden des UN-Sicherheitsrats nach Kap. VII UN-Charta ohne Bezugnahme auf Art. 16 RS Konsequenzen für die Tätigkeit des Gerichts haben kann. Eigentlich handelt es sich dabei nicht um eine rein verfahrensrechtliche Frage, sodass die folgenden Überlegungen auch in Teil 3 II. hätten thematisiert werden können. Aufgrund der inhaltlichen Nähe zu Art. 16 RS und der Besonderheit der (als absoluten Einzelfall anzusehenden) Einmischung des Sicherheitsrats, soll ein derartiges Handeln an dieser Stelle als Exkurs angesprochen werden.

Bis *dato* hat der UN-Sicherheitsrat keine weitgehende Entscheidung in diesem Sinne getroffen. Es ist jedoch durchaus denkbar, dass er in einer mit Uganda vergleichbaren Situation, also zur Absicherung eines Friedensprozesses, zu weitgehenden Zugeständnissen gegenüber den Konfliktparteien Bereitschaft zeigt. Para. 7 der Resolution 1497 (2003)[58] und der bereits erwähnte para. 6 der Resolution 1593 (2005) zeigen, dass der Sicherheitsrat durchaus bereit ist, die Grenzen der in Art. 16 RS eingeräumten Befugnisse zu überschreiten. In Resolution 670 (1990) hat er zudem gezeigt, dass er grundsätzlich gewillt ist, andere internationale Orga-

---

[55] Siehe *Gavron*, ICLQ 2002, 109; *L. Keller*, Conn. J. Int'l L. 2008, 242. Zu einfach daher der Verweis auf die Möglichkeit der Verlängerung von *Hafner* u.a., EJIL 1999, 114. Unkritisch auch *Evans*, Responsibility to Protect, S. 119; *Schabas*, International Criminal Court, Art. 16, S. 333.

[56] Zu den Vorgaben des Art. 16 RS siehe *Heilmann*, Effektivität des IStGH, S. 164 ff.; *Heselhaus*, ZaöRV 62 (2002), 921 ff.

[57] *Gavron*, ICLQ 2002, 109.

[58] Dazu ausführlich *Abass*, Tex. Int'l L. J. 2005, 263 ff.; siehe auch *Gropengießer/Meißner*, ICLR 2005, 289; *Heilmann*, Effektivität des IStGH, S. 240 f.

nisationen in die Pflicht zu nehmen. Eine solche hypothetische Resolution müsste, um die jeweiligen Interessen der Konfliktparteien zu berücksichtigen, Folgendes beinhalten:

1. eine aufschiebende Bedingung der Wirksamkeit der Resolution, dass die Konfliktpartei(en) demilitarisieren (und ggf. weitere Vorbedingungen erfüllen);
2. eine bindende Aufforderung an alle Mitgliedstaaten der Vereinten Nationen, eine strafrechtliche Verfolgung der betroffenen Verhandlungspartner zu unterlassen;
3. eine bindende Aufforderung an den IStGH, eine strafrechtliche Verfolgung zu unterlassen und
4. eine bindende Aufforderung an alle Mitgliedstaaten der Vereinten Nationen, jegliche Kooperation zu verweigern, sollte ein Staat oder der IStGH Strafverfolgungsmaßnahmen einleiten.

Ggf. könnte eine solche Sicherheitsratsresolution auch an auflösende Bedingungen (Teilnahme an Wahrheits- und Versöhnungskommissionen etc.) geknüpft werden. Es stellt sich allerdings die Frage, inwiefern eine derartige Resolution völkerrechtskonform wäre, ob die Staaten dieser Resolution Folge leisten müssten und wie der IStGH mit ihr umzugehen hätte.

a) Legalität

Die drei Bestimmungen einer solchen Resolution müssen für die Untersuchung der Legalität unterschieden werden. Stellt sich allerdings heraus, dass die Verbote, Strafverfahren durchzuführen, völkerrechtskonform sind, so dürften keine Bedenken bestehen, das Kooperationsverbot ebenfalls als legal anzusehen.[59] Die Legalität einer Resolution ist nicht an den Vorgaben des Rom-Statuts zu messen.[60]

Primär richtet sich die Legalität einer Maßnahme nach den Vorgaben der UN-Charta. Es ist also zunächst zu überlegen, ob eine Resolution als *ultra vires* zu behandeln wäre. Neben den verfahrensrechtlichen Vorgaben, also insbesondere dem Vetorecht, bedarf es für die Legalität einer solchen Resolution der (impliziten) Feststellung einer Friedensbedrohung gemäß Art. 39 UN-Charta.[61] Damit ist der Sicherheitsrat in der Lage zu agieren, wenn die Begehung weiterer Verbrechen oder eine Fortführung eines (Bürger-)Krieges droht. Damit könnte ein Eingreifen des Sicherheitsrats deutlich weitergehende Einschränkungen der Handlungsbefugnisse des IStGH zur Folge haben, als die in Teil 3 II. behandelten primärrechtlichen Verpflichtungen. Betrachtet man den (gescheiterten) Friedensprozess in Uganda als

---

[59] Art. 98 RS mag ein Hinweis sein, dass Kooperationsverbote grundsätzlich im Einklang mit dem Völkerrecht stehen dürften. Im Folgenden wird auf Kooperationsverbote nicht mehr eingegangen.

[60] Fraglich daher *Abass*, Tex. Int'l L. J. 2005, 269.

[61] *Gropengießer/Meißner*, ICLR 2005, 291.

paradigmatischen Fall, so ist es durchaus nicht unwahrscheinlich, dass die Voraussetzungen des Art. 39 UN-Charta in vielen Fallkonstellationen erfüllt sind. Die Kompetenznormen der Charta sind daher kaum als besondere rechtliche Hürde anzusehen.

Die viel relevantere Frage scheint daher zu sein, ob und inwieweit der UN-Sicherheitsrat an menschenrechtliche Normen gebunden ist. Diese Frage ist in der Literatur im Besonderen im Zusammenhang mit dem *Kadi*-Verfahren vor den europäischen Gerichten ausführlich besprochen worden. Die Menschenrechtsbindung des Sicherheitsrats wird zum einen aus dem Normengefüge der UN-Charta hergeleitet. So wird auf Art. 1 Abs. 3 UN-Charta verwiesen, der das Ziel der UN benennt, Menschenrechte zu stärken („promoting and encouraging respect for human rights"). Art. 24 Abs. 2 UN-Charta verpflichtet den Sicherheitsrat auf die Einhaltung dieser Zielsetzungen. Teilweise wird die Allgemeine Erklärung der Menschenrechte von 1948 auch als Ausdruck dieser in Art. 1 UN-Charta noch generalklauselartig genannten Zielbestimmung zur Anwendung gebracht.[62] Zumeist wird die Bindung des Sicherheitsrats an menschenrechtliche Bestimmungen allerdings aus der völkergewohnheitsrechtlichen Bindung der Vereinten Nationen hergeleitet[63] und es besteht weitgehend Einigkeit, dass ihnen zumindest Handlungen untersagt sind, die mit *ius cogens*-Normen des Völkerrechts unvereinbar sind.[64] *Gropengießer* und *Meißner* kommen daher zu dem Schluss, dass der UN-Sicherheitsrat eine Strafverfolgung nicht dauerhaft unterbinden könne.[65]

Zwar wäre der Schlussfolgerung zuzustimmen. Wie bereits an anderer Stelle erwähnt, kann die Prämisse jedoch nicht überzeugen. Eine zwingende Pflicht zur Strafverfolgung lässt sich nicht begründen. Verbietet der Sicherheitsrat die Durchführung von Strafverfahren, so verstößt er damit nicht gegen Normen des *ius cogens*.

Zu fragen ist abschließend, ob das an den IStGH gerichtete Verbot der Strafverfolgung anders zu bewerten ist. *Pichon* stellt in diesem Zusammenhang die Behauptung auf, dass sich ein unbefristetes Verbot der Strafverfolgung im Hinblick auf einen individualisierten Personenkreis als rechtswidrig erweist, da dies gegen

---

62 Siehe die Ausführungen bei *Pichon*, Internationaler Strafgerichtshof, S. 152–174, mit der Schlussfolgerung, dass der Sicherheitsrat, mit Ausnahme unabdingbarer Menschenrechte, nach erfolgter Abwägung der Friedenssicherung Priorität einräumen kann, vgl. S. 174.

63 *Pichon*, Internationaler Strafgerichtshof, S. 179 ff., weist zu Recht darauf hin, dass die völkergewohnheitsrechtliche Bindung der UN nicht pauschal die Kompetenz des Sicherheitsrats zu beschränken vermag.

64 *Contag*, IStGH im System kollektiver Sicherheit, S. 86; *Frau*, Das Verhältnis zwischen IStGH und Sicherheitsrat, S. 52; *Heselhaus*, ZaöRV 62 (2002), 933; *Pichon*, Internationaler Strafgerichtshof, S. 179 m.w.N.; *de Wet*, Chapter VII Powers, S. 187 ff.; *Zimmermann*, in: Frowein u.a. (Hrsg.), Verhandeln für den Frieden, S. 274.

65 *Gropengießer/Meißner*, ICLR 2005, 292. Wohl implizit auch *Abass*, Tex. Int'l L. J. 2005, 23. Fraglich auch Ausführungen bei *Heilmann*, Effektivität des IStGH, S. 241 ff.

das Gebot der Unabhängigkeit gerichtlicher Institutionen verstoße. Dem kann aus mehreren Gründen nicht so pauschal zugestimmt werden. Zunächst einmal leitet sich das Gebot, wie *Pichon* auch hervorhebt, primär aus menschenrechtlichen Erwägungen ab und dient damit zuvörderst dem Schutz des strafrechtlich Verfolgten.[66] Eines solchen Schutzes bedarf der Verfolgte in der hier debattierten Konstellation hingegen nicht. Zudem weist *Pichon* darauf hin, dass das Gebot der Unabhängigkeit gerichtlicher Institutionen herangezogen wurde, um die Autonomie der Gerichte zu untermauern und den Richtern zu ermöglichen, äußere Einflüsse zu ignorieren.[67] Damit ist jedoch noch nicht dargelegt, dass auch eine korrespondierende Verbotsnorm existiert.

Es gilt zudem zu beachten, dass hinter dem Grundsatz der Unabhängigkeit gerichtlicher Institutionen die Unabhängigkeit und Unparteilichkeit der Richter steht. Damit ist aber nicht *per se* ausgeschlossen, dass andere Organe des Gerichts einen identischen Schutz genießen. So dürfte eine solche Resolution gar nicht so sehr die Tätigkeit der Richter, sondern die der Anklage betreffen, da ein Einschreiten des UN-Sicherheitsrats eher im Vorstadium des Verfahrens zu erwarten ist. Es handelt sich daher keinesfalls zwangsläufig um einen „quasi-Freispruch".[68] Zusammenfassend lässt sich sagen, dass eine Verabschiedung einer derartigen Resolution durch den Sicherheitsrat völkerrechtskonform wäre.

b) Bindungswirkung für die Staaten

Die Tatsache, dass sich der Sicherheitsrat mit einer solchen Resolution im Rahmen des Rechts bewegt, bedeutet nicht *ipso facto*, dass andere Völkerrechtssubjekte sich zwangsläufig konform zu verhalten hätten. Allerdings legt Art. 25 i.V.m. Kap. VII UN-Charta fest, dass Sicherheitsratsresolutionen für Mitgliedstaaten der Vereinten Nationen rechtlich bindend sind.[69] Doch sind zumindest die Mitgliedstaaten des Rom-Statuts ebenso zur Kooperation mit dem Gerichtshof verpflichtet und völkergewohnheitsrechtlich wenigstens bei Anwesenheit eines mutmaßlichen Verbrechers auch zur Durchführung von Strafverfahren angehalten. In diesem Zusammenhang entfaltet jedoch Art. 103 UN-Charta seine Wirkung, der besagt, dass Pflichten aus der Charta und damit auch Verpflichtungen aus SR-Resolutionen Anwendungsvorrang genießen.[70] Dementsprechend kann konstatiert werden, dass sowohl ein Kooperations- als auch ein Strafverfolgungsverbot für Staaten rechtlich

---

[66] *Pichon*, Internationaler Strafgerichtshof, S. 185. Zur menschenrechtlichen Frage siehe auch *Danner*, AJIL 2003, 515.

[67] *Pichon*, a.a.O., S. 188 ff.

[68] So aber *Pichon*, a.a.O., S. 271. Zur strikten Trennung der Organe auch in administrativer Hinsicht, siehe *Gallant*, LJIL 2003, 557 f.

[69] Statt vieler *Delbrück*, in: Simma (Hrsg.), Charter of the UN, Art. 25 Rn. 5, 11.

[70] Siehe *Schreuer*, in: Ginther u.a. (Hrsg.), FS für Zemanek, S. 233; *Zimmermann*, in: Frowein u.a. (Hrsg.), Verhandeln für den Frieden, S. 273 f.

bindend ist.[71] Gleiches gilt im Übrigen, wenn man nur ein Strafverfolgungsrecht der Staaten annimmt. Obwohl der Wortlaut des Art. 103 UN-Charta nur von *obligations* spricht, ist anerkannt, dass auch Erlaubnisnormen verdrängt werden.[72] Ansonsten käme man zu dem bizarren Resultat, dass die SR-Resolution eine Pflicht zur Strafverfolgung verdrängen würde, nicht aber ein Recht.

c) Bindungswirkung für den IStGH

Äußerst umstritten ist, ob Sicherheitsratsresolutionen auch Bindungswirkung für das abgeleitete Völkerrechtssubjekt IStGH entfalten. Eine solche lässt sich jedenfalls nicht mit dem pauschalen Verweis auf eine quasi-verfassungsrechtliche Natur der Charta begründen.[73] Betrachtet man den Wortlaut des Art. 25 UN-Charta, so muss man feststellen, dass dieser nur die Mitgliedstaaten als Adressat von Sicherheitsratsresolutionen benennt. Zudem verweist *Sarooshi* auf Art. 48 Abs. 2 UN-Charta, der die Mitgliedstaaten dazu auffordert, Entscheidungen des Sicherheitsrats durch Wirken der Staaten in internationalen Organisationen nachzukommen.[74] Daraus schließt *Sarooshi a contrario*, dass damit eine Bindung des abgeleiteten Völkerrechtssubjekts zu verneinen sei. Zudem betont er, dass das Statut die Unabhängigkeit der Richter und des Anklägers garantiere und eine Völkerrechtsbindung des IStGH demnach abzulehnen sei.[75] Sicherlich ist dem insoweit zuzustimmen, dass eine direkte Bindung durch die Charta abzulehnen ist.[76] Daraus lässt sich jedoch nicht schließen, dass der IStGH von der Bindungswirkung komplett freigestellt wäre.

Zunächst kann diesbezüglich festgestellt werden, dass das *a contrario*-Argument nicht zu überzeugen vermag. Die Tatsache, dass den Staaten eine Pflicht auferlegt wird, im Rahmen des institutionellen Gefüges einer internationalen Organisation auf die Erfüllung von Verpflichtungen hinzuwirken, schließt keinesfalls aus, dass die Organisation selbst ebenfalls einer Pflicht unterliegt. Auch das Unabhängigkeitsargument *Sarooshis* greift zu kurz. Es beschreibt nämlich die Bindung der Organe des IStGH und nicht die Bindung des IStGH als Völkerrechtssubjekt. Diese Differenzierung ist jedoch von entscheidender Bedeutung. Wie bereits oben her-

---

71 In diesem Sinne auch *Heilmann*, Effektivität des IStGH, S. 122 f.; *Pichon*, Internationaler Strafgerichtshof, S. 215 f.; *Sarooshi*, NYIL 2001, 40 f.

72 Zu Art. 103 UN-Charta siehe Teil 5, II.A.

73 Siehe *Pernice*, ZaöRV 48 (1988), 239 und Ausführungen in Teil 5, II.A.

74 *Sarooshi*, NYIL 2001, 41. Ähnlich auch *Heilmann*, Effektivität des IStGH, S. 119. Wohl auch *Heselhaus*, ZaöRV 62 (2002), 910, mit fragwürdigem Verweis auf EMGR, EuZW 1999, 308. Auch *Pernice*, ZaöRV 48 (1988), 240, lehnt die Rechtsbindung ohne Begründung ab.

75 *Sarooshi*, NYIL 2001, 41.

76 So auch schon *Bryde/Reinisch*, in: Simma (Hrsg.), Charter of the UN, Art. 48 Rn. 10; *Gallant*, LJIL 2003, 574.

ausgearbeitet, entstammt die Rechtsbindung eines abgeleiteten Völkerrechtssubjekts der Völkerrechtsbindung der Staaten und beruht auf dem Gedanken des Umgehungsverbots. Dieses Umgehungsverbot beeinträchtigt jedoch nicht die Vertragsschließungsfähigkeit der Staaten, sodass die Ausgestaltung der Gründungsstatute durchaus zur Folge haben kann, dass die Organe des abgeleiteten Völkerrechtssubjekts dem Normenbefehl nicht zu gehorchen vermögen. Somit ist festzustellen, dass die Ausgestaltung des Statuts unbeachtlich ist, wenn es um die Frage der Bindung des Völkerrechtssubjekts an das Völkerrecht geht. Dementsprechend kann festgehalten werden, dass der IStGH als Subjekt durchaus an den Inhalt von Sicherheitsratsresolutionen gebunden sein kann.[77] Eine Bindung an ein (hypothetisches) Strafverfolgungsverbot ist demnach zu bejahen.

d) Zwischenergebnis

Damit bleibt festzuhalten, dass eine derartige (fiktive) Sicherheitsratsresolution nicht nur legal wäre, sondern auch die Staaten und den IStGH binden würde.

D. Rücknahme eines Haftbefehls

Es ließe sich überlegen, ob der Ankläger in der Lage ist, einen Haftbefehl isoliert zurückzunehmen. Art. 58 (4) RS legt allerdings fest:

> The warrant of arrest shall remain in effect until otherwise ordered by the Court.

Somit sind nur die Richter, je nach Verfahrensstadium die Vorverfahrenskammer oder Hauptverfahrenskammer,[78] befugt, den Haftbefehl zu kassieren. Damit ist jedoch nicht gesagt, welche Gründe für eine Rücknahme des Haftbefehls sprechen.[79] Solange die Beweislage gegen den Verdächtigen ausreichend ist und ein Verfahren angestrebt wird, besteht kein Grund für die Richter, den Haftbefehl aufzuheben. Erst bei Wegfall der Anforderungen an den Haftbefehl ist zu erwarten, dass die Richter ihn kassieren. Wird beispielsweise ein Verfahren eingestellt, so entfällt die Notwendigkeit, die Anwesenheit des Angeklagten zu sichern.

---

[77] So auch *Benzing*, Max Planck UNYB 2003, 627; *Gropengießer/Meißner*, ICLR 2005, 290; *Pichon*, Internationaler Strafgerichtshof, S. 218 ff.; *Zimmermann*, in: Frowein u.a. (Hrsg.), Verhandeln für den Frieden, S. 276. Im Ergebnis zustimmend, aber mit der weitergehenden und unbegründeten Forderung, sogar normative Vorgaben des Statuts zu missachten, *Lavalle*, CLF 2003, 205. So auch *Ohlin*, in: Stahn/Sluiter (Hrsg.), The Emerging Practice, S. 190. Dieses wird von *Gallant*, LJIL 2003, 573, zu Recht abgelehnt.

[78] *Hall*, in: Triffterer (Hrsg.), Commentary on the Rome Statute, Art. 58 Rn. 23 f.

[79] Erstaunlicherweise wird dies in den Kommentaren (*Schabas*, International Criminal Court, Art. 58, S. 711; *Hall*, in: Triffterer (Hrsg.), Commentary on the Rome Statute, Art. 58 Rn. 23 f.) nicht thematisiert.

E. Verfahrenseinstellung durch den Ankläger, Art. 53 RS

Kaum überraschend, kristallisiert sich die Frage der Einstellung von Verfahren durch den Ankläger als für die Fragestellung absolut zentral heraus. Das Augenmerk sollte daher auf Art. 53 RS gerichtet werden, der in Auszügen wie folgt lautet:

> (2) If, upon investigation, the Prosecutor concludes that there is not sufficient basis for a prosecution because:
>
> (a) There is not a sufficient legal or factual basis to seek a warrant or summons under article 58;
>
> (b) The case is inadmissible under article 17; or
>
> (c) *A prosecution is not in the interests of justice*, taking into account all the circumstances, including the gravity of the crime, the interests of victims and the age or infirmity of the alleged perpetrator, and his or her role in the alleged crime […].
>
> (4) The Prosecutor may, at any time reconsider a decision whether to initiate an investigation or prosecution based on new facts or information. [Hervorhebung des Autors]

Bevor auf die zentrale Frage eingegangen werden soll, was unter „the interests of justice" verstanden und wie Art. 53 (2) (c) RS interpretiert werden sollte, müssen einige generelle Feststellungen vorangestellt werden.

Zunächst stellt sich die Frage, wann die Anklage zu einer Entscheidung i.S.d. Abs. 2 berechtigt ist. Grundsätzlich sieht der Absatz eine Entscheidung vor, wenn die Anklagebehörde einen konkreten Fall ausermittelt hat. Allerdings bestimmt Abs. 4, dass diese Entscheidung jederzeit revidiert werden kann. Die Möglichkeit, eine einmal getroffene Entscheidung zu revidieren, erlaubt der Anklage sowohl eine einmal beschlossene Einstellung zurückzunehmen als auch eine zunächst befürwortete Strafverfolgung doch zu unterlassen.[80] Die Anforderung an eine Revidierung sind relativ gering, sofern man (b) und (c) in den Blick nimmt.[81] Was verwundern mag, ist, dass Art. 53 (4) RS keinerlei zeitliche Beschränkung vorsieht und eine Entscheidung „at any time" zulässt. Man muss die Norm allerdings im Lichte der Systematik des Statuts sehen, sodass eine Einstellungsentscheidung nach der Bestätigung der Anklage gemäß Art. 61 RS rechtlich ohne Bedeutung ist.[82] Art. 61 (9) Satz 3 RS legt fest, dass eine Rücknahme von Anklagepunkten erst im Hauptverfahren bei Zustimmung der Hauptverfahrenskammer erfolgen kann.

An dieser Stelle soll auf die bruchstückhafte Kommentierung des Art. 53 RS in der Literatur und seitens der Anklage eingegangen werden. Relevante Gerichtsentscheidungen zu Art. 53 RS sind bis *dato* noch nicht ergangen.

---

[80] Vgl. *Bergsmo/Kruger*, in: Triffterer (Hrsg.), Commentary on the Rome Statute, Art. 53 Rn. 40.

[81] Etwas anderes mag für die Beweisfrage gelten, sodass insoweit *Schabas* gefolgt werden kann: „the decision not to investigate or prosecute creates a form of res iudicata", vgl. *ders.*, International Criminal Court, Art. 53, S. 670.

[82] So auch *Turone*, in: Cassese/Gaeta/Jones (Hrsg.), The Rome Statute, S. 1178.

1. Bisherige Interpretationsansätze

Die Anklagebehörde hat bereits im September 2007 ein *Policy Paper on the Interests of Justice* herausgegeben. Darin sind einige Feststellungen enthalten, denen vollumfänglich beigepflichtet werden kann. So stellt die Anklage fest, das Statut sehe Strafverfolgung als die Regel, eine Einstellung gemäß Art. 53 (2) (c) hingegen als Ausnahme vor.[83] Zudem müssten gewichtige Gründe gegen eine Strafverfolgung sprechen.[84] Daneben, und durchaus kritischer zu betrachten, bezeichnet das Policy Paper „other justice mechanisms" ausdrücklich als „complementary"[85] und trifft folgende berühmt gewordene Aussage:

> "[...] the broader matter of international peace and security is not the responsibility of the Prosecutor; it falls within the mandate of other institutions."[86]

Dem entgegnet *Schabas* treffend, die Festlegungen im Policy Paper seien zulässig, aber aufgrund der Regelungen des Statuts keineswegs zwingend.[87] In der Praxis hat der Einstellungsgrund keinen Bedeutungszuwachs erfahren und wurde von den Organen mit den Worten *Stahns* als „Pandora's Box" behandelt.[88]

Während von der Anklage kaum eine präzisere Festlegung im Hinblick auf die Interpretation des *interest of justice* zu erwarten war,[89] verwundert es doch, dass eine tiefergehende Auseinandersetzung auch in der Literatur, soweit ersichtlich, nicht erfolgte. Zwar wird im Zusammenhang mit dem Themenkomplex des *Peace vs. Justice* oft auf diese Norm verwiesen.[90] Zumeist erschöpfen sich die Interpretationsansätze jedoch in der Feststellung, dass es sich beim Tatbestandsmerkmal des *interest of justice* um einen weiten und dehnbaren Begriff handele und dies einen weiten Ermessensspielraum der Anklage zur Folge habe.[91]

---

83 Policy Paper on the interests of justice, S. 1. Siehe auch *Schabas*, International Criminal Court, Art. 53, S. 666.

84 Policy Paper on the interests of justice, S. 3. So auch *Gropengießer/Meißner*, ICLR 2005, 296.

85 Policy Paper on the interests of justice, S. 7.

86 A.a.O., S. 9. Zustimmend *Stahn*, JICJ 2005, 718. Wohl auch *Mallinder*, Amnesty, Human Rights and Political Transition, S. 286 f.

87 *Schabas*, International Criminal Court, Art. 53, S. 663. Ähnlich *Rohrer*, Legalitäts- oder Opportunitätsprinzip, S. 304; *Wouters* u.a., ICLR 2008, 292.

88 *Stahn*, in: Stahn/Sluiter (Hrsg.), The Emerging Practice, S. 251, mit Ausführungen zu ausgelassenen Möglichkeiten in der Praxis, S. 277 f.

89 Die Tendenz, sich nicht öffentlich festzulegen oder sich gar im Rahmen von Richtlinien binden zu lassen, ist bei allen internationalen Anklägern zu beobachten. Dazu auch *Côté*, JICJ 2005, 168 mit Kritik, 171 f.

90 Siehe *Bergsmo/Kruger*, in: Triffterer (Hrsg.), Commentary on the Rome Statute, Art. 53 Rn. 22; *Gropengießer/Meißner*, ICLR 2005, 295 ff.; *Scharf*, Corn. Int'l L. J. 1999, 524; *Turone*, in: Cassese/Gaeta/Jones (Hrsg.), The Rome Statute, S. 1173 ff.

91 *Bergsmo/Kruger*, in: Triffterer (Hrsg.), Commentary on the Rome Statute, Art. 53 Rn. 22. Ähnlich auch *Brubacher*, JICJ 2004, 81; *T. Clark*, Wash. U. Global Stud. L. Rev. 2005, 402; *Côté*, JICJ 2005, 165; *Danner*, AJIL 2003, 542 f.; *Friman*, in: Fischer/Kreß/

Die Unbestimmtheit des Tatbestandsmerkmals verleitet zudem eine Vielzahl von Autoren dazu, friedens- und sicherheitspolitische Erwägungen von Art. 53 RS erfasst zu sehen.[92] Teilweise werden auch Kriterien zur Bestimmung des *interest of justice* herangezogen, die bereits im Rahmen des Art. 17 RS zu berücksichtigen sind *(gravity)*.[93] Die bisherigen Interpretationsansätze lassen sich mit den Worten *Ohlins* treffend auf den Punkt bringen:

> "Indeed, it is difficult to think of a factor that would not be relevant under the banner of the 'interests of justice'. One might as well have used the term 'all things concerned'."[94]

2. Eigener Interpretationsansatz

Zunächst einige kurze Bemerkungen vorweg. Widmet man sich nun der Interpretation des Merkmals *interest of justice*, so ist darauf hinzuweisen, dass sich die folgenden Ausführungen primär auf Abs. 2 beziehen und die Erkenntnisse nicht automatisch auf den ersten Absatz übertragen werden können, da dieser einem anderen Zweck dient.[95] Auch ist festzustellen, dass die in Abs. 2 eingeführte negative Formulierung das Regel-Ausnahme-Verhältnis zugunsten der Strafverfolgung verändert.[96]

Ferner ist anzumerken, dass Abs. 2 des Art. 53 RS sehr unglücklich formuliert ist. Der darin enthaltene Einstellungsgrund ist nicht explizit benannt. So lautet das normative Gebot:

> If, upon investigation, the Prosecutor concludes that there is not a sufficient basis for a prosecution […] the Prosecutor shall inform the Pre-Trial Chamber […].

Weiterhin legt das Statut fest, dass es einer hinreichenden Grundlage für eine Strafverfolgung („sufficient basis for a prosecution") ermangelt, wenn die Strafverfolgung nicht im Interesse der Gerechtigkeit ist („a prosecution is not in the interests of justice"). Die negative Formulierung zeigt den Unwillen, einen Einstellungsgrund positiv im Statut zu verankern. Eine genaue Bestimmung von möglichen Gründen für eine Einstellung wird dadurch erschwert. Zudem ist darauf hinzuweisen, dass unklar ist, ob sich die Nichtverfolgungsentscheidung auf Personen

---

Lüder (Hrsg.), International and National Prosecution, S. 201; *Gropengießer/Meißner*, ICLR 2005, 295; *Meyer*, ICLR 2006, 579 f.; *Olásolo*, ICLR 2003, 111; *Schabas*, International Criminal Court, Art. 53, S. 660; *Turone*, in: Cassese/Gaeta/Jones (Hrsg.), The Rome Statute, S. 1174.

92 *Brubacher*, JICJ 2004, 81 f.; *Goldstone/Fritz*, LJIL 2002, 662 f.

93 So bspw. *Danner*, AJIL 2003, 543.

94 *Ohlin*, in: Stahn/Sluiter (Hrsg.), The Emerging Practice, S. 188, allerdings im Hinblick auf Abs. 1.

95 Zum ersten Absatz siehe *Seibert-Fohr*, Max Planck UNYB 2003, 578 ff.

96 Zu den Unterschieden im Wortlaut der Fomulierungen siehe *Brubacher*, JICJ 2004, 75; *Schabas*, International Criminal Court, Art. 53, S. 666. Fraglich daher *Guariglia*, in: Lee (Hrsg.), The International Criminal Court, S. 230.

oder Taten bezieht.[97] Insofern ist der Wortlaut offen. Wie sich zeigen wird, handelt es sich bei Art. 53 (2) (c) RS im Allgemeinen um einen wenig aussagekräftigen Paragrafen.

a) Wortlaut, Art. 31 Abs. 1 WVK

Im Einklang mit bisherigen Interpretationsansätzen lässt sich nicht leugnen, dass sich der Wortlaut des Art. 53 (2) (c) RS als nicht besonders ergiebig darstellt. Bereits der Begriff *justice* lässt jegliche klaren Konturen vermissen und ist im Übrigen nicht deckungsgleich mit dem in der deutschen Übersetzung gewählten Begriff „Gerechtigkeit". Das Black Law Dictionary definiert *justice* als „the fair and proper administration of laws", womit ebenfalls keine klarere Aussage aus der Norm herausgelesen werden kann. Die in der anglophonen Literatur gewählten Termini *retributive justice*, *transitional justice*, *restorative justice*, *post-conflict justice* mögen bereits verdeutlichen, dass es sich bei dem Begriff *justice* um nicht mehr als eine leere Worthülse handelt. Die mangelnde Aussagekraft des Wortlauts wird auch daran deutlich, dass das Rom-Statut den Terminus keineswegs einheitlich verwendet. So deutet die Verwendung zwar teilweise darauf hin, dass *justice* mit Bestrafung gleichzusetzen ist. Ebenso werden allerdings auch Gesichtspunkte des Opferschutzes mit dem Schlagwort *justice* in Verbindung gebracht.[98] Der Wortlaut vermag daher keine Erkenntnisse zu liefern.

b) Normsystematik, Art. 31 Abs. 1 WVK

Normensystematische Erwägungen erscheinen auf den ersten Blick aufschlussreicher, nennt doch Art. 53 (2) (c) RS explizit (aber nicht abschließend[99]) Elemente, die im Rahmen der Abwägung Berücksichtigung zu finden haben. Die Normensystematik liefert jedoch nur begrenzt Antworten. So ist zu konstatieren, dass die vier genannten Komponenten nicht einheitlich kategorisiert werden können:[100]

Age or infirmity ist eine Komponente, die eindeutig gegen eine Strafverfolgung sprechen dürfte. Obwohl der Hinweis wohl primär aus Humanitätserwägungen Eingang in die Norm gefunden hat, könnte auch das Interesse am schonenden Umgang mit Ressourcen eine Rolle spielen.[101] So hat das *Milosevic*-Verfahren gezeigt, dass Verfahren durchaus aufgrund des Todes des Angeklagten vorzeitig beendet zu

[97] *Stahn*, in: Stahn/Sluiter (Hrsg.), The Emerging Practice, S. 270.

[98] Dazu *Kourabas*, U. C. D. J. Int'l L. & Pol. 2007, 71.

[99] Daher ist der Umkehrschluss bei *Seibert-Fohr*, Max Planck UNYB 2003, 579, nur von begrenzter Aussagekraft.

[100] *Stahn*, JICJ 2005, 718, behauptet, es handele sich dabei um Einzelfallgerechtigkeit. Warum dies so sein soll und warum die Konsequenz daraus wäre, politischen Argumenten jegliche Bedeutung abzusprechen, bleibt allerdings unklar.

[101] Siehe dazu auch *Schabas*, International Criminal Court, Art. 53, S. 667.

werden drohen. Es mag daher ressourcenschonender sein, ein Verfahren gar nicht erst anzustrengen, wenn zu erwarten ist, dass es das Urteilsstadium nicht erreicht.[102]

Die Schwere der Tat dagegen spricht für eine Strafverfolgung, es sei denn, man sähe die mangelnde Schwere der Tat als Faktor in der Abwägung an.[103] Gegen eine solche Sicht lässt sich anführen, dass bereits in Art. 53 (2) (b) RS durch den Verweis auf Art. 17 RS und dessen Abs. 1 (d) weniger schwere Taten zur Einstellung des Verfahrens führen sollen. Die Betonung des Schweregrades spricht also dafür, dass eine besonders schwere Tat tendenziell eher geahndet werden soll. Dass eine solche Staffelung weiten Raum für Interpretation lässt und damit die Ermessensausübung der Anklage unberechenbar zu machen droht, soll hier nur der Vollständigkeit halber erwähnt sein.[104]

Weiter wird das Interesse der Opfer als besonderer Faktor der Abwägung hervorgehoben. Es lässt sich, anders als die beiden anderen Faktoren, nicht eindeutig zuordnen.[105] Dies liegt zunächst daran, dass der Opferbegriff des Art. 53 RS ebenso undeterminiert ist wie der Opferbegriff im Statut allgemein. Ob nur die konkreten Opfer der Einzelakte oder auch die gesamte Opfergemeinschaft unter den Begriff zu subsumieren sind, spielt eine bedeutende Rolle für die Bestimmung des Opferinteresses. Dem ist hinzuzufügen, dass das Opferinteresse nicht zwangsläufig eine strikte strafrechtliche Aufarbeitung bedeuten muss.[106] So ist es zumindest denkbar, dass Opfer kein Interesse an einem Strafprozess in Den Haag haben könnten.[107]

Unklar ist auch, warum die Rolle des Täters explizit betont wird. Diese wird klassischerweise als ein Element der Schwere der Tat angesehen, wie Regel 145 (1) (c) der Verfahrens- und Beweisanordnung zeigt.[108] Zudem dürfte sich die Rolle des

---

102 Zur Ressourcenschonung pauschal auch *Röben*, Max Planck UNYB 2003, 524.

103 So wohl aber *Rohrer*, Legalitäts- oder Opportunitätsprinzip, S. 246; *Wouters* u.a., ICLR 2008, 297.

104 Siehe auch *Bergsmo/Kruger*, in: Triffterer (Hrsg.), Commentary on the Rome Statute, Art. 53 Rn. 19, die die Betonung der Schwere als redundant ansehen. Ähnlich auch *Turone*, in: Cassese/Gaeta/Jones (Hrsg.), The Rome Statute, S. 1174.

105 Siehe dazu auch Policy Paper on the interests of justice, S. 5 f.

106 So wohl aber *Seibert-Fohr*, Max Planck UNYB 2003, 579.

107 Siehe dazu *Rohrer*, Legalitäts- oder Opportunitätsprinzip, S. 246 ff. *Rohrer* kommt allerdings zu dem letztlich wenig überzeugenden Ergebnis, dass die Interessen der Opfer immer eine Strafverfolgung verlangen, vgl. S. 251. Dabei setzt er sich zwar mit der Regel 85 VBA auseinander, geht allerdings verkürzt davon aus, dass die Opferdefinition abschließend geregelt ist. So stellt er (S. 249), bspw. pauschal fest: „Ein Absehen von Verfolgung entspricht nicht dem postulierten Schutzinteresse der Opfer. Denn ohne eine Ermittlung und Verfolgung der Täter sind die Opfer einer Gefährdung durch die Täter in stärkerem Maße ausgesetzt, als sie es im Falle einer Ermittlung wären." Dies setzt, wie *Rohrer* anscheinend selbstverständlich annimmt, eine schnelle und einfache Verhaftung voraus.

108 *Bergsmo/Kruger*, in: Triffterer (Hrsg.), Commentary on the Rome Statute, Art. 53 Rn. 30, sehen sogar eine indirekte Zeugenschutzregel.

Täters bei der Tat auch auf die Schwere des Tatvorwurfs auswirken, weshalb eine Einstellung bereits über Art. 53 (2) (b) i.V.m. Art. 17 (1) (d) RS erfolgen könnte.

Demgemäß vermögen die genannten Komponenten keine klaren Interpretationsvorgaben für die Bestimmung des *interest of justice* im Allgemeinen zu liefern.

c) „Gesetzessystematik", Art. 31 WVK

Gesetzessystematik ist als Begriff in Anführungszeichen zu sehen, handelt es sich doch beim Rom-Statut nicht um einen legislativen Akt im eigentlichen Sinne. Der Klarheit wegen soll die deutsche Terminologie allerdings beibehalten werden und auch hier von Gesetzessystematik gesprochen werden.

Primärer Anknüpfungspunkt für eine gesetzessystematische Interpretation ist die Präambel des Rom-Statuts.[109] Auf die Aussagen der Präambel ist an anderer Stelle bereits ausführlicher eingegangen worden, sodass hier nur die zentrale Erkenntnis wiederholt werden soll. Die Präambel erkennt präventive Bedürfnisse an, stellt jedoch stets eine Verbindung zur Strafverfolgung her. Diese Rückkopplung an die Strafverfolgung darf aber nicht zu dem Umkehrschluss veranlassen, im Rahmen des Art. 53 RS sei stets die Strafverfolgung zu bevorzugen.[110] So ist es selbstverständlich, dass in der Präambel die Zielsetzung einer Institution genannt wird und an derart prominenter Stelle nicht auch die Ausnahmen („not in the interests of justice") thematisiert werden. Mit anderen Worten: Ein Bekenntnis zur Strafverfolgung lässt sich nicht gewinnbringend für die Interpretation von Ausnahmen heranziehen. Auch die Tatsache, dass Art. 16 RS ein Einfrieren der Prozesse durch den Sicherheitsrat ermöglicht, schließt nicht *per se* aus, dass die Anklage selbstständig tätig wird.[111]

Weitere gesetzessystematische Erwägungen sind bereits oben erfolgt und sollen an dieser Stelle nicht ausführlich wiederholt werden. Es bleibt insofern nur festzustellen, dass auch die Gesetzessystematik keine absolute Klarheit bezüglich der Interpretationsfrage liefert. Die Zulässigkeit von *plea bargaining* und die Gewährleistung von Zeugen-, Opfer- und Staatsschutz mag allerdings als Indiz für eine Abwägungsoffenheit gewertet werden. Die Unbeachtlichkeit von Verjährungsregeln und der Ausschluss von Immunitäten erlauben dagegen keine Rückschlüsse.

---

[109] So bspw. bei *Olásolo*, ICLR 2003, 136.

[110] Problematisch daher die Argumentation bei *Stahn*, JICJ 2005, 718.

[111] Vgl. Dazu überzeugend *Rohrer*, Legalitäts- oder Opportunitätsprinzip, S. 270 ff., mit Stellungnahme S. 287.

d) Historie, Art. 32 a) WVK

Die Historie bzw. die Umstände des Vertragsschlusses sind für die Interpretation eines völkerrechtlichen Vertrags gemäß Art. 32 WVK von nachrangiger Bedeutung. Diese proklamierte Nachrangigkeit der historischen Interpretation verliert allerdings an Bedeutung, wenn man bedenkt, dass auch die meisten (vorrangigen) Regeln des Art. 31 WVK eine Interpretationsfähigkeit der Norm voraussetzen. Auf das Rangverhältnis der Auslegungsregeln soll hier jedoch nicht detailliert eingegangen werden, da die historische Interpretation im Hinblick auf Art. 53 RS wenig verspricht. Die Frage des Umgangs mit politisch heiklen Situationen wurde in den Verhandlungen in Rom ausgiebig diskutiert. Eine eindeutige Tendenz vermochte sich nicht herauszukristallisieren. Die Frage wurde in den Verhandlungen bewusst offen gelassen.[112]

e) Telos, Art. 31 Abs. 1 WVK

Abschließend stellt sich die Frage, ob eine teleologische Interpretation des Art. 53 RS und insbesondere des Tatbestandsmerkmals *not in the interests of justice* Klarheit verspricht. Die Interpretationsmethode birgt indes das Risiko, dass die persönliche Sichtweise des jeweiligen Norminterpreten das Ergebnis der Interpretation beeinflusst. Eine eigenständige Auslegung nach Sinn und Zweck der Norm scheint jedenfalls an dieser Stelle wenig vielversprechend. So sind zentrale Punkte bereits bei den Punkten „Gesetzes"- und Normsystematik angesprochen. Bei den Ausführungen zur Historie fanden zudem die Ansichten der Vertreter bei der Römischen Konferenz Beachtung. Aufgrund dessen soll an dieser Stelle zur Vermeidung von Redundanzen auf das bereits Gesagte verwiesen werden.

f) Systemische Integration, Art. 31 Abs. 3 c) WVK

Man könnte versucht sein, den bisherigen Interpretationsansätzen zu folgen und dem Ankläger die Ausfüllung des unbestimmten Rechtsbegriffs *interests of justice* zu überlassen. Eine solche Sichtweise würde jedoch verkennen, dass der IStGH und damit auch die Anklage nicht in einem abgeschlossenen System agieren. Art. 31 Abs. 3 c) WVK betont diesen Gedanken der systemischen Integration und ermöglicht die Rezeption statuts-externer Normen im Rahmen der Interpretation statuts-interner Normen. Im bisherigen Verlauf der Arbeit wurden zwei statuts-externe Normen bereits herausgearbeitet, die für die Interpretation des Art. 53 (2) (c) RS von Bedeutung sind: Die in Teil 3, II. thematisierte Schutz- bzw. Unterlassenspflicht bei sogenannten internationalen Verbrechen und die in Teil 6, II.C. erwähnte, vom Sicherheitsrat zu erlassende, Unterlassenspflicht. Der Inhalt dieser

---

112 Siehe bspw. *Olásolo*, ICLR 2003, 132; *Scharf/Dowd*, No Way Out?, S. 11.

Pflichten soll hier kurz wiedergegeben werden. Die Schutz- bzw. Unterlassenspflicht lautet: Der IStGH ist verpflichtet, „bei Kenntnis drohender Kernverbrechen (Völkermord, Verbrechen gegen die Menschlichkeit, schwere Kriegsverbrechen) ein Verhalten zu unterlassen, welches kausal für die Begehung von Kernverbrechen wäre, sofern das Verhalten nicht völkerrechtlich gefordert ist".

Die (hypothetische) vom Sicherheitsrat zu erlassende Pflicht lautet: Der IStGH ist verpflichtet, „jegliche Strafverfolgungsmaßnahmen gegen X zu unterlassen, um eine Gefährdung des Weltfriedens zu verhindern".

Hierbei zeigt sich, dass dem Inhalt nach eine Berücksichtigung dieser Pflichten mit den Vorgaben des Art. 53 (2) (c) RS vereinbar ist. Sollte der Rechtsanwender bei der Auflösung des Normenkonflikts aus Teil 5 daher zu dem Ergebnis kommen, dass den Präventionspflichten im konkreten Fall der Vorzug einzuräumen ist, so könnte diese Erkenntnis im Rahmen der Interpretation des Art. 53 RS berücksichtigt werden. Beide Verpflichtungen betreffen extreme Notsituationen und dienen der Verhinderung schwerwiegenden Leids. Derartige Notsituationen lassen sich nicht *per se* aus dem Anwendungsbereich des Art. 53 (2) (c) RS ausschließen und sind daher als Gründe für eine Verfahrenseinstellung in der Literatur auch vorgebracht worden.

3. Auswirkung auf die Entscheidung der Anklage im Einzelfall

Bis *dato* wurde ermittelt, dass Art. 53 (2) (c) RS so weit formuliert ist, dass auch unter Hinzunahme norm- und „gesetzes"systematischer Argumente keine eindeutige Interpretation des Tatbestandsmerkmals *interests of justice* möglich erscheint. Ebenso kann festgehalten werden, dass die Interpretationsoffenheit des Art. 53 (2) (c) RS es zulässt, völkerrechtssystemische Argumente bei der Anwendung der Norm zu berücksichtigen. Die Schwierigkeiten im Umgang mit dieser für den Rechtsinterpreten durchaus unglücklich formulierten Norm resultieren sicherlich zum Teil daraus, dass das unbestimmte Tatbestandsmerkmal *interests of justice* keinen statischen Aussagegehalt hat. Vielmehr beinhaltet die Norm einen Auftrag an den Ankläger, eine Abwägung im Einzelfall durchzuführen und das Interesse an der Strafverfolgung mit möglicherweise konfligierenden Interessen zum Ausgleich zu bringen.

Die Betrachtungen in der Literatur enden an diesem Punkt und vergessen dabei eine zentrale Komponente. Die dort geführte Debatte ist verkürzt, da die Frage der Einstellung von Verfahren vor dem IStGH stets nur unter dem Gesichtspunkt des *kann/könnte*, nicht aber unter dem differenzierten Blickwinkel des *darf/kann/soll/muss* diskutiert wurde. Dies soll im Folgenden geschehen. Es soll gezeigt werden, dass den verschiedenen Elementen im Abwägungsprozess unterschiedliche Bedeutung beigemessen werden kann. Zwar ist es durchaus richtig, dass bestimmte Erwägungen durch Abwägung berücksichtigt werden können. Ebenso lässt sich aber auch feststellen, dass sachfremde Erwägungen das Abwägungsergebnis nicht prägen dürfen. Zudem lehrt schon die deutsche verwaltungsrechtliche Ermessensfehlerlehre,[113] dass es im Rahmen der Entscheidungsfindung bestimmte Aspekte zu berücksichtigen gilt, um die Entscheidung nicht mit einem Rechtsfehler zu behaften. Schließlich zeigt die Ermessenslehre, auch wenn sie nur zur Strukturierung der Debatte herangezogen werden kann, dass es durchaus Fallkonstellationen gibt, in denen auf eine Abwägung gänzlich zu verzichten ist oder verzichtet werden sollte.[114]

a) Sachfremde Erwägungen

Obgleich das Rom-Statut in Art. 53 (2) (c) nicht konkret definiert, unter welchen Umständen ein Verfahren einzustellen ist, lassen sich doch Kriterien festmachen, die eine Einstellungsentscheidung (für sich genommen) nicht rechtfertigen.[115] Die Liste möglicher sachfremder Erwägungen ist lang und kann theoretisch unbegrenzt fortgesetzt werden. Einige Aspekte sollen hier jedoch angerissen werden, da sie in zukünftigen Verfahren akut werden könnten. Art 21 (3) RS liefert wichtige Hinweise, welche Kriterien im Rahmen einer möglichen Einstellungsentscheidung nicht in die Abwägung einfließen dürfen. Dort werden Diskriminierungsverbote aufgezählt, die es im Rahmen der Anwendung des gesamten Statuts zu berücksichtigen gilt. Abs. 3 listet folgende auf: „age, race, colour, religion or belief, political or other opinion, national, ethnic or social origin, wealth, birth or other status". Sicherlich ist dieses Diskriminierungsverbot insoweit zu relativieren, als dass bestimmte Differenzierungen im Statut explizit angelegt sind. Art. 53 (2) (c) RS enthält selbst einen expliziten Verweis auf das Alter des mutmaßlichen Täters.

Von besonderer praktischer Relevanz für die Rechtsanwendung dürfte das Verbot nationaler und ethnischer Differenzierungen sein. So stand beispielsweise vor dem ICTY stets die Frage im Raum, ob zum Abbau zwischenstaatlicher Spannungen eine aktivere Strafverfolgung von bosnischen und kroatischen Verbrechen notwendig sei, um dem Eindruck der selektiven Verfolgung serbischer und bosnisch-serbischer Verbrechen entgegenzuwirken.[116] Die *ad hoc*-Tribunale haben zwar bestätigt, dass eine Auswahl der Taten und Täter nach nationaler Zugehörigkeit nicht statthaft sei. Der Geltendmachung einer derartigen Diskriminierung wurden jedoch gewaltige Hürden in den Weg gelegt. So liege die Last beim Betroffenen, darzulegen, dass die Entscheidung *primär* aus diskriminierenden Motiven

---

[113] Dazu *Hoffmann-Riem*, in: Hoffmann-Riem/Schmidt-Aßmann/Voßkuhle (Hrsg.), Grundlagen des Verwaltungsrechts, Bd. I, S. 682.

[114] Dazu *Schoch*, in: Hoffmann-Riem/Schmidt-Aßmann/Voßkuhle (Hrsg.), Grundlagen des Verwaltungsrechts, Bd. III, S. 848–852.

[115] Siehe auch *Greenawalt*, N.Y.U. J. Int'l L. & Pol., 613; *Jallow*, JICJ 2005, 154.

[116] Zur Thematik der Selektion von Täter(gruppen), siehe *Nitsche*, IStGH und Frieden, S. 198 ff.

erfolgte.[117] Eine diskriminierende Strafverfolgung dürfte daher nur in Ausnahmefällen rechtliche Konsequenzen haben. Zudem gilt es zu bedenken, dass generalpräventive Ziele der Strafverfolgung eine derartige Diskriminierung durchaus legitim erscheinen lassen, weshalb es kaum zu erwarten ist, dass die Strategie der Anklage insofern eine ernsthafte Überprüfung erfahren wird.[118] Eine nationale oder ethnische „Ausgewogenheit" könnte im Wege der Verfahrenseinstellung erreicht werden, auch wenn sich dies aufgrund der geringeren Fallzahlen vor dem IStGH als weniger heikel darstellen dürfte als bei Verfahren vor dem ICTY oder ICTR.

Als sachfremde Erwägung dürfte es zudem angesehen werden, wenn Verfahren ausschließlich aufgrund politischen Drucks einzelner Staaten zur Einstellung gebracht werden. Dies wäre kaum mit dem Selbstverständnis des IStGH als neutrale, unabhängige Institution vereinbar. Das Thema der sachfremden Erwägungen soll an dieser Stelle allerdings nicht weiter vertieft werden, widmet sich die Arbeit doch eigentlich der entgegengesetzten Fallkonstellation.

b) Berücksichtigungspflichten

Von viel größerem Interesse ist die Frage, welche Aspekte in der Abwägungsentscheidung der Anklage zwingend berücksichtigt werden müssen. Einige Berücksichtigungsgebote normiert das Rom-Statut ausdrücklich. So ist eine Abwägungsentscheidung als fehlerbehaftet anzusehen, wenn die Schwere der Tat, das Interesse der Opfer, das Alter des mutmaßlichen Täters und dessen Rolle in der mutmaßlichen Tat keine Berücksichtigung finden. Neben diesen explizit normierten Geboten ist jedoch an zwei weitere Berücksichtigungsgebote zu denken. Es handelt sich dabei um die beiden bereits behandelten Unterlassenspflichten. *Côté* hatte schon 2005 treffend festgestellt:

> "If legal limits have to be found to prosecutorial discretion, one will have to look beyond the Statutes and Rules into general principles of law, human-rights norms and customary international law."[119]

aa) Schutz- bzw. Unterlassenspflicht bei internationalen Verbrechen

Sowohl allgemeines Völkerrecht als auch das Rom-Statut deuten darauf hin, dass eine Berücksichtigungspflicht im Hinblick auf die Schutz- bzw. Unterlassenspflicht bei internationalen Verbrechen besteht. Droht ein laufendes Strafverfahren die Begehung von Völkermord, Verbrechen gegen die Menschlichkeit oder Kriegsverbrechen zur Folge zu haben, so ist der Ankläger bei seiner Abwägung gemäß Art. 53 (2) (c) RS dazu verpflichtet, sich mit diesen Konsequenzen im Rahmen der Abwä-

[117] Siehe dazu *Jallow*, JICJ 2005, 155 ff.

[118] Siehe dazu auch *Côté*, JICJ 2005, 175 f.

[119] A.a.O., 172 f.

gung auseinanderzusetzen. Wie bereits in Teil 5 ausführlich dargestellt, muss dies nicht bedeuten, dass die Abwägung damit zwangsläufig zugunsten präventiver Gesichtspunkte verläuft. Ebenso besteht jedoch auch keine unwiderlegbare Vermutung für die Durchführung bzw. Aufrechterhaltung strafverfolgender Maßnahmen.

An anderer Stelle wurde bereits ausführlicher auf die Integrationsoffenheit des Statuts eingegangen.[120] Diese führt demnach dazu, dass die Schutz- bzw. Unterlassenspflicht im Rahmen der Abwägung nicht nur berücksichtigt werden *kann*, sondern berücksichtigt werden *muss*. Es wäre daher verkürzt, im Sinne *Olásolo*s zu behaupten, eine Anwendung des Art. 53 RS hänge von politischer Opportunität ab.[121] Es handelt sich bei der Entscheidung eben gerade nicht um eine rein politische Entscheidung, die im freien Ermessen des Anklägers steht. Vielmehr besteht eine völkerrechtliche Berücksichtigungspflicht. Allerdings kennt das Statut keine mit Art. 25 GG vergleichbare Norm, die explizit einen Vorrang statuts-externer vor statuts-internen Normen proklamieren würde. Ob Art. 21 (3) RS einen derartigen Vorrang der externen Normen proklamiert und daher eine Ermessensreduktion auf Null zur Konsequenz hätte, erscheint unklar. Zwar wird die Norm von Autoren als *super legality*-Norm bezeichnet.[122] Allerdings erlaubt die bisherige Praxis diesbezüglich keine Rückschlüsse. Der Wortlaut ist jedenfalls für sich genommen nur bedingt ergiebig. Es bleibt abzuwarten, wie integrationsoffen sich der IStGH in der Praxis zeigt.

bb) Unterlassenspflicht aufgrund SR-Resolution

Weitergehend ist zu überlegen, ob die Anklage ebenfalls verpflichtet ist, eine vom Sicherheitsrat auferlegte Unterlassenspflicht im Rahmen der Ausübung der Kompetenz des Art. 53 (2) (c) RS zu berücksichtigen. Nachdem bereits festgestellt wurde, dass das Rom-Statut grundsätzlich als integrationsoffen anzusehen ist und der Gerichtshof als Völkerrechtssubjekt an die Sicherheitsratsresolution gebunden ist, bestehen keine Bedenken, auch ein Berücksichtigungsgebot im Rahmen der Abwägung zu bejahen. Äußerst fraglich ist jedoch, ob die Tatsache, dass die (fiktive) Sicherheitsresolution aufgrund Kap. VII i.V.m. Art. 103 UN-Charta mit Vorrangswirkung ausgestattet ist, zu einem ein Berücksichtigungsgebot übersteigenden Befolgungsgebot führt.

---

120 Teil 6, II. Vor A.

121 *Olásolo*, ICLR 2003, 110: "[…] the Prosecutor, when making a decision on whether or not to commence a criminal prosecution, is not only guided by legal criteria. Indeed, the Prosecutor, before taking such a decision, must assess, from an 'interests of justice' perspective, the political convenience of doing so." [Hervorhebung des Autors] Ähnlich auch *Greenawalt*, N.Y.U. J. Int'l L. & Pol., 613 ff.; *Matwijkiw*, RIDP 2007, 574; *Meyer*, ICLR 2006, 580; *Rodman*, LJIL 2009, 100.

122 Siehe Nachweise bei Anm. 29 oben.

c) *Exkurs: Befolgungspflicht bei SR-Resolutionen*

Bejaht man die abgeleitete Rechtsbindung des Gerichtshofs an Resolutionen des UN-Sicherheitsrats und betrachtet man den in Art. 103 UN-Charta proklamierten Anwendungsvorrang des primären und sekundären UN-Rechts, so läge es nahe, auch ein Befolgungsgebot im Sinne einer „Ermessensreduktion auf Null" anzunehmen. Zwar ist der Gerichtshof als Völkerrechtssubjekt nicht unmittelbar an die Vorgaben der Charta und damit auch nicht unmittelbar an die Regelung zum Anwendungsvorrang gebunden. Die Rechtsbindung des IStGH ist jedoch von der Rechtsbindung seiner Mitgliedstaaten abgeleitet. Dementsprechend ist es nur konsequent, dass auch abgeleiteten Pflichten der Anwendungsvorrang von UN-Sekundärrecht anhaftet.

Es stellt sich indes die Frage, ob der Vorrang des Friedensschutzes vor der Strafverfolgung auch zur Folge hat, dass der Ankläger in seiner Funktion als quasigerichtliches Organ gänzlich seiner Entscheidungsfreiheit beraubt würde. Systematische Erwägungen sprechen dafür, dass die Integrationsoffenheit des Statuts nicht derart stark ausgeprägt und eine Befolgungspflicht daher abzulehnen ist. So ist die Gewährung der Unabhängigkeit des Anklägers und seiner Behörde eine der zentralen Charakteristika des Statuts.[123] Art. 42 (1) Satz 3 RS legt fest:

> A member of the Office [of the Prosecutor] shall not seek or act in instructions from any external source.

Auch die Existenz des Art. 16 RS mit der dort vorgesehenen zeitlichen Beschränkung verdeutlicht, dass dem Ankläger selbst im Verhältnis zum UN-Sicherheitsrat ein Entscheidungsspielraum zugestanden werden muss. Auch die bereits erwähnte *proprio motu*-Kompetenz zur Einleitung von Verfahren dient der Wahrung eines von politischer Einflussnahme weitgehend freien Anklägers.[124] Dies alles spricht dafür, dem Ankläger das Recht zuzugestehen, eine Weisung des Sicherheitsrats bei der Einstellungsentscheidung nicht Folge zu leisten. Diese Entscheidungsfreiheit geht dabei über eine Ausübung der Kompetenz-Kompetenz hinaus.[125] Die Anklage dürfte eine solche (hypothetische) Sicherheitsratsresolution daher selbst dann bei der Abwägung als nachrangig behandeln, wenn sie die Einschätzung des Sicherheitsrats im Hinblick auf die Friedensbedrohung teilt.

---

123 Dazu ausführlich *Stahn*, in: Stahn/Sluiter (Hrsg.), The Emerging Practice, S. 249 ff. Siehe auch *Jallow*, JICJ 2005, 146.

124 Zur Unabhängigkeit des Anklägers siehe auch die weitergehenden Ausführungen bei *Wouters* u.a., ICLR 2008, 276 f. Die Unabhängigkeit ist, und dies soll der Vollständigkeit halber erwähnt sein, keineswegs absolut. So ist die Anklage auf die Genehmigung ihres Budgets durch die Versammlung der Vertragsstaaten angewiesen, unterliegt deren Disziplinarrecht und kann mit einfacher Mehrheit ihres Amtes enthoben werden. Siehe dazu ausführlich *Olásolo*, ICLR 2003, 107 f.

125 Zur Frage der Überprüfung von SR-Resolutionen statt vieler *Frau*, Das Verhältnis zwischen IStGH und Sicherheitsrat, S. 282 m.w.N.; *Pichon*, Internationaler Strafgerichtshof, S. 307 ff.

4. Rahmenbedingungen der Entscheidung

Nachdem die obigen Ausführungen ausführlich den rechtlichen Rahmen der Verfahrenseinstellung behandelt haben, soll nunmehr dargestellt werden, welche Gesichtspunkte für eine Entscheidung im Einzelfall in die Betrachtung einfließen dürften. Dabei soll zunächst auf die Bedingungen und Auswirkungen einer Entscheidung im Einzelfall eingegangen werden, bevor einige Punkte thematisiert werden, die Auswirkungen über den konkreten Fall hinaus betreffen. Dabei wird an dieser Stelle primär die Konstellation drohender internationaler Verbrechen in den Blick genommen. Ein (nur hypothetisches) Tätigwerden des Sicherheitsrats wird ausgeblendet.

a) Konkrete praktische Erwägungen

Betrachtet man die Fallkonstellation, in der ein Strafverzicht als *bargaining chip* in Friedensverhandlungen genutzt wird, dann muss die Anklage sicherstellen, dass ein Ende der militärischen Auseinandersetzung und der Verbrechensbegehung gewährleistet ist. Idealerweise träten die Konfliktparteien insoweit in Vorleistung. Jedenfalls aber sollte sich die Anklage vorbehalten, im Einklang mit Art. 53 (4) RS die Strafverfolgung gegen die Akteure fortzusetzen, sofern diese ihren Pflichten aus dem Friedens- oder Waffenstillstandsabkommen nicht nachkommen. Wesentliche Verstöße seitens der Konfliktparteien sollten daher stets dazu führen können, dass das Verfahren wieder auflebt.

Weiterhin darf sich eine Einstellungsentscheidung nicht als Alles-oder-Nichts-Entscheidung entpuppen. Der bereits in Teil 5, V. betonte Gedanke der „praktischen Konkordanz" muss auch bei der Entscheidung über die Einstellung handlungsleitend sein. Ein Verzicht auf klassische Strafverfolgungsmaßnahmen bedeutet damit nicht zwangsläufig einen Verzicht auf jegliche Reaktionen auf begangenes Unrecht. Die Durchführung von Lustrationsmaßnahmen, die Teilnahme an nationalen (z.B. Wahrheits- und Versöhnungskommissionen) oder lokalen Aufarbeitungsmechanismen (z.B. *mato oput*), eine mögliche Kompensationszahlung oder die spezialpräventive Exilierung[126] können von der Anklage zur Bedingung für eine Einstellung gemacht werden.[127] Ebenso ist daran zu denken, dass eine Teilnahme an DDR[128]-Maßnahmen zur Bedingung gemacht wird, um ein Wiederaufleben des Konflikts zu verhindern. Eine derartige Konditionierung der Einstellung vermag sicherzustellen, dass die mit der Strafverfolgung verfolgten Ziele jedenfalls teilweise erreicht werden können.

---

[126] Zu historischen Beispielsfällen siehe *Scharf/Dowd*, No Way Out?, S. 9.

[127] Dazu auch die Ausführungen unter Teil 4, II.

[128] *Disarmement, Demobilization, Reintegration.*

b) *Generelle praktische Erwägungen*

Die Schaffung von Institutionen fördert stets das Denken in Rechtsregimen. Systemische Denkweisen drohen meist in den Hintergrund gedrängt zu werden. Es verwundert daher nicht, dass viele Akteure der Effektivität der jeweils eigenen Institutionen größeres Gewicht beimessen. Genauso wenig erstaunt es, dass die Anklage bis *dato* kein Verfahren eingestellt hat und dies bislang auch kategorisch ausgeschlossen hat. Sicherlich sprechen aus Sicht der Anklage wichtige strategische Gründe dafür, sich die Einstellung von Verfahren für absolute Ausnahmesituationen vorzubehalten. So lässt sich die Hoffnung auf einen abschreckenden Effekt sicherlich nur durch eine konstante Aufrechterhaltung des Verfolgungsdrucks am Leben erhalten. Es ist zudem durchaus nachvollziehbar, dass vor allem im Anfangsstadium der Tätigkeit des IStGH einige schnelle Erfolge angestrebt werden. Gelänge es, Personen wie *Omar al-Bashir* oder *Joseph Kony* habhaft zu werden und sie ihrer gerechten Strafe zuzuführen, so stünden die Vorzeichen gut, den IStGH als relevanten Akteur in den internationalen Beziehungen zu etablieren. Insbesondere an diesen beiden Fällen zeigt sich jedoch, dass ein Beharren auf Strafverfolgung auch große Legitimitätsrisiken mit sich bringt.

Die oben zitierten Stellungnahmen der Afrikanischen Union eignen sich dazu, aufzuzeigen, welchen legitimatorischen Drahtseilakt die Haftbefehle bedeuten. Die mangelnde Kooperation der UN-Friedensmissionen UNMIS und UNAMID spricht ebenfalls Bände. Betrachtet man die mediale Berichterstattung, so fällt zudem auf, dass nicht die tatsächlich durchgeführten Verfahren im Fokus stehen. Vielmehr gilt das politische und mediale Interesse den Verfahren, die, so ist zu vermuten, auf absehbare Zeit keine Ergebnisse zu liefern vermögen. Dementsprechend mag es für den IStGH ggf. sogar vorteilhaft sein, diese Verfahren einem anderen Ende zuzuführen.[129]

5. Rechtskontrolle der Entscheidung

Die bisherigen Ausführungen haben sich dem Wirken der Anklage und des Chefanklägers gewidmet. Letzterem obliegt es, die oben diskutierten Entscheidungen zu treffen. Die anschließenden Ausführungen sollen die Richter des IStGH in den Mittelpunkt stellen. Dabei wird untersucht, welche rechtlichen Kontrollmöglichkeiten diesen zustehen. *Stahn* hat eine Besonderheit im Zusammenhang mit der Kontrolle der Anklage treffend auf den Punkt gebracht:

---

[129] Für einen Überblick zu kritischen Stimmen zu erfolglosen Strafverfolgungsbemühungen der Vorgängerinstitution und des damit verbundenen Legitimitätsrisikos, siehe *Galbraith*, Mich. J. Int'l L. 2009, 81 ff. *Côté* weist zudem auf die Fälle *Akayesu* vor dem ICTR und *Tadić* und *Nicolić* vor dem ICTY hin, die schnelle Erfolge garantieren sollten, ohne den besonderen Schweregrad der ansonsten angeklagten Taten zu erreichen. Die Durchführung erfolgversprechender Verfahren zur Etablierung der Institution gehört zum Standardrepertoire internationaler Anklagebehörden, vgl. dazu *Côté*, JICJ 2005, 169 f.

"Judicial control of prosecutorial discretion has not been at the top of the radar screen. It is almost automatically assumed that international prosecutors act sensibly and responsibly."[130]

Es verwundert nicht, dass auch im vorliegenden Fall nur sehr geringe Möglichkeiten der Rechtskontrolle bestehen. Art. 53 (3) RS regelt zwar die Möglichkeit der Rechtskontrolle durch die Vorverfahrenskammer. Allerdings fällt auf, dass eine richterliche Prüfkompetenz nur dann gegeben ist, wenn sich der Ankläger *für* eine Einstellung entscheidet. Fällt der Ankläger dagegen eine Entscheidung zulasten des mutmaßlichen Täters und setzt er die Strafverfolgungsmaßnahmen fort, so unterliegt diese Entscheidung keiner richterlichen Kontrolle. Die Einhaltung der oben thematisierten Berücksichtigungsgebote kann demnach gerichtlich nicht überprüft werden. Insoweit ist der Entscheidungsspielraum der Anklage *de facto* durchaus weitgehend, wenn auch informelle Kontrollmechanismen wie beispielsweise die Budgethoheit der Versammlung der Vertragsstaaten oder das Sanktionenrecht durchaus in begrenztem Umfang wirken können.[131]

Ein Prüfungsrecht der Vorverfahrenskammer besteht gemäß Art. 53 (3) RS, sofern der Ankläger zu dem Ergebnis gelangt, eine Strafverfolgung sei nicht im Interesse der Gerechtigkeit („not in the interests of justice"). Das Statut ist in dieser Hinsicht außerordentlich unklar. Art. 53 (3) (a) RS legt zunächst fest:

At the request of the State making a referral under article 14 […] the Pre-Trial Chamber *may* review a decision of the Prosecutor under paragraph 1 or 2 not to proceed and *may* request the Prosecutor to *reconsider that decision.* [Hervorhebung des Autors]

Unklar ist insofern, ob und unter welchen Umständen die Vorverfahrenskammer ein Ersuchen des Staates zurückweisen kann. Auch die Regeln 107, 108 der Verfahrens- und Beweisanordnung treffen dazu keine Aussage. Sinn und Zweck der Regelung deuten jedoch eher darauf hin, dass der Verfahrenskammer kein Ermessen bei der Annahme des Ersuchens zugestanden werden sollte.[132] Zunächst würde das Recht des Staates, eine Entscheidung herbeizuführen, komplett leerlaufen, wenn die Kammer im freien Ermessen auf eine Entscheidung verzichten könnte. Zudem wird der Kammer Ermessen eingeräumt, ob sie den Ankläger zu einem Überdenken auffordert. Der Kammer ist damit bereits ausreichend Entscheidungsspielraum zugebilligt. Weitere Unklarheit bringt die in Art. 53 (3) (a) RS geregelte Rechtsfolge. So ist die Kammer nur befugt, die Entscheidung der Anklage zum Überdenken zurückzuweisen. Damit ist der Ankläger nicht verpflichtet, zu einem anderen Ergebnis oder gar zu einer anderen Begründung zu kommen. *Bergsmo* und *Kruger* weisen zudem darauf hin, dass es sich bei der überdachten (zweiten) Entscheidung nicht mehr um eine Entscheidung nach Abs. 1 oder 2 handelt, weshalb

---

[130] *Stahn*, in: Stahn/Sluiter (Hrsg.), The Emerging Practice, S. 248.

[131] Dazu a.a.O., S. 250, 259 ff. Zum Zusammenspiel formeller und informeller Kontrollen, siehe auch *Jallow*, JICJ 2005, 146.

[132] A.A. *Bergsmo/Kruger*, in: Triffterer (Hrsg.), Commentary on the Rome Statute, Art. 53 Rn. 34.

eine erneute Überprüfung durch die Kammer nicht statthaft ist.[133] Formaljuristisch kann der Ankläger die Bedenken der Richter einfach ignorieren.

Eine Sonderregelung ist allerdings vorgesehen, wenn sich die Anklage nur auf Art. 53 (2) (c) RS beruft. So wird die Prüfungskompetenz der Vorverfahrenskammer erweitert, wenn die Einstellung mit der Begründung erfolgt, das Verfahren sei nicht im Interesse der Gerechtigkeit („not in the interests of justice“):

> “In addition, the Pre-Trial Chamber may, on its own initiative, review a decision of the Prosecutor not to proceed if it is based solely on paragraph 1 (c) or 2 (c). *In such a case*, the decision of the Prosecutor shall be effective only if confirmed by the Pre-Trial Chamber.” [Hervorhebung des Autors]

Dieser Regelung mangelt es ebenfalls an Präzision. Der Wortlaut, sowohl in englischer als auch in französischer Sprache,[134] liefert keinen eindeutigen Anhaltspunkt, worauf sich das Merkmal „in such a case“ bezieht. Es ließe sich zwar sprachlich vertreten, die Entscheidung des Anklägers als Bezugspunkt zu nehmen.[135] Vorzugswürdig dürfte es jedoch sein, die Entscheidung der Vorverfahrenskammer, eine Überprüfung vorzunehmen, als Bezugspunkt anzusehen.[136] Eine solche Lesart ließe drei Fallkonstellationen zu. Erstens, der Ankläger stellt ein Verfahren ein und die Kammer bleibt untätig. Konsequenz davon ist die Wirksamkeit der Einstellungsentscheidung. Zweitens, der Ankläger stellt ein Verfahren ein und die Kammer gelangt nach Überprüfung der Entscheidung zur Ablehnung der Entscheidung. Regel 110 (2) der Verfahrens- und Beweisanordnung ordnet in diesem Fall die Fortführung des Verfahrens an. Drittens, der Ankläger stellt ein Verfahren ein und die Kammer kommt nach Überprüfung der Entscheidung zur Bestätigung derselben. In diesem Fall ist das Verfahren eingestellt. Es besteht für den Ankläger nur die Möglichkeit, ein Verfahren gemäß Art. 53 (4) RS wieder aufzunehmen. Für eine derartige Sichtweise spricht, dass Art. 53 (3) (b) RS in Satz 1 der Vorverfahrenskammer Ermessen einräumt, die Entscheidung zu überprüfen. Dieser Ermessensspielraum wäre jedoch hinfällig, wenn die Inaktivität der Kammer stets die Wirkungslosigkeit der Einstellung zur Folge hätte.[137]

Ebenfalls noch ungeklärt ist die Frage des Prüfungsumfangs. Sicherlich ist es der Kammer zuzubilligen, im Rahmen der Rechtskontrolle zu überprüfen, ob ggf. sachfremde Erwägungen zur Einstellung eines Falls geführt haben. Dementsprechend

---

133 *Bergsmo/Kruger*, in: Triffterer (Hrsg.), Commentary on the Rome Statute, Art. 53 Rn. 36 f. Ebenso *Schabas*, International Criminal Court, Art. 53, S. 669. *Schabas* weist zudem auf die Probleme der Durchsetzbarkeit hin, ist es den Richtern doch nicht möglich, eine Fortführung der Ermittlungen zu erzwingen, vgl. S. 669 f.

134 Die chinesische Wortlautversion stützt die hier vertretene Interpretation.

135 So etwa die Lesart bei *Bergsmo/Kruger*, in: Triffterer (Hrsg.), Commentary on the Rome Statute, Art. 53 Rn. 38.

136 So auch *Wouters* u.a., ICLR 2008, 302 f.

137 Konsequent daher *Bergsmo/Kruger*, in: Triffterer (Hrsg.), Commentary on the Rome Statute, Art. 53 Rn. 38.

ist es zu begrüßen, dass die Anklage die Einstellungsentscheidung gemäß Regel 106 schriftlich und begründet einzureichen hat. Zwar enthalten die Regeln 109, 110 keine mit 107 (2) vergleichbare Befugnis der Kammer, Dokumente anzufordern. Es dürfte jedoch im Interesse der Anklage sein, diese gemäß Regel 109 (1) der Kammer zuzuleiten. Ob die Kammer befugt ist, ihre eigene Einschätzung an die Stelle der Einschätzung des Anklägers zu setzen, ist dagegen fraglich.[138] Es erscheint insofern rechtspolitisch sinnvoll, dem Ankläger einen gewissen Beurteilungsspielraum zuzubilligen, um einer „Politisierung“ der Richterschaft entgegenzuwirken, die zwangsläufig einer Einstellungsentscheidung anhaftet.[139] Zudem würde eine eigenständige Neubewertung der Situation durch die Richter voraussetzen, dass diese weitgehend Einsicht in sämtliche entscheidungsrelevante Informationen erhalten. Im *Lubanga*-Verfahren hat sich indes gezeigt, dass Kooperationsabkommen teilweise die Richter von der Einsicht in relevante Dokumente ausdrücklich ausschließen. Schließlich ist zu erwähnen, dass der Ankläger über die entscheidenden Kontakte zu nationalen und internationalen politischen Akteuren verfügt und daher als geeignet erscheint, Entscheidungen dieser Art zu fällen.[140]

Sicherlich sprechen aber auch Gründe für eine weitgehende Kontrollbefugnis der Richter. Eine richterliche Kontrollbefugnis ist dann erforderlich, wenn informelle Kontrollmechanismen nicht oder nicht ausreichend greifen. So wird in anglophonen Rechtskreisen das Weniger an richterlicher Kontrolle durch ein Mehr an politischer Verantwortlichkeit und demokratischer Rückkopplung aufgewogen.[141] Das komplexe Zusammenspiel verschiedener Rechtstraditionen und die Notwendigkeit politischer Kompromisse bei den Verhandlungen in Rom haben allerdings ein System geschaffen, welches auf ein Zusammenspiel verschiedener Kontrollmechanismen angewiesen ist. Die informellen Kontrollmechanismen sind nicht so ausgeprägt wie in anglophonen Rechtskreisen. Zudem mag die Anklage ein Interesse an einer weitgehenden Kontrolle durch die Richter haben, um die Verantwortung auf mehrere Schultern zu verteilen.[142] Insofern ließe sich ein weitgehender Prüfungsumfang ebenfalls begründen.

---

138 A.a.O., Art. 53 Rn. 34. Unklar bei *Rohrer*, Legalitäts- oder Opportunitätsprinzip, S. 335 und 341 (dessen Wortlautargument greift in der englischen Originalfassung nicht unbedingt). Gegen eine weite Kontrollmöglichkeit argumentiert *Jallow*, JICJ 2005, 154 f.

139 *Olásolo*, ICLR 2003, 105, übt heftige Kritik an der Befassung der Richter mit einer „politischen“ Fragestellung, zieht daraus jedoch nicht die Konsequenz eines Beurteilungsspielraums, sondern fordert gar eine Änderung des Rom-Statuts, vgl. S. 147.

140 *Jallow*, JICJ 2005, 155; *Stahn*, in: Stahn/Sluiter (Hrsg.), The Emerging Practice, S. 256 f.

141 Siehe dazu *Stahn*, in: Stahn/Sluiter (Hrsg.), The Emerging Practice, S. 254.

142 A.a.O., S. 272.

6. Juristische Konsequenzen der Entscheidung

Es stellt sich abschließend die Frage, welche juristischen Konsequenzen eine durch die Verfahrenskammer bestätigte Einstellung des Verfahrens durch die Anklage hat. So dürfte es von Interesse für den mutmaßlichen Täter sein, ob er in Zukunft Strafverfolgungsmaßnahmen seitens des IStGH oder staatlicher Stellen zu befürchten hat. Könnte eine Person wie *Joseph Kony* darauf vertrauen, dass er, einmal die Waffen niedergelegt, nicht doch verhaftet und vor dem IStGH oder in Uganda oder in Deutschland vor Gericht gestellt wird?[143]

a) Ne bis in idem

Zunächst ließe sich überlegen, ob nicht der *ne bis in idem*-Grundsatz eine künftige Strafverfolgung ausscheiden ließe. Dazu statuiert Art. 20 RS:

> (1) Except as provided in this Statute, no person shall be tried before the Court with respect to conduct which formed the basis of a crime for which the person has been convicted or acquitted by the Court.
>
> (2) No person shall be tried by another court for a crime referred to in article 5 for which that person has already been convicted or acquitted by the Court.

Zur Regelung des *ne bis in idem* im Rom-Statut ist generell zu sagen, dass Einlegung der Berufung gemäß Art. 81 RS im Einklang mit kontinentaleuropäischer Rechtstradition sowohl dem/r Verurteilten als auch der Anklage möglich ist. Zudem sieht Art. 84 RS eine Wiederaufnahme des Verfahrens vor. Diese kann, wenn auch im Wortlaut nicht eindeutig niedergelegt, nur zugunsten des Verurteilten erfolgen.[144] Art. 20 (1) RS eröffnet diese Möglichkeiten, indem explizite Ausnahmen im Statut vom Doppelbestrafungsverbot ausgenommen werden („except as provided in this Statute“).[145] Unklar ist die völkerrechtliche Reichweite der in Art. 20 (2) RS enthaltenen Regelung. Es ist umstritten, ob es völkergewohnheitsrechtlich anerkannt ist, den *ne bis in idem*-Grundsatz auch auf Verfahren verschiedener Akteure zur Anwendung zu bringen.[146] Für das Verhältnis zwischen dem IStGH und den

---

[143] Fraglich daher die pauschale Behauptung von *Rohrer*, Legalitäts- oder Opportunitätsprinzip, S. 303, eine dauerhafte Straffreistellung sei heutzutage nicht mehr zu verwirklichen.

[144] Der Wortlaut schließt nur eine Wiederaufnahme für Freisprüche aus und verbietet die Einleitung eines Verfahrens zum Nachteil des Verurteilten durch die Anklage. Der Wortlaut schließt jedoch nicht aus, dass ein wiederaufgenommenes Verfahren eine schwerere Strafe zur Konsequenz hat.

[145] Zum genauen Umfang der Wirkung des *ne bis in idem*-Grundsatzes siehe *Scheschonka*, Ne bis in idem im Völkerstrafrecht, S. 266 ff. Zur Vereinbarkeit mit menschenrechtlichen Bestimmungen *Kemp*, Tydskrif 2001, 13.

[146] Zur Debatte siehe *Kemp*, a.a.O., 149 f. Zumindest im Hinblick auf internationale Tribunale sieht *Kemp* den Anwendungsbereich des *ne bis in idem*-Grundsatzes eröffnet, vgl. S. 151. Insofern hat die Anklage im Verfahren gegen *Tadić* zu erkennen gegeben, dass sie die Bedeutung des *ne bis in idem* auch für transnationale Konstellationen anerkennt,

Mitgliedstaaten des Statuts ist mit deren Zustimmung zum Statut diese Frage zwar entschieden. Ob aber Nichtmitgliedstaaten die Durchführung eines neuen Verfahrens ebenso verwehrt wäre, kann jedenfalls nicht durch das Statut beantwortet werden.

Betrachtet man nun die Bedeutung des Art. 20 RS für die Fallkonstellation der Verfahrenseinstellung, dann wird schnell dessen begrenzte Aussagekraft deutlich. Ein Blick auf Art. 20 (1) und (2) RS liefert ein für den Betroffenen ernüchterndes Ergebnis. So ist explizit festgelegt, dass das Doppelbestrafungsverbot, wie es im Rom-Statut niedergelegt ist, nur im Fall einer Verurteilung oder eines Freispruchs durch den IStGH zur Anwendung kommt. Eine Einstellung des Verfahrens ist von Art. 20 (1) und (2) RS eindeutig nicht erfasst.

Die Tatsache, dass Einstellungen grundsätzlich nicht vom *ne bis in idem*-Grundsatz erfasst sind, ist grundsätzlich im Einklang mit menschenrechtlichen Grundprinzipien, wie sie etwa in Art. 4 Abs. 1 des 7. Zusatzprotokolls zur EMRK niedergelegt sind.[147] Der ICTY hatte sich mit einer vergleichbaren Fragestellung bereits im *Tadić*-Verfahren auseinanderzusetzen. Mit Verweis auf das bereits von der deutschen Justiz angestrengte Verfahren gegen *Dusko Tadić* beantragte die Verteidigung eine Beendigung des Verfahrens wegen Verstoßes gegen das Doppelbestrafungsverbot.[148] Die Anklage betonte dagegen, dass eine Verfahrensbeendigung vor einem Urteil in der Sache für die Anwendung des *ne bis in idem*-Grundsatzes unbeachtlich sei.[149] Dem folgte die Verfahrenskammer im vollen Umfang und lehnte den Antrag der Verteidigung ab.[150] Die Kammer betonte dabei auch die Vereinbarkeit mit menschenrechtlichen Regelungen[151] und dem Entwurf des späteren Rom-Statuts.[152] Der *ne bis in idem*-Grundsatz als starre Regelung kann somit für die Fälle der Einstellung nicht pauschal herangezogen werden.

---

vgl. ICTY(*Tadić*), Response to the Motion of the Defence on the Principle of non-bis-in idem, vom 7.7.1995, S. 4. Die Verfahrenskammer betont dagegen die nationale Dimension, vgl. ICTY(*Tadić*), Decision on the Defence Motion on the Principle of non-bis-in-idem, Entscheidung der Verfahrenskammer vom 14.11.1995, para. 19.

147 Vgl. dazu *Grabenwarter*, Europäische Menschenrechtskonvention, S. 403 f. Allerdings ist mit *Kniebühler*, Transnationales Ne bis in idem, S. 336 f., darauf hinzuweisen, dass das 7. Zusatzprotokoll eine transnationale bzw. internationale Dimension vermissen lässt.

148 ICTY(*Tadić*), Defence motion on the principle of non bis in idem, vom 23.6.1995.

149 ICTY(*Tadić*), Response to the Motion of the Defence on the Principle of non-bis-in idem, vom 7.7.1995, S. 6 f.

150 ICTY(*Tadić*), Decision on the Defence Motion on the Principle of non-bis-in-idem, Entscheidung der Verfahrenskammer vom 14.11.1995, paras. 10 ff.

151 A.a.O., paras. 20, 22. Siehe dazu auch EGMR(*Sundqvist*), EGMR(*Müller*), EGMR (*Horciag*).

152 ICTY(*Tadić*), Decision on the Defence Motion on the Principle of non-bis-in-idem, Entscheidung der Verfahrenskammer vom 14.11.1995, paras. 23 f.

b) *Abuse of process*

Bereits im *Tadić*-Verfahren vor dem ICTY hat die Kammer angedeutet, dass grundlegende rechtliche Interessen des Angeklagten („fundamental legal interests of the accused") gegen die Durchführung eines Verfahrens sprechen können. So untersuchte die Kammer, ob aufgrund von Verzögerungen oder der Untersuchungshaft im Zusammenhang mit den Ermittlungen der deutschen Behörden besondere Maßnahmen zum Schutz des Angeklagten zu ergreifen seien. Dies wurde für den konkreten Fall abgelehnt.[153] Freilich hat die Kammer in diesem Zusammenhang die aus dem englischen Recht stammende *abuse of process*-Doktrin nicht explizit erwähnt. Erwähnung und Anwendung fand die Doktrin dagegen in den Verfahren *Nikolic* vor dem ICTY und *Barayagawiza* vor dem ICTR.[154] Obwohl die Doktrin dem englischen Recht entspringt und nicht in allen Rechtssystemen der Welt akzeptiert ist, wurde sie von den *ad hoc*-Tribunalen zur Anwendung gebracht.

Ihre Rezeption durch Richter des IStGH durfte da schon eher überraschen, ist doch das Rom-Statut weitaus stärker durch kontinentaleuropäische Einflüsse geprägt. Das *Lubanga*-Verfahren bot der Anklage sowie den Richtern der Vorverfahrenskammer und der Berufungskammer Anlass, sich zur Anwendbarkeit der Doktrin auf Verfahren vor dem IStGH zu äußern. Bereits kurz nach seiner Verhaftung und Überstellung an den IStGH wandte sich *Thomas Lubanga Dyilo* an die Vorverfahrenskammer und forderte diese auf, das Verfahren zu beenden und sich für unzuständig zu erklären.[155] Der Antrag stützte sich vor allem auf den Vorwurf der illegalen Festnahme und Misshandlung durch kongolesische Behörden und ein behauptetes kollusives Zusammenwirken mit der Anklagebehörde. Die Vorverfahrenskammer bestätigte, dass schwerwiegende Verstöße gegen die Rechte des Angeklagten im Vorstadium des Verfahrens durchaus zur Verfahrensbeendigung führen können, sah die vorgebrachten Behauptungen jedoch als nicht ausreichend substantiiert an.[156] Im Berufungsverfahren erkannte die Anklage das Recht der Anklage zur Verfahrensbeendigung grundsätzlich an.[157] Die Berufungskammer bestätigte die grundsätzliche Anwendbarkeit der *abuse of process*-Doktrin für Verfahren vor dem IStGH. Zwar sei im Statut keine Regelung zur Verfahrensbeendigung aus

---

153 A.a.O., paras. 34 ff.

154 Siehe dazu *Ryngaert*, LJIL 2008, 733 ff.

155 IStGH(*Lubanga*), Requête de mise en liberté, vom 23.5.2006 (ICC-01/04-01/06-121).

156 IStGH(*Lubanga*), Decision on the Defence Challenge to the Jurisdiction of the Court pursuant to article 19 (2) (a) of the Statute, Entscheidung der Vorverfahrenskammer vom 3.10.2006 (ICC-01/04-01/06-512), S. 10.

157 Siehe IStGH(*Lubanga*), Judgment on the Appeal of Mr. Thomas Lubanga Dyilo against the Decision on the Defence Challenge to the Jurisdiction of the Court pursuant to article 19 (2) (a) of the Statute of 3 October 2006, Entscheidung der Berufungskammer vom 14.12.2006 (ICC-01/04-01/06-772), para. 15.

diesem Grund geregelt.[158] Die Lücke sei jedoch gemäß Art. 21 (3) RS zu füllen.[159] Dem kann nur zugestimmt werden.

Obwohl die Berufungskammer zu dem Ergebnis kommt, dass bereits aus beweisrechtlichen Gründen die Entscheidung der Vorverfahrenskammer aufrechtzuerhalten sei, setzen sich die Richter doch ausgesprochen ausführlich mit dem Inhalt der Doktrin auseinander. Dabei stellen sie grundsätzlich fest, dass die *abuse of process*-Doktrin auch bei schwersten Delikten zur Anwendung kommen kann:

> "In those circumstances, the interest of the world community to put persons accused of the most heinous crimes against humanity on trial, great as it is, is outweighed by the need to sustain the efficacy of the judicial process as the potent agent of justice."[160]

Eine genaue Definition eines gewichtigen Verfahrensverstoßes ("The illegal conduct must be such as to make it otiose, repugnant to the rule of law to put the accused on trial.")[161] gaben die Berufungsrichter nicht vor. Es haben sich jedoch in der englischen Rechtsprechung Fallgruppen herauskristallisiert, die die Berufungskammer auch für den IStGH für relevant erklären. Dabei handelt es sich allerdings nicht um eindeutige oder gar normierbare Verstöße, sondern vielmehr um Auslegungshilfen, die die Entscheidung der Verfahrensrichter zu prägen vermögen.[162] Neben der von *Lubanga* thematisierten Konstellation der (körperlichen) Misshandlung des Betroffenen spielen nach Ansicht der Berufungsrichter mögliche Verfahrensverzögerungen und Fälle der illegalen Festnahme eine Rolle bei der Beurteilung der Fairness des Verfahrens.[163] Während ersterer Grund im Lauf des *Lubanga*-Verfahrens noch an Bedeutung gewonnen hat und sogar die Verfahrensbeendigung von der Verfahrenskammer I angeordnet wurde,[164] wurde letzterer Grund zumindest von israelischen Richtern im *Eichmann*-Prozess anders gesehen.[165]

Auch im Hinblick auf die vorliegende Fragestellung trifft die Berufungskammer eine relevante Aussage. So nennt sie als möglichen Grund auch gebrochene Versprechen gegenüber dem Angeklagten bezüglich seiner Strafverfolgung („broken

---

158 A.a.O., para. 35.

159 A.a.O., paras. 36 ff.

160 A.a.O., para. 39. Siehe zur Debatte in der Literatur *Ryngaert*, LJIL 2008, 731 ff.

161 IStGH(*Lubanga*), a.a.O., para. 30.

162 A.a.O., para. 28.

163 A.a.O., para. 29.

164 IStGH(*Lubanga*), Decision on the consequences of non-disclosure of exculpatory materials covered by Article 54(3)(e) agreements and the application to stay the prosecution of the accused, together with certain other issues raised at the Statutes Conference on 10 June 2008, Entscheidung der Verfahrenskammer I vom 12.6.2008 (ICC-01/04-01/06-1401).

165 Dazu auch *Ryngaert*, LJIL 2008, 728 f. Zum *Dokmanovic*-Verfahren vor dem ICTY siehe *Scharf*, LJIL 1998, 370 ff., der andeutet, dass bei schwersten Verbrechen im Sinne der *Eichmann*-Rechtsprechung derartige Menschenrechtsverstöße nicht auf das Verfahren durchschlagen sollten, vgl. S. 381 f.

promises to the accused with regard to his prosecution“).[166] Während diese Aussage in keinerlei Zusammenhang zum laufenden IStGH-Verfahren stand, hatte der ICTY im *Karadžić*-Verfahren Anlass, sich mit der Frage möglicher Versprechen im Vorstadium des Verfahrens auseinanderzusetzen. Die gerichtliche Auseinandersetzung stand im Zusammenhang mit einer von *Radovan Karadžić* behaupteten Absprache mit dem damaligen Sondergesandten der Vereinigten Staaten, *Richard Holbrooke*, im Juli 1996, die eine Straffreiheitsgarantie *Karadžić*'s zum Inhalt gehabt haben soll. Prozessual eingebettet war dies zunächst in ein an die Anklage gerichtetes Auskunftsersuchen, mit dem *Karadžić* die Herausgabe von Dokumenten forderte, die ihm den Beweis der Existenz des sogenannten *Holbrooke Agreement* ermöglichen sollte.[167] In der Sache behandelt wurde die Frage jedoch letztlich erst im Juli 2009.[168] Zwar kamen die Richter zu dem Ergebnis, das angebliche *Holbrooke Agreement* sei rechtlich höchstens im Rahmen der Strafzumessung von Bedeutung. Sie stellten jedoch im Einklang mit der Einlassung der Anklage fest, dass ein derartiges Abkommen relevant gewesen wäre, wenn die Anklage oder der UN-Sicherheitsrat in diese Verhandlungen involviert gewesen wäre.[169] Erstaunlicherweise behandelte die Verfahrenskammer diesen Gesichtspunkt jedoch nur nachrangig unter dem Gesichtspunkt der *abuse of process*-Doktrin, sondern unter dem nicht genauer spezifizierten Blickwinkel des *Legal Effect of the Agreement*.[170] Die Berufungskammer lehnte diese Sichtweise zu Recht ab und wies darauf hin, dass in Abwesenheit einer statutsändernden Sicherheitsratsresolution eine Verfahrensbeendigung nur aufgrund der *abuse of process*-Doktrin erfolgen könne.[171]

In der Auseinandersetzung mit der *abuse of process*-Doktrin positioniert sich die Berufungskammer des ICTY dann deutlich und widerspricht der Aussage der Ver-

---

166 IStGH(*Lubanga*), Judgment on the Appeal of Mr. Thomas Lubanga Dyilo against the Decision on the Defence Challenge to the Jurisdiction of the Court pursuant to article 19 (2) (a) of the Statute of 3 October 2006, Entscheidung der Berufungskammer vom 14.12. 2006 (ICC-01/04-01/06-772), para. 29.

167 ICTY(*Karadžić)*, Motion for Inspection and Disclosure: Holbrooke Agreement, vom 6.11.2008.

168 ICTY(*Karadžić)*, Decision on the Accused's Holbrooke Agreement Motion, Entscheidung der Verfahrenskammer, vom 8.7.2009.

169 A.a.O., para. 50. Siehe zu einer vergleichbaren Argumentation für Verfahren vor dem Sierra-Leone-Tribunal Richter *Robertson*, vgl. Prosecutor v. *Kondewa*, Case No. SCSL-2004-14-AR 72 (E), Decision on Lack of Jurisdiction/Abuse of Process: Amnesty Provided by the Lomé Accord, vom 25.5.2004, Separate Opinion of Judge *Robertson*, para. 56. So auch *Milanovic*, ICLQ 2009, 216, der die Frage des *abuse of process* bedauerlicherweise nicht thematisiert.

170 Zu der fraglichen Wahl der Terminologie („immunity") siehe zudem *Brockman-Hawe*, ICLQ 2009, 730.

171 ICTY(*Karadžić)*, Decision on *Karadžić*'s Appeal of Trial Chamber's Decision on Alleged Holbrooke Agreement, Entscheidung der Berufungskammer vom 12.10.2009, paras. 32–41.

fahrenskammer und den Aussagen der IStGH-Berufungskammer. So stellt die Kammer relativ pauschal fest:

> "The Appeals Chamber recalls that one of the fundamental aims of international criminal courts and tribunals is to end impunity and ensure that serious violations of international humanitarian law are prosecuted and punished. Individuals accused of such crimes can have no legitimate expectation of immunity from prosecution."[172]

Diese Aussage ist in ihrer Begründung nicht komplett stringent. Zunächst sah sich die ICTY-Berufungskammer veranlasst festzustellen, dass die *abuse of process*-Doktrin, aus ihrer Sicht, zwischen Fehlverhalten von Gerichtsorganen und dritten Personen keinen Unterschied mache.[173] Dann erscheint es jedoch verwunderlich, dass die Kammer im obigen Zitat auf die Erwartungshaltung des Angeklagten abstellt. Schließlich ist diese Erwartungshaltung in besonderem Maße davon geprägt, welcher Akteur Versprechungen macht. Weiterhin stützt die Kammer ihre Begründung auf die Tatsache, dass jede Absprache seitens der Anklagebehörde nach Bestätigung der Anklage das Gericht nicht binden kann („any agreement entered by the Prosecution to withdraw an indictment after its confirmation could not be binding on the Tribunal […]").[174] Sinn und Zweck der *abuse of process*-Doktrin ist es jedoch, die Rechte des Angeklagten gerade auch bei normwidrigem Verhalten bei den Strafverfolgungsorganen zu garantieren. Es bietet sich zudem an, die Aussagen der Kammer im Lichte des anhängigen Verfahrens zu sehen. So lag der Entscheidung kein klarer Nachweis einer direkten Mitwirkung der Anklage zugrunde, sodass das angebliche *Holbrooke Agreement* anders zu bewerten war. Schlussendlich ist die Generalisierung, dass generell keine legitime Erwartung („no legitimate expectation") im Hinblick auf Straffreiheit besteht, nicht aufrechtzuerhalten. Handelt es sich, wie in der hier debattierten Fallkonstellation, um eine Einstellungsentscheidung gemäß Art. 53 (2) (c) RS, so darf der Betroffene durchaus die Erwartung haben, künftig nicht erneut strafverfolgt zu werden. Die *abuse of process*-Doktrin kann und sollte daher auf eine Einstellungsentscheidung angewandt werden. Dementsprechend könnte sich ein Wiederauflebenlassen der Strafverfolgung als *abuse of process* darstellen.

Weiterhin ist zu überlegen, ob der Betroffene die *abuse of process*-Doktrin auch vor nationalstaatlichen Gerichten geltend machen kann. Dies kann nicht pauschal beantwortet werden, wird doch diese Doktrin nicht in allen Rechtsordnungen akzeptiert. Zudem gilt es nach den Ursachen für einen *abuse of process* zu differenzieren. Liegen schwerwiegende Verstöße gegen elementare Menschenrechte wie Folter oder schwere körperliche Misshandlung vor, so ist durchaus auch an eine Anwendbarkeit vor nationalen Gerichten zu denken. Gleiches dürfte für eine langfristige illegale Inhaftierung des Betroffenen im Vorstadium des Verfahrens gelten.

---

172 A.a.O., para. 52.

173 A.a.O., para. 47.

174 A.a.O., para. 50.

In der Fallkonstellation eines Vertrauensbruchs dagegen spielt der handelnde Akteur eine entscheidende Rolle. So kann der Betroffene bei einer Einstellungsentscheidung durch den Ankläger des IStGH nur darauf vertrauen, dass vor dieser Institution keine Strafverfolgung stattfindet. Zwar könnten Stellungnahmen des Heimatstaats und ggf. eines Exilstaats dazu führen, dass vor deren Gerichten ebenfalls ein Verfahren nicht durchzuführen ist. Das Risiko einer Strafverfolgung durch einen Drittstaat (z.B. unter Bezugnahme auf ein extraterritoriales Strafverfolgungsrecht *in absentia*) besteht dagegen fort. Die *abuse of process*-Doktrin würde überreizt, schlösse man jegliches Strafverfahren *per se* aus. Selbst wenn der Ankläger des IStGH umgangssprachlich als Vertreter der „internationalen Gemeinschaft" angesehen wird, bedeutet dies nicht *ipso facto*, dass sein Verhalten Strafverfolgungsbemühungen überall auf der Welt zu beeinflussen vermag.

c) *Vorteile des abuse of process*

Die Anwendung der *abuse of process*-Doktrin erscheint aus verschiedenen Gründen gegenüber der starren Regelung des *ne bis in idem* vorzuziehen zu sein. Bedeutender Vorteil ist, dass eine Verfahrensbeendigung durch die Richter auf der Basis eines möglichen *abuse of process* stets nur aufgrund einer Abwägung im Einzelfall erfolgen kann. Dies ermöglicht es den Richtern, anders als beim *ne bis in idem*, die Besonderheiten einer Verfahrenseinstellung gemäß Art. 53 (2) (c) RS angemessen zu berücksichtigen. So dürfte eine Verfahrenseinstellung stets an explizite oder implizite Bedingungen (Teilnahme an alternativen Mechanismen, Einhaltung der Waffenruhe, *DDR*) geknüpft sein. Das Vertrauen des Betroffenen kann von den Richtern somit als nicht schützenswert gewertet werden, wenn dieser seinerseits die in ihn gesetzten Erwartungen nicht erfüllt. Bei einer *abuse of process*-Entscheidung kann daher auf das Verhalten des Betroffenen nach Einstellung des Verfahrens eingegangen werden.

Weiterhin vorteilhaft erscheint, dass die *abuse of process*-Doktrin auch im Rahmen von Strafverfolgungsmaßnahmen Berücksichtigung finden kann, die Taten betreffen, welche nicht Gegenstand des eingestellten Verfahrens waren. So werden bei den Hauptverantwortlichen von Systemunrecht selten alle möglichen Verstöße zur Anklage gebracht.[175] Ein Straffreiheitsversprechen im Rahmen einer Einstellungsentscheidung kann deshalb über bereits bekannte Straftaten hinausgehen. In einem solchen Fall ist allerdings von den Richtern ausgiebig zu prüfen, ob die neuen Taten als von der Straffreistellung erfasst gelten können.

Zusammenfassend lässt sich sagen, dass die *abuse of process*-Doktrin als geeignet angesehen werden kann, eine konditionierte Verfahrenseinstellung seitens der Anklage abzusichern. Schließlich wird auch schnell deutlich, dass bei der *abuse of*

---

[175] Zur Problematik, dass sogar gänzlich andersartige Taten verfolgt werden, siehe z.B. Kolumbien und die Ausführungen bei *Burbidge*, ICLR 2008, 569 ff.

process-Doktrin zwischen mehreren Einstellungsgründen unterschieden werden kann. So dürfte aus einer Einstellung aus Mangel an Beweisen kein *abuse of process* resultieren, da in einem derartigen Fall kein schützenswertes Vertrauen besteht. Dies muss, wie bereits dargelegt, jedoch nicht bei jeder Verfahrenseinstellung der Fall sein.

F. Rücknahme von Anklagepunkten im Hauptverfahren

Für den konkreten Anwendungsfall spielt die Möglichkeit der Rücknahme von Anklagepunkten in einem laufenden Verfahren keine Rolle – schließlich sind sowohl *Joseph Kony* als auch *Omar al-Bashir* nach wie vor flüchtig. Allerdings sind Fallkonstellationen denkbar, in denen politische Rahmenbedingungen eine „quasi"-Einstellung des Verfahrens in einem späteren Verfahrensstadium als notwendig oder sinnvoll erscheinen lassen. So, wie sich für den Ankläger die Frage stellt, ob er Verfahren gegen Personen einstellen kann und sollte, welche die lokale Bevölkerung in „Geiselhaft" nehmen, erscheint es vorstellbar, dass Personen einen Versuch unternehmen könnten, eine bereits den Richtern vorgeführte Person „freizupressen".

Während dem Einkläger nach der oben angeführten Interpretation eine Einstellung nach Art. 53 (2) (c) RS mit Beginn des Verfahrens verwehrt ist, wird ihm in Art. 61 (9) Satz 3 RS das Recht eingeräumt, die Rücknahme von Anklagepunkten zu beantragen. Der Wortlaut der Norm lässt zu, dass sowohl einzelne als auch sämtliche Anklagepunkte zurückgenommen werden. Ersichtlich hat sich die Literatur mit einer kompletten Rücknahme der Anklagepunkte (noch) nicht beschäftigt. So behandelt keiner der großen Kommentare zum Rom-Statut die Thematik der Rücknahme.[176] Die Verfahrens- und Beweisanordnung spart diese Frage ebenfalls komplett aus. Betrachtet man die Möglichkeit der Rücknahme, so lassen sich zwei Fallgruppen unterscheiden.

Der klassische Fall der Rücknahme von Anklagepunkten resultiert aus einem (von der Anklage erkannten) Mangel an Beweisen. Stellt die Anklage fest, dass bestimmte Anklagepunkte aufgrund der Beweislage nicht zielführend sind, kann ein Interesse bestehen, sie zurückzuziehen. Die Anklage kann so Ressourcen und „schmerzhafte" Niederlagen vermeiden. Eine derartige Rücknahme von Anklagepunkten im laufenden Verfahren stellt sich im Hinblick auf den *ne bis in idem*-Grundsatz jedoch als nicht ganz unproblematisch dar. So kann eine Rücknahme (auch in einem späteren Verfahrensstadium) einen Urteilsspruch vermeiden, was

---

[176] *Cassese/Gaeta/Jones* (Hrsg.); *Triffterer* (Hrsg.); *Schabas*, International Criminal Court.

zur Folge hat, dass Art. 20 (1) RS keine Anwendung finden kann.[177] Damit eröffnet Art. 61 (9) Satz 3 RS der Anklage die Möglichkeit, die Rechtskraftwirkung zu umgehen. Zudem mag eine späte Rücknahme einzelner oder sämtlicher Anklagepunkte (besonders zu einem späten Zeitpunkt) dazu „missbraucht" werden, politisch unerwünschte (Teil-)Freisprüche zu verhindern. Die Gefahr erscheint besonders virulent, wenn man bedenkt, dass nach der Konzeption des Art. 61 (9) Satz 3 RS der Verteidigung im Rahmen der Rücknahmeentscheidung keinerlei Mitwirkungsbefugnisse eingeräumt werden.

Für die Fragestellung interessanter ist eine Konstellation, in welcher die Anklage aus anderen als beweistechnischen Gründen zu der Entscheidung kommt, einen, mehrere oder gar sämtliche Anklagepunkte nicht weiter verfolgen zu wollen. Die Anklage vermag dies nicht autonom zu entscheiden. Sie benötigt dafür vielmehr die Zustimmung der Hauptverfahrenskammer. Unklar ist jedoch, welche Gründe von der Anklage und der Hauptverfahrenskammer in Erwägung gezogen werden dürfen. Während der Wortlaut dies nicht präzisiert, ließen sich zumindest Rückschlüsse aus der Normsystematik ziehen. So befasst sich Art. 61 (1)–(8) RS ausschließlich mit Beweisfragen. Es scheint daher dem Normzweck zu widersprechen, über Art. 61 (9) Satz 3 RS einen weiteren „Einstellungsgrund" oder ein *charge bargaining* durch die Hintertür einzufügen. Andererseits muss man feststellen, dass die *confirmation of charges* gerade dazu dienen soll, Anklagen mit wackeliger Beweisgrundlage bereits in einem Frühstadium auszusortieren. Es muss deshalb bezweifelt werden, ob es einer Rücknahmemöglichkeit aus Beweisgründen vor der Urteilsverkündung bedarf. Eine richterliche Klärung dieser Frage erscheint angebracht. Interpretierte man Art. 61 (9) Satz 3 RS dagegen als „Einstellungsgrund" im Hauptverfahren, so bietet es sich an, die Erkenntnisse zu Art. 53 (2) (c) RS als Mindestmaßstab auf diese im Ansatz vergleichbare Fallkonstellation zu übertragen.

G. Zwischenergebnis

Verschiedene Möglichkeiten der Verfahrensbeendigung wurden untersucht. Dabei hat sich herausgestellt, dass für die vorliegende Fallfrage einzig eine Einstellung gemäß Art 53 (2) (c) RS in Betracht kommt. Bei dieser Entscheidung ist die Anklage verpflichtet, die Gefahr drohender Kernverbrechen in der Abwägung zu berücksichtigen. Ein vergleichbares Berücksichtigungsgebot wäre einschlägig, wenn der UN-Sicherheitsrat nach Kap. VII die Einstellung eines Verfahrens fordern würde.

177 Vgl. dazu *Schabas*, International Criminal Court, Art. 20, S. 377; *Tallgren/Reisinger Coracini*, in: Triffterer (Hrsg.), Commentary on the Rome Statute, Art. 20 Rn. 22 f.

Teil 7

Abschließende Bemerkungen

Die bisherigen Ausführungen haben sich der Frage gewidmet, wie konkrete politische und normative Konflikte bei der Strafverfolgung von bedeutenden Individuen im Rahmen der normativen Vorgaben des Rom-Statuts (und für den Fall der Bundesrepublik der StPO) aufgelöst werden können. Dabei ist deutlich geworden, dass das Verfahrensrecht des Statuts dem Ankläger nicht nur einen gewissen Freiraum bei der Entscheidung derart heikler Fragen lässt. Viel entscheidender ist, dass eine Entscheidung gegen die Strafverfolgung einzelner Personen nicht *per se* den Boden des Rechts verlässt und nicht in die trüben Gewässer der (Real-)Politik eintaucht. *Dencker* hat treffend formuliert:

> „Dabei geht es nicht etwa um ein schlichtes Zurückweichen des Rechts vor der (verbrecherischen) Macht, es geht um das Abwägen von Rechten: Gegen das Recht (der Weltgemeinschaft) auf Bestrafung des Verbrechers gegen die Menschlichkeit hat zwar dieser rechtlich nichts, aber auch gar nichts zu erwidern, wohl aber ist das Recht all derer zu bedenken, die durch die Geltendmachung dieses Strafanspruchs zu Opfern werden könnten.“[1]

Diese von *Dencker* noch als These vorgetragene, normative Dimension des Konflikts wurde im Rahmen dieser Arbeit besonders hervorgehoben. Dabei fiel auf, dass präventivrechtliche Elemente in der Völkerrechtsordnung nur fragmentiert vorhanden sind und bis zum heutigen Tage eine aktive Einmischung (vielleicht glücklicherweise) nicht einfordern. Während Staaten dazu aufgefordert sind, auf ihrem Staatsgebiet und in Bereichen faktischer Herrschaft aktiv den Schutz der dort befindlichen Personen und die Einhaltung elementarer menschenrechtlicher Garantien zu gewährleisten, zeichnet sich für extraterritoriale Fallkonstellationen ein gänzlich anderes Bild ab. Der klassische Menschenrechtsschutz ist darauf beschränkt, das Verhalten der Staatsorgane im Ausland einzuhegen und eine aktive Unterstützung menschenrechtswidrigen Verhaltens als illegal zu brandmarken. Für die faktischen, wenn auch nicht intendierten, extraterritorialen Auswirkungen staatlichen Handelns sind die Staaten im Rahmen der klassischen Menschenrechtssysteme freigezeichnet.

Insoweit besteht allerdings für den Schutz vor „internationalen Verbrechen“ eine Sonderstellung. Der in Art. I Völkermordkonvention niedergelegte und im *World Outcome Document 2005* zur *Responsibility to Protect* bekräftigte Schutzauftrag nimmt die Staaten und die von ihnen abgeleiteten sekundären Völkerrechtssubjekte

---

[1] *Dencker*, ZIS 2008, 303.

in die Verantwortung. So gilt es, bei jeglichem Staatshandeln mit extraterritorialem Bezug die unerwünschten, aber potentiell desaströsen Negativeffekte in die Betrachtung miteinzubeziehen. Zweifelsohne hat diese Fragmentierung des präventivrechtlichen Normengefüges bizarre Konsequenzen: Während ein Staat dazu verpflichtet ist, drohende Völkermordakte oder Verbrechen gegen die Menschlichkeit in seine rechtliche Lagebewertung einzustellen, wird dies nicht gefordert, wenn die Quelle der Gefahr kein planvoll agierender Unrechtsstaat ist, sondern den Menschen durch Naturkatastrophen, Bürgerkrieg oder Krieg der Verlust ihres Lebens droht. Die Tatsache, dass sich die bedeutenden präventivrechtlichen Regelungen aus der Entwicklung des Völkerstrafrechts alimentieren, hat diese Diskrepanz sicherlich (mit) hervorgerufen.

Aus der Analyse hat sich zudem ergeben, dass die bruchstückhafte Normierung von Schutz- bzw. Unterlassenspflichten im Rahmen der Einstellungsentscheidung des Chefanklägers gemäß Art. 53 (2) (c) RS zu berücksichtigen ist. Dabei muss man feststellen, dass dies nicht etwa dazu führt, dass ein Verfahren stets einzustellen ist. Entschließt sich der Ankläger zudem dazu, die Erwägungen komplett zu ignorieren, so versagen bedauerlicherweise die formellen Kontrollmechanismen – informelle Kontrollen wären gefragt. Präventionspflichten werden durch den ersten Chefankläger *Luis Moreno-Ocampo* (nach außen hin) keine Bedeutung beigemessen. Es bleibt abzuwarten, ob sich dies unter dem/r neuen Chefankläger/in ändern wird. Auch dürfte klar (geworden) sein, dass internationale Strafverfolgung stets mit den politischen Realitäten zu kämpfen haben wird. *Brammertz* hatte einst die Frage aufgeworfen:

> "[…] one crucial and still unresolved question is whether the ICC is a political system with judicial tools or a judicial system surrounded by a political reality."[2]

Jedenfalls im Hinblick auf die Tätigkeit der Anklagebehörde bietet es sich an, das Entweder-oder durch ein Sowohl-als-auch zu ersetzen. So zwingen politische Realitäten den Ankläger zu einer Abwägung verschiedener normativer Positionen. Diese Einzelfallabwägung ist eine von Normen geleitete, schlussendlich aber „politische" Entscheidung, der sich die Anklage nicht mit Verweis auf einen behaupteten Antagonismus politischer und rechtlicher Welten entziehen sollte.[3] Es ist gerade Aufgabe des Chefanklägers, für seine Entscheidung einzustehen. Es nicht zu verhehlen, dass sich die Anklage im Fall eines Rückgriffs auf den in Art. 53 RS normierten Einstellungsgrund auf politisch heikles Terrain begibt. So ist bedauerliche Konsequenz einer Einstellung, dass Opferinteressen ignoriert werden und der Täter nicht zur Rechenschaft gezogen wird. Zudem droht sich die Anklage erpressbar zu machen. Das zynische Kalkül, dass die Begehung weiterer Verbrechen eine bessere Verhandlungsposition schafft, kann desaströse Effekte zeitigen. Im Fall

---

[2] Zitiert nach *Blumenson*, Colum. J. Transnat'l L. 2006, 821.

[3] Fraglich daher *Evans*, Responsibility to Protect, S. 119: "[…] the pressure and weight of expectations should be taken off the prosecutor's shoulders […]."

Joseph Kony hat sich gezeigt, dass sich Zynismus teilweise auszahlen kann. Die Ermittlungen in Kenia haben indes auch vorgeführt, wie erfolgreich Strafverfolgung gegen Politiker in Führungspositionen sein kann.

Das (jedenfalls nach außen kommunizierte) Ausblenden präventivrechtlicher Normen bei der Entscheidungsfindung ist allerdings nur eine Ungereimtheit der bisherigen Anklagestrategie. Auf weitere soll im Folgenden eingegangen werden, da die bisherigen Richtungsentscheidungen der Anklage mitursächlich für das Auftreten der oben dargestellten Konfliktlagen gewesen sein dürften. Es ist eine grundsätzliche Erkenntnis, dass derartige Konfliktlagen, sofern sie einmal zutage getreten sind, nur schwer wieder aufgelöst werden können und dass die Konfliktlösung stets „Kollateralschäden" erwarten lässt. Präventive Konfliktvermeidung erscheint daher vorzugswürdig.[4] Die folgenden Ausführungen widmen sich daher der Frage, wie der IStGH im Allgemeinen und die Anklage im Speziellen die Wahrscheinlichkeit solcher Konfliktlagen zu vermindern vermögen, inwiefern also an alternativen Stellschrauben gedreht werden kann. Zudem soll ein kurzer Blick in die Zukunft geworfen werden, um aufzuzeigen, dass die Uganda-Problematik nur Vorbote komplexerer und schwerwiegenderer Krisen sein dürfte.

I. Alternative Stellschrauben

Konflikte zwischen präventiven Interessen und Strafverfolgung werden auch in Zukunft unvermeidlich sein. Realpolitik ist und wird auch immer Teil internationaler Strafverfolgungsbemühungen bleiben. Die Ressourcen sind begrenzt, die Machtmittel des IStGH äußerst limitiert und die Krisenherde der Welt ein kaum zu leugnendes Faktum. Die Ausübung des Ermessens im Rahmen des Art. 53 (2) (c) RS wird auch in Zukunft ein Drahtseilakt für den Chefankläger sein. Es stellt sich daher die Frage, ob die Wahrscheinlichkeit einer solch komplexen Situation, wenn nicht verhindert, so doch minimiert werden kann. Dabei muss zwangsläufig auch die Anklagestrategie in den Blick genommen werden und einer kritischen Reflexion unterzogen werden.

Bevor allerdings auf mögliche Stellschrauben eingegangen werden kann, soll kurz dargelegt werden, warum die im Statut angelegte Möglichkeit der sogenannten *self-referrals* (dazu A.) sowie die Schwächen des Art. 17 RS (dazu B.) ein Gegensteuern der Anklage notwendig machen.

Im Anschluss soll aufgezeigt werden, dass der Chefankläger durch eine Interpretation des Art. 53 RS im Lichte des Komplementaritätsgedankens (dazu C.), ein Umdenken bei der Ausübung des Entschließungsermessens bei der Einleitung von

---

4 *Pauwelyn*, Conflicts of Norms, S. 239.

Ermittlungen (dazu D.) sowie mittels eines Rückgriffs auf geheime Haftbefehle (dazu E.) in der Lage ist, konfliktträchtige Ermittlungen wie im Fall Ugandas zu vermeiden.

A. Problematik der self-referrals

Bereits thematisiert wurde, woraus sich die Zuständigkeit des Gerichts ergibt und wie der Gerichtshof mit einer Situation befasst wird. Zur Überraschung vieler sind vier der bisherigen Situationen durch die Staaten an den IStGH verwiesen worden, auf dessen Territorium die mutmaßlichen Taten begangen worden waren. Art. 13 (a) RS ist wie folgt formuliert:

> The Court may exercise its jurisdiction with respect to a crime referred to in article 5 in accordance with the provisions of this Statute if
>
> (a) A situation in which one or more of such crimes appears to have been committed is referred to the Prosecutor by a State Party in accordance with article 14; […].

Der Wortlaut der Norm ist offen, sodass keine zwingenden Gründe dagegen sprechen, Selbstverweisungen zuzulassen.[5] Art. 14 RS trifft diesbezüglich keine Aussage. Zudem erscheinen Selbstverweisungen für die Anklagebehörde auf den ersten Blick wünschenswert, da sie eine Unterstützung der jeweiligen Staaten suggerieren und der Chefankläger nicht auf die umstrittene *proprio motu*-Kompetenz zurückgreifen muss. So wundert es auch nicht, dass der Chefankläger Selbstverweisungen, mit der impliziten Drohung, selbst Ermittlungen einzuleiten, befördert haben soll.[6] Für die Akzeptanz des IStGH birgt ein solches Vorgehen allerdings auch Risiken. Betrachtet man drei der Situationen, in denen Staatenverweisungen vorliegen, so muss man feststellen, dass bis *dato* sämtliche Verfahren auf Personen abzielen, die keine amtliche Stellung innehaben. Betrachtet man dagegen die Situationen in Sudan, Kenia und Libyen, so zeigt sich, dass der IStGH auch Staatseliten zum Ziel der Strafverfolgung macht. *Honni soit qui mal y pense*.[7] Zudem ist zu

---

[5] *Jurdi*, ICLR 2010, 76; *Kreß*, in: Neubacher/Klein (Hrsg.), S. 104 f.; *Tharakan*, Konkretisierung des Komplementaritätsprinzips, S. 66, 145 f. Ablehnende, aber unbegründete Haltung bei *Arsanjani/Reisman*, AJIL 2005, 391.

[6] *Gaeta*, JICJ 2004, 949. Zur Beförderung der *self-referalls* siehe auch *Tharakan*, Konkretisierung des Komplementaritätsprinzips, S. 62 ff.; *Scharf/Dowd*, No Way Out?, S. 8, und krit. *Kreß*, in: Neubacher/Klein (Hrsg.), Vom Recht der Macht, S. 107 ff.

[7] Siehe auch *Müller/Stegmiller*, JICJ 2010, 1285: „a self-referral rarely comes for free". Dazu auch *Akhavan*, CLF 2010, 104 ff.; *Branch*, EIA 2007, 187; *Gaeta*, JICJ 2004, 952; *Kleffner*, in: Stahn/Sluiter (Hrsg.), The Emerging Practice, S. 47; *Wouters* u.a., ICLR 2008, 289. Milde Kritik auch bei *Tharakan*, Konkretisierung des Komplementaritätsprinzips, S. 146 ff. Eher positive Einschätzung der bisherigen Praxis bei *Gallavin*, CLF 2006, 50; *Kreß*, in: Neubacher/Klein (Hrsg.), Vom Recht der Macht, S. 109.

überlegen, ob eine solche Praxis nicht das Kontrollrecht der Vorverfahrenskammer gemäß Art. 15 (3)–(6) RS zu beeinträchtigen droht.[8]

Dies bedeutet nicht, dass *self-referrals per se* zu beanstanden wären. Die Anklage sollte jedoch stets im Auge behalten, dass sie sich aufgrund dessen stets dem Vorwurf ausgesetzt sehen könnte, sich von Staaten instrumentalisieren zu lassen.[9] Der Vorwurf der Instrumentalisierung droht dann besonders akut zu werden, wenn man zusätzlich die Interpretation des Komplementaritätsprinzips betrachtet.[10]

B. Interpretation des Komplementaritätsprinzips

Vielfach lässt sich in der Literatur im Hinblick auf die Komplementarität lesen, der IStGH sei nur dann zuständig, wenn der Tatortstaat nicht willens oder nicht in der Lage ist, die begangenen Straftaten abzuurteilen.[11] Die Anklage sieht dies anders und hat dabei die Richter des IStGH auf ihrer Seite. So stellte die Berufungskammer im *Katanga*-Verfahren fest:

> "The Appeals Chamber agrees with the submission of the Prosecutor that according to the clear wording of article 17 (1) (a) and (b) of the Statute, the question of unwillingness or inability of a State having jurisdiction over the cases becomes relevant only where, due to ongoing or past investigations or prosecutions in that State, the case appears to be inadmissible."[12]

Konsequenz dieser Interpretation ist, dass jeder Staat Verfahren an den IStGH abgeben kann, sofern und solange die staatlichen Behörden keine formellen Ermittlungen eingeleitet haben. Die Thematik wird in der anglophonen Literatur unter den Schlagwörtern *inactivity* und *uncontested admissibility* diskutiert. Während der Wortlautinterpretation zu folgen ist,[13] gilt es die teleologische Interpretation der Berufungskammer kritischer zu untersuchen. So stellten die Richter im Folgenden fest:

---

8 *Scharf/Dowd*, No Way Out?, S. 8.

9 Zur Problematik der mangelnden Transparenz, siehe *Müller/Stegmiller*, JICJ 2010, 1280.

10 Zur Verbindung beider Problematiken auch *Arsanjani/Reisman*, AJIL 2005, 392; *Müller/Stegmiller*, JICJ 2010, 1258.

11 So bspw. *Arsanjani/Reisman*, AJIL 2005, 387; *T. Clark*, Wash. U. Global Stud. L. Rev. 2005, 408; *Galbraith*, Mich. J. Int'l L. 2009, 141; *Gallavin*, CLF 2006, 45; *Hafner* u.a., EJIL 1999, 115; *Johnson*, Peace without Justice, S. 76; *Kemp*, Tydskrif 2001, 155; *Klein*, GoJIL 2010, 679; *Maged*, ICLR 2006, 423; *Meyer*, ICLR 2006, 553. Kritik an der vereinfachenden Darstellung auch bei *Robinson*, CLF 2010, 72 m.w.N.

12 IStGH(*Katanga*), Jugdment on the Appeal of Mr. Germain Katanga against the Oral Decision of Trial Chamber II of 12 June 2009 on the Admissibility of the Case, Entscheidung der Berufungskammer vom 25.9.2009 (ICC-01/04-01/07-1497), para. 75. Zur davon abweichenden Begründung der Hauptverfahrenskammer siehe *Batros*, LJIL 2010, 347.

13 *Benzing*, Max Planck UNYB 2003, 601; *Kreß*, in: Neubacher/Klein (Hrsg.), Vom Recht der Macht, S. 106; *Robinson*, CLF 2010, 81 ff.; *Sácouto/Cleary*, LJIL 2010, 369.

> "Such an interpretation [of the Appellant] is not only irreconcilable with the wording of the provision, but is also in conflict with a purposive interpretation of the Statute. The aim of the Rome Statute is 'to put an end to impunity' and to ensure that the most serious crimes of concern to the international community as a whole must not go unpunished'."[14]

Dieser Feststellung liegt eine fragwürdige Sicht der Dinge zugrunde, wie nachfolgend dargestellt werden soll.

1. Komplementarität als souveränitätsschonende Kompromisslösung

Unzweifelhaft ist einer der Beweggründe für die Schaffung des Komplementaritätsprinzips ein Interesse der Staaten, die eigene staatliche Souveränität weitestgehend zu schützen.[15] Die Entscheidung für das Komplementaritätsprinzip ist insoweit eine Abkehr von der in den Statuten der ad hoc-Tribunale getroffenen Vorrangsentscheidung. Zwar mag es gute Gründe dafür gegeben haben, in den Wirren des ruandischen Völkermords und den (Bürger-)Kriegen der jugoslawischen Nachfolgerepubliken auf ein strenges Signal zu setzen und einer richterlichen Aufarbeitung durch die nationalen Gerichte zu misstrauen. Für eine ständige Institution mit begrenzten Ressourcen erschien es dagegen angebracht, nationaler Aufarbeitung ein gewisses Vertrauen entgegenzubringen. Das Argument der Souveränitätsschonung gehört daher auch zum Standardargument, wenn Staaten wie den USA oder China ein Beitritt zum Rom-Statut nahegelegt wird. Allerdings muss man feststellen, dass nicht nur die Souveränität der Staaten ursächlich für die Komplementaritätsregeln ist.

2. Vor- und Nachteile einer Internationalisierung der Strafverfolgung

Gewichtige andere Gründe sprechen dafür, grundsätzlich eine lokale Aburteilung einem internationalen Verfahren vorzuziehen. Ein Verfahren vor Ort erlaubt oder erleichtert die Beteiligung der Bevölkerung und insbesondere der Opfer(-gemeinschaft).[16] Das Verfahren findet in der Landessprache und nicht in einer der Arbeitssprachen des IStGH (Englisch und Französisch[17]) statt, und Beweise können von lokalen Behörden entsprechend den nationalen Vorgaben (leichter) erhoben werden.[18] Das nationale Justizwesen kann durch *capacity building* gestärkt werden.[19]

---

[14] IStGH(*Katanga*), Jugdment on the Appeal of Mr. Germain Katanga against the Oral Decision of Trial Chamber II of 12 June 2009 on the Admissibility of the Case, Entscheidung der Berufungskammer vom 25.9.2009 (ICC-01/04-01/07-1497), para. 79. Zustimmend *Akhavan*, AJIL 2005, S. 415.

[15] *Benzing*, in: König u.a. (Hrsg.), International Law Today, S. 26; siehe auch *Melandri*, ICLR 2009, 535 ff.

[16] *Robinson*, CLF 2010, 99.

[17] Siehe dazu Art. 50 (2) RS.

[18] *Benzing*, Max Planck UNYB 2003, 600; *Sácouto/Cleary*, LJIL 2010, 364.

[19] *Robinson*, CLF 2010, 99.

Zudem können bestimmte Verfahrensgrundsätze berücksichtigt werden, die vor dem IStGH unbeachtlich sind. So sind beispielsweise Jury-Verfahren, die vorwiegend in anglophonen Ländern eine besondere Rolle spielen, vor dem Gerichtshof nicht möglich. Zudem wird betont, dass die Verwirklichung der Strafzwecke und dabei insbesondere die generalpräventive Komponente von einem lokalen Verfahren profitieren können.[20]

Die Präambel des Statuts greift die besondere Rolle nationaler Verfahren an zwei Stellen auf. Neben dem bereits zitierten Verweis auf die komplementäre Zielsetzung des Statuts stellt die Präambel fest:

> Affirming that the most serious crimes of concern to the international community as a whole must not go unpunished and that their effective prosecution must be ensured by taking measures at the national level and by enhancing international cooperation […].
>
> Recalling that it is the duty of every State to exercise its criminal jurisdiction over those responsible for international crimes.

Aus dem Statut lässt sich demnach durchaus eine Präferenz für eine nationale Aufarbeitung der Taten erkennen.[21]

Dies bedeutet aber nicht, dass eine solche stets am besten sein muss. Misstraut beispielsweise eine der Konfliktparteien den nationalstaatlichen Gerichten und stellt deren Neutralität infrage, mag ein internationales Verfahren mit den im Statut verankerten Verfahrensgarantien vorzuziehen sein.[22] Folgt man dagegen der Interpretation des Richters im oben zitierten *Katanga*-Verfahren, so haben die Staaten keinerlei Anreiz, die Verfahren selbstständig durchzuführen. Die Abgabe unliebsamer Verfahren an den IStGH droht. So wird in diesem Zusammenhang auch diskutiert, ob Tatortstaaten auf diese Weise ihre Verfolgungspflicht umgehen können.[23] Es erscheint nach dem Gesagten demnach vorzugswürdig, den Komplementaritätsgrundsatz eher im Sinne eines Subsidiaritätsgrundsatzes zu interpretieren und somit Anreize für eine nationale Aufarbeitung zu schaffen.[24] *Robinson* weist jedoch richtigerweise darauf hin, dass der Gerichtshof nicht in der Lage sein wird, ein nationales Verfahren zu erzwingen.[25] Eine Interpretation als Subsidiaritätsprin-

---

[20] *Benzing*, Max Planck UNYB 2003, 600.

[21] So auch *Hafner* u.a., EJIL 1999, 116; *Jurdi*, ICLR 2010, 74; *Meyer*, ICLR 2006, 550; *Müller/Stegmiller*, JICJ 2010, 1288; *Röben*, Max Planck UNYB 2003, 548.

[22] So auch die Argumentation von *Akhavan*, ARIEL 2005, 414. Dazu auch *Sácouto/Cleary*, LJIL 2010, 374; *Williams/Schabas*, in: Triffterer (Hrsg.), Commentary on the Rome Statute, Art. 17 Rn. 22.

[23] So stellen *Williams/Schabas*, in: Triffterer (Hrsg.), Commentary on the Rome Statute, Art. 17 Rn. 22 im Hinblick auf die Untätigkeitskonstellation kritisch fest: "[…] a State respected its obligation to prosecute by failing to prosecute. A State would be judged on its compliance with the duty to prosecute by analysis of its motives rather than its actions."

[24] So auch *Benzing*, in: König u.a. (Hrsg.), International Law Today, S. 27 f.; *Kleffner*, in: Stahn/Sluiter (Hrsg.), The Emerging Practice, S. 44 f.; *Jurdi*, ICLR 2010, 77; *Müller/Stegmiller*, JICJ 2010, 1284; *Sácouto/Cleary*, LJIL 2010, 364.

[25] *Robinson*, CLF 2010, 91.

zip ist zudem im Einklang mit dem Konzept der *Responsibility to Protect*, welches primär staatliches Handeln einfordert und die internationale Gemeinschaft erst nachrangig in die Verantwortung nimmt.[26] Neben den prinzipiellen Erwägungen spielen zudem auch pragmatische Erwägungen eine Rolle.

3. Pragmatische Erwägungen

Die bisherigen Ausführungen zur Komplementarität widmeten sich dem Aspekt, ob die Möglichkeit einer Abgabe von Verfahren an den IStGH wünschenswert und mit der Konzeption des Gerichts vereinbar ist. Blickte man allerdings zu sehr auf die Abgabe von Gerichtsverfahren, so würde man die Problematik eines extensiven Verständnisses der Komplementarität deutlich verkürzen und ein elementares Verfahrensstadium ausblenden.[27] Der Beispielsfall *Joseph Kony* zeigt, dass zumeist nicht nur die gerichtliche, sondern ebenso die polizeilich-militärische Arbeit an den IStGH „outgesourct" wird.[28] Das Statut regelt die Frage der Aufgabenverteilung im Vorstadium des Verfahrens nicht. Man mag auf den ersten Blick denken, dass Abs. 3 diese Situation beschreibt. Dort ist niedergelegt:

> In order to determine inability in a particular case, the Court shall consider whether, due to a total or substantial collapse or unavailability of its national judicial system, the State is unable to obtain the accused […].

Doch sollte dieser Ausschnitt nicht dazu verleiten, das Statut in die Richtung zu interpretieren, dem IStGH die Jagd nach mutmaßlichen Verbrechern aufzubürden. So präzisiert Abs. 3, dass die Unfähigkeit des Staates aus dem Zusammenbruch des Justizwesens zu resultieren hat. Er visiert damit primär *failed* or *failing states* an[29] und ist auf die Situation in Uganda nicht anwendbar.

Es stellt sich somit die Frage, warum eine Abgabe an den IStGH dem Ziel *to end impunity* hilfreich sein soll und ob also der IStGH bereits im Vorstadium des eigentlichen Strafverfahrens die eigene Zuständigkeit bejahen sollte. Für eine Befassung des IStGH sprechen zwei, allerdings nur auf den ersten Blick gewichtige Gründe.

Erstens, für Verfahren vor dem IStGH regeln die Art. 86 ff. RS die Kooperationspflicht der Staaten bei der Ergreifung und Überstellung von Verdächtigen und der Bereitstellung von Beweismitteln. Auf zwischenstaatlicher Ebene dürften derartige Kooperationspflichten nur in Ausnahmefällen derart detailliert geregelt sein. Betrachtet man daher die rein rechtliche Seite, so ist sicherlich ein Verfahren vor

---

[26] Vlg. dazu auch *Benzing*, in: König u.a. (Hrsg.), International Law Today, S. 226 f.; siehe auch SR-Res. 1894 (2009), vom 11.11.2009.

[27] Vgl. dazu auch *Batros*, LJIL 2010, S. 360; *Jurdi*, ICLR 2010, 86 f.

[28] Dazu *Rodman*, LJIL 2009, 124.

[29] *Williams/Schabas*, in: Triffterer (Hrsg.), Commentary on the Rome Statute, Art. 17 Rn. 33.

dem IStGH zu bevorzugen. Der Fall Ugandas dürfte insofern allerdings paradigmatisch sein, als dass dort deutlich wird, dass nicht rechtliche, sondern faktische Hürden die Ergreifung eines flüchtigen mutmaßlichen Straftäters wie *Joseph Kony* erschweren. Mangels eigener Eingriffsbefugnisse durch den IStGH ist dieser auf die Durchsetzung seiner Entscheidungen durch Staatsorgane angewiesen. Ein Verfahren vor dem IStGH erscheint deshalb nicht gewinnbringend. So stellte Erzbischof *Ondama* die rhetorische Frage: "How can the ICC charge Uganda to arrest Joseph Kony when they have failed for the last 19 years?"[30]

Ein zweiter Aspekt ist ebenfalls relevant. Ein Verfahren in Den Haag verschafft dem Fall die Aufmerksamkeit der Weltöffentlichkeit und mag daher die Wahrscheinlichkeit einer Ergreifung erhöhen.[31] Dies wurde bereits anhand der Situationen in Uganda und Sudan (Darfur) ausführlich diskutiert. Doch ist zu überlegen, ob die Wahrnehmung der Rolle als mediales Sprachrohr mit dem Tätigkeitsprofil der Anklage vereinbar ist. Rein formal bestehen sicherlich keine Bedenken. Die Unschuldsvermutung des Art. 66 (1) RS wird auf dem Papier respektiert, dem Neutralitätsgebot des Art. 54 (1) (a) RS wird entsprochen. Dennoch besteht das Risiko, dass sich die Anklage weit von der gerichtlichen Tätigkeit entfernt und mehr und mehr in eine Rolle gedrängt wird, die eher der Tätigkeit von Menschenrechtsorganisationen wie *Amnesty International* oder *Human Rights Watch* entspricht.[32] Bedenkt man die limitierten Ressourcen des IStGH[33] und das Legitimitätsrisiko eines offensiven Auftretens ohne vorzeigbare Resultate, so lässt sich durchaus für eine stärkere Einbindung der Nationalstaaten und eine zurückhaltendere Tätigkeit des IStGH plädieren. Eine Zurückhaltung würde die Anzahl der Fälle limitieren, in denen sich der IStGH mit Taten befasst, die in noch andauernden Bürgerkriegen begangen worden sind. Schließlich gilt das Argument, das bereits zur Thematik der *self-referrals* angeführt wurde, für die Frage der Komplementarität in besonderem Maße. Gibt ein Staat freiwillig ein Verfahren an den IStGH ab, so droht sich die Anklage (berechtigterweise oder nicht) dem Vorwurf der Instrumentalisierung und Selektivität auszusetzen.

Alles in allem kann man sagen, dass eine restriktivere Interpretation des Komplementaritätsgrundsatzes anzudenken ist. So stellt *Greenawalt* fest:

> "[…] a more focused ICC is preferable to an expansive but ineffectual one."[34]

---

30 Zitiert nach *Apuuli*, JICJ 2006, 187. Ähnlich auch *Arsanjani/Reisman*, AJIL 2005, 393.

31 So *Robinson*, CLF 2010, 97 f.

32 Kritik an deren Tätigkeit bei *Snyder/Vinjamuri*, IS 2003/04, 5.

33 *Benzing*, Max Planck UNYB 2003, 599; *Jurdi*, ICLR 2010, 96; *Sácouto/Cleary*, LJIL 2010, 364.

34 *Greenawalt*, N.Y.U. J. Int'l L. & Pol., 664.

4. Rechtliche Konsequenz

Nach dem oben Gesagten sprechen viele Gründe für eine zurückhaltende Strafverfolgungspraxis des IStGH. Wie allerdings die Berufungskammer richtig festgestellt hat, ist Art. 17 RS nicht einschlägig. Auch wenn man an der teleologischen Begründung der Berufungskammer Zweifel anmelden kann und sollte, so ist der Wortlaut der Norm doch eindeutig. *Robinson* weist richtigerweise darauf hin, dass *de lege lata* im Fall der Untätigkeit der *unwilling or unable*-Test nicht einschlägig ist.[35] Er weist außerdem darauf hin, dass die Problematik nicht umgangen werden kann, wenn man wie viele Autoren diesen Test stets zur Anwendung bringen würde. Die in Abs. 2 definierten Maßstäbe für den Test sind so formuliert, dass sie nur sinnvoll auf ein existierendes Verfahren angewendet werden können und nicht einfach auf die Untätigkeit übertragen werden können.[36] Verweist daher ein Staat eine Situation an den IStGH und entscheidet sich zudem gegen eigene Ermittlungen, so kann sich das Gericht nicht gemäß Art. 17 RS für unzuständig erklären.

C. Art. 53 RS

Nachdem die Problematik der *self-referrals* und die Schwächen des Art. 17 RS dargelegt wurden, soll im Folgenden gezeigt werden, welche Möglichkeiten dem Chefankläger zur Verfügung stehen, um eine Überlastung des Gerichts zu vermeiden und Fälle abzulehnen, bei denen eine Tätigkeit des IStGH wenig Mehrwert verspricht, dafür aber Konfliktpotential birgt. So stellt *Robinson* treffend fest, dass insbesondere der Chefankläger in der Verantwortung steht und dessen Entscheidungen Einfluss auf die Ausgestaltung des Verhältnisses zu den Mitgliedstaaten haben:

> "The remaining avenue for the refined critique is therefore to question not the legality but the soundness of policy of the Prosecutor in relation to burden-sharing […]."[37]

Zentrale Stellschraube ist wiederum Art. 53 RS. Aufgrund der bereits an anderer Stelle dargelegten Interpretationsoffenheit des Tatbestandsmerkmals *interests of justice* eignet sich Art. 53 (1) (c) RS in besonderer Weise für eine interessengerechte Lastenverteilung zwischen dem IStGH und den Mitgliedstaaten. So folgt aus dem (unter B.) vorgeschlagenen restriktiven Verständnis des Komplementaritätsgrundsatzes zwar keine restriktive Interpretation des Art. 17 RS.[38] Der Grundsatz der Komplementarität lässt sich indes nicht auf diese Norm reduzieren. Er findet etwa auch in der Präambel und Art. 1 RS Erwähnung und beeinflusst daher die

---

[35] Ebenso *Batros*, LJIL 2010, 353. Fraglich daher *Jurdi*, ICLR 2010, 96.

[36] *Robinson*, CLF 2010, 88 ff.

[37] A.a.O., 95; *Sácouto/Cleary*, LJIL 2010, 372.

[38] So auch *Batros*, LJIL 2010, 359: "[…] not every aspect of complementarity is necessarily embodied in Art. 17."

Anwendung sämtlicher Normen des Statuts. Demgemäß bietet es sich für die Anklage an, in Fällen der *uncontested admissibility* eine Anwendung des Art. 53 (1) (c) RS zu erwägen und keine Verfahren anzunehmen, die bei den Staaten selbst gut aufgehoben wären.[39]

D. Entschließungsermessen

Wie bereits mehrfach erwähnt, verfügt die Anklage im Stadium des Vorverfahrens über einen relativ weiten Entscheidungsspielraum. Auf zwei zentrale Momente soll im Folgenden eingegangen werden. Zunächst wird thematisiert, welche Möglichkeiten der Anklage zur Verfügung stehen, bereits zu einem frühen Zeitpunkt die Einleitung von Ermittlungen zu verweigern. Im nächsten Schritt geht es dann darum, welche Schritte erforderlich sind, um von eher allgemeinen, situationsbezogenen Ermittlungen auf individualisierte Ermittlungen umzuschwenken.

1. Einleiten von Ermittlungen zu einer Situation

Im Rom-Statut herrscht wenig sprachliche Klarheit. Sowohl Art. 14 (1) RS ("requesting the Prosecutor to investigate for the purpose of determining whether one or more specific persons should be charged with the commissions of such crimes") als auch Art. 15 (1) RS ("The Prosecutor may initiate investigations") und Art. 53 (1) RS ("The Prosecutor shall, having evaluated the information made available to him or her, initiate an investigation unless he or she determines that there is no reasonable basis to proceed under this Statute.") sprechen *investigations* an. *Bergsmo* und *Kruger* haben bereits darauf hingewiesen, dass systematische Erwägungen dahin tendieren, das Tatbestandsmerkmal *investigation* in den genannten Normen verschieden zu verstehen.[40] Während Art. 15 (1) RS generelle Vorermittlungen *zur Situation* vorsieht, spricht Art. 53 (1) RS von Ermittlungen, die *auf Individuen konkretisiert* sind. Dafür lässt sich auch anführen, dass Art. 53 (1) (b) RS von *case* spricht.

Betrachtet man die noch allgemeinen Ermittlungen zur Situation, so bietet sich folgendes Bild: Im Fall eines Verweises durch den Sicherheitsrat[41] oder eines Staates[42] sind zwingend Ermittlungen zu einer Situation aufzunehmen. Liegt keine

---

39 Siehe auch *Batros*, LJIL 2010, 360; *Robinson*, CLF 2010, 93. Wohl auch *Müller/Stegmiller*, JICJ 2010, 1285. Fraglicher Vorschlag *de lege ferenda* bei *Tharakan*, Konkretisierung des Komplementaritätsprinzips, S. 149.

40 *Bergsmo/Kruger*, in: Triffterer (Hrsg.), Commentary on the Rome Statute, Art. 53 Rn. 10.

41 *Ohlin*, in: Stahn/Sluiter (Hrsg.), The Emerging Practice, S. 189, mit Verweis auf Kap. VII Kompetenz des Sicherheitsrats.

42 Siehe dazu *Stahn*, in: Stahn/Sluiter (Hrsg.), The Emerging Practice, S. 276.

Verweisung vor, so verdeutlicht Art. 15 (6) RS, dass zwar eine Fortführung des Verfahrens bei ausreichender Beweislage angebracht wäre. Das Statut sieht aber nur eine Informationspflicht der Anklage vor. Eine richterliche Kontrolle der Untätigkeit erfolgt nicht. Ob die Anklage *de jure* Ermessen hat, ist umstritten. Während Art. 15 (1) RS durch Verwendung von „may“ auf ein Ermessen hindeutet,[43] deutet Art. 15 (6) Satz 1 RS auf eine Bindung der Anklage an vorhandenes Beweismaterial hin.[44]

Sofern keine Verweisung vorliegt, verfügt die Anklage zumindest *de facto* über einen großen Handlungsspielraum.

2. Einleiten von individualisierten Ermittlungen

Sind die Vorermittlungen einmal angelaufen, stellt sich dann die Frage, ob die Anklage, so sie dies wollte, einige Personen von der Verfolgung ausnehmen kann. Art. 53 (1) RS sieht grundsätzlich vor, dass auf Basis der aus den Vorermittlungen resultierenden und an den IStGH übermittelten Informationen eine individualisierte Ermittlung zu erfolgen hat. Liegt dem Verfahren eine Verweisung zugrunde, so können der Sicherheitsrat oder der Verweisungsstaat eine Entscheidung zur Nichtermittlung von der Vorverfahrenskammer gemäß Art. 53 (3) (a) RS überprüfen lassen. Zudem kann unter den bereits zu Art. 53 (2) (c) RS genannten Gründen auch eine *proprio motu*-Überprüfung durch die Kammer erfolgen. Eine derartige Überprüfungskompetenz könnte jedoch, anders als bei Art. 53 (2) (c) RS, ins Leere laufen. Zunächst legt Art. 53 (1) RS der Anklage keinerlei Informationspflichten im Hinblick auf den Sicherheitsrat oder den Verweisungsstaat auf. Auch die Kammer muss nur im Fall einer Entscheidung gemäß Art. 53 (1) (c) RS informiert werden. Die Entscheidung gegen bestimmte Personen nicht zu ermitteln, dürfte indes oftmals gar nicht an die Öffentlichkeit gelangen. Zudem vermag der Chefankläger durch Ressourcenallokation und Schwerpunktsetzung (Art. 42 (2) Satz 1 RS) Einfluss darauf zu nehmen, ob Verfahren erfolgversprechend sind oder nicht. Trifft der Ankläger keine definitive Entscheidung, so gestaltet sich eine Überprüfung als kompliziert oder gar erfolglos.[45] Selbst wenn es zu einer Rechtskontrolle kommt, kann die Kammer grundsätzlich nur die Anklage auffordern, die getroffene Entscheidung zu überdenken.[46] Ein Klageerzwingungsverfahren gibt es nicht.

---

[43] *Bergsmo/Pejić*, in: Triffterer (Hrsg.), Commentary on the Rome Statute, Art. 15 Rn. 9, mit Verweis auf das Verbot sachfremder Erwägungen.

[44] *Wouters* u.a., ICLR 2008, 294, sprechen daher von einer „general duty to start preliminary examinations“.

[45] Siehe dazu *Stahn*, in: Stahn/Sluiter (Hrsg.), The Emerging Practice, S. 277 f. Zu den teils erfolgreichen Bemühungen der Opfer, die Anklage zu kontrollieren, siehe *Wouters* u.a., ICLR 2008, 287.

[46] Zur Ausnahme bei Entscheidungen gemäß Art. 53 (1) (c) RS, siehe *Wouters* u.a., ICLR 2008, 302.

Es ist somit festzustellen, dass der Anklage im Ermittlungsstadium viele Freiräume gelassen werden. Sie kann daher (theoretisch) Zurückhaltung bei der Verfolgung einzelner Individuen an den Tag legen. Ob dies *per se* sinnvoll ist, kann nicht allgemein beantwortet werden.

E. Geheime Haftbefehle

Abhilfe mag es auch versprechen, in weiterem Umfang von dem Recht Gebrauch zu machen, Haftbefehle geheim zu halten. So wurde insbesondere im *Bashir*-Verfahren diskutiert, ob die öffentlichkeitswirksame Bekanntgabe dem Ziel der Festnahme *Omar al-Bashirs* förderlich war.[47] Sicherlich birgt auch ein geheimes Vorgehen Risiken und Nachteile. Dies wird besonders deutlich, wenn sich ein geheim gehaltener Haftbefehl gegen die oberste Staatsführung richtet. In solch einem Fall ist einer Verhaftung durch Behörden des betroffenen Landes nicht zu erwarten. Dies bedeutet, dass nur eine Verhaftung auf fremdem Territorium erfolgversprechend erscheint. Anlässe können (von der Immunitätsfrage einmal abgesehen) Staatsbesuche, die Teilnahme an internationalen Konferenzen oder Privatbesuche der Staatsführung in Drittstaaten sein. Eine Verhaftung unter derartigen Vorzeichen droht jedoch die diplomatischen Beziehungen zwischen den jeweiligen Staaten in besonderem Maße zu beeinträchtigen. Zudem würde sich die Anklage mit einem Verzicht auf Publizität weitgehend der Möglichkeit berauben, auf eine nationale und internationale Isolierung des Betroffenen hinzuwirken.[48] Die Geheimhaltungsmöglichkeit ist, um es kurz zu sagen, ein zweischneidiges Schwert.

Eine Rechtsgrundlage ist weder im Statut noch in der Verfahrens- und Beweisanordnung geregelt. Art. 52 RS bestimmt jedoch, dass die Richter *Regulations of the Court* erlassen dürfen.[49] Dort ist in Regulation 23 *bis* die Möglichkeit erfasst, Dokumente *under seal* einzureichen. Die Geheimhaltung erstreckt sich, sofern nicht von der Kammer anders geregelt, auf alle mit den Dokumenten in Zusammenhang stehenden Dokumente. Interessanter Nebenaspekt ist, dass die *Regulations of the Court* in Art. 21 RS keine Erwähnung finden.

47 Vgl. dazu *Ciampi*, JICJ 2008, 891.

48 Zu den Risiken siehe auch *Nitsche*, IStGH und Frieden, S. 207 f.

49 Siehe dazu ausführlich *Behrens/Staker*, in: Triffterer (Hrsg.), Commentary on the Rome Statute, Art. 52.

II. Ein (pessimistischer) Blick in die Zukunft

Wo liegt eigentlich Uganda? Und wer ist *Joseph Kony*? Obwohl der Konflikt im ugandisch-sudanesisch-kongolesisch-zentralafrikanischen Grenzgebiet in diplomatischen und wissenschaftlichen Kreisen durchaus nicht unbekannt ist, ist doch festzustellen, dass die breite Öffentlichkeit weder Kenntnis von noch Interesse an einem der längsten und komplexesten Konflikte der letzten 30 Jahre hat. Aus der Tatsache, dass er sich im „toten Winkel" der Weltpolitik abspielt, kann jedoch nicht geschlossen werden, dass seine Vernachlässigung der einzige Grund für die schleppenden Fortschritte ist und dass ein derartiges Dilemma im Fokus der Weltöffentlichkeit vermieden werden könnte. Dies muss keineswegs der Fall sein. Zwei Konflikte, die sogar unter Beteiligung der NATO ausgetragen wurden, könnten (bzw. hätten werden können) ebenfalls zu paradigmatischen Fällen der in dieser Arbeit beschriebenen Art werden: Libyen und Afghanistan.

Im Fall Libyens konnte die Problematik im Ergebnis vermieden werden, da das Regime in Tripolis gestützt wurde. Anfänglich stellte sich allerdings auch dort die Frage nach der Opportunität der Strafverfolgung. Der UN-Sicherheitsrat hatte mit der Resolution 1970 (2011) vom 26. Februar 2011 die Situation in Libyen an den IStGH überwiesen.[50] Daraufhin nahm die Anklage am 3. März 2011 Ermittlungen auf und beantragte Haftbefehle gegen die libysche Führung.[51] Im Anfangsstadium der Ermittlungen stand indes noch nicht fest, wie sich der „arabische Frühling" auf die Machtverhältnisse in Libyen auswirken würde. Dementsprechend war ebenfalls aus damaliger Perspektive unklar, ob und inwiefern der IStGH auch politisch Unterstützung erfahren würde.[52]

Auch im Fall Afghanistans liegt eine mögliche Interessenkollision nicht fern. So hat Afghanistan am 10. Februar 2003 seinen Beitritt zum Rom-Statut erklärt. Bereits im September 2009 berichtet die Nachrichtenagentur Reuters davon, dass die Anklage Informationen zu möglichen Kriegsverbrechen der NATO und der Aufständischen sammele.[53] Die von der UN beschriebene Intensität der Angriffe auf Zivilisten zeigt zudem die besondere Schwere der gegen die Aufständischen erhobenen Vorwürfe.[54] Inwiefern sich ein eventueller Haftbefehl – etwa gegen die Taliban-Führung – auf einen möglichen Friedensprozess auswirken würde, ist schwer vorherzusagen.

---

[50] Diese Resolution enthält dieselben problematischen Regelungen der Darfur-Resolution. So übernehmen die Vereinten Nationen nicht die Kosten des Verfahrens und schließen Angehörige von Drittstaaten von der Zuständigkeit des Statuts aus.

[51] *Simons/MacFarquhar*, NYT, „Hague Court seeks warrants for Libyan officials", vom 5.5.2011; *Simons*, NYT, „International Court Seeks Warrant for Qaddafi", vom 16.5.2011.

[52] Zum Handeln des UN-Sicherheitsrats, siehe etwa *Kaye*, FA 2011, 123.

[53] *Nordland*, NYT, „Afghan Rights Groups Shift Focus to Taliban", vom 9.2.2011.

[54] UN-Report Afghanistan, März 2011.

Diese beiden Szenarios vermögen allerdings aufzuzeigen, dass die Frage auch in Zukunft virulent sein wird und dabei noch stärker in den Fokus der Weltöffentlichkeit geraten dürfte. Es bleibt abzuwarten, wie sich wichtige politische Akteure in solch einem Fall positionieren werden. Es ist aber zu vermuten (und vielleicht auch zu hoffen), dass die (partiell) abgelegte Haltung „Keine Verhandlungen mit Terroristen" nicht durch die Haltung „Keine Verhandlungen mit Kriegsverbrechern" ersetzt werden wird. Was *Bliesemann de Guevara* und *Kühn* im Hinblick auf den Iran festgestellt haben, ließe sich auf diese Fallkonstellation übertragen:

> "[…] discursively excluding a state from 'the international community' has self-entrapping implications for its members, as it impedes further engagement with the excluded."[55]

Kurzzusammenfassung

Im Folgenden sollen kurz die zentralen Erkenntnisse der Untersuchung rekapituliert werden. In Teil 2 konnte herausgearbeitet werden, dass eine Aufarbeitung strafrechtlichen Unrechts in einem noch andauernden Bürgerkrieg neues Konfliktpotential in sich birgt. Fehlen bestimmte tatsächliche Rahmenbedingungen, kann es dazu kommen, dass sich das Ziel der Aufarbeitung schwerwiegender Verstöße gegen völkerrechtliche Elementarnormen und das Ziel einer Befriedung des Landes (oder der Region) nicht zeitgleich verwirklichen lassen. In bedauernswerten Einzelfällen kann es gar dazu kommen, dass diese politischen Ziele konfligieren. So hat das Beispiel Ugandas gezeigt, dass sich der aus einer relativen Stärke heraus agierende Rebellenführer *Joseph Kony* infolge der gegen ihn und seine Getreuen erlassenen Haftbefehle zu einer Verweigerung von Friedensgesprächen entschloss. Sein Schädigungspotential hat sich im Fortgang des Bürgerkriegs und den in diesem Zusammenhang begangenen weiteren Verbrechen manifestiert. In einer derartigen Fallkonstellation stehen die beteiligten Akteure vor der zunächst politischen Frage, ob Kompromisslösungen angeraten sind. Dies gilt sowohl für den direkt betroffenen Staat als auch für externe Akteure wie den Internationalen Strafgerichtshof. Konkret hatte dessen ehemaliger Chefankläger zu entscheiden, ob er den Strafverfolgungsdruck aufrechterhält oder ob nicht ggf. Anlass zu einer Einstellung des Verfahrens und einer damit verbundenen Rücknahme des Haftbefehls besteht. Es hat sich im Rahmen der tatsächlichen Untersuchungen ebenfalls gezeigt, dass im Fall des Sudans keine derartigen politischen Zielkonflikte auszumachen sind. So wurde ebenfalls Kritik am Vorgehen gegen den sudanesischen Präsidenten *Omar al-Bashir* geübt. Aufgrund dessen außen- und innenpolitischen Rückhalts sind jedoch keine schwerwiegenden Konsequenzen der strafrechtlichen Ermittlungen zu konstatieren.

---

[55] *Bliesemann de Guevara/Kühn*, International Peacekeeping 2011, S. 144.

In Teil 3 konnte gezeigt werden, dass externe Akteure grundsätzlich zur Durchführung von Strafverfahren völkerrechtlich befugt sind. Während das Völkervertragsrecht für Drittstaaten zwar keine Erlaubnis zur Strafverfolgung vorsieht, sofern sich der Täter im Ausland aufhält und die Tat keinen Inlandsbezug aufweist, ist eine derartige „starke" Erlaubnis völkergewohnheitsrechtlich indes anerkannt. So wäre etwa die Bundesrepublik Deutschland völkerrechtlich befugt, Ermittlungs- und Strafverfahren wegen völkerrechtlicher Kernverbrechen im Ausland einzuleiten. Theoretisch könnte sie daher auch gegen Personen wie *Joseph Kony* vorgehen. Auch der IStGH kann sich auf eine „starke" Erlaubnis berufen. Die Mitgliedstaaten des Statuts haben an den IStGH durch den jeweiligen Beitrittsakt ein Recht delegiert, Straftaten auf ihrem Territorium oder durch ihre Staatsangehörigen zu ahnden. Ein vergleichbares Recht besteht im Fall von UN-Sicherheitsratsverweisungen gemäß Art. 13 (b) RS für Situationen auf dem Territorium eines Nichtmitgliedstaats. Ebenso konnte festgestellt werden, dass sowohl die Bundesrepublik Deutschland als auch der IStGH in der Pflicht sind, *bei Kenntnis drohender Kernverbrechen (Völkermord, Verbrechen gegen die Menschlichkeit, schwere Kriegsverbrechen) ein Verhalten zu unterlassen, welches kausal für die Begehung von Kernverbrechen wäre, sofern das Verhalten nicht völkerrechtlich gefordert ist*. Zwar sehen die klassischen Menschenrechtsregime Schutzpflichten nur in – hier nicht einschlägigen – Ausnahmefällen vor. Ebenso sind Völkerrechtssubjekte nicht generell dazu verpflichtet, friedensbedrohendes Verhalten zu unterlassen. Aus Art. I Völkermordkonvention und dem aus der *Responsibility to Protect* entwickelten Gewohnheitsrecht ergibt sich allerdings eine besondere Schutz- bzw. Unterlassenspflicht im Fall drohender Kernverbrechen.

Im Vorgriff auf die folgenden Problemkonstellationen behandelt Teil 4 die Frage, welche Zwecke mit Strafe und Strafprozessen auf internationaler Ebene verfolgt werden. In der Untersuchung hat sich herausgestellt, dass die in eine internationale Strafverfolgung gesetzten Erwartungen höher sind als im nationalen Straf- und Strafprozessrecht. Zudem lassen die Besonderheiten der Ahndung von Massenkriminalität und Systemunrecht sowie die politischen Rahmenbedingungen in (Nach-)Kriegsgesellschaften ein Zurückbleiben hinter den hohen Erwartungen befürchten. In diesem Zusammenhang wurde auch analysiert, ob die mit der Strafverfolgung in Verbindung gebrachten Zwecke durch den Einsatz alternativer Konfliktlösungsmechanismen ebenfalls oder gar besser erreicht werden können. Es hat sich gezeigt, dass auch im Zusammenspiel verschiedener Mechanismen die klassische Kriminalstrafe und der klassische Strafprozess nicht zu ersetzen sind. Alternative Mechanismen versprechen indes den Interessen der Opfer entgegenzukommen und die Faktendokumentation zu erleichtern.

In Teil 5 wurde zunächst dargestellt, dass aus dem politischen Zielkonflikt unter Berücksichtigung der in Teil 3 herausgearbeiteten Normen ein Normenkonflikt resultieren kann. Dieser Konflikt auf der Ebene des Völkerrechts kann weder durch Art. 103 UN-Charta noch durch das *ius cogens*-Konzept und die *lex posterior-*

bzw. *lex specialis*-Regeln aufgelöst werden. Die Untersuchung zeigt vielmehr, dass die völkerrechtlichen Kollisionsregeln nur wenig klare Ergebnisse zutage fördern. Dies liegt u.a. daran, dass dem Völkerrecht kein einheitlicher Systemgedanke zugrunde liegt. Eine Auflösung kann vorliegend aber nur durch eine Abwägung der widerstreitenden Interessen im Einzelfall erfolgen. Für diesen Abwägungsprozess wurden Indikatoren identifiziert. Angesichts der Tatsache, dass eine Abwägung im Einzelfall stets auch tatsächliche Erwägungen miteinzubeziehen hat, lässt sich kein absoluter Vorrang der jeweiligen Normen proklamieren.

Teil 6 widmet sich der Frage, ob und inwieweit das Ergebnis eines Abwägungsprozesses in den internen Verfahrensordnungen (StPO im Fall der Bundesrepublik, Verfahrensnormen des Rom-Statuts im Fall des IStGH) Berücksichtigung finden kann. Bei deutschen Ermittlungen besteht eine Berücksichtigungspflicht bei der Ermessensentscheidung gemäß § 153f StPO. Auch für den IStGH läuft es im Ergebnis auf eine Berücksichtigungspflicht im Rahmen einer Ermessensentscheidung über eine mögliche Einstellung gemäß Art. 53 RS hinaus. So sind die Regelungen des Art. 17 RS nicht derart interpretationsoffen, als dass eine Berücksichtigung im Rahmen der Zuständigkeitsentscheidung angezeigt wäre. Auch eine eigenständige Rücknahme eines Haftbefehls kommt nicht in Betracht.

Im abschließenden Teil 7 wird die derzeitige Praxis der Anklagebehörde untersucht. Dabei wird erklärt, warum dem IStGH aufgrund einer unglücklichen Ausgestaltung zweier zentraler Verfahrensnormen (damit verbunden die Problematik der sogenannten *self-referrals* sowie der Untätigkeit verfolgungsfähiger Staaten) eine Belastung mit diffizilen Fällen droht. Dementsprechend werden alternative Stellschrauben vorgeschlagen, um eine Überlastung des IStGH und eine Befassung mit dem Fall Ugandas vergleichbaren Problemkonstellationen zu vermeiden. Diese Ausführungen sind von der Erkenntnis geleitet, dass Fälle wie der von *Joseph Kony* mit einem enormen Legitimitätsrisiko behaftet sind. Der Chefankläger droht sich erpressbar zu machen, wenn er sich auf eine Kompromisslösung einlässt. Verweigert er indes eine konsensuale Lösung, könnte dem IStGH vorgeworfen werden, den Frieden zu gefährden anstatt zu fördern.

Anhang

Im Folgenden werden Normen auszugsweise wiedergegeben, die im Rahmen der Arbeit Erwähnung gefunden haben und für die eine deutsche Übersetzung das Verständnis erleichtern kann.

Römisches Statut des Internationalen Strafgerichtshofs (Auszüge)*

PRÄAMBEL

Die Vertragsstaaten dieses Statuts –

im Bewusstsein, dass alle Völker durch gemeinsame Bande verbunden sind und ihre Kulturen ein gemeinsames Erbe bilden, und besorgt darüber, dass dieses zerbrechliche Mosaik jederzeit zerstört werden kann,

eingedenk dessen, dass in diesem Jahrhundert Millionen von Kindern, Frauen und Männern Opfer unvorstellbarer Gräueltaten geworden sind, die das Gewissen der Menschheit zutiefst erschüttern,

in der Erkenntnis, dass solche schweren Verbrechen den Frieden, die Sicherheit und das Wohl der Welt bedrohen,

bekräftigend, dass die schwersten Verbrechen, welche die internationale Gemeinschaft als Ganzes berühren, nicht unbestraft bleiben dürfen und dass ihre wirksame Verfolgung durch Maßnahmen auf einzelstaatlicher Ebene und durch verstärkte internationale Zusammenarbeit gewährleistet werden muss,

entschlossen, der Straflosigkeit der Täter ein Ende zu setzen und so zur Verhütung solcher Verbrechen beizutragen,

daran erinnernd, dass es die Pflicht eines jeden Staates ist, seine Strafgerichtsbarkeit über die für internationale Verbrechen Verantwortlichen auszuüben,

in Bekräftigung der Ziele und Grundsätze der Charta der Vereinten Nationen und insbesondere des Grundsatzes, dass alle Staaten jede gegen die territoriale Unversehrtheit oder die politische Unabhängigkeit eines Staates gerichtete oder sonst mit den Zielen der Vereinten Nationen unvereinbare Androhung oder Anwendung von Gewalt zu unterlassen haben,

in diesem Zusammenhang *nachdrücklich darauf hinweisend,* dass dieses Statut nicht so auszulegen ist, als ermächtige es einen Vertragsstaat, in einen bewaffneten Konflikt oder in die inneren Angelegenheiten eines Staates einzugreifen,

im festen Willen, zu diesem Zweck und um der heutigen und der künftigen Generationen willen einen mit dem System der Vereinten Nationen in Beziehung stehenden unabhängigen ständigen Internationalen Strafgerichtshof zu errichten, der Gerichtsbarkeit über die schwersten Verbrechen hat, welche die internationale Gemeinschaft als Ganzes berühren,

nachdrücklich darauf hinweisend, dass der aufgrund dieses Statuts errichtete Internationale Strafgerichtshof die innerstaatliche Strafgerichtsbarkeit ergänzt,

---

* Übersetzung nach BGBl. 2000 II, S. 1394.

entschlossen, die Achtung und die Durchsetzung der internationalen Rechtspflege dauerhaft zu gewährleisten –

sind wie folgt übereingekommen:

TEIL 1: ERRICHTUNG DES GERICHTSHOFS

Art. 1 Der Gerichtshof

Hiermit wird der Internationale Strafgerichtshof („Gerichtshof") errichtet. Der Gerichtshof ist eine ständige Einrichtung und ist befugt, seine Gerichtsbarkeit über Personen wegen der in diesem Statut genannten schwersten Verbrechen von internationalem Belang auszuüben; er ergänzt die innerstaatliche Strafgerichtsbarkeit. Die Zuständigkeit und die Arbeitsweise des Gerichtshofs werden durch dieses Statut geregelt.

Art. 2 Verhältnis des Gerichtshofs zu den Vereinten Nationen

Der Gerichtshof wird durch ein Abkommen, das von der Versammlung der Vertragsstaaten dieses Statuts zu genehmigen und danach vom Präsidenten des Gerichtshofs in dessen Namen zu schließen ist, mit den Vereinten Nationen in Beziehung gebracht.

Art. 3 Sitz des Gerichtshofs

(1) Sitz des Gerichtshofs ist Den Haag in den Niederlanden („Gaststaat").

(2) Der Gerichtshof schließt mit dem Gaststaat ein Sitzabkommen, das von der Versammlung der Vertragsstaaten zu genehmigen und danach vom Präsidenten des Gerichtshofs in dessen Namen zu schließen ist.

(3) Der Gerichtshof kann, wie in diesem Statut vorgesehen, an einem anderen Ort tagen, wenn er dies für wünschenswert hält.

Art. 4 Rechtsstellung und Befugnisse des Gerichtshofs

(1) Der Gerichtshof besitzt Völkerrechtspersönlichkeit. Er besitzt außerdem die Rechts- und Geschäftsfähigkeit, die zur Wahrnehmung seiner Aufgaben und zur Verwirklichung seiner Ziele erforderlich ist.

(2) Der Gerichtshof kann seine Aufgaben und Befugnisse, wie in diesem Statut vorgesehen, im Hoheitsgebiet eines jeden Vertragsstaats und nach Maßgabe einer besonderen Übereinkunft im Hoheitsgebiet eines jeden anderen Staates wahrnehmen.

TEIL 2: GERICHTSBARKEIT, ZULÄSSIGKEIT UND ANWENDBARES RECHT

Art. 5 Der Gerichtsbarkeit des Gerichtshofs unterliegende Verbrechen

(1) Die Gerichtsbarkeit des Gerichtshofs ist auf die schwersten Verbrechen beschränkt, welche die internationale Gemeinschaft als Ganzes berühren. Die Gerichtsbarkeit des Gerichtshofs erstreckt sich in Übereinstimmung mit diesem Statut auf folgende Verbrechen:

a) das Verbrechen des Völkermords;
b) Verbrechen gegen die Menschlichkeit;
c) Kriegsverbrechen;
d) das Verbrechen der Aggression.

(2) Der Gerichtshof übt die Gerichtsbarkeit über das Verbrechen der Aggression aus, sobald in Übereinstimmung mit den Artikeln 121 und 123 eine Bestimmung angenommen worden ist, die das Verbrechen definiert und die Bedingungen für die Ausübung der Ge-

richtsbarkeit im Hinblick auf dieses Verbrechen festlegt. Diese Bestimmung muss mit den einschlägigen Bestimmungen der Charta der Vereinten Nationen vereinbar sein.

Art. 6 Völkermord

Im Sinne dieses Statuts bedeutet „Völkermord" jede der folgenden Handlungen, die in der Absicht begangen wird, eine nationale, ethnische, rassische oder religiöse Gruppe als solche ganz oder teilweise zu zerstören:

a) Tötung von Mitgliedern der Gruppe;
b) Verursachung von schwerem körperlichem oder seelischem Schaden an Mitgliedern der Gruppe;
c) vorsätzliche Auferlegung von Lebensbedingungen für die Gruppe, die geeignet sind, ihre körperliche Zerstörung ganz oder teilweise herbeizuführen;
d) Verhängung von Maßnahmen, die auf die Geburtenverhinderung innerhalb der Gruppe gerichtet sind;
e) gewaltsame Überführung von Kindern der Gruppe in eine andere Gruppe.

Art. 7 Verbrechen gegen die Menschlichkeit

(1) Im Sinne dieses Statuts bedeutet "Verbrechen gegen die Menschlichkeit" jede der folgenden Handlungen, die im Rahmen eines ausgedehnten oder systematischen Angriffs gegen die Zivilbevölkerung und in Kenntnis des Angriffs begangen wird:

a) vorsätzliche Tötung;
b) Ausrottung;
c) Versklavung;
d) Vertreibung oder zwangsweise Überführung der Bevölkerung;
e) Freiheitsentzug oder sonstige schwer wiegende Beraubung der körperlichen Freiheit unter Verstoß gegen die Grundregeln des Völkerrechts;
f) Folter;
g) Vergewaltigung, sexuelle Sklaverei, Nötigung zur Prostitution, erzwungene Schwangerschaft, Zwangssterilisation oder jede andere Form sexueller Gewalt von vergleichbarer Schwere;
h) Verfolgung einer identifizierbaren Gruppe oder Gemeinschaft aus politischen, rassischen, nationalen, ethnischen, kulturellen oder religiösen Gründen, Gründen des Geschlechts im Sinne des Absatzes 3 oder aus anderen nach dem Völkerrecht universell als unzulässig anerkannten Gründen im Zusammenhang mit einer in diesem Absatz genannten Handlung oder einem der Gerichtsbarkeit des Gerichtshofs unterliegenden Verbrechen;
i) zwangsweises Verschwindenlassen von Personen;
j) das Verbrechen der Apartheid;
k) andere unmenschliche Handlungen ähnlicher Art, mit denen vorsätzlich große Leiden oder eine schwere Beeinträchtigung der körperlichen Unversehrtheit oder der geistigen oder körperlichen Gesundheit verursacht werden.

(2) Im Sinne des Absatzes 1

a) bedeutet „Angriff gegen die Zivilbevölkerung" eine Verhaltensweise, die mit der mehrfachen Begehung der in Absatz 1 genannten Handlungen gegen eine Zivilbevölkerung verbunden ist, in Ausführung oder zur Unterstützung der Politik eines Staates oder einer Organisation, die einen solchen Angriff zum Ziel hat;
b) umfasst „Ausrottung" die vorsätzliche Auferlegung von Lebensbedingungen – unter anderem das Vorenthalten des Zugangs zu Nahrungsmitteln und Medikamenten –, die geeignet sind, die Vernichtung eines Teiles der Bevölkerung herbeizuführen;
c) bedeutet „Versklavung" die Ausübung aller oder einzelner mit einem Eigentumsrecht an einer Person verbundenen Befugnisse und umfasst die Ausübung dieser

Befugnisse im Rahmen des Handels mit Menschen, insbesondere mit Frauen und Kindern;

d) bedeutet „Vertreibung oder zwangsweise Überführung der Bevölkerung" die erzwungene, völkerrechtlich unzulässige Verbringung der betroffenen Personen durch Ausweisung oder andere Zwangsmaßnahmen aus dem Gebiet, in dem sie sich rechtmäßig aufhalten;

e) bedeutet „Folter", dass einer im Gewahrsam oder unter der Kontrolle des Beschuldigten befindlichen Person vorsätzlich große körperliche oder seelische Schmerzen oder Leiden zugefügt werden; Folter umfasst jedoch nicht Schmerzen oder Leiden, die sich lediglich aus gesetzlich zulässigen Sanktionen ergeben, dazu gehören oder damit verbunden sind;

f) bedeutet „erzwungene Schwangerschaft" die rechtswidrige Gefangenhaltung einer zwangsweise geschwängerten Frau in der Absicht, die ethnische Zusammensetzung einer Bevölkerung zu beeinflussen oder andere schwere Verstöße gegen das Völkerrecht zu begehen. Diese Begriffsbestimmung ist nicht so auszulegen, als berühre sie innerstaatliche Gesetze in Bezug auf Schwangerschaft;

g) bedeutet „Verfolgung" den völkerrechtswidrigen, vorsätzlichen und schwer wiegenden Entzug von Grundrechten wegen der Identität einer Gruppe oder Gemeinschaft;

h) bedeutet „Verbrechen der Apartheid" unmenschliche Handlungen ähnlicher Art wie die in Absatz 1 genannten, die von einer rassischen Gruppe im Zusammenhang mit einem institutionalisierten Regime der systematischen Unterdrückung und Beherrschung einer oder mehrerer anderer rassischer Gruppen in der Absicht begangen werden, dieses Regime aufrechtzuerhalten;

i) bedeutet „zwangsweises Verschwindenlassen von Personen" die Festnahme, den Entzug der Freiheit oder die Entführung von Personen durch einen Staat oder eine politische Organisation oder mit Ermächtigung, Unterstützung oder Duldung des Staates oder der Organisation, gefolgt von der Weigerung, diese Freiheitsberaubung anzuerkennen oder Auskunft über das Schicksal oder den Verbleib dieser Personen zu erteilen, in der Absicht, sie für längere Zeit dem Schutz des Gesetzes zu entziehen.

(3) Im Sinne dieses Statuts bezieht sich der Ausdruck „Geschlecht" auf beide Geschlechter, das männliche und das weibliche, im gesellschaftlichen Zusammenhang. Er hat keine andere als die vorgenannte Bedeutung.

Art. 8 Kriegsverbrechen

(1) Der Gerichtshof hat Gerichtsbarkeit in Bezug auf Kriegsverbrechen, insbesondere wenn diese als Teil eines Planes oder einer Politik oder als Teil der Begehung solcher Verbrechen in großem Umfang verübt werden.

(2) Im Sinne dieses Statuts bedeutet „Kriegsverbrechen"

a) schwere Verletzungen der Genfer Abkommen vom 12. August 1949, nämlich jede der folgenden Handlungen gegen die nach dem jeweiligen Genfer Abkommen geschützten Personen oder Güter:

i) vorsätzliche Tötung;

ii) Folter oder unmenschliche Behandlung einschließlich biologischer Versuche;

iii) vorsätzliche Verursachung großer Leiden oder schwere Beeinträchtigung der körperlichen Unversehrtheit oder der Gesundheit;

iv) Zerstörung und Aneignung von Eigentum in großem Ausmaß, die durch militärische Erfordernisse nicht gerechtfertigt sind und rechtswidrig und willkürlich vorgenommen werden;

v) Nötigung eines Kriegsgefangenen oder einer anderen geschützten Person zur Dienstleistung in den Streitkräften einer feindlichen Macht;
vi) vorsätzlicher Entzug des Rechts eines Kriegsgefangenen oder einer anderen geschützten Person auf ein unparteiisches ordentliches Gerichtsverfahren;
vii) rechtswidrige Vertreibung oder Überführung oder rechtswidrige Gefangenhaltung;
viii) Geiselnahme;

b) andere schwere Verstöße gegen die innerhalb des feststehenden Rahmens des Völkerrechts im internationalen bewaffneten Konflikt anwendbaren Gesetze und Gebräuche, nämlich jede der folgenden Handlungen:

i) vorsätzliche Angriffe auf die Zivilbevölkerung als solche oder auf einzelne Zivilpersonen, die an den Feindseligkeiten nicht unmittelbar teilnehmen;
ii) vorsätzliche Angriffe auf zivile Objekte, das heißt auf Objekte, die nicht militärische Ziele sind;
iii) vorsätzliche Angriffe auf Personal, Einrichtungen, Material, Einheiten oder Fahrzeuge, die an einer humanitären Hilfsmission oder friedenserhaltenden Mission in Übereinstimmung mit der Charta der Vereinten Nationen beteiligt sind, solange sie Anspruch auf den Schutz haben, der Zivilpersonen oder zivilen Objekten nach dem internationalen Recht des bewaffneten Konflikts gewährt wird;
iv) vorsätzliches Führen eines Angriffs in der Kenntnis, dass dieser auch Verluste an Menschenleben, die Verwundung von Zivilpersonen, die Beschädigung ziviler Objekte oder weit reichende, langfristige und schwere Schäden an der natürlichen Umwelt verursachen wird, die eindeutig in keinem Verhältnis zu dem insgesamt erwarteten konkreten und unmittelbaren militärischen Vorteil stehen;
v) der Angriff auf unverteidigte Städte, Dörfer, Wohnstätten oder Gebäude, die nicht militärische Ziele sind, oder deren Beschießung, gleichviel mit welchen Mitteln;
vi) die Tötung oder Verwundung eines die Waffen streckenden oder wehrlosen Kombattanten, der sich auf Gnade oder Ungnade ergeben hat;
vii) der Missbrauch der Parlamentärflagge, der Flagge oder der militärischen Abzeichen oder der Uniform des Feindes oder der Vereinten Nationen sowie der Schutzzeichen der Genfer Abkommen, wodurch Tod oder schwere Verletzungen verursacht werden;
viii) die unmittelbare oder mittelbare Überführung durch die Besatzungsmacht eines Teiles ihrer eigenen Zivilbevölkerung in das von ihr besetzte Gebiet oder die Vertreibung oder Überführung der Gesamtheit oder eines Teiles der Bevölkerung des besetzten Gebiets innerhalb desselben oder aus diesem Gebiet;
ix) vorsätzliche Angriffe auf Gebäude, die dem Gottesdienst, der Erziehung, der Kunst, der Wissenschaft oder der Wohltätigkeit gewidmet sind, auf geschichtliche Denkmäler, Krankenhäuser und Sammelplätze für Kranke und Verwundete, sofern es nicht militärische Ziele sind;
x) die körperliche Verstümmelung von Personen, die sich in der Gewalt einer gegnerischen Partei befinden, oder die Vornahme medizinischer oder wissenschaftlicher Versuche jeder Art an diesen Personen, die nicht durch deren ärztliche, zahnärztliche oder Krankenhausbehandlung gerechtfertigt sind oder in ihrem Interesse durchgeführt werden und die zu ihrem Tod führen oder ihre Gesundheit ernsthaft gefährden;
xi) die meuchlerische Tötung oder Verwundung von Angehörigen des feindlichen Volkes oder Heeres;
xii) die Erklärung, dass kein Pardon gegeben wird;

xiii) die Zerstörung oder Beschlagnahme feindlichen Eigentum, sofern diese nicht durch die Erfordernisse des Krieges zwingend geboten ist;

xiv) die Erklärung, dass Rechte und Forderungen von Angehörigen der Gegenpartei aufgehoben, zeitweilig ausgesetzt oder vor Gericht nicht einklagbar sind;

xv) der Zwang gegen Angehörige der Gegenpartei, an den Kriegshandlungen gegen ihr eigenes Land teilzunehmen, selbst wenn sie bereits vor Ausbruch des Krieges im Dienst des Kriegführenden standen;

xvi) die Plünderung einer Stadt oder Ansiedlung, selbst wenn sie im Sturm genommen wurde;

xvii) die Verwendung von Gift oder vergifteten Waffen;

xviii) die Verwendung erstickender, giftiger oder gleichartiger Gase sowie aller ähnlichen Flüssigkeiten, Stoffe oder Vorrichtungen

xix) die Verwendung von Geschossen, die sich im Körper des Menschen leicht ausdehnen oder flachdrücken, beispielsweise Geschosse mit einem harten Mantel, der den Kern nicht ganz umschließt oder mit Einschnitten versehen ist;

xx) die Verwendung von Waffen, Geschossen, Stoffen und Methoden der Kriegführung, die geeignet sind, überflüssige Verletzungen oder unnötige Leiden zu verursachen, oder die unter Verstoß gegen das internationale Recht des bewaffneten Konflikts ihrer Natur nach unterschiedslos wirken, vorausgesetzt, dass diese Waffen, Geschosse, Stoffe und Methoden der Kriegführung Gegenstand eines umfassenden Verbots und aufgrund einer Änderung entsprechend den einschlägigen Bestimmungen in den Artikeln 121 und 123 in einer Anlage dieses Statuts enthalten sind;

xxi) die Beeinträchtigung der persönlichen Würde, insbesondere eine entwürdigende und erniedrigende Behandlung;

xxii) Vergewaltigung, sexuelle Sklaverei, Nötigung zur Prostitution, erzwungene Schwangerschaft im Sinne des Artikels 7 Absatz 2 Buchstabe f, Zwangssterilisation oder jede andere Form sexueller Gewalt, die ebenfalls eine schwere Verletzung der Genfer Abkommen darstellt;

xxiii) die Benutzung der Anwesenheit einer Zivilperson oder einer anderen geschützten Person, um Kampfhandlungen von gewissen Punkten, Gebieten oder Streitkräften fernzuhalten;

xxiv) vorsätzliche Angriffe auf Gebäude, Material, Sanitätseinheiten, Sanitätstransportmittel und Personal, die in Übereinstimmung mit dem Völkerrecht mit den Schutzzeichen der Genfer Abkommen versehen sind;

xxv) das vorsätzliche Aushungern von Zivilpersonen als Methode der Kriegführung durch das Vorenthalten der für sie lebensnotwendigen Gegenstände, einschließlich der vorsätzlichen Behinderung von Hilfslieferungen, wie sie nach den Genfer Abkommen vorgesehen sind;

xxvi) die Zwangsverpflichtung oder Eingliederung von Kindern unter fünfzehn Jahren in die nationalen Streitkräfte oder ihre Verwendung zur aktiven Teilnahme an Feindseligkeiten;

c) im Fall eines bewaffneten Konflikts, der keinen internationalen Charakter hat, schwere Verstöße gegen den gemeinsamen Artikel 3 der vier Genfer Abkommen vom 12. August 1949, nämlich die Verübung jeder der folgenden Handlungen gegen Personen, die nicht unmittelbar an den Feindseligkeiten teilnehmen, einschließlich der Angehörigen der Streitkräfte, welche die Waffen gestreckt haben, und der Personen, die durch Krankheit, Verwundung, Gefangennahme oder eine andere Ursache außer Gefecht befindlich sind:

i) Angriffe auf Leib und Leben, insbesondere vorsätzliche Tötung jeder Art, Verstümmelung, grausame Behandlung und Folter;

ii) die Beeinträchtigung der persönlichen Würde, insbesondere entwürdigende und erniedrigende Behandlung;
iii) Geiselnahme;
iv) Verurteilungen und Hinrichtungen ohne vorhergehendes Urteil eines ordentlich bestellten Gerichts, das die allgemein als unerlässlich anerkannten Rechtsgarantien bietet;

d) Absatz 2 Buchstabe c findet Anwendung auf bewaffnete Konflikte, die keinen internationalen Charakter haben, und somit nicht auf Fälle innerer Unruhen und Spannungen wie Tumulte, vereinzelt auftretende Gewalttaten oder andere ähnliche Handlungen;
e) andere schwere Verstöße gegen die innerhalb des feststehenden Rahmens des Völkerrechts anwendbaren Gesetze und Gebräuche im bewaffneten Konflikt, der keinen internationalen Charakter hat, nämlich jede der folgenden Handlungen:
i) vorsätzliche Angriffe auf die Zivilbevölkerung als solche oder auf einzelne Zivilpersonen, die an den Feindseligkeiten nicht unmittelbar teilnehmen;
ii) vorsätzliche Angriffe auf Gebäude, Material, Sanitätseinheiten, Sanitätstransportmittel und Personal, die in Übereinstimmung mit dem Völkerrecht mit den Schutzzeichen der Genfer Abkommen versehen sind;
iii) vorsätzliche Angriffe auf Personal, Einrichtungen, Material, Einheiten oder Fahrzeuge, die an einer humanitären Hilfsmission oder friedenserhaltenden Mission in Übereinstimmung mit der Charta der Vereinten Nationen beteiligt sind, solange sie Anspruch auf den Schutz haben, der Zivilpersonen oder zivilen Objekten nach dem internationalen Recht des bewaffneten Konflikts gewährt wird;
iv) vorsätzliche Angriffe auf Gebäude, die dem Gottesdienst, der Erziehung, der Kunst, der Wissenschaft oder der Wohltätigkeit gewidmet sind, auf geschichtliche Denkmäler, Krankenhäuser und Sammelplätze für Kranke und Verwundete, sofern es nicht militärische Ziele sind;
v) die Plünderung einer Stadt oder Ansiedlung, selbst wenn sie im Sturm genommen wurde;
vi) Vergewaltigung, sexuelle Sklaverei, Nötigung zur Prostitution, erzwungene Schwangerschaft im Sinne des Artikels 7 Absatz 2 Buchstabe f, Zwangssterilisation und jede andere Form sexueller Gewalt, die ebenfalls einen schweren Verstoß gegen den gemeinsamen Artikel 3 der vier Genfer Abkommen darstellt;
vii) die Zwangsverpflichtung oder Eingliederung von Kindern unter fünfzehn Jahren in Streitkräfte oder bewaffnete Gruppen oder ihre Verwendung zur aktiven Teilnahme an Feindseligkeiten;
viii) die Anordnung der Verlegung der Zivilbevölkerung aus Gründen im Zusammenhang mit dem Konflikt, sofern dies nicht im Hinblick auf die Sicherheit der betreffenden Zivilpersonen oder aus zwingenden militärischen Gründen geboten ist;
ix) die meuchlerische Tötung oder Verwundung eines gegnerischen Kombattanten;
x) die Erklärung, dass kein Pardon gegeben wird;
xi) die körperliche Verstümmelung von Personen, die sich in der Gewalt einer anderen Konfliktpartei befinden, oder die Vornahme medizinischer oder wissenschaftlicher Versuche jeder Art an diesen Personen, die nicht durch deren ärztliche, zahnärztliche oder Krankenhausbehandlung gerechtfertigt sind oder in ihrem Interesse durchgeführt werden und die zu ihrem Tod führen oder ihre Gesundheit ernsthaft gefährden;
xii) die Zerstörung oder Beschlagnahme gegnerischen Eigentums, sofern diese nicht durch die Erfordernisse des Konflikts zwingend geboten ist;

f) Absatz 2 Buchstabe e findet Anwendung auf bewaffnete Konflikte, die keinen internationalen Charakter haben, und somit nicht auf Fälle innerer Unruhen und Spannungen wie Tumulte, vereinzelt auftretende Gewalttaten oder andere ähnliche Handlungen. Er findet Anwendung auf bewaffnete Konflikte, die im Hoheitsgebiet eines Staates stattfinden, wenn zwischen den staatlichen Behörden und organisierten bewaffneten Gruppen oder zwischen solchen Gruppen ein lang anhaltender bewaffneter Konflikt besteht.

(3) Absatz 2 Buchstaben c und e berührt nicht die Verantwortung einer Regierung, die öffentliche Ordnung im Staat aufrechtzuerhalten oder wiederherzustellen oder die Einheit und territoriale Unversehrtheit des Staates mit allen rechtmäßigen Mitteln zu verteidigen.

Art. 9 „Verbrechenselemente"

(1) Die „Verbrechenselemente" helfen dem Gerichtshof bei der Auslegung und Anwendung der Artikel 6, 7 und 8. Sie werden von den Mitgliedern der Versammlung der Vertragsstaaten mit Zweidrittelmehrheit angenommen.

(2) Änderungen der „Verbrechenselemente" können vorgeschlagen werden von

a) jedem Vertragsstaat;
b) den Richtern mit absoluter Mehrheit;
c) dem Ankläger.

Diese Änderungen werden von den Mitgliedern der Versammlung der Vertragsstaaten mit Zweidrittelmehrheit angenommen.

(3) Die „Verbrechenselemente" und ihre Änderungen müssen mit dem Statut vereinbar sein.

Art. 10

Dieser Teil ist nicht so auszulegen, als beschränke oder berühre er bestehende oder sich entwickelnde Regeln des Völkerrechts für andere Zwecke als diejenigen dieses Statuts.

Art. 11 Gerichtsbarkeit *ratione temporis*

(1) Die Gerichtsbarkeit des Gerichtshofs erstreckt sich nur auf Verbrechen, die nach Inkrafttreten dieses Statuts begangen werden.

(2) Wird ein Staat nach Inkrafttreten dieses Statuts dessen Vertragspartei, so kann der Gerichtshof seine Gerichtsbarkeit nur in Bezug auf Verbrechen ausüben, die nach Inkrafttreten des Statuts für diesen Staat begangen wurden, es sei denn, der Staat hat eine Erklärung nach Artikel 12 Absatz 3 abgegeben.

Art. 12 Voraussetzungen für die Ausübung der Gerichtsbarkeit

(1) Ein Staat, der Vertragspartei dieses Statuts wird, erkennt damit die Gerichtsbarkeit des Gerichtshofs für die in Artikel 5 bezeichneten Verbrechen an.

(2) Im Fall des Artikels 13 Buchstabe a oder c kann der Gerichtshof seine Gerichtsbarkeit ausüben, wenn einer oder mehrere der folgenden Staaten Vertragspartei dieses Statuts sind oder in Übereinstimmung mit Absatz 3 die Gerichtsbarkeit des Gerichtshofs anerkannt haben:

a) der Staat, in dessen Hoheitsgebiet das fragliche Verhalten stattgefunden hat, oder, sofern das Verbrechen an Bord eines Schiffes oder Luftfahrzeugs begangen wurde, der Staat, in dem dieses registriert ist;
b) der Staat, dessen Staatsangehörigkeit die des Verbrechens beschuldigte Person besitzt.

(3) Ist nach Absatz 2 die Anerkennung der Gerichtsbarkeit durch einen Staat erforderlich, der nicht Vertragspartei dieses Statuts ist, so kann dieser Staat durch Hinterlegung einer Erklärung beim Kanzler die Ausübung der Gerichtsbarkeit durch den Gerichtshof in bezug auf das fragliche Verbrechen anerkennen. Der anerkennende Staat arbeitet mit dem Gerichtshof ohne Verzögerung oder Ausnahme in Übereinstimmung mit Teil 9 zusammen.

Art. 13 Ausübung der Gerichtsbarkeit

Der Gerichtshof kann in Übereinstimmung mit diesem Statut seine Gerichtsbarkeit über ein in Artikel 5 bezeichnetes Verbrechen ausüben, wenn

a) eine Situation, in der es den Anschein hat, dass eines oder mehrere dieser Verbrechen begangen wurden, von einem Vertragsstaat nach Artikel 14 dem Ankläger unterbreitet wird,
b) eine Situation, in der es den Anschein hat, dass eines oder mehrere dieser Verbrechen begangen wurden, vom Sicherheitsrat, der nach Kapitel VII der Charta der Vereinten Nationen tätig wird, dem Ankläger unterbreitet wird, oder
c) der Ankläger nach Artikel 15 Ermittlungen in Bezug auf eines dieser Verbrechen eingeleitet hat.

Art. 14 Unterbreitung einer Situation durch einen Vertragsstaat

(1) Ein Vertragsstaat kann eine Situation, in der es den Anschein hat, dass ein oder mehrere der Gerichtsbarkeit des Gerichtshofs unterliegende Verbrechen begangen wurden, dem Ankläger unterbreiten und diesen ersuchen, die Situation zu untersuchen, um festzustellen, ob eine oder mehrere bestimmte Personen angeklagt werden sollen, diese Verbrechen begangen zu haben.

(2) Soweit möglich, sind in der Unterbreitung die maßgeblichen Umstände anzugeben und diejenigen Unterlagen zur Begründung beizufügen, über die der unterbreitende Staat verfügt.

Art. 15 Ankläger

(1) Der Ankläger kann auf der Grundlage von Informationen über der Gerichtsbarkeit des Gerichtshofs unterliegende Verbrechen aus eigener Initiative Ermittlungen einleiten.

(2) Der Ankläger prüft die Stichhaltigkeit der erhaltenen Informationen. Zu diesem Zweck kann er von Staaten, Organen der Vereinten Nationen, zwischenstaatlichen oder nichtstaatlichen Organisationen oder anderen von ihm als geeignet erachteten zuverlässigen Stellen zusätzliche Auskünfte einholen und am Sitz des Gerichtshofs schriftliche oder mündliche Zeugenaussagen entgegennehmen.

(3) Gelangt der Ankläger zu dem Schluss, dass eine hinreichende Grundlage für die Aufnahme von Ermittlungen besteht, so legt er der Vorverfahrenskammer einen Antrag auf Genehmigung von Ermittlungen zusammen mit den gesammelten Unterlagen zu seiner Begründung vor. Opfer können in Übereinstimmung mit der Verfahrens- und Beweisordnung Eingaben an die Vorverfahrenskammer machen.

(4) Ist die Vorverfahrenskammer nach Prüfung des Antrags und der Unterlagen zu seiner Begründung der Auffassung, dass eine hinreichende Grundlage für die Aufnahme von Ermittlungen besteht und dass die Sache unter die Gerichtsbarkeit des Gerichtshofs zu fallen scheint, so erteilt sie die Genehmigung zur Einleitung der Ermittlungen, unbeschadet späterer Entscheidungen des Gerichtshofs betreffend die Gerichtsbarkeit für eine Sache und ihre Zulässigkeit.

(5) Verweigert die Vorverfahrenskammer die Genehmigung zur Aufnahme von Ermittlungen, so schließt dies einen auf neue Tatsachen oder Beweismittel gestützten späteren Antrag des Anklägers in Bezug auf dieselbe Situation nicht aus.

(6) Gelangt der Ankläger nach der in den Absätzen 1 und 2 genannten Vorprüfung zu dem Schluss, dass die zur Verfügung gestellten Informationen keine hinreichende Grundlage für Ermittlungen darstellen, so teilt er dies den Informanten mit. Dies schließt nicht aus, dass der Ankläger im Licht neuer Tatsachen oder Beweismittel weitere Informationen prüft, die ihm in Bezug auf dieselbe Situation zur Verfügung gestellt werden.

Art. 16 Aufschub der Ermittlungen oder der Strafverfolgung

Richtet der Sicherheitsrat in einer nach Kapitel VII der Charta der Vereinten Nationen angenommenen Resolution ein entsprechendes Ersuchen an den Gerichtshof, so dürfen für einen Zeitraum von 12 Monaten keine Ermittlungen und keine Strafverfolgung aufgrund dieses Statuts eingeleitet oder fortgeführt werden; das Ersuchen kann vom Sicherheitsrat unter denselben Bedingungen erneuert werden.

Art. 17 Fragen der Zulässigkeit

(1) Im Hinblick auf Absatz 10 der Präambel und Artikel 1 entscheidet der Gerichtshof, dass eine Sache nicht zulässig ist, wenn

a) in der Sache von einem Staat, der Gerichtsbarkeit darüber hat, Ermittlungen oder eine Strafverfolgung durchgeführt werden, es sei denn, der Staat ist nicht willens oder nicht in der Lage, die Ermittlungen oder die Strafverfolgung ernsthaft durchzuführen;
b) in der Sache von einem Staat, der Gerichtsbarkeit darüber hat, Ermittlungen durchgeführt worden sind, und der Staat entschieden hat, die betreffende Person nicht strafrechtlich zu verfolgen, es sei denn, die Entscheidung war das Ergebnis des mangelnden Willens oder des Unvermögens des Staates, eine Strafverfolgung ernsthaft durchzuführen;
c) die betreffende Person wegen des Verhaltens, das Gegenstand des Tatvorwurfs ist, bereits gerichtlich belangt worden ist und die Sache nach Artikel 20 Absatz 3 nicht beim Gerichtshof anhängig gemacht werden kann;
d) die Sache nicht schwerwiegend genug ist, um weitere Maßnahmen des Gerichtshofs zu rechtfertigen.

(2) Zur Feststellung des mangelnden Willens in einem bestimmten Fall prüft der Gerichtshof unter Berücksichtigung der völkerrechtlich anerkannten Grundsätze eines ordnungsgemäßen Verfahrens, ob gegebenenfalls eine oder mehrere der folgenden Voraussetzungen vorliegen:

a) Das Verfahren wurde oder wird geführt oder die staatliche Entscheidung wurde getroffen, um die betreffende Person vor strafrechtlicher Verantwortlichkeit für die in Artikel 5 bezeichneten, der Gerichtsbarkeit des Gerichtshofs unterliegenden Verbrechen zu schützen;
b) in dem Verfahren gab es eine nicht gerechtfertigte Verzögerung, die unter den gegebenen Umständen mit der Absicht unvereinbar ist, die betreffende Person vor Gericht zu stellen;
c) das Verfahren war oder ist nicht unabhängig oder unparteiisch und wurde oder wird in einer Weise geführt, die unter den gegebenen Umständen mit der Absicht unvereinbar ist, die betreffende Person vor Gericht zu stellen.

(3) Zur Feststellung des Unvermögens in einem bestimmten Fall prüft der Gerichtshof, ob der Staat wegen des völligen oder weitgehenden Zusammenbruchs oder der mangelnden Verfügbarkeit seines innerstaatlichen Justizsystems nicht in der Lage ist, des Beschuldigten habhaft zu werden oder die erforderlichen Beweismittel und Zeugenaussagen zu erlangen, oder aus anderen Gründen nicht in der Lage ist, ein Verfahren durchzuführen.

Art. 18 Vorläufige Entscheidungen betreffend die Zulässigkeit

(1) Wurde eine Situation nach Artikel 13 Buchstabe a dem Gerichtshof unterbreitet und hat der Ankläger festgestellt, dass eine hinreichende Grundlage für die Einleitung von Ermittlungen bestünde, oder leitet der Ankläger Ermittlungen nach Artikel 13 Buchstabe c und Artikel 15 ein, so benachrichtigt der Ankläger förmlich alle Vertragsstaaten und diejenigen Staaten, die unter Berücksichtigung der zur Verfügung stehenden Informationen im Regelfall die Gerichtsbarkeit über die betreffenden Verbrechen ausüben würden. Der Ankläger kann diese Staaten vertraulich benachrichtigen und, sofern er dies für notwendig hält, um Personen zu schützen, die Vernichtung von Beweismitteln oder die Flucht von Personen zu verhindern, den Umfang der den Staaten zur Verfügung gestellten Informationen begrenzen.

(2) Binnen eines Monats nach Eingang dieser förmlichen Benachrichtigung kann ein Staat den Gerichtshof davon in Kenntnis setzen, dass er gegen seine Staatsangehörigen oder andere Personen unter seiner Hoheitsgewalt in Bezug auf Straftaten ermittelt oder ermittelt hat, die möglicherweise den Tatbestand der in Artikel 5 bezeichneten Verbrechen erfüllen und die mit den Informationen in Zusammenhang stehen, welche in der an die Staaten gerichteten Benachrichtigung enthalten sind. Auf Ersuchen des betreffenden Staates stellt der Ankläger die Ermittlungen gegen diese Personen zugunsten der Ermittlungen des Staates zurück, es sei denn, die Vorverfahrenskammer beschließt auf Antrag des Anklägers, diesen zu den Ermittlungen zu ermächtigen.

(3) Die Zurückstellung der Ermittlungen durch den Ankläger zugunsten der Ermittlungen eines Staates kann vom Ankläger sechs Monate nach dem Zeitpunkt der Zurückstellung oder jederzeit überprüft werden, wenn sich aufgrund des mangelnden Willens oder des Unvermögens des betreffenden Staates zur ernsthaften Durchführung von Ermittlungen die Sachlage wesentlich geändert hat.

(4) Der betreffende Staat oder der Ankläger kann nach Artikel 82 gegen eine Entscheidung der Vorverfahrenskammer bei der Berufungskammer Beschwerde einlegen. Die Beschwerde kann beschleunigt behandelt werden.

(5) Hat der Ankläger nach Absatz 2 Ermittlungen zurückgestellt, so kann er den betreffenden Staat ersuchen, ihn regelmäßig über den Fortgang seiner Ermittlungen und jede anschließende Strafverfolgung zu unterrichten. Die Vertragsstaaten kommen einem solchen Ersuchen ohne unangemessene Verzögerung nach.

(6) Bis zu einer Entscheidung der Vorverfahrenskammer oder jederzeit, nachdem der Ankläger nach diesem Artikel Ermittlungen zurückgestellt hat, kann er ausnahmsweise die Vorverfahrenskammer um die Ermächtigung zu notwendigen Ermittlungsmaßnahmen zum Zweck der Sicherung von Beweismitteln ersuchen, wenn eine einmalige Gelegenheit zur Beschaffung wichtiger Beweismittel oder eine erhebliche Gefahr besteht, dass diese Beweismittel später nicht verfügbar sein werden.

(7) Ein Staat, der eine Entscheidung der Vorverfahrenskammer nach diesem Artikel angefochten hat, kann die Zulässigkeit einer Sache nach Artikel 19 aufgrund zusätzlicher wesentlicher Tatsachen oder einer wesentlichen Änderung der Sachlage anfechten.

Art. 19 Anfechtung der Gerichtsbarkeit des Gerichtshofs oder der Zulässigkeit einer Sache

(1) Der Gerichtshof vergewissert sich, dass er in jeder bei ihm anhängig gemachten Sache Gerichtsbarkeit hat. Der Gerichtshof kann aus eigener Initiative über die Zulässigkeit einer Sache nach Artikel 17 entscheiden.

(2) Sowohl die Zulässigkeit einer Sache aus den in Artikel 17 genannten Gründen als auch die Gerichtsbarkeit des Gerichtshofs können angefochten werden von

a) einem Angeklagten oder einer Person, gegen die ein Haftbefehl oder eine Ladung nach Artikel 58 ergangen ist,
b) einem Staat, der Gerichtsbarkeit über eine Sache hat, weil er in der Sache Ermittlungen oder eine Strafverfolgung durchführt oder durchgeführt hat, oder
c) einem Staat, der nach Artikel 12 die Gerichtsbarkeit anerkannt haben muss.

(3) Der Ankläger kann über eine Frage der Gerichtsbarkeit oder der Zulässigkeit eine Entscheidung des Gerichtshofs erwirken. In Verfahren über die Gerichtsbarkeit oder die Zulässigkeit können beim Gerichtshof auch diejenigen, welche ihm die Situation nach Artikel 13 unterbreitet haben, sowie die Opfer Stellungnahmen abgeben.

(4) Die Zulässigkeit einer Sache oder die Gerichtsbarkeit des Gerichtshofs kann von jeder in Absatz 2 bezeichneten Person oder jedem dort bezeichneten Staat nur einmal angefochten werden. Die Anfechtung erfolgt vor oder bei Eröffnung des Hauptverfahrens. Unter außergewöhnlichen Umständen kann der Gerichtshof gestatten, eine Anfechtung mehr als einmal oder erst nach Eröffnung des Hauptverfahrens vorzubringen. Anfechtungen der Zulässigkeit einer Sache, die bei oder, sofern der Gerichtshof dies gestattet, nach Eröffnung des Hauptverfahrens vorgebracht werden, können nur auf Artikel 17 Absatz 1 Buchstabe c gestützt werden.

(5) Ein in Absatz 2 Buchstaben b und c bezeichneter Staat bringt eine Anfechtung bei frühestmöglicher Gelegenheit vor.

(6) Vor Bestätigung der Anklage werden Anfechtungen der Zulässigkeit einer Sache oder Anfechtungen der Gerichtsbarkeit des Gerichtshofs an die Vorverfahrenskammer verwiesen. Nach Bestätigung der Anklage werden sie an die Hauptverfahrenskammer verwiesen. Gegen Entscheidungen über die Gerichts-barkeit oder die Zulässigkeit kann nach Artikel 82 bei der Berufungskammer Beschwerde eingelegt werden.

(7) Bringt ein in Absatz 2 Buchstabe b oder c bezeichneter Staat eine Anfechtung vor, so setzt der Ankläger die Ermittlungen so lange aus, bis der Gerichtshof eine Entscheidung nach Artikel 17 getroffen hat.

(8) Bis zu einer Entscheidung des Gerichtshofs kann der Ankläger diesen um die Ermächtigung ersuchen,

a) notwendige Ermittlungsmaßnahmen der in Artikel 18 Absatz 6 bezeichneten Art zu ergreifen,
b) schriftliche oder mündliche Zeugenaussagen einzuholen oder die Erhebung und Prüfung von Beweismitteln abzuschließen, mit der vor Erklärung der Anfechtung begonnen worden war, und
c) in Zusammenarbeit mit den in Betracht kommenden Staaten die Flucht von Personen zu verhindern, für die er bereits einen Haftbefehl nach Artikel 58 beantragt hat.

(9) Das Vorbringen einer Anfechtung beeinträchtigt nicht die Gültigkeit einer zuvor vom Ankläger vorgenommenen Handlung oder einer Anordnung oder eines Befehls des Gerichtshofs.

(10) Hat der Gerichtshof entschieden, dass eine Sache nach Artikel 17 unzulässig ist, so kann der Ankläger eine Überprüfung der Entscheidung beantragen, wenn seiner vollen Überzeugung nach infolge neuer Tatsachen die Grundlage entfällt, derentwegen die Sache zuvor nach Artikel 17 für unzulässig befunden worden war.

(11) Stellt der Ankläger unter Berücksichtigung der in Artikel 17 genannten Angelegenheiten Ermittlungen zurück, so kann er den betreffenden Staat ersuchen, ihm Informationen über das Verfahren zur Verfügung zu stellen. Auf Ersuchen des betreffenden Staates sind diese Informationen vertraulich. Beschließt der Ankläger danach die Fortführung der Ermittlungen, so benachrichtigt er den Staat, zu dessen Gunsten das Verfahren zurückgestellt wurde.

Art. 20 Ne bis in idem

(1) Sofern in diesem Statut nichts anderes bestimmt ist, darf niemand wegen eines Verhaltens vor den Gerichtshof gestellt werden, das den Tatbestand der Verbrechen erfüllt, derentwegen er bereits vom Gerichtshof verurteilt oder freigesprochen wurde.

(2) Niemand darf wegen eines in Artikel 5 bezeichneten Verbrechens, dessentwegen er vom Gerichtshof bereits verurteilt oder freigesprochen wurde, vor ein anderes Gericht gestellt werden.

(3) Niemand, der wegen eines auch nach Artikel 6, 7 oder 8 verbotenen Verhaltens vor ein anderes Gericht gestellt wurde, darf vom Gerichtshof für dasselbe Verhalten belangt werden, es sei denn, das Verfahren vor dem anderen Gericht

a) diente dem Zweck, ihn vor strafrechtlicher Verantwortlichkeit für der Gerichtsbarkeit des Gerichtshofs unterliegende Verbrechen zu schützen oder
b) war in sonstiger Hinsicht nicht unabhängig oder unparteiisch entsprechend den völkerrechtlich anerkannten Grundsätzen eines ordnungsgemäßen Verfahrens und wurde in einer Weise geführt, die unter den gegebenen Umständen mit der Absicht, die betreffende Person vor Gericht zu stellen, unvereinbar war.

Art. 21 Anwendbares Recht

(1) Der Gerichtshof wendet Folgendes an:

a) an erster Stelle dieses Statut, die „Verbrechenselemente“ sowie seine Verfahrens- und Beweisordnung;
b) an zweiter Stelle, soweit angebracht, anwendbare Verträge sowie die Grundsätze und Regeln des Völkerrechts, einschließlich der anerkannten Grundsätze des internationalen Rechts des bewaffneten Konflikts;
c) soweit solche fehlen, allgemeine Rechtsgrundsätze, die der Gerichtshof aus einzelstaatlichen Rechtsvorschriften der Rechtssysteme der Welt, einschließlich, soweit angebracht, der innerstaatlichen Rechtsvorschriften der Staaten, die im Regelfall Gerichtsbarkeit über das Verbrechen ausüben würden, abgeleitet hat, sofern diese Grundsätze nicht mit diesem Statut, dem Völkerrecht und den international anerkannten Regeln und Normen unvereinbar sind.

(2) Der Gerichtshof kann Rechtsgrundsätze und Rechtsnormen entsprechend seiner Auslegung in früheren Entscheidungen anwenden.

(3) Die Anwendung und Auslegung des Rechts nach diesem Artikel muss mit den international anerkannten Menschenrechten vereinbar sein und darf keine benachteiligende Unterscheidung etwa aufgrund des Geschlechts im Sinne des Artikels 7 Absatz 3, des Alters, der Rasse, der Hautfarbe, der Sprache, der Religion oder Weltanschauung, der politischen oder sonstigen Anschauung, der nationalen, ethnischen oder sozialen Herkunft, des Vermögens, der Geburt oder des sonstigen Status machen.

TEIL 3: ALLGEMEINE GRUNDSÄTZE DES STRAFRECHTS

Art. 22 Nullum crimen sine lege

(1) Eine Person ist nur dann nach diesem Statut strafrechtlich verantwortlich, wenn das fragliche Verhalten zur Zeit der Tat den Tatbestand eines der Gerichtsbarkeit des Gerichtshofs unterliegenden Verbrechens erfüllt.

(2) Die Begriffsbestimmung eines Verbrechens ist eng auszulegen und darf nicht durch Analogie erweitert werden. Im Zweifelsfall ist die Begriffsbestimmung zugunsten der Person auszulegen, gegen die sich die Ermittlungen, die Strafverfolgung oder das Urteil richten.

(3) Dieser Artikel bedeutet nicht, dass ein Verhalten nicht unabhängig von diesem Statut als nach dem Völkerrecht strafbar beurteilt werden kann.

Art. 27 Unerheblichkeit der amtlichen Eigenschaft

(1) Dieses Statut gilt gleichermaßen für alle Personen, ohne jeden Unterschied nach amtlicher Eigenschaft. Insbesondere enthebt die amtliche Eigenschaft als Staats- oder Regierungschef, als Mitglied einer Regierung oder eines Parlaments, als gewählter Vertreter oder als Amtsträger einer Regierung eine Person nicht der strafrechtlichen Verantwortlichkeit nach diesem Statut und stellt für sich genommen keinen Strafmilderungsgrund dar.

(2) Immunitäten oder besondere Verfahrensregeln, die nach innerstaatlichem Recht oder nach dem Völkerrecht mit der amtlichen Eigenschaft einer Person verbunden sind, hindern den Gerichtshof nicht an der Ausübung seiner Gerichtsbarkeit über eine solche Person.

Art. 29 Nichtanwendbarkeit von Verjährungsvorschriften

Die der Gerichtsbarkeit des Gerichtshofs unterliegenden Verbrechen verjähren nicht.

Art. 42 Anklagebehörde

(1) Die Anklagebehörde handelt unabhängig als selbstständiges Organ des Gerichtshofs. Ihr obliegt es, Unterbreitungen und inhaltlich erhärtete Informationen über der Gerichtsbarkeit des Gerichtshofs unterliegende Verbrechen entgegenzunehmen und zu prüfen sowie die Ermittlungen durchzuführen und vor dem Gerichtshof die Anklage zu vertreten. Ein Mitglied der Anklagebehörde darf Weisungen von einer Stelle außerhalb des Gerichtshofs weder einholen noch befolgen.

(2) Der Ankläger ist Leiter der Anklagebehörde. Er besitzt die volle Dienstaufsicht über Führung und Verwaltung der Behörde einschließlich ihres Personals, ihrer Einrichtungen und sonstigen Mittel. Dem Ankläger stehen ein oder mehrere Stellvertretende Ankläger zur Seite, die zur Ausführung aller Handlungen befugt sind, welche nach diesem Statut dem Ankläger obliegen. Der Ankläger und die Stellvertretenden Ankläger müssen unterschiedliche Staatsangehörigkeit besitzen. Sie üben ihr Amt hauptamtlich aus.

(3) Der Ankläger und die Stellvertretenden Ankläger müssen ein hohes sittliches Ansehen genießen sowie ein Höchstmaß an Sachverstand und umfangreiche praktische Erfahrung in der Strafverfolgung oder der Verhandlung von Strafsachen besitzen. Sie müssen über ausgezeichnete Kenntnisse mindestens einer der Arbeitssprachen des Gerichtshofs verfügen und diese fließend sprechen.

(4) Der Ankläger wird in geheimer Abstimmung von der absoluten Mehrheit der Mitglieder der Versammlung der Vertragsstaaten gewählt. Die Stellvertretenden Ankläger werden in derselben Weise aus einer vom Ankläger vorgelegten Kandidatenliste gewählt. Der Ankläger benennt drei Kandidaten für jede zu besetzende Stelle eines Stellvertretenden Anklägers. Sofern nicht zum Zeitpunkt ihrer Wahl eine kürzere Amtszeit beschlossen wird, werden der Ankläger und die Stellvertretenden Ankläger für die Dauer von neun Jahren gewählt; ihre Wiederwahl ist nicht zulässig.

(5) Weder der Ankläger noch die Stellvertretenden Ankläger dürfen eine Tätigkeit ausüben, die sich auf ihre Aufgaben bei der Strafverfolgung auswirken oder das Vertrauen in ihre Unabhängigkeit beeinträchtigen könnte. Sie dürfen sich keiner anderen Beschäftigung beruflicher Art widmen.

(6) Das Präsidium kann den Ankläger oder einen Stellvertretenden Ankläger auf dessen Ersuchen von einem Tätigwerden in einer bestimmten Sache freistellen.

(7) Der Ankläger oder ein Stellvertretender Ankläger nimmt an einer Angelegenheit nicht teil, wenn aus irgendeinem Grundberechtigte Zweifel an seiner Unparteilichkeit geltend gemacht werden könnten. Er wird unter anderem dann von einer Sache in Übereinstim-

mung mit diesem Absatz ausgeschlossen, wenn er zuvor in irgendeiner Eigenschaft an dieser beim Gerichtshof anhängigen Sache oder einer damit zusammenhängenden Strafsache auf einzelstaatlicher Ebene beteiligt war, welche die Person betraf, gegen die sich die Ermittlungen oder die Strafverfolgung richten.

(8) Jede Frage betreffend den Ausschluss des Anklägers oder eines Stellvertretenden Anklägers wird von der Berufungskammer entschieden.

a) Die Person, gegen die sich die Ermittlungen oder die Strafverfolgung richten, kann jederzeit den Ausschluss des Anklägers oder eines Stellvertretenden Anklägers aus den in diesem Artikel festgelegten Gründen beantragen.
b) Der Ankläger beziehungsweise der Stellvertretende Ankläger hat Anspruch darauf, zu der Angelegenheit Stellung zu nehmen.

(9) Der Ankläger ernennt Berater mit juristischen Fachkenntnissen auf bestimmten Gebieten, insbesondere, jedoch nicht ausschließlich, auf dem Gebiet der sexuellen und geschlechtsspezifischen Gewalt sowie der Gewalt gegen Kinder.

Art. 53 Einleitung von Ermittlungen

(1) Nach Auswertung der ihm zur Verfügung gestellten Informationen leitet der Ankläger Ermittlungen ein, sofern er nicht feststellt, dass es für die Verfahrenseinleitung nach diesem Statut keine hinreichende Grundlage gibt. Bei seiner Entscheidung über die Einleitung von Ermittlungen prüft der Ankläger,

a) ob die ihm vorliegenden Informationen hinreichende Verdachtsgründe dafür bieten, dass ein der Gerichtsbarkeit des Gerichtshofs unterliegendes Verbrechen begangen wurde oder wird,
b) ob die Sache nach Artikel 17 zulässig ist oder wäre und
c) ob unter Berücksichtigung der Schwere des Verbrechens und der Interessen der Opfer dennoch wesentliche Gründe für die Annahme vorliegen, dass die Durchführung von Ermittlungen nicht im Interesse der Gerechtigkeit läge.

Stellt der Ankläger fest, dass es für die Verfahrenseinleitung keine hinreichende Grundlage gibt, und beruht diese Feststellung ausschließlich auf Buchstabe c, so unterrichtet er die Vorverfahrenskammer.

(2) Gelangt der Ankläger nach den Ermittlungen zu dem Schluss, dass es für eine Strafverfolgung keine hinreichende Grundlage gibt, weil

a) keine hinreichende rechtliche oder sachliche Grundlage für die Beantragung eines Haftbefehls oder einer Ladung nach Artikel 58 besteht,
b) die Sache nach Artikel 17 unzulässig ist oder
c) eine Strafverfolgung unter Berücksichtigung aller Umstände, einschließlich der Schwere des Verbrechens, der Interessen der Opfer, des Alters oder der Gebrechlichkeit des angeblichen Täters sowie seiner Rolle bei dem angeblichen Verbrechen, nicht im Interesse der Gerechtigkeit liegt,

so unterrichtet der Ankläger die Vorverfahrenskammer und den nach Artikel 14 unterbreitenden Staat oder den Sicherheitsrat im Fall des Artikels 13 Buchstabe b von seiner Schlussfolgerung und den Gründen dafür

(3) a) Auf Ersuchen des nach Artikel 14 unterbreitenden Staates oder des Sicherheitsrats im Fall des Artikels 13 Buchstabe b kann die Vorverfahrenskammer eine Entscheidung des Anklägers nach Absatz 1 oder 2, nicht weiter vorzugehen, nachprüfen und den Ankläger ersuchen, sie zu überprüfen.

b) Darüber hinaus kann die Vorverfahrenskammer aus eigener Initiative eine Entscheidung des Anklägers, nicht weiter vorzugehen, nachprüfen, wenn diese ausschließlich auf Absatz 1 Buchstabe c oder Absatz 2 Buchstabe c beruht. In diesem

Fall wird die Entscheidung des Anklägers nur dann wirksam, wenn sie von der Vorverfahrenskammer bestätigt wird.

(4) Der Ankläger kann eine Entscheidung über die Einleitung der Ermittlungen oder der Strafverfolgung auf der Grundlage neuer Tatsachen oder Informationen jederzeit überprüfen.

Art. 54 Pflichten und Befugnisse des Anklägers bei Ermittlungen

(1) Der Ankläger

a) dehnt die Ermittlungen zum Zweck der Wahrheitsfindung auf alle Tatsachen und Beweismittel aus, die für die Beurteilung, ob eine strafrechtliche Verantwortlichkeit aufgrund dieses Statuts besteht, erheblich sind, und erforscht dabei gleichermaßen die belastenden wie die entlastenden Umstände,

b) ergreift geeignete Maßnahmen, um die wirksame Ermittlung und Strafverfolgung von der Gerichtsbarkeit des Gerichtshofs unterliegenden Verbrechen zu gewährleisten, wobei er die Interessen und persönlichen Lebensumstände der Opfer und Zeugen, namentlich Alter, Geschlecht im Sinne des Artikels 7 Absatz 3 und Gesundheitszustand, achtet und die Art des Verbrechens berücksichtigt, insbesondere soweit es mit sexueller Gewalt, geschlechtsspezifischer Gewalt oder Gewalt gegen Kinder verbunden ist, und

c) achtet uneingeschränkt die sich aus diesem Statut ergebenden Rechte der Personen.

(2) Der Ankläger kann Ermittlungen im Hoheitsgebiet eines Staates durchführen

a) in Übereinstimmung mit Teil 9 oder

b) aufgrund einer Ermächtigung der Vorverfahrenskammer nach Artikel 57 Absatz 3 Buchstabe d.

(3) Der Ankläger kann

a) Beweismittel sammeln und prüfen,

b) die Anwesenheit von Personen, gegen die ermittelt wird, von Opfern und von Zeugen verlangen und diese vernehmen,

c) einen Staat oder eine zwischenstaatliche Organisation oder Stelle entsprechend ihrer jeweiligen Zuständigkeit beziehungsweise ihrem Mandat um Zusammenarbeit ersuchen,

d) alle diesem Statut nicht entgegenstehenden Abmachungen und Übereinkünfte eingehen, die notwendig sind, um einem Staat, einer zwischenstaatlichen Organisation oder einer Person die Zusammenarbeit zu erleichtern,

e) einwilligen, in keiner Phase des Verfahrens Dokumente oder Informationen offenzulegen, die er unter der Bedingung der Vertraulichkeit und ausschließlich zum Zweck der Erlangung neuer Beweismittel erhält, sofern nicht der Informant sein Einverständnis erklärt, und

f) die notwendigen Maßnahmen zur Gewährleistung der Vertraulichkeit von Informationen, des Schutzes einer Person oder der Beweissicherung treffen oder verlangen, dass sie getroffen werden.

Art. 58 Erlass eines Haftbefehls oder einer Ladung durch die Vorverfahrenskammer

(1) Jederzeit nach Einleitung der Ermittlungen erlässt die Vorverfahrenskammer auf Antrag des Anklägers einen Haftbefehl gegen eine Person, wenn sie nach Prüfung des Antrags und der Beweismittel oder anderer vom Ankläger beigebrachter Informationen zu der Überzeugung gelangt ist,

a) dass begründeter Verdacht besteht, dass die Person ein der Gerichtsbarkeit des Gerichtshofs unterliegendes Verbrechen begangen hat, und

b) dass die Festnahme der Person notwendig erscheint,

i) um sicherzustellen, dass sie zur Verhandlung erscheint,
ii) um sicherzustellen, dass sie die Ermittlungen oder das Gerichtsverfahren nicht behindert oder gefährdet, oder
iii) um sie gegebenenfalls an der weiteren Begehung dieses Verbrechens oder eines damit im Zusammenhang stehenden, der Gerichtsbarkeit des Gerichtshofs unterliegenden Verbrechens zu hindern, das sich aus den gleichen Umständen ergibt.

(2) Der Antrag des Anklägers enthält

a) den Namen der Person und alle anderen sachdienlichen Angaben zu ihrer Identifizierung,
b) eine konkrete Bezugnahme auf die der Gerichtsbarkeit des Gerichtshofs unterliegenden Verbrechen, welche die Person begangen haben soll,
c) eine knappe Darstellung des Sachverhalts, der angeblich die Tatbestandsmerkmale dieser Verbrechen erfüllt,
d) eine Zusammenfassung der Beweismittel sowie aller anderen Informationen, die den Verdacht begründen, dass die Person diese Verbrechen begangen hat, und
e) den Grund, aus dem der Ankläger die Festnahme der Person für notwendig hält.

(3) Der Haftbefehl enthält

a) den Namen der Person und alle anderen sachdienlichen Angaben zu ihrer Identifizierung,
b) eine konkrete Bezugnahme auf die der Gerichtsbarkeit des Gerichtshofs unterliegenden Verbrechen, derentwegen die Festnahme der Person beantragt wird, und
c) eine knappe Darstellung des Sachverhalts, der angeblich die Tatbestandsmerkmale dieser Verbrechen erfüllt.

(4) Der Haftbefehl bleibt bis zu einer anderslautenden Anordnung des Gerichtshofs in Kraft.

(5) Auf der Grundlage des Haftbefehls kann der Gerichtshof um die vorläufige Festnahme oder die Festnahme und Überstellung der Person nach Teil 9 ersuchen.

(6) Der Ankläger kann bei der Vorverfahrenskammer die Änderung des Haftbefehls durch Änderung der darin aufgeführten Verbrechen oder Aufnahme zusätzlicher Verbrechen beantragen. Die Vorverfahrenskammer ändert den Haftbefehl entsprechend, wenn ihrer Überzeugung nach begründeter Verdacht besteht, dass die Person diese anderen oder zusätzlichen Verbrechen begangen hat.

(7) Anstelle eines Haftbefehls kann der Ankläger beantragen, dass die Vorverfahrenskammer die Person lädt. Besteht nach Überzeugung der Vorverfahrenskammer begründeter Verdacht, dass die Person das ihr zur Last gelegte Verbrechen begangen hat und dass eine Ladung ausreicht, um ihr Erscheinen vor dem Gerichtshof sicherzustellen, so erlässt sie die Ladung, mit der freiheitsbeschränkende Bedingungen (außer Freiheitsentzug) verknüpft sein können, wenn das einzelstaatliche Recht dies vorsieht. Die Ladung enthält

a) den Namen der Person und alle anderen sachdienlichen Angaben zu ihrer Identifizierung,
b) den Termin, an dem die Person zu erscheinen hat,
c) eine konkrete Bezugnahme auf die der Gerichtsbarkeit des Gerichtshofs unterliegenden Verbrechen, welche die Person begangen haben soll, und
d) eine knappe Darstellung des Sachverhalts, der angeblich die Tatbestandsmerkmale des Verbrechens erfüllt.

Die Ladung ist der Person zuzustellen.

Art. 61 Bestätigung der Anklage vor dem Hauptverfahren

(1) Vorbehaltlich des Absatzes 2 hält die Vorverfahrenskammer innerhalb einer angemessenen Frist nach Überstellung der Person oder ihrem freiwilligen Erscheinen vor dem Gerichtshof eine mündliche Verhandlung ab, um die Anklagepunkte zu bestätigen, die der Ankläger zum Gegenstand des Hauptverfahrens zu machen beabsichtigt. Die mündliche Verhandlung findet in Anwesenheit des Anklägers und des Angeschuldigten sowie seines Rechtsbeistands statt.

(2) Die Vorverfahrenskammer kann auf Ersuchen des Anklägers oder aus eigener Initiative in Abwesenheit des Angeschuldigten eine mündliche Verhandlung abhalten, um die Anklagepunkte zu bestätigen, die der Ankläger zum Gegenstand des Hauptverfahrens zu machen beabsichtigt, wenn der Angeschuldigte

a) auf sein Anwesenheitsrecht verzichtet hat oder
b) flüchtig oder unauffindbar ist und alle angemessenen Maßnahmen ergriffen worden sind, um sein Erscheinen vor dem Gerichtshof sicherzustellen und ihn über die Anklagepunkte sowie über die bevorstehende Verhandlung betreffend deren Bestätigung zu unterrichten.

In diesem Fall wird der Angeschuldigte durch einen Rechtsbeistand vertreten, wenn die Vorverfahrenskammer entscheidet, dass dies im Interesse der Rechtspflege liegt.

(3) Innerhalb einer angemessenen Frist vor der mündlichen Verhandlung

a) erhält der Angeschuldigte eine Abschrift des Schriftstücks, aus dem die Anklagepunkte hervorgehen, die der Ankläger zum Gegenstand des Hauptverfahrens zu machen beabsichtigt, und
b) wird der Angeschuldigte von den Beweismitteln in Kenntnis gesetzt, auf die sich der Ankläger bei der mündlichen Verhandlung zu stützen beabsichtigt.

Die Vorverfahrenskammer kann die Offenlegung von Informationen für die Zwecke der Verhandlung anordnen.

(4) Vor der mündlichen Verhandlung kann der Ankläger die Ermittlungen fortsetzen, und er kann Anklagepunkte ändern oder zurücknehmen. Der Angeschuldigte wird unter Wahrung einer angemessenen Frist vor der mündlichen Verhandlung von der Änderung oder Rücknahme von Anklagepunkten in Kenntnis gesetzt. Werden Anklagepunkte zurückgenommen, so teilt der Ankläger der Vorverfahrenskammer die Gründe dafür mit.

(5) Bei der mündlichen Verhandlung belegt der Ankläger jeden Anklagepunkt durch ausreichende Beweise, um den dringenden Verdacht zu begründen, dass der Angeschuldigte das ihm zur Last gelegte Verbrechen begangen hat. Der Ankläger kann sich auf schriftliche oder summarische Beweise stützen und ist nicht gehalten, die Zeugen aufzurufen, deren Aussage bei dem Verfahren erwartet wird.

(6) Bei der Verhandlung kann der Angeschuldigte

a) Einwendungen gegen die Anklagepunkte vorbringen,
b) die vom Ankläger beigebrachten Beweismittel anfechten und
c) Beweismittel beibringen.

(7) Die Vorverfahrenskammer stellt auf der Grundlage der mündlichen Verhandlung fest, ob ausreichende Beweise für den dringenden Verdacht vorliegen, dass der Angeschuldigte jedes der ihm zur Last gelegten Verbrechen begangen hat. Auf der Grundlage ihrer Feststellungen

a) bestätigt die Vorverfahrenskammer diejenigen Anklagepunkte, bezüglich deren sie entschieden hat, dass ausreichende Beweise vorliegen, und weist den Angeschuldigten einer Hauptverfahrenskammer zu, die das Hauptverfahren hinsichtlich der bestätigten Anklagepunkte durchführt;
b) lehnt die Vorverfahrenskammer die Bestätigung derjenigen Anklagepunkte ab, bezüglich deren sie entschieden hat, dass keine ausreichenden Beweise vorliegen;

c) vertagt die Vorverfahrenskammer die mündliche Verhandlung und ersucht den Ankläger zu erwägen,
   i) zu einem bestimmten Anklagepunkt weitere Beweismittel beizubringen oder weitere Ermittlungen durchzuführen oder
   ii) einen Anklagepunkt zu ändern, weil die beigebrachten Beweismittel den Nachweis für die Begehung eines anderen der Gerichtsbarkeit des Gerichtshofs unterliegenden Verbrechens zu erbringen scheinen.

(8) Lehnt die Vorverfahrenskammer die Bestätigung eines Anklagepunkts ab, so schließt dies nicht aus, dass der Ankläger später dessen Bestätigung aufgrund zusätzlicher Beweismittel beantragt.

(9) Nach Bestätigung der Anklagepunkte und vor Beginn der Hauptverhandlung kann der Ankläger mit Genehmigung der Vorverfahrenskammer und nach Benachrichtigung des Angeklagten die Anklagepunkte ändern. Beabsichtigt der Ankläger, weitere Anklagepunkte hinzuzufügen oder bestehende Anklagepunkte durch schwererwiegende zu ersetzen, so muss zu deren Bestätigung eine mündliche Verhandlung nach diesem Artikel stattfinden. Nach Beginn der Hauptverhandlung kann der Ankläger mit Genehmigung der Hauptverfahrenskammer die Anklagepunkte zurücknehmen.

(10) Jeder zuvor ergangene Befehl tritt bezüglich aller Anklagepunkte außer Kraft, die von der Vorverfahrenskammer nicht bestätigt oder vom Ankläger zurückgenommen worden sind.

(11) Nach Bestätigung der Anklagepunkte in Übereinstimmung mit diesem Artikel setzt das Präsidium eine Hauptverfahrenskammer ein, die vorbehaltlich des Absatzes 9 und des Artikels 64 Absatz 4 für die Durchführung des anschließenden Verfahrens zuständig ist und jede Aufgabe der Vorverfahrenskammer wahrnehmen kann, die in diesem Verfahren von Belang ist und zur Anwendung kommen kann.

Art. 65 Verfahren nach einem Geständnis

(1) Legt der Angeklagte ein Geständnis nach Artikel 64 Absatz 8 Buchstabe a ab, so stellt die Hauptverfahrenskammer fest, ob
a) der Angeklagte die Art und die Folgen des Geständnisses versteht,
b) das Geständnis vom Angeklagten nach hinreichender Beratung mit seinem Verteidiger freiwillig abgelegt wird und
c) das Geständnis durch die Tatsachen untermauert wird, die hervorgehen aus
   i) den vom Ankläger erhobenen Anklagepunkten, die der Angeklagte zugibt,
   ii) allen vom Ankläger vorgelegten Unterlagen, welche die Anklage erhärten und die der Angeklagte anerkennt, und
   iii) allen sonstigen Beweismitteln, beispielsweise Zeugenaussagen, die vom Ankläger oder vom Angeklagten beigebracht werden.

(2) Ist die Hauptverfahrenskammer davon überzeugt, dass die in Absatz 1 genannten Umstände erwiesen sind, so erachtet sie den gesamten Tatbestand des Verbrechens, auf das sich das Geständnis bezieht, als durch das Geständnis und etwaige zusätzlich beigebrachte Beweismittel erwiesen; sie kann den Angeklagten wegen dieses Verbrechens verurteilen.

(3) Ist die Hauptverfahrenskammer nicht davon überzeugt, dass die in Absatz 1 genannten Umstände erwiesen sind, so erachtet sie das Geständnis als nicht abgelegt; in diesem Fall ordnet sie die Fortsetzung des Hauptverfahrens nach dem in diesem Statut vorgesehenen gewöhnlichen Verfahren an; sie kann die Sache an eine andere Hauptverfahrenskammer verweisen.

(4) Ist die Hauptverfahrenskammer der Auffassung, dass im Interesse der Gerechtigkeit, insbesondere im Interesse der Opfer, eine vollständigere Tatsachendarstellung erforderlich ist, so kann die Hauptverfahrenskammer

a) den Ankläger ersuchen, zusätzliche Beweismittel, einschließlich Zeugenaussagen, beizubringen oder
b) die Fortsetzung des Hauptverfahrens nach dem in diesem Statut vorgesehenen gewöhnlichen Verfahren anordnen; in diesem Fall erachtet sie das Geständnis als nicht abgelegt; sie kann die Sache an eine andere Hauptverfahrenskammer verweisen.

(5) Erörterungen zwischen dem Ankläger und der Verteidigung in Bezug auf eine Änderung der Anklagepunkte, das Geständnis oder die zu verhängende Strafe sind für den Gerichtshof nicht bindend.

Art. 66 Unschuldsvermutung

(1) Jeder gilt als unschuldig, solange seine Schuld nicht in Übereinstimmung mit dem anwendbaren Recht vor dem Gerichtshof nachgewiesen ist.

(2) Die Beweislast für die Schuld des Angeklagten liegt beim Ankläger.

(3) Für eine Verurteilung des Angeklagten muss der Gerichtshof von der Schuld des Angeklagten so überzeugt sein, dass kein vernünftiger Zweifel besteht.

TEIL 7: STRAFEN

Art. 77 Anwendbare Strafen

(1) Vorbehaltlich des Artikels 110 kann der Gerichtshof über eine Person, die wegen eines in Artikel 5 dieses Statuts genannten Verbrechens verurteilt worden ist, eine der folgenden Strafen verhängen:

a) eine zeitlich begrenzte Freiheitsstrafe bis zu einer Höchstdauer von 30 Jahren;
b) eine lebenslange Freiheitsstrafe, wenn dies durch die außergewöhnliche Schwere des Verbrechens und die persönlichen Verhältnisse des Verurteilten gerechtfertigt ist.

(2) Neben der Freiheitsstrafe kann der Gerichtshof Folgendes anordnen:

a) eine Geldstrafe nach den in der Verfahrens- und Beweisordnung enthaltenen Kriterien;
b) die Einziehung des Erlöses, des Eigentums und der Vermögensgegenstände, die unmittelbar oder mittelbar aus diesem Verbrechen stammen, unbeschadet der Rechte gutgläubiger Dritter.

Art. 78 Festsetzung der Strafe

(1) Bei der Festsetzung der Strafe berücksichtigt der Gerichtshof in Übereinstimmung mit der Verfahrens- und Beweisordnung Faktoren wie die Schwere des Verbrechens und die persönlichen Verhältnisse des Verurteilten.

(2) Bei der Verhängung einer Freiheitsstrafe rechnet der Gerichtshof die aufgrund seiner Anordnung zuvor in Haft verbrachte Zeit an. Der Gerichtshof kann alle sonst im Zusammenhang mit dem Verhalten, das dem Verbrechen zugrunde liegt, in Haft verbrachten Zeiten anrechnen.

(3) Ist eine Person mehr als eines Verbrechens für schuldig befunden worden, so verhängt der Gerichtshof eine Strafe für jedes Verbrechen und eine Gesamtstrafe unter Angabe der Gesamtlänge der Freiheitsstrafe. Diese darf nicht kürzer sein als die höchste verhängte Einzelstrafe; sie darf 30 Jahre Freiheitsentzug oder eine lebenslange Freiheitsstrafe entsprechend Artikel 77 Absatz 1 Buchstabe b nicht überschreiten.

Wiener Vertragsrechtskonvention (Auszüge)

Art. 30 Anwendung aufeinander folgender Verträge über denselben Gegenstand

(1) Vorbehaltlich des Artikels 103 der Charta der Vereinten Nationen bestimmen sich die Rechte und Pflichten von Staaten, die Vertragsparteien aufeinander folgender Verträge über denselben Gegenstand sind, nach den folgenden Absätzen.

(2) Bestimmt ein Vertrag, dass er einem früher oder später geschlossenen Vertrag untergeordnet ist oder nicht als mit diesem unvereinbar anzusehen ist, so hat der andere Vertrag Vorrang.

(3) Sind alle Vertragsparteien eines früheren Vertrags zugleich Vertragsparteien eines späteren, ohne dass der frühere Vertrag beendet oder nach Artikel 59 suspendiert wird, so findet der frühere Vertrag nur insoweit Anwendung, als er mit dem späteren Vertrag vereinbar ist.

(4) Gehören nicht alle Vertragsparteien des früheren Vertrags zu den Vertragsparteien des späteren,

a) so findet zwischen Staaten, die Vertragsparteien beider Verträge sind, Absatz 3 Anwendung;
b) so regelt zwischen einem Staat, der Vertragspartei beider Verträge ist, und einem Staat, der Vertragspartei nur eines der beiden Verträge ist, der Vertrag, dem beide Staaten als Vertragsparteien angehören, ihre gegenseitigen Rechte und Pflichten.

(5) Absatz 4 gilt unbeschadet des Artikels 41 sowie unbeschadet aller Fragen der Beendigung oder der Suspendierung eines Vertrags nach Artikel 60 und aller Fragen der Verantwortlichkeit, die sich für einen Staat aus Abschluss oder Anwendung eines Vertrags ergeben können, dessen Bestimmungen mit seinen Pflichten gegenüber einem anderen Staat auf Grund eines anderen Vertrags unvereinbar sind.

Abschnitt 3
Auslegung von Verträgen

Art. 31 Allgemeine Auslegungsregel

(1) Ein Vertrag ist nach Treu und Glauben in Übereinstimmung mit der gewöhnlichen, seinen Bestimmungen in ihrem Zusammenhang zukommenden Bedeutung und im Lichte seines Zieles und Zweckes auszulegen.

(2) Für die Auslegung eines Vertrags bedeutet der Zusammenhang ausser dem Vertragswortlaut samt Präambel und Anlagen

a) jede sich auf den Vertrag beziehende Übereinkunft, die zwischen allen Vertragsparteien anlässlich des Vertragsabschlusses getroffen wurde;
b) jede Urkunde, die von einer oder mehreren Vertragsparteien anlässlich des Vertragsabschlusses abgefasst und von den anderen Vertragsparteien als eine sich auf den Vertrag beziehende Urkunde angenommen wurde.

(3) Ausser dem Zusammenhang sind in gleicher Weise zu berücksichtigen

a) jede spätere Übereinkunft zwischen den Vertragsparteien über die Auslegung des Vertrags oder die Anwendung seiner Bestimmungen;
b) jede spätere Übung bei der Anwendung des Vertrags, aus der die Übereinstimmung der Vertragsparteien über seine Auslegung hervorgeht;
c) jeder in den Beziehungen zwischen den Vertragsparteien anwendbare einschlägige Völkerrechtssatz.

(4) Eine besondere Bedeutung ist einem Ausdruck beizulegen, wenn feststeht, dass die Vertragsparteien dies beabsichtigt haben.

Art. 32 Ergänzende Auslegungsmittel

Ergänzende Auslegungsmittel, insbesondere die vorbereitenden Arbeiten und die Umstände des Vertragsabschlusses, können herangezogen werden, um die sich unter Anwendung des Artikels 31 ergebende Bedeutung zu bestätigen oder die Bedeutung zu bestimmen, wenn die Auslegung nach Artikel 31

a) die Bedeutung mehrdeutig oder dunkel lässt oder
b) zu einem offensichtlich sinnwidrigen oder unvernünftigen Ergebnis führt.

Art. 53 Verträge im Widerspruch zu einer zwingenden Norm des allgemeinen Völkerrechts *(ius cogens)*

Ein Vertrag ist nichtig, wenn er im Zeitpunkt seines Abschlusses im Widerspruch zu einer zwingenden Norm des allgemeinen Völkerrechts steht. Im Sinne dieses Übereinkommens ist eine zwingende Norm des allgemeinen Völkerrechts eine Norm, die von der internationalen Staatengemeinschaft in ihrer Gesamtheit angenommen und anerkannt wird als eine Norm, von der nicht abgewichen werden darf und die nur durch eine spätere Norm des allgemeinen Völkerrechts derselben Rechtsnatur geändert werden kann.

Völkermordkonvention (Auszüge)

Die Vertragsparteien,

Nach Erwägung der Erklärung, die von der Generalversammlung der Vereinten Nationen in ihrer Resolution 96 (I) vom 11. Dezember 1946 abgegeben wurde, dass Völkermord ein Verbrechen gemäss internationalem Recht ist, das dem Geist und den Zielen der Vereinten Nationen zuwiderläuft und von der zivilisierten Welt verurteilt wird, In Anerkennung der Tatsache, dass der Völkermord der Menschheit in allen Zeiten der Geschichte grosse Verluste zugeführt hat, und In der Überzeugung, dass zur Befreiung der Menschheit von einer solch verabscheuungswürdigen Geissel internationale Zusammenarbeit erforderlich ist,

sind hiermit wie folgt übereingekommen:

Art. I

Die Vertragsparteien bestätigen, dass Völkermord, ob im Frieden oder im Krieg begangen, ein Verbrechen gemäss internationalem Recht ist, zu dessen Verhütung und Bestrafung sie sich verpflichten.

Art. II

In dieser Konvention bedeutet Völkermord eine der folgenden Handlungen, die in der Absicht begangen wird, eine nationale, ethnische, rassische oder religiöse Gruppe als solche ganz oder teilweise zu zerstören:

a) Tötung von Mitgliedern der Gruppe;
b) Verursachung von schwerem körperlichem oder seelischem Schaden an Mitgliedern der Gruppe;
c) vorsätzliche Auferlegung von Lebensbedingungen für die Gruppe, die geeignet sind, ihre körperliche Zerstörung ganz oder teilweise herbeizuführen;
d) Verhängung von Massnahmen, die auf die Geburtenverhinderung innerhalb der Gruppe gerichtet sind;
e) gewaltsame Überführung von Kindern der Gruppe in eine andere Gruppe.

Art. III

Die folgenden Handlungen sind zu bestrafen:

a) Völkermord,
b) Verschwörung zur Begehung von Völkermord,
c) unmittelbare und öffentliche Anreizung zur Begehung von Völkermord,
d) Versuch, Völkermord zu begehen,
e) Teilnahme am Völkermord.

Art. IV

Personen, die Völkermord oder eine der sonstigen in Artikel III aufgeführten Handlungen begehen, sind zu bestrafen, gleichviel ob sie regierende Personen, öffentliche Beamte oder private Einzelpersonen sind.

Art. V

Die Vertragschliessenden Parteien verpflichten sich, in Übereinstimmung mit ihren jeweiligen Verfassungen, die notwendigen gesetzgeberischen Massnahmen zu ergreifen, um die Anwendung der Bestimmungen dieser Konvention sicherzustellen und insbesondere wirksame Strafen für Personen vorzusehen, die sich des Völkermordes oder einer der sonstigen in Artikel III aufgeführten Handlungen schuldig machen.

Art. VI

Personen, denen Völkermord oder eine der sonstigen in Artikel III aufgeführten Handlungen zur Last gelegt wird, werden vor ein zuständiges Gericht des Staates, in dessen Gebiet die Handlung begangen worden ist, oder vor das internationale Strafgericht gestellt, das für die Vertragschliessenden Parteien, die seine Gerichtsbarkeit anerkannt haben, zuständig ist.

UN-Charta (Auszüge)

Art. 1

Die Vereinten Nationen setzen sich folgende Ziele:

1. den Weltfrieden und die internationale Sicherheit zu wahren und zu diesem Zweck wirksame Kollektivmaßnahmen zu treffen, um Bedrohungen des Friedens zu verhüten und zu beseitigen, Angriffshandlungen und andere Friedensbrüche zu unterdrücken und internationale Streitigkeiten oder Situationen, die zu einem Friedensbruch führen könnten, durch friedliche Mittel nach den Grundsätzen der Gerechtigkeit und des Völkerrechts zu bereinigen oder beizulegen;

2. freundschaftliche, auf der Achtung vor dem Grundsatz der Gleichberechtigung und Selbstbestimmung der Völker beruhende Beziehungen zwischen den Nationen zu entwickeln und andere geeignete Maßnahmen zur Festigung des Weltfriedens zu treffen,

3. eine internationale Zusammenarbeit herbeizuführen, um internationale Probleme wirtschaftlicher, sozialer, kultureller und humanitärer Art zu lösen und die Achtung vor den Menschenrechten und Grundfreiheiten für alle ohne Unterschied der Rasse, des Geschlechts, der Sprache oder der Religion zu fördern und zu festigen;

4. ein Mittelpunkt zu sein, in dem die Bemühungen der Nationen zur Verwirklichung dieser gemeinsamen Ziele aufeinander abgestimmt werden.

Art. 2

Die Organisation und ihre Mitglieder handeln im Verfolg der in Artikel 1 dargelegten Ziele nach folgenden Grundsätzen:

1. Die Organisation beruht auf dem Grundsatz der souveränen Gleichheit aller ihrer Mitglieder.
2. Alle Mitglieder erfüllen, um ihnen allen die aus der Mitgliedschaft erwachsenden Rechte und Vorteile zu sichern, nach Treu und Glauben die Verpflichtungen, die sie mit dieser Charta übernehmen.
3. Alle Mitglieder legen ihre internationalen Streitigkeiten durch friedliche Mittel so bei, dass der Weltfriede, die internationale Sicherheit und die Gerechtigkeit nicht gefährdet werden.
4. Alle Mitglieder unterlassen in ihren internationalen Beziehungen jede gegen die territoriale Unversehrtheit oder die politische Unabhängigkeit eines Staates gerichtete oder sonst mit den Zielen der Vereinten Nationen unvereinbare Androhung oder Anwendung von Gewalt.
5. Alle Mitglieder leisten den Vereinten Nationen jeglichen Beistand bei jeder Maßnahme, welche die Organisation im Einklang mit dieser Charta ergreift; sie leisten einem Staat, gegen den die Organisation Vorbeugungs- oder Zwangsmaßnahmen ergreift, keinen Beistand.
6. Die Organisation trägt dafür Sorge, dass Staaten, die nicht Mitglieder der Vereinten Nationen sind, insoweit nach diesen Grundsätzen handeln, als dies zur Wahrung des Weltfriedens und der internationalen Sicherheit erforderlich ist.
7. Aus dieser Charta kann eine Befugnis der Vereinten Nationen zum Eingreifen in Angelegenheiten, die ihrem Wesen nach zur inneren Zuständigkeit eines Staates gehören, oder eine Verpflichtung der Mitglieder, solche Angelegenheiten einer Regelung auf Grund dieser Charta zu unterwerfen, nicht abgeleitet werden; die Anwendung von Zwangsmaßnahmen nach Kapitel VII wird durch diesen Grundsatz nicht berührt.

Art. 39

Der Sicherheitsrat stellt fest, ob eine Bedrohung oder ein Bruch des Friedens oder eine Angriffshandlung vorliegt; er gibt Empfehlungen ab oder beschließt, welche Maßnahmen auf Grund der Artikel 41 und 42 zu treffen sind, um den Weltfrieden und die internationale Sicherheit zu wahren oder wiederherzustellen.

Art. 40

Um einer Verschärfung der Lage vorzubeugen, kann der Sicherheitsrat, bevor er nach Artikel 39 Empfehlungen abgibt oder Maßnahmen beschließt, die beteiligten Parteien auffordern, den von ihm für notwendig oder erwünscht erachteten vorläufigen Maßnahmen Folge zu leisten. Diese vorläufigen Maßnahmen lassen die Rechte, die Ansprüche und die Stellung der beteiligten Parteien unberührt. Wird den vorläufigen Maßnahmen nicht Folge geleistet, so trägt der Sicherheitsrat diesem Versagen gebührend Rechnung.

Art. 41

Der Sicherheitsrat kann beschließen, welche Maßnahmen - unter Ausschluss von Waffengewalt - zu ergreifen sind, um seinen Beschlüssen Wirksamkeit zu verleihen; er kann die Mitglieder der Vereinten Nationen auffordern, diese Maßnahmen durchzuführen. Sie können die vollständige oder teilweise Unterbrechung der Wirtschaftsbeziehungen, des Eisenbahn-, See- und Luftverkehrs, der Post-, Telegraphen- und Funkverbindungen sowie sonstiger Verkehrsmöglichkeiten und den Abbruch der diplomatischen Beziehungen einschließen.

Art. 42

Ist der Sicherheitsrat der Auffassung, dass die in Artikel 41 vorgesehenen Maßnahmen unzulänglich sein würden oder sich als unzulänglich erwiesen haben, so kann er mit Luft-, See- oder Landstreitkräften die zur Wahrung oder Wiederherstellung des Weltfriedens und der internationalen Sicherheit erforderlichen Maßnahmen durchführen. Sie können Demonstrationen, Blockaden und sonstige Einsätze der Luft-, See- oder Landstreitkräfte von Mitgliedern der Vereinten Nationen einschließen.

Art. 103

Widersprechen sich die Verpflichtungen von Mitgliedern der Vereinten Nationen aus dieser Charta und ihre Verpflichtungen aus anderen internationalen Übereinkünften, so haben die Verpflichtungen aus dieser Charta Vorrang.

Literaturverzeichnis

Ademola, Abass, The Competence of the Security Council to Terminate the Jurisdiction of the International Criminal Court. 40 Tex. Int'l L. J. 2005, 263–297.

Ahmed, Tawhida/Butler, de Jésus, The European Union and Human Rights: An International Law Perspective. 17 EJIL 2006, 771–801.

Akande, Dapo, International Law Immunities and the International Criminal Court. 98 AJIL 2004, 407–433.

– The Legal Nature of Security Council Referrals to the ICC and Its Impact on Al Bashir's Immunities. 7 JICJ 2009, 333–352.

Akhavan, Payam, The Lord's Resistance Army Case: Uganda's Submission of the First State Referral to the International Criminal Court. 99 AJIL 2005, 403–421.

– Self-referrals before the International Criminal Court: Are States the Villains or the Victims of Atrocities? 21 CLF 2010, 103–120.

– Whither National Courts? The Rome Statute's Missing Half. Towards an Express and Enforceable Obligation for the National Repression of International Crimes. 8 JICJ 2010, 1245–1266.

Allen, Tim, Trial Justice. The International Criminal Court and the Lord's Resistance Army. London u.a. 2006.

Ambos, Kai, Völkerrechtliche Bestrafungspflichten bei schweren Menschenrechtsverletzungen. 37 AdV 1999, 318–356.

– Möglichkeiten und Grenzen völkerstrafrechtlichen Rechtsgüterschutzes. In: Frank Neubacher/Anne Klein (Hrsg.), Vom Recht der Macht zur Macht des Rechts? Interdisziplinäre Beiträge zur Zukunft internationaler Strafgerichte. Berlin 2006, S. 111–116.

– Prosecuting International Crimes at the National and International Level: Between Justice and Realpolitik. In: Wolfgang Kaleck u.a. (Hrsg.), International Prosecution of Human Rights Crimes. Berlin 2007, S. 55–68.

– Rettungsfolter und (Völker-)Strafrecht. In: Heinz Koriath u.a. (Hrsg.), Grundfragen des Strafrechts, Rechtsphilosophie und die Reform der Juristenausbildung. Göttingen 2010, S. 3–15.

Arnold, Pascal, Der UNO-Sicherheitsrat und die strafrechtliche Verfolgung von Individuen. Basel u.a. 1999.

Arntz, Joachim, Der Begriff der Friedensbedrohung in Satzung und Praxis der Vereinten Nationen. Berlin 1975.

Aston, Jurij Daniel, Sekundärgesetzgebung internationaler Organisationen zwischen mitgliedstaatlicher Souveränität und Gemeinschaftsdisziplin. Berlin 2005.

Aston, Jurij Daniel, Die Bekämpfung abstrakter Gefahren für den Weltfrieden durch legislative Maßnahmen des Sicherheitsrats – Resolution 1373 (2001) im Kontext. 62 ZaöRV 2002, 257-291.

Altiparmak, Kerem, Bankovic: An obstacle to the application of the European Convention on Human Rights in Iraq? 9 JCSL 2004, 213–251.

Anderson, Kenneth, The Rise of International Criminal Law: Intended and Unintended Consequences. 20 EJIL 2009, 331–358.

Apuuli, Kasaija Philipp, The International Criminal Court (ICC) and the Lord's Resistance Army (LRA) Insurgency in Northern Uganda. 15 CLF 2004, 391–409.

Apuuli, Kasaija Philipp, Amnesty and International Law: The case of the Lord's Resistance Army insurgents in Northern Uganda. 5 AJCR 2005, 33–61.

– The ICC Arrest Warrants for the Lord's Resistance Army Leaders and Peace Prospects for Northern Uganda. 4 JICJ 2006, 179–187.

– The ICC's Possible Deferral of the LRA Case to Uganda. 6 JICJ 2008, 801–813.

Arbour, Louise, The responsibility to protect as a duty of care in international law and practice. 34 RIS 2008, 445–458.

Arnold, Pascal, Der UNO-Sicherheitsrat und die strafrechtliche Verfolgung von Individuen. Basel u.a. 1999.

Arntz, Joachim, Der Begriff der Friedensbedrohung in Satzung und Praxis der Vereinten Nationen. Berlin 1975.

Arsanjani, Mahnoush/Reismann, Michael, The Law-in-action of the International Criminal Court. 99 AJIL 2005, 385–403.

Ascensio, Hervé, La responsabilité selon la cour internationale de justice dans l'affaire du génocide bosniaque. 111 RGDIP 2007, 286–304.

D'Ascoli, Silvia, Sentencing Contempt of Court in International Criminal Justice. 5 JICJ 2007, 735–756.

d'Aspremont, Jean/Dopagne, Frédéric, Kadi, The ECJ's Reminder of the Elementary Divide between Legal Orders. 5 IOLR 2008, 371–379.

Aston, Jurij Daniel, Die Bekämpfung abstrakter Gefahren für den Weltfrieden durch legislative Maßnahmen des Sicherheitsrats – Resolution 1373 (2001) im Kontext. ZaöRV 62 (2002), 257–291.

– Sekundärgesetzgebung internationaler Organisationen zwischen mitgliedstaatlicher Souveränität und Gemeinschaftsdisziplin. Berlin 2005.

Aukerman, Miriam J., Extraordinary Evil, Ordinary Crime: A Framework for Understanding Transitional Justice. 15 Harv. Hum. Rts. J. 2002, 39–97.

Aumond, Florian, La situation au Darfour déférée à la CPI. Retour sur une résolution „historique" du Conseil de Sécurité. 112 RGDIP 2008, 111–134.

Aust, Anthony, Kadi: Ignoring International Legal Obligations. 6 IOLR 2009, 293–298.

Ayat, Mohamed, Justice Pénale internationale pour la paix et la réconciliation. 7 ICLR 2007, 391–424.

Bagaric, Mirko/Morss, John, International Sentencing Law: In Search for a Justification and Coherent Framework. 6 ICLR 2006, 191–255.

Baines, Erin K., The Haunting of Alice: Local Approaches to Justice and Reconciliation in Northern Uganda. 1 IJTJ 2007, 91–114.

Bartelt, Sandra, Die Zulässigkeit von Wahrheitskommissionen im Lichte des neuen Internationalen Strafgerichtshofs. 43 AdV 2005, 187–217.

Bassiouni, Cherif, Policy Perspectives Favoring the Establishment of the International Criminal Court. 52 JIA 1999, 795–810.

– Universal Jurisdiction for International Crimes: Historical Perspectives and Contemporary Practice. 42 Va. J. Int'l L. 2001, 81–162.

– The History of Universal Jurisdiction and Its Place in International Law. In: Stephen Macedo (Hrsg.), Universal Jurisdiction. National Courts and the Prosecution of Serious Crimes under International Law. Philadelphia 2004, S. 39–63.

– The Legacy of Legalism and the Need to Combat Impunity for International Crimes. In: Jörg Arnold u.a. (Hrsg.), Menschengerechtes Strafen. Festschrift für Albin Eser zum 70. Geburtstag. München 2005, S. 705–715.

Batros, Ben, The Judgement on the Katanga Admissibility Appeal: Judicial Restraint at the ICC. 23 LJIL 2010, 343–362.

Bellal, Annyssa, The 2009 Resolution of the Institute of International Law on Immunity and International Crimes. 9 JICJ 2011, 227–241.

Bellamy, Alex J., Responsibility to Protect or Trojan Horse? The Crisis in Darfur and Humanitarian Intervention after Iraq. 19 EIA 2005, 31–53.

Benzing, Markus, The Complementarity Regime of the International Criminal Court: International Criminal Justice between State Sovereignty and the Fight against Impunity. 7 Max Planck UNYB 2003, 591–632.

– Sovereignty and the Responsibility to Protect in International Criminal Law. In: Doris König u.a. (Hrsg.), International Law Today: New Challenges and the Need for Reform? Berlin, Heidelberg 2008, S. 17–50.

Bianchi, Andrea, Human Rights and the Magic of Jus Cogens. 19 EJIL 2008, 491–508.

Bienk-Koolman, Sabine, Die Befugnis des Sicherheitsrates der Vereinten Nationen zur Einsetzung von ad hoc-Strafgerichtshöfen. Zur Rechtmäßigkeit der Einsetzung des Internationalen Strafgerichtshofs für das ehemalige Jugoslawien sowie zum nachfolgenden Wandel in Praxis und Rechtsauffassung. Frankfurt a.M. u.a. 2009.

Bird, Annie, Third State Responsibility for Human Rights Violations. 21 EJIL 2010, 883–900.

Bitti, Gilbert, Article 21 of the Statute of the International Criminal Court and the treatment of law in the jurisprudence of the ICC. In: Carsten Stahn/Göran Sluiter (Hrsg.), The Emerging Practice of the International Criminal Court. Leiden 2009, S. 285–304.

Bleckmann, Albert, Zur Verbindlichkeit des allgemeinen Völkerrechts für internationale Organisationen. ZaöRV 37 (1977), 107–121.

Bliesemann de Guevara, Berit/Kühn, Florian P., The International Community Needs to Act: Loose Use and Empty Signaling of a Hackneyed Concept. 18 International Peacekeeping 2011, 135–151.

Blommestijn, Michiel/Ryngaert, Cedric, Exploring the Obligations for States to Act upon the ICC's Arrest Warrant for Omar Al-Bashir. A Legal Conflict between the Duty to Arrest and the Customary Status of Head of State Immunity. ZIS 2010, 428–444.

Blum, Gabriella, The Laws of War and the "Lesser Evil". 35 Yale J. Int'l L 2010, 1–69.

Blumenson, Eric, The Challenge of a Global Standard of Justice: Peace, Pluralism and Punishment at the International Criminal Court. 44 Colum. J. Transnat'l L. 2006, 801–874.

Blutman, László, In the Trap of a Legal Metaphor: International Soft Law. 59 ICLQ 2010, 605–624.

Bock, Stefanie, Das Opfer vor dem Internationalen Strafgerichtshof. ZStW 119 (2007), 664–680.

Bohlander, Michael, Plea-Bargaining before the ICTY. In: Richard May u.a. (Hrsg.), Essays on ICTY Procedure and Evidence. In Honour of Gabrielle Kirk McDonald. Den Haag 2000, S. 151–163.

du Bois-Pedain, Antje, Transitional Amnesty in South Africa. Cambridge u.a. 2007.

Boisson de Chazournes, Laurence, Les Ordonnances en Indication de Mésures Conservatoires dans l'Affaire Relative à l'Application de la Convention pour la Prévention et la Répression du Crime de Génocide. 29 AFDI 1993, 514–539.

Boisson de Chazournes, Laurence/Condorelli, Luigi, Common Article 1 of the Geneva Conventions revisited: Protecting collective interests. 837 IRRC 2000, 67–87.

– De la „Responsabilité de Protéger" ou d'une nouvelle parure pour une notion déjà bien établie. 110 RGDIP 2006, 11–18.

Bommer, Felix, Strafzwecke im Völkerstrafrecht. In: Hans Münk (Hrsg.), Die Vereinten Nationen sechs Jahrzehnte nach ihrer Gründung. Bern 2008, S. 29–51.

Bosly, Henri-D., Admission of Guilt before the ICC and in Continental Systems. 2 JICJ 2004, 1040–1049.

Bothe, Michael, Die strafrechtliche Immunität fremder Staatsorgane. ZaöRV 31 (1971), 246–269.

Boyle, David, The Rights of Victims. Participation, Representation, Protection, Reparation. 4 JICJ 2006, 307–313.

O'Boyle, Michael, The European Convention on Human Rights and Extraterritorial Jurisdiction: A Comment on 'Life after Bankovic'. In: Fons Coomans/Menno Kamminga (Hrsg.), Extraterritorial Application of Human Rights Treaties. Antwerpen 2004, S. 125–140.

Branch, Adam, Uganda's Civil War and the Politics of ICC Intervention. 21 EIA 2007, 179–198.

Bremer, Kathrin, Nationale Strafverfolgung internationaler Verbrechen gegen das humanitäre Völkerrecht. Am Beispiel einer Rechtsvergleichung Deutschlands, der Schweiz, Belgiens und Großbritanniens. Frankfurt a.M. 1999.

Brockman-Hawe, Benjamin, International Criminal Tribunal for the Former Yugoslavia Decision on the Accused's Second Motion for Inspection and Disclosure: Immunity Issue Trial Chamber Decision of 17 December 2008. 58 ICLQ 2009, 726–740.

Brown, Bartram, Primacy or Complementarity: Reconciling the Jurisdiction of National Courts and International Criminal Tribunals. 23 Yale J. Int' l L. 1998, 383–436.

Brownlie, Ian, State Responsibility: The Problem of Delegation. In: Konrad Ginther u.a. (Hrsg.), Völkerrecht zwischen normativem Anspruch und politischer Realität. Festschrift für Karl Zemanek zum 65. Geburtstag. Berlin 1994, S. 299–306.

– Principles of Public International Law. 7. Aufl. Oxford u.a. 2008.

Brubacher, Matthew R., Prosecutorial Discretion within the International Criminal Court. 2 JICJ 2004, 71–95.

Bruer-Schäfer, Aline, Der Internationale Strafgerichtshof. Die Internationale Strafgerichtsbarkeit von Recht und Politik. Frankfurt a.M. 2001.

Bruha, Thomas, Gewaltverbot und humanitäres Völkerrecht nach dem 11. September 2001. AdV 2002, 383–421.

Brunnée, Jutta/Toope, Stephen, Norms, Institutions and UN Reform: The Responsibility to Protect. 2 J. Int'l L & Int'l R. 2005, 121–137.

Buckley-Zistel, Susanne, Conflict Transformation and Social Change in Uganda. Remembering after Violence. Basingstoke u.a. 2008.

– Globale Rechtsprechung, lokale Konflikte. Der Internationale Strafgerichtshof als friedensstiftende Maßnahme in Uganda? In: Torsten Bonacker u.a. (Hrsg.), Interventionskultur. Zur Soziologie der Interventionsgesellschaften. Wiesbaden 2010, S. 101–118.

Buergenthal, Thomas, To Respect and to Ensure: State Obligations and Permissible Derogations. In: Louis Henkin (Hrsg.), The International Bill of Rights. The Covenant on Civil and Political Rights. New York 1981, S. 72–91.

Burbidge, Peter, Justice and Peace? – The Role of Law in Resolving Colombia's Civil Conflict. 8 ICLR2 2008, 557–587.

de Búrca, Gráinne, The European Court of Justice and the International Legal Order after *Kadi*. 51 Harv. Int'l L. J. 2010, 1–49.

Burchards, Wulf, Die Verfolgung von Völkerrechtsverbrechen durch Drittstaaten. Das kanadische Beispiel. Berlin 2005.

Burghardt, Boris/Geneuss, Julia, Der Präsident und sein Gericht. Die Entscheidung des Internationalen Strafgerichtshofs über den Erlass eines Haftbefehls gegen Al-Bashir. ZIS 2009, 126–142.

Burke-White, William W./Kaplan, Scott, Shaping the contours of domestic justice: The International Criminal Court and an admissibility challenge in the Uganda situation. In: Carsten Stahn/Göran Sluiter (Hrsg.), The Emerging Practice of the International Criminal Court. Leiden 2009, S. 79–114.

Byrne, Rosemary, Promises of Peace and Reconciliation: Previewing the Legacy of the International Criminal Tribunal for Rwanda. 14 European Review 2006, 485–498.

O'Callaghan, Declan, Is the International Criminal Court the Way Ahead? 8 ICLR 2008, 533–556.

Cardwell, Paul James/French, Duncan/White, Nigel D., ECJ v. Kadi. 58 ICLQ 2009, 229–240.

Cassese, Antonio, On the Current Trends towards Criminal Prosecution and Punishment of Breaches of International Humanitarian Law. 9 EJIL 1998, 2–17.

– When may senior state officials be tried for international crimes? Some comments on the Congo v. Belgium case. 13 EJIL 2002, 853–875.

– International Criminal Law. Oxford u.a. 2003.

– The Nicaragua and Tadic Tests Revisited in Light of the ICJ Judgment on Genocide in Bosnia. 18 EJIL 2007, 649–668.

Cassese, Antonio/Gaeta, Paola/Jones, John (Hrsg.), The Rome Statute of the International Criminal Court. A commentary. Oxford u.a. 2002.

Chavez Tafur, Gabriel, Using International Law to By-pass Domestic Legal Hurdles. On the Applicability of the Statute of Limitations in the *Menéndez et al.* Case. 9 JICJ 2008, 1061–1075.

Crawford, James (Hrsg.), The International Law Commission's Articles on State Responsibility. Introduction, text and commentaries. Cambridge 2002.

Christie, Nils, Conflicts as Property. 17 BJC 1977, 1–15.

Chung, Christine, The Punishment and Prevention of Genocide: The International Criminal Court as a Benchmark of Progress and Need. 40 Case W. Res. J. Int'l L. 2007–2008, 227–242.

Ciampi, Annalisa, The Proceedings against President Al Bashir and the Prospects of Their Suspension under Article 16 ICC Statute. 6 JICJ 2008, 885–897.

Clark, Janine N., Plea Bargaining at the ICTY: Guilty Pleas and Reconciliation. 20 EJIL 2009, 415–436.

Clark, Roger Stenson, State Obligations under the Genocide Convention in Light of the ICJ's Decision in the Case Concerning the *Application of the Genocide Convention on the Prevention and Punishment of the Crime of Genocide*. 61 Rutgers L. Rev. 2008, 75–109.

Clark, Thomas Hethe, The Prosecutor of the International Criminal Court, Amnesties, and the "Interests of Justice": Striking a Delicate Balance. 4 Wash. U. Global Stud. L. Rev. 2005, 389–414.

Clearwater, Sam, Holding States Accountable for the Crime of Crimes: An Analysis of Direct State Responsibility for Genocide in Light of the ICJ's 2007 Decision in Bosnia v Serbia. 15 Auckland U. L. Rev. 2009, 1–41.

Cohen, David, "Hybrid" Justice in East Timor, Sierra Leone, and Cambodia: "Lessons Learnend" and Prospects for the Future. 43 Stan. J. Int'l L. 2007, 1–38.

Cohen-Jonathan, Gérard, A propos des arrêts *Assanidze* (8 avril 2004), *Ilascu* (8 juillet 2004) et *Issa* (16 novembre 2004). Quelques observations sur les notions de „juridiction" et d'„injonction". 17 RTDH 2005, 767–785.

Colangelo, Anthony, The new universal jurisdiction: in absentia signaling over clearly defined crimes. 36 Geo. J. Int'l L. 2005, 537–603.

– Universal jurisdiction as an international "false conflict" of laws. 30 Mich. J. Int'l L. 2008-09, 881–925.

Combacau, Jean, Le Pouvoir de Sanction. Étude Théorique de la Coercition Non Militaire. Paris 1974.

Combs, Nancy Armoury, Copping a Plea to Genocide: The Plea Bargaining of International Crimes. 151 U. Penns. L. Rev. 2002, 1–157.

Contag, Corinna, Der Internationale Strafgerichtshof im System kollektiver Sicherheit. Baden-Baden 2007.

Cornils, Karin, Verjährung in Schweden. In: Ulrich Sieber/Karin Cornils (Hrsg.), Nationales Strafrecht in rechtsvergleichender Darstellung. Allgemeiner Teil, Teilband 5: Gründe für den Ausschluss der Strafbarkeit, Aufhebung der Strafbarkeit, Verjährung. Berlin 2010, S. 673–678.

Corten, Oliver, The Controversies Over the Customary Prohibition on the Use of Force: A Methodological Debate. 16 EJIL 2006, 803–822.

Côté, Luc, Reflections on the Exercise of Prosecutorial Discretion in International Criminal Law. 3 JICJ 2005, 162–186.

Cottier, Thomas/Tuerk, Elisabeth/Panizzon, Marion, Handel und Umwelt im Recht der WTO: Auf dem Weg zur praktischen Konkordanz. ZUR (Sonderheft) 2003, 155–166.

Criddle, Evan/Fox-Decent, Evan, A Fiduciary Theory of Jus Cogens. 34 Yale J. Int'l L. 2009, 331–387.

Czaplinski, Wladyslaw, UN Codification of the Law of State Responsibility. AdV 2009, 62–82.

Czaplinski, Wladyslaw/Danilenko, Gennadij, Conflict of Norms in International Law. 21 NYIL 1990, 3–42.

Dahme, Gudrun, Terrorismusbekämpfung durch Wirtschaftssanktionen. Witten 2007.

Daillier, Patrick, La „Responsabilité de Protéger", corollaire ou remise en cause de la souveraineté? In: Société Française pour le Droit International (Hrsg.), La Responsabilité de Protéger. Colloque de Nanterre. Paris 2008, S. 41–60.

Daillier, Patrick/Forteau, Mathias/Pellet, Alain, Droit International Public. 8. Aufl. Paris 2009.

Damaska, Mirjan, Negotiated Justice in International Criminal Courts. 2 JICJ 2004, 1018–1039.

– What is the point of international criminal justice? 83 Chi-Kent L. Rev. 2008, 329–365.

Danner, Allison Marston, Enhancing the Legitimacy and Accountability of Prosecutorial Discretion at the International Criminal Court. 97 AJIL 2003, 510–552.

Dencker, Friedrich, Verbrechen gegen die Menschlichkeit und internationales Strafrecht. Kritische Beobachtungen. ZIS 2008, 298–303.

Dinstein, Yoram, War, Aggression and Self-Defence. 4. Aufl. Cambridge u.a. 2005.

Domestici-Met, Marie-José, Humanitarian Action – A Scope for the Responsibility to Protect: Part II: Responsibility to Protect – A Legal Device Ready for Use? 2 GoJIl 2010, 951–980.

Dreier, Horst (Hrsg.), Grundgesetz. Kommentar. Tübingen 1998.

Drumbl, Mark A., Atrocity, Punishment and International Law. Cambridge u.a. 2007.

Dubois, Dan, The Authority of Peremptory Norms in International Law: State Consent or Natural Law? 79 NJIL 2009, 133–175.

Düker, Arnd, Die Strafverfolgung von Angehörigen einer Friedenstruppe der Vereinten Nationen. Hamburg 2008.

Dupuy, Pierre-Marie, Sécurité Collective et Organisation de la Paix. 97 RGDIP 1993, 617–627.

– Reviewing the Difficulties of Codification: On Ago's Classification of Obligations of Means and Obligations of Result in Relation to State Responsibility. 10 EJIL 1999, 371–385.

– Some Reflections on Contemporary International Law and the Appeal to Universal Values: A Response to Martti Koskenniemi. 16 EJIL 2005, 131–137.

Duttwiler, Michael/Petrig, Anna, Neue Aspekte der extraterritorialen Anwendbarkeit der EMRK. Die Strassburger Praxis zu Art. 1 EMRK anlässlich der möglichen Beteiligung der Schweiz an internationalen Polizeieinsätzen. 10 AJP 2009, 1247–1260.

El Zeidy, Mohamed, The Principle of Complementarity: A New Machinery to Implement International Criminal Law. 23 Mich. J. Int'l. L. 2001, 869–957.

– Universal Jurisdiction *In Absentia*: Is It a Legal Valid Option for Repressing Heinous Crimes? 37 IL 2003, 835–861.

– The legitimacy of withdrawing State Party referrals and *ad hoc* declarations under the Statute of the International Criminal Court. In: Carsten Stahn/Göran Sluiter (Hrsg.), The Emerging Practice of the International Criminal Court. Leiden 2009, S. 55–78.

Evans, Gareth, The Responsibility to Protect. Ending Mass Atrocity Crimes Once and for All. Washington, DC 2008.

Ewald, Uwe, Predictably Irrational – International Sentencing and Its Discourse against the Backdrop of Preliminary Empirical Findings on ICTY Sentencing Practices. 10 ICLR 2010, 365–402.

Fernandez De Gurmendi, Silvia, The Role of the Prosecutor. In: Mauro Politi/Guiseppe Nesi (Hrsg.), The Rome Statute of the International Criminal Court. A challenge to impunity. Burlington 2001, S. 55–57.

Fischer-Lescano, Andreas/Teubner, Gunther, Regime-Kollisionen. Zur Fragmentierung des globalen Rechts. Frankfurt a. M. 2006.

Fletcher, George P., The Storrs Lectures: Liberals and Romantics at War: The Problem of Collective Guilt. 111 Yale L. J. 2002, 1499–1573.

Fletcher, George P./Ohlin, Jens David, The ICC – Two Courts in One? 4 JICJ 2006, 428–433.

Flint, John/de Waal, Alex, Case Closed: A Prosecutor Without Borders. WA 2009 (abrufbar unter: www.worldaffairsjournal.org) [Stand: 25.4.2013].

Focarelli, Carlo, Promotional *Jus Cogens*: A Critical Appraisal of *Jus Cogens*' Legal Affects. 77 NJIL 2008, 429–459.

Forster, Susanne, Verjährung in England und Wales. In: Ulrich Sieber/Karin Cornils (Hrsg.), Nationales Strafrecht in rechtsvergleichender Darstellung. Allgemeiner Teil, Teilband 5: Gründe für den Ausschluss der Strafbarkeit, Aufhebung der Strafbarkeit, Verjährung. Berlin 2010, S. 566–569.

Fox, Hazel, The Law of State Immunity. 2. Aufl. Oxford 2008.

Franck, Thomas M., Is the U.N. Charter a Constitution? In: Joachim Frowein u.a. (Hrsg.), Verhandeln für den Frieden. Liber amicorum Tono Eitel. Berlin, Heidelberg 2003, S. 95–106.

Frau, Robert, Das Verhältnis zwischen dem ständigen Internationalen Strafgerichtshof und dem Sicherheitsrat der Vereinten Nationen. Art. 13 lit. b) IStGH-Statut und der Darfur-Konflikt vor dem Gerichtshof. Berlin 2010.

Friman, Hakan, The Rules of Procedure and Evidence in the Investigative Stage. In: Horst Fischer u.a. (Hrsg.), International and National Prosecution of Crimes Under International Law. Current Developments. Berlin 2004, S. 191–217.

Fritsche, Claudia, Security Council Resolution 1422: Peacekeeping and the International Criminal Court. In: Joachim Frowein u.a. (Hrsg.), Verhandeln für den Frieden. Liber amicorum Tono Eitel. Berlin, Heidelberg 2003, S. 107–120.

Frowein, Jochen/Peukert, Wolfgang, Europäische Menschenrechtskonvention. 3. Aufl. Kehl 2009.

Frulli, Micaela, The Question of Charles Taylor's Immunity. Still in Search of a Balanced Application of Personal Immunities? 2 JICJ 2004, 1118–1129.

Gaeta, Paola, Is the Practice of 'Self-Referrals' a Sound Start for the ICC? 2 JICJ 2004, 949–952.

– May Necessity Be Available as a Defence for Torture in the Interrogation of Suspected Terrorists? 2 JICJ 2004, 785–794.

– Génocide d'Etat et responsabilité pénale individuelle. 111 RGDIP 2007, 273–284.

– On What Conditions Can a State Be Held Responsible for Genocide? 18 EJIL 2007, 631–648.

– Does President Al Bashir Enjoy Immunity from Arrest? 7 JICJ 2009, 315–322.

– The UN Genocide Convention. A Commentary. Oxford 2009.

Gaja, Giorgio, Réflexions sur le rôle du Conseil de Sécurité dans le nouvel ordre mondial. A propos des rapports entre maintien de la paix et crimes internationaux des Etats. 97 RGDIP 1993, 297–320.

– Do states have a duty to ensure compliance with obligations erga omnes by other states? In: Maurizio Ragazzi (Hrsg.), International Responsibility Today. Leiden 2005, S. 31–36.

Galbraith, Jean, The Pace of International Criminal Justice. 31 Mich. J. Int'l L. 2009, 79–155.

Gallant, Kenneth S., The International Criminal Court in the System of States and International Organizations. 16 LJIL 2003, 553–591.

Gallavin, Chris, Prosecutorial Discretion within the ICC: Under the Pressure of Justice. 17 CLF 2006, 43–58.

Gallois, Pierre-Marie/Vergès, Jacques, L'apartheid judiciaire. Le Tribunal pénal international arme de guerre. Lausanne 2002.

Galtung, Johan, An Editorial. 1 JPR 1964, 1–4.

Gardbaum, Stephen, Human Rights as International Constitutional Rights. 19 EJIL 2008, 749–768.

Gärditz, Klaus Ferdinand, Ungeschriebenes Völkerrecht durch Systembildung. AdV 2007, 1–34.

– Weltrechtspflege. Eine Untersuchung über die Entgrenzung staatlicher Gewalt. Berlin 2006.

Gattini, Andrea, A Return Ticket to 'Communitarisme', Please. 13 EJIL 2002, 1181–1199.

– Breach of the Obligation to Prevent and Reparation Thereof in the ICJ's Genocide Judgment. 18 EJIL 2007, 695–713.

Gavron, Jessica, Amnesty in the Light of Developments in International Law and the Establishment of the International Criminal Court. 51 ICLQ 2002, 91–117.

Geiss, Robin/Petrig, Anna, UN-mandatierte Piraterie-Bekämpfung im Golf von Aden. 58 VN 2010, 3–8.

– Piracy and Armed Robbery at Sea. The Legal Framework for Counter-Piracy Operations in Somalia and the Gulf of Aden. Oxford 2011.

Geneuss, Julia, Fostering a Better Understanding of Universal Jurisdiction. A Comment on the AU-EU Expert Report on the Principle of Universal Jurisdiction. 7 JICJ 2009, 945–962.

Gibson, James L., Truth, Justice, and Reconciliation: Judging the Fairness of Amnesty in South Africa. 46 AJPS 2002, 540–556.

Gierhake, Katrin, Begründung des Völkerstrafrechts auf der Grundlage der Kantischen Rechtslehre. Berlin 2005.

– Das Prinzip der Weltrechtspflege nach § 1 Völkerstrafgesetzbuch und seine prozessuale Umsetzung in § 153f der Strafprozessordnung. ZStW 120 (2008), 375–402.

Gierycz, Dorota, The Responsibility to Protect: A Legal and Rights-based Perspective. 2 GR2P 2010, 250–266.

Gil Gil, Alicia, Die Tatbestände der Verbrechen gegen die Menschlichkeit und des Völkermordes im Römischen Statut des Internationalen Strafgerichtshofs. ZStW 112 (2000), 381–397.

Ginsburg, Tom, The Clash of Commitments at the International Criminal Court. 9 Chi. J. Int'l L. 2009, 499–514

Ginther, Konrad, Die völkerrechtliche Verantwortlichkeit internationaler Organisationen gegenüber Drittstaaten. Wien u.a. 1969.

Glanville, Luke, The International Community's Responsibility to Protect. 2 GR2P 2010, 287–306.

Glick, Richard D., Lip Service to the Laws of War: Humanitarian Law and United Nations Armed Forces. 17 Mich. J. Int'l L. 1995, 53–105.

Goldstone, Richard J./Fritz, Nicole, 'In the Interests of Justice' and Independent Referral: The ICC Prosecutor's Unprecedented Powers. 13 LJIL 2000, 655–667.

Gondek, Michael, Extraterritorial Application of the European Convention on Human Rights: Territorial Focus in the Age of Globalization? 52 NILR 2005, 349–387.

Gosnell, Christopher, The Request for an Arrest Warrant in *Al Bashir*. Idealistic Posturing or Calculated Plan? 6 JICJ 2008, 841–851.

Grabenwarter, Christoph, Europäische Menschenrechtskonvention. 4. Aufl. München 2009.

Graefrath, Bernhard, Universal Criminal Jurisdiction and an International Criminal Court. 1 EJIL 1990, 67–88.

Greenawalt, Alexander K.A., Justice without Politics? Prosecutorial Discretion and the International Criminal Court. 39 N. Y. U. J. Int'l L. & P. 2007, 583–673.

Gropengießer, Helmut/Meißner, Jörg, Amnesties and the Rome Statute of the International Criminal Court. 5 ICLR 2005, 267–300.

Grover, Leena, A Call to Arms: Fundamental Dilemmas Confronting the Interpretation of Crimes in the Rome Statute of the International Criminal Court. 21 EJIL 2010, 543–583.

Guariglia, Fabricio, International Criminal Law Procedures – Investigation and Prosecution. In: Roy Stuart Lee (Hrsg.), The International Criminal Court. The Making of the Rome Statute. Issues, Negotiations, Results. Den Haag 1999, S. 227–238.

Hafner, Gerhard/Huston, Jonathan/Rübesam, Anne/Boon, Kirsten, A Response to the American View as Presented by Ruth Wedgwood. 10 EJIL 1999, 108–123.

Hakimi, Monica, State Bystander Responsibility. 21 EJIL 2010, 385.

Halberstam, Daniel/Stein, Eric, The United Nations, the European Union, and the King of Sweden: Economic Sanctions and Individual Rights in a Plural World Order. 46 CML 2009, 13–72.

Hamilton, Rebecca, The Responsibility to Protect: From Document to Doctrine – But what of Implementation? 19 Harv. Hum. Rts. J. 2006, 289–297.

Hancock, Virginia, "No-Self" at Trial: How to Reconcile Punishing the Khmer Rouge for Crimes against Humanity with Cambodian Buddhist Principles. 26 Wis. Int'l L. J. 2008, 87–129.

Hankel, Gerd, Recht im Weltmaßstab. Warum der Haftbefehl gegen Omar al-Bashir richtig ist. 18 Mittelweg 36 2009, 77–80.

Hanlon, Kimberly, Peace or Justice. Now that peace is negotiated in Uganda, will the ICC still pursue justice? 14 Tul. J. Comp. & Int'l L. 2007, 295–337.

Hannich, Rolf u.a. (Hrsg.), Karlsruher Kommentar zur Strafprozessordnung. 6. Aufl. München 2008.

Hannikainen, Lauri, Peremptory Norms (Jus Cogens) in International Law. Historical Development, Criteria, Present Status. Helsinki 1988.

Happold, Matthew, Bankovic v. Belgium and the Territorial Scope of the European Convention on Human Rights. 3 Hum. Rts. L. Rev. 2003, 77–90.

Harmon, Mark B./Gaynor, Fergal, Ordinary Sentences for Extraordinary Crimes. 5 JICJ 2007, 683–712.

Hassemer, Winfried, Strafrecht, Prävention, Vergeltung. ZIS 2006, 266–273.

Haß, Solveig, Die Urteile des Europäischen Gerichtshofs für Menschenrechte. Charakter, Bindungswirkung und Durchsetzung. Frankfurt a.M. 2006.

Haveman, Roelof, Supranational Expectations of a Punitive Approach. In: Roelof Haveman/Olaoluwa Olusanya (Hrsg.), Sentencing and Sanctioning in Supranational Criminal Law. Antwerpen u.a. 2006, S. 145–160.

Heckötter, Ulrike, Die Bedeutung der Europäischen Menschenrechtskonvention und der Rechtsprechung des EGMR für die deutschen Gerichte. Münster 2007.

Heilmann, Daniel, Die Effektivität des Internationalen Strafgerichtshofs. Die Rolle der Vereinten Nationen und des Weltsicherheitsrates. Baden-Baden 2006.

Henham, Ralph, Some Issues for Sentencing in the International Criminal Court. 52 ICLQ 2003, 81–114.

– Developing Contextualised Rationales for Sentencing in International Criminal Trials. 5 JICJ 2007, 757–778.

Heinsch, Robert, Die Weiterentwicklung des humanitären Völkerrechts durch die Strafgerichtshöfe für das ehemalige Jugoslawien und Ruanda. Zur Bedeutung von internationalen Gerichtsentscheidungen als Rechtsquelle des Völkerstrafrechts. Berlin 2007.

Henzelin, Marc, Le principe de l'universalité en droit pénal international. Droit et obligation pour les Etats de poursuivre et juger selon le principe de l'universalité. Basel u.a. 2000.

Herdegen, Matthias, Das „konstruktive Völkerrecht" und seine Grenzen: die Dynamik des Völkerrechts als Methodenfrage. In: Pierre-Marie Dupuy u.a. (Hrsg.), Völkerrecht als Werteordnung. Festschrift für Christian Tomuschat. Kehl 2006, S. 899–912.

Heselhaus, Sebastian, Resolution 1422 (2002) des Sicherheitsrates zur Begrenzung der Tätigkeit des Internationalen Strafgerichtshofs. ZaöRV 62 (2002), 907–940.

Hiéramente, Mayeul, Ein faires Verfahren für Kriegsverbrecher – Grenzen der Informationsbeschaffung und der Fall Lubanga. HuV-I 2010, 32–39.

– The Myth of 'International Crimes': Dialectics and International Criminal Law. 3 GoJIL 2011, 551–588.

Hiéramente, Mayeul/Schneider, Patricia, Die Kleinen hängt man, die Großen lässt man laufen. Internationale Strafverfolgung von Staatseliten: Zwischen Rechtsstreit und Politikum. S+F 2007, 65–70.

Hilpold, Peter, The Duty to Protect and the Reform of the United Nations – A New Step in the Development of International Law? 10 Max Planck UNYB 2006, 35–69.

Hoffmann-Riem, Wolfgang/Schmidt-Aßmann, Eberhard/Voßkuhle, Andreas, Grundlagen des Verwaltungsrechts, Bd. I: Methoden, Maßstäbe, Aufgaben, Organisation. München 2006.

– Grundlagen des Verwaltungsrechts, Bd. III: Personal, Finanzen, Kontrolle, Sanktionen, Staatliche Einstandspflichten. München 2009.

Holmes, John T., The Principle of Complementarity. The International Criminal Court. In: Roy Stuart Lee (Hrsg.), The International Criminal Court. The Making of the Rome Statute. Issues, Negotiations, Results. Den Haag 1999, S. 41–78.

Hong, Mai-Linh, A Genocide by Any Other Name: Language, Law, and the Response to Darfur. 49 Va. J. Int'l L. 2008, 235–272.

Hudson, Andrew/Taylor, Alexandra W., The International Commission against Impunity in Guatemala. A New Model for International Criminal Justice Mechanisms.8 JICJ 2010, 53–74

Hünerbein, Iris, Straftatkonkurrenz im Völkerstrafrecht. Schuldspruch und Strafe. Berlin 2005.

Ipsen, Knut, Völkerrecht. 5. Aufl. München 2004.

Jackson, Paul, 'Negotiating with Ghosts': Religion, Conflict and Peace in Northern Uganda. 98 The Round Table 2009, 319–331.

Jalloh, Charles Chernor, Universal Jurisdiction, Universal Prescription? A Preliminary Assessment of the African Union Perspective on Universal Jurisdiction. 21 CLF 2010, 1–65.

Jallow, Hassan B., Prosecutorial Discretion and International Criminal Justice. 2 JICJ 2005, 145–161.

Jarvers, Konstanze, Verjährung in Italien. In: Ulrich Sieber/Karin Cornils (Hrsg.), Nationales Strafrecht in rechtsvergleichender Darstellung. Allgemeiner Teil, Teilband 5: Gründe für den Ausschluss der Strafbarkeit, Aufhebung der Strafbarkeit, Verjährung. Berlin 2010, S. 601–617.

Jeangene Vilmer, Jean-Baptiste, La Responsabilité de Protéger et le Débat sur la Qualification de Génocide au Darfour. In: Société Française pour le Droit International (Hrsg.), La Responsabilité de Protéger. Colloque de Nanterre. Paris 2008, S. 233–241.

Jescheck, Hans-Heinrich, Die Verantwortlichkeit der Staatsorgane nach Völkerstrafrecht. Bonn 1952.

– Die Freiheitsstrafe und ihre Surrogate in rechtsvergleichender Darstellung. In: Hans-Heinrich Jescheck (Hrsg.), Die Freiheitsstrafe und ihre Surrogate im deutschen und ausländischen Strafrecht, Bd. 3. Baden-Baden 1984, S. 1939–2172.

Jessberger, Florian, Universality, Complementarity, and the Duty to Prosecute Crimes under International Law in Germany. In: Wolfgang Kaleck u.a. (Hrsg.), International Prosecution of Human Rights Crimes. Berlin 2007, S. 213–233.

Jesse, Björn, Der Verbrechensbegriff des Römischen Statuts. Berlin 2009.

Johnson, Sterling, Peace Without Justice. Hegemonic Instability or International Criminal Law? Aldershot u.a. 2003.

Joyce, Daniel, Human Rights and the Mediatization of International Law. 23 LJIL 2010, 507–527.

Jurdi, Nidal Nabil, The Prosecutorial Interpretation of the Complementarity Principle: Does It Really Contribute to Ending Impunity on the National Level? 10 ICLR 2010, 73–96.

Kalshoven, Fritz, The Undertaking to Respect and Ensure Respect in All Circumstances: From Tiny Seed to Ripening Fruit. 2 YIHL 1999, 3–61.

Kamminga, Menno, Universal Jurisdiction after Congo v. Belgium. In: Evelyn A. Ankumah/K. Kwakwa Edward (Hrsg.), African Perspectives on International Criminal Justice. Accra u.a. 2005, S. 233–239.

Kapur, Amrita, The Rise of International Criminal Law: Intended and Unintended Consequences: A Reply to Ken Anderson. 20 EJIL 2010, 1031–1041.

Karagiannis, Syméon, Le Territoire d'Application de la Convention Européenne des Droits de l'Homme. *Vaetera et Nova*. 16 RTDH 2005, 33–120.

Kastner, Philipp, Africa – A Fertile Soil for the International Criminal Court. 85 Friedenswarte 2010, 131–159.

Kay, David, Who's Afraid of the International Criminal Court? Finding the Prosecutor who can set it straight. 90 FA 2011, 118–129.

O'Keefe, Roger, Universal Jurisdiction. Clarifying the Basic Concept. 2 JICJ 2004, 735–760.

Keller, Andrew N., Punishment for Violations of International Criminal Law: An Analysis of Sentencing at the ICTY and ICTR. 12 Ind. Int'l & Comp. L. Rev. 2001, 53–74.

Keller, Linda M., Achieving Peace with Justice. The International Criminal Court and Ugandan Alternative Justice Mechanisms. 23 Conn. J. Int'l L. 2008, 209–279.

Keller, Rainer, Kritik des Völkerstrafgesetzbuches. Neue Kriminalpolitik 2003, 112–115.

– Grenzen, Unabhängigkeit und Subsidiarität der Weltrechtspflege. GA 2006, 25–37.

Kelly, Claire R., The Value Vacuum: Self-Enforcing Regimes and the Dilution of the Normative Feedback Loop. 22 Mich. J. Int'l L. 2001, 673–734.

Kelly, Patrick, The Twilight of Customary International Law. 40 Va. J. Int'l L. 1999, 449–544.

Kelsen, Hans, The Law of the United Nations. A Critical Analysis of Its Fundamental Problems. 3. Aufl. London 1954.

– Was ist Gerechtigkeit? Berlin 1953.

Kemp, Gerhard, The application of the principle *ne bis in idem* in respect of judgments rendered by international criminal courts. 1 Tydskrif vir die Suid-Afrikaanse reg 2001, 147–157.

Kessler, Birgit, The Duty to 'Ensure Respect' Under Common Article 1 of the Geneva Conventions: Its Implications on International and Non-International Armed Conflicts. 44 GYIL 2001, 507–516.

Kindt, Anne, Menschenrechte und Souveränität. Diskutiert anhand der internationalen Strafrechtspflege. Berlin 2009.

Kissinger, Henry A., The Pitfalls of Universal Jurisdiction. 80 FA 2001, 86–96.

Klabbers, Jan, The Life and Times of the Law of International Organizations. 70 NJIL 2001, 287–317.

Klamberg, Mark, What Are the Objectives of International Criminal Procedure? – Reflections on the Fragmentation of a Legal Regime. 79 NJIL 2010, 279–302.

Kleffner, Jann K., Auto-referrals and the complementary nature of the ICC. In: Carsten Stahn/Göran Sluiter (Hrsg.), The Emerging Practice of the International Criminal Court. Leiden 2009, S. 41-53.

Klein, Sabine, Uganda and the International Criminal Court Review Conference – Some Observations of the Conference's Impact in the 'Situation Country' Uganda. 2 GoJIl 2010, 669–688.

Kniebühler, Roland Michael, Transnationales „ne bis in idem". Zum Verbot der Mehrfachverfolgung in horizontaler und vertikaler Dimension. Berlin 2005.

Knoops, Geert-Jan A., Defenses in Contemporary International Criminal Law. Ardsley 2001.

– International and Internationalized Criminal Courts: the new face of international peace and security? 4 ICLR 2004, 527–547.

Köhler, Michael, Zum Begriff des Völkerstrafrechts. 11 JRE 2003, 435–467.

Kok, Ruth A., Statutory Limitations in International Criminal Law. London 2007.

Kolb, Robert, Observation sur l'Evolution du Concept de *Jus Cogens*. 113 RGDIP 2009, 837–850.

Koller, David S., Immunities of Foreign Ministers: Paragraph 61 of the Yerodia Judgement as it pertains to the Security Council and the International Criminal Court. 20 Am. U. Int'l L. Rev. 2004, 7–42.

König, Kai-Michael, Die völkerrechtliche Legitimation der Strafgewalt internationaler Strafjustiz. Baden-Baden 2002.

Koskenniemi, Martti, Hierarchy in International Law. A Sketch. 8 EJIL 1997, 566–582.

– Between Impunity and Show Trials. 6 Max Planck UNYB 2002, 1–35.

– International Law in Europe: Between Tradition and Renewal. 16 EJIL 2005, 113–124.

– The Politics of International Law – 20 Years Later. 20 EJIL 2009, 7–19.

Koskenniemi, Martti/Leino, Paivi, Fragmentation of International Law? Postmodern Anxieties. 15 LJIL 2002, 553–576.

Kourabas, Michael, A Vienna Convention Interpretation of the "Interests of Justice" Provision of the Rome Statute. The Legality of Domestic Amnesty Agreements, and the Situation in Northern Uganda: A "great qualitative step forward" or a normative retreat? 24 U.C. D. J. Int'l L. & Pol. 2007, 59–93.

– The Rome Statute, Penalties & the Spectrum of Severity. SSRN-Working Paper Series 2008 (abrufbar unter: www.papers.ssrn.com) [Stand: 25.4.2013].

Kreicker, Helmut, Völkerstrafrecht im Ländervergleich. In: Albin Eser/Ulrich Sieber/Helmut Kreicker (Hrsg.), Nationale Strafverfolgung völkerrechtlicher Verbrechen, Bd. 7. Berlin 2006.

– Der Präsident des Sudan vor dem Internationalen Strafgerichtshof – ein Verstoß gegen das Völkerrecht? Überlegungen zur völkerrechtlichen Immunität von Staatsoberhäuptern anlässlich des Haftbefehls gegen Omar al-Bashir. HuV-I 2008, 157–164.

Kreicker, Helmut/Gropengießer, Helmut, Deutschland. In: Albin Eser/Helmut Kreicker (Hrsg.), Nationale Strafverfolgung völkerrechtlicher Verbrechen, Bd. 1. Freiburg 2003.

Kreß, Claus, Völkerstrafrecht und Weltrechtspflegeprinzip im Blickfeld des Internationalen Gerichtshofs. ZStW 114 (2002), 818–849.

– Universal Jurisdiction over International Crimes and the *Institut de Droit International*. 4 JICJ 2006 561–585.

– „Staateneigenüberweisungen" an den Internationalen Strafgerichtshof und die Rolle des Chefanklägers. Kursorische Anmerkungen zur ersten Verfahrenspraxis des Internationalen Strafgerichtshofs. In: Frank Neubacher/Anne Klein (Hrsg.), Vom Recht der Macht zur Macht des Rechts? Interdisziplinäre Beiträge zur Zukunft internationaler Strafgerichte. Berlin 2006, S. 103–110.

– The International Court of Justice and the Elements of the Crime of Genocide. 18 EJIL 2007, 619–629.

– Nationale Umsetzung des Völkerstrafgesetzbuches. Öffentliche Anhörung im Ausschuss für Menschenrechte und humanitäre Hilfe des Deutschen Bundestages – Kurzstellungnahme. ZIS 2007, 515–525.

– Time for Decision: Some Thoughts on the Immediate Future of the Crime of Aggression: A Reply to Andreas Paulus. 20 EJIL 2010, 1129–1146.

Kreß, Claus/von Holtzendorff, Leonie, Durchbruch in Kampala. Die Einigung über das Verbrechen der Aggression. 58 VN 2010, 260–265.

Kreuter-Kirchhof, Charlotte, Völkerrechtliche Schutzverantwortung bei elementaren Menschenrechtsverletzungen. Die Responsibility to Protect als Verantwortungsstruktur. AdV 2010, 338–381.

Krikscìun, Alex K., Uganda's Response to International Criminal Court Arrest Warrants: A Misguided Approach? 16 Tul. J. Int'l & Comp. L. 2007, 213–241.

Krökel, Michael, Die Bindungswirkung von Resolutionen des Sicherheitsrats der Vereinten Nationen gegenüber Mitgliedstaaten. Berlin 1977.

Kuschnik, Bernhard, Deutscher Sand im völkerstrafrechtlichen Getriebe? – eine Betrachtung des § 153f StPO im Lichte des in § 1 VStGB festgeschriebenen Weltrechtsprinzips. HuV-I 2008, 230–237.

Lampe, Ernst-Joachim, Verbrechen gegen die Menschlichkeit. In: Hans Joachim Hirsch/Jürgen Wolter/Uwe Brauns (Hrsg.), Festschrift für Günther Kohlmann. Köln 2003, S. 147–176.

Laplante, Lisa J., Outlawing Amnesty: The Return of Criminal Justice in Transitional Justice Schemes. 49 Va. J. Int'l L. 2008, 915–984.

Lavalle, Roberto, A Vicious Storm in a Teacup: The Action by the United Nations Security Council to Narrow the Jurisdiction of the International Criminal Court. 14 CLF 2003, 195–220.

Lavranos, Nikolaos, The Impact of the *Kadi* Judgment on the International Obligations of the EC Member States and the EC. 28.2009 YEL 2010, 616–625.

Lawson, Rick, Life after Bankovic: On the Extraterritorial Application of the European Convention on Human Rights. In: Fons Coomans/Menno Kamminga (Hrsg.), Extraterritorial Application of Human Rights Treaties. Antwerpen 2004, S. 82–124.

Leonard, Emma, The Lord's Resistance Army: an African Terrorist Group? 4 Perspectives on Terrorism 2010, 20–30.

Lillich, Richard B., The Growing Importance of Customary International Human Rights Law. 25 Ga. J. Int'l & Comp. L. 1995, 1–30.

Linderfalk, Ulf, Normative Conflict and the Fuzziness of the International *ius cogens* Regime. ZaöRV 69 (2009), 961–977.

Loges, Bastian, The Responsibility to Protect – „Schutz" als neue Norm in den internationalen Beziehungen? In: Hartwig Hummel/Bastian Loges (Hrsg.), Gestaltungen der Globalisierung. Festschrift für Ulrich Menzel. Opladen 2009, S. 359–380.

Lorenz, Dirk, Der territoriale Anwendungsbereich der Grund- und Menschenrechte. Berlin 2005.

Loucaides, Loukes, Determining the Extra-Territorial Effect of the European Convention: Facts, Jurisprudence and the Bankovic Case. 11 EHRLR 2006, 391–407.

Macke, Julia, UN-Sicherheitsrat und Strafrecht. Legitimation und Grenzen einer internationalen Strafverfolgung. Berlin 2010.

MacDonald, R.S.J., Fundamental Norms in Contemporary International Law. 25 Can. Y. Int'l L. 1987, 115–149.

Maged, Adel, Withdrawal of Referrals – A Serious Challenge to the Function of the ICC. 6 ICLR 206, 419–446.

Maierhöfer, Christian, Aut dedere – aut iudicare. Herkunft, Rechtsgrundlagen und Inhalt des völkerrechtlichen Gebotes zur Strafverfolgung oder Auslieferung. Berlin 2006.

Mallinder, Louise, Amnesty, Human Rights and Political Transitions. Bridging the Peace and Justice Divide. Oxford u.a. 2008.

Mangold, Christoph, Die völkerstrafrechtliche Verfolgung von Individuen durch internationale Strafgerichtshöfe. Frankfurt a.M. 2006.

Manske, Gisela, Verbrechen gegen die Menschlichkeit als Verbrechen an der Menschheit. Zu einem zentralen Begriff der internationalen Strafgerichtsbarkeit. Berlin 2003.

Manso Porto, Teresa, Verjährung in Spanien. In: Ulrich Sieber/Karin Cornils (Hrsg.), Nationales Strafrecht in rechtsvergleichender Darstellung. Allgemeiner Teil, Teilband 5: Gründe für den Ausschluss der Strafbarkeit, Aufhebung der Strafbarkeit, Verjährung. Berlin 2010, S. 686–696.

Marks, Stephen P., Elusive Justice for the Victims of the Khmer Rouge. 52 JIA 1999, 691–718.

Martenczuk, Bernd, Rechtsbindung und Rechtskontrolle des Weltsicherheitsrats. Die Überprüfung nichtmilitärischer Zwangsmaßnahmen durch den Internationalen Gerichtshof. Berlin 1996.

Martineau, Anne-Charlotte, The Rhetoric of Fragmentation: Fear and Faith in International Law. 22 LJIL 2009, 1–28.

Mattes, Hanspeter, Ein Jahr Comprehensive Peace Agreement im Sudan: Perspektiven des Friedensprozesses. 8 GIGA Focus Nahost. Hamburg 2006 (abrufbar unter: www.giga-hamburg.de) [Stand: 25.4.2013].

Matthews, Max, Tracking the Emergence of a New International Norm: The Responsibility to Protect and the Crisis in Darfur. 31 Boston C. Int'l & Comp. L. Rev. 2008, 137–152.

Matwijkiw, Anja, The Reverse Revenge Norm in International Law. The Chicago Principles on Post-Conflict Justice. 78 RIDP 2007, 565–599.

– The No Impunity Policy in International Criminal Law: Justice versus Revenge. 9 ICLR 2009, 1–37.

Maunz, Theodor u.a. (Hrsg.), Grundgesetz. Kommentar. München 2000 (zitiert: Bearbeiter, in: Maunz-Dürig).

McClean, Emma, The Responsibility to Protect: The Role of International Human Rights Law. JCSL 2008 (Advance Access published June 20, 2008), 1–30.

McGoldrick, Dominic, The Extraterritorial Application of the International Covenant on Civil and Political Rights In: Fons Coomans/Menno Kamminga (Hrsg.), Extraterritorial Application of Human Rights Treaties. Antwerpen 2004, S. 41–72.

McGrady, Benn, Fragmentation of International Law or "Systemic Integration" of Treaty Regimes: *EC – Biotech Products* and the Proper Interpretation of Article 31 (3) (c) of the Vienna Convention on the Law of Treaties. 42 JWT 2008, 589–618.

McKay, Leanne, Characterising the System of the International Criminal Court: An Exploration of the Role of the Court Through the Elements of Crimes and the Crime of Genocide. 6 ICLR 2006, 257–273.

McLachlan, Campbel, The Principle of Systemic Integration and Article 31(3)(c) of the Vienna Convention. 54 ICLQ 2005, 279–320.

Mégret, Frédéric, The Politics of International Criminal Justice. 13 EJIL 2002, 1261–1284.

Mégret, Frédéric, Qu'est ce qu'une juridiction „incapable" ou „manquant de volonté" au sens de l'article 17 du Traité (abrufbar unter: www.papers.ssrn.com) [Stand: 25.4.2013].

Mégret, Frédéric/Hoffmann, Florian, The UN as a Human Rights Violator? Some Reflections on the United Nations Changing Human Rights Responsibilities. 25 HRQ 2003, 314–342.

Melandri, Manuela, The Relationship between State Sovereignty and the Enforcement of International Criminal Law under the Rome Statute (1998): A Complex Interplay. 9 ICLR 2009, 31–545.

Melloh, Florian, Einheitliche Strafzumessung in den Rechtsquellen des ICC-Statuts. Berlin 2010.

Méndez, Juan E., Remarks on Intervention. 40 Case W. Res. J. Int'l L. 2007, 87–95.

Meng, Werner, Internationale Organisationen im völkerrechtlichen Deliktsrecht. ZaöRV 45 (1985), 324–371.

Meron, Theodor, Extraterritoriality of Human Rights Treaties. 89 AJIL 1995, 78–82.

Meyer, Frank, Complementing Complementarity. 6 ICLR 2006, 549–583.

Meyer-Goßner, Lutz u.a. (Hrsg.), Strafprozessordnung. 53. Aufl. München 2010.

Milanovic, Marko, State Responsibility for Genocide. 17 EJIL 2006, 553–604.

– State Responsibility for Genocide: A Follow-Up. 18 EJIL 2007, 669–694.

– The Arrest and Impending Trial of Radovan Karadzic. 58 ICLQ 2009, 212–219.

– Norm Conflict in International Law: Whither Human Rights? 20 Duke J.Comp & Int'l L. 2009, 69–131.

Miller, Robert H., The Convention on the Non-Applicability of Statutory Limitations to War Crimes and Crimes Against Humanity. 65 AJIL 1971, 476–501.

Mills, Kurt, Vacillating on Darfur: Responsibility to Protect, to Prosecute, or to Feed? 1 GR2P 2009, 532–559.

Mole, Nuala, Issa v Turkey: Delineating the Extra-territorial Effect of the European Convention on Human Rights? 10 EHRLR 2005, 86–91.

Möller, Christina, Völkerstrafrecht und Internationaler Strafgerichtshof – kriminologische, straftheoretische und rechtspolitische Aspekte. Münster u.a. 2003.

Moreno-Ocampo, Luis, Building a Future on Peace and Justice. The International Criminal Court. ZIS 2007, 491–493.

Morton, Jeffrey S./Singh, Neil Vijay, The international legal regime on genocide. 5 JGR 2003, 47–69.

Moy, Abigail, The International Criminal Court's Arrest Warrants and Uganda's Lord's Resistance Army: Renewing the Debate over Amnesty and Complementarity. 19 Harv. H. Rts J. 2006, 267–273.

Müller, Andreas Th./Stegmiller, Ignaz, Self-Referrals on Trial. 8 JICJ 2010, 1267–1294.

Müller, Hans-Jürgen, Grundsätze der völkerrechtlichen Verantwortlichkeit internationaler Organisationen. Potsdam 1977.

Müller-Wolf, Tim J.A./Schneider, Patricia, The Responsibility to Protect – Norm im Entstehen? S+F 2009, 54–59.

Munivrana Vajda, Maja, The 2009 AIDP's Resolution on Universal Jurisdiction – An Epitaph or a Revival Call?! 10 ICLR 2010, 325–344.

Murphy, Ray, United Nations Military Operations and International Humanitarian Law: What Rules Apply to Peacekeepers? 14 CLF 2003, 153–194.

Nasu, Hitoshi, Operationalizing the 'Responsibility to Protect' and Conflict Prevention: Dilemmas of Civilian Protection in Armed Conflict. 14 JCSL 2009, 209–241.

Nemitz, Jan Christoph, Strafzumessung im Völkerstrafrecht. Freiburg 2002.

Nerlich, Volker, The International Criminal Court 2002–2010 – A View from the Inside. CLF 2011, 199–214.

Nettesheim, Martin, U.N. Sanctions Against Individuals – A Challenge to the Architecture of European Union Governance. 44 CML 2007, 567–600.

Neubacher, Frank, Kriminologische Grundlagen einer internationalen Strafgerichtsbarkeit. Tübingen 2005.

Neubacher, Frank, Kriminologie und internationale Strafgerichtsbarkeit – eine interdisziplinäre Einführung. In: Frank Neubacher/Anne Klein, (Hrsg.), Vom Recht der Macht zur Macht des Rechts? Interdisziplinäre Beiträge zur Zukunft internationaler Strafgerichte. Berlin 2006, S. 17-44.

Neumann, Jan, Die materielle und prozessuale Koordination völkerrechtlicher Ordnungen. Die Problematik paralleler Streitbeilegungsverfahren am Beispiel des *Schwertfisch*-Falls. ZaöRV 61 (2001), 529–576

Nitsche, Dennis, Der Internationale Strafgerichtshof ICC und der Frieden. Eine vergleichende Analyse der Befriedungsfunktion internationaler Strafgerichte. Baden-Baden 2007.

Noll, Christian, The Betrayed: An Exploration of the Acholi Opinion of the International Criminal Court. 26 JTWS 2009, 99–120.

Nouwen, Sarah M.H./Werner, Wouter, Doing Justice to the Political: The International Criminal Court in Uganda and Sudan. 21 EJIL 2010, 941–965.

Nowak, Manfred (Hrsg.), U.N. Covenant on Civil and Political Rights. CCPR Commentary. 2. Aufl. Kehl 2005.

Nsereko, Daniel David Ntanda, The Role of the International Criminal Tribunals in the Promotion of Peace and Justice: the Case of the International Criminal Court. 19 CLF 2008, 373–393.

– The Role of Victims in Criminal Proceedings – Lessons National Jurisdictions Can Learn from the ICC. 21 CLF 2010, 399–415.

Ohlin, Jens D., Peace, Security, and Prosecutorial Discretion. In: Carsten Stahn/Göran Sluiter (Hrsg.), The Emerging Practice of the International Criminal Court. Leiden 2009, S. 185–208.

Olásolo, Héctor, The prosecutor of the ICC before the initiation of investigations: A quasy-judicial or a political body? 3 ICLR 2003, 87–150.

Olusanya, Olaoluwa, A., Do crimes against humanity deserve a higher sentence than war crimes? 4 ICLR 2004, 431–473.

Opolot, Deogratius O., The International Criminal Court Versus Peace Agreements: Juba Peace Talks between the LRA Rebels and the Government of Uganda. 2 JAIL 2009, 39–50.

Oppermann, Thomas/Classen, Claus Dieter/Nettesheim, Martin, Europarecht. 4. Aufl. München 2009.

Orakhelashvili, Alexander, Peremptory Norms in International Law. Oxford u.a. 2006.

Oreja Latigo, James, Northern Uganda: tradition-based practices in the Acholi region. In: Luc Huyse/Mark Salter (Hrsg.), Traditional Justice and Reconciliation after Violent Conflict. Stockholm 2008, S. 85–119.

Orentlicher, Diane, Whose Justice? Reconciling Universal Jurisdiction with Democratic Principles. 92 Geo. J. Int'l L. 2004, 1057–1134.

– Settling Accounts' Revisited: Reconciling Global Norms with Local Agency. 1 IJTJ 2007, 10–22.

O'Shea, Andreas, Amnesty for Crime in International Law and Practice. Den Haag u.a. 2002.

Palwankar, Umesh, Measures available to States for fulfilling their obligation to ensure respect for international humanitarian law. 298 IRRC 1994, 9–25.

Papillon, Sophie, Has the United Nations Security Council Implicitly Removed Al Bashir's Immunity? 10 ICLR 2010, 275–288.

Paulus, Andreas L., Die Internationale Gemeinschaft im Völkerrecht. München 2001.

– *Jus Cogens* in a Time of Hegemony and Fragmentation. An Attempt for Reappraisal. 74 NJIL 2005, 297–334.

Pauwelyn, Joost, Conflict of Norms in Public International Law. Cambridge u.a. 2003.

Pavoni, Riccardo, Freedom to Choose the Legal Means for Implementing UN Security Council Resolutions and the ECJ *Kadi* Judgment: A Misplaced Argument Hindering the Enforcement of International Law in the EC. 28.2009 YEL 2010, 626–636.

Pawlik, Michael, Strafe oder Gefahrenbekämpfung? Die Prinzipien des deutschen Internationalen Strafrechts vor dem Forum der Straftheorie. ZIS 2006, 274–292.

Payandeh, Mehrdad, With Great Power Comes Great Responsibility? The Concept of the Responsibility to Protect Within the Process of International Lawmaking. 35 Yale J. Int'l L. 2010, 469–516.

Pellet, Alain, The Normative Dilemma: Will and Consent in International Law-Making. 12 Austr. YIL 1988, 22–53.

Pernice, Ingolf, Völkerrechtliche Verträge internationaler Organisationen. Tendenzen und mögliche Grundlagen einer Assimilierung von internationalen Organisationen und Staaten im Lichte der Wiener Konvention über das Vertragsrecht internationaler Organisationen. ZaöRV (48) 1988, 229–250.

Petculescu, Ioana, Droit International de la Responsabilité et Droits de l'Homme. A propos de l'arrêt de la Cour européenne des droits de l'homme du 8 juillet 2004 dans l'affaire Ilascu et autres c. la République de Moldova et la Fédération de Russie. 109 RGDIP 2005, 581–607.

Peters, Anne, Die Anwendbarkeit der EMRK in Zeiten komplexer Hoheitsgewalt und das Prinzip der Grundrechtstoleranz. AdV 2010, 1–57.

Peyró Llopis, Ana, La compétence universelle en matière de crimes contre l'humanité. Brüssel 2003.

Pfützner, Peggy, Verjährung in Frankreich. In: Ulrich Sieber/Karin Cornils (Hrsg.), Nationales Strafrecht in rechtsvergleichender Darstellung. Allgemeiner Teil, Teilband 5: Gründe für den Ausschluss der Strafbarkeit, Aufhebung der Strafbarkeit, Verjährung. Berlin 2010, S. 582–589.

Pichon, Jakob, The Principle of Complementarity in the Cases of the Sudanese Nationals Ahmad Harun and Ali Kushayb before the International Criminal Court. 8 ICLR 2008, 185–228.

– Internationaler Strafgerichtshof und Sicherheitsrat der Vereinten Nationen. Heidelberg u.a. 2011.

Pictet, Jean (Hrsg.), Commentaire. La convention de Genève pour l'amélioration du sort des blessés et des malades dans les forces armées en campagne. Genf 1952.

Pillay, Navanethem, The Contribution of National Courts to International Criminal Justice: Some Comments on the Emerging Notion of Universal Jurisdiction. In: Evelyn A. Ankumah/K. Kwakwa Edward (Hrsg.), African Perspectives on International Criminal Justice. Accra u.a. 2005, S. 7–15.

Polzin, Jan Patrick, Strafrechtliche Rechtfertigung der Rettungsfolter? Eine Analyse der deutschen Rechtslage unter Berücksichtigung internationaler Normen und Entwicklungen. Hamburg 2008.

Potestà, Michele, State Immunity and Jus Cogens Violations: The Alien Tort Statute Against the Backdrop of the Latest Developments in the "Law of Nations". 28 Berkeley J. Int'l L. 2010, 571–586.

Prittwitz, Cornelius, Internationales Strafrecht: Die Zukunft einer Illusion? JRE 2003, 469–487.

Prunier, Gérard, Darfur. Der „uneindeutige" Genozid. Hamburg 2007.

Quinn, Joanna R., Getting to Peace? Negotiating with the LRA in Northern Uganda. 10 Hum. Rts. Rev. 2009, 55–71.

Rabinovitch, Ryan, Universal Jurisdiction in absentia. 25 bepress Legal series 2004.

Radosavljevic, Dragana, Restorative Justice under the ICC Penalty Regime. 7 LPICT 2008, 235–255.

Rajkovic, Nikolas, On 'Bad Law' and 'Good Politics': The Politics of the ICJ *Genocide* Case and Its Interpretation. 21 LJIL 2008, 885–910.

Randall, Kenneth C., Jurisdiction under International Law. 66 Tex. L. Rev. 1998, 785–841.

Ratner, Steven, The Schizophrenias of International Criminal Law. 33 Tex. Int'l L. J. 1998, 237–256.

Rauchfuss, Knut, Argentinien. Die Geschichte kennt keinen Schlusspunkt. In: Bianca Schmolze/Knut Rauchfuss (Hrsg.), Kein Vergeben. Kein Vergessen. Der internationale Kampf gegen die Straflosigkeit. Berlin, Hamburg 2009, S. 21–80.

– Chile: Adiós General – Der chilenische Weg aus der Diktatur. In: Bianca Schmolze/Knut Rauchfuss (Hrsg.), Kein Vergeben. Kein Vergessen. Der internationale Kampf gegen die Straflosigkeit. Berlin, Hamburg 2009, S. 82–133.

– Paraguay: Das Nest des Condors. In: Bianca Schmolze/Knut Rauchfuss (Hrsg.), Kein Vergeben. Kein Vergessen. Der internationale Kampf gegen die Straflosigkeit. Berlin Hamburg 2009, S. 180–207.

– Uruguay: Ein Verbot zu erinnern, lässt niemals vergessen. In: Bianca Schmolze/Knut Rauchfuss (Hrsg.), Kein Vergeben. Kein Vergessen. Der internationale Kampf gegen die Straflosigkeit. Berlin, Hamburg 2009, S. 134–178.

Rauschenbach, Mina/Scalia, Damien, Victims and international criminal justice: a vexed question? 90 IRRC 2008, 441–459.

Reese, Caroline, Fünf offene Fragen zum Internationalen Strafgerichtshof – und der Versuch einer Antwort. In: Frank Neubacher/Anne Klein (Hrsg.), Vom Recht der Macht zur Macht des Rechts? Interdisziplinäre Beiträge zur Zukunft internationaler Strafgerichte. Berlin 2006, S. 71–89.

Reinisch, August, Developing human rights and humanitarian law accountability of the Security Council for the imposition of economic sanctions. 95 AJIL 2001, 851–872.

Reismann, Michael, Acting *Before* Victims Become Victims: Preventing and Arresting Mass Murder. 40 Case W. Res. J. Int'l L. 2007, 57–85.

Reydams, Luc, Universal Jurisdiction. International and Municipal Legal Perspectives. Oxford u.a. 2003.

Rice, Susan E., The Genocide in Darfur. America must do more to fulfill the responsibility to protect. Opportunity 08 Independent Ideas for Our Next President 2008 (abrufbar unter: www.brookings.edu) [Stand: 25.4.2013].

Richter, Thomas, Verjährung in China. In: Ulrich Sieber/Karin Cornils (Hrsg.), Nationales Strafrecht in rechtsvergleichender Darstellung. Allgemeiner Teil, Teilband 5: Gründe für den Ausschluss der Strafbarkeit, Aufhebung der Strafbarkeit, Verjährung. Berlin 2010, S. 541–545.

Riznik, Donald, Die voraussichtliche Schließung des ICTY in 2013: Ein Freibrief für flüchtige Kriegsverbrecher? AdV 2009, 220–235.

Röben, Volker, The Procedure of the ICC: Status and Function of the Prosecutor. 7 Max Planck UNYB 2003, 513–552.

Robinson, Darryl, The Mysterious Mysteriousness of Complementarity. 21 CLF 2010, 67–102.

Rodman, Kenneth, Is Peace in the Interests of Justice? The Case for Broad Prosecutorial Discretion at the International Criminal Court. 22 LJIL 2009, 99–126.

Rohrer, Sebastian, Legalitäts- oder Opportunitätsprinzip beim Internationalen Strafgerichtshof. Köln 2010.

Romainville, Céline, Contentieux Irakien et Extra-Territorialité: De la Nécessité de Dépasser *Bankovic*. 80 RTDH 2009, 1007–1036.

Roper, Steven D./Barria, Lilian A., State Co-Operation and International Criminal Court Bargaining Influence in the Arrest and the Surrender of Suspects. 21 LJIL 2008, 457–476.

Rosenberg, Sheri P., Responsibility to Protect: A Framework for Prevention. 1 GR2P 2009, 442–477.

van Rossem, Jan Willem, Interaction between EU Law and International Law in the Light of Interntanko and Kadi: The Dilemma of Norms Binding the Member States but Not the Community. 40 NYIL 2009, 183–227.

Roxstrom, Erik/Gibney, Mark/Einarsen, Terje, The Nato Bombing Case (*Bankovic et al. v. Belgium et al.*) and the Limits of Western Human Rights Protection. 23 Boston U. Int'l L. J. 2005, 55–136.

Ryngaert, Cedric, The Doctrine of Abuse of Process: A Comment on the Cambodia Tribunal's Decisions in the Case against Duch (2007). 21 LJIL 2008, 719–737.

Sácouto, Susana/Cleary, Katherine, The Gravity Threshold of the International Criminal Court. 23 Am. U. Int'l L. Rev. 2007, 807–845.

– The *Katanga* Complementarity Decisions: Sound Law but Flawed Policy. 23 LJIL 2010, 363–374.

Sadat, Leila Nadya, The International Criminal Court and the Transformation of International Law. Justice for the New Millenium. Ardsley 2002.

– Transjudicial Dialogue and the Rwandan Genocide: Aspects of Antagonism and Complementarity. 22 LJIL 2009, 543–562.

Safferling, Christoph. J.M., The Justification of Punishment in International Criminal Law – Can National Theories of Justification Be Applied to the International Level? 4 ARIEL 1999, 126–163.

– Das Opfer völkerrechtlicher Verbrechen. ZStW 115 (2003), 352–384.

Sambale, Anica, Die Verjährungsdiskussion im Deutschen Bundestag. Ein Beitrag zur juristischen Vergangenheitsbewältigung. Hamburg 2002.

Sands, Philippe/Klein, Pierre, Bowett's law of international institutions. 6. Aufl. London 2009.

Sarooshi, Dan, Aspects of the Relationship between the International Criminal Court and the United Nations. 32 NYIL 2001, 27–53.

Schabas, William A., Conjoined Twins of Transitional Justice? The Sierra Leone Truth and Reconciliation Commission and the Special Court. 2 JICJ 2004, 1082–1099.

– Prosecutorial Discretion v Judicial Activism at the International Criminal Court. 6 JICJ 2008, 731–761

– Genocide in International Law. The Crime of Crimes. Cambridge u.a. 2009.

– The International Criminal Court. A Commentary on the Rome Statute. Oxford 2010.

Schaller, Christian, Die völkerrechtliche Dimension der „Responsbility to Protect". 46 SWP-Aktuell 2008 (abrufbar unter: www.swp-berlin.org) [Stand: 25.4.2013].

Scharf, Michael P., *The Prosecutor v. Slavko Dokmanovic*: Irregular Rendition and the ICTY. 11 LJIL 1998, 369–382.

– The Amnesty Exception to the Jurisdiction of the International Criminal Court. 32 Corn. Int'l L. J. 1999, 507–527.

– Responding to Rwanda: Accountability Mechanisms in the Aftermath of Genocide. 52 JIA 1999, 621–638.

– Trading Justice for Efficiency. Plea-Bargaining and International Tribunals. 2 JICJ 2004, 1070–1081

Scharf, Michael P./Dowd, Patrick, No Way Out? The Question of Unilateral Withdrawals of Referrals to the ICC and Other Human Rights Courts. Case Research Paper Series in Legal Studies 2008, 1–32 (abrufbar unter: www.papers.ssrn.com) [Stand: 25.4.2013].

Scheffer, David J., The Future of Atrocity Law. 25 Suffolk Transnat'l L. Rev. 2001, 389–432.

– Atrocity Crimes Framing the Responsibility to Protect. 40 Case W. Res. J. Int'l L. 2007, 111–135.

Scheschonka, Eva, Der Grundsatz „ne bis in idem" im Völkerstrafrecht unter besonderer Berücksichtigung der Kodifizierung durch das ICTY und IStGH-Statut. Münster 2005.

Scheinin, Martin, Is the ECJ Ruling in *Kadi* Incompatible with International Law? 28.2009 YEL 2010, 637–653.

Schilling, Theodor, Die „neue Weltordnung" und die Souveränität der Mitglieder der Vereinten Nationen. AdV 1995, 67–106.

Schlunck, Angelika, Amnesty versus Accountability. Third Party Intervention Dealing with Gross Human Rights Violations in Internal and International Conflicts. Berlin 2000.

Schmitz-Garde, Julia, Täter-Opfer-Ausgleich, Wiedergutmachung und Strafe im Strafrecht. Eine Untersuchung zur Vereinbarkeit von Täter-Opfer-Ausgleich und Wiedergutmachung mit der Aufgabe des (Straf-)Rechts sowie Funktionen der Strafe und Zwecken der Bestrafung. Hamburg 2005.

Schmolze, Bianca, Guatemala: Der ungeahndete Völkermord. In: Bianca Schmolze/Knut Rauchfuss (Hrsg.), Kein Vergeben. Kein Vergessen. Der internationale Kampf gegen die Straflosigkeit. Berlin, Hamburg 2009, S. 209–244.

– Osttimor: Wenn Diplomatie mehr zählt als Gerechtigkeit. In: Bianca Schmolze/Knut Rauchfuss (Hrsg.), Kein Vergeben. Kein Vergessen. Der internationale Kampf gegen die Straflosigkeit. Berlin, Hamburg 2009, S. 335–354.

– Sierra Leone: Das erste erfolgreiche Hybridmodell. In: Bianca Schmolze/Knut Rauchfuss (Hrsg.), Kein Vergeben. Kein Vergessen. Der internationale Kampf gegen die Straflosigkeit. Berlin, Hamburg 2009, S. 317–333.

– Südafrika: Wahrheit auf dem Dritten Weg. In: Bianca Schmolze/Knut Rauchfuss (Hrsg.), Kein Vergeben. Kein Vergessen. Der internationale Kampf gegen die Straflosigkeit. Berlin, Hamburg 2009, S. 245–277.

von Schorlemer, Sabine, The Responsibility to Protect as an Element of Peace. Recommendations for Its Operationalisation. 28 Policy Paper, Stiftung Entwicklung und Frieden 2007 (abrufbar unter: www.sef-bonn.org) [Stand: 25.4.2013].

Schreuer, Christoph, Die Bindung Internationaler Organisationen an völkerrechtliche Verträge ihrer Mitgliedstaaten. In: Konrad Ginther u.a. (Hrsg.), Völkerrecht zwischen normativem Anspruch und politischer Realität. Festschrift für Karl Zemanek zum 65. Geburtstag. Berlin 1994, S. 222–250.

Schröder, Meinhard, Verantwortlichkeit, Völkerstrafrecht, Streitbeilegung und Sanktionen. In: Wolfgang Graf Vitzthum (Hrsg.), Völkerrecht. 5. Aufl. Berlin, New York 2010, S. 579–638.

Schrotz, Jan-Oliver, Individualrechtsverletzungen bei der Überstellung an die Internationale Strafgerichtsbarkeit – zu den Rechtsfolgen individualrechtswidrigen Vorfeldverhaltens in internationalen Strafverfahren. Baden-Baden 2006.

Schweisfurth, Theodor, Operations to Rescue Nationals in Third States Involving the Use of Force in Relation to the Protection of Human Rights. 23 GYIL 1981, 159–180.

Scott, Craig/Qureshi, Abid/Michell, Paul/Kalajdzic, Jasminka/Copeland, Peter/Chang, Francis, A Memorial for Bosnia: Framework of Legal Arguments Concerning the Lawfulness of the Maintenance of the United Nations Security Council's Arms Embargo on Bosnia and Herzegovina. 16 Mich. J. Int'l L. 1994, 1–140.

Seeger, Chris, Die unilaterale humanitäre Intervention im System des Völkerrechts. Baden-Baden 2009.

Seibert-Fohr, Anja, The Fight against Impunity under the International Covenant on Civil and Political Rights. 6 Max Planck UNYB 2002, 301–339.

– The Relevance of the Rome Statute of the International Criminal Court for Amnesties and Truth Commissions. 7 Max Planck UNYB 2003, 553–590.

Seidl-Hohenveldern, Ignaz/Loibl, Gerhard, Das Recht der internationalen Organisationen einschließlich der supranationalen Gemeinschaften. 5. Aufl. Köln u.a. 1992.

Serrano, Mónica, Implementing the Responsibility to Protect: The Power of R2P Talk. 2 GR2P 2010, 167–177.

Shelton, Dinah, Normative Hierarchy in International Law. 100 AJIL 2006, 291–323.

Sheppard, Daniel, The International Criminal Court and "Internationally Recognized Human Rights": Understanding Article 21(3) of the Rome Statute. 10 ICLR 2010, 43–71.

Sieber, Ulrich, Rechtliche Ordnung in einer globalen Welt. Rechtstheorie 41 (2010), 151–198.

– Die Kollision von materiellem und prozessualem Strafrecht. Ein Grundlagenproblem des Strafrechtssystems. In: Bernd Schünemann (Hrsg.), Festschrift für Claus Roxin zum 70. Geburtstag. Berlin u.a. 2001, S. 1113–1139.

Sieber, Ulrich/Cornils, Karin (Hrsg.), Nationales Strafrecht in rechtsvergleichender Darstellung. Allgemeiner Teil, Teilband 5: Gründe für den Ausschluss der Strafbarkeit, Aufhebung der Strafbarkeit, Verjährung. Berlin 2010.

Simma, Bruno (Hrsg.), The Charter of the United Nations. A Commentary. Oxford 1994.

Simma, Bruno/Alston, Philip, The Sources of Human Rights Law: Custom, Jus Cogens, and General Principles. 12 Austr. YIL 1988, 82–108.

Simma, Bruno/Paulus, Andreas L., The Responsibility of Individuals for Human Rights Abuses in Internal Conflicts: A Positivist View. 93 AJIL 1999, 302–316.

Singelnstein, Tobias/Stolle, Peer, Völkerstrafrecht und Legalitätsprinzip – Klageerzwingungsverfahren bei Opportunitätseinstellungen und Auslegung des § 153f StPO. ZIS 2006, 118–122.

Sloane, Robert D., The Expressive Capacity of International Punishment: The Limits of the National Law Analogy and the Potential of International Criminal Law. 43 Stan. J. Int'l L. 2007, 39–94.

– Sentencing for the "Crime of Crimes". 5 JICJ 2007, 713–734.

– The Cost of Conflation: Preserving the Dualism of *Jus ad Bellum* and *Jus in Bello* in the Contemporary Law of War. 34 Yale J. Int'l L. 2009, 47–112.

Sluiter, Göran, Obtaining Cooperation from Sudan – Where Is the Law? 6 JICJ 2008, 871–884.

Smith, Adam M., After Genocide. Bringing the Devil to Justice. Amherst 2009.

Smith, Thomas W., Moral Hazard and Humanitarian Law: The International Criminal Court and the Limits of Legalism. 39 IP 2002, 175–191.

Snyder, Jack/Vinjamuri, Leslie, Trials and Errors. Principle and Pragmatism in Strategies of International Justice. 28 IS 2003-04, 5–44.

Sohn, Louis B., The New International Law: Protection of the Rights of Individuals Rather Than States. 32 Am. U. L. Rev. 1982, 1–64.

Son, Misuk, Verjährung in Korea. In: Ulrich Sieber/Karin Cornils (Hrsg.), Nationales Strafrecht in rechtsvergleichender Darstellung. Allgemeiner Teil, Teilband 5: Gründe für den Ausschluss der Strafbarkeit, Aufhebung der Strafbarkeit, Verjährung. Berlin 2010, S. 618–622.

Sonderegger, Linus, Die Rückkehr der Folter? Anwendung von Zwang bei der Vernehmung im deutschen und US-amerikanischen Recht. Berlin 2012.

Sonnevend, Pal, Verjährung und völkerrechtliche Verbrechen in der Rechtsprechung des ungarischen Verfassungsgerichts. ZaöRV 57 (1996), 195–228.

Sorel, Jean-Marc, Les multiples lectures d'un arrêt: Entre sentiment d'impunité et sentiment de cohérence, une décision à relativiser. 111 RGDIP 2007, 259–272.

Ssenyonjo, Manisuli, Accountability of Non-State Actors in Uganda for War Crimes and Human Rights Violations: Between Amnesty and the International Criminal Court. 10 JCSL 2005, 405–434.

– The International Criminal Court and the Lord's Resistance Army Leaders: Prosecution or Amnesty? 7 ICLR 2007, 361–389.

– The International Criminal Court and the Warrant of Arrest for Sudans's President Al-Bashir: A Crucial Step Towards Challenging Impunity or a Political Decision? 78 NJIL 2009, 397–431.

Stahn, Carsten, Complementarity, amnesties and alternative forms of justice – Some interpretative guidelines for the ICC. 3 JICJ 2005, 695–720.

– Responsibility to Protect: Political Rhetoric or Ermerging Legal Norm? 101 AJIL 2007, 99–120.

– Judicial Review of prosecutorial discretion: Five years on. In: Carsten Stahn/Göran Sluiter (Hrsg.), The Emerging Practice of the International Criminal Court. Leiden 2009, S. 247–280.

Stein, Torsten/von Buttlar, Christian, Völkerrecht. 12. Aufl. Köln, München 2009.

Steinberger-Fraunhofer, Theresa, Internationaler Strafgerichtshof und Drittstaaten. Eine Untersuchung unter besonderer Berücksichtigung der USA. Berlin 2008.

Stenhammar, Fredrik, United Nations Targeted Sanctions, the International Rule of Law and the European Court of Justice's Judgement in *Kadi* and *al-Barakaat*. 79 NJIL 2010, 113–140.

Stoll, Tobias, Responsibility, Sovereignty and Cooperation – Reflections on the "Responsibility to Protect". In: Doris König u.a. (Hrsg.), International Law Today: New Challenges and the Need for Reform? Berlin, Heidelberg 2008, S. 1–16.

Stolle, Peer/Singelnstein, Tobias, On the Aims and Actual Consequences of International Prosecution of Human Rights Crimes. In: Wolfgang Kaleck u.a. (Hrsg.), International Prosecution of Human Rights Crimes. Berlin 2007, S. 37–52.

Streck, Bernhard, Differenz, Indifferenz, Intervention: Sudan und die internationale Gemeinschaft. 50 VN 2002, 104–110.

Strydom, Hennie, South Africa and the International Criminal Court. 6 Max Planck UNYB 2002, 345–366.

Summers, Sarah, Verjährung in Schottland. In: Ulrich Sieber/Karin Cornils (Hrsg.), Nationales Strafrecht in rechtsvergleichender Darstellung. Allgemeiner Teil, Teilband 5: Gründe für den Ausschluss der Strafbarkeit, Aufhebung der Strafbarkeit, Verjährung. Berlin 2010, S. 660–665.

Suzuki, Eisuke/Nanwani, Suresh, Responsibility of International Organizations: The Accountability Mechanisms of Multilateral Development Banks. 27 Mich. J. Int'l L. 2005, 177–225.

Szurek, Sandra, Responsabilité de protéger, nature de l'obligation et responsabilité internationale. In: Société Française pour le Droit International (Hrsg.), La Responsabilité de protéger. Colloque de Nanterre. Paris 2008, S. 91–136.

Taki, Hiroshi, *Opinio Juris* and the Formation of Customary International Law: A Theoretical Analysis. 51 2008 GYIL 2009, 447–466.

Tallgren, Immi, Completing the 'International Criminal Order'. 67 NJIL 1998, 107–137.

– The Sensibility and Sense of International Criminal Law. 13 EJIL 2002, 561–595.

Tams, Christian, Schwierigkeiten mit dem Ius Cogens. AdV 2002, 331–349.

Tangermann, Christoph, Die völkerrechtliche Immunität von Staatsoberhäuptern. Grundlagen und Grenzen. Berlin 2002.

Tellenbach, Silvia, Verjährung in der Türkei. In: Ulrich Sieber/Karin Cornils (Hrsg.), Nationales Strafrecht in rechtsvergleichender Darstellung. Allgemeiner Teil, Teilband 5: Gründe für den Ausschluss der Strafbarkeit, Aufhebung der Strafbarkeit, Verjährung. Berlin 2010, S. 705–714.

Thallinger, Gerhard, Sense and Sensibility of the Human Rights Obligations of the United Nations Security Council. ZaöRV 67 (2007), 1015–1040.

Tharakan, Steve, Konkretisierung des Komplementaritätsprinzips des Internationalen Strafgerichtshofs. Zürich 2009.

Thiele, Carmen, Fragmentierung des Völkerrechts als Herausforderung für die Staatengemeinschaft. AdV 2008, 1–41.

Tittemore, Brian D., Belligerents in Blue Helmets. Applying international humanitarian law to United Nations Peace Operations. 33 Stan. J. Int'l L. 1997, 61–117.

Tomuschat, Christian, The Duty to Prosecute International Crimes Committed by Individuals. In: Hans-Joachim Cremer u.a. (Hrsg.), Festschrift für Helmut Steinberger: Tradition und Weltoffenheit des Rechts. Berlin, Heidelberg 2002, S. 315–350.

– A New World Order Dominated by a Hegemon? 8 ARIEL 2003, 197–204.

– Case Law – Court of Justice Case T-306/01, *Ahmed Yusuf and Al Barakaat International Foundation v. Council and Commission*, judgment of the Court of First Instance of 21 September 2005; Case T-315/01, *Yassin Abdullah Kadi v. Council and Commission*, judgment of the Court of First Instance of 21 September 2005. 43 CML 2006, 537–551.

– Reconceptualizing the Debate on Jus Cogens and Obligations Erga Omnes. Concluding Observations. In: Christian Tomuschat/Jean-Marc Thouvenin (Hrsg.), The Fundamental Rule of the International Legal Order. Leiden, Boston 2006, S. 425–436.

– The Kadi Case: What Relationship Is there between the Universal Legal Order under the Auspices of the United Nations and the EU Legal Order? 28.2009 YEL 2010, 654–663.

Toope, Stephen J., Does International Law Impose a Duty upon the United Nations to Prevent Genocide? 46 McGill L. J. 2000, 187–194.

Toufayan, Mark, The World Court's Distress when Facing Genocide: A Critical Commentary on the *Application of the Genocide Convention Case (Bosnia and Herzegovina v. Yougslavia [Serbia and Montenegro])*. 40 Tex. Int'l L. J. 2005, 233–261.

Triffterer, Otto, Bestandsaufnahme zum Völkerstrafrecht. In: Gerd Hankel/Gerhard Stuby (Hrsg.), Strafgerichte gegen Menschheitsverbrechen. Zum Völkerstrafrecht 50 Jahre nach den Nürnberger Prozessen. Hamburg 1995, S. 169–269.

– The Preventive and Repressive Function of the International Criminal Court. In: Mauro Politi/Giuseppe Nesi (Hrsg.), The Rome Statute of the International Criminal Court. A challenge to impunity. Burlington 2001, S. 137–175.

– (Hrsg.), Commentary on the Rome Statute of the International Criminal Court. Observers' Notes, Article by Article. 2. Aufl. München 2008.

Tzevelekos, Vassilis P., The Use of Article 31 (3) (c) of the VCLT in the Case Law of the ECtHR: an effective anti-fragmentation tool or selective loophole for the reinforcement of human rights teleology? Between evolution and systemic integration. 31 Mich. J. Int'l L. 2010, 621–690.

Verdross, Alfred, Jus Dispositivum and Jus Cogens in International Law. 60 AJIL 1966, 55–63.

Verlage, Christopher, Responsibility to Protect. Ein neuer Ansatz im Völkerrecht zur Verhinderung von Völkermord, Kriegsverbrechen und Verbrechen gegen die Menschlichkeit. Tübingen 2009.

Vest, Hans, Rational Choice – ein völkerstrafrechtlicher Strafzweck? In: Marcel Alexander Niggli u.a. (Hrsg.), Festschrift für Franz Riklin. Zürich u.a. 2007, S. 255–271.

Villalpando, Santiago, The Legal Dimension of the International Community: How Community Interests Are Protected in International Law. 21 EJIL 2010, 387–419.

Vitzthum, Wolfgang Graf, Begriff, Geschichte und Rechtsquellen des Völkerrechts. In: Wolfgang Graf Vitzhum (Hrsg.), Völkerrecht. 5. Aufl. Berlin, New York 2010, S. 1–72.

Volkmann, Caroline, Die Strafverfolgung des Völkermordes nach dem Weltrechtsprinzip im internationalen Strafrecht und im Völkerstrafrecht. Untersucht am Beispiel der deutschen Rechtsordnung. Frankfurt a. M. u.a. 2009.

van der Voort, Karlijn/Zwanenburg, Marten, From "Raison d'Etat" to "état de droit international" amnesties and the French implementation of the Rome Statute. 1 ICLR 2001, 315–342.

Vranes, Erich, The Definition of 'Norm conflict' in International Law and Legal Theory. 17 EJIL 2006, 395–418.

– Völkerrechtsdogmatik als „self-contained discipline"? Eine kritische Analyse des ILC Report on Fragmentation of International Law. ZÖR 65 (2010), 87–115.

van der Vyver, Johan D., Prosecutor v. Omar Hassan Ahmed Al Bashir. 104 AJIL 2010, 461–467.

de Waal, Alex, Darfur and the failure of the responsibility to protect. 83 IA 2007, 1039–1054.

Wade, Marianne, Genocide. The Criminal Law between Truth and Justice. 19 ICJR 2009, 150–174.

Wagenländer, Georg, Zur strafrechtlichen Beurteilung der Rettungsfolter. Berlin 2006.

Weckel, Philippe, L'arrêt sur le génocide: le souffle de l'avis de 1951 n'a pas transporté la cour. 111 RGDIP 2007, 305–329.

Weigend, Thomas, Grund und Grenzen universaler Gerichtsbarkeit. In: Jörg Arnold u.a. (Hrsg.), Menschengerechtes Strafen. Festschrift für Albin Eser zum 70. Geburtstag. München 2005, S. 955–976.

– Das Völkerstrafgesetzbuch – nationale Kodifikation internationalen Rechts. In: Frank Neubacher/Anne Klein, (Hrsg.), Vom Recht der Macht zur Macht des Rechts? Interdisziplinäre Beiträge zur Zukunft internationaler Strafgerichte. Berlin 2006, S. 117–135.

Weil, Prosper, Towards Relative Normativity in International Law? 77 AJIL 1983, 413–442.

Welsh, Jennifer M./Banda, Maria, International Law and the Responsibility to Protect: Clarifying or Expanding States' Responsibilities? 2 GR2P 2010, 213–231.

Wenzel, Matthias, Schutzverantwortung im Völkerrecht. Zu Möglichkeiten und Grenzen der 'Responsibility to Protect'-Konzeption. Hamburg 2010.

Werle, Gerhard, Menschenrechtsschutz durch Völkerstrafrecht. ZStW 109 (1997), 808–829.

– Völkerstrafrecht. 2. Aufl. Tübingen 2007.

Wessel, Jared, Judicial Policy-Making at the International Criminal Court: An Institutional Guide to Analyzing International Adjudication. 44 Colum. J. Transnat'l L. 2006, 377–452.

Wessel, Ramses A., The *Kadi* Case. Towards a More Substantive Hierarchy in International Law? 6 IOLR 2008, 323–327.

de Wet, Erika, The Chapter VII Powers of the United Nations Security Council. Oxford u.a. 2004.

White, Nigel, Towards a Strategy for Human Rights Protection in Post-Conflict Situations. In: Nigel White/Dirk Klaasen (Hrsg.) The UN, Human Rights and Post-conflict Situations. Manchester 2005, S. 463–493.

Whiting, Alex, In International Criminal Prosecutions, Justice Delayed Can Be Justice Delivered. 50 Harv. Int'l L. J. 2009, 323–364.

Wilde, Ralph, The "Legal Space" or "*Espace Juridique*" of the European Convention on Human Rights: Is It Relevant to Extraterritorial State Action? 10 EHRLR 2005, 115–124.

Williams, Paul R./Stewart, Meghan E., Humanitarian Intervention: The New Missing Link in the Fight to Prevent Crimes Against Humanity and Genocide? 40 Case W. Res. J. Int'l L. 2007, 97–110.

Williams, Sarah/Shah, Sangeeta, Bankovic and Others v. Belgium and 16 Other Contracting States. 7 EHRLR 2002, 775–781.

Williams, Sarah/Sherif, Lena, The Arrest Warrant for President al-Bashir: Immunities of Incumbent Heads of State at the International Criminal Court. 14 JCSL 2009, 71–92.

Wirth, Steffen, Immunity for Core Crimes? The ICJ's Judgment in the Congo v. Belgium Case. 13 EJIL 2002, 877–893.

Wittreck, Fabian, Menschenwürde und Folterverbot. Zum Dogma von der ausnahmslosen Unwägbarkeit des Art. 1 Abs. 1 GG. DÖV 2003, 873–882.

Wolfrum, Rüdiger, Der Kampf gegen eine Verbreitung von Massenvernichtungswaffen: Eine neue Rolle für den Sicherheitsrat. In: Klaus Dicke u.a. (Hrsg.), Weltinnenrecht. Liber amicorum Jost Delbrück. Berlin 2005, S. 865–876.

– Internationale Verbrechen vor internationalen und nationalen Gerichten: Die Verfolgungskompetenz des Internationalen Strafgerichtshofs ein Fortschritt oder Rückschritt in der Entwicklung? In: Jörg Arnold u.a. (Hrsg.), Menschengerechtes Strafen. Festschrift für Albin Eser zum 70. Geburtstag. München 2005, S. 977–990.

Wolfrum, Rüdiger/Fleck, Dieter, Enforcement of International Humanitarian Law. In: Dieter Fleck/Michael Bothe (Hrsg.), The Handbook of International Humanitarian Law. 2. Aufl. Oxford 2008, S. 675–722.

Wouters, Jan/Verhoeven, Sten, Africa and International Justice: Cases Identified for Investigation and Prosecution by the International Criminal Court. In: Evelyn A. Ankumah/K. Kwakwa Edward (Hrsg.), African Perspectives on International Criminal Justice. Accra u.a. 2005, S. 133–160.

Wouters, Jan/Verhoeven, Sten/Demeyere, Bruno, The International Criminal Court's Office of the Prosecutor: Navigating between Independence and Accountability? 8 ICLR 2008, 273–318.

Young, Rachel, "Internationally Recognized Human Rights" before the International Criminal Court. 60 ICLQ 2011, 189–208.

Zappalà, Salvatore, The German Federal Prosecutor's Decision Not to Prosecute a Former Uzbek Minister. Missed opportunity or prosecutorial wisdom? 4 JICJ 2006, 602–622.

Zemanek, Karl, How to Identify Peremptory Norms of International Law. In: Pierre-Marie Dupuy u.a. (Hrsg.), Völkerrecht als Wertordnung. Festschrift für Christian Tomuschat. Kehl u.a. 2006, S. 1103–1117.

Zerbes, Ingeborg, Verjährung in Österreich. In: Ulrich Sieber/Karin Cornils (Hrsg.), Nationales Strafrecht in rechtsvergleichender Darstellung. Allgemeiner Teil, Teilband 5: Gründe für den Ausschluss der Strafbarkeit, Aufhebung der Strafbarkeit, Verjährung. Berlin 2010, S. 635–641.

Zimmermann, Andreas, The Creation of a Permanent International Criminal Court. 2 Max Planck UNYB 1998, 169–237.

– Acting under Chapter VII (...) – Resolution 1422 and Possible Limits of the Powers of the Security Council. In: Joachim Frowein u.a. (Hrsg.), Verhandeln für den Frieden. Negotiating for Peace. Liber Amicorum Tono Eitel. Berlin u.a. 2003, S. 253–278.

– Violations of Fundamental Norms of International Law and the Exercise of Universal Jurisdiction in Criminal Matters. In: Christian Tomuschat/Jean-Marc Thouvenin (Hrsg.), The Fundamental Rule of the International Legal Order. Leiden, Boston 2006, S. 335–354.

Zolo, Danilo, Peace through Criminal Law? 2 JICJ 2004, 727–734.

Zwanenburg, Marten, UN Peace Operations between Independence and Accountability. 5 IOLR 2008, 23–47.

van Zyl, Paul, Dilemmas of Transitional Justice: The Case of South Africa's Truth and Reconciliation Commission. 52 JIA 1999, 647–669.

van Zyl Smit, Dirk, Aspekte der Strafzumessung in der internationalen Strafjustiz. ZStW 115 (2003), 931–957.

Schriftenreihe des Max-Planck-Instituts für ausländisches und internationales Strafrecht

Die zentralen Veröffentlichungen des Max-Planck-Instituts für ausländisches und internationales Strafrecht werden in Zusammenarbeit mit dem Verlag Duncker & Humblot in den folgenden vier Unterreihen der „Schriftenreihe des Max-Planck-Instituts für ausländisches und internationales Strafrecht“ vertrieben:

- „Strafrechtliche Forschungsberichte“,
- „Kriminologische Forschungsberichte“,
- „Interdisziplinäre Forschungen aus Strafrecht und Kriminologie“ sowie
- „Sammlung ausländischer Strafgesetzbücher in deutscher Übersetzung“.

Diese Publikationen können direkt über das Max-Planck-Institut unter <www.mpicc.de> oder über den Verlag Duncker & Humblot unter <www.duncker-humblot.de> erworben werden.

Darüber hinaus erscheinen im Hausverlag des Max-Planck-Instituts in der Unterreihe „research in brief“ zusammenfassende Kurzbeschreibungen von Forschungsergebnissen und in der Unterreihe „Arbeitsberichte“ Veröffentlichungen vorläufiger Forschungsergebnisse. Diese Veröffentlichungen können über das Max-Planck-Institut bezogen werden.

Detaillierte Informationen zu den einzelnen Publikationen des Max-Planck-Instituts für ausländisches und internationales Strafrecht sind unter <www.mpicc.de> abrufbar.

The main research activities of the Max Planck Institute for Foreign and International Criminal Law are published in the following four subseries of the “Schriftenreihe des Max-Planck-Instituts für ausländisches und internationales Strafrecht” (Research Series of the Max Planck Institute for Foreign and International Criminal Law), which are distributed in cooperation with the publisher Duncker & Humblot:

- “Strafrechtliche Forschungsberichte” (Reports on Research in Criminal Law),
- “Kriminologische Forschungsberichte” (Reports on Research in Criminology),
- “Interdisziplinäre Forschungen aus Strafrecht und Kriminologie” (Reports on Interdisciplinary Research in Criminal Law and Criminology), and
- “Sammlung ausländischer Strafgesetzbücher in deutscher Übersetzung” (Collection of Foreign Criminal Laws in German Translation).

These publications can be ordered from the Max Planck Institute at <www.mpicc.de> or from Duncker & Humblot at <www.duncker-humblot.de>.

Two additional subseries are published directly by the Max Planck Institute for Foreign and International Criminal Law: “research in brief” contains short reports on results of research activities, and “Arbeitsberichte” (working materials) present preliminary results of research projects. These publications are available at the Max Planck Institute.

Detailed information on all publications of the Max Planck Institute for Foreign and International Criminal Law can be found at <www.mpicc.de>.

Max-Planck-Institut für ausländisches
und internationales Strafrecht

Auswahl aus dem strafrechtlichen Veröffentlichungsprogramm:

S 132 *Lautaro Contreras*
Normative Kriterien zur Bestimmung der Sorgfaltspflichten des Produzenten
Eine rechtsvergleichende Analyse aus der Perspektive Deutschlands und Spaniens
2012 • 280 Seiten • ISBN 978-3-86113-829-7 € 35,00

S 131 *Allan Plekksepp*
Die gleichmäßige Gewährleistung des Rechts auf Verteidigerbeistand
Eine Voraussetzung der gegenseitigen Anerkennung strafrechtlicher Gerichtsentscheidungen in Europa
2012 • 519 Seiten • ISBN 978-3-86113-827-3 € 44,00

S 130 *Hans-Georg Koch* (Hrsg.)
Wegsperren?
Freiheitsentziehende Maßnahmen gegen gefährliche, strafrechtlich verantwortliche (Rückfall-)Täter
Internationaler Vergleich – Kriminologische Perspektiven
2011 • 545 Seiten • ISBN 978-3-86113-831-0 € 52,00

S 129 *Linus Sonderegger*
Die Rückkehr der Folter?
Anwendung von Zwang bei der Vernehmung im deutschen und US-amerikanischen Recht
2012 • 343 Seiten • ISBN 978-3-86113-832-7 € 35,00

S 128.3.1 *Ulrich Sieber / Susanne Forster / Konstanze Jarvers* (eds.)
National Criminal Law in a Comparative Legal Context
Defining criminal conduct
2011 • 519 Seiten • ISBN 978-3-86113-833-4 € 46,00

S 128.2.1 *Ulrich Sieber / Susanne Forster / Konstanze Jarvers* (eds.)
National Criminal Law in a Comparative Legal Context
General limitations on the application of criminal law
2011 • 399 Seiten • ISBN 978-3-86113-834-1 € 43,00

S 121 *Marc Engelhart*
Sanktionierung von Unternehmen und Compliance
Eine rechtsvergleichende Analyse des Straf- und Ordnungswidrigkeitenrechts in Deutschland und den USA
2., ergänzte und erweiterte Auflage
2012 • 961 Seiten • ISBN 978-3-86113-830-3 € 60,00

Max-Planck-Institut für ausländisches
und internationales Strafrecht

Auswahl aus dem kriminologischen und interdisziplinären Veröffentlichungsprogramm:

K 158 *Martin Brandenstein*
Auswirkungen von Hafterfahrungen auf Selbstbild und Identität rechtsextremer jugendlicher Gewalttäter
Berlin 2012 • 335 Seiten • ISBN 978-3-86113-118-2 € 35,00

K 157 *Ghassem Ghassemi*
Criminal Policy in Iran Following the Revolutionn of 1979
A Comparative Analysis of Criminal Punishment and Sentencing in Iran and Germany
Berlin 2013 • 265 Seiten • ISBN 978-3-86113-116-8 € 35,00

K 156 *Gunther Olt*
Pressefreiheit im Kontext strafrechtlicher Ermittlungsmaßnahmen
Berlin 2013 • 265 Seiten • ISBN 978-3-86113-114-4 € 35,00

K 155 *Anna-Maria Getoš*
Politische Gewalt auf dem Balkan.
Schwerpunkt Terrorismus und Hasskriminalität: Konzepte, Entwicklungen und Analysen
Berlin 2012 • 330 Seiten • zahlr. Abb. in Farbe • ISBN 978-3-86113-113-7 € 35,00

K 154 *Alke Glet*
Sozialkonstruktion und strafrechtliche Verfolgung von Hasskriminalität in Deutschland
Berlin 2011 • 345 Seiten • ISBN 978-3-86113-112-0 € 35,00

K 153 *Mustafa Abdelbaqi*
The Administration of Criminal Justice in Palestine
Berlin 2011 • 367 Seiten • ISBN 978-3-86113-105-2 € 35,00

I 20 *Almuth Voß*
Die Notwehrsituation innerhalb sozialer Näheverhältnisse
Eine kritische Auseinandersetzung mit den Grundsätzen der beziehungsbedingten Notwehrbeschränkung
Berlin 2013 • 161 Seiten • ISBN 978-3-86113-240-0 € 29,00

I 19 *Qi Xiong*
Massenmedien und Strafurteil
Eine rechtsvergleichende normorientierte Forschung zum Phänomen „mediale Verurteilung“
Berlin 2012 • 348 Seiten • ISBN 978-3-86113-117-5 € 35,00